兽医公共卫生系列教材

人兽共患病学

柳增善 卢士英 刘晓雷 主编

科学出版社

北京

内 容 简 介

本书首次以全新框架和理论系统地论述了人兽共患病的基本理论、包含的相关疾病、新现理论和发展趋势。全书共分三篇，包括人兽共患病概述、新现人兽共患病与新现机制、人兽共患病各论共十四章。以人兽共患病基本理论为重点，较为详细介绍了人兽共患病基本概念、分类、危害、媒介动物、脊椎动物作为保藏宿主的重要性，人兽共患病识别与鉴定原理，预防和控制原理，家畜禽人兽共患病，宠物人兽共患病，野生动物与动物园观赏动物人兽共患病，食物链引发的人兽共患病；新现人兽共患病基本理论和发展趋势，对人兽共患病防控中"同一个世界，同一个健康"理念也做了较为完整的阐述；对人兽共患病在疾病种类上进行了最为全面的介绍，但在各病内容上以最简练的方式加以介绍，力求节约篇幅，也为广大师生讲授和自学留有空间，同时也为避免与其他相关课程在内容上发生冲突而强调不同特点。对目前国内没有的人兽共患病也做了阐述，主要是我们国家生物边境概念减弱、国际交流和旅游愈加频繁，与这些罕见人兽共患病接触机会大大增加。

本书力求在规范性、系统完整、独立全新的理论体系上具有明显特点，适合作为动物医学、兽医公共卫生、动植物检疫、动物科学、生物技术、食品安全、预防医学、公共卫生、环境保护、临床医学、野生动物保护等专业本科生、研究生教材，同时也可作为动物防疫、动物临床、进出口检疫、旅游、卫生保健、临床医生、环境保护等领域相关人员的参考书。

图书在版编目(CIP)数据

人兽共患病学/柳增善，卢士英，刘晓雷主编．—北京：科学出版社，2014.11
兽医公共卫生系列教材
ISBN 978-7-03-041766-4

Ⅰ.①人… Ⅱ.①柳… ②卢… ③刘… Ⅲ.①人兽共患病学-高等学校-教材 Ⅳ.①R442.9②S855

中国版本图书馆 CIP 数据核字(2014)第 194173 号

责任编辑：林梦阳／责任校对：蒋 萍
责任印制：张 伟／封面设计：铭轩堂

科学出版社 出版
北京东黄城根北街 16 号
邮政编码：100717
http://www.sciencep.com

北京凌奇印刷有限责任公司 印刷
科学出版社发行　各地新华书店经销

*

2014 年 11 月第 一 版　开本：890×1240 1/16
2023 年 3 月第七次印刷　印张：16 1/4
字数：550 000
定价：59.80 元
(如有印装质量问题，我社负责调换)

《人兽共患病学》编写委员会

主　　编　柳增善　卢士英　刘晓雷
副 主 编　王化磊　任洪林　刘明远　胡　盼　佟伟华　吴广智　李春雨
　　　　　　柳溪林　刘拂晓　林　超

编写人员（按姓氏笔画排序）

丁　静（吉林大学人兽共患病研究教育部重点实验室/动物医学学院）
王　楠（吉林省畜牧兽医科学研究院）
王　洋（吉林大学人兽共患病研究教育部重点实验室/动物医学学院）
王　琳（吉林大学人兽共患病研究教育部重点实验室/动物医学学院）
王化磊（吉林大学人兽共患病研究教育部重点实验室/动物医学学院）
卢士英（吉林大学人兽共患病研究教育部重点实验室/动物医学学院）
白　雪（吉林大学人兽共患病研究教育部重点实验室/动物医学学院）
任洪林（吉林大学人兽共患病研究教育部重点实验室/动物医学学院）
刘　东（吉林工商学院）
刘明远（吉林大学人兽共患病研究教育部重点实验室/动物医学学院）
刘拂晓（青岛农业大学）
刘晓雷（吉林大学人兽共患病研究教育部重点实验室/动物医学学院）
李岩松（吉林大学人兽共患病研究教育部重点实验室/动物医学学院）
李兆辉（吉林大学人兽共患病研究教育部重点实验室/动物医学学院）
李春雨（吉林大学中日联谊医院）
杨　丽（吉林大学人兽共患病研究教育部重点实验室/动物医学学院）
杨咏洁（延边大学）
吴广智（吉林大学中日联谊医院）
佟伟华（吉林大学第一医院）
邹德颖（辽宁盘锦检验检测中心）
张海玲（中国农业科学院特产研究所）
张藜潇（吉林大学人兽共患病研究教育部重点实验室/动物医学学院）
林　超（吉林工商学院）
胡　盼（吉林大学人兽共患病研究教育部重点实验室/动物医学学院）
柳增善（吉林大学人兽共患病研究教育部重点实验室/动物医学学院）
柳溪林（吉林大学中日联谊医院）
姜秋杰（吉林省动物疫病预防控制中心）
徐健锋（辽宁盘锦检验检测中心）
章沙沙（辽宁盘锦检验检测中心）

前　言

人兽共患病始终伴随着人类社会并与之共同发展，是人类社会共有的健康威胁。动物与人类健康密切相关，动物的健康就是人类的安全，人类的安全需要动物的健康。我国正处于贫穷卫生相关型传染病向行为生态相关型传染病转变阶段，传染病的发生与社会行为、个人行为、生态变化有关，人兽共患病就是典型的例子。城市化改变了人们的生活和行为方式，也改变了疾病的流行方式，一些个体免疫力低下，为人兽共患病扩散提供了基础条件。

现代社会人兽共患病学具有如下特点。

(1) 涉及多学科、跨领域、全社会　公共卫生对全社会的生活、政治经济都有重要影响；人兽共患病防控是永远的课题，不会因社会制度变化或发展时间阶段而终止；涉及领域宽泛，如农业、医学、环境、社会、管理、经济贸易等。

(2) 全新的挑战　① 跨物种传播，生物的变异速度加快，呈现全新趋势，预测难度加大了；② 全球、全国共同应对："同一个世界，同一个健康"观念的普遍接受，人兽共患病不是哪一个国家或地区的事情，也不是哪一个部门的事情，是全世界各行各业都要涉及的健康问题；我们国家目前医学和兽医学是割裂状态，对控制人兽共患病是极为不利的；控制人兽共患病，必须控制传染源，国家和相关部门必须重视人兽共患病源头控制。

(3) 传播方式对人威胁较大　① 气溶胶、食品、水源、媒介源性、直接接触等传播方式，传播方式多样，增加防控难度，特别是目前还有人们不能有效防控的人兽共患病；② 长距离、快速传播；③ 现代传染病的主要形式是人兽共患病，并以新出现和再现形式发生，在可预见的将来也将是这样；老的人兽共患病不断发生且再现频繁，新现增多，自2003年 SARS 发生以来，我国几乎 1～2 年都有一种新发人兽共患病出现，如多种型别的高致病性禽流感；④ 人兽共患病具有职业风险的特点：与动物接触、所处相关环境具有相对高风险。从我国角度看很多人兽共患病属于外来病，对民众来说这些疾病是距离遥远的一类疫病，如最近西非暴发的埃博拉病毒传染，但现代社会出国旅游、生态旅游已是普通人经常参与的事情，对于这些人群来说，这些外来病可能就在你眼前，或者相关疫区或国家的人员来到我国，同样使这样的外来病出现在人们的眼前。因此，了解人兽共患病相关知识是十分必要的。

随着人类对疾病本质认识的不断加深，人兽共患病的概念可能会向外延伸，可能延伸到传统观念以外的病原范畴的一些疾病，如人类的过敏等与动物的关系密切；不一定是互相传播，但存在共感染症，如一些动物患真菌病并不传染给人，但环境中的这类真菌却可同时感染人和动物；有些中毒性疾病人与动物互为预警，是另一类人兽共同病模式，以"同一个健康"概念为基础，在防控人兽共患病过程中这类疾病会越来越多地涉及。

人们对人兽共患病关注度越来越高，其新现机理也逐渐清晰。以往人们主要关注每一种人兽共患病的流行病学、致病机制、防治等方面的进展，对人兽共患病宏观的流行病学、与社会和人类行为的相互关系、新现机制等研究的不甚透彻。本教材以最新进展的基本理论、全新的视野，重点对人兽共患病的基本知识系统地加以论述，并对新现理论也进行了较为系统的阐述，以利于人兽共患病相关工作者了解其基本和前沿知识。总论部分以医学、兽医学、环境、社会学角度中立的观点撰写本教材；以全球角度看待人兽共患病问题；从临床医师的角度观察症状、收集数据，再延伸到兽医和动物领域；从兽医学、人兽共患病源头角度，从整个社会的角度看待人兽共患病。力争以广角视野、立体分析来阐述人兽共患病问题，从而为学生打下坚实的人兽共患病理论基础。以简练的方式对人兽共患病各论部分简要介绍，以便于教师在授课、学生在自学时扩展相关内容方面获得更大自由空间，也是为了减少教材的篇幅。

本教材可作为动物医学专业、兽医公共卫生专业、动植物检疫专业、动物科学专业、食品安全专业、生物技术专业、预防医学专业、公共卫生专业等相关专业本科生、研究生教材或参考书，也是相关领域教师、科研人员和相关国家工作人员、相关工作者的参考书籍。由于人兽共患病涉及领域宽泛、相关理论进展快速，编著内容难免存在许多不足之处，敬请专家学者、各位同事、学生提出指导性意见(请直接发送到 zsliu1959@sohu.com，作者在此致以诚挚的谢意!)，以便逐步完善本教材，使其更适合未来我国高等教育中人兽共患病的教学需求。

在本教材成稿、知识体系、文字润色等方面，科学出版社的编辑给予了非常合理化的建议，使本教材在精益求精的前提下出版，在此表示衷心感谢！感谢吉林大学对本教材出版给予的大力支持！

吉林大学　柳增善
2014 年 2 月 28 日

目 录

前言

第一篇　人兽共患病概述

第一章　人兽共患病及其危害 2
- 第一节　人兽共患病概念及其进化 2
- 第二节　人兽共患病危害 2
  - 一、人兽共患病多为人与动物的烈性传染病或流行病，对公共卫生构成重大威胁 3
  - 二、多数人兽共患病为自然疫源性疾病，难以控制或消灭 4
  - 三、传统传染病再度肆虐 4
  - 四、新出现的传染病已对人类构成新的威胁 4
  - 五、生物恐怖对人类的威胁依然存在 5
  - 六、人类防控人兽共患病成为巨大经济负担 5
- 第三节　人兽共患病的特点 5
- 第四节　人兽共患病分类 6
  - 一、按病原体种类进行分类 6
  - 二、按病原体保藏宿主的性质分类 6
  - 三、按病原体生活史分类 6
- 第五节　传染病模式和传播动力学 7
  - 一、概述 7
  - 二、基本概念 8
- 第六节　人兽共患病流行病学 9
  - 一、人兽共患病相关风险 9
  - 二、人兽共患病病原的相关因素 9
  - 三、感染与侵入 10
  - 四、感染与宿主防御 11
  - 五、人兽共患病流行过程 12
- 第七节　媒介源嗜血性节肢动物 15
  - 一、节肢动物传播人兽共患病特征 15
  - 二、微生物源性传染病的嗜血媒介调查 15
- 第八节　脊椎动物作为人兽共患病病原宿主和保藏宿主 18
  - 一、哺乳动物（哺乳纲） 18
  - 二、鸟类 22
  - 三、爬行类 22
  - 四、两栖类 22
  - 五、鱼类 22

第二章　人兽共患病识别与鉴定原理 23
- 第一节　人兽共患病病原的识别 23
  - 一、指示病例及相关因素分析 23
  - 二、调查 24
  - 三、流行与暴发 25
  - 四、暴发调查 26
  - 五、病例报告 26
- 第二节　人兽共患病识别（界定）的实验室作用 28
  - 一、实验室设立的主要目的 28
  - 二、实验室中的风险 29
  - 三、实验室采样及处理原则和注意事项 29
  - 四、实验室检验 30
- 第三节　被忽视的地方性人兽共患病 33
  - 一、疏忽的原因和性质 33
  - 二、被忽视的地方性人兽共患病危害 33
  - 三、被忽视性人兽共患病控制展望 34
- 第四节　新现人兽共患病和被忽视地方流行性人兽共患病调查——全球层次的共同挑战和共同解决方案 34
  - 一、人兽共患病和疾病报告 36
  - 二、前沿方式 37

第三章　人兽共患病预防和控制原理 38
- 第一节　人兽共患病预防、控制和清除的基本原理 38
  - 一、人兽共患病预防的原理 38
  - 二、人兽共患病控制原理 38
  - 三、人兽共患病清除原理 38
- 第二节　保藏宿主的无效化作用 39
  - 一、感染个体的清除 39
  - 二、环境处理 39
  - 三、巴氏灭菌法和其他食物中去除病原的方式 40
  - 四、消毒 41
- 第三节　减少接触的可能性 41
  - 一、隔离作用 41
  - 二、检疫 41
  - 三、无规定疫病区 41
  - 四、群体控制计划 42
  - 五、约束法规 42
  - 六、缩小群体 42
- 第四节　增强宿主的抵抗力 42

一、化学药物预防提高宿主抵抗力 …… 43
　　二、免疫作用提高宿主抵抗力 …… 43
　　三、器械使用 …… 44
　　四、注意事项 …… 44
第五节　预防措施实例——现场解剖和饲养棚舍 …… 44
　　一、现场解剖 …… 44
　　二、饲养棚(房) …… 45
第六节　消费者保护战略 …… 46
　　一、动物鉴定 …… 46
　　二、保持良好的卫生条件 …… 46
第七节　交流 …… 47
　　一、卫生专家之间的交流 …… 47
　　二、与公众交流 …… 47
第八节　普及教育 …… 48
第九节　人兽共患病经济学评估 …… 48
　　一、疾病控制经济学简介 …… 49
　　二、人生命价值 …… 52
　　三、兽医经济学 …… 53
第十节　人兽共患病控制与预防的一般性考虑 … 54
　　一、看不见的利益效果 …… 55
　　二、发展中国家必须按照发达国家的经验发展吗 …… 55
　　三、风险分析 …… 55
　　四、关键控制点的危害分析(HACCP) …… 56
　　五、遥感和地理信息系统 …… 58
　　六、动物农场的永久性/暂时性标识 …… 58
　　七、未来新技术需求 …… 59
　　八、人兽共患病控制的综合考虑 …… 59
第十一节　人兽共患病预测 …… 60
　　一、流行性人兽共患病的来源和动力学 …… 60
　　二、病原的发现 …… 61
　　三、新微生物流行可能性的预测 …… 62
　　四、调查和预防的全球战略 …… 63
第十二节　水源性人兽共患病和一般控制原理 … 63
　　一、畜牧业和潜在的环境影响 …… 63
　　二、水源安全的风险评估与对策 …… 64
　　三、与水源有关的人兽共患病或水源性人兽共患病 …… 64
　　四、水源性人兽共患病"综合控制措施" …… 66
　　五、风险管理 …… 68

第四章　家畜禽的人畜共患病 …… 70
　第一节　家畜的人畜共患感染性疾病 …… 70
　　一、家畜常见人兽共患细菌病及病原 …… 70
　　二、家畜常见人兽共患病毒病及病原 …… 71
　　三、家畜常见人畜共患寄生虫感染及病原 …… 71
　　四、家畜常见人畜共患皮肤真菌感染及病原 …… 72
　第二节　家禽的人兽共患病 …… 72
　　一、家禽中的常见人兽共患细菌病及病原 …… 72
　　二、家禽中的常见人兽共患病毒病及病原 …… 72
　　三、家禽中的常见人畜共患寄生虫病 …… 73
　　四、家禽中的常见人畜共患真菌病 …… 73
　　五、禽流感高危人群防护原则 …… 73
　第三节　经济动物与人兽共患病 …… 74
　　一、经济动物分类 …… 74
　　二、兽类经济动物人兽共患病及病原 …… 74
　　三、禽类经济动物人兽共患病及病原 …… 74
　　四、流行特点 …… 75
　第四节　牧场中的危险人群 …… 75
　　一、妇女 …… 75
　　二、儿童 …… 75
　　三、老年人 …… 75
　　四、家畜人兽共患病的传播动力学 …… 75
　第五节　水源和环境中的人兽共患病病原 …… 77
　　一、水源中人兽共患病病原 …… 77
　　二、环境中的人兽共患病病原 …… 78

第五章　宠物(伴侣动物)人兽共患病概述 …… 80
　第一节　宠物(伴侣动物)在当今社会中的重要性 …… 80
　　一、宠物动物给予人们精神依托 …… 80
　　二、宠物是人们生活的帮手 …… 80
　　三、动物数量增加与患病风险 …… 81
　　四、流动人口和老年人数量增加与患病风险 …… 82
　　五、宠物与免疫功能低下个体的相互关系 …… 82
　　六、职业风险的认识 …… 82
　　七、动物抓咬伤与疾病传播 …… 82
　　八、宠物潜在的疾病传播途径 …… 83
　　九、宠物医院、诊所的作用 …… 84
　　十、宠物的预警作用 …… 85
　第二节　宠物犬源性人兽共患病 …… 85
　第三节　宠物猫源性人兽共患病 …… 85
　第四节　观赏鸟源性人兽共患病 …… 86
　第五节　其他宠物源性人兽共患病 …… 86
　　一、啮齿类来源的人兽共患病 …… 86
　　二、两栖爬行动物来源的人兽共患病 …… 87
　　三、蝙蝠来源的人兽共患病 …… 87
　　四、非人灵长类来源的人兽共患病 …… 87
　　五、鱼来源的人兽共患病 …… 87
　第六节　宠物重要人兽共患病流行现状 …… 88
　　一、重要宠物人兽共患细菌病 …… 88
　　二、宠物常见重要人兽共患病毒病 …… 92
　　三、宠物常见重要人兽共患寄生虫病 …… 93
　　四、宠物常见重要人兽共患真菌病 …… 94

第六章　野生动物与动物园观赏动物人兽共患病 …… 95
　第一节　野生动物生态病原学 …… 95
　　一、人类活动和野生动物源性人兽共患病生态病原学关系包含因素 …… 95
　　二、陆生环境野生动物 …… 96
　　三、野生动物病原传染给人的可能途径 …… 96
　第二节　人类活动与野生动物的广泛接触 …… 96
　　一、人与野生动物交界面 …… 96
　　二、需要发展的措施 …… 99

第三节　人兽共患病与旅行 …………………… 100
　　一、旅游与人兽共患病可能的接触机会 …… 100
　　二、旅行与人兽共患病和其他传染病 ……… 102
第四节　野味食用安全 ………………………… 104
　　一、一般指导 ………………………………… 104
　　二、可能会遇到的情况 ……………………… 105
第五节　海洋及淡水生物引起的人兽共患病 … 107
　　一、海洋环境 ………………………………… 107
　　二、淡水环境 ………………………………… 109
　　三、水生生物引起的人兽共患病 …………… 110
第六节　亨德拉病毒保藏宿主和外溢宿主传染及
　　　　发病是病原新现的关键因素 …………… 113
　　一、亨尼帕病毒野生动物保藏宿主致病
　　　　机制 ………………………………………… 113
　　二、亨尼帕病毒外溢宿主中的病原学 ……… 113
　　三、亨尼帕病毒传染散布的致病机制 ……… 115
　　四、亨尼帕病毒分子致病机制 ……………… 115
　　五、亨尼帕病毒新现风险因素与保藏宿主处理
　　　　战略 ………………………………………… 115
第七节　野生动物疾病作为生物恐怖的潜在
　　　　手段 ………………………………………… 116
　　一、过去的细菌战和生物恐怖 ……………… 116
　　二、现代生物战和生物恐怖 ………………… 116
　　三、可能被利用的病原 ……………………… 118
　　四、动物疾病和生物恐怖 …………………… 120
　　五、野生动物因素 …………………………… 120
第八节　啮齿动物、蛇和昆虫侵袭的一般防护 … 121
　　一、昆虫、蜘蛛和蜱的侵袭防护 …………… 121
　　二、啮齿动物、野生动物或流浪动物的侵袭
　　　　防护 ………………………………………… 121
　　三、蛇侵袭的防护 …………………………… 121
第九节　蝙蝠中人兽共患病宿主生态学 ……… 121
　　一、驱动蝙蝠传染动力学的宿主生态方式 … 121
　　二、多种类、多病原疾病传播动力学 ……… 122
　　三、病原毒性驱动源的宿主生态方式 ……… 122
　　四、病原生态学作为蝙蝠疾病传播动力学驱
　　　　动源 ………………………………………… 122
　　五、整合数据和比较蝙蝠中传染流行病学的
　　　　方法 ………………………………………… 122
　　六、传染病原和其蝙蝠宿主的生态学 ……… 123
　　七、人类行为对蝙蝠的影响 ………………… 123

第七章　食物链引发的人兽共患病概述 ………… 125
第一节　食品供应全球化和疾病的传播 ……… 125
　　一、疾病和食物链 …………………………… 125
　　二、食物链中人兽共患病实例 ……………… 126

第二节　食品供应中病原的流行病学 ………… 127
　　一、肠道感染的类型和趋势 ………………… 127
　　二、食源性细菌病 …………………………… 129
　　三、食源性寄生虫病 ………………………… 129
　　四、食源性病毒感染 ………………………… 129
第三节　肉及肉品作为人兽共患病病原来源 … 130
　　一、细菌性人兽共患病病原 ………………… 130
　　二、病毒性人兽共患病病原 ………………… 130
　　三、寄生虫性人兽共患病病原 ……………… 131
第四节　肥料作为人兽共患病来源 …………… 131
　　一、肥料来源的人兽共患病和传染模式 …… 131
　　二、接触肥料引起的重要人兽共患病 ……… 131
　　三、肥料作为耐药微生物和耐药基因的
　　　　来源 ………………………………………… 132
　　四、来自于肥料的其他重要人兽共患病 …… 132
　　五、处理肥料，减少风险 …………………… 132
第五节　动物饲料作为人兽共患病病原来源 … 132
　　一、饲料作为潜在疾病的传播者 …………… 133
　　二、饲料中的人兽共患病病原 ……………… 133
　　三、饲料成分污染的风险 …………………… 133
　　四、饲料对人产生的健康风险 ……………… 133
　　五、饲料中抗生素的使用 …………………… 134
第六节　乳和鲜乳的消费作为人兽共患病病原
　　　　来源 ………………………………………… 134
　　一、鲜乳的食用价值 ………………………… 134
　　二、鲜乳和乳产品食源性病原流行情况 …… 134
第七节　环境和食物链中抗生素残留和家畜中
　　　　抗生素基因 ………………………………… 136
第八节　畜牧业减少人类肠道人兽共患病病原的
　　　　实践操作 …………………………………… 137
　　一、降低动物饲料和饮水中病原数量 ……… 137
　　二、抗微生物饲料添加剂 …………………… 137
　　三、益生菌 …………………………………… 137
　　四、益生元 …………………………………… 137
　　五、免疫作用 ………………………………… 138
　　六、噬菌体 …………………………………… 138
　　七、废物处理 ………………………………… 138
第九节　有机农业对人兽共患病的影响 ……… 138
　　一、有机食品安全 …………………………… 138
　　二、有机植物产品风险 ……………………… 138
　　三、有机动物产品风险 ……………………… 139
第十节　禽流感对食物链的威胁与影响 ……… 139
　　一、禽流感致病性 …………………………… 139
　　二、新现禽流感病毒 ………………………… 140

第二篇　新现人兽共患病与新现机制

第八章　新现人兽共患病 ………………………… 142
第一节　新现人兽共患病的概念与分类 ……… 142
　　一、新现人兽共患病 ………………………… 142
　　二、再现人兽共患病 ………………………… 144

三、甲类、乙类法定传染病中的人兽共患病及
　　影响因素 ································ 144
四、传染病新现中的各种因素 ··············· 144
第二节　人兽共患病病原新现的理论基础 ······· 145
一、新现人兽共患病和人类群体发展史,过去
　　什么时间有新病原出现 ··············· 146
二、人类病原的动物来源 ··················· 146
三、哪几种病原最近新现 ··················· 146
四、新现疾病调查中总结的经验教训 ······· 149
五、病原在哪儿新现,为什么会是这些病原
　　新现 ·· 149
六、新现人兽共患病预测和调查 ············ 152
第三节　野生动物传播给人的人兽共患病毒病新
　　　　现过程 ································ 153
一、概述 ·· 153
二、人兽共患病新现和物种侵袭的比较生
　　态学 ·· 155
三、新现人兽共患病发生过程的影响因素 ······ 155
四、人兽共患病新现作为侵袭生物学范例 ······ 157
五、不同传播途径人兽共患病毒病的致
　　病性 ·· 157
第四节　病毒新现的进化遗传学 ··············· 158
一、概述 ·· 158
二、哪种病毒更易新现 ······················ 158
三、哪种类型病毒更易跨越种间传播 ······ 159
四、需要在新宿主内适应后才能引起新
　　现吗 ·· 160
五、重组是病毒新现的前提条件吗 ········ 160
六、RNA病毒进化与新现 ···················· 161
第五节　病原-宿主-环境的相互作用和疾病
　　　　新现 ································ 162

一、疾病新现的驱动源 ······················ 162
二、病原-宿主-环境的相互作用 ··········· 162
三、疾病新现的基本框架 ··················· 162
四、在新宿主中的新现 ······················ 162
五、同一宿主中具有新特性病原的新现 ····· 163
六、在新地理区域疾病暴发的新现 ········ 164
七、社会科学对新现人兽共患病的影响 ····· 164
八、气候变暖与节肢媒介的促进作用 ······ 165
第六节　新现病毒病调查 ························ 165
一、调查的目的 ······························ 165
二、调查方法学和调查方法 ·················· 166

第九章　同一个世界,同一个健康 ··········· 169
第一节　概述 ······································ 169
一、"同一个世界,同一个健康"战略框架中
　　5个战略措施 ······························ 169
二、"同一个世界,同一个健康"战略框架确定
　　6个目标 ···································· 169
三、人类、动物及公共卫生专业人员在培训和
　　实践方面的异同 ························· 170
四、医生和兽医之间的沟通 ·················· 170
第二节　人与动物预警共同的健康风险 ······· 171
一、人类健康中预警卫生 ··················· 171
二、动物卫生的预警事件 ··················· 171
三、人类健康的动物预警 ··················· 171
四、动物卫生中人类的预警作用 ··········· 171
五、人与动物之间卫生风险举例 ··········· 172
六、动物预警(预警动物)实施中存在的障碍 ··· 172
第三节　人与动物交互病医学 ··················· 173
一、过敏性疾病 ······························ 173
二、化学物质和毒物风险 ··················· 175
三、肿瘤具备传播能力吗?是否具备人兽共
　　患病潜能? ································ 177

第三篇　人兽共患病各论

第十章　人兽共患细菌病 ························ 180
　第一节　炭疽 ··································· 180
　　一、流行病学 ······························ 180
　　二、临床表现 ······························ 180
　　三、防控措施 ······························ 180
　第二节　结核 ··································· 180
　　一、流行病学 ······························ 180
　　二、临床表现 ······························ 181
　　三、防控措施 ······························ 181
　第三节　布鲁氏菌病 ···························· 181
　　一、流行病学 ······························ 181
　　二、临床表现 ······························ 181
　　三、预防措施 ······························ 181
　第四节　丹毒丝菌病 ···························· 182
　　一、流行病学 ······························ 182

　　二、临床表现 ······························ 182
　　三、预防措施 ······························ 182
　第五节　鼻疽 ··································· 182
　　一、流行病学 ······························ 182
　　二、临床表现 ······························ 182
　　三、预防措施 ······························ 183
　第六节　巴氏杆菌病 ···························· 183
　　一、流行病学 ······························ 183
　　二、临床表现 ······························ 183
　　三、预防措施 ······························ 183
　第七节　棒状杆菌病 ···························· 183
　　一、流行病学 ······························ 184
　　二、临床表现 ······························ 184
　　三、预防措施 ······························ 184
　第八节　坏死杆菌病 ···························· 184

一、流行病学 …………………………… 184
　　二、临床表现 …………………………… 184
　　三、预防措施 …………………………… 184
　第九节　破伤风 ………………………………… 185
　　一、流行病学 …………………………… 185
　　二、临床表现 …………………………… 185
　　三、预防措施 …………………………… 185
　第十节　梭菌创伤感染 ………………………… 185
　　一、流行病学 …………………………… 185
　　二、临床表现 …………………………… 185
　　三、预防措施 …………………………… 185
　第十一节　猪链球菌病 ………………………… 186
　　一、流行病学 …………………………… 186
　　二、临床表现 …………………………… 186
　　三、预防措施 …………………………… 186
　第十二节　土拉菌病 …………………………… 186
　　一、流行病学 …………………………… 186
　　二、临床表现 …………………………… 186
　　三、预防措施 …………………………… 186
　第十三节　沙门氏菌病 ………………………… 187
　　一、流行病学 …………………………… 187
　　二、临床表现 …………………………… 187
　　三、预防措施 …………………………… 187
　第十四节　大肠杆菌病 ………………………… 187
　　一、流行病学 …………………………… 187
　　二、临床表现 …………………………… 187
　　三、预防措施 …………………………… 188
　第十五节　小肠结肠耶氏菌病 ………………… 188
　　一、流行病学 …………………………… 188
　　二、临床表现 …………………………… 188
　　三、预防措施 …………………………… 188
　第十六节　弯曲菌病 …………………………… 188
　　一、流行病学 …………………………… 188
　　二、临床表现 …………………………… 188
　　三、预防措施 …………………………… 189
　第十七节　类鼻疽 ……………………………… 189
　　一、流行病学 …………………………… 189
　　二、临床表现 …………………………… 189
　　三、预防措施 …………………………… 189
　第十八节　葡萄球菌病 ………………………… 189
　　一、流行病学 …………………………… 189
　　二、临床表现 …………………………… 190
　　三、预防措施 …………………………… 190
　第十九节　李氏杆菌病 ………………………… 190
　　一、流行病学 …………………………… 190
　　二、临床表现 …………………………… 190
　　三、预防措施 …………………………… 190
　第二十节　肉毒梭菌中毒 ……………………… 190
　　一、流行病学 …………………………… 190
　　二、临床表现 …………………………… 191
　　三、预防措施 …………………………… 191
　第二十一节　放线菌病 ………………………… 191
　　一、流行病学 …………………………… 191
　　二、临床表现 …………………………… 191
　　三、预防措施 …………………………… 192
　第二十二节　钩端螺旋体病 …………………… 192
　　一、流行病学 …………………………… 192
　　二、临床表现 …………………………… 192
　　三、预防措施 …………………………… 192
　第二十三节　莱姆病 …………………………… 192
　　一、流行病学 …………………………… 192
　　二、临床表现 …………………………… 193
　　三、预防措施 …………………………… 193
　第二十四节　蜱传回归热 ……………………… 193
　　一、流行病学 …………………………… 193
　　二、临床表现 …………………………… 193
　　三、预防措施 …………………………… 193
　第二十五节　小螺菌鼠咬热 …………………… 193
　　一、流行病学 …………………………… 193
　　二、临床表现 …………………………… 193
　　三、预防措施 …………………………… 194
　第二十六节　气单胞菌病 ……………………… 194
　　一、流行病学 …………………………… 194
　　二、临床表现 …………………………… 194
　　三、预防措施 …………………………… 194
　第二十七节　红球菌病 ………………………… 194
　　一、流行病学 …………………………… 194
　　二、临床表现 …………………………… 194
　　三、预防措施 …………………………… 194
　第二十八节　嗜皮菌病 ………………………… 194
　　一、流行病学 …………………………… 195
　　二、临床表现 …………………………… 195
　　三、预防措施 …………………………… 195
　第二十九节　绿脓杆菌感染 …………………… 195
　　一、流行病学 …………………………… 195
　　二、临床表现 …………………………… 195
　　三、预防措施 …………………………… 195
　第三十节　军团菌病 …………………………… 195
　　一、流行病学 …………………………… 195
　　二、临床表现 …………………………… 196
　　三、预防措施 …………………………… 196
　第三十一节　迟钝爱德华菌感染 ……………… 196
　　一、流行病学 …………………………… 196
　　二、临床表现 …………………………… 196
　　三、预防措施 …………………………… 196
　第三十二节　鼠疫 ……………………………… 196
　　一、流行病学 …………………………… 196
　　二、临床表现 …………………………… 196
　　三、预防措施 …………………………… 197
　第三十三节　肺炎克雷伯氏菌感染 …………… 197

一、流行病学 …………………………… 197
　　二、临床表现 …………………………… 197
　　三、预防措施 …………………………… 197
　第三十四节　弓形菌感染 …………………… 197
　　一、流行病学 …………………………… 197
　　二、临床表现 …………………………… 197
　　三、预防措施 …………………………… 198
　第三十五节　博德特氏菌病 ………………… 198
　　一、流行病学 …………………………… 198
　　二、临床表现 …………………………… 198
　　三、预防措施 …………………………… 198
　第三十六节　人的Crohn's病和牛的Johne's病
　　　　　　　的关联性 …………………… 198
第十一章　人兽共患衣原体病、支原体病和立克次
　　　　　体病 ………………………………… 200
　第一节　衣原体病 …………………………… 200
　　一、流行病学 …………………………… 200
　　二、临床表现 …………………………… 200
　　三、预防措施 …………………………… 200
　第二节　支原体病 …………………………… 200
　　一、流行病学 …………………………… 200
　　二、临床表现 …………………………… 201
　　三、预防措施 …………………………… 201
　第三节　立克次体病 ………………………… 201
　　一、Q热 ………………………………… 201
　　二、恙虫病 ……………………………… 202
　　三、流行性斑疹伤寒 …………………… 202
　　四、鼠型斑疹伤寒 ……………………… 202
　第四节　埃里希体病 ………………………… 203
　　一、流行病学 …………………………… 203
　　二、临床表现 …………………………… 203
　　三、预防措施 …………………………… 203
　第五节　附红细胞体病 ……………………… 203
　　一、流行病学 …………………………… 203
　　二、临床表现 …………………………… 203
　　三、预防措施 …………………………… 203
　第六节　人粒细胞无形体病 ………………… 204
　　一、流行病学 …………………………… 204
　　二、临床表现 …………………………… 204
　　三、预防措施 …………………………… 204
第十二章　人兽共患病毒病 …………………… 205
　第一节　以接触性传播为主的人兽共患传
　　　　　染病 ………………………………… 205
　　一、狂犬病 ……………………………… 205
　　二、口蹄疫 ……………………………… 205
　　三、羊传染性脓疱 ……………………… 206
　　四、痘病 ………………………………… 206
　　五、猪水疱病 …………………………… 206
　　六、淋巴细胞脉络丛脑膜炎 …………… 207
　　七、亨德拉病毒病和尼帕病毒病 ……… 207
　　八、非典型肺炎 ………………………… 207
　　九、埃博拉热与马尔堡热 ……………… 207
　　十、病毒性脑心肌炎 …………………… 208
　　十一、疱疹病毒感染 …………………… 208
　　十二、阿根廷出血热 …………………… 208
　　十三、玻利维亚出血热 ………………… 209
　第二节　经虫媒传播为主的人兽共患病毒病 …… 209
　　一、流行性乙型脑炎 …………………… 209
　　二、森林脑炎 …………………………… 209
　　三、登革热 ……………………………… 210
　　四、新疆出血热 ………………………… 210
　　五、西尼罗河热 ………………………… 210
　　六、基孔肯雅病 ………………………… 211
　　七、黄热病 ……………………………… 211
　　八、裂谷热 ……………………………… 211
　　九、科罗拉多蜱传热 …………………… 212
　　十、辛德毕斯病 ………………………… 212
　　十一、环状病毒病 ……………………… 212
　　十二、东部马脑炎 ……………………… 212
　　十三、西部马脑炎 ……………………… 213
　　十四、委内瑞拉马脑炎 ………………… 213
　　十五、圣路易斯型脑炎 ………………… 213
　　十六、苏格兰脑炎 ……………………… 214
　　十七、墨累山谷脑炎 …………………… 214
　　十八、波瓦生脑炎 ……………………… 214
　　十九、颚市斯克出血热 ………………… 214
　　二十、赛卡热 …………………………… 215
　　二十一、韦塞尔斯布朗病 ……………… 215
　第三节　以食源性传播为主的人兽共患病
　　　　　毒病 ………………………………… 215
　　一、疯牛病 ……………………………… 215
　　二、痒病 ………………………………… 215
　　三、戊型肝炎 …………………………… 216
　　四、病毒性腹泻 ………………………… 216
　第四节　经输血传播的人兽共患病毒病 …… 216
　　一、艾滋病 ……………………………… 216
　第五节　经呼吸道传播为主的人兽共患病
　　　　　毒病 ………………………………… 217
　　一、流行性感冒 ………………………… 217
　　二、流行性出血热 ……………………… 217
　　三、新城疫 ……………………………… 218
　　四、拉沙热 ……………………………… 218
　　五、仙台病毒感染 ……………………… 218
第十三章　人兽共患寄生虫病 ………………… 219
　第一节　人兽共患原虫病 …………………… 219
　　一、弓形虫病 …………………………… 219
　　二、肉孢子虫病 ………………………… 219
　　三、隐孢子虫病 ………………………… 219
　　四、利什曼病 …………………………… 220
　　五、阿米巴病 …………………………… 220

六、贾第虫病 …………………………………… 220
　　七、卡氏肺孢子虫病 …………………………… 221
　　八、兔脑炎原虫病 ……………………………… 221
　　九、巴贝斯虫病 ………………………………… 221
　　十、结肠小袋纤毛虫病 ………………………… 221
　　十一、锥虫病 …………………………………… 222
　第二节　人兽共患吸虫病 …………………………… 222
　　一、日本血吸虫病 ……………………………… 222
　　二、并殖吸虫病 ………………………………… 223
　　三、华支睾吸虫病 ……………………………… 223
　　四、姜片吸虫病 ………………………………… 223
　　五、肝片吸虫病 ………………………………… 224
　　六、双腔吸虫病 ………………………………… 224
　　七、阔盘吸虫病 ………………………………… 224
　　八、毕吸虫病 …………………………………… 225
　　九、林多恩斯棘口吸虫病 ……………………… 225
　　十、大片形吸虫病 ……………………………… 225
　　十一、长菲策吸虫病 …………………………… 226
　第三节　人兽共患线虫病 …………………………… 226
　　一、旋毛虫病 …………………………………… 226
　　二、蛔虫病 ……………………………………… 226
　　三、钩虫病 ……………………………………… 227
　　四、丝虫病 ……………………………………… 227
　　五、颚口线虫病 ………………………………… 227
　　六、类圆线虫病 ………………………………… 228
　　七、毛圆线虫病 ………………………………… 228
　　八、肾膨结线虫病 ……………………………… 228
　　九、美丽筒线虫病 ……………………………… 229
　　十、结膜吸吮线虫病 …………………………… 229
　　十一、麦地那龙线虫病 ………………………… 229
　　十二、肝毛细线虫病 …………………………… 230
　　十三、广州管圆线虫病 ………………………… 230

　第四节　人兽共患绦虫病 …………………………… 230
　　一、猪囊尾蚴病(猪带绦虫病) ………………… 230
　　二、牛带绦虫病与牛囊尾蚴病 ………………… 231
　　三、棘球蚴病 …………………………………… 231
　　四、曼氏迭宫绦虫病 …………………………… 232
　　五、多头绦虫病 ………………………………… 232
　　六、棘头虫病 …………………………………… 232
　　七、犬复孔绦虫病 ……………………………… 233
　　八、亚洲带绦虫病 ……………………………… 233
　第五节　其他人兽共患寄生虫病 …………………… 233
　　一、舌形虫病 …………………………………… 233
　　二、环孢子虫病 ………………………………… 234
　　三、微孢子虫病 ………………………………… 234
　　四、螨病 ………………………………………… 234
　　五、蝇蛆病 ……………………………………… 236
第十四章　人兽共患真菌病 …………………………… 237
　第一节　大孢子菌病 ………………………………… 237
　第二节　霉菌病 ……………………………………… 237
　第三节　芽生菌病 …………………………………… 237
　第四节　念珠菌病 …………………………………… 238
　第五节　球孢子菌病 ………………………………… 238
　第六节　隐球菌病 …………………………………… 239
　第七节　皮霉菌病 …………………………………… 239
　第八节　组织胞浆菌病 ……………………………… 240
　第九节　足分枝菌病 ………………………………… 240
　第十节　原藻病 ……………………………………… 241
　第十一节　鼻孢子菌病 ……………………………… 241
　第十二节　孢子丝菌病 ……………………………… 241
　第十三节　接合菌病 ………………………………… 242
　第十四节　着色真菌病 ……………………………… 243
　第十五节　马尔尼菲青霉菌病 ……………………… 243

参考文献 ……… 245

第一篇　人兽共患病概述

人类独创的知识、智慧和组织能力的不断进步，并没有改变被寄生生物侵袭的弱点。传染病早于人类存在于自然界，与人类社会的发展同存，并将永远伴随，同时也是决定人类生存的一个因素。现代传染病的主要形式是人兽共患病，并以新出现和再现形式发生，在可预见的将来也将是这样。历史上，对人类危害最严重的几次大的传染病流行，基本都是从动物传播到人类的，如鼠疫、天花和流感等。目前，人兽共患病已经成为影响全球的重大公共卫生问题。

人类传染病的痛苦经历和巨大经济代价迫使人们探索防治的有效方式，20世纪人们消灭了天花，并在脊髓灰质炎防治上取得了巨大进展，使传染病的死亡率大大降低，人们通过对人兽共患病的研究和了解，不断设立新的防治目标，并有信心在有限的时间内消灭某些种类的传染病。

第一章
人兽共患病及其危害

第一节　人兽共患病概念及其进化

疾病：是指有损于身体正常功能或健康并引起身体严重后果的状况。人类的疾病种类非常复杂，影响各异。家畜和禽类疾病影响畜禽的生存和人类的健康，常造成严重的经济影响。而野生动物疾病主要影响种群数量或生存概率，如最近在两栖动物出现的壶菌病就影响两栖类动物种群的稳定性。

病原：是指能够引起传染病的所有病原微生物。这类微生物能够侵入机体，进而引起机体感染。而非传染性病因，如肉毒毒素、其他天然物质（如真菌、藻类等）和合成毒素（如杀虫剂、农药等）多数是从食物或过敏途径进入体内。

人畜共患病（zoonosis）：主要是指人与家养、驯养、宠物等动物共患的疾病，也称为人兽共患病。

人兽共患病：根据世界卫生组织和联合国粮食及农业组织的定义，人兽共患病（zoonosis）是指"人和脊椎动物由共同病原体引起的、又在流行病学上有关联的疾病"。OIE定义：所有来源于动物的人类传染病或疾病。人兽共患病除家畜禽外，还包括野生动物及两栖类等，比人兽共患病更广义一些。随着对人兽共患病逐步了解和人兽共患病涉及范围的逐步扩大，专家们对人兽共患病定义也在另外释义，可能OIE的定义要比WHO的定义更为确切些。

人类人兽共患病病原体主要来源于人类饲养、驯化的畜禽和野生脊椎动物。我国发现的人兽共患病有90余种，农业部、卫生部组织制定并于2009年1月19日施行的《人兽共患传染病病名录》有26个。

新现人兽共患病（emerging zoonosis）：2004年WHO/FAO/OIE在日内瓦召开的人兽共患病会议，将新现人兽共患病定义为，新认识、新涉及或以前发生过，但在地理、宿主或媒介范围发生率明显增加或扩展的人兽共患病。新现人兽共患病引起了人类对健康威胁倾向的重视，目前这种高发趋势可能会延续下去。此外，某些持续发生的人兽共患病在一些地区再现，但这些再现很少引起人们的注意，如布鲁氏菌病、囊尾蚴、包虫病等。

宿主（host）：是指对病原易感程度不同的动物、媒介生物或人。

保藏宿主（reservoir）：是指自然状态下病原长期生存的场所。脊椎动物是人兽共患病的主要保藏宿主。除动物和媒介生物外，保藏宿主还包括非生物环境（如土壤和水），如土壤中的真菌（皮炎芽生菌、粗球孢子菌、星形诺卡氏菌），许多分枝杆菌（胞内分枝杆菌、堪萨斯分枝杆菌）；此外，水是另一些微生物的保藏宿主，如海洋分枝杆菌和非生命形式阿米巴（如福氏耐格里阿米巴）。

携带宿主（carries）：是指带染病原，但不表现明显临床症状的宿主，是人兽共患病持续存在的重要因素。

还有一些属"内源性感染"类疾病，来自个体本身的正常菌群，如放线菌（牛放线菌-牛，以色列放线菌-人）和产黑素拟杆菌引起的疾病。这类疾病在人与动物的临床表现上类似，因此也被认为是人兽共患病。

进化：病原和宿主互为适应就是进化的表现。共适应与共存并不完全一致。共存是指宿主致死性随病原毒力减弱而降低，对病原在宿主中继续存在影响不大。共适应是指生物系统中的要素之间的相互适应，致病性病原对宿主的适应能力强（如跨物种屏障能力），以保持其侵袭性和扩散能力（如耐药性）。许多病原在数量、种类和能力上具备了遗传变化的优越性，使病原在较短时间内适应了环境和宿主条件的变化。因此，病毒和原虫更可能成为人类新现疾病的病原，而蠕虫成为新现病原的可能性就会极低。

病原进化取决于病原自身遗传稳定性、病原之间接触和作用概率、与新宿主适应的机遇、环境和外界因素等因素的综合作用结果。

第二节　人兽共患病危害

人兽共患病是传染性疾病新现的主要形式，过去10年超过2/3的新现疾病来源于动物，因此人兽共患病成为现今最大的公共卫生威胁。人类的人兽共患病不仅限于人与动物或与自然界的直接接触，许多食源性的新现疾病尤其值得注意。食品供应全球化和旅游有关的"新的饮食经历"都为病原遭遇新宿主提供机遇，预防这些疾病增加了社会负担。野生动物是人兽共患病的主要来源之一，伴侣动物尤其是狗和猫与野生动物接触，为野生动物病原传播进入家畜动物群提供桥梁作用。

一、人兽共患病多为人与动物的烈性传染病或流行病，对公共卫生构成重大威胁

许多人兽共患病是人与动物的烈性传染病，既可通过同源性链在动物与动物或人与人之间传播，又可通过异源性链在动物与人或人与动物之间流行。因此，它对人类和动物的安全、社会经济的发展及畜牧业生产都构成了重大的威胁，如鼠疫、天花、霍乱、伤寒等烈性传染病在人类历史上曾多次发生世界性流行，给人类带来过重大的灾难。新发生的人兽共患病，如艾滋病，在全球已有病毒携带者和患者6000多万人，已死亡2000多万人。1983年美国宾夕法尼亚州地区暴发禽流感（H5N5），造成3.49亿美元的经济损失，并引起人类发病而死亡；2005年禽流感在全球30多个国家流行，引起140多人发病，先后死亡80多人。目前禽流感仍然威胁着我国人民的健康和养殖业发展（表1-1）。

1985年英国发生首例疯牛病，曾在欧洲引起恐慌，随后疫病波及德国、爱尔兰、加拿大、瑞士、荷兰、意大利、西班牙、阿曼、丹麦、法国、美国、日本及韩国等十几个国家和地区，造成全球30多万头牛感染，引起130多人发病死亡，仅英国就先后捕杀、焚烧350万头牛，直接经济损失达42亿英镑。

表1-1 根据农业控制疾病和新现病的严重程度，对人健康和家畜影响最重要的人兽共患病（材料来自于WHO和权威文献估计平均数）

疾病	野生动物交界面	每年死亡人数	每年影响人数	死亡超过1000人起数	死亡超过100万人起数	每年影响最高	农场干预	其他（等级=1）	累加分数
胃肠道（人兽共患）	重要	1 500 000	2 333 000 000	2	1	1	1	0	5
细螺旋体病	非常重要	123 000	1 700 000	2	1	1	1	0	5
囊尾幼虫病	相当重要	50 000	50 000 000	2	1	1	1	0	5
结核	相当重要	100 000	554 500	2	0	1	1	0	4
狂犬病	重要	70 000	70 000	2	0	0	1	严重	4
利什曼病	重要	47 000	2 000 000	2	1	0	1	0	4
布鲁氏菌	相当重要	25 000	500 000	2	0	1	1	0	4
包虫病	重要	18 000	300 000	2	0	1	1	0	4
弓形虫病	重要	10 000	2 000 000	1	1	1	1	0	4
Q热	重要	3 000	3 500 000	2	1	0	1	0	4
锥虫病	重要	2 500	15 000	2	0	1	1	0	4
炭疽	相当重要	1 250	11 000	2	0	1	1	0	4
戊型肝炎	相当重要	300 000	14 000 000	2	1	1	0	0	4
查加斯病	重要	10 000	8 000 000	2	1	0	0	0	3
基孔肯雅病	非常重要	12 500	500 000	2	0	0	0	新现	3
艰难梭菌病	可能重要	3 000	300 000	2	0	0	0	新现	3
刚果热	次要	20 000	50 000 000	2	1	0	0	0	3
埃博拉病	非常重要	500	800	2	0	0	0	严重	3
汉坦病毒病	非常重要	1 750	175 000	2	0	0	0	新现	3
禽流感	重要	77	145	0	0	0	1	新现	3
疯牛病	相当重要	182	188	0	0	0	1	严重	3
鹦鹉热	重要的	2 250	22 000	2	0	0	1	0	3
日本脑炎	可能，蝙蝠	11 000	40 000	2	0	0	1	0	3
水牛痘	不重要			0	0	1	0	0	
裂谷热	重要的	45	150	0	0	1	1	新现	3

注：在许多阈值中对人类高致死率给予加倍。累加分数（人死亡率×2）+（受累及人数）+（对家畜影响大）+（可能农业干涉）+（其他：严重或新现疾病）最可能大的分数6，最小分数为0。

二、多数人兽共患病为自然疫源性疾病，难以控制或消灭

自然疫源性疾病一般都是典型的地方性动物病（enzootic disease），是在自然界野生动物之间流行的疾病。它的特点是有明显的区域性或季节性，并与人类的经济活动密切相关，同时受自然因素的影响较大。加之这些疾病分布很广，储存宿主众多，多数呈隐性感染，因此，难以控制与消灭。目前发生的自然疫源性疾病约有95种，其中自然疫源性病毒病59种，细菌病9种，立克次体病和衣原体病7种，螺旋体病3种，寄生虫病17种。原有的自然疫源性疾病仍然存在，新的自然疫源性疾病又不断出现，如埃博拉出血热、SARS、禽流感、肾综合征出血热、尼帕病毒病等对人类和动物又构成了新的威胁；肾综合征出血热在我国除新疆和青海之外，其余29个省、自治区、直辖市都存在，发病人数达150万人，病死率在10%以上。

三、传统传染病再度肆虐

目前，人兽共患病不仅威胁着发展中国家，而且威胁到发达国家。许多人兽共患病已成为人类死亡的主要原因，危害巨大。历史上发生的传统传染病曾给人类带来巨大灾难，但人类在与这些疾病长期作斗争中积累了丰富的经验，取得了控制疾病的重大成就，先后控制与消灭了许多急性传染病。然而，进入20世纪以来，耐药菌株和变异毒株的出现，生态环境的改变、全球气候的变化、人口频繁的流动、食品生产工业化、动物与动物产品市场流动加快等，助长了人兽共患病的发生与传播。过去一些已经被控制的传统传染病，如鼠疫、结核病、狂犬病、霍乱、布鲁氏菌病、乙型脑炎、登革热、恙虫病、血吸虫病、弓形虫病和棘球蚴等病又死灰复燃、卷土重来，对人类的健康重新构成严重威胁。鼠疫曾有过三次大流行，直到20世纪60年代才平息。80年代中期以来，东南亚和南亚及非洲一些国家又出现疫情，90年代更为严重。我国于1984年基本控制了鼠疫的流行，但90年代以来发病人数又呈上升势头，疫情分布于全国17个省、自治区、直辖市。结核病存在于除北美洲、古巴和澳大利亚之外的118个国家和地区。据WHO报告显示，当前每年全世界新增结核病患者达1000万人，死亡300万人。我国现有结核病患者约500万人，仅次于印度，结核病患者数居世界第二位（表1-1）。自80年代后期，布鲁氏菌病疫情在一些国家和地区呈上升趋势，该病致使德国每年经济损失达6600万美元，法国每年损失8100万美元，美国和拉丁美洲每年损失7亿美元。我国80年代中期人间布鲁氏病感染率下降至0.3%，畜间感染率下降至0.5%~1%，并有8个省、自治区、直辖市达到控制标准。但到90年代初期，布鲁氏病疫情出现波动，有十几个省、自治区布鲁氏病疫情大幅度反弹，到1994年感染率上升至3.2%。广西10年间因布鲁氏病造成经济损失达1491.8万元，新疆10年间损失达1.1亿元人民币。WHO 1993年报告显示，血吸虫病仍在74个国家和地区流行，有2亿人口受到血吸虫感染，每年死于血吸虫病的患者达100多万人。我国自1998年以来，血吸虫病疫情反弹，当前长江流域及其以南的12个省、自治区、直辖市疫情严重，患者成倍增长。

四、新出现的传染病已对人类构成新的威胁

自20世纪70年代以来，在全球范围内先后发现新发生的传染病有43种，其中在我国存在或潜在的有20几种。新出现的传染病是指那些由新种或新型病原体引起的传染病，可导致地区性的或国际性的公共卫生问题。如表1-2所示，在这些新发现的传染病中绝大多数为动物源性的人兽共患病，又以病毒病和自然疫源性疾病为多，其表现为传染性强、流行范围广、传播速度快、发病率与病死率高、危害性巨大，因此，对人类和动物的健康均构成新的严重威胁，应高度警惕。

表1-2 近30年来新出现的主要传染病一览表

病名	病原体	病原发现年份
拉沙热	拉沙热病毒	1970
猴痘	猴痘病毒	1970
空肠弯曲菌肠炎	空肠弯曲杆菌	1972
轮状病毒病	轮状病毒	1973
细小病毒病	细小病毒B_{19}	1975
隐孢子虫病	隐孢子虫	1976
埃博拉出血热	埃博拉病毒	1976
军团菌病	嗜肺军团菌	1977
丁型肝炎	丁型肝炎病毒	1977
流行性出血热	汉坦病毒	1978
丙型肝炎	丙型肝炎病毒	1989
委内瑞拉出血热	瓜拉瑞托病毒	1989
戊型肝炎	戊型肝炎病毒	1990
巴比西虫病	巴比西虫	1991
新型霍乱	O139霍乱弧菌	1992
猫狐热	巴尔通氏体	1992

续表

病名	病原体	病原发现年份
汉坦病毒肺综合征	辛诺柏病毒（新型汉坦病毒）	1993
麻疹	Hendra 病毒	1994
亨德拉病毒性脑炎	亨德拉病毒	1994
庚型肝炎	庚型肝炎病毒	1995
T 细胞淋巴瘤白血病	人类嗜 T 淋巴细胞病毒 I 型	1980
中毒性休克综合征	金黄色葡萄球菌毒素	1981
出血性结肠炎	大肠杆菌 O157∶H7	1982
毛细胞白血病	人类嗜 T 淋巴细胞病毒 II 型	1982
艾滋病	人类免疫缺陷病毒（HIV）	1983
莱姆病	伯氏疏螺旋体	1983
消化性溃疡	幽门螺旋杆菌	1983
东方斑点热	日本斑点热立克次体	1984
疯牛病	朊蛋白（prion）	1985
埃尔利希体病	查菲埃尔利希体	1987
禽流感	禽甲型流感病毒（H5N1）	1997
输血后肝炎	输血后肝炎病毒（TTV）	1997
尼帕病毒脑炎	Nipah 病毒	1999
重症急性呼吸综合征	SARS 病毒（新型冠状病毒）	2003

2002 年 11 月我国首先发现 SARS，2003 年 3 月 12 日世界上 SARS 报告病例的国家和地区达 32 个。2003 年 8 月 7 日全球累计 SARS 报告病例为 8422 例，死亡 916 例，其中我国内地 SARS 报告病例 5327 例，死亡 343 例。西尼罗病毒脑炎，1996～1999 年曾在罗马尼亚、俄罗斯和美国再次流行，发病人数达 4156 人，死亡 284 人；2003 年流行时发病 9100 人，死亡 222 人，同时还引起马、鸟类和其他动物感染发病而死亡。目前本病主要流行于非洲、西亚、东欧和中东地区的 20 几个国家和地区。1997 年马来西亚首次发生尼帕病毒脑炎，1998～1999 年又先后发生流行，共计发病 489 人，死亡 185 人，宰杀生猪约 100 万头。尼帕病毒脑炎现流行于马来西亚、新加坡、孟加拉国、印度尼西亚、澳大利亚、菲律宾和巴布亚新几内亚等国家。我国于 1984 年首次发现军团菌病，至 1993 年曾先后在北京、唐山、南京、重庆等地发生过流行。1975 年首次发现于美国康涅狄格莱姆镇的莱姆病，现世界上 5 大洲的 30 多个国家均有本病的发生与流行。我国自 1987 年发现本病以来，已证实在全国有 28 个省、自治区、直辖市的人群中存在莱姆病感染，18 个省、自治区、直辖市存在自然疫源地，估计每年新发病人数至少为 2 万例。

五、生物恐怖对人类的威胁依然存在

许多人兽共患病是危害人类生命安全的烈性传染病，历史上曾使用这些烈性传染病的病原体作为生物战剂，在 20 世纪两次世界大战中都使用过生物战剂，对人类的生命安全造成了严重威胁。2001 年美国发生炭疽邮包袭击事件，先后有十几个人被感染，并有死亡病例。后来澳大利亚和德国又相继发现"细菌邮件"，给人类造成了极大的恐慌。这些事实表明当今世界恐怖分子有可能利用某些人兽共患病病原及其致病因子或者通过现代生物技术对这些病原微生物进行改构与基因重组，极大地提高其杀伤力、攻击力和毒性作用，制造生物战剂进行恐怖活动，威胁人类的安全。美国、俄罗斯等国重点研制的生物战剂，主要使用的人兽共患病病原体有：炭疽、土拉杆菌、鼠疫、霍乱、委内瑞拉马脑炎、裂谷热、出血热、Q 热、斑疹伤寒等。其他潜在性的生物战剂病原有：刚果出血热病毒、基孔肯雅病毒、东方马脑炎病毒、埃博拉病毒、汉坦病毒、乙型脑炎病毒、拉沙热病毒、马尔堡病毒、森林脑炎病毒、西方马脑炎病毒、黄热病病毒、布鲁氏菌、鼻疽杆菌、类鼻疽杆菌、衣原体、立克次体等 20 多种。面对当前严峻的形势，我们应做好突发公共卫生事件和反生物恐怖的各种准备工作，提供可靠的物质和技术保障，确保人民群众的安全。

六、人类防控人兽共患病成为巨大经济负担

人兽共患病的防控是一项长期的、经常性的工作，需要大量的人力、物力、财力和政府的支持，无论是来源于动物，还是来源于自然环境，都需要不断发展新技术和新手段，需要不断认识常规人兽共患病的本质；同时又要面临新现人兽共患病的挑战。在这个过程中，必将投入巨大的人力、物力和财力，仅仅是人类疾病的治疗费用就将成为巨大的经济负担。

目前，人类在传染病面前所面临的新形势与新情况是：一方面已被控制的传统传染病卷土重来，重新威胁人类；另一方面新出现的传染病相继发生，给人类带来了新的灾难和恐慌。由此可见，人类将又一次处在传染病发生与流行的威胁之中，而且是面对新旧传染病的双重威胁。

第三节　人兽共患病的特点

人兽共患病与传染病相比，具有如下特点。

（1）**宿主广泛**　人兽共患病存在于动物和人类之中，即使在动物方面也是范围广泛的不同种类宿主，如炭疽、结核、螺旋体病，都会涉及几十种以上的动物种

类。人们要面对如此众多的危险动物，公共卫生压力很大。

(2) **新现不断，跨物种传播** 一边新病种、新病型陆续出现，一边老疫病卷土重来，再度肆虐人畜。随着人类活动和自然环境的压力，病原不断出现变异，导致新现人兽共患病陆续出现。病原跨物种能力是人兽共患病传播的驱动源，也是最大的一种流行威胁。

(3) **人兽共患病数量以病毒病为多** 病毒性人兽共患病的损失在所有人兽共患病中相对严重。由于病毒性人兽共患病的治疗较难，发生和传播较快，损失较大。

(4) **以动物源性人兽共患病为主** 目前发生的人兽共患病绝大多数来自于动物源性，人传人较少见。

(5) **以自然疫源性疫病为多** 现在新出现的人兽共患病以自然疫源性居多，由于人类对于此类病原的攻击抵抗力相对较弱，往往造成较大损失。

(6) **长距离传播** 很多人兽共患病能够长距离快速传播，迅速危及全人类，如SARS、新冠状病毒、禽流感、超级耐药菌等，一天之内就可传遍全球。

(7) **传播形式多样，防范难度大** 以食物、水和虫媒病为经常的传播渠道，气溶胶更是快速传播的形式或途径之一，如SARS、禽流感、布鲁氏菌病等。

(8) **由机会致病菌引起的疾病在增多** 原来只针对人或动物致病，现在对动物和人都致病，如肺炎克雷伯氏菌、鲍曼不动杆菌。

(9) **具有职业卫生危险** 人兽共患病最先发生往往具有职业特点，多数与动物具有交接面的接触经历，如禽流感、SARS、炭疽等，以这些人群作为疫源地中心，逐步向外扩散。

由于人兽共患病的这些特点，增加了畜禽产业及相关产品的风险，对人类的健康和生命造成严重的威胁。

第四节　人兽共患病分类

人兽共患病种类较多，特点各异，常用的分类方法一般按病原体种类进行分类；也有的按病原体保藏宿主的性质或病原体生活史类型进行分类。

一、按病原体种类进行分类

在医学和兽医学领域，人兽共患病最常用的分类方法就是按病原体种类进行分类。依病原体不同可以将人兽共患病分为病毒性人兽共患病、细菌性人兽共患病、衣原体性人兽共患病、立克次体性人兽共患病、螺旋体性人兽共患病、真菌性人兽共患病、寄生虫性人兽共患病等，其中病毒病又可分为接触性人兽共患病毒病、虫媒性人兽共患病毒病和朊病毒病等。

二、按病原体保藏宿主的性质分类

1. 动物源性（以动物为主）**人兽共患病**（zooanthroponoses）

病原体的保藏宿主是动物，常在动物之间传播，偶然感染人类。人感染后往往成为死亡终端（death end），失去继续传播的机会，如AIDS、伤寒热、狂疾。

2. 人源性（以人为主）**人兽共患病**（anthropozoonoses）

人是病原体的保藏宿主，常在人与人之间传播，偶然感染动物。动物感染后往往成为死亡终端，失去继续传播机会，如人型结核，此类人兽共患病也称为反向人兽共患病（reverse zoonosis）。

3. 互源性（人兽并重）**人兽共患病**（amphixenoses）

人和动物都是病原体的保藏宿主。自然条件下，病原体可以在人与人之间、动物间及人与动物间相互传染，人和动物互为传染源，如结核病。

4. 真性人兽共患病（euzoonoses）

必须以动物和人分别作为病原体的中间宿主或终末宿主，缺一不可，也称为真性周生性人兽共患病，如猪带绦虫病和猪囊尾蚴病。

此外，按照病原体存在来源也可将人兽共患病分为媒介源性、宠物源性、水源性、腐生性、食源性人兽共患病等。

三、按病原体生活史分类

1. 直接人兽共患病（direct zoonoses）

通过直接接触或间接接触而传播的人兽共患病。病原在传播过程中并没有增殖，也没有经过必要的发育阶段。主要感染途径是皮肤、黏膜、消化道和呼吸道等。

2. 媒介性（中介性）**人兽共患病**（metazoonoses）

病原体生活史必须有脊椎动物和无脊椎动物共同参与才能完成的人兽共患病。无脊椎动物作为传播媒介，病原体在其体内完成必要的发育阶段或增殖到一定数量，才能传播给易感脊椎动物，病原体在其体内继续发育，完成其整个发育过程，如森林脑炎、登革热、华支睾吸虫等。

3. 周生性（循环性）**人兽共患病**（cyclozoonoses）

病原体为完成生活史需要两种或多种脊椎动物宿主，但不需要无脊椎动物参与的人兽共患病。其中又分为真性和非真性两种，真性的病原体生活史必须有人类参与才能完成，如猪带绦虫病、猪囊尾蚴病；非真性病原体生活史不一定有人类参与也能完成，人类的参与有一定偶然性，如棘球蚴病。

4. 腐生性（腐物性）**人兽共患病**（saprozoonoses, sapronoses）

病原体生活史需要至少一种脊椎动物宿主和一种非动物性滋生基质（如水、土壤、有机腐物、植物等）才能完成感染的人兽共患病。病原体在非生物基质中繁殖或进行一定阶段发育，然后再传染给脊椎动物宿主，如炭疽、肝片吸虫、钩虫等。腐生性人兽共患病（传染病）的突出特点是病原能够在非生物基质条件下繁殖，也能在恒温动物体内繁殖，包括人类。因此，具有"双重生活"方式：腐生和寄生（致病性），人类许多霉菌性病原属于腐生性，如球孢子菌病、组织胞浆菌病、芽生菌病、隐孢子虫病、金孢子虫病（emmonsiosis）；还有一些细菌（军团杆菌病）和原虫（主要有阿米巴脑炎），但没有病毒、立克次体等。人兽共患病与腐生性传染病之间区别相当模糊，腐生性人兽共患病是依赖于环境条件而引发的人兽共患病或腐生性传染病（如李氏杆菌病、伪结核、炭疽）。它们的共同特征在于人是死亡终端宿主，病原并不能偶然适应新宿主。

5. 生态上与人类相关的人兽共患病（synanthropic zoonoses）

人兽共患病还可以根据病原生活史中栖息环境或生态系统分类。

（1）生态上与人关联的人兽共患病　来自家养动物的人类传染源或生态上与人关联的脊椎动物的市区循环。多数经皮肤、气溶胶、消化道、结膜等途径传播，如水泡型口炎、布鲁氏菌病、结核、李氏杆菌病、鼻疽等。与职业有关的行业，如奶业工人、屠宰工人、兽医等。

（2）非人类关联的人兽共患病　森林（野生）循环，病原宿主在人类居住范围以外的自然疫源地。一般进入自然疫源地而使人类感染，如蜱咬性脑炎、土拉热、鼠疫，常见嗜血性媒介攻击后感染。以上两种分类方式界限并不十分清晰，很多人兽共患病同时表现市区和森林循环型，如锥虫引起的黄热病和鼠疫（表1-3）。

表1-3　人兽共患病分类及致病特点

人传染病类型	传染源（病原栖息环境）	人—人
人源性人兽共患病	人	常见
动物源人兽共患病	动物	不常见
腐生性人兽共患病	非生物环境基质	非常罕见

从生态学角度看，所有病原微生物都是它们宿主的寄生物（包括动物和植物）。现今病原的寄生生活过程一般是：共生→（偶然）兼性寄生→绝对寄生。通常绝对寄生因进化适应性并不引起宿主致死。从生态学角度看，可以把人兽共患病分成6类：病毒性、细菌性、霉菌性、原虫性、节肢动物传染性、蠕虫性。

直接人兽共患病在动物之间传播，人是偶然宿主，人不是正常病原传播的一环，因而成为死亡终端宿主。而间接传播可能从天然动物（保藏）宿主传播到另一种动物，再传播给人。如果疾病引起动物死亡，那么这个中间宿主可能不是真正的天然保存宿主，如猴马尔堡病毒或马的亨德拉病毒。一些新现人兽共患病具有人与动物共感染的特点。

此外，还有移植性人兽共患病（disease invasion xenozoonosis）、嗜兽癖（zoophilia, zoophilism）性吸引动物或与动物发生性关系，也易引起人兽共患病。

不同计算人兽共患病的方法导致不同种类人兽共患病的数量不同，病毒、蠕虫、细菌和立克次体是最常见的人兽共患病病种，以百分比为基础，细菌和立克次体占主要部分，约占人兽共患病总数的50%。在蠕虫引起的疾病中，95%与人兽共患病有关（图1-1）。迄今为止，至少有30种以上新现人兽共患病，也存在老病再现的困扰。

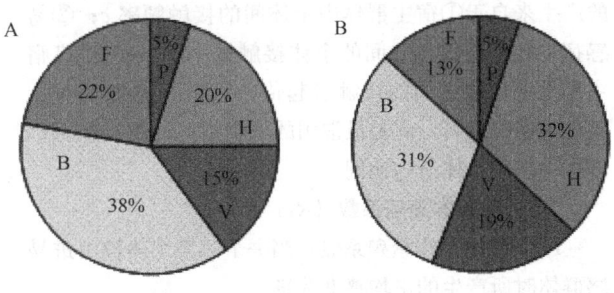

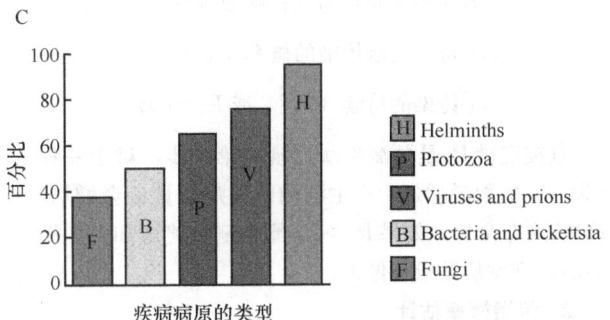

图1-1　人兽共患病原因病原的比例
A. 传染病原因；B. 人兽共患病病因比例；C. 人类已知人兽共患病病原数量比例

第五节　传染病模式和传播动力学

传染病动力学依赖于传染源对易感宿主的传播频率，许多疾病模型中常使用这种单一的复合系数，$\beta=$传播的概率。如果进一步将β分解，可分为个体间的接触频率和疾病传播中实际接触频率的概率。本节我们讨论一些疾病传播模型中的基本概念和预期差异的细节理解；一些经验数据、人类传染病资料各种差异系数的评估分析。

一、概述

本节主要讨论野生动物传播给人的新现人兽共患病

的发生问题，数学模型是人兽共患病研究的基本工具，如HIV、疟疾、SARS、狂犬病和流感模型。野生动物疾病数学模型可用于传播动力学和疾病可能传播途径的研究，而疾病跨物种传播动力学是理解和解释来源于野生动物宿主新现疾病的核心内容。

我们都知道病原从感染个体成功传染给易感个体，就形成传染病。如果缺乏持续性传染过程，任何传染病都将终止，不能继续传播。许多数学模型表示出感染和易感宿主之间的数学概念，疾病传播率（β），包含了大量信息。以数学模型方式描述人兽共患病传播动力学更具有普遍意义。

易感宿主和感染宿主对其持续传播的影响有三个基本特征：病原的传染性、传播的概率、接触类型和频率，这三种因素共同影响病原的基本繁殖系数（R_0）。

二、基本概念

易感宿主转变为感染宿主的转化率受两个因素影响：宿主群体中易感个体的数量和传染能力。传染能力的产生来自于①宿主群体中个体间的接触频率c；②易感宿主和感染宿主之间的个体接触概率m；③感染宿主和易感宿主之间的接触引起传染发生的传播概率p。就传染情况而言，m是最常用的一个指标，是指在全部群体中感染个体所占比例。

1. 病毒基本繁殖系数（R_0）

R_0为病毒基本繁殖系数，当一个感染个体被引进易感群体时所产生的平均感染数量：

$$R_0 [每个单位时间接触数（c）]$$
$$\times [每次接触传染的概率（p）]$$
$$\times [传染的持续（\gamma）]，或 R_0 = cp\gamma$$

直接定量R_0是预测疾病出现的第一步，对于一种疾病，R_0的数量增加，宿主群内的发病数量也会增加，有可能遍布全群。如果$R_0>1$，则发病数将增加；如果$R_0<1$，则发病数量将停止。

2. 传播概率估计

续发率（secondary attack rate, SAR）：与畜群中许多易感个体接触后，单个（宿主）感染指数的测定。

$$SAR = \frac{全部续发病例}{全部易感接触}$$

计算传染病传播率中传染和发病过程的时间段见图1-2和图1-3。为了更好地理解SAR计算方法的原理，我们先理解如下过程。我们对畜群中易感个体进行观察，该宿主在时间T被感染作为原始感染宿主；一般来说原始感染宿主的特征是①有一个最长感染期（I），②有最短潜伏期（E_1）和③有最长潜伏期（E_2）。如图1-2所示，以时间为长轴，我们可以限定第二宿主。当与原始感染宿主接触后，在不同时间段分别有4个宿主出现症状，这些都可能是原始感染宿主传染的后果，也可能不是。在最短潜伏期（E_1）内宿主2表现症状，因此，不可能受原始宿主传染。类似宿主5是在最长感染期（I）和最长潜伏期（E_2）更长时间后表现症状，结果也不可能从原始宿主获得传染。最可能从原始感染宿主传染的个体E_1是下限，$I+E_2$是上限区间，接触原始宿主后在这个时间段出现症状可作为续发病例，第3和第4宿主是当然的续发病例。

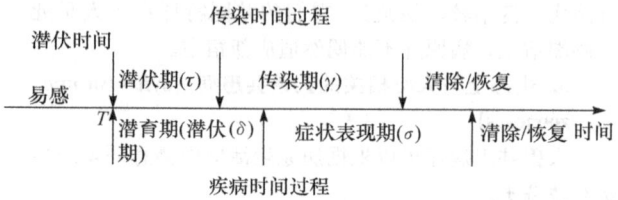

图1-2 感染和发病的传播率计算的时间段表示法

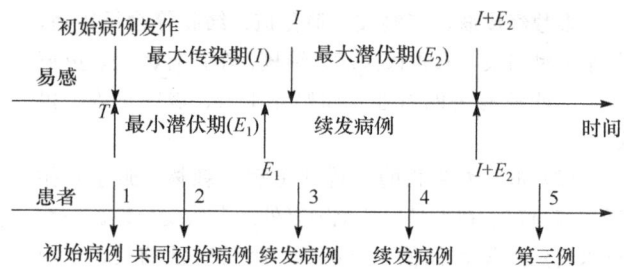

图1-3 测定续发病例和续发率计算的时间段表示法

例如，百日咳的SAR计算，在症状发作后21天感染病例喉培养物阳性，$I=21$天；通过观察得知，最短潜伏期为10天，最长潜伏期为30天，这样接触原始宿主后带有症状的续发病例应该在10~51天出现。依据SAR计算方式对SARS家庭传播率检验认为，家庭成员间传播率并不高（SAR=0.062），而医院工作者之间的传播率却很高（SAR>0.50）。

传播概率二项式模型，是指跟踪监测未感染的易感个体，观察其接触感染宿主后的情况。两种模型都用在人类流行病学方面，目前还没有用于野生动物的流行病学监测，可以进行这方面的尝试。在野生动物人兽共患病传播评估中，影响其新型传染病发生的三个主要因素包括：①个体间接触频率（c），②感染个体和易感个体之间的任何接触概率（m），③接触后发生传染的概率（p）。但是对于野生动物来讲，很难获得相关数据。

对于社会性（或群居性）动物种类，如果是白天活动类型，便于观察，可以提供定量接触频率数据资料，观察研究是非常有效的，可以获得详细信息，如类人猿和有蹄类动物的社会生活情况观察，已经掌握了这些动物的一些资料，可用于这些动物个体间接触的监测。接触事件的构成明显依赖于可疑的特殊病原和其传播模式。相对于组内传播动力学而言，测定组间接触频率更加困难，因为这些现象很难见到，而且要观察不止一个组。就长期研究来说，新个体移入及与其他群体相遇的频率等资料都十分有用，切记流行病席卷全群时，要特别注意组间传播率。组内传播频率和过程相对简单，不包含对新组群传播动力学那样的全面影响，传染病实际发生时就是这样，因为宿主群体接触水平与传染周期的长度最终决定疾病传播频率。

对于独居的野生动物种类，因其与同类接触少，难以确定疾病传播规律，除非生活在局限地域，才能够实施有效监测。也可以使用动物标志物进行电子跟踪或无线电遥测学技术跟踪，或者捕获动物监测其病原抗体变化。

利用现代分子生物学技术，如 RNA、DNA 等进行野生动物接触水平、空间分布及溯源等方面研究，并实施监测。

第六节　人兽共患病流行病学

人兽共患病具有广泛的病原来源，其宿主种类繁多，环境原因复杂，传播途径多样，经常面临许多全新病原等情况，因此，流行病学也是极其复杂的。

一、人兽共患病相关风险

在**职业风险**方面，与动物密切接触的职业是人兽共患病风险最高的一类人群，如兽医人员、动物园工作人员、饲养员、渔民、渔场职工、动物训练者、动物保护区的工作人员、动物福利监督员、与动物胴体和产品密切接触人员（如市场监督检疫员、屠宰人员、卖肉者、肉品检验员、动物商贩、食品工人和餐饮工人等）、实验室接触病原人员，除此之外还包括环境接触，如农业工人、森林工作者、垃圾处理工、户外活动指导者、公园维护者，以及宠物拥有者。

此外，动物或野生动物密度增加，再加上**规模饲养方式**，使人与动物更加近距离接触，有可能导致疾病新现，如牛结核、布鲁氏菌病、土拉热感染。在发展中国家人与动物的亲密接触是当地主要的公共卫生问题，如牛饲养者的戊型肝炎与水源和猪关系密切，与猪接触能够传播该病，怀孕妇女风险更大。

在**气候变化**方面，气候变化容易影响媒介生物群体，媒介生物将野生动物病原传染给家养动物，反之亦然，如蜱咬性病毒性脑炎、莱姆病、立克次体、Q热等，对农业工人风险最大。**生态因素**也是一个重要因素，由于森林过度开发，导致野生动物进入新的区域，有时甚至进入市区，使野生动物、经济动物、宠物与人接触机会大增。**人类行为**方面，如引入新品种、移民等行为都可能将新病原同时引进。**环境污染**方面，野生动物的病原污染于环境中，如露天垃圾场和肥料的处理，环境废弃物处理，鸟、流浪狗等对废弃物、动物尸体或脏器的捡食，都可导致病原传播。

人兽共患病可**增加患癌风险**，流行病学资料显示，兽医、肉品检验者和屠宰工人的"骨髓增殖紊乱"风险较高，可能与致癌病毒接触有关，当然这方面的机制需要进一步探讨。屠宰工人可能成为一类患有周围神经疾病的特殊人群，美国明尼苏达州和印第安纳州的两个猪屠宰场在2006~2008年中皆有工人患亚急性神经综合征的病例，这可能与接触气雾猪脑有关。

再现**人兽共患病**调查报告比较少，相应的应对措施就更少，因此职业风险高，如布鲁氏菌病和炭疽，奶牛工人手指关节就是感染牛副痘病毒引起的。强调流行病学和公共卫生的全面合作是"同一个健康"概念所强调的，主要是指对人、动物和生态系统交界面的新现和再现人兽共患病的防控合作，通过各种支持和法律化来增强动物、公共卫生和环境方面的合作。

二、人兽共患病病原的相关因素

传染性微生物是指与相应疾病有关的病原，包括病毒、细菌、真菌、原虫、后生动物（多细胞寄生性蠕虫和节肢动物）和其他病原（立克次体、衣原体、藻类等病原）。要确定某一疾病病原应该遵循科霍原则：①所有病例都要检测；②病例和实验室都能分离出来病原；③分离和培养的病原在接种相同宿主或相关种类机体能复制出同类疾病；④病原能够从接种发病的机体中再分离出来；⑤在接种宿主中产生特异免疫反应。

作为病原应具备的特征包括致病性、毒力、侵袭性和毒原性。致病性就是病原对易感宿主产生的特殊病理状态。病原微生物针对特异宿主具有亲和性，一般只有一种宿主（脊椎动物）易感，而其他种类则不相容。例如，许多沙门氏菌菌型具有广谱脊椎动物宿主，仅伤寒沙门氏菌等少数几种沙门氏菌侵袭人类。由于宿主遗传、生理和其他因素影响易感性，病原抗原发生变异影响其致病性。沙门氏菌有2400多个血清型，但仅有少数血清型有致病性。微生物突变和重组导致进化变异，如流感病毒抗原漂移，一些细菌和原虫在感染单个宿主过程中，其外膜糖蛋白发生了有益的变化，即"免疫逃避"。

有些微生物属于潜在致病菌或条件致病菌，仅在宿主身体较弱的情况下发病，如应急、营养不良、癌症、免疫抑制等情况。

毒力（virulence）是指感染病原单个菌（毒）株的致病能力，主要通过侵袭性和毒性产生。

侵袭力（invasivity）是指病原穿透宿主组织及在组织中繁殖的能力。

毒原性（toxigenicity）是病原通过产生外毒素和内毒素损伤宿主的能力，有时不能繁殖。

感染成功与否与每种病原剂量有直接关系。所有这些都显示了剂量效应与致病性强弱的关系。

感染（传染）剂量是指病原引起感染的病原体数量。有不同的表达方式，常用的为MID（最小感染剂量）或更精确的ID_{50}（半数感染剂量）。高致病性病原MID数量较低，如结核菌和蓝氏贾第虫，仅10个以下或左右病原个体即可引起感染。

致病剂量（引起疾病剂量）始终要比感染剂量高。

致死剂量是指杀死宿主的病原剂量，可用MLD（最小致死剂量）或LD_{50}（半数致死剂量）表示，但有的病原是绝对致死，因此被排除在外，如土拉热杆菌对鼠不论是腹腔注射或皮下注射一个菌即可致死。

保护剂量是指病原或疫苗在毒性株攻击时能够完全保护宿主的剂量，通常用MPD（最小保护剂量）或PD_{50}（半数保护剂量）表示。

细胞病变剂量是对培养细胞病变效应（CPE）来估计的，如CPE_{50}就是培养细胞半数出现病变。

有效剂量可用MED（最小有效剂量）和ED_{50}（半数有效剂量）来表示。在各种试验中ED_{50}主要依靠试验动物和细胞培养病原的基本效价或者是微生物直接计数来计算，也可用数学方式来计算，如**半数效量累积法、移动平均线法**。

病原对宿主防御功能的抵抗包括：荚膜形成，在固体基质上生物膜形成，在吞噬细胞内生存能力或病毒类在一些细胞内生存能力，抗原变异和免疫逃避，组织侵袭能力和逃避抗体能力，阻止干扰素和补体生成能力。

三、感染与侵入

传染过程是致病性微生物进入宿主体内后，病原与宿主之间相互作用的过程。感染或传染过程中，病原首先要突破宿主机体三个防御途径之一（皮肤、呼吸道和消化道黏膜）或两个有限（结膜、泌尿生殖道）上皮表面。上皮或黏膜是病原侵入宿主的主要大门。有些感染仅在侵入点有限侵入，如皮炎性金黄色葡萄球菌病；有些能侵入黏膜并扩散至身体其他部位（表1-4、表1-5）。

表1-4 人接触人兽共患病的常见途径

接触类型	活动举例	野生动物和人兽共患病举例
直接接触感染动物	加工胴体接触感染器官和组织	兔子、麝鼠，土拉热
	用于生物学、临床和其他目的感染动物处理	迁移鸟，衣原体病
	科学研究中处理胴体	感染鹿和迁移鸟，葡萄球菌、丹毒
	感染动物的咬伤	食肉动物，狂犬病
食用了感染动物肉	烟熏鱼温度过低	鲑鱼、白鱼，E型肉毒中毒
	野味香肠带有寄生虫	美洲狮肉干，旋毛虫病肉
	感染的肉未熟透	鹿，大肠杆菌病
	生食含寄生虫的食物	鳕鱼，鳕鱼蠕虫感染
感染的或污染媒介叮咬	户外活动接触蜱、蚊和其他媒介生物	鸟，西尼罗河热
接触污染的环境	皮肤接触污染的环境	水禽、啮齿动物、螺和游泳者，游泳疥疮
	土壤灰尘的气溶胶	吸血蝙蝠、黑鸟，组织胞质菌病
摄入污染水	饮用自然河流和湖泊未处理的水	水生啮齿动物，贾第虫病
伴侣动物传播	接触了食用感染野生动物的宠物	猫、草原土拨鼠，鼠疫
	感染的蜱从野生动物再传到人	猫、啮齿动物，土拉热

表1-5 人接触野生动物传染病病原的途径

接触途径	一般情况（举例）
动物咬伤	动物唾液中含有病原，通过咬伤传染给人（如狂犬病毒）
	健康动物通常在口腔带染病原，通过咬伤传播病原（巴氏杆菌病）
	健康动物吃了感染动物而污染嘴部，通过咬伤传染病原（土拉热）
直接接触	个体动物在捕获和加工时，或徒手处理野生动物，接触动物组织、器官、体液和污染的体表存在的病原（如结核病），污染手再感染眼（土拉热）
	宠物作为传播桥梁

续表

接触途径	一般情况（举例）
间接接触	存在于水中传染病原在游泳或身体浸在水中，病原通过皮肤的小伤口和结膜进入身体，寄生虫直接侵袭（游泳疥疮），接触被啮齿动物粪便和尿液病原污染的土壤和其他陆生环境（汉坦病毒）
节肢动物叮咬	感染的和携带传染病原或叮咬过传染性宿主的节肢动物，再叮咬人（西尼罗河热）
气溶胶	进入特定区域调查传染病的个体（科学家和其他实验人员）、处理动物的工人和使用设备收获的工人，清洁动物的个人，因为动物、动物排泄物或污染的水而感染。感染病原通过气溶胶被人吸入而感染，一些情况下可能通过眼结膜进入（新城疫），旅游贸易中珍奇动物的皮污染和皮革工业加工的皮张和其他目的的皮污染，作为人传病原的来源，在处理传染病原成为气源性而被吸入（炭疽），土壤、鸟和蝙蝠粪上的真菌孢子在处理土壤时就成为气源性病原来源，人接触结果造成吸入性真菌病原感染（组织胞质菌病）
摄入	收获表面看起来是健康的野生动物（包括鱼），如果没有充分烹调熟，就容易感染（异尖线虫病）

1. 皮肤

皮肤通常是嗜血性节肢动物（昆虫、螨）传播人兽共患病的门户，通过皮下接种机制完成。虫媒病毒、莱姆病、蜱咬性回归热莱姆病、锥虫病、利什曼病和疟疾都是专性节肢动物源性疾病。兼性节肢动物源性疾病包括：Q热、鼠疫、土拉热等。媒介动物介导的传播有机械性（通过污染的腿、口和分泌物）途径，这种途径的病原在节肢媒介中并不繁殖或复制，如果病原形成复制或在媒介中经历了发展循环后即具备了传播到新脊椎动物宿主的能力。这些经历了发展循环的病原可通过媒介唾液、反刍吞咽、表皮分泌物中沉积，使病原传播到宿主中。机械性途径还有抓咬伤和其他方式伤口形成的皮肤损伤，也是腐生性人兽共患病和一些其他人兽共患病病原侵入的门户，如牛痘、猴痘、挤奶者结节（milkers node, 对称副牛痘，是挤奶员挤奶时接触假牛痘病毒所致的病毒性皮肤病）、炭疽、水泡性口炎、鼠咬热、猫抓病等。

2. 呼吸道黏膜

病原以吸入方式接近呼吸道黏膜。许多人兽共患病病原通过吸入污染的尘埃或气溶胶颗粒进入呼吸道，引起呼吸道感染。颗粒<100μm，稳定性好，可在空气中飘浮很长时间，1～5μm大小颗粒容易进入肺泡，如Q热、汉坦病毒。

3. 消化道黏膜

病原经口侵入。经污染食品（如肉、蛋、奶）、水等吞咽消化而侵入宿主机体，形成食源性或水源性疾病，是人兽共患病常见感染渠道，如李氏杆菌、沙门氏菌等。

4. 结膜

经结膜侵入的有水泡性口炎、鹦鹉热、沙粒病毒、Q热、布鲁氏菌病、土拉热、鼻疽等。

四、感染与宿主防御

感染就是病原体进入宿主体内，在宿主体内繁殖的生物学过程。感染的结果导致宿主急性感染或明显临床症状。感染涉及的范围比传染病宽泛。

1. 隐性感染

隐性感染也称为亚临床感染，没有明显的临床表现，可检测到抗体的存在。

2. 疾病综合征

在临床上有表现的传染病，可从温和到严重，甚至死亡。传染病一些临床表现综合在一起即为综合征。

3. 临床表现率

所有易感个体表现症状的比例。多数传染病临床表现率很低，只有极少数或例外能达到100%，如麻疹、蜱咬性脑炎仅达10%。这种比例很难精确估计，往往需要详细的血清学和分子生物学的大面积检测结果。

4. 接触传染率

接触病原的全部宿主获得感染的比例。

5. 潜伏期

病原进入宿主体内和引发第一个临床发病之间的时间段。潜伏期因病原不同而差异很大，可为几小时（沙门氏菌、葡萄球菌肠毒素中毒）、几天（土拉热、鼠疫、炭疽、黄热病、白蛉热）、1～2星期（较为常见，如螺旋体病、布鲁氏菌病、鹦鹉热等）、一个月或更长（如狂犬病、牛结核、利什曼病），有些甚至超过一年（如朊病毒病）。

人兽共患病发展过程可产生流产、亚急性或急性临床过程，多数人兽共患病为急性过程。慢性传染病属于**持续性感染**，又可将其分为①慢性：病原在最初感染后持续存在于宿主体内很长时间，并未对身体造成明显损伤，但可通过排泄物排出病原；②潜伏的病原在最初感染后持续存在于宿主体内很长时间，在疾病复发时又显现出来，如疟疾；③慢性感染可以认为是持续感染，如AIDS、库鲁病、克雅氏病、绵羊痒病等。

6. 混合感染

由两种或以上病原同时（共感染）或先后感染。此类人兽共患病较多。

7. 再感染

由同一病原在宿主康复后的反复感染。**重复感染**是最初感染过程中同一病原对该宿主反复形成的感染。

作为微生物学家要了解特殊病原的实验室风险和将采取的实践操作安全与否。据统计，实验室感染人兽共患病较为常见的病种有：布鲁氏菌病、Q热、土拉热、皮霉菌病、鹦鹉热、球孢子菌病。很多病原需要在BSL-3、BSL-4级安全实验室操作，对实验动物进行相关病原操作需要在相应级别的实验室安全操作。

8. 宿主反应

宿主对微生物的抵抗力在感染中起到重要作用，宿主抵抗力在脊椎动物中是有种属特异性的。根据宿主状态可将这种抵抗机制分成两种效应①天然（非特异）抗性/免疫能力：由皮肤、黏膜形成机械性屏障，由胃酸、溶菌酶等形成化学性屏障，还有遗传和生理学因素、复杂的炎性过程、吞噬作用、补体和干扰素等形成的天然屏障作用；②获得（特异性）性免疫：因接触病原产生的体液和细胞免疫效应。获得性免疫能力是感染后主动获得的能力。

病原与宿主相互作用期间有许多重要因素影响最终结果，如病原剂量、毒性、进入途径、宿主年龄、宿主免疫状态、免疫抑制、控制宿主免疫遗传因素、宿主的自然生理状态、应急因素、与传染同时发生的其他疾病（如过敏、癌症）和混合感染等，都会对传染起到不同的影响作用。

五、人兽共患病流行过程

流行病学是以生态流行病学为基础，研究人与动物传染病（疾病）来源及其传播过程和控制的科学。现代的流行病学更加宽泛，除传染病外，其他任何疾病都存在流行病学问题。流行病学内容涵盖宿主（年龄、性别、营养、职业等）、病原（毒性、抗原变异）和环境（化学因素、污染、排放物、温度、降水、湿度、照明、电离辐射和噪声等）。**动物流行病学**（epizootiology）是研究动物传染病及传播过程和控制的科学。虽然宏观流行病学与动物流行病学没有严格区分，但动物流行病学也有自己的特点，如饲养的卫生系数、动物疾病控制方法，当然包括人兽共患病的相关问题。根据地理区域分布和传染病的强度、频率，动物流行病的发生可描述为如下几种。**散发**（sporadic）：发生单个病例；**家族性发生**（familiar）：家庭（或群）内发生，相互传播的疾病；**流行病/家畜流行病**（epidemic/epizootic）：在特殊事件和空间发生大量病例；**大流行**（pandemic/panzootic）：许多国家或大陆大量发生人或动物病例；**地方流行**（endemic/enzootic）：在一定地区长期持续发生，如自然疫源地；**流行性**就是暴发性或病例发生持续很长时间；**间性流行性间歇**（inter-epidemic interval）：非连续暴发的间歇期。

1. 流行过程特征

流行过程是一种进化稳定机制，包括三个阶段：①病原从宿主机体排出；②病原传播；③进入易感宿主。传染过程关注的是个体过程，流行过程关注的是群体水平。

（1）传染来源　人兽共患病来源是脊椎动物在传染阶段排出病原体，这时通常不表现临床症状，但经常在随后发展为临床表现。

排出病原的机制包括：尿液（汉坦病毒、螺旋体），排粪（沙门氏菌、贾第虫），反刍、唾液（狂犬病毒），吐痰、咳嗽（尼帕病毒或SARS病毒），出血（拉沙病毒、埃博拉病毒），哺乳期（乳源性人兽共患病、布鲁氏菌病、牛结核），脓汁（鼻疽）等。

腐生性人兽共患病传染源来自非生物基质。作为动物来源的病原在非生物基质上基本不能繁殖和持续存在。传染源携带者是能够携带、排出传染源的个体，通常不表现临床症状。病原携带者可能处于多种状态：健康或无临床表现、处于疾病潜伏期（如狂犬病）、疾病恢复期、处于持续感染的慢性状态（如人的类伤寒）。携带状态因不表现临床症状而成为流行病学上的重要因素，呈现相对长（可能终生携带）或短的带染状态，传染病原有规律或无规律排出。

对于疾病来源和储（保）藏宿主的区分是很重要的，储藏宿主可以是脊椎动物或者是环境中存在的微生物的基质。

（2）传染病的传播模式　疾病传播就是将病原传递给易感受体（宿主），包括其中的许多促进因素，有直接传播和间接传播途径。间接传播可通过污染排泄物、水、食品、动物产品、节肢动物等途径传播。综合起来可以将传播途径分成4大类（图1-4、图1-5）。①接触：直接传播，接触疾病，包括围产期感染；②吸入：经气溶胶形式吸入；③消化：食源性和水源性，经消化道感染；④接种方式：节肢动物、院内感染、医源性感染。其中②～④被称为间接传染途径，还可能伴随着更加复杂因素。有的还将传染性皮肤病称为污染性传播，可以通过内衣、床单、洗浴和医疗器械传播。

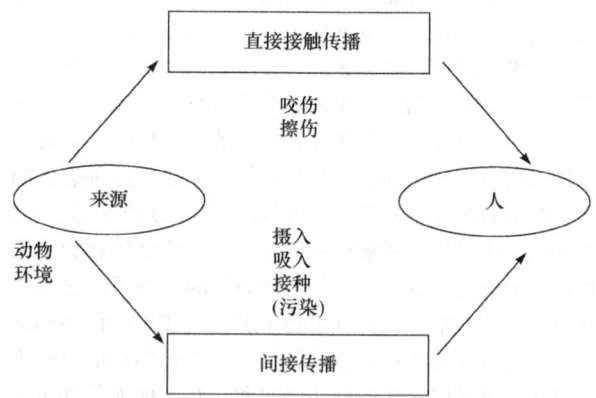

图1-4　人兽共患和腐生性人兽共患病原传染给人的模式

群体传染病传播模式通常是水平传播（个体之间的传播），而较少以母子式的垂直传播模式进行，经胎盘传播模式是哺乳动物（包括人类）的特殊传播模式。这种途径常见的为布鲁氏菌、李氏杆菌和弓形体等人兽共患病病原感染，引起死胎、流产等。

宿主或媒介生物体外的病原抵抗力在流行病学中是相当重要的条件之一，许多病原能在体外环境条件下（如肉、乳、蛋、皮肤、排泄物、水和土壤）存活很长时间，产芽胞菌具有更强的抵抗力。有些环境对微生物

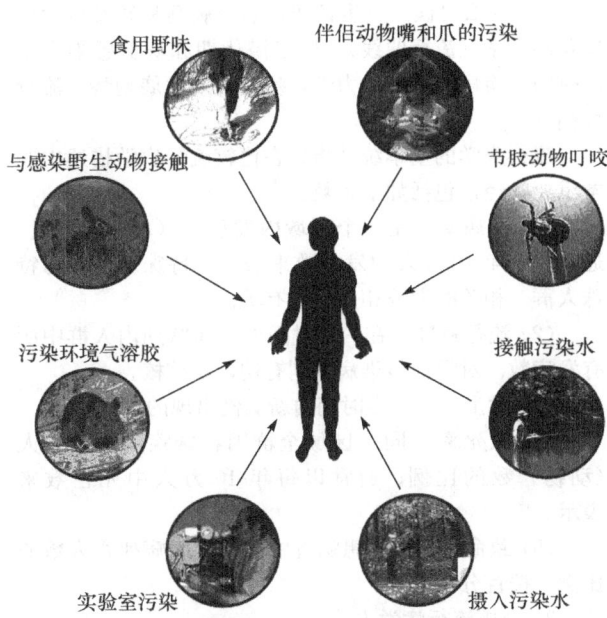

图1-5 人接触病原的主要途径

生存是不利的或有利的：温度、潮湿、光线和紫外线照射、pH、氧气条件、消毒化合物、抗生素和其他杀微生物物质。一些细菌适应环境而产生耐药性。

（3）易感宿主群　影响脊椎动物宿主抵抗感染抗性或易感性的因素包括：①群体的年龄结构；②群体免疫水平；③群体的生理状态；④应急状况；⑤群体中同时发生的其他疾病情况。

2. 流行过程中的外部因素

外部因素又可分为社会经济因素、环境/自然因素或变化等。

（1）社会经济因素　社会经济因素在人兽共患病发生发展中起到重要作用，对腐生性人兽共患病发生也会有一定影响，包括：

一定地区人群密度；

社会和卫生条件（生活方式和水平）：战壕热、难民营，无家可归的人；

人与动物的密切接触；

生活方式发生变化：吃的习惯，住宿模式改变；

乡村的城镇化程度（城市扩张）；贫民窟是形成流行的基础条件；

郊区城市化（居民区与森林区交叉）；

新的人类定居点也伴随着人源性人兽共患病生态系统而发展；

水库、农业灌溉和沼泽地排水；

非主观产生的人工蚊虫滋生场所；

快速运输发展和国际化贸易，全球化供应模式；

因商业、教育、旅行等移民状态；

休闲活动增加；

人群中宠物和伴侣动物的密度增加；

集约化、规模化农业发展（使穴居啮齿动物数量大增，生态系统改变）；

动物产品加工消费和动物废弃物处理，如疯牛病；

食草动物牧群转移到新牧区；

动物及动物产品进出口；

野生动物驯养；

动物园、野生动物园用于研究或私用进口或外源动物饲养；

人兽共患病的职业风险：兽医、屠宰工人、森林工作者、实验室人员、动物饲养者和拥有者；

医院感染：医源性传染和器官移植，药物滥用；

化妆操作：如穿孔、纹身；

缺少卫生预防、卫生系统基础设施落后；

社会灾难和压力：战争、难民营、贫困、地震、水灾。

（2）环境因素　环境因素是指与人类活动无关、但能影响生态变化或病原循环的环境因素，包括如下几个。①非生物因素：地理形态、气候和地质学等。在非生物因素中气候最重要，其次是纬度，如"厄尔尼诺"影响霍乱、疟疾和汉坦病毒肺综合征的发生。全球变暖影响动物源性疾病的地理分布，如疟疾、登革热或利什曼病的发生。非生物环境决定季节性人兽共患病分布与发生，因为媒介生物受气候影响最大。自然灾难也是非生物因素，如飓风、洪水、地震等影响生物群的分布。②生物因素影响流行过程，尤其是：a. 患病脊椎动物和非脊椎动物群密度大小和发展情况；b. 宿主和媒介生态学及行为、生物气候学；c. 宿主和媒介移动（家的范围）和迁移（飞鸟类大范围迁移）；d. 宿主群免疫状况；e. 动物群体的应急情况；f. 植被模式和类型；g. 病原的内在变化（毒性、宿主和媒介范围）。

人兽共患病扩散的一个重要生态学因素是脊椎动物宿主群动力学，即群体数量的扩大与人类接触的机会就多。鸟类的迁移也是人兽共患病病原扩散的重要因素，主要以两种方式扩散：①迁移的鸟类是这些病原的宿主；②迁移的鸟类传播生态寄生虫——媒介。据有效估计，每年大约有5亿只鸟从欧洲到非洲再飞回来，其中一部分就带染蜱。理论上这些蜱到达欧洲后不能完成其生活史，但在病原传播方面却都是新的自然疫源生物。鸟或蝙蝠长距离迁移，随着气流带来了一些昆虫媒介。

3. 疾病的自然疫源地

有些传染病在野生动物和吸血节肢动物中循环感染，与人无关，形成了独特的生态系统。当人进入自然疫源地区后与动物接触也可感染，并成为动物流行病的死亡终端。与自然疫源地有关的地方流行性和动物流行性的人兽共患病是流行病学中的一类。

自然疫源地主要成分包括：①疾病病原学；②野生脊椎动物，即病原的宿主（供体、受体、甚至病原保藏宿主）；③嗜血性节肢动物（蜱、昆虫）——媒介；④居住和环境因素，使病原能够持久循环。一些自然疫源性人兽共患病传播并不需要嗜血性节肢媒介参与。

自然疫源地是一种由生物群落和生境组成的生态系

统——地理生物群落。在自然疫源地调查中，不仅包括主要宿主（保藏宿主）和媒介个体生态学，也包括群体生态学、相互关系、与当地动物接触等。**自然疫源地指示物**有时是自然景观特征标志或生物群落的一些动物，可以直接或间接指示病原的存在，可以帮助显示疫源地。**交错带**（两个生态系统分界线，如森林/草地）是自然疫源地非常重要的因素，这里可能存在生态寄生物和病原的交换处。**疫病自然疫源地**（natural foci of disease, NFD）是一个地理概念，包括一个或多个自然景观类型，主要功能就是病原持久性循环，而不需要外力介入。从这个意义上讲，自然疫源地是一个地理概念，可以在地图上加以标注。**空间结构**上有一个核，有外衣包被，即流行活动增加地区。在生物群落中病原长期生存的最小空间即为基本疫源地（element focus）。另外，NFD 自然生物结构由病原、宿主和疫病传播媒介复合构成。

保藏宿主既可以是人兽共患病中的动物，也可以是腐生性环境，在流行间歇时病原照样存在。**病原的限定性宿主**也是病原的天然宿主，即使动物不发病，仍能传播疾病给人（或动物），它就**病原携带者或保藏宿主**，携带者也可能是非生物体，如水和食品。人通常为人兽共患病偶然宿主和死亡终端。**病原宿主**包括初级（最重要、能保持病原持久循环）宿主、次级宿主和偶然宿主。**放大宿主**就是病原能在其体内大量增殖，作为有效的病原供体，如嗜血性媒介有时就能起到这种作用。**病原媒介**也可分为初级媒介、次级媒介和偶然媒介。在寄生虫病流行病学上，媒介是一种暂时类型的专性皮外寄生物（ecoparasite），与不同自然疫源地中不同种类宿主有关。

自然疫源地中动物抗体效价反映了疫源地的活跃程度，如病原循环程度。疫源地并不是经常稳定的存在，常受生物群落的影响。现今对其影响最严重的是人类活动，可以区分为真性生物群落（人类活动难以影响）、农业生物群落和人源性生物群落（人居住和生态系统）。土地使用的流行病学的重要方面或重要因素包括：①全球性群落生境变化；②新的群落生境形成（水库、草原、砍伐和重建森林）；③自然疫源地分界线；④人源生物群落；⑤动物的人源生态关联；⑥经济型野生动物饲养；⑦外源性如动物引进；⑧游牧生活；⑨原始游牧生活。

4. 传染病疫源地流行病学调查

传染病疫源地是疾病开始扩散的地方。

1）描述流行病学方法

描述流行病的主要目的是回答疾病由哪种病原引起？发生在什么地方？什么时候发生的？采用以下方式描述。

（1）谁是患病主体 关于患者的资料，年龄、性别、民族、职业、既往病史；动物类似。

（2）什么地方 病例的地理区域（病原进入图），环境特征。

（3）什么时候 发生日期，单个病例和暴发持续期以及动力学（流行曲线），确定潜伏期和病例感染发生的时间，疾病的季节动力学，疾病长期发展趋势，流行性循环。

流行病学的基本统计指标在比较流行病学描述中非常重要，经常包括如下系数。

（1）发病率 在一个区域内发病人（动物）数量，通常用每年 10 万人中发病数来表示。特殊发病率与特殊人群、相关时期或相关地域有关。

（2）流行程度 在一定时间内或间歇期内人群中所有发病数。对慢性传染病特别有用，如结核。

（3）发生率 一定时期内新病例出现的数量。

（4）致死率 同一区域全群因特殊疾病而死亡（动物）数的比例；通常以每年 10 万人中死亡数来表示。

（5）致命率 所有患病者中因特定疾病死亡人数的比例，按百分比计算。

2）分析流行病学方法

分析流行病学就是证明疾病的因果关系。

（1）疫源地的辅助临床措施、病理解剖、微生物学、血清学和其他检验方法的结果。

（2）疾病发生的时间和空间限定。

（3）患者（畜）中共同影响因素。

（4）鉴定传染病来源的定性。

一定疾病发生频率的各种变异和条件相关性的统计学计算方式：2×2 或 $2\times n$ 列联表（X^2 检验）参数或非参数相关系数或称作"让步比"（odds ratio, OR），同时设立对照。流行病学研究可分为预期和可追溯性血清学调查，这是针对动物群与病原接触后所留证据的分析方法，是一种追溯性流行病学分析方法。一定种类免疫球蛋白检测可以提供其动力学分析。血清学检测可采用单个、重复或纵向全面的方式。对急性和恢复期血清样品抗体效价成对比检测测试，主要是对近期感染的测试。

皮肤过敏试验是病原与群体接触的实用和敏感检测技术。

3）流行病专家相关活动或工作

基于监测结果，目的是控制急性流行情况（如患者隔离和住院，检疫，消毒，灭虫或灭鼠）或者是补充预防措施（保证卫生标准、注射疫苗，一些携带病原患者的登记）。紧急预防（prophylaxis）是获得病原或化学物质短暂接触后的医疗措施，以期获得特殊（免疫）保护作用，包括化学物质（抗生素）、被动免疫（特异免疫球蛋白、抗毒素）或注射疫苗（主动免疫/灭活疫苗、弱毒苗、亚单位苗或合成苗、DNA 苗或类毒素）。

5. 流行病学调查

较为完全的流行病学动力学研究应包括病原生态学、保藏宿主、疾病媒介、环境条件和传播机制研究。流行病学调查是疾病监控和影响其动力学的外部变化、资料收集、资料保藏和连续评价等一系列活动，最终目的是控制疾病流行。

按 WHO 定义：流行病学调查是基于特殊疾病发生频率信息收集、解释和分布的过程，来分析发生率和流行变化，以便采取适当措施控制或消灭疾病。简言之，流行病学调查包括系列步骤：信息收集→解释→分布→行动。这里的分布是指现场医学（兽医学）工作者的信息反馈。调查内容包括：①疾病的精确和快速诊断；②控制疾病的有效方法，如人兽共患病重点关注保藏宿主和媒介。

通过（动物）临床观察、死后剖检、肉品检验、血清学检验、皮肤过敏试验、媒介分离监测和动物源性食品监测确定一定区域人兽共患病的存在。高密度媒介和宿主的流行病学资料比较难以获得。流行病学信息的快速交流是非常重要的，特别是早期警告和快速反应非常重要。所以OIE将重要传染病列为通报性疫病，各国应快速交流动物疫病最新信息。流行病调查中不同部门、不同领域科学家们的合作是高质量完成任务的基础和前提。

第七节　媒介源嗜血性节肢动物

依据DNA将节肢动物门分成4类：①螯肢亚门；②甲壳纲动物；③昆虫；④多足类。嗜血节肢动物包含两类（5个目，16属）：螨（蜱和螨虫）和昆虫类（虱子、虫、双翅目昆虫、跳蚤）。

一、节肢动物传播人兽共患病特征

节肢动物传播人兽共患病一般模式：供体（脊椎动物A）→传播媒介（嗜血节肢动物）→受体（脊椎动物B），也是一类非特异性传播类型（被动或机械传播）。病原在节肢动物体内并不繁殖，通过污染传播给宿主（嘴部、肢体表面、排泄物）或以接种方式（吸血的嘴或叮咬动作）传播。许多非吸血昆虫也参与非特异传播类型，如蟑螂和跳蚤，一些与人类生态有关的昆虫也参与院内感染。这些昆虫生活在废水和垃圾、食用厨房、储藏室和仓库材料中；蟑螂喜欢在中央暖气系统中生活。许多人类病原通过无脊椎动物肠道并不对其造成伤害，仍保存活性，如炭疽杆菌、霍乱弧菌、金黄色葡萄球菌、伤寒沙门氏菌、结肠小袋虫、溶组织阿米巴、蓝氏贾第虫、沙状病毒属病毒等。

在特异性传播中，病原在节肢动物体中能够增殖，以嘴或接种方式传播或污染沉积到宿主皮肤上或感染的基节液中。其生物学传播包括3种类型。①繁殖传播型：在媒介中繁殖，如虱子携带立克次体，跳蚤携带鼠疫杆菌，硬蜱携带森林脑炎病毒；②媒介病原变形生活史：在媒介中不复制或繁殖，如曼蚊中斑氏线虫，周期性传播非繁殖型病原；③循环繁殖传播型：在媒介中繁殖并传播，如按蚊体中的疟原虫。

媒介动物对病原的易感性是以实验性"**感染率**"来表示的。从媒介传播给宿主脊椎动物的病原传播效率就是"**传播率**"。媒介不仅有较强的感染率，同时还具有较强的传播率，这种媒介称作"**全能媒介**"。这种全能媒介在不同地理区域，即使是同一种类其传播能力还是有差别的（如伊蚊和东方马脑炎病毒媒介传播）。

依据宿主喜好将媒介区分为人源性、动物源性、鸟源性媒介等。一个在流行病学上非常主要的种类叫做"**桥梁媒介**"，能够选择不同脊椎动物进行吸血性进食，如在鸟和人可同时相继吸血，这样就可以将流行环从动物到人或从自然循环到城市循环（如WNV：西尼罗河病毒）连续下去。

一种称为"**侵袭媒介**"的节肢动物是外来种群，从源发区域和生态系统引进到新的区域，在这个新区域内扩展引起环境或卫生损害（引进→安居稳定化→散布）。病原必须克服媒介生物体三个主要障碍，才能在吸血过程中有效进入受体脊椎动物体中：中肠障碍、血细胞与血细胞、唾液腺—终端。这个过程受到许多生物因素（病原基因表达变化）和非生物因素（温度）的影响。嗜血节肢动物从吸血到将病原传播给受体的时间段称为**外在性潜伏期**（external incubation period, EIP），EIP受环境条件影响较大，尤其是温度，如黄热病病毒在伊蚊体中的EIP在18℃为30天，21℃为18天，24℃为11天，31℃仅6天，36℃为5天。其他因素也影响媒介体中的病原繁殖。

媒介生物与病原特异感染的动力学是令人惊奇的。例如，在实验室内用汉坦病毒材料饲喂蚊子，结果在喂食后立刻就可在蚊子血内检测到病毒，但几天后就检测不到了，这段消失的时间段称作**隐蔽期**（eclipse phase）；而后其效价以指数的形式增加并保持一定水平，这种效价通常在蚊子保持终生。许多生物媒介在其变形阶段，病原从一个病原阶段垂直传播到下一个变形阶段体中，称为**跨龄传播**（transstadial transmission, TST），这个阶段可以被检测到；也可以**经卵传播**（TOT）；再加上性传播的水平传播，共三种传播方式使病原维持在媒介群中，这些媒介生物成为实际上的保藏宿主。

媒介感染病原时，宿主的血液中应该保持一个最低病原浓度（如菌血症、毒血症）：这个阈值通常是100个传染剂量/mL血液。也有例外，某些非传染性蜱有时也会具有传染性。

二、微生物源性传染病的嗜血媒介调查

1. 蜱和螨虫

螨类虫体由两部分组成，前部为颚部，后部为躯体，其中枢神经节在躯体部分，成虫和若虫有4对腿，而幼虫有3对腿。一些螨类有更多的若虫阶段，称作中间形态。

硬蜱是主要嗜血媒介，其发育有卵→幼虫→若虫→

成虫几个阶段，这种生活史大概需要几年（篦子硬蜱需要3年）。交配后雌性在吸食充足血液的情况下可排出500~10 000个卵于地面上。蜱可以在一个、二个、三个脊椎动物宿主上完成生命阶段（图1-6）。一个宿主的，以牛蜱属在反刍动物完成生活史为典型；两个宿主的，以囊状扇头蜱和边缘璃眼蜱常见；当变形阶段到若虫时，其吸血幼虫仍留在宿主体上，而吸血若虫则不在这个宿主体上，成虫将袭击到另一个脊椎宿主上。三宿主蜱就是每个生活阶段选择一个宿主，而且每个宿主可以隐藏不同病原。

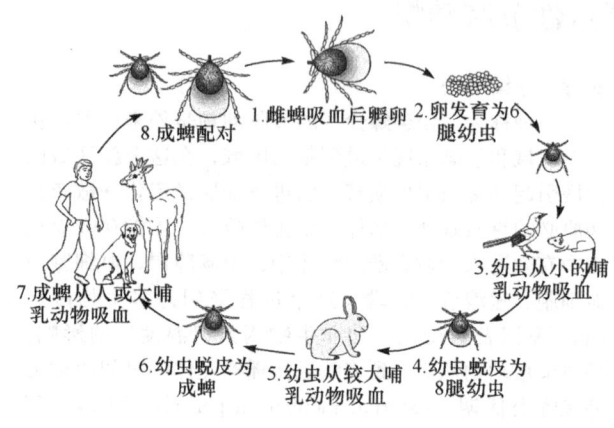

图1-6 蜱生活史

有些蜱类可以引起非传染性"蜱麻痹症"（中毒症），如北美洲的安氏革蜱或澳大利亚全环硬蜱，经常影响哺乳动物，如牛、绵羊、山羊、狗、猫和人。

蜱的居住环境严格受宿主居住环境影响，1959年依据自然疫源地蜱源性疾病的成蜱宿主将成蜱分成两大类：野生动物寄生的成蜱（如鹿、兔、狐狸等），田园中主要反刍动物（牛、羊）寄生的成蜱。两种类型混合的混合型也有。自然疫源地蜱源性生态分类依据流行特征也被广泛接受。

（1）篦子硬蜱（绵羊蜱） 欧洲常见，5月是活跃高峰。幼蜱见于小哺乳动物、蜥蜴和地上觅食的鸟类。若虫主要攻击较大型哺乳动物（松鼠、刺猬）、中等大小鸟类。雌蜱吸食野兔、鹿、狐狸、家畜哺乳动物（牛、绵羊、山羊、马、狗）、野鸡。各个阶段都可感染人。完整生活史3年，可传播很多病原，如森林脑炎、土拉热杆菌、立克次体、螺旋体等。也携带哺乳动物病原，如嗜血原虫、分歧巴贝西虫、绵羊巴贝西虫、泰勒锥虫和丝虫等。

（2）全沟硬蜱（针叶树蜱） 欧洲、俄罗斯、亚洲部分分布，对人有很强的攻击性，是森林脑炎病毒、伯氏疏螺旋体、嗜吞噬细胞无浆体、果氏巴贝西虫的传播媒介。

（3）肩突硬蜱（鹿蜱） 是波瓦生黄病毒、螺旋体、微小巴贝西虫、伊氏埃里克体、嗜吞噬细胞无浆体媒介。

（4）齿状硬蜱（兔蜱） 是伯氏疏螺旋体媒介。

（5）六角形硬蜱（刺猬蜱） 分布于欧洲和非洲，主要宿主是刺猬、狗和鼬科动物，是伯氏疏螺旋体媒介。

（6）三棱硬蜱（啮齿动物蜱） 欧洲多见，伯氏疏螺旋体、嗜吞噬细胞无浆体和微小巴贝西虫传播媒介。

（7）全环硬蜱 澳大利亚多见，传播澳大利亚立克次体，可引起蜱麻痹症，自然宿主有袋鼠、考拉和负鼠等。

（8）鸣鸟硬蜱 海鸟寄生蜱，是嘎氏疏螺旋体传播媒介。

（9）嗜群血蜱 分布于欧洲，成虫4~8月活跃，3年生活周期。幼虫和若虫寄生于鸟类和小哺乳动物，成虫寄生于大的哺乳动物，雌若虫攻击人，携带森林脑炎病毒和土拉杆菌。

（10）刻点血蜱（红绵羊蜱） 分布于欧洲、非洲、亚洲，成虫3~6月活跃，幼虫是5~8月活跃。3个宿主周期，包括鸟类、小哺乳动物、大哺乳动物，通常持续3年，成虫和若虫攻击人，是森林脑炎病毒、立克次体的传播媒介。

（11）距刺血蜱 分布于印度热带森林，攻击猴和人，是Bhanja病毒传播媒介。

（12）边缘革蜱（绵羊蜱） 分布于欧洲，有3个宿主。幼虫和若虫寄生在小哺乳动物体中，成虫攻击大的哺乳动物和野生动物。生活周期一年，人偶然被攻击，感染森林脑炎、克里米亚-刚果出血热病毒（CCHF）、Bhanja病毒等。

（13）网纹革蜱（犬蜱） 分布于欧洲，人感染不常见，主要是森林脑炎病毒、立克次体、土拉杆菌、巴贝西虫的媒介。

（14）纳氏距头蜱 分布于西伯利亚、中亚、蒙古国和中国的农业生态系统中。幼虫寄生于小哺乳动物、中型哺乳动物，成虫寄生于大哺乳动物和人，是立克次体和土拉杆菌的传播媒介。

（15）安氏革蜱（木蜱） 分布于北美洲，在松鼠、啮齿动物和家用动物中寄生，是立克次体和土拉杆菌的传播媒介。

（16）变异革蜱（狗蜱） 分布于北美洲，3个宿主生活史。幼虫寄生于啮齿动物，成虫寄生于中型哺乳动物、大哺乳动物和人，是立克次体、埃里克体、土拉杆菌、边缘无形原体等的媒介。

（17）棕色蜱 分布于美国，马、牛、鹿、驼鹿为宿主，传播立克次体、嗜吞噬细胞无浆体。

（18）西方革蜱（太平洋岸蜱） 3个宿主，幼虫寄生于啮齿动物，传播立克次体、嗜吞噬细胞无浆体、土拉杆菌，引起家畜麻痹症。

（19）边缘璃眼蜱 分布于欧洲、非洲，3个宿主生活史，幼虫寄生于鸟类和小哺乳动物，成虫寄生于家畜和野生动物。攻击人，是CCHF、托里病毒、立克次体、Bhanja病毒的传播媒介。

（20）血红扇头蜱（狗蜱） 分布于欧洲、非洲、美洲。3个宿主生活史，包括狗、家畜和人，是立克次体、犬巴贝西虫、泰勒焦虫的传播媒介。

（21）束状扇头蜱　分布于欧洲、非洲、亚洲，2个宿主，是托高土病毒、Bhanja病毒、巴贝西虫的传播媒介。

（22）具尾扇头蜱（棕耳蜱）　分布于非洲，各个阶段都可寄生于哺乳动物，包括立克次体、Bhanja病毒的传播媒介。

（23）具环牛蜱（牛热蜱）　分布于亚洲、非洲、欧洲、美洲，携带CCHF、Bhanja病毒、巴贝西虫、边缘无形原体。

（24）微小牛蜱（牛蜱）　一个宿主，传播边缘无形原体、牛巴贝西虫、立克次体。宿主包括牛、马、猴、山羊、绵羊、鹿、猪、狗、野生哺乳动物等。

（25）消色牛蜱（蓝蜱）　分布于非洲，一个宿主，感染牛，携带CCHF、Bhanja病毒、静脉病毒、托高土病毒。

（26）美洲钝眼蜱　分布于北美洲，3个宿主，传播埃里克体、立克次体、土拉杆菌的媒介。成虫感染鹿、狗，幼虫寄生于松鼠、旱獭、鸟类。

（27）卡延钝眼蜱　分布于北美洲、南美洲，是立克次体和埃里克体的传播媒介。

（28）斑点钝眼蜱　分布于美洲，是伯氏疏螺旋体、立克次体的传播媒介。

（29）希伯来钝眼蜱　分布于南非，各个阶段都可攻击人。成虫主要攻击大型哺乳动物，是立克次体、牛心水病等的传播媒介。

（30）彩饰钝眼蜱　分布于非洲，3个宿主，感染牛，传播CCHF、静脉病毒、托高土病毒、Bhanja病毒。还是人类病原的传播媒介，如立克次体。

2. 软蜱

相对硬蜱来说，软蜱吸血时间短，仅1～2min或几小时，而硬蜱需要2～14天。吸血时无痛感，吸血后皮肤出现红色斑点。软蜱是寿命较长的无脊椎动物，如纯绿蜱属的寿命可长达25岁，不食状态可存活11年。传播病原时，不仅有唾液，还可以在第一对、第二对腿间的基节腺排出无色基节液，该基节液也是主要传播方式。纯绿蜱是地方流行蜱传反复热媒介，软蜱可引起人严重过敏反应，偶有过敏性休克。

（1）波斯锐缘蜱（鸡脾）　分布于欧洲、非洲、澳大利亚。攻击禽类和鸽子，偶然攻击人，是鹅包柔氏螺旋体、鸡埃及焦虫的媒介。

（2）赫曼锐缘蜱　分布于非洲、欧洲，宿主主要是鸽子，偶然是西尼罗河病毒的传播媒介。

（3）乳突钝缘蜱　分布于亚洲和欧洲，牛、食肉动物、啮齿动物、鸟类和人是侵袭宿主，是伊朗包柔氏螺旋体的传播媒介。

3. 其他螨类

红恙螨、德里纤恙螨、小盾恙螨、纤恙螨螺旋体是主要恙虫病媒介，在亚洲引起东方恙虫立克次体病，寄生于鼠、野生脊椎动物，偶然感染人。秋收恙螨分布于欧洲，可侵袭牛、狗、猫和人，其恙虫病为季节性皮肤病（过敏性荨麻疹反应），始终伴有痒感。幼虫吸血仅1～2天，一般在草地或绿地上，美洲分布的主要是阿氏真恙螨。

4. 虱子

虱子可生存46天，雌性可孵卵80～300个，持续一周。有3个发育阶段，所有阶段都吸血，一天可吸几次，有极小伤口及痒感，并可引起次级细菌感染，可人传人，也可通过衣服和床单传播。一般发生在较冷天气、卫生不良、贫穷条件下。有人虱和头虱两种，传播立克次体和战壕热等。

5. 半翅目动物

（1）臭虫　幼虫经历5个同期发育后成为成虫，可能寄生于鸟类和蝙蝠身体上，与人类居住有关。吸血时间非常短（3～15min）。可传播多种人兽共患细菌和寄生虫：炭疽杆菌、金黄色葡萄球菌、鼠疫杆菌、土拉杆菌、锥虫及利什曼原虫等。

（2）锥蝽　存在于人及动物居住地周围，也可以存在于脊椎动物、鸟类等身上，吸血，可携带克氏锥虫。

6. 双翅目动物

（1）蚊　仅雌性蚊子吸血，雄性吸食植物液体，有些蚊子的吸血宿主有特异性，如哺乳动物、鸟类，在流行病学上蚊虫呈现"桥梁媒介"作用，如从森林型、人源以外传播到城市、与人类生态有关联的另外类型当中。

埃及伊蚊　与人生态有关联的蚊种，是黄热病、登革热和基孔肯亚热的传播媒介。

白纹伊蚊　是基孔肯亚热、登革热、罗斯河热、西尼罗河热、裂谷热、脑炎病毒的传播媒介。

日本伊蚊　是日本脑炎病毒和西尼罗河病毒的传播媒介。

刺扰伊蚊　是布尼亚病毒的传播媒介。

趋血蚊属　是森林黄热病、马亚罗病毒、小岛病毒的传播媒介。

尖音库蚊　野生鸟类是其宿主，传播几种虫媒病毒，如西尼罗河热和裂谷热病毒。

致倦库蚊　引起人类疟疾。

（2）白蛉。

巴氏白蛉　分布于欧洲、非洲、亚洲，传播皮肤利什曼病和白蛉热。

恶毒白蛉　传播利什曼原虫和白蛉病毒。

（3）蠓　侵袭哺乳动物，如牛，也能侵袭鸟类和人，可传播布尼亚病毒和其他动物病毒。

（4）黑蝇　吸食鸟类、哺乳动物和人的血液，是盘尾丝虫的传播媒介，引起河盲症。

（5）虻　也称为鹿蝇或马蝇，吸食大型哺乳动物的血液，也可侵袭人，可携带病原菌、病毒、寄生虫，如布鲁氏菌、土拉杆菌、泰勒锥虫等。

（6）厩螫蝇　吸食牛、马的血液，偶侵袭人类，传播土拉杆菌、利什曼原虫、锥虫等。

（7）采采蝇 干枯的河床地带、有太阳的早晨活跃，吸食大型哺乳动物的血液，也包括爬行动物和鸟类，携带锥虫等，引起非洲睡眠病。

（8）鸽蝇 鸟类和哺乳动物皮外寄生，可传播巴尔通体，是一种潜在的人兽共患病病原。

7. 跳蚤

吸食哺乳动物和鸟类血液，从一个宿主到另外一个宿主，如鼠蚤到人、禽蚤到哺乳动物，引起鼠疫和立克次体伤寒。

第八节　脊椎动物作为人兽共患病病原宿主和保藏宿主

许多人的人兽共患病来自温血脊椎动物，尤其是家畜和野生动物，鸟类少见，冷血脊椎动物是例外，包括爬行动物、两栖动物和鱼。

宿主（host）是指从其身体中分离或检测到特异病原的脊椎动物。**保藏宿主**（reservoir）是指保证动物中疾病长期流行，病原隐藏在身体中的脊椎动物，是人兽共患病发生的源泉。**放大宿主**（amplifying host）是指在最初感染后能够适当传播病原或扩大病原的脊椎动物，其中疾病扩散的基本条件是要有充足的病原量，至少在宿主血液、尿液或粪便中持续几天。**全能宿主**（competent host）不仅能够放大病原量，而且可以将病原传播到易感脊椎动物宿主或嗜血媒介动物中，如埃博拉病毒，许多灵长类动物能够放大并作为全能宿主（但不是保藏宿主），是人类该病毒感染的来源，而蝙蝠却是其保藏宿主。**带染宿主**（infected host）是另一类脊椎动物传染源，它可以作为传染的供体，被其传染的脊椎动物成为受体（宿主）。宿主可分为**初级宿主**（保证病原循环，是主要宿主）、**次级宿主**（流行过程经常累及）和**偶然宿主**（流行过程并不扮演重要角色，但感染人时很重要）。脊椎动物中一些鸟类和哺乳动物（如蝙蝠）可以作为人类病原（新型隐孢子虫、荚膜组织胞浆菌）的"房客"（lessor 或 tenant），为病原提供非生物基质（鸟巢内面、排泄物、海鸟粪），有利于病原传播。

这一节就分离、显微镜观察或特异 RNA/DNA 证明在特异宿主中人兽共患病病原和脊椎动物宿主等基本知识简要论述。抗体检测还可以弥补上述方法遗漏的一些技术不足，就病原和宿主确定来说，微生物分离与其他方法相比是金标准。

一、哺乳动物（哺乳纲）

从流行病学角度看哺乳动物是最重要的人兽共患病宿主，包括家畜和与人类生态有关的动物种类。

1. 有袋目哺乳动物

（1）负鼠科。

有袋负鼠 喜欢农田和森林，携带黄病毒、立克次体、赫氏蜱疏螺旋体、克氏锥虫、巴西利什曼原虫。

白腹负鼠 南美洲杂食兽，携带克氏锥虫。

林氏鼠负鼠 南美洲杂食兽，传播甲型森林脑炎病毒、巴西利什曼原虫。

（2）袋貂科。

寻尾袋貂 分布于澳大利亚和新西兰森林，牛分枝杆菌的保藏宿主。

（3）袋鼠科。

沙大袋鼠 分布于澳大利亚，传播森林披膜病毒、罗斯河病毒。

2. 食虫目

（1）刺猬科。

西非刺猬 存在于非洲。携带塞姆利基森林脑炎病毒、布尼亚 Bhanja 病毒、CCHF、伯氏疏螺旋体、毛癣菌等。

西欧刺猬、东部刺猬 经常有外寄生虫寄生，如跳蚤、硬蜱和螨虫。携带黄病毒、伯氏疏螺旋体、CCHF、李氏杆菌、丹毒杆菌、金黄色葡萄球菌、螺旋体、沙门氏菌、土拉杆菌、假结核耶氏菌、禽分枝杆菌、须毛癣菌、带尖毛癣菌、生色小孢子菌等。

（2）尖鼠科（鼩鼱科）。

普通鼩鼱、小鼩鼱 欧洲常见，携带黄病毒、环状病毒、汉坦病毒、立克次体、李氏杆菌、丹毒杆菌、螺旋体、伯氏疏螺旋体、空肠弯曲菌、致病性大肠杆菌、沙门氏菌、假结核耶氏菌、小肠结肠耶氏菌、多杀性巴氏杆菌、土拉杆菌、生色小孢子菌、须毛癣菌、卡氏肺囊虫、微小巴贝西虫、弓形虫。

水鼩鼱、地中海水鼩鼱 携带黄病毒、汉坦病毒、李氏杆菌、螺旋体、伯氏疏螺旋体、土拉杆菌、生色小孢子菌、须毛癣菌、微小巴贝西虫、弓形虫。

中麝鼩、小麝鼩 携带汉坦病毒、沙粒病毒、李氏杆菌、螺旋体、弓形虫。

臭鼩 携带黄病毒、汉坦病毒、鼠疫杆菌、恙虫病立克次体。

（3）鼹科。

鼹鼠 携带汉坦病毒、土拉杆菌、须毛癣菌、疣状毛癣菌、巴贝西虫、弓形虫。

3. 蝙蝠科

（1）狐蝠科。

北非国蝠 分布于中东、亚洲，携带基孔肯雅病毒、西尼罗河病毒、马尔堡病毒。

韦氏颈囊果蝠 存在于非洲，携带埃博拉病毒、狂犬病病毒。

黄毛果蝠 分布于非洲，携带尼帕病毒、亨德拉病毒、冠状病毒、环状病毒，是狂犬病病毒宿主。

中央狐蝠 分布于澳大利亚、亚洲，携带狂犬病病毒和亨德拉病毒。

澳大利亚和南亚其他狐蝠（如飞狐蝠），携带亨尼帕病毒、梅南高病毒。

(2) 菊头蝠科。

马铁菊头蝠　存在于我国东北部，携带狂犬病病毒、波氏包柔氏螺旋体。

鲁氏菊头蝠　传播SARS病毒、黄病毒KFD。

中华菊头蝠　传播SARS病毒。

(3) 叶口蝠科。

粉红短尾叶鼻蝠、黄耳蝠、牙买加果蝠　分布于中南美洲，携带森林脑炎病毒。

(4) 吸血蝠科　可吸食大型哺乳动物血液。

吸血蝠、毛腿吸血蝠　分布于中南美洲，侵袭家畜，携带森林脑炎病毒、狂犬病病毒。

(5) 蝙蝠科。

家黄蝠、矮狗面蝙蝠　分布于非洲、亚洲，携带基孔肯雅病毒、黄病毒、布尼亚病毒。

大鼠耳蝠、沼鼠耳蝠、水鼠耳蝠　携带狂犬病病毒、假结核耶氏菌。

小鼠耳蝠　分布于欧洲、亚洲、非洲，传播布尼亚病毒。

须鼠耳蝠　欧洲常见，携带立克次体、伊朗包柔氏螺旋体。

北美长耳鼠耳蝠　分布于北美洲，携带狂犬病病毒。

阿塔卡马鼠耳蝠、灰鼠耳蝠　存在于美国，携带荚膜组织胞浆菌。

褐山蝠　分布于欧洲，携带布尼亚病毒和狂犬病病毒。

大棕蝠　分布于欧洲和非洲，携带布尼亚病毒和狂犬病病毒。

(6) 犬吻蝠科。

巴西犬吻蝠　分布于美国，携带荚膜组织胞浆菌、狂犬病病毒、黄病毒。

安哥拉犬吻蝠　存在于非洲，携带黄病毒。

4. 猿目

猿目动物可传播黄病毒、甲型病毒、丝状马尔堡病毒和埃博拉病毒、布尼亚病毒、猴疱疹病毒、猴痘病毒、丹毒杆菌、空肠弯曲菌、肠炎沙门氏菌、假结核耶氏菌、溃疡棒状杆菌、猴发癣菌、矮小孢子菌、克氏锥虫、疟原虫。

(1) 婴猴科。

婴猴　分布于非洲，传播西尼罗河病毒。

(2) 绒科。

绒猴　分布于南美洲，携带黄病毒、布尼亚病毒、狂犬病病毒。

(3) 猕猴科。

黑白疣猴、其他颜色疣猴　分布于非洲，携带黄病毒。

红卷尾赤猴　分布于非洲，携带黄病毒。

神猴　存在于印度，携带黄病毒。

白鼻长尾猴　携带黄病毒、埃博拉病毒、冈比亚布氏锥虫。

绿猴　分布于非洲，携带基孔肯雅病毒、黄病毒、马尔堡丝状病毒、埃博拉病毒。

猕猴　分布于亚洲，携带基孔肯雅病毒、黄病毒、猴疱疹病毒（保藏宿主）、毕氏肠微孢子虫。

白眉猴　分布于非洲，携带黄病毒、HIV。

棕狒狒　分布于非洲，携带基孔肯雅病毒、黄病毒、猴发癣菌。

(4) 猩猩科。

黑猩猩　分布于非洲，携带埃博拉病毒、HIV-1。

5. 食肉（动物）目

(1) 犬科。

灰狐　分布于美洲，携带黄病毒、狂犬病病毒。

赤狐　分布于欧洲，携带黄病毒、狂犬病病毒（保藏宿主）、猪疱疹病毒、埃里克体、李氏杆菌、金黄色葡萄球菌、伤寒沙门氏菌、假结核耶氏菌、猪布鲁氏菌、牛结核分枝杆菌、刚果嗜皮菌、须发癣菌、利什曼原虫、弓形虫。

沙狐　分布于亚洲，携带狂犬病病毒、弓形虫。

北极狐　分布于欧洲、美洲，携带狂犬病病毒、李氏杆菌、炭疽杆菌、螺旋体、羊布鲁氏菌、土拉杆菌。

浣熊貉　分布于欧洲、亚洲，携带狂犬病病毒、SARS病毒、假结核耶氏菌、土拉杆菌。

犬　可携带病毒：黄病毒（TBE）、狂犬病病毒、猪疱疹病毒；细菌：立克次体（保藏宿主）、螺旋体、伯氏疏螺旋体、丹毒杆菌、金黄色葡萄球菌、空肠弯曲菌、小肠结肠耶氏菌、假结核耶氏菌、多杀性巴氏杆菌、犬二氧化碳噬细胞菌、鼻疽伯克霍尔德菌、牛分枝结核杆菌；真菌：犬小孢子菌、卡氏肺囊虫；原虫：克氏锥虫、罗德西亚布氏锥虫、婴儿锥虫（保藏宿主）、蓝氏贾第虫、微小隐孢子虫、兔脑炎原虫、毕氏肠细胞内原虫。

澳大利亚野犬　携带大洋洲立克次体。

亚洲胡狼　分布于亚洲、非洲、欧洲，狂犬病病毒保藏宿主，利什曼原虫保藏宿主。

郊狼　分布于北美洲，携带狂犬病病毒、牛结核分枝杆菌。

(2) 熊科。

棕熊、黑熊　携带狂犬病病毒。

(3) 浣熊科。

浣熊　狂犬病病毒保藏宿主，携带李氏杆菌、螺旋体、伯氏疏螺旋体、假结核耶氏菌、多杀性巴氏杆菌、土拉杆菌、克氏锥虫。

(4) 鼬科。

鼬鼠、白鼬　分布于欧洲、非洲、美洲，携带金黄色葡萄球菌、螺旋体、假结核耶氏菌、土拉杆菌、弓形虫。

臭鼬　分布于欧洲、非洲、美洲，携带金黄色葡萄球菌、狂犬病病毒、猪疱疹病毒。

貂　携带炭疽杆菌、丹毒杆菌、多杀性巴氏杆菌、假结核耶氏菌。

黑足鼬　携带鼠疫杆菌。

欧洲松貂、石貂　携带狂犬病病毒、猪疱疹病毒、李氏杆菌、丹毒杆菌、肠炎沙门氏菌、弓形虫。

熊貂　携带布鲁氏菌。

狗獾　携带狂犬病病毒、猪疱疹病毒、炭疽杆菌、螺旋体、肠炎沙门氏菌、牛结核分枝杆菌、须毛癣菌、微小巴贝西虫。

鼬獾　携带SARS病毒和狂犬病病毒。

条纹臭鼬　狂犬病病毒保藏宿主，携带狐肠孤病毒、李氏杆菌、螺旋体、多杀性巴氏杆菌、土拉杆菌。

水獭　携带狂犬病病毒、丹毒杆菌、假结核耶氏菌。

（5）獴科。

埃及獴、印度獴、笔尾獴　携带狂犬病病毒。

（6）灵猫科。

麝猫　携带狂犬病病毒。

果子狸　携带SARS病毒。

（7）鬣狗科。

鬣狗　携带狂犬病病毒、炭疽杆菌、罗德西亚布氏锥虫。

（8）猫科。

猞猁、短尾猫　携带狂犬病病毒和弓形虫。

家猫和野猫　携带病毒：狂犬病病毒、亨尼帕病毒、猪疱疹病毒；细菌：立克次体（脊椎动物宿主，猫立克次体保藏宿主）、巴尔通体保藏宿主、螺旋体、金黄色葡萄球菌、猫衣原体、空肠弯曲菌、鼠疫杆菌、假结核耶氏菌（保藏宿主）、土拉杆菌、多杀性巴氏杆菌、鼻疽杆菌、牛结核分枝杆菌；真菌：犬微小孢子菌、申克孢子丝菌；原虫：克氏锥虫、蓝氏贾第虫、弓形虫、隐孢子虫、毕氏肠孢虫。

山狮　携带鼠疫杆菌。

狮子　携带炭疽杆菌、罗德西亚布氏锥虫。

6. 贫齿目

（1）树懒科：白喉三趾树懒　分布于南美洲，携带布尼亚病毒、螺旋体。

（2）犰狳科：九带犰狳　分布于美洲，携带螺旋体、克氏锥虫、巴西芽生菌。

7. 长鼻目

象科：非洲象　携带罗德西亚布氏锥虫。

8. 蹄兔目

蹄兔科：非洲蹄兔　传播热带利什曼原虫。

9. 啮齿目

啮齿动物是人兽共患病的主要来源之一。

（1）松鼠科。

土拨鼠　传播黄病毒、布尼亚病毒、立克次体、螺旋体、李氏杆菌、丹毒杆菌、鼠疫杆菌（保藏宿主）、多杀性巴氏杆菌。

西伯利亚旱獭、喜马拉雅旱獭、长尾旱獭　传播立克次体、李氏杆菌、丹毒杆菌、炭疽杆菌、螺旋体、鼠疫杆菌、多杀性巴氏杆菌、土拉杆菌、鼠疫杆菌。

黑尾土拨鼠　传播猴痘病毒、土拉杆菌、鼠疫杆菌的保藏宿主。

加州黄鼠　传播鼠疫杆菌和土拉杆菌。

金背黄鼠　传播螺旋体、多杀性巴氏杆菌、土拉杆菌。

欧洲地松鼠　传播立克次体、李氏杆菌、螺旋体、小肠结肠耶氏菌、鼠疫杆菌、多杀性巴氏杆菌、土拉杆菌、婴儿利什曼原虫。

长尾地松鼠、小地松鼠　传播立克次体、李氏杆菌、螺旋体、炭疽杆菌、鼠疫杆菌、土拉杆菌、绵羊布鲁氏菌、多杀性巴氏杆菌、弓形虫。

黄地松鼠　传播立克次体、炭疽杆菌、鼠疫杆菌、土拉杆菌、弓形虫。

白尾铃黄地鼠　传播鼠疫杆菌。

红松鼠　传播黄病毒、布尼亚病毒、蜱传热病毒、螺旋体。

细趾黄鼠　亚洲多见，传播立克次体、鼠疫杆菌、利什曼原虫、弓形虫。

北非地松鼠　传播布尼亚病毒。

刚果绳松鼠、托马斯绳松鼠、红腿闪亮松鼠　传播猴痘病毒。

美花栗鼠　传播布尼亚病毒、蜱传热病毒、立克次体、嗜吞噬细胞无形体、鼠疫杆菌、土拉杆菌、多杀性福巴氏杆菌、弓形虫。

花松鼠　分布于亚洲北部，传播立克次体、李氏杆菌、丹毒杆菌、螺旋体、伯氏疏螺旋体、多杀性巴氏杆菌、土拉杆菌、须毛癣菌、弓形虫。

西岸松鼠　分布于北美洲，携带狂犬病病毒、伯氏疏螺旋体。

狐松鼠　传播布尼亚病毒、蜱传热病毒、螺旋体、土拉杆菌、伯氏疏螺旋体。

北美灰松鼠　传播甲型森林脑炎病毒、黄病毒、蜱传热病毒、螺旋体、破伤风梭菌。

北美飞鼠　传播立克次体、假结核耶氏菌。

（2）异鼠科：乖形林棘鼠　传播森林脑炎病毒、利什曼原虫。

（3）跳兔科：跳兔　传播鼠疫杆菌。

（4）跳鼠科。

跳鼠　分布于欧洲、亚洲，传播立克次体、鼠疫杆菌、土拉杆菌。

谢氏五趾跳鼠、小五趾跳鼠、西伯利亚跳鼠　传播丹毒杆菌、肠炎沙门氏菌、鼠疫杆菌、利什曼原虫。

三趾跳鼠　亚洲多见，传播丹毒杆菌、伤寒沙门氏菌、鼠疫杆菌。

（5）仓鼠科。

仓鼠　传播甲型森林脑炎病毒、黄病毒、狂犬病病毒、立克次体、李氏杆菌、丹毒杆菌、螺旋体、鼠疫杆菌、土拉杆菌、生色小孢子菌。

金仓鼠　是沙粒病毒保藏宿主。

布氏仓鼠　传播土拉杆菌、丹毒杆菌。

硕大田鼠、黑线仓鼠、灰仓鼠　分布于亚洲，传播立克次体、恙虫病病毒、李氏杆菌、丹毒杆菌、螺旋体、鼠疫杆菌、多杀性巴氏杆菌、土拉杆菌。

黑线毛足鼠　传播立克次体、丹毒杆菌、鼠疫杆菌、土拉杆菌。

(6) 田鼠科。

黄兔鼠　传播立克次体、鼠疫杆菌、土拉杆菌。

印度大沙鼠　传播鼠疫杆菌、猴发癣菌。

大沙鼠　传播立克次体、李氏杆菌、丹毒杆菌、炭疽杆菌、利什曼原虫。

红尾沙鼠　传播沙粒病毒、立克次体、鼠疫杆菌、土拉杆菌、李氏杆菌、丹毒杆菌、炭疽杆菌、利什曼原虫。

子午沙鼠　传播沙粒病毒、立克次体、螺旋体、土拉杆菌、李氏杆菌、丹毒杆菌、利什曼原虫。

红背田鼠　传播立克次体、鼠疫杆菌、螺旋体、土拉杆菌、丹毒杆菌、生色小孢子菌、弓形虫。

根田鼠　传播黄病毒、立克次体。

莫氏田鼠、米氏田鼠　分布于远东地区，传播立克次体、李氏杆菌、丹毒杆菌、螺旋体、土拉杆菌。

鼹形田鼠　传播立克次体、鼠疫杆菌、土拉杆菌。

土黄鼹形田鼠　传播立克次体、鼠疫杆菌、土拉杆菌。

(7) 鼠科。

朝鲜田野鼠　传播沙粒病毒、立克次体、李氏杆菌、丹毒杆菌、炭疽杆菌、螺旋体、伤寒沙门氏菌、鼠疫杆菌、布鲁氏菌、土拉杆菌、弓形虫。

黑鼠　与人类生态有关。传播黄病毒、汉坦病毒、沙粒病毒、心病毒属、牛痘病毒、立克次体（保藏宿主）、李氏杆菌、丹毒杆菌、螺旋体、大肠杆菌、伤寒沙门氏菌、鼠疫杆菌、土拉杆菌、布鲁氏菌、牛结核分枝杆菌、禽结核分枝杆菌、犬小孢子菌、须发癣菌、利什曼原虫、锥虫、弓形虫。

棕鼠　与人类生态有关。传播病毒：汉坦病毒保藏宿主，传播狂犬病病毒、心肌炎病毒；细菌：立克次体、鹦鹉热衣原体、巴尔通体、李氏杆菌、丹毒杆菌、炭疽杆菌、螺旋体、博氏疏螺旋体、肠致病性大肠杆菌、肠炎沙门氏菌、鼠疫杆菌、小肠结肠耶氏菌、牛羊猪布鲁氏菌、多杀性巴氏杆菌、团拉杆菌、牛结核分枝杆菌、禽结核分枝杆菌；真菌：犬小孢子菌、须发癣菌、猴发癣菌、具尖发癣菌、卡氏肺囊虫；原虫：克氏锥虫、弓形虫、蓝氏贾第虫、结肠小袋虫。

(8) 竹鼠科：大竹鼠、小竹鼠　是马尔尼菲青霉的保藏宿主。

(9) 梳齿鼠科：梳齿鼠　传播龚地弓形虫。

(10) 睡鼠科。

林睡鼠　我国境内有林睡鼠和四川毛尾睡鼠，传播黄病毒、螺旋体、土拉杆菌。

园睡鼠　传播伯氏疏螺旋体、生色小孢子菌。

(11) 豪猪科：非洲冕豪猪　蜱传热病毒、立克次体和土拉杆菌传播者。

(12) 美洲豪猪科：美洲豪猪　携带蜱传热病毒、立克次体、土拉杆菌。

(13) 绒鼠科：南美栗鼠　传播李氏杆菌。

(14) 豚鼠科。

豚鼠　传播豚鼠衣原体、螺旋体、鼠疫杆菌、须毛癣菌、克氏锥虫（保藏宿主）。

南方小豚鼠　传播鼠疫杆菌。

(15) 棘鼠科：托氏棘地鼠　传播螺旋体和沙门氏菌。

(16) 火豚科：水豚　传播立克次体。

(17) 河狸鼠科。

海狸鼠　传播狂犬病病毒、螺旋体、李氏杆菌、伤寒沙门氏菌、小肠结肠耶氏菌、土拉杆菌、须毛癣菌、弓形虫。

10. 兔形目

(1) 鼠兔科。

达乌尔鼠兔、蒙古鼠兔　传播立克次体、丹毒杆菌、鼠疫杆菌、土拉杆菌

阿富汗鼠兔、高山鼠兔　传播立克次体、丹毒杆菌。

(2) 兔科。

兔、家兔、野兔　传播蜱传热病毒、猪疱疹病毒、牛痘病毒、立克次体、金黄色葡萄球菌、李氏杆菌、多杀性巴氏杆菌、土拉杆菌、副结核分枝杆菌、克氏锥虫、弓形虫、蓝氏贾第虫、家兔脑包内原虫、比氏肠包虫。

欧洲野兔　传播病毒：黄病毒 TBE、西尼罗河病毒、布尼亚病毒、CCHF 病毒、猪疱疹病毒；细菌：立克次体、衣原体、李氏杆菌、丹毒杆菌、炭疽杆菌、金黄色葡萄球菌、螺旋体、空肠弯曲菌、沙门氏菌、小肠结肠耶氏菌、鼠疫假结核耶氏菌、多杀性巴氏杆菌、布鲁氏菌、土拉杆菌、牛结核分枝杆菌；真菌：须毛癣菌、卡氏肺囊虫；原虫：微小巴贝西虫、龚地弓形虫、微孢子虫、脑包内原虫。

11. 奇蹄目

马科：马　传播甲型森林脑炎病毒、黄病毒、CCHF 病毒、水疱性口炎病毒、狂犬病病毒、正黏病毒、A 型流感病毒、亨德拉病毒、口蹄疫病毒；细菌：携带马链球菌、炭疽杆菌、破伤风梭菌、肉毒梭菌、肠炎沙门氏菌、鼻疽杆菌、假结核棒状杆菌、溃疡假结核棒状杆菌、化脓隐秘杆菌、马红球菌、刚果嗜皮菌；真菌：马毛癣菌。

12. 犀科

黑犀牛　传播罗德西亚布氏锥虫。

13. 偶蹄目

(1) 猪科：猪 传播病毒：黄病毒 JE chimerivax-JE

（放大宿主）、水疱病毒（VSV）、流感病毒A型、亨尼帕病毒、心肌炎病毒、口蹄疫病毒、戊型肝炎病毒、猪疱疹病毒、牛副黏病毒；细菌：丛林斑疹伤寒、衣原体、螺旋体、李氏杆菌、丹毒杆菌、猪链球菌（保藏宿主）、炭疽杆菌、艰难梭菌、肉毒梭菌、空肠弯曲菌、短螺菌、肠炎沙门氏菌、肠致病性大肠杆菌、小肠结肠耶氏菌、假结核耶氏菌、猪布鲁氏菌、多杀性巴氏杆菌、土拉杆菌、鼻疽杆菌、坏死梭杆菌、猪红球菌、牛结核分枝杆菌；真菌：须毛癣菌、矮小孢子菌；原虫：克氏锥虫、罗德西亚布氏锥虫、弓形虫、猪-人肉孢子虫、蓝氏贾第虫、结肠小袋虫、脑包内原虫。

（2）非洲疣猪科：普通疣猪 携带牛结核分枝杆菌、罗德西亚布氏锥虫。

（3）河马科：河马 携带罗德西亚布氏锥虫、炭疽杆菌。

（4）骆驼科：单峰骆驼、骆驼 携带黄病毒、裂谷热病毒、痘病毒、牛结核分枝杆菌。

（5）鹿科。

驼鹿 传播丹毒杆菌、炭疽杆菌、金黄色葡萄球菌、布鲁氏菌、牛结核分枝杆菌。

白尾鹿 传播布尼亚病毒、水疱病毒、猪疱疹病毒；嗜吞噬细胞无形体（全能宿主）、人粒细胞埃利希体、丹毒杆菌、李氏杆菌、炭疽杆菌、坏死梭杆菌、螺旋体、多杀性巴氏杆菌、假结核耶氏菌、小肠结肠耶氏菌、牛布鲁氏菌、牛结核分枝杆菌、副结核分枝杆菌、刚果嗜皮菌；须毛癣菌。

欧洲产小鹿 传播狂犬病病毒、嗜吞噬细胞无形体、炭疽杆菌、多杀性巴氏杆菌、假结核耶氏菌、羊布鲁氏菌、牛结核分枝杆菌、副结核分枝杆菌。

梅花鹿 传播戊型肝炎病毒、牛结核分枝杆菌、查菲埃里克体、假结核分枝杆菌。

（6）牛科。

黄牛、水牛 传播牛结核分枝杆菌、锥虫、布鲁氏菌、羊痘病毒。

岩羚羊 传播羊痘病毒、羊布鲁氏菌、牛结核分枝杆菌、刚果嗜皮菌。

山羊 传播黄病毒、裂谷热病毒、CCHF病毒、布尼亚病毒、狂犬病病毒、副羊痘病毒、立克次体、布鲁氏菌、肠炎沙门氏菌、大肠杆菌、李氏杆菌、副结核分枝杆菌、罗德西亚布氏锥虫、利什曼原虫、弓形虫。

绵羊 传播黄病毒、裂谷热病毒、CCHF病毒、布尼亚Bhanja病毒、狂犬病病毒、羊副黏病毒、牛副黏病毒、立克次体（全能宿主、保藏宿主）、查菲埃立克体、衣原体、螺旋体、李氏杆菌、丹毒杆菌、空肠弯曲菌、肠炎沙门氏菌、肠致病性大肠杆菌、炭疽杆菌、羊布鲁氏菌（保藏宿主）、土拉杆菌、多杀性巴氏杆菌、鼻疽杆菌、坏死梭杆菌、假结核棒状杆菌、溃疡棒状杆菌、化脓隐秘杆菌、副结核分枝杆菌、刚果嗜皮菌，疣状毛癣菌，罗德西亚布氏锥虫、龚地弓形虫、蓝氏贾第虫、微小隐孢子虫。

牛传播朊病毒、黄病毒TBE、裂谷热病毒、CCHF病毒、布尼亚Bhanja病毒、水疱病毒、托高土正黏病毒、狂犬病病毒、口蹄疫病毒、牛痘病毒、猪疱疹病毒；立克次体、衣原体、螺旋体、李氏杆菌、炭疽杆菌、艰难梭菌、金黄色葡萄球菌、链球菌、空肠弯曲菌、肠致病性大肠杆菌（保藏宿主）、小肠结肠耶氏菌、肠炎沙门氏菌、假结核耶氏菌、牛布鲁氏菌、多杀性巴氏杆菌、假结核棒状杆菌、溃疡棒状杆菌、坏死梭杆菌、化脓隐秘杆菌、牛结核分枝杆菌、禽结核分枝杆菌、副结核分枝杆菌、刚果嗜皮菌、疣状毛癣菌（保藏宿主）、罗德西亚布氏锥虫、龚地弓形虫、牛-人肉孢子虫、微小隐孢子虫、分歧巴贝西虫、比氏肠原虫。

二、鸟类

鸟类在人兽共患病自然循环中起到重要作用，但与家畜相比，重要性相对较低。所起的主要作用：①在一些急性、慢性和潜在性传染及长期带染的人兽共患病循环中，鸟类起到生物放大作用，鸟类起着保藏宿主、长期维持病原在动物中循环的保障作用；②对一些腐生性人兽共患病病原，由于鸟类可以提供繁殖基质（如尿、粪），起到"房客"作用。鸟还可以作为宿主和扩散外寄生媒介作用。

三、爬行类

变温脊椎动物作为人兽共患病宿主相对罕见，如森林脑炎病毒、黄病毒、肠炎沙门氏菌、李氏杆菌、小肠结肠耶氏菌、嗜血分枝杆菌、蛙粪霉、锥虫等病原的宿主。

四、两栖类

两栖类动物的人兽共患病宿主作用相对较低，但也能传播一些病原，如森林脑炎病毒、黄病毒、小肠结肠耶氏菌、蛙粪霉、西伯鼻孢子菌。

五、鱼类

鱼类同样在人兽共患病传播中作用较小，但也能传播如森林脑炎病毒、西伯鼻孢子菌、立克次体、小肠结肠耶氏菌、大肠杆菌、李氏杆菌、丹毒杆菌、海豚链球菌、E型肉毒梭菌、海分枝杆菌、嗜血分枝杆菌、化脓分枝杆菌、溃疡分枝杆菌、弧菌、艰难梭菌。

第二章
人兽共患病识别与鉴定原理

第一节 人兽共患病病原的识别

一、指示病例及相关因素分析

人和动物患病后都会表现出症状，对人来说症状相关的信息很容易获得，可以作为判断疾病性质的重要依据；对于动物来说虽然有临床表现，但动物无法表达任何不舒服的感觉，只能通过观察获知哪些部位受到伤害。我们只能将临床表现和症状适当地分组综合，即综合征。将牧群、家庭或社会团体表现综合征作为**指示病例**识别的第一个个体，或者叫做**原始病例**，通过进一步调查，确定是否为真正的第一个病例（人或动物）。在识别传染性疾病**指示病例**中，**意外发现**是经典的发现新型疾病的标准方式，特别是人兽共患病。为达到有效控制疾病的目的，就要提高发现指示病例或原始病例的频率，任何情况下识别指示病例和早已存在而未被发现的病例是非常重要的。指示病例经常是"冰山一角"，这些可能由临床医生（兽医）诊疗和对症治疗的疾病，很多时候并没有被卫生专家观察到。

任何传染病都会有间歇期或潜伏期，这个期间长短不一，如有的食物中毒潜伏期少于24h，潜伏期短容易判断暴露来源；潜伏期长，判断暴露来源就复杂一些，需要把相关可能的来源分类，那么理清记忆就成为令人头痛的事情。潜伏期（已知或可疑的接触时间）和表现症状是两个不同因素，在接触急性风险因子后，通常可以发现暴发的限定性病例。潜伏期开始，易感宿主接触传染源，从而获得传染性病原。针对传染源宿主的暴露接触——可能是动物（人）、节肢动物媒介、非生物环境（土壤、水、乳、食品）。节肢动物媒介通常并不是传染的保藏宿主，人和脊椎动物是人兽共患病的主要保藏宿主（或真宿主），也包括腐生环境。

病原从保藏宿主传播给易感宿主的传播模式有直接传播和间接传播两种。直接传播主要是与感染动物密切接触发生的，如咬、抓、感染尿液的喷洒、呼吸飞沫吸入、接触生殖道产物和分泌物。间接传播是通过节肢动物媒介、非密切接触或气源性传播。动物源性食品是最常见的人兽共患病病原媒介，起源传播需要病原在外界环境中存活很长时间，并能够穿过长距离空间。传染性病原通过直接或间接方式从感染个体传播给易感个体，即**水平传播**，水平传播包括各种人兽共患病种间传播模式。当传播从一代传播给下一代时，称为**垂直传播**。**垂直传播**通过子宫中胎儿、新生儿经初乳从母代传给子代，是许多人兽共患病重要的传播途径。许多人兽共患病引起死胎或流产，如产前弓形虫病是婴儿严重疾病；鸡的卵源性沙门氏菌病具有重要的公共卫生意义，通过卵影响下一代。节肢媒介也能发生垂直传播。

当传染病发生时，临床医生最关心的是预后，而流行病学家关心的是有没有其他影响，何地、何时将会发生新的病例。对受影响的宿主、发生的场所、发生时间的相关描述，可以为预测将来发生危险提供有价值证据。风险因素涉及病原、宿主和环境，主要影响病原暴露的特征。影响接触、传染和发病的因素是可分辨的，典型宿主特征有年龄、性别、品种或种族、生理状态。空间因素包括地理分布、高度、纬度、居住（巢穴）。时间因素为可衡量的相关时期，如白天、晚上、夏天、冬天、工作或休息。宿主、场所和时间因素对人兽共患病传染是重要的风险因素，并影响疾病的严重程度。职业和娱乐影响很多人兽共患病的发生，同时也受宿主、场所和时间影响。时间和场所的综合效应涉及环境，这就是经典的宿主、病原和环境相互作用与病原接触的结果，同样，环境也影响宿主和病原。阳光、温度、湿度和酸碱度都是经典的环境因素，因时间和地点不同而影响宿主外环境和腐生环境中的病原。人类接触人兽共患病病原风险可以分成如下几类或几组：

（1）农业类 农牧民或与动物、家畜和其产品密切接触的人群；

（2）动物产品加工类 屠宰场工人，动物产品或副产品加工工人；

（3）森林、户外类 野外居住或娱乐原因；

（4）娱乐类 城市环境接触宠物或野生动物；

（5）临床、实验室类 医疗卫生人员、卫生工作者、接触病原的实验室工作者（处理样品、器官）；

（6）流行病学家 野外工作的公共卫生专家；

（7）应急类 各种灾难、难民、暂时群聚或高度应急状态的人群。

对于人类的不同生命阶段接触人兽共患病病原的风险不同。人类生命阶段可分为新生儿（0～28天）、婴儿（1～15个月）、幼童（13～36个月）、学龄前（3～5岁）、少年（6～11岁）、青少年（12～17岁）、青壮年（18～39岁）、中年（40～59岁）、老年（60岁以上）。新生儿多见垂直传播（或水平传播），通过胎盘或母乳途径，对于动物保藏宿主的人兽共患病病原两种传播途径都常见。因此，胎儿和新生儿感染风险在于母体感染和接触产生后环境的次级感染风险。一旦婴儿开始在屋内爬行，接触家庭宠物等有关病原的机会就增加了。稍大一点的婴儿和幼童受狗绦虫感染较多，有时这些伤害会引起多杀性巴氏杆菌病和其他宠物口腔菌群感染。少年开始接触周围环境，尤其是学校放假期间的夏季，当草地、树林茂密葱绿时，增加了蜱咬病原接触机会。夏天青少年易野外游泳，易感染螺旋体病和其他疾病。这都是与年龄段相关的娱乐活动，增加了相关人兽共患病的风险。

户外娱乐是所有年龄段接触人兽共患病风险较高的原因之一，家庭野餐接触环境的机会很多。外出远距离娱乐活动时，地点和季节是风险评估的重要因素。有些地区有鼠疫和土拉热，而另一些地区则没有。狩猎是一种广泛的实践性很强的娱乐活动，较多接触野生动物和环境，也有食源性疾病暴露的可能。狩猎有可能接触动物外寄生虫，当处理动物尸体或胴体时有可能感染。国际旅行、贸易、娱乐具有地理风险，特别是与特殊区域的虫媒病毒接触。动物源性食品是最重要的世界范围的人兽共患病接触单风险因子，包括处理、储藏、制备等过程。人们在旅行或家庭中食用也是有风险的，旅行时通过接触外来食源性病原和外来食品引进病原。

少年到成年很多与人兽共患病有关的职业活动明显增加，儿童不仅能帮助农场主做一些杂事，也能帮助非农牧场所做工，如宠物店、狗棚、兽医诊所。青少年经常做钟点工，成年人常做的家畜禽饲养工人、屠宰工、鱼处理者、动物园雇工、野生动物学家、兽医、生物医学研究者，都有职业风险，所涉及的人兽共患病依赖于他们接触的动物种类。接触、传染和发病的风险与能够定量的各种风险率等因素有关，如相对风险或归因风险。

二、调查

传染性疾病控制和预防的有效程序应该包括疾病存在、范围的准确、及时信息及自然因素变化或计划干涉结果的信息，特别需要人和动物群体的人兽共患病相关信息。**疾病调查**是计划在群体中检测疾病、测定其涉及范围、确定需要干涉的程度、评价干涉影响的全部活动。调查的设计依赖于相关疾病和群体的风险程度、受疾病控制计划范围的限制（如果仅限于疾病检测，并不包括控制程序，一般作为监测），如果是国际性调查可能更复杂一些，如委内瑞拉马脑炎涉及人及马，需要对这两类生物进行较为全面的调查。实际上有组织的调查活动始终是很活跃的，如定期采集人、牛、羊血样以检测布鲁氏菌病或监测人群中破伤风病例统计，作为群体免疫状态的指示器。

设计检测潜在宿主群感染的调查计划将依赖于病原的生活史特点，如寄生虫有多宿主生活史，**保藏宿主或限定性宿主**是主要阶段，在保藏宿主中寄生虫发育成熟或通过性阶段。幼虫或无性阶段一般存在于中间宿主中，如人是带状绦虫的保藏宿主，而牛是该虫的中间宿主，人和牛是该寄生虫生存所必需的，通常对屠宰牛肉进行检测作为保藏宿主中寄生虫存在状态的证据。

在传染性病原的生活史中，从感染宿主到易感宿主是其持续存在的关键环节，因此，传染的**携带者**是病原维持的关键。**携带者**可能是健康的或无症状表现，有的终身带染而无临床表现。但携带可能是潜伏状态，携带状态可能是暂时的或持久的。虽然携带者能够隐藏病原，但病原传播中携带者的作用依赖于传播模式。如果携带者是传染来源，病原处于感染状态，寄生虫在宿主中经历了最重要的变化，从非感染状态成熟到感染状态。对于虫媒传播感染，当媒介动物吸血或吸食液体、组织后即成为感染状态，就会引进感染期。牛肉带状绦虫只有在吃了这个宿主的牛肉后才能感染。当病原被直接传播时，携带者必须是排出状态，使病原通过体液排出，如唾液、乳、鼻腔分泌物、生殖道分泌物、粪便或尿液中排出。如果携带者是以排出病原体方式传播病原，那么对人群或动物群调查其暴露风险，可以评估病原排出率或排出间歇期。对于家用动物和人之间的接触，使属于职业性或是家庭式的传染病相对容易预见。常规条件下家畜在人们限定的范围内活动，而狗和猫等家用动物有时会脱离人们的视线接近公共领地。这些动物主要在家庭附近不太远的范围内游走和寻找食物，还有一些与流浪狗或猫混杂在一起。

有些人兽共患病病原感染非脊椎动物；有些人兽共患病宿主或携带者栖息于树林、草原、草地环境；有些种类依据人类居住习惯而定居，十分依赖人类的生活环境。它们作为人兽共患病病原的维持宿主时，所居住的地方就会发现相关病原，但范围相当小，如**一些栖息于森林中鼠的洞穴及其鼠疫范围不超过100m。一个完全的鼠传染区域不会超过其家庭范围的10倍，也就几百平方米**。感染维持宿主的这个区域被称作**自然疫源地**（natural focus）、**传染巢**（nidus）或**传染的生态位**（niche of infection）。在这样的自然疫源地可能持续很多年而无明显疾病表现，典型的维持宿主对病原有一定抗性，不表现疾病或死亡。当这些动物对病原敏感时即可引起疫病暴发。当家鼠和感染有鼠疫的野生鼠混群时，家鼠有死亡表现并将鼠疫扩散，引起城市型鼠疫暴发。人们进入雨林引入森林黄热病就是城市黄热病暴发的来源。

对于媒介源性病原媒介的调查方法主要是调查媒介动物种类：跳蚤、螨虫、蜱、猎蜱、蚊虫、苍蝇、白蛉、叮人小虫等。所有这些昆虫调查都有一定的规则，但主要考虑节肢动物媒介潜在性，如跳蚤是**巢居（共生方式）**并全年活跃，而昆虫和蜱野居，仅在温暖季节才活跃。节肢动物可能简单机械地从传染宿主传播给易感宿主（**机械性媒介**）。虻类可能例外，其机械传播媒介病原在传染中起次要作用。另外，病原在媒介中可能繁殖或经历一定发展变化（**生物学媒介**）。

如果病原在媒介中必须经历从非感染性到感染状态的变化，获得感染状态的时间涉及**外潜伏期**。一些传播媒介中病原经过卵传播到下一代（**经卵传播或垂直传播**），而有些则是**水平传播、空间传播**，这些差别在脊椎动物宿主以外保持病原循环，节肢动物所起的作用是非常有意义的。同样有意义的是可以预见何时、何地可能接触易感宿主。虽然节肢动物作为传染媒介的基本作用也可能发生垂直传播，但脊椎动物宿主仍然是最终的保藏宿主，没有脊椎动物参与就不会使感染无限期持续下去。

当其他检测手段不敏感或较为昂贵时，易感动物宿主有时作为预警动物用于检测传染（传染病原）的存在。当许多实验室收集活体动物进行组织分析较为困难时，可以将易感动物混进可疑携带病原动物群中，用于隐藏病原的检测。这种方法可用于从流行口蹄疫国家进口动物过程中检测口蹄疫病毒。**预警动物**已被广泛地用于检测虫媒病毒活动情况，可利用易感的限定动物检测一定区域中蚊虫媒介和野鸟中病毒相互循环情况（如禽和仓鼠）。可定期收集预警动物样本并检测病毒或血清抗体以检测传染的存在情况，但是预警动物的选择要合理，如过去以马作为东方马脑炎（Eastern equine encephalitis, EEE）病毒的预警动物，虽然未打疫苗的马匹对EEE相当敏感，但并不能作为保藏宿主的敏感指示器。原因是感染的野鸟类并不以马进行吸血为食，具有较远的迁徙特性，可能在空间、地理上不同步，因此，预警动物的选择要科学合理。虽然EEE在临床上引起马的感染，但属于死亡终端宿主。由EEE引起马的病毒血症和病毒传播，当病毒传播给脊椎动物宿主而不是保藏宿主（野生鸟类带染EEE病毒）时，在这些动物中病毒增殖的量足以感染其他蚊虫时，这些动物（或人）就可以作为放大宿主（家养野鸡带染EEE病毒），因为它们参与病原的扩大传播。在流行情况下放大宿主是最重要的散播器。对野生动物保藏宿主的人兽共患病病原调查中，因这些宿主的季节繁殖类型而更加复杂，适宜季节增加易感动物数量（不成熟新生动物数量增加）。新技术的不断进步改善了调查资料收集的精确性和及时性，如卫星图像的远距离传输，蚊虫居住习性研究可以更精确预测与虫媒感染暴发有关的蚊虫媒介群的情况。

三、流行与暴发

在局部地区人或动物发病数量或传染病发生的频率超过预期数量，即流行开始。暴发是一组或群发的数量超过预期发病数量。例如，澳大利亚或夏威夷发生1例犬的狂犬病，这就要考虑地方流行，因为这些地区没有狂犬病，预期发病数量为零。实际上，第一个病例可能是输入的，因此，第二个病例是产生于局部传播的局部病例，即产生了流行过程。与此相反，流行区域狂犬病有规律发生、维持局部群体中连续性，在澳大利亚和夏威夷狂犬病是外来病。有些疾病呈零星暴发，这样的疾病发生虽然并不意外，但不能预测。流行病的国际扩散和发生就称为**大流行或流行病**，城市鼠疫和黄热病是两个著名的人兽共患病，历史上曾经从港口到港口远距离传播。

死亡记录等人口统计对流行病的预后研究非常有用。近些年应用量化现状对流行病学进行研究，如大量的肺炎致死就可以预测流感的发生并确定其严重程度。量化的计算包括①长期趋势及其外推；②季节变化的估计；③预期每星期死亡率和流行程度自由变化的流行病学上的偏离之间的区别。

如果1例以上的人兽共患病发生，其中重要的风险因素是**初始感染宿主**（可能是原始病例或携带者）的**传染期**。在病原从感染宿主直接或间接传播给易感宿主期间存在间歇期，如怀疑被咬动物感染狂犬病毒的观察期，即前驱期后病毒流出这段时期，这是狂犬病扩散的关键传染期。对于媒介源性病原来说，节肢动物的感染期与传播期是有关联的。接触是个体与感染个体的接触（直接接触）或与局部环境（被病原污染）接触（间接传播）。流行可能有一个**共同来源**，如一次食用了污染沙门氏菌的食品，那么这个接触时间是很短的，属于**点源暴露**。直接或间接接触原始病例就可能产生次级病例的传播。**次级病例**是指与初级（原始）病例接触后在一个可接受潜伏期内发生的病例。**系列间歇**（serial interval）是新病例发生之间的间歇，依据传染的最大周期，它可以等于、短于或长于潜伏期。在恢复期或媒介源传播时，系列间歇可能较长，但如果在症状发生前其感染间歇会很短。按照年代时间流行类型涉及的传播流行病学和可能的系列周期（循环），粪-口途径是常见途径，如沙门氏菌表现为普通来源和传播流行。

流行因素对群体影响的量化表达方式有多种。**受攻击率**（attack rate）是指病原致病风险所影响的个体数量，受攻击率是对食源性疾病暴发调查的一个重要手段。在传播流行中**次级受攻击率**（secondary attack rate）是可接受潜伏期前的一段时间与初始病例（或携带者）接触的个体数量。**发生率**（incidence rate）是一定时期内（一般指一年）处于相对风险（潜在接触易感性风险）群体中新发病例数，发生率发生变化表明流行的强度增加或减少了。**发病率**（morbidity rate）和**致死率**（mortality rate）是发生率在特定时期全群发病或死亡的数量。**流行率**是指在特定时间（点流行）或特定时期（期间流行）全群中的感染病例或实际病例数。有关传染的血清学调查证据能够提供典型（点）流行资料。例如，结核病属于慢性病，较难测定其新病例的数量，特别是对于较老的群体更是如此；因此，结核病的统计资料可能也是该病的流行资料。**病例致死率**（case fatality rate）是指患病群体中的死亡数量，是用来评价流行重要程度的重要指标。同一病的不同特征病例致死率是有差别的，如在腺鼠疫和肺鼠疫、东方马脑炎和西方马脑炎病例之间致死率具有明显差别。

四、暴发调查

暴发调查（outbreak investigation）是指确定病原的直接来源和传播模式的所有活动，这对某些控制行动是必不可少的信息。暴发调查开始于指示病例可能不是单发散发形式的可能性识别，指示病例在时间和空间上可能是一组病例。因此，发展更加简易有效的监测手段以便尽可能早地发现指示病例是大势所趋。相对于疾病调查或**纵向数据收集**活动，暴发调查通常是**分类排列的**或**实时性**、**资料收集**活动。暴发调查中的资料收集涉及追溯性，因为资料收集的设计是从现在到将来的一定时期内，应用血清库对感染群体进行长期的追溯性监测，调查资料除外，因其针对的是未来的防控活动。暴发调查要比一般调查急迫得多，如发热病例临床检查与个人每年的健康体检的急迫性是有很大差别的。

不管其传播模式如何，人群中许多人兽共患病暴发有一个与共同来源一致的**流行曲线**，因为人传人的次级病例很少见；食源性人兽共患病病原是个例外。典型的第一条曲线代表点源（食品），然后就是接触原始来源感染人员的稍微粗一点的次级病例曲线。许多暴发调查包括共同传染来源的**病例发现**（具有相同临床病史）和追溯病例。如何鉴别患者或病例具有共同病史、开始的指示病例，以及影响病例发现和来源鉴别因素，都是暴发调查的关键。如果指示病例是成年人，可能关乎其职业风险、居住和娱乐风险。如果是职业风险，可能影响共同工作的工人，但家庭接触和邻居并不受影响。病原来源于动物的话，职业具有直接或间接接触的较高风险。

对于暴发调查来说，最主要关注如下几点。

（1）在社会群体或牧群中首先识别到人兽共患病的临床症状时，指示病例引导进一步调查，通常包括病原学初始诊断。

（2）临床发作是潜伏期的终点，病原可能来自脊椎动物、节肢动物或非生物环境。

（3）接触感染动物维持宿主的结果是产生感染，代表着从保藏宿主的直接传播模式；而与媒介或媒介物接触所引起的感染是间接传播形式。当然还存在水平传播或垂直形式传播。

（4）影响传染的风险因素包括病原、宿主和环境特征的反应。

（5）调查包括纵向资料收集、制定对群体检测传染或疾病计划、测定范围、确定什么样的干涉措施、评价干涉措施的效果。

（6）如果病例超过预期即意味着疾病流行，而病例暴发数量可能超过或不超过预期数量，流行或暴发可能是接触共同来源或次级病例接触初级病例引起的传播结果。

（7）暴发调查也包括有效控制必要信息的横向资料收集，如病原的直接来源、传播模式，也包括病例发现。

（8）虽然并不是所有人兽共患病都需要向有关机构报告，但鼠疫、炭疽和黄热病应该报告。

（9）必须报告的原因是报告为预防和控制提供必要信息，信息的应用很大程度决定报告速度，但没有规定需要确定病原。

五、病例报告

病例报告系统是传染病调查的关键工具或手段。通常报告有效链开始于卫生专家（或兽医）对病例观察和向地方卫生（农牧）机构报告，报告链依疾病性质连续向省、国家或国际组织报告。例如，鼠疫和黄热病是两个需要通报的人兽共患病，必须向卫生部和WHO报告；而炭疽和狂犬病也应向OIE报告（有义务向缔约国报告）。

涉及卫生职业、诊断实验室、医务人员的一些法规要求的病例需申报（通报的）或向卫生当局报告观察到的实例。疾病报告的理由是获得相关基本信息，因此，并不是所有疾病都要报告。对于通报性疾病是否报告依赖于急迫程度，有些需要报告，因感染或怀疑患传染病，另外一些可能仅需要实验室确认。报告因时间性质或紧迫性可用电话或电子邮件形式直接报告。

人的48%人兽共患病并不考虑报告，大约有一半的人兽共患病单个病例不需要报告。当疾病不经常发生时，容易发生漏报。在报告当中，症状表现是候选项目，卫生专家在准备报告时特别注重"病原定位"而不是主要表现或与病原相关的症状。多数传染性疾病计划明显依赖于症状的相关报告，但世界范围天花清除计划就没有一定时期损害的观察内容，而是这个地区没有天花作为主要指示器。我国在1950~1965年进行了天花大规模治疗和清除计划，强调现场观察和迅速报告，最终清除计划取得成功。

虽然实验室证实是病原诊断的必须依据，但其他步骤对系列暴发早期识别也非常有用。主治医师经常报告（识别）如（无菌性）脑炎症状，同样兽医报告牛的流产，而不是报告许多疾病的病原学诊断，但医生和兽医也希望通过病原学证实病因（表2-1、表2-2）。个人观察对疾病存在的识别是非常有价值的，因为这能够使卫生专家引起注意。例如，饲养员与兽医对牛的呼吸道疾病的识别率分别为低（87.6%）和高（97.7%）。

在每个阶段都存在病例报告的相关问题。开始阶段，主治医师（或兽医）可能漏报，这有很多原因，但共性更强的有如下问题：①不知道如何报告；②不知道疾病需要报告；③报告太消耗时间；④不知道我必须报告。共同的解释是报告违反了医生-患者/兽医-顾客之间的信任。尽管不报告还有其他原因，但报告必须被临床医生-患者、顾客所接受，其报告才是有效的。一般实践操作就是定期分发表格形式来填报获得资料概况。尽管这样的报告反馈给卫生专家，但并没有刺激这些人员的报告热情。在我国报告对于基层单位、个人来说都

第二章 人兽共患病识别与鉴定原理

表 2-1 美国公共卫生协会：人类可报告疾病病原分组和分类

病原分组	\multicolumn{11}{c}{可报告疾病分类}
	1	1A	2A	2B	3A	3B	3C	4	5	U	全部
舌形虫										2	2
线虫				1					15	5	21
吸虫						3			6	6	15
原虫				1	5	3			4	1	14
绦虫					3	2			3	5	13
真菌								2			2
细菌											
革兰氏阴性	1			10	1			3	3	5	23
革兰氏阳性			3	3				4	2	10	22
螺旋体				1		2					3
立克次体			1	1	1	5				1	9
病毒											
DNA									1	5	6
RNA	1	1	11		3	12	1		2	4	35
未定								1			1
全部	2	1	15	16	6	27	9	11	35	44	166

U：未分类

表 2-2 人类可报告疾病检查表法

症状	特征
发热系统性疾病	突然或进行性发作伴随或无皮疹、发热、头痛、肌痛；有或无胃肠道症状
发热性皮疹	发热伴有系统症状；全身性皮疹或局部皮疹；无出血
出血性发热	发热和系统性综合征；3～5 天后第二阶段皮肤出血或紫癜，内部或黏膜出血，黄疸；有或无休克综合征
发热性淋巴结病	发热和系统性综合征；化脓或非化脓，局部或全身
发热神经性疾病	偶然发作伴有发热和系统综合征；脑炎、脑膜脑炎、麻痹
发热性呼吸道病	疲劳，咳嗽，喉痛，尿路疾病，呼吸困难，痰多
发热性胃肠道病	系统综合征轻微或无；恶心，疾病性呕吐；痉挛；腹泻带血或黏膜；偶然神经症状；食物中毒，无热
发热性黄疸	初始阶段可能是唯一症状；如果出血要看第三综合征
非发热性疾病	前述疾病表现或症状，但不发热

不是一个简单的事，需要具有法律意识、很强的社会责任感、互相监督的责任和敏感性，还需要一定的专业知识。如果提高相应报酬的话，报告和反应效率将增加。

政府管辖的疾病报告系统之间的差别，如病例限定、新病例如何计算、资料来源的利用，在国家层次进行分析和在时间周期之间是困难的。常规调查证明在过去的报告系统中常有漏报现象，如以电话或电子邮件等常规形式接触临床医生了解到很多漏报现象。主要存在的问题是不确定什么范围的病例能代表群体风险，对于不向上级报告的人兽共患病，要依赖于针对特殊局部利益实验室为基础的调查。因此，因个人利益或群体利益所报告的地理分布和其他群体系数可能都是完全错误的。

相对于美国公共卫生协会系统主治医生报告体制来说，主治兽医并没有对动物多层次报告人兽共患病计划，动物卫生机构都有动物卫生报告要求。现在还没有一个清晰观点阐述关于动物通报性疫病所要求的报告与将来所采取行动有什么直接关系。典型的是快速报告（如电话或电子邮件）是否要求确定病原学并没有说明，断奶仔猪发热和早期死亡可能由非洲猪瘟、猪霍乱或沙门氏菌引起。快速行动对所有疾病控制都是非常重要的，当观察到疫病暴发时用电话报告更快建；而正式报告则不需要立即行动，也可以用电子邮件形式报告。OIE 以通报性疫病确定家畜动物疫病对社会经济和公共卫生的影响后果。

对于暴发调查来说，最主要关注如下几点。

（1）在社会群体或牧群中首先识别到人兽共患病的临床症状时，指示病例引导进一步调查，通常包括病原学初始诊断。

（2）临床发作是潜伏期的终点，病原可能来自脊椎动物、节肢动物或非生物环境。

（3）接触感染动物维持宿主的结果是产生感染，代表着从保藏宿主的直接传播模式；而与媒介或媒介物接触所引起的感染是间接传播形式。当然还存在水平传播或垂直形式传播。

（4）影响传染的风险因素包括病原、宿主和环境特征的反应。

（5）调查包括纵向资料收集、制定对群体检测传染或疾病计划、测定范围、确定什么样的干涉措施、评价干涉措施的效果。

（6）如果病例超过预期即意味着疾病流行，而病例暴发数量可能超过或不超过预期数量，流行或暴发可能是接触共同来源或次级病例接触初级病例引起的传播结果。

（7）暴发调查也包括有效控制必要信息的横向资料收集，如病原的直接来源、传播模式，也包括病例发现。

（8）虽然并不是所有人兽共患病都需要向有关机构报告，但鼠疫、炭疽和黄热病应该报告。

（9）必须报告的原因是报告为预防和控制提供必要信息，信息的应用很大程度决定报告速度，但没有规定需要确定病原。

第二节 人兽共患病识别（界定）的实验室作用

一、实验室设立的主要目的

临床实验室的主要目的是帮助主治医生或兽医回答诊断、治疗或预后等关键问题。实验室检测结果有助于准确确定或排除错误判断。定期检测能够提供评价治疗进展的必要资料，实验室检测能够弥补医生在临床上检查不到的一些情况，并能保证更准确的预后。实验室检测对筛查亚临床疾病价值很高。在医学和兽医学的个人实践中，实验室服务一般来自官方、医院或地方实验室。

这些地方的或私立的实验室多数能满足常规的临床医生和患者的需求，能够处理大量的人兽共患病患者样品。检验粪中寄生虫卵或幼虫，以常规培养法检验临床样品中的细菌，检测对抗生素的敏感性，处理个体患者时一般不会超过这个范围。临床检验实验室的目的就是在医生处理患者过程中起到协助作用。为了保证治疗成功，需要鉴定病原的种类和特征，也会使患者或兽医的顾客减少不必要的花费。对于儿童发热性疾病血常规检验不能解决全部问题，一些情况下病原鉴定对预后和确定复发（再发）的可能性特别有帮助。对于住院患者因接触而感染的院内感染（nosocomial infections）在采取应对措施前并不要求对病原的鉴定，医院传染控制实践操作应该是常规性的。

研究型临床实验室可能有一些辅助活动，如研究和教学都很重要，实际操作中当患者的治疗不能预测结果时，实验室的附加功能才能显示出来。经常需要确定与临床有关的病史，如患有严重的病毒感染并且最近参与国外旅行，更需要准确的诊断，特别是高免血清可以作为特殊治疗的手段。预先计划的临床检验或常规治疗失败的患者，实验室分析可能会得出更加适当的判断。当报告与其他相关熟悉的疾病需要更多的病史资料时，当地（省/地区）动物卫生或公共卫生实验室就会很有帮助，很多急需解决的问题都需要从常规处理到特殊处理的复杂过程。在发展中国家这样的实验室使用频率较高，用于动物和人的传染病实验室诊断。

当地动物卫生或公共卫生实验室参与这类工作时，就会提供非常特殊的专业化服务，通常强调有限的几个疾病，重点从个人（个体）转向群体或社会。例如，对某一单位进行牛结核病的血清学检测或狂犬病的脑部检查，比较典型的是这些实验室为省、国家层次、私立和公共卫生部门之间提供交界面，可提供动物解剖或帮助验尸官检验人的尸体组织。有些地区的动物卫生和公共卫生实验室是在一起工作的，如我国军队各军区 CDC（center of disease control），这就会更有效地进行实验室操作和利用其他资源。临床实验室主要服务于主治医生，流行病学家主要依赖于动物卫生或公共卫生实验室。很多省、特别是直辖市有多个相关实验室提供专门的服务，如虫媒病毒抗体检测。国家级实验室的主要功能是支持国家相关机构的疾病控制和调查计划以及改善实验室诊断和交流功能。

国家动物卫生和公共卫生实验室保证国家计划实施，如农业部、国家卫生与计划生育委员会、国家质检总局都有国家级检验实验室，包括下辖在一些大学内（如中国农业大学的朊病毒监测实验室）的兽医监测实验室，这些实验室为国家和国际动物疾病控制和清除计划提供支持，主要功能包括诊断细菌学、诊断病毒学、病理生物学、外来动物病诊断等。虽然实验室工作强调家畜疾病和禽类生产的经济影响，也包括地方流行性人兽共患病，如沙门氏菌病、螺旋体病、布鲁氏菌病、牛结核病等。病理生物学实验室在屠宰场常规检查中发现肉芽肿性病变，是证实牛结核传染的证据。国家卫生与计划生育委员会下辖的CDC实验室对公共卫生意义重大的传染病调查和诊断提供指导，并对人兽共患病包括肠道、呼吸道、寄生虫、媒介源性脑炎和特殊病原、真菌病、病毒病和立克次体进行权威性鉴定。各国际组织的国内机构也有特殊的诊断要求。

国际上WHO有两个区域性人兽共患病中心：一个是地中海人兽共患病中心，在希腊的雅典；另一个在阿根廷的马丁内兹，为食品保护和人兽共患病泛美研究所。后者对该地区提供参考实验室、科学研究和培训任务。WHO在世界各地设立了协作中心（通常是大学或政府实验室）进行人兽共患病研究。FAO也在世界各地设立了参考实验室，并对一些人兽共患病或特殊动物传染病提供专家帮助诊断服务。还有许多FAO/WHO协作中心提供会诊服务，如特异人兽共患病病原的血清分型。

二、实验室中的风险

我们在生物医学实验室中的所有活动面临着物理、化学和生物学危险，其中较为严重的是人兽共患病病原的生物威胁。实验室人员可能暴露于物理和生物危险之中，如给试验鼠注射传染性材料时误将针头刺到人手掌，这种现象经常发生。因此，实验室相关人员要经过严格的训练，以防止相似的错误发生，不要以为我们经常使用传染性病原，就不可避免地从实验室接触传染性病原。实验室风险接触事件较多的报告有伤寒、布鲁氏菌、结核杆菌、Q热、传染性肝炎、土拉热、苏联出血热、委内瑞拉马脑炎、组织胞浆菌、球孢子菌等。至1979年全球各实验室有近6000例报告，6000例报告中平均致死率为4%，由病毒引起的致死率最高，为7.3%；寄生虫引起的致死率最低，基本没有致死率。在以上报告的病例中，70%的感染个体完全康复，有26%的感染造成永久性伤害。

针对实验室感染的3700例分析得知，通过气管的口腔吸入占4.7%，偶然的注射接种占4.0%，动物咬伤占1.4%，注射器喷雾占1.2%，离心事故占0.8%。实际上有80%的情况不清楚，而且多数是以气溶胶形式发生传播。当多个人同时在实验室中时，气溶胶传播的可能性非常大，带有细菌的液滴掉落在桌面或地面上，干燥后随气溶胶分散在空气中，也易引起感染。

兽医有时在实验室中解剖动物尸体割伤自己，导致感染炭疽杆菌，后在伤口处形成炭疽痂，但这种感染很少，因为兽医很少在实验室解剖动物。还有接触狂犬病病毒的实验室人员都要注射马源抗病毒血清，注射这种血清容易引起疼痛和过敏反应。

我国已对实验室病原确定了生物安全等级，并规定了相应等级病原在相应生物安全等级实验室中操作。将病原分为4个安全等级，实验室生物安全也相应分为4个等级。具体见《兽医实验室生物安全指南》（张弘和徐百万，2006）、《兽医公共卫生学》（柳增善，2010）和《动物检疫检验学》（柳增善等，2012）。

三、实验室采样及处理原则和注意事项

对现场收集或实验室处理样品的许多人也许最重要的经验教训就是预先设计的需求，用古老的格言来说就是"计划在先，万事幸运"。对临床医师、流行病学家、微生物学家、寄生虫病学家和病理学家来说预先设计好采样和处理计划，对完成相关工作是必需的。说明预先计划好如何采样、如何运送、如何处理、如何交流等是非常重要的。将组织放进福尔马林中就不可能进行病原的种属鉴定，并不是所有病毒都能在冰冻情况下存活良好。因此，一些组织样品在运送时需要湿冰，而不是二氧化碳。如果采集样品距离实验室很远，那就需要适当的保存和运送样品条件，以使样品符合检验要求。最好的方式是在采样前讨论一下所采用的方式，用先进的交流手段就可以避免不必要的失误。容易出现的意外是不能正确估计一个人在一定时间内能采集或处理的样品数，突然增加很多需要处理的样品，如果没有预料到这种变化，就会降低检验结果的质量。重要的因素是预测采样的环境情况信息（如样品种类、年龄、性别、地理位置等），以便形成一个整体轮廓，帮助现场记录。因为越来越多的实验室使用电子信息报告结果，与实验室需要的资料一致是相当重要的。

有许多因素影响人兽共患病病原样品的采集，最重要的一个是个体宿主是否健康或染病。在急性发热性疾病发作时其血液是病原的重要来源之一，而健康携带者则很少见。在各种人兽共患病中，同一病原对不同种类动物的器官系统影响不同，同时病原从自然孔道排出的情况不同。例如，Q热患者中贝纳特氏立克次体主要存在于血液和痰液中，而在健康母牛生产时主要从子宫液中排出。病原种类不同可见寄生虫的多宿主生活史的差别。对于急性和恢复期预先知道血清学检测结果信息非常重要，这样可以尽量避免在病原分离时接触感染风险。

住院患者的样品容易获得，需要时可直接采取。血液和脑脊液采样来源可能有很多形式，如带有凝块未处理的试管、抗凝血的试管、带有培养基的试管等。其他，如尿、粪、痰等样品在处理前很快就送到实验室，对急救患者和动物现场情况很少进行如此采样。对于病原分离，如对人或动物螺旋体携带者进行病原分离，直

接将样品接种进培养基是成功分离的关键。为解决远距离样品运送难题，使用各种运输培养基来保证实验室分离效果。有些病原，如厌氧菌现场接种进培养基有助于提高分离率。使用特殊技术，如滤纸吸血进行运送，可以从小动物、节肢动物、鸟类采取微量样品。需要鉴别媒介和病原时，对所怀疑的节肢媒介采样，有特殊处理方法。

从现场到实验室对可疑感染组织或体液运送，以及病原的培养，要求有周密的计划并遵循相关法则。运送容器要保证安全和专业技术要求，要有清晰的标签，包括样品的种类、可疑疾病、组织或体液名称等。可疑人兽共患病样品的运送要有国家动物卫生部门的许可，尤其是国际运输更是如此。如果需要冰冻，则运输时要有冰冻设施，如冰冻样品的目的是分离病毒或其他病原时经常送双份，以备进一步研究用。注意要预先计划好什么时间送到实验室和运送方法，尽量在工作日送到，不要星期五或休息日送达。运送样品时要用防水的密封件将文件同时送达。

在比较繁忙的实验室，样品保存空间经常是一个问题，如当样品量较大，比常规预期多很多时，处理前的暂时保藏可能会成为问题。冰冻样品常遇到这样的问题，需要提前设计好。如果大量的块状混合组织或冻干培养物需要保藏，就需要计划好保藏空间，因为此类样品需要的保藏空间较大。不管哪个实验室都要妥善保存好血清物品，临床实验室可能需要保存患者从急性期到恢复期各阶段的血清。如果平行试验将样品（另份）送到另一个实验室，等份样品要保留到样品检测结果出来，获得最终结果后方能处理。这是非常重要的，因为运送、检验或资料记录的偶然失误，常常需要重复检验一次。从动物和人收集建立的血清库代表特殊群体，是经过很长时间收集并按时间、地点和宿主进行鉴定或分类的，这在世界各国不同实验室都是宝贵的资源，对传染和非传染情况的展望都很有意义。如果血清库的来源是按种类、年龄、性别、疫苗免疫史、地点、血清收集资料和其他特征收集的，对长期研究人兽共患病病原就非常有用。

四、实验室检验

1. 经典方法

尼氏小体是一种特殊的病理指征，即没有任何假阳性结果，因此显微镜下病理损伤能够作为狂犬病病原学确诊的依据，这需要在患者死后直接脑部显微镜观察其病理变化来确诊，动物的脑病例检验也是如此。通过脑脊液革兰氏染色方法确定鼠疫脑炎的假定病原学诊断等，这些方法都是对组织或体液直接显微检验病原的经典方法。

2. 更多的需求和方法的选择

现在，对于人兽共患病病原的证实或假定病原学诊断有了更多的方法学选择，中枢神经组织、组织和体液都是诊断的必要元件。另外，临床表现也是重要的判定依据，特异性血清抗体效价的明显变化也能证明感染的发生，但证明不了感染的持续情况。临床医师和流行病学家在进行人兽共患病诊断时考虑的是传染的假定或病原学的证实，而不是疾病的诊断。临床医师对人和动物共患病有关的临床症状观察包括发热、肺炎、中枢神经紊乱、腹泻或流产等，他们主要关心相关特异性病原的治疗问题。类似的情况，流行病学家会问，这次暴发的病原是什么？这个个体是否是健康的病原携带者？临床医师经常会遇到需要直接回答假定诊断这样的急迫问题，大多数时间会遇到革兰氏染色阴性或阳性的问题。而流行病学家遇到的问题可能没有这么急迫，但面临的问题是高攻击率疾病暴发和高致死率疾病。与人兽共患病相关的实验室的任务是满足这些复杂要求。

很多人兽共患病都有潜伏期、进展过程、恢复或死亡等相关记录。例如，食用没有烹调好的猪肉可感染旋毛虫，通过评估肉中旋毛虫的量、吃了多少猪肉来判断疾病的严重程度。就是利用这种潜伏期和前期过程的检验起到预防需求。通过显微镜进行肌肉活检计数，来预测疾病的严重程度。在接触一定时间后，根据组织或体液中病原的浓度检测，预测感染的可能性。感染狂犬病病毒动物的唾液中的前驱期的间歇是个例外，回答这类问题的关键是要理解人兽共患病病原的接触方式。

革兰氏染色和其他实验室常用的方法能够简便快捷地对组织和体液进行检查。现在一些快速生物技术能够提高这些方法的检查能力。荧光抗体可用于很多人兽共患病病原的检测，现在单抗已经能够区分宿主相关狂犬病毒株，并能溯源，如蝙蝠或狐狸。电子显微镜免疫分析技术能够快速检测病毒，具有避免接触病原风险和克服培养困难两大优点。ELISA更是广泛应用于各种人兽共患病诊断，也是检测抗体的高敏感和特异性工具。PCR也是高度敏感的分子生物学检测技术，广泛用于各种病原的检测。

OIE对通报性疫病的检测方法包括三类。

（1）规定方法（prescribed method） 按《陆生动物卫生法典》要求的检测方法，对国际移送动物进行筛查。

（2）可选择的方法（alternative method） 当地所建立和应用适合相关疾病的诊断方法；也要适合双边协议的动物进出口检测。

（3）其他 一些对当地情况比较适合的方法。

3. 方法的质量评估

对于传染病要做到准确确认病原，其诊断方法的基本条件是敏感特异。方法的敏感性涉及传染存在时阳性出现的频率；而特异性涉及不存在感染时阴性出现的频率。

定量表达如表2-3所示。

表 2-3 诊断试验敏感性和特异性

检测	传染		全部
	存在	没有	
阳性	真+（A）阳性	假+（B）阳性	（A+B）检测阳性
阴性	假−（C）阴性	真−（D）阴性	（C+D）检测阴性
	（A+C）全部感染	（B+D）全部未感染	（A+B+C+D）全部检测

敏感性＝A/［A+C］＝真阳性/全部感染

特异性＝D/［B+D］＝真阳性/全部未感染

对表 2-3 进行分析时，当 A＝100，C＝0 时，检验的敏感性是 100%；当 D＝100，B＝0 时，特异性是 100%，这需要与其他方法比较后方能成立。

通常情况下敏感性和特异性并不发生变化，一旦一个增加，另一个将降低；如果阳性效价临界点被重新确定，那么假阳性和假阴性动物的数量将发生变化。如果限定阳性效价改变，包括所有感染个体都敏感，这将增加感染个体数量，即假阳性，与此同时特异性也随之降低。试验结果和临界点的解释见图 2-1。

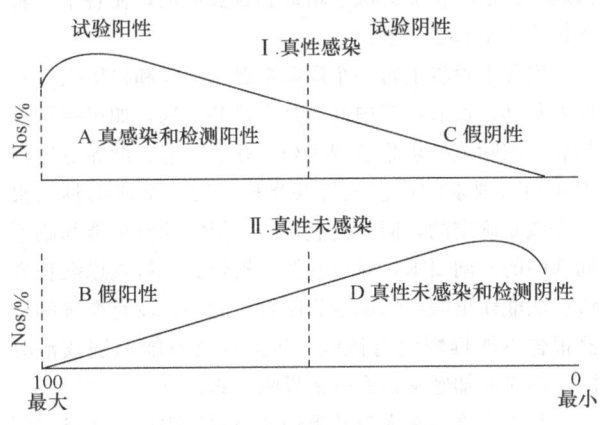

图 2-1 检测结果和分界点解释

很多检测结果连续变化，不存在单个阳性或阴性值，因此，临界点是可以选择的。相对工作特征曲线（receiver operating characteristic curve, ROC）是以图示方式对单个检验确定临界点及对诊断影响因素分析的方法。在所有实际感染中的阳性部分，真阳性率［A/(A+C)］以 y 轴表示，所有没有感染中检出阳性部分为假阳性［B/(B+D)］，以 x 轴表示。当一点在坐标系表示时，曲线从左下角（坐高特异性）到右上角（坐高敏感性）延伸。准确测量图中曲线下部区域，当 A＝0.5 时，在对角线之间曲线是直的，结果别无他选，即真阳性和假阳性是相等的。当 A＝1.0 时，真阳性率＝1.0，假阳性率＝0，产生完美辨别能力。临界点的曲线位置或判定域作为操控点，应用 ROC 曲线进行统计学分析确定检测的辨别能力。

假阳性和假阴性检测结果的生物学原因与病原、宿主的存在及方法本身有关，许多病原有共同抗原，产生血清学交叉反应；宿主的不同感染阶段、年龄、种类和携带状态都影响检出率。有时检测不出抗体或方法不敏感检测不到抗体浓度。检测中所用生物试剂，如红细胞容易出现假阳性，除非用适当对照，当然技术失误或结果的解释都可能造成错误的结果。

检测的有效性涉及相关的金标准执行情况如何，比较发现狂犬病的尼氏小体这个特征性病理现象始终与狂犬病病毒存在相一致，绝不会与其他病毒中枢神经损伤相混淆。当然这种方法并不能始终检出狂犬病感染和有效包涵体存在，有时脑内尼氏小体荧光抗体阴性。在这种情况下检测的特异性低于 100%，敏感性也低于 100%。对于牛结核皮内结核菌素检测，其金标准为组织病理和淋巴结培养检查，以及屠宰场收集动物的各种病理损伤。

真正敏感性和特异性是可以通过真阳性和真阴性感染计算出来的，也可以通过多个病例解剖、培养和组织病理学检查计算出来。因为金标准的对照可以推算出检测的有效性。一种方法的敏感性与相关方法的敏感性相互依存，形成对照。血清学检测通常检测抗体，即宿主对感染的反应，而本身并未感染。还有相对敏感性和相对特异性，即一个检测结果相对于另一个检测感染的次级指示，如抗体。

当有检测参考作为对比时，通过比较检测可疑抗体来表明相对敏感性；当检测参考不存在时，不能通过检测抗体来比较检测相对特异性。如果检测参考效果不好，但比较检测的比较结果非常好，那就不要进行传染检测了。有许多研究比较布鲁氏菌病的血清学敏感性，但很少比较血清学检测与分离的敏感性和特异性。

人兽共患病的实验室检测主要用于确定个体是否被感染，即我们要知道检测能不能预测感染。如果有临床表现和病原接触史，成功预测的可能性就会很大，因为我们的实验室检测又提供了可信的证据。如果没有最近的病原接触经历，你就想知道这个健康的个体是否是病原携带者？当牛结核菌素检测或布鲁氏菌病血清学检查时，所遇到的典型状况就可以回答这样的问题。检测方法的预测价值取决于群体中感染的频率。阳性预测值是检测阳性的实际感染个体比例，即检测出的数量与发现感染的个体数量一致。而阴性预测值是检测阴性的个体比例，实际上不存在的感染数量。这种关系可用如下形式表达：

阳性预测值＝A/（A+B）＝真阳性/全部检测阳性

阴性预测值＝D/（C+D）＝真阴性/全部检测阴性

如果流行是100%，任何阴性结果都是错误的，而不流行时，任何阳性检测都是错误的。传统的、简便易操作的方法敏感性和特异性都很好，如布鲁氏菌卡检测的筛检试验具有95.2%的敏感性，98.5%的特异性。用这种简便筛查检测后，再用稍微贵一些但具有高特异性的方法，检测感染数量少的群体，进一步进行阳性检测。对屠宰动物保持最低检测花费，最后对动物群再检测一次。对两种检测的感染动物鉴别，确定方法的可靠性。很多国家标准方法、省级标准方法就是通过这样的程序确定下来的。在对群体感染流行率检测中，预测值受检查方法敏感性和特异性的影响。因此，这些因素决定检测方法的选择，没有一种答案适合所有情况，包括方法的选择。

当方法检测不出群体中的感染存在时，就会减少测试的个体数。对结核和其他人兽共患病牧群检测时保证一个组至少检出一个感染的个体。对于一个个体检验当然也存在风险，感染的个体有精确的和不准确两种可能。在流行病学调查中这些方法是非常有用的工具，即能提供群体估计的证据。当检测结果出现阳性时，检测临界点的标准解释也存在随意性，当我们解释动物检测阳性是肯定的，而且仍然存在感染，检测阴性的其他动物就一定很难说清楚。

如果认为个体存在感染，通常要求对同一动物进行同一个检验的重复（类似如平行试验、急性和恢复期血清检测）或多次检测。例如，培养方法（或至少检测组织或体液）来平行证实血清学感染的证据。检验群体流行率的一般原则：①开始用简便、经济的方法检测，对阳性者用高敏感方法筛查，再用高特异性方法进行证实；或②一种高敏感特异方法来检测。后一种方法通常较为昂贵，但却是合理的，尤其是疾病清除的最后阶段十分必要。盈亏平衡曲线或其他评估风险手段有时是用于决定的基础数据。

检测的另一个重要指标是效率，即检测汇总正确的频率如何，效率也取决于群体中传染的频率，可定量表达如下：检测效率＝［A+D］/［A+B+C+D］＝真阳性＋真阴性/全部检测。

4. 实验室检测的相关考虑

检验的样品量过大，可以使用"友好实验室"帮助尽快检测完，以节约时间。如果采样地点距离实验室较远，可考虑使用现场或快检方式，当已经接触样品而又不需要实验室常规检验时尤其重要。如果有提前设计，那么就要采取措施保证接触安全。如果怀疑动物脑内有狂犬病病毒，在收到报告后抓紧时间采样和检验。此外，对于人的接触后处理十分重要。

在收集样品时一般分成两份或多份液体，当评价实验室检验效果时确实需要这样的平行样品。对于液体样品两份同时平行检验，至少1份保存作为原始样品或作为对照，对另一个样品做平行试验。如果有其他实验室可用，将样品送去同时检测。实验室之间无通用标准，但对一个样品产生不同结果可能还是比较困惑。对已经检测过的样品要分别包装好，并贴上标签，防止再次进行检验，有些实验室经常做一些重复检验。

有效的交流是诊断过程的基本要素，包括医师和实验室之间的沟通，其实仅部分诊断需要回答为什么。实验室要有足够的训练有素的人员和符合标准的设备、可接受的性能标准或质量控制标准。在实验室内部和不同实验室之间工作质量是不同的，所公布的标准方法和解释并不等同于对实验室进行检测胜任能力的评价。例如，兽医用动物粪便进行寄生虫的实验室检验，经常获得虚假结果。

我国公共卫生系统和兽医卫生系统每年都有相关人员、相关技术训练、实验室质量控制标准化训练，已经颁布很多标准检验方法和强制标准，如牛结核和布鲁氏菌病的血清学检验方法、培训和普及应用，使各个实验室操作水平趋于一致。

实际上世界上每一个国家都要求医师和兽医报告一些人和动物疾病，其中许多是人兽共患病，如鼠疫和黄热病，国际上要求报告WHO。对于国家、世界卫生组织和OIE要求的许多人兽共患病，实验室所出具的报告应该是确定的，而不是假定的。但实验室可能面临不同部门的不同要求，对一些要求报告的人兽共患病在省级层次能作出假定病原学诊断是可能的，没有准确的检测报告不能推断没有该病。传染通常不能识别政治界限，但疾病却经常带有政治界限色彩。

总而言之，在人兽共患病的识别过程中，实验室起到如下主要作用。

（1）临床实验室强调对个体患者处理的支持，而动物卫生和公共卫生实验室则更倾向于对动物群和人群疾病的识别。

（2）生物医学实验室常有人员感染人兽共患病，适当的预防措施是必需的。

（3）样品及检验结果对临床医师或流行病学家十分重要，因为相关结果能够回答他们的疑问，这也加强了专家们与实验室之间的联系；适当的运送条件能够保证实验的成功。

（4）一个完善的检验或者说"金标准"，当传染存在时能够提供确诊的病原学诊断，即100%敏感；当不存在传染时也不会出现假阳性报告，即100%特异性。还要具备快速、经济和简便易操作的性质。

（5）因为病原、宿主和检测的生物学原因，至少有一些假阳性和假阴性结果出现。检测的预测值也因群体中传染频率的变化而变换。

（6）因为检测方法固有的缺陷，应该发展一些新的策略以获得最好的识别能力，使假阳性、假阴性结果处于最低水平。通常采用几个连续检测，首先用最敏感的方法确定实际感染，然后再用高特异方法排除非感染部分。

（7）实验室检测价值部分取决于操作人员的熟练程度，为获得一致的精确结果，就必须有一个可靠的实验室。实验室初始选择和定期评价要仔细做，以保证其适当的检测能力。

第三节 被忽视的地方性人兽共患病

一、疏忽的原因和性质

地方性人兽共患病一般都是世界范围发生，可能偶尔流行。这些人兽共患病发生多与动物直接接触的人群有关，不仅影响贫困人群健康，同时也影响经济收入并引起动物死亡。地方性人兽共患病由于流行隐蔽、规模较小，不像新现人兽共患病那么引人关注，直接陷入被忽视疾病的行列。就世界范围而言，贫困和不良的卫生条件导致人们长期患病，影响青少年成长与发育，怀孕期间产生不良反应，导致生殖障碍；由于贫困，当地人们很少住院或很少反复就诊，形成恶性循环；由于关注度不够，这些被忽视的地方性人兽共患病住院和临床治疗数据不全，发病率和致死率也难以获得。地方性人兽共患病易被忽视部分或主要的原因是漏报，结果其社会价值往往被低估。

全球范围被忽视的地方性人兽共患病主要包括睡眠病、血吸虫病、河盲症、钩虫病、象皮肿、沙眼、包虫病等。更广范围看，地方性人兽共患病也称为忽视的热带疾病，包括13种寄生虫病和细菌病：有3个土壤传播的蠕虫感染（蛔虫病、钩虫感染和鞭虫病）、淋巴丝虫病、盘尾丝虫病、麦地那龙线虫病、血吸虫病、南美洲锥虫病（查加斯病）、人类非洲锥虫病、利什曼原虫病、布鲁里溃疡、麻风病和沙眼。还可能扩展出：登革热、密螺旋体病、钩端螺旋体病、类圆线虫病、食源性吸虫病、脑囊虫病、棘球蚴病、疥疮和其他热带传染病。

这类疾病受到关注主要是贫困与被忽视的人兽共患病之间的关系，如炭疽、结核、布鲁氏菌病、囊虫病、囊性棘球蚴病、狂犬病、非洲人类锥虫病。欧洲议会针对发展中国家被忽视的主要疾病采取了相关策略，特别关注利什曼病、非洲人类锥虫病、结核、美洲锥虫病、囊尾蚴病和神经型囊尾蚴病；食源性人兽共患病影响人数最多，大约占世界人口的1/2。

二、被忽视的地方性人兽共患病危害

这类疾病的危害通常被低估，诊断起到至关重要的作用，许多人兽共患病难以与其他传染病区分，如在疟疾流行地区，因布鲁氏菌引起的发热常被误诊为疟疾发热。对大多数这类疾病目前而言还没有经济可靠的诊断方法，个别诊断方法有了很多进步，如临床上可以区分人结核和牛结核。被忽视的地方性人兽共患病具有现实重要性，贫困和卫生条件恶劣是这类疾病发生的促进条件：因贫困，与动物接触的机会多，患病后得不到及时恰当的治疗，当地诊断也是严重问题；家畜拥有者多数居住在偏远地区，也不可能反复就诊，会形成恶性循环。

1. 睡眠病

睡眠病是常见的漏报疾病，该病有两种发病形式：慢性冈比亚人型和急性罗德西亚型，仅急性型为严格的人兽共患病。引起人兽睡眠病的病原为罗德西亚布氏锥虫，感染人和野生动物，近些年发现牛是重要的保藏宿主。人如果不治疗多数死亡，对牛影响不大。在乌干达研究发现有92%被漏报。

2. 细粒棘球蚴病

细粒棘球蚴病是世界范围新现人兽共患寄生虫病，人和家畜吃了细粒棘球蚴感染性卵而患病，狗是主要的限定性宿主，家畜作为中间宿主，人是非正常中间宿主。细粒棘球蚴能引起人严重病情，甚至死亡；同时也引起家畜的经济损失。经常属于漏报性疾病类，我国也存在类似情况。

3. 狂犬病

狂犬病在发展中国家仍然是被忽视的地方流行病，亚洲和非洲明显。实际发生情况难以统计，可以用狗咬的数量代替其他计算方法，狗群密度是维持该病流行的基础，其基础门槛密度为4.5条狗/km², 依据此计算方法每年亚洲和非洲将有55 000人死于狂犬病。

4. 牛结核

结核分枝杆菌是人最常见的结核病形式，但西方国家牛结核却很少。不发达国家因食用巴氏消毒奶没有彻底杀死微生物和与家畜接触，牛结核地方流行明显。坦桑尼亚肺结核有4%的分离率，而发达国家仅为0.5%~1.5%。

5. 美洲锥虫病

美洲锥虫病是美洲最重要的寄生虫病，与贫困有

关。克氏锥虫为病原，保藏宿主是狗，野生动物为保存宿主，通过锥蝽嗜血、生殖道、输血或器官移植、污染食品或液体等途径传播。许多人感染后并不知道，开始时表现良性症状（没有症状），后可能无症状长期带虫，因此被称为沉静杀手。实际危害难以估计，估计每年有1500万病例，5万～20万新病例。

6. 利什曼病

全球有88个国家、有3.5亿人口涉及利什曼病，约有1200万病例，每年约有5万人因此而死亡。利什曼病并不是单个疾病，是一种复杂的媒介源疾病，有20多种利什曼原虫种类。粗略可以分成两大类疾病：内脏型（慢性系统型疾病，如果不治疗常死亡）和皮肤型。

7. 炭疽

人主要来自绵羊、山羊、牛的感染以及接触动物产品毛、皮或胴体而感染，草地污染是常见来源。WHO并未统计炭疽发病数，尽管认为是偶然地方流行，但不是主要公共卫生问题。我国较少发生。炭疽具有潜在生物武器的价值。

8. 囊虫病

在南中美洲、中国、印度、东南亚和非洲撒哈拉地区每年大约有250万人感染囊虫病，5万人死亡。全球约有7500万人、拉丁美洲每年约有40万人感染，乌干达的45%的猪感染。亚洲还有印度尼西亚、越南流行。

这些疾病流行不但引起人与动物疾病、死亡的侵袭，还带来巨大的经济损失。

三、被忽视性人兽共患病控制展望

被忽视的地方性人兽共患病的持续控制主要依靠：人兽共患病调查、经济适用的诊断方法、公共医疗和个人医疗的共同努力与合作，将以上几点做好才是有效控制地方性人兽共患病的最好措施。参考牛瘟等疾病消除实例，尽管不能短期实现、有效疫苗使用费用非常大，但是对这些流行病要有清除计划。例如，布鲁氏菌病虽有疫苗但控制效果并不理想，除疫苗外，还应有配合的基础条件，如国家、省政府相关的控制或清除计划，出台相应的经济、贸易和卫生措施。此外，寄生虫疫苗也有使用，如泰勒焦虫和鸡球虫。公共卫生部门与私人医疗要全力合作，共同改善被忽视性地方人兽共患病的诊断和治疗，包括睡眠病。

急性型睡眠病的动物宿主识别很重要，也是一个相对长期的过程。最近发展了一种睡眠病分子标识方法，可用于鉴别人类睡眠病。控制传播媒介采采蝇、消毒灭虫措施很有效，在一个地区消灭后要预防其再次侵入。对美洲锥虫病也采取喷洒杀虫剂方式，主要是针对专门吸食人血的骚扰锥蝽这类媒介进行清除活动。但拉丁美洲存在不同媒介种类，有不同吸血行为和野生动物宿主，会给清除行动带来困难。

婴儿利什曼原虫和杜氏利什曼原虫主要引起内脏型利什曼病。在巴西，狗是婴儿利什曼原虫的主要保藏宿主，虽然控制保藏宿主效果不是很好，但控制媒介白蛉和扑杀利什曼阳性狗可能得到较好效果。在意大利研究证明，将溴氰菊酯注入狗的颈环中可减少80%狗利什曼病流行，巴西田间试验也证明该法可能是最有效的控制方法。尼泊尔采用狗床垫注入法也很有效。

囊虫的清除措施就是提供清洁水和兽医卫生措施，如加强肉品兽医卫生检验和感染动物处理或治疗。为清除感染猪需发展诊断方法，已经证明检测猪粪便的方法比较敏感特异。我国利用吡喹酮治疗该病获得一定效果。

虽然这个"被忽视的地方流行人兽共患病"的分类并不一定通用，但对发展中国家和相当多国家、包括我国许多漏报人兽共患病情况是很适用的。当然政策指向存在优先秩序问题，经济利益在其中起到重要作用，这类疾病防控的商业价值小，被忽视很正常。因此，对这类疾病控制要涉及成本效益干预措施优先原则，再结合卫生和经济利益则可能引起官方注意。Molyneux 2008年提出被忽视的地方流行人兽共患病代表着控制和清除最容易实现的目标，很多人可能忽略了价廉物美药品有着良好的干预效果，当然其中也会遇到病原或媒介生命周期长、费用高、耐药性等问题。有效药物和疫苗、公私合作、健康教育都很重要，当然，消除贫困、提高卫生措施是长久之计。

第四节 新现人兽共患病和被忽视地方流行性人兽共患病调查
——全球层次的共同挑战和共同解决方案

人群和动物群体疾病暴发的早期检测是发现新现传染病有效调查的关键。暴发早期检测显然存在地理差异，在一定程度上限制了全球调查战略的有效性。就新现和被忽视的地方流行性人兽共患病调查方法来看，强调发展中国家存在的传染病流行问题，需要克服更多困难，才能获得更多的卫生效益。疾病报告能力低下是新现和地方流行性人兽共患病调查的主要限定因素，存在几个影响报告的重要障碍：①报告行为缺乏有形利益；

②缺乏强制法规的效力；③团体、机构和部门之间沟通不畅或机制不顺；④国际法规环境的复杂性（图2-2）。需要对发展中国家地方流行性人兽共患病进行系统调查，提供适当的和可持续性调查机制，构建人兽共患病病原调查的核心能力（图2-3）。

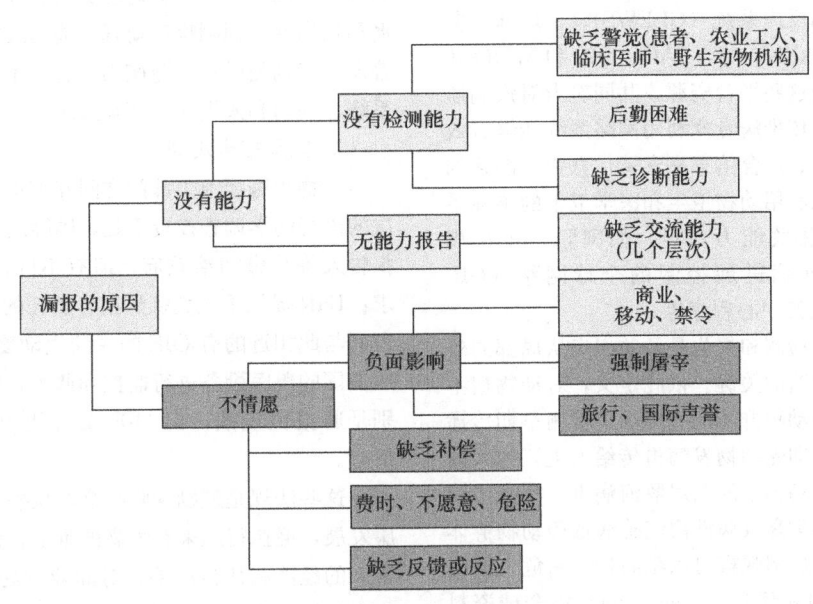

图 2-2 人兽共患病漏报的原因（来自世界银行）

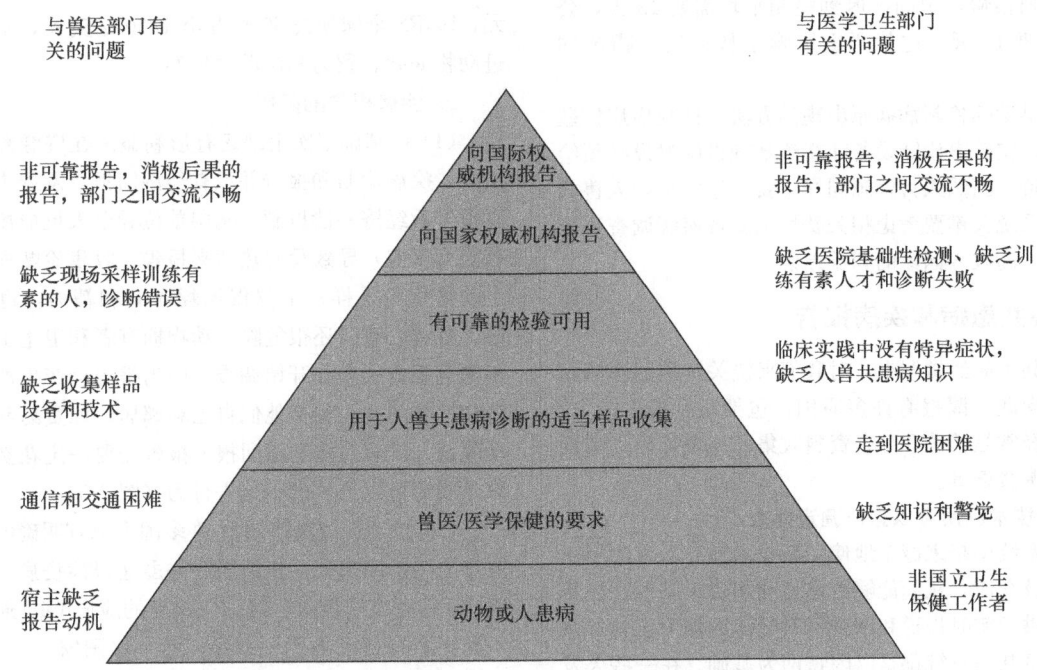

图 2-3 在人和动物卫生部门内部人兽共患病漏报原因
调查数据的质和量在每一个层次上都不高，导致对疾病暴发应对在信息可利用程度、时间及时性和效果方面产生有限的影响

人兽共患病病原是新现和再现传染病的主要因子，因此，世界规模人兽共患病调查就要有优先秩序。人、野生动物和家畜之间的相互作用是极其重要的，是全球范围新现疾病潜在扩散的基础。各国急切需要发展对未知病原的调查方法，同时也要关注被忽视地方性流行人兽共患病病原的影响，尤其是边远和贫穷社会群体。调查资料能够提供其公共卫生优先秩序。有效整合人和动物群体调查活动是成功进行人兽共患病调查的关键。目

前，在我国和全球都存在这样的问题，从1992～2006年的资料统计看，仅有19%的有医学和兽医学共同参与的人兽共患病调查，依据我国的现实情况急需加强医学与兽医学在人兽共患病的调查中的合作。相关的平台有：全球早期预警和反应系统（GLEWS）、全球暴发警告和反应网络（GOARN）等，FAO、OIE和WHO几个世界组织共同享受这些平台资源，共同努力对疾病监测与反应。各个国家传染病专家利用网络系统能够有效报告和提供适当模式、适合信息来支持信息资源缺乏的国家。已有几个国家利用动物卫生和医学卫生的国际系统和程序加强各国相关能力建设，如国际卫生法规（IHR）、跨界动物疾病进展控制的全球网络（GR-TADS）、全球疾病监测中心程序等。

疾病病例的早期检测和报告是预防疾病从局部向外大面积扩散的初始预防的关键。依此定义，对动物宿主的人兽共患病病原和动物群体调查提供了检测早期传播或新现途径的机遇，即先动物发病再传给人类，如大猩猩中的埃博拉病毒、乌鸦中的西尼罗河病毒、家畜中的裂谷热病毒、易感鸟类高致病性禽流感病毒等动物群体中病原的调查。这些病例观察可以靶向指示高危人群的调查，以便早期检测和预防。1996～2009年全球资料分析，传染病早期发现和报告都很快，但随后的鉴定和公共交流则很慢，中间延迟到检测平均需要13天，公共交流需要19天，这就严重影响了快速反应措施的实施。

发展早期筛检新病病原出现的方法对抑制疾病扩散非常重要，实验室诊断设备和交流基础设施建设必须给予适当投资，当然人力资源同样重要。建立全球人兽共患病调查系统关键要考虑相关费用和新现疾病调查系统在低收入、高收入国家的利益差别。

一、人兽共患病和疾病报告

人兽共患病经常漏报，对我们来说关键是要理解原因和解决问题。漏报有许多原因，包括没有报告能力、不情愿，经常是精确和综合资料收集和配置障碍，特别是资料来源匮乏等。

1. 新技术应用可以弥补调查能力不足

调查系统中越来越多地使用新技术和技术方法用于资料收集及交流，从而能够更好地利用资料来源。因特网系统提供了实时报道和调查资料交流的强力工具，世界几大信息共享系统都是以因特网为基础。在一些欠发达地区基础交流设施还处于较低水平，发展中国家因高费用和信息处理复杂程度引起漏报，这会产生负面影响。

调查的重点是与疾病新现有关的因素，以便判断何地能够出现新现疾病。通过对新现疾病地理分布分析来鉴定新现热点，形成这类模型的资料目前还很有限。很明显，建立跨全球地理区域的调查系统是一个巨大挑战，有效的方式之一是在薄弱地区加强力量。对于我国来说，道理也是一样的。

对于病原筛查和发现，实验室技术的进步提供了发现宿主中病原的能力，包括人与动物中的未知人兽共患病病原，但还缺乏解释这些资料、评估微生物可能的传播和致病性、预测疾病新现的能力或能力有限。电话的普及、特别是手机普遍使用，有利于建立新式公共卫生系统、动物和人类疾病调查系统。

2. 国际报告规则

动物和医疗卫生部门之间互相扯皮经常导致各个层次的流行病学调查投资不足，国际层次还没有专门系统报告人兽共患病给政府，但有不同法规部门及相关要求：IHR提供了人类疾病报告责任的发展框架；在动物方面与此相近的有OIE的《陆生动物卫生法典》，要求成员国的兽医勤务进行监控和调查，要向OIE报告，特别是通报性疫病，但OIE没有能力对疾病暴发进行反应。

这些法规是鼓励国际社会对疾病暴发报告制度的健康发展，但执行起来有太高的难度，包括报告疾病暴发带来的经济和社会后果、对商业贸易会带来严重后果、丧失了旅游收入和国际声誉。最近在马来西亚发生的尼帕病毒事件损失约4亿美元，英国疯牛病损失110亿美元，SARS全球损失5000万至1200亿美元，主要是通过动物病死、贸易和旅游损失的。

3. 疾病报告的障碍

（1）在基础层次上缺乏有形利益　在资源匮乏的系统内，疾病诊断和报告并没有经济回报，发展中国家没有报告后经济补偿机制，基层单位和个人反应慢（或没有能力反应）导致没有热情来报告。收集诊断样品（野生动物宰后采样）不仅仅消耗时间和精力，也有不情愿、劳苦，有时还很危险。动物拥有者和卫生工作者并不愿意报告疾病和开始调查，因为报告会产生严重的经济和社会问题，包括他们自己和邻居，如贸易和动物移动限制。没有直接利益回报、报告需要一定花费，这些都是我们可以理解的不报告行为（图2-3）。

（2）缺乏强制法律效力　许多国家都有明确的动物和医疗卫生部门来警示相关当局许多通报性疫病，OIE和WHO都有疫病风险分级，风险高的应向OIE通报。但不同国家有自己的优先秩序，而一些国家、一些地区、部门，特别是私有者执行起来难度较大，包括有些基础设施还做不到。我们国家《动物防疫法》规定个人对相关疾病有报告义务，但正如上述，实施起来有一定难度，在我国重要的是涉及条块分割和相关责任，因此，很多发生的情况没有报告。

（3）国家层次机构之间的交流还很缺乏　调查是利益相关者之间的交流，机构条块分割常常妨碍人兽共患病的及时报告。所以，在实践操作上要考虑交流的实际困难和人为因素两个方面，在处理敏感数据时两类部门（医学和兽医）要相互合作，互相信任。

在兽医和医疗部门内部，报告网络也因公共和私有分割产生不利影响，也经常影响第一线工作者的权威性。

（4）法规和传闻　认识到政府在报告疾病方面的严重缺陷，就要修改相关国际法规赋予OIE、WHO更大的权威。现在正发展非官方的"传闻"网络信息收集方式，同样用于新现疾病监测。对传闻的快速评估和反应也是获得重要卫生利益的重要方面，即使是假阳性也有一定意义。当然，依靠传闻的报告肯定会产生一些不良后果，传闻并不一定能提供详细的流行病学信息。假阳性信息来源复杂，很多国家和国内边远地区可能处理能力不够，不准确的报告或传闻快速传播可能导致社会混乱和无根据的制裁，这种方式不是持久运作的模式。

二、前沿方式

1. 关注地方流行性人兽共患病调查

扩大全球和全国范围的地方流行性和新现人兽共患病调查，以提高核心调查能力。多数国家需要建立新现疾病调查系统，但面临着许多新的问题：首先不知道怎样建立一个对未知病原的调查系统；其次，建立的新系统可能会打乱已有系统和资源分配。关注地方流行性人兽共患病可避免仅关注新现人兽共患病的其他风险；同时也能使调查系统持续下去。

要注意建设调查系统核心能力和关注固有适应性，因为传染病威胁发生了变化。首先发达国家在全球已经建立了几个跨学科网络以应对特殊病原威胁反应。全球实验室网络通过全球脊髓灰质炎病毒清除计划，已扩展到其他新现病原，包括出血热、日本乙型脑炎、SARS和对H5N1、新冠状病毒的国际反应。这类反应包括几个合作的国际机构：FAO、世界银行、OIE、WHO和UNICEF应对H5N1扩散时可减少人与动物交界面疾病风险范围。这些基础设施建设和运作也证明了核心能力建设的重要性以及对跨物种传播病原的基本调查能力的发展；对地方流行性人兽共患病调查提供了检测新现病原的核心能力。例如，疾病暴发的早期检测和关键早期反应主要依赖于：①疾病暴发报告的警觉性；②交流系统存在，以便能及时报告给动物卫生和医疗卫生部门；③能够检测和定性病原；④训练有素的人员队伍，以便能对事件快速反应。

相对新现疾病而言，地方流行性人兽共患病是一类易实现控制目标的疾病，如疾病控制投资、可控工具、消费效益等都很容易评估。这类疾病造成人类健康影响和经济负担，通过调查可积累地方流行性人兽共患病基本资料收集。

2. 对报告予以适当激励机制

对报告参与人给予激励机制可能会遇到如绩效合约、报酬、能力构建、职业进步、社会角色的满意程度等问题。对于私有牧场激励报告行为可能包括质量认证计划的合格与否或强制屠宰的补偿计划。这部分还应包括私人兽医的报告数据，对他们最好进行疾病识别、报告和信息处理技术以及其他的免费职业培训。

激励报告机制主要是用于利益报酬上，巨大刺激可能获得简单反应：包括报告信息、诊断试验结果的反馈及处理建议。鼓励使用现代化交流手段，如手机的使用提供了快捷交流手段，也跨过领导层和危险群体这样的过程，鼓励基层的调查兴趣。及时反馈诊断信息给家畜拥有者，能够加强兽医官员和农牧民交流及调查途径。应该鼓励个人行为和疾病报告，而不是集中调查，这样反映的问题可能更及时、更早些。

第三章
人兽共患病预防和控制原理

第一节 人兽共患病预防、控制和清除的基本原理

针对人兽共患病的防治措施可以分为三个层次：预防、控制和消灭。基本的步骤和完整的活动是流行病学调查战略。

14世纪，鼠疫曾在欧洲引起2500万人死亡，现在鼠疫仍在欧洲流行。美国使用幼犊免疫、成年牛屠宰的方式，明显降低了牛布鲁氏菌病的流行情况，在丹麦等国家已经清除了布鲁氏菌病。对于布鲁氏菌病，家畜作为传染的保藏宿主，如果减少了保藏宿主数量也就减少了人类接触和感染布鲁氏菌病的数量。发展中国家在控制人兽共患病方面实实在在地迈出了一大步。这一节我们主要对预防、控制和清除三个方面的技术原理进行简要论述。

一、人兽共患病预防的原理

预防是为阻止疾病病原引入一定区域、特殊人群或个体中而采取的行动。预防是防止人类（动物）疾病发生和暴发源的系列措施，包括卫生规则的确定，使用驱虫剂（节肢源疾病），疫苗注射，边界或边远地区的兽医控制，肉、蛋、奶及皮毛工业卫生监督，卫生教育等；需要不断完善相关法规，调查微生物带染状况，进行预防性检验和加强疾病报告系统建设。

预防有时涉及初级预防和次级预防两个概念。初级预防（primary prevention）的目标是维持健康群体，如预防疾病的发生。次级预防（secondary prevention）是试图减少疾病已经发生所造成的损害。复发（rehabilitation）是初级预防和次级预防失败后发生的、有时作为三级预防（tertiary prevention）的目标。在疾病预防和控制计划中经济学方面的考虑是从初级预防到三级预防，每前进一个过程都将是经济耗费提高的过程。

二、人兽共患病控制原理

控制是采取系列措施将疾病减少到一个可接受的程度，并维持在这个水平程度。控制是减少疾病发生和控制流行的系列措施，包括检疫（患病人群隔离和动物隔离）、医疗看护和严重患者住院、局地医疗处理、治疗或减少节肢动物群数量、减少环境污染、非生物环境和媒介物（动物源性食品兽医检验）控制、动物卫生措施。术语"控制"更适合传染病原已经存在的情况下，如虫媒病毒在一定区域的野生动物保藏宿主中流行，对其清除是不可能的，如果有一个良好的控制计划和计划免疫就会大大减少其对人和家畜的影响。乳房炎是不可预防的，如果有一个良好的控制计划就会大大减少临床和亚临床发生的数量。减少非脊椎媒介生物数量的"友好环境"措施——杀虫剂的使用，使用安全灭鼠剂，既能杀灭鼠患，又对环境保护有利。预防和控制对减少传染病的传播极其重要。

三、人兽共患病清除原理

清除（eradication）是疾病控制计划的最终步骤，主要是从限定群体或地理区域将病原清除的全部行动。就是完全从一个地区清除病原，需要非常集中的进行，如对人和动物的疫苗免疫要持续监控，第一个全球清除计划是1767年Maty博士提出的天花清除计划，目前仅一种疾病在全球被消灭——天花。要想从一定区域和人与动物群体中清除病原，需要切断其传播途径，防止新的病原传入。因为在一个区域消灭病原以后仍然受其他区域感染动物或动物产品传染的威胁。

全部清除和实践性清除之间是有明显区别的，**全部清除**是指病原自相关区域被完全清除掉。在世界范围来讲，天花是唯一全部清除的病原。**实践性根除**或**实际性根除**涉及对人或家用动物重要保藏宿主中微生物的清除，而不是全部区域性清除。全部清除的最大障碍是经济因素，如检测和屠宰计划，在流行率高的情况下以每个动物为基础的鉴别传染病的费用是很低的；随着计划的不断发展，流行率下降，针对较少的动物感染率的确定就会在人、财、物上花费更多，所耗费的时间也会更长。

实践性清除也有障碍，如狂犬病清除最初的限制是对野生动物保藏宿主缺乏有效的清除方法，尤其是涉及多种类保藏宿主时更是如此。当媒介利用野生动物宿主时，试图清除媒介源性病原就会遇到相当大的困难。在一定区域清除蚊虫可能并不困难，但当野生动物的媒介生态学需要清除时，这样的工作开展将会相当的困难，花费也会很大。无特殊病原这个词用来描述一个区域特殊疾病发生率或流行率下降到一定水平——通常是达到控制计划的目标以内。美国对布鲁氏菌病使用了这个定

义，计划将其控制在 1.0% 以下。

人兽共患病控制和预防计划的基本原理主要集中在打破流行病学中最薄弱的传播链，包括三个因素：保藏宿主、从保藏宿主传播到易感宿主、易感宿主。

第二节　保藏宿主的无效化作用

人兽共患病传染的最终来源是感染的保藏宿主，当保藏宿主中感染减少或清除时，传染来源就会进行性减少或消失。有三种方法可用于保藏宿主的无效化作用（reservoir neutralization）：①清除感染个体；②使感染个体不再排毒；③处理环境。增强宿主的抗性也是控制方法之一，如果感染动物数量减少，也能使保藏宿主作用无效化，如人类天花疫苗免疫和狗的狂犬疫苗免疫效果都非常好，为人类和动物宿主提供较好的免疫效果。

一、感染个体的清除

感染个体清除通常采用两步法：①检测和屠宰；②强化治疗。

1. 检测和屠宰

通过监测和屠宰已现感染的个体，从牧群中清除感染个体。这种方法已成功用于牛布鲁氏菌病、牛结核、马鼻疽、马媾疫、疯牛病。

欲使该方法更加有效，充分的敏感性和特异性检测是必需的。例如，当不能除去大量假阳性动物时，就需要对所有感染动物检测，然后才能清除感染动物。有些疾病，如牛胸膜肺炎、口蹄疫、疮疖等，在病原初级识别前就在临床鉴别出来，被清除掉。每个检测的病史和个体鉴别必须由恰当的结果解释和鉴别来保证，当用血清学鉴别时，这种专业鉴别工具或手段并不是绝对的。例如，牛布鲁氏菌病的凝集效价 1/100 为阳性，该数值针对的是非疫苗免疫牛，对于已经免疫的成年牛其凝集效价可能更高，实际上凝集反应不能区分自然感染或人工免疫。一旦确定动物为感染状态时就要严格控制，以保证迅速去除，除非适当治疗或隔离以保证安全。有两个因素影响方法的使用和屠宰与否，包括花费和疾病传播的方式。疾病直接传播效率最高，且涉及的保藏宿主种类有限。很多国家的政府和工业团体在高花费情况下进行该项工作都是不情愿的。

对于高度流行的传染病来说，规定检测和屠宰前，减少保藏宿主数量和增加宿主抵抗力的最基本方法是疫苗免疫。口蹄疫患畜屠宰后埋掉或焚烧的费用太高，要达到的目标计划需时越长，所需的花费就越大。例如，布鲁氏菌病和结核清除计划需时较长，花费将非常大。如果保藏宿主是非生物性的，以屠宰方式进行宿主无效化就没有价值。如果宿主范围在种间传播，屠宰方式的效果也会打折扣，尤其是野生动物更是如此。如果是媒介源传染病，控制媒介源生物可能更经济。无特殊病原计划就是保藏宿主无效化预防疾病的一个例子。

运用检测与屠宰方式去除感染个体控制计划用于牛结核、牛布病等。在布鲁氏菌病控制计划中，卡片检验（凝集试验）是非常敏感的（但特异性差），可用于感染动物鉴别。卡片检验阳性动物要用利凡诺、补体结合试验、颗粒凝集荧光免疫分析技术（PCFID）试验进行更特异性布病抗体鉴定。要使布病检测更加有效，就要有准确的免疫记录，以便对检测结果有更准确的解释。牛结核控制计划中用皮肤检测试验，这种试验能与其他分枝杆菌和产生肉芽肿感染的机体产生交叉反应。在牛结核流行时这种检测非常有效，但低流行时易产生假阳性结果。在流行率下降时，屠宰中无可见病理损伤的牛的比例将上升。检验的敏感性因注射部位、所使用的抗原（PPD）量、感染阶段不同而异。在控制鸡白痢计划中，可以用凝集试验检验感染的鸟类。许多国家使用检验-屠宰计划方式进行疾病清除，如马媾疫、鼻疽。马媾疫清除计划中，可以用补体结合试验检测马媾疫锥虫感染；检测鼻疽时，以马莱因皮肤试验检测。

2. 强化治疗

第二种感染个体宿主无效化方式是**强化治疗**（mass therapy）。强化治疗限制了潜在感染动物和人的局部流行状况，这种方式并不急于鉴定感染的个体。在一些不发达地区地方流行病诊断资源相对匮乏，直接治疗将减少总花费的 2~6 倍。强化治疗对控制疾病流行是很有效的方式。为达到控制目的，强化治疗不只是治疗临床疾病，还必须排除携带者感染状态。当然强化治疗也存在风险，特别是不适当的强化治疗可能增加病原菌株耐药性和副效应的风险。

用抗生素治疗鹦鹉的鹦鹉热，以预防人感染 Q 热；在一定区域治疗所有狗以预防棘球蚴病，切断狗-绵羊循环，就是动物保藏宿主强化治疗的例子。以强化治疗来减少人的体内寄生虫也很有效，如利用伊维菌素治疗盘尾丝虫病；控制传播媒介，以强化治疗减少血吸虫病和非洲锥虫病的发生率。通常以症状调查作为成功措施的指标，我国已报道通过强化治疗的方式清除了性病。

二、环境处理

环境处理（environmental manipulation）也是使保藏宿主无效化的一种方式。通过减少媒介或媒介物中病原存活率，打破感染宿主和易感宿主之间的传播链。环境是病原在脊椎动物以外存活的地方。在局部采取措施，可在控制区域内直接产生效应。在各种寄生虫控制战略中，提供适当的粪便污水处理、粪便废水消毒以及牧场转换都可以减少易感宿主的接触。提供良好的卫生措施，加上良好的教育和监督，就能防止绦虫病的传播。如果设施不完备，牛、猪饲养者就可能使用干草堆、饲料铺位或其他位置大便，使牛、猪饲料受到污染。发酵污水池也可以破坏病原和粪-口传播途径。使用堆肥方式，也可以有效减少病原微生物数量。人粪尿的发酵过程中，由于高温环境能够杀死其中的病原微生物，也可以有效防止寄生虫病的传播。

吸虫的中间宿主蜗牛要靠水来完成其生活史，应按季节使用杀虫剂消灭蜗牛；设水池围栏防止家畜接近，有效的排水等措施使环境改变，从而能够控制传染。如果水源是家畜必需的，就要使用灭螺剂。牧场轮转可减少对胃肠道线虫的接触机会，因寄生虫种类、产感染性幼虫的时间各异，在温暖季节轮牧间歇期要长一些；也可以对不同种类牲畜轮换放牧。

环境处理可以作为媒介控制的一种手段，控制效果依赖于媒介的生活史。在某些情况下（觅食点或筑巢地）环境处理可取得较好效果，但在另一些情况下直接攻击媒介可能最有效。用浸渍、喷涂、喷粉或用围脖标签使用杀虫剂，或者用诱饵盒杀虫剂方式。这些方法也有缺点，如二联巴贝西虫作为病原，仅一种蜱是传播媒介，这就比两个、三个或多个宿主蜱媒介更容易受到攻击，而多宿主就更难控制；环境处理的一个缺点是节肢动物易产生耐药性，监控这种耐药性的出现以保证有效性，一旦生成这种抗性立即换药。对于暴发蚊虫源性疾病期间用作物喷粉飞机大规模喷雾，杀灭蚊虫效果很好，不利的是同时杀死一些有益的节肢动物，而且一些化学物质对家畜和人有毒。使用蚊虫减少计划使宿主无效化预防蚊虫源性脑膜脑炎的效果不同，如委内瑞拉马脑炎流行期间，新感染的马匹具有高病毒血症，是放大宿主，不仅使叮咬的成千上万只蚊虫带毒，也使叮咬的飞蝇起到机械性传播和飞行"注射器"的作用。蚊虫减少计划很少有百分百有效的，也就是不能完全停止暴发。

绝育雄性的引入对清除螺旋蠕虫非常有效，但效果因其生活史和节肢动物觅食类型而异，如果未辐照的雄性比例高或雌性与一个以上雄性在一起觅食效果就差。用生物捕食者或媒介致病原等生物控制方式有些成功控制了蚊虫群体的数量。用食蚊鱼食用蚊虫幼虫，用竞争性蜗牛-苹果螺驱除血吸虫的中间宿主澳洲螺，这类技术取决于媒介群密度和经济能力。

在拉丁美洲可看到在街道上随便堆放物品，进而为流浪狗提供食物来源和隐蔽场所，也为狂犬病流行奠定基础。适当的垃圾清理和食腐动物控制计划可以改变环境，减少这样的问题。有时进行小规模环境处理，如啮齿动物清除计划，采取饲料厂周围清除有病原污染的粪便即可达到目的。

如果直接传染来源不是生物环境，就要加强相关环境处理，准确一点说是媒介物处理，如水纯净化、巴氏消毒作用、食品（动物和人的）保藏和消毒。饮用水消毒可消灭污染水中微生物来源，许多暴发调查发现水是病原的重要来源，如美国的贾第虫传染，水是最常见的来源。原虫的活泼阶段容易被氯杀死，而包囊阶段则不易被破坏。城市用水是河、水库或湖来源的，并不要求沙土过滤，而沙土过滤过程可以去除包囊。类似的情况见于人的粪便中存在绦虫虫卵，未经适当处理就排到草场上。虽然水和污水处理能够在一定程度上保护肠道病原菌的侵袭，一些人兽共患性寄生虫也会通过污染水和水源进行传播。煮沸的水或加碘水（能够杀死原虫的包囊）用于水的消毒，对保证旅行安全十分重要，特别是对抵抗力低下的个体更重要。污水进入施肥的牧场可能带来化学毒物（重金属等）和病原进入的风险，不建议使用。

三、巴氏灭菌法和其他食物中去除病原的方式

巴氏灭菌法（pasteurization）原始用法是停止酒的发酵，现已用于乳源性结核病的传播控制和延长乳品货架期的实践当中。为使该方法更加有效，从原来慢、长时间灭菌，到短时间高温系统，现代用超高温方式，仅需几秒即可达到预期目的。关键是温度和时间之间的关系要处理好，较老的方式：61.7℃ 30min 能够杀灭结核分枝杆菌；62.8℃ 30min 能够杀灭立克次体。超高温巴氏灭菌法是138℃ 2s，主要特点是容易操作，样品连续加工性能好。近些年引发的单核细胞增多性李氏杆菌主要是巴氏灭菌不彻底所致。因此，巴氏灭菌系统并不能保证所有乳和乳产品的安全，要有选择的利用。

食品中病原可用几种方式进行控制，包括冷、热、脱水、辐射、防腐化学物质处理等。加热方式是现代罐装技术的基础，是保证高密度食品安全最常用的方式。不像巴氏灭菌法仅以消灭病原为目标，而罐装食品如果处理得当，将使食品全部无菌化，能够使全部污染微生物被消灭掉。因为这个原因，很多流行口蹄疫的国家出口到美国的肉品均使用罐装方式。罐装食品以能够杀死无毒腐败梭菌为标准，最终能够保证毒源性、不太耐热的肉毒梭菌被杀死。低温赋予食品良好的品质，利用冰冻低温可以杀死牛肉中的绦虫、猪肉中的旋毛虫和鱼肉中的异尖线虫幼虫。虽然低温是食品保藏非常有效的方式，但也有致命弱点，许多食源性疾病都是沿着冷链出现或暴发的。

脱水也是食品保藏的有效方式，水分减少使细胞内酶活性降低，延迟了自溶解变化速度，降低了潮湿度和细菌生长而产生的令人不愉快的情况的发生。用辐射方式可以灭活肉中旋毛虫和其他微生物，对于肉、鱼和海产品中病原灭活的辐射剂量是1～10kGy；完全无菌需要达到10～50kGy。目前美国对生鲜、包装禽肉的辐射剂量是1.5～3.0kGy。此外，在化学保藏过程中常采用防腐剂，这些化学物质具有双重功能，一方面能够控制食品中微生物的生长，另一方面也是食品风味改良剂、增持水分能力或者作为色素发色和固定剂。但这些添加剂如果使用量过大，如亚硝酸盐可成为潜在致癌物，应注意其风险。

这些方式也同样用于动物饲料的安全保证。为了防止病原从母畜初乳传播给子畜，犊牛刚产下立即与母牛

隔离，然后将初乳巴氏灭菌后再喂犊牛。适当的煮沸含猪肉碎块的饲料，能够预防水疱性疱疹病毒和旋毛虫经这些物质或途径传播。但这种方法受限于如下两种因素：①加热设备的使用；②适当监督以保证使用煮沸的饲料。猪可能吃到感染旋毛虫鼠的饲料，因鼠死亡混在饲料中而使猪感染；加热骨粉还能有效防止炭疽杆菌经动物添加剂传播。

四、消毒

消毒（disinfection）有时与**灭菌**（sterilization）容易混淆。消毒与巴氏灭菌类似，是以保证病原微生物被消灭为主要目标，而灭菌是保证所有微生物被消灭的方式。两种方式都是防止病原传播，是一种机械性清洁作用。化学物质实际上不可能对污染材料消毒或灭菌，因为其可能被有机材料中和或灭活。兽医用肥皂和水擦靴子，然后再用氨处理就可以起到清洁和消毒作用。外科医生将手术器械除去有机材料，然后高压灭菌就是清洁和消毒。医务人员用肥皂水洗手，再用酒精或抗微生物试剂冲洗也是有效防止院内感染的方式。

第三节 减少接触的可能性

预防病原从感染个体直接传播到易感宿主的基本原理就是减少接触的机会。对于疾病控制，人群和动物群都要注意：包括已知感染群体和潜在暴露易感宿主群。减少接触的方法有三种：①病例的隔离与治疗；②对可能感染个体的检疫；③群体控制。要注意已知感染病例的隔离和可疑个体的检疫。简单地说，隔离就是保持病原不要流出感染个体，而这里的检疫是指将病原扣留在一个可控制的区域中。现场类似微生物实验室工作的层流罩就是隔离基本原理的应用，使病原不要扩散，保护技术人员的安全。**群体免疫**（herd immunity）是以提高宿主抵抗力为目的的，也是减少接触机会的一种方式。在给定群体中免疫动物的比例足够大时，因为感染的动物和易感动物之间接触机会减少，从而使病原直接接触进入和扩散的可能性降低。

一、隔离作用

隔离（isolation）就是将患病动物和健康动物分开。临床上所有患病动物的隔离有两个优点：①减少易感宿主接触的可能性；②便于治疗和消毒。这种方法依赖于早期准确的诊断，按计划隔离和治疗病例以防止病原传播。但这种方法也有严重缺陷，且经常失败，该方法在潜伏期或健康携带状态下通常效果较差。当一小群动物被隔离时，在布鲁氏菌病阳性牧群中使用单个产犊设施时属于例外情况。

二、检疫

在世界第二次鼠疫大流行期间，意大利政府对可能接触传染源的健康个体开始**检疫**。当从流行地中东运输船到达威尼斯时，全体船员限制活动40天。通过检验当局知道当人感染时需要隔离多长时间，传播媒介跳蚤从感染到死亡需要多长时间。为了获得检疫的实际效果，必须实施强制检疫超过疾病潜伏期的类型，以便处于潜伏期疾病发展出现临床症状或可检测出来的阶段。但是对于慢性感染的健康携带者这样的方式是无效的。检疫的群体也可能是单个动物，如被疯狂状态的狗咬伤的另外一只狗；因结核菌素检验阳性可能暴露于结核病的全牧群的这种情况就是群体检疫的问题了。在地理区域上英国和夏威夷是没有狂犬病的，对于进入这些地区的狗和猫需要4~6个月的检疫。

封闭式牧群（closed-herd）实际上就是检疫的应用。奶牛场要淘汰奶牛，就要遵循全进全出原则，可以减少引进病原的风险。这种方式需要非常好的繁殖计划，需要保护免疫，减少绝对最小值。用移动围栏将吃奶小牛隔开并留有一定检疫空间，以避免直接接触而使病原扩散。

这种围栏的可移动性对控制胃肠道寄生虫非常有用，因为围栏便于有规律的移动，利于地面的清洁，打破传播循环。无论是实验室动物、农场或饲养场动物在置换时都要牢记隔离和检疫原则，在健康、易感动物和传染来源之间建立最小接触流动模式。动物、动物产品、饲料、寝具、运输工具、水源、人员都必须进行病原潜在来源的安全评价。

三、无规定疫病区

无规定疫病区的需求可能意味着建立预防疾病的屏障。当进行动物疫病控制时，这个无规定疫病区有时也可能作为贸易壁垒的理由或推辞，禁止进口通常涉及已知感染的动物和胴体，但如果来源区域的动物缺乏适当的证据证明这些动物未患疾病，那就坚决不能引进。流行口蹄疫（FMD）的国家就不能将牛肉运到国外高利润市场，因为动物卫生组织限制了这样的活动。为了帮助发展中国家，FAO推动了一些国家"无规定疫病区"建设，这样的特殊区域并不是完全没有FMD，在这些国家中有很好的"无规定疫病区"限定区域在这类区域内能够保证相关动物没有规定的疾病。无规定疫病区通常与有利于控制疾病的或特殊地理环境有关，如岛屿、大河、山脉等。平原国家建设无规定疫病区是十分困难的，如果使用饲养场的牛肉生产系统生产无骨牛肉，用于出口就会相对容易控制牛肉污染。良好的兽医计划是保持无（FMD）规定疫病区的基础条件，尤其是潜在进口国要求这样的条件。兽医计划包括①适当数量的兽医雇员，符合法律规定并能正确行使职能；②有规律的疫病调查；③具有能够确定FMD型别的实验室；④完全能控制家畜移动的能力；⑤兽医监督下的肉品卫生计划；⑥符合进口国卫生要求的屠宰。无FMD疫病区至少1年前被权威部门证明有效。

四、群体控制计划

群体控制（population control）计划是另一种减少接触机会从而达到控制疾病的方法，群体控制可能带来一些控制疾病的益处，如产羔季节限制绵羊活动范围和按规律控制绵羊活动，可以避免气源性Q热、布鲁氏菌病发生。另外，当群体缩减时，由于更加分散群体控制可能会更加困难。

五、约束法规

约束性法规（leash laws）主要用来控制狂犬病和减少粪便污染。狗可能在海滩和公园中排便，这些地方有孩子们玩耍的沙箱，可能隐藏蛔虫卵，虫卵如果被吃掉会产生内脏幼虫移行症（VLM）；如果是钩虫幼虫的话，该虫可穿透皮肤，产生皮肤幼虫移行症（CLM）。VLM、CLM和弓形虫都是来源于与猫有关的土壤污染，但狗的移动控制可能更困难。约束性法规只是一种理论诉求而不具备真正的法律效率，因为公众对此并不十分关心，缺乏强制执行力度。美国1975年调查显示，虽然95%的城市都有约束性法规，但仅对52%的流浪猫是有效的。我国与宠物相关的法规各地差异很大，控制效果也各异。在疾病流行时，公众的警觉性和合作态度就会有所提高，甚至允许更加有效的方式，如大规模免疫计划的实施。

对于大批死亡家畜禽尸体的处理，目前国内处置模式主要是无害化填埋，如何有效处理这类垃圾还缺乏全面系统的处置体系与机制。德国对于由动物产生的衍生物品垃圾的处理制定了《动物副产品清除法》，处理对象主要包括作为废弃物处理的各种动物尸体与动物器官组织，主要表现在三个方面：①以维护公共利益和循环经济理念为立法宗旨与基准，它的一切规定与执行都以不损害公共利益和环境利益为前提。②该法规定的义务类型与义务主体呈现多元化与体系化趋势：在相应区域出现动物衍生的副产品后，该区域的动物衍生物品所有者或持有者负有立即向专门负责清除衍生物的单位报告的义务；负责清除动物衍生物的单位必须毫不拖延地采集、汇总、运输与储存动物衍生物；对于不属于专门单位采集的动物衍生物，动物衍生物的所有者或持有者必须毫不延迟地向指定的处理企业、获准许的中转处置企业或指定的焚烧设施或联合焚烧设施运送动物衍生物品。③规定了全面严厉的违法制裁措施：对于负有处理动物衍生物品相关义务的各个主体，只要他们没有或没有正确处理或没有及时地履行他们的义务，就将受到法律的制裁。养殖过程中产生的家畜禽尸体应当依据其对环境造成的不同风险而采取不同的处理措施。德国的**动物养殖衍生物品**分为三个主要种类：①第一类主要包括残留有违禁物质的动物尸体或尸块，由于这类衍生物对于环境来说具有高风险，所以必须完全作为废弃物进行无害化处理；②防止疫病扩散而捕杀的动物；③由于商业原因或某种缺陷而不适合人类消费的动物尸体或尸块，养殖过程中非疫病原因死亡的死猪尸体可归为这类。后两类可以用于生产沼气、堆肥或生产化肥。

六、缩小群体

缩小群体（population reduction）可用于保藏宿主群内控制人兽共患病的传播。控制狗群数量是冰岛包虫病控制计划的关键步骤，结果控制行动获得成功。另外，缩小群体也用于控制有毒性、捕食性跳蚤等媒介，可有效减少拉丁美洲吸血蝠对狂犬病的传播，捕捉和安乐死流浪狗以减少狂犬病的发生。有时这些方法的使用费用超过了所获利益。任何缩小群体的计划都应该在周密小心地计划后再出台，以保证其有效性和最小风险。毒物、陷阱、气体或射击等杀灭动物的方法都带有一定程度的危险性，因此，选择适用于一定区域的恰当方法非常重要，因为这些方法有可能产生不利于公共卫生的动物福利方面的反应。

对于野生动物保藏宿主的生物控制在一些情况下是有效的，重要的是理解这种方法的基本概念是限制群体数目，并不是彻底清除。利用生物平衡原理进行群体缩小计划，但有效的捕食者并不能彻底清除所有猎物。捕食者的数量因猎物的数量的变化而变化，在自然条件下，相互之间的数量达到稳定状态。有时因为食物竞争不强烈促进了留下来的群体繁殖速度，降低了方法的有效性。

第四节　增强宿主的抵抗力

除了对保藏宿主无效化作用或减少接触机会外，还可以通过**增强宿主抵抗感染能力**来控制人兽共患病。预防感染是最理想的，但是在许多情况下，增强宿主抗性可能仅减轻了疾病的严重程度，并没有同时增强宿主对疾病病原感染的抗性。

在兽医医学中，通过改善营养或更好的饲养环境来增加抗性的遗传选择和减少应激作用是最常用的方式。短角牛已经在非洲居住了5000～7000年，它们具有很好的锥虫耐受性；美国南部放牧的欧洲牛具有抗壁虱感染的特性。保持动物良好的营养水平不仅能增强动物对感染的抵抗力，也能增强其免疫反应能力。

在医学领域，人们的抗性遗传选择是自然发生的，如镰刀状细胞贫血症和疟疾的抗性，但并未达到疾病控制方法可接受的程度。改善生活环境和营养水平可以减少应激，增强群体生存能力从而减轻疾病流行的损害程度。饥饿人群中疾病流行程度和致死情况肯定比一般人群严重。本节主要强调两种增强宿主抵抗力的方式：①化学药物预防，②免疫作用。

一、化学药物预防提高宿主抵抗力

化学药物预防（chemoprophylaxis）与强化治疗相比，对已经感染的个体服用药物可以起到预防作用，即药物预防，至少会减轻疾病的严重程度。与免疫作用比较，可以被动增加宿主抗性，这种抗性与药物持续时间相一致。免疫是一种主动反应，至少可持续几个月甚至终生，也有未引起宿主反应的。没有感染就没有特异免疫的发生。

在实验室中偶然接触病原要用病原敏感的化学药物进行预防性治疗。预防感染与强化治疗是不同的，强化治疗是要彻底去掉感染；而化学药物主要起到预防和减轻症状作用。另外，强化治疗可能舍弃了先前感染形成的免疫能力。化学药物预防可能引起一些副反应，有时存在病原耐药的情况。

化学药物预防典型的情况是在没有更好的、更有效的保护宿主手段时才会使用。例如，人抗疟疾药物，这些药物并不能预防感染，但可以减轻疟疾对红细胞的破坏程度。疟疾消灭的区域就不再使用抗疟疾药物。当出现没有免疫作用、没有适当的防护衣物、药物有效但风险很高时，化学药物也是值得考虑的选项。在兽医医学中，牛使用缓释奥芬达唑对寄生虫性胃肠炎证明是有效的。在家畜中最为广泛使用的化学药物是昆虫驱除剂、驱除节肢动物媒介和狗的抗心丝虫药物。这些方法都存在两面性，即都有一定风险，当猫接触驱虫剂时容易引起不适或疾病，当给狗心丝虫预防剂量药物时，对已经感染的成虫可以引起死亡，死亡的虫体或破碎的虫体从心脏排出时易产生栓塞。

二、免疫作用提高宿主抵抗力

使用疫苗有两个目的：①保护易感个体，防止感染或患病；②通过群体免疫防止传染病传播。为了更有效地控制疾病，免疫刺激应该达到足以预防感染和疾病发生的目的。如果仅预防传染的发生，在维持宿主群体中保藏宿主并没有减少。如果病原携带者持续存在，在群体中引进易感个体将提高传染发生的风险。预防疾病的免疫不需要像预防感染那样高的水平。用于疾病控制的免疫效率可以用相关资源（疫苗、设备、劳动力、提升免疫效果的努力等）预期保护水平的群体百分率来衡量，效率增加则剂量就会自然降低。假设群体达到了足以保护水平的相似群体百分率，饮用水中的疫苗足可以达到刺激水平，就用不着注射免疫了。

1. 计划免疫

任何免疫程序计划中，第一步都是鉴定风险群体（易感且可能接触的群体），而后再决定特殊的疾病控制目标，如减少疾病发生，通过消除病原使疾病呈现零星发生的减少状态，基于相对风险来决定是否使用疫苗。针对每种疾病采用不同免疫途径时，就要针对相关问题提出疑问，在什么地点使用？何时使用？谁来使用？为什么？回答一个或多个问题就可能得出一个正确决定。

（1）在什么地方实施　疫苗免疫一般推荐在流行地区的群体中使用，如在家畜中不建议在非流行区域中使用炭疽苗或其他疫病疫苗。如果有"封闭式牧群"情况，免疫作用应该是用处不大。

（2）什么时候使用　如果疾病具有明显季节特点，如媒介源性病原，在季节来到之前进行免疫将提供最大免疫效果。在非流行趋势暴发时，免疫作用可能是最重要的保护手段。

（3）谁应该使用　在应急状态下的个体或者是高风险职业人员建议用免疫方式保护。螺旋体疫苗可以保护稻田操作人员免受螺旋体感染。在流行区或到流行区旅行可使用日本乙型脑炎、俄罗斯春-夏脑炎、黄热病等病毒疫苗，虫媒病毒疫苗可用于实验室人员高风险个体的保护。狂犬病疫苗广泛用于保护实验室人员和流行区野生动物工作者、流浪狗收容站、兽医门诊等。有些疫苗有导致怀孕个体胎儿感染和死亡的风险。年龄差异对疾病易感性不同，产生免疫力的程度也不同，这是保护作用的关键因素之一。

（4）为什么使用　在疫苗接种程序合理的情况下，免疫的成本肯定小于疾病造成的损失（这个损失是指动物和人之间的各种损失），与其他手段相比，免疫应该是成本效益最好的方式，这也是疫苗普遍使用的根本原因。但是在使用疫苗时，也要考虑其潜在的风险。布鲁氏菌苗S19能够产生高效价免疫力，包括在乳牛所产的乳中都检测出高效价抗体，但是对人注射可能产生严重的副反应。疫苗所引起的副反应应该小于疾病引起的损伤，如大约有25%的人使用二倍体细胞狂犬病疫苗有轻微的副反应，但并不足以停止疫苗的系列免疫；大约有6%的人产生严重的副反应，疫苗免疫可能被迫中止。类似情况也见于新的日本乙型脑炎灭活病毒疫苗，因此，建议在流行地区的居民使用，尤其是传播季节前。

2. 群体免疫

除易感个体免疫防护方法外，经常遇到群体免疫的成本效益问题，**群体免疫**（herd immunity）是较早使用减少接触机会的方式之一。针对病原直接接触传播，免疫刺激使携带状态几乎没有，较高的群体免疫效率将减少接触机会，这就是群体免疫的基本原理。**群体免疫的概念是指在限定群体中有效免疫部分的比例比直接接触传播病原的部分多得多，这个大部分是病原不能进入和传播的。**个体免疫70%以上的群体是普遍可以接受的比例。WHO天花清除计划中就是使用了"集群免疫技术"获得群体免疫现象。在完成初始大规模免疫后，就要确定方圆半英里（mi）[①]内所有免疫个体的免疫效果；强化研究方圆2mi内其他相关情况。群体免疫效果受个体免疫持续时间、病原排出的持续时间和数量、病原的传染性、种群轮换（新易感个体的引入）和动物群体移动等因素的影响。

三、器械使用

对于大量的个体免疫可以使用气压喷射注射器，皮内或皮下注射，特点是操作简单、快速、无痛感机械注射的机制是通过很小的孔径将疫苗压进皮肤，对人的最合适孔径是0.005英寸（in[②]），而家畜为0.009~0.011in最为合适，使用剂量是0.1~1.0mL。这种方法两个人每小时可免疫1000人，而常规注射器每小时能够免疫100人。免疫动物时的速度因实践操作能力而异，最好的情况是每小时可免疫400匹马。气压喷射注射器其他的优点包括：①可以避免暴躁的动物损坏注射器的情况；②减少了注射后化脓情况的发生；③没有因针头污染而引起血源性传播。即使开始阶段的投资较大，但还是比注射器和针头经济，但要精心维护。

四、注意事项

免疫作为疾病的控制方法是非常有效的，但也存在许多被忽视的地方，免疫失败可能见于生物制品运输、保存系统失误、免疫反应失败或是起源医源性问题。

运输保藏系统的关键因素是温度控制，冷链断裂可能主要见于不发达国家。冷链条件不稳定严重影响其效果，如在高温条件下运输疫苗，在夏天用一般的卡车进行运输等。疫苗即使在合适的温度下保存，其保质期也是有限的。一般通过化学方法灭活毒株而使其成为疫苗，关键是将培养液中能够分解免疫原的酶灭活。例如，炭疽芽孢苗，可用加热方法来灭活活跃状态菌体内的酶，但并不杀死芽孢。这种芽孢是非活跃状态，但是是有生命的，再次接触氧和营养将会萌发，因此，成为弱毒苗。失活作用程度是一个复杂的问题，辐射和细胞破裂可以防止细菌细胞复制，但酶活性可能并没有全部被破坏。因此，低温或冻干法是这些产品保藏必须使用的方法。而疫苗可能含有活的细胞，也必须这样做。疫苗溶液中残存的酶可保持活性2周左右，因此，应迅速冻干。容器中装载一般都是多剂量疫苗，使用时必须一次用完，关于这一点是非常重要的。如果使用过期疫苗，无论何种原因，一定不会产生满意的保护效果。即使疫苗是合格产品，也可能引起免疫失败，因为有时免疫受体产生不了保护水平的抗体。免疫失败可能见于个体生长还未成熟、循环被动抗体的存在、遗传或获得性免疫缺陷反应等相关情况。特别是免疫缺陷的个体在外科器官移植后使用免疫抑制剂和艾滋病等使该种现象极为常见。

重要的是理解专业免疫所获得的保护水平的意义，实验室工作者关注疫苗免疫后保护性，如抗狂犬病抗体的效价如何，还要关注通过非常规途径将毒株吸入而感染狂犬病的风险问题。由于鼻和脑之间嗅觉装置没有突触，在产生保护性抗体前病毒就可能进入脑内。类似的情况也见于越南的肺鼠疫病例（实验室感染鼠疫）。**有时疫苗能抵抗疾病，但不能抵抗感染。**例如，螺旋体病在疫苗免疫后动物没有临床症状，但持续携带和在尿中排出病原。重要的是要使人们知道**疫苗能够预防疾病，但不能预防感染，结果产生健康的携带状况。**

疫苗免疫失败还可能产生于不正确的注射途径，常规的疫苗使用的是口腔和胃肠道以外的途径，胃肠道外的途径包括皮下、皮内或肌内注射（眼内和鼻内给药也是这种类型）。乙型脑炎疫苗肌内注射最有效，但如果沉积在臀部脂肪组织内，则产生较低的血清转化率。

疫苗免疫失败的其他原因包括疫苗使用剂量不够、没有足够完全系列剂量、疫苗与抗体或免疫调节剂同时使用。抗体可以阻止细菌疫苗的复制，如在抗生素治疗的同时使用炭疽芽胞苗就是错误的用法。

最后，疫苗免疫失败可能因为抗原不正确对应，抗体达不到免疫水平；还可能因为抗原漂移，如流感病毒；或者由于宿主因素，不能产生免疫反应。

第五节 预防措施实例——现场解剖和饲养棚舍

通过现场解剖、饲养棚舍的操作实例来说明预防传染病扩散过程中保藏宿主无效化、减少接触可能性和增强宿主抵抗力的应用。

一、现场解剖

现场解剖（field necropsy）可能在很多场合都可进行。当动物尸体过大难以运输，又没有过多的人员接触和环境污染，距离诊断实验室又太远，运输全尸费用太高（实际上仅收集和传送选定的组织和体液即可进行检验）；或者要求直接假定诊断或确定诊断，这是现场观

---

① 1mi=1.609344km，下同。
② 1in=2.54cm，下同。

察可以做得到的，至少部分能做到等情况下多采取现场解剖来采样或观察诊断。在现场解剖后，流产胎儿连同胎盘一同放入容器中，运送到诊断实验室，在解剖过程中尽量不要暴露组织于环境以免污染环境，以免污染周围环境。对于较小体积的动物样本容易收集，如死亡的、家养的、野生鸟类容易收集，放到塑料袋内送到诊断实验室即可。但因为现场解剖经常见于大家畜和野生动物，当进行微生物检验时要仔细设计好，不要使任何组织对环境有污染，也不要出现人或动物的危险接触。在现场解剖期间和随后的过程中病原传播存在高风险，正确指导现场解剖有三个关键步骤：①准备的充分；②尸体检验和样本收集；③清洁和消毒。

1. 充分的准备

对动物现场解剖前要对死亡动物事件的历史情况进行一般了解，在解剖过程中和解剖后收集所需材料。首先要对死亡动物宿主或饲养人员了解情况，再次就要仔细考虑在现场解剖时的各种因素：动物的种类、尸体的位置、可能死亡的原因、实验室分析所需要的样品要求等。在考虑送什么材料时，最重要的就是解剖过程中和其后要保持清洁，不要传染给解剖者、助手或旁边的人员，也不要传染给附近的动物。在最初的观察当中，宿主最好不要移动尸体。

2. 尸体检验和样品收集

尸体的检验和样品的收集因情况不同而各异，马的解剖要选远离饲养棚的地点，对可疑死于炭疽的牛就不要过于仔细检查，以保证安全。为了防止病原传播现场解剖必须遵守一个基本原则：解剖时必须穿防护服，躯干和腿都要防护好，使用结实的橡胶手套和靴子，如果有可疑气溶胶传播还要戴上面罩；其他协助人员都要类似的防护，旁观者最好离开现场，不允许接触任何可能的感染材料。

尸体解剖时尽量不要对尸体进行太大的破坏，以免污染周围环境。如果有或方便的话将塑料布铺垫于尸体下，防止对环境的污染和便于清洁，解剖完要从原位移开尸体以便清洁和消毒。如果怀疑是炭疽病时就不要切开解剖尸体，以免炭疽芽胞污染环境成为疫源地，仅血液样本就足够了。如果要求调查侵袭过程，首先要关注与可能病原相关的病史，要对相关器官或系统进行检验，收集相关的组织。关于组织样本的收集、处理和运送在第二章中已有阐述。任何样品要进入实验室检验都要进行信息确定，如果怀疑传染给实验室人员，必须发出相关警告。

3. 清洁和消毒

当解剖完成后还必须清洁和消毒才算完成现场解剖任务。如果一切做得非常合适，就可以防止因解剖而传染给其他易感动物事件的发生。脱去防护服，包括面罩，放到密闭的容器中，橡胶手套和靴子要用刷子和消毒水、清水清洗干净。务必记住，实践中不可能对表面泥土、血和其他干燥的动物组织消毒。解剖器械应放进带有盖子的容器中消毒、灭菌和清洁。

清洁的最后方面包括尸体：根据尸体种类（大小）、对其他动物的易感程度，也包括对其他动物和处理者的易感程度再作决定，正常方式是焚烧或埋葬。任何情况下都不能污染环境，即使轻微的污染病原也能在环境中存活。建议请专门的公司或部门来处理尸体，如果焚烧的温度不足以灭掉其中的病原，就应该考虑在解剖点埋掉，还要保证将尸体漏掉在土壤的病原全部灭掉。为保证灭菌效果，要找到可燃烧的材料提高温度，如木材、橡胶轮胎等都能产生较高温度。在有些区域政府不允许这种燃烧方式，需要向政府建议。埋葬坑要足够深以防止狗或其他食腐肉动物挖掘出来。焚烧后就埋在解剖点，埋葬的土层上要洒满至少一层石灰。与尸体接触的设备也要清洁和消毒。

疾病控制方法包括环境处理（焚烧、埋葬和消毒）和减少接触机会（穿防护服，不要搬运、移动尸体），偶然人们进行这样的现场解剖可能接触感染材料，要求进行预防性治疗。

二、饲养棚（房）

现代饲养棚生产系统，将一日龄禽放进一个大的共用室内可以饲养到屠宰阶段，生长期7~8个星期，依据最终禽类生长的大小，每个饲养棚可饲养20 000~30 000只禽。很明显，这样的饲养方式存在潜在的大流行风险。预防原则同预防医学的一般原则，这里最关心的是禽和环境两个方面，包括饲料、水、人员、物理设施（空气流通等）。

饲养的禽类选择抗马立克氏病品种，禽群还要检验有无鸡白痢沙门氏菌、肠炎沙门氏菌，以保证没有沙门氏菌带染。在禽被运输前还要去掉喙，以免啄食同类；还要注射新城疫、传染性支气管肺炎和马立克氏病疫苗。虽然获得性免疫对球虫是有效的，但饲养者必须采取保护措施防止禽感染球虫病，如使用抗球虫药，可以增强抗性。

新引进禽群不要加入老群中，新老群要采取全进全出模式，而且要创造机会在新禽群入棚前进行清洁和烟熏消毒，防止环境抗性微生物或媒介传播。保持禽饲养棚的密闭方式，防止接触野生禽类。用有毒诱饵和陷阱防止啮齿动物侵入，因为大部分饲料含有禽的尸体成分，所以饲料要确保无沙门氏菌。必须检测水源以保证没有致病性微生物污染或可能的化学毒物超标，饲料和水必须以卫生的方式储存和传输。地表洞落物必须保持干燥状态，防止微生物芽胞化和复制作用。注意个人卫生，防止被病原感染或媒介传播疾病。严格控制出入和饲养棚之间来回走动，包括鞋类或换装衣物的消毒。

疾病控制方法举例：①用检测和屠宰、环境处理等措施促使保藏宿主无效化；引进无特殊病原禽群；环境处理包括群组清洁和烟熏，衣物设备消毒，饲料和水储藏、传输安全以保证来源安全，保证啮齿动物安全计划的落实。②以全进全出方式进行，限制人员进入，减少各隔离组的接触机会。③通过饲养抗性禽、使用化学药物预防、免疫增强宿主抵抗力。

第六节 消费者保护战略

在现代社会环境中，"消费者保护"涉及各种各样的问题，最早提出的一个就是食源性疾病问题。动物源性食品法规在很早的一些宗教典范中就有，随着社会文明的发展，食源性疾病控制就成为政府公共卫生活动的重要部分。1615年巴伐利亚时代就开始了宰前和宰后检验；法国1807年就建立了公共屠宰系统；美国20世纪才建立现代化食品安全计划。在美国最早医学乳品协会制定了非官方标准"合格乳标准"，强调纯、洁和鲜的特点及品质。这个标准的出台减少了乳源性病原的发生，但通过巴氏灭菌法对鲜乳的进一步保护，加上生产卫生要求，最终使产品安全稳定。对于肉品检验一直都是强调在加工过程中运用感官检验来把关。在动物屠宰前后利用视、嗅、触等方式进行检验。宰前检验仅限于屠宰场内，如果有食源性疾病的有关信息，那么在加工时就要采取措施预防相关事件的发生，但不可能全部阻止掉。因为通过食物链可能引入食源性病原，包括生产、加工、运输、储存、销售和制备食品过程。

根据"帕累托法则"（pareto principle），大约90%食源性病因结果归因于4种食源性病原菌，其中3种是人兽共患病病原，食用动物是其保藏宿主。这4种菌包括沙门氏菌、产气荚膜梭菌、空肠弯曲菌和金黄色葡萄球菌。人兽共患病防控战略减少了食源性疾病的发生，这其中包括以上提到的病原及其他食源性人兽共患病病原。

传统的肉和禽质量保证方法强调宰后检验，强调食物链关键点的检验：屠宰和加工。强调终点检验并不恰当，因为按位置预防也不合适，但屠宰检验是动物源性食品安全的开始阶段，也是动物源性食品最为系统的检验过程和最重要安全控制点。发展更加有效的食源性疾病控制程序，即现在普遍使用的HACCP（hazard analysis and critical control），它既可以分析对人潜在的风险，也可以确定相对关键控制点。关键点的选择是基于对人潜在风险而确定的，HACCP方法有如下4个关键步骤。

（1）针对病原生活史（或特点）和传播链制订一个相应计划。

（2）对动物和人产生高风险的病原生活史和传播链关键识别点进一步明确，这可能反映病原传播的空间和时间因素。这些因素控制成功或失败，随时间可能发生变化但必须能够识别出来。

（3）实施每个风险点分析，如果有可靠的依据可用，或有合适的调查包括大量采样、实验室检验资料和疾病报告等，还可以进行回顾性研究。

（4）在方法实施后要评估每个关键点的可行性，评价结果的有效性和成本效益问题。HACCP方法可以弥补检验-屠宰方式的不足：①屠宰的感官检验可能漏掉感染动物肉（引起食源性疾病）的检出，而该方法可以减少此现象的发生；②减少加工过程中对组织和全胴体检验（可疑）的使用费用。

一、动物鉴定

精确的动物鉴定是有效人兽共患病风险分析或包括家用动物的控制计划的关键。主要涉及两个领域：①个体动物鉴定和②原始发生点的识别。

1. 个体动物鉴定

个体动物鉴别是特别重要的，如牛被打上标签确认了布鲁氏菌病或结核病，以保证其不要离开限定区域，除非屠宰。狗的免疫记录要精确到个体，如果被野生动物咬伤时，容易确定狂犬病病毒传播的可能性，或人被狗咬伤存在潜在传播的可能性。没有精确的动物种类和个体动物鉴定，作为传染和疾病的回顾性研究工具的血清库将毫无价值。特别是现代快速运输模式，有效的健康确定没有可靠的动物鉴定是不可能的。

耳标是反刍动物个体标识最常用的方式，马是在下唇黏膜刺花纹，狗是在耳廓内侧刺花纹。屠宰场猪的宰前检验发现异常时，就要在宰后检验中进一步鉴定。现在对农牧场或饲养场动物用非常小的发射芯片作为食用动物个体识别标识，这种芯片一般是埋在耳廓疏松组织内，屠宰时取出。宠物也可以使用这种芯片识别码，如果有流浪狗或丢失动物都可以通过计算机针对芯片加以识别。

2. 原始发生点的识别

如果没有有效的鉴别方式就不可能追溯动物原始来源点（传染的来源）。美国布鲁氏菌病清除计划主要是依靠溯源系统，通过销售和屠宰检验就可以确定来源的牧场。同样，牛结核的控制可以采用同样的原理，但现今，具有眼观可见的病理损伤常常在屠宰场即被发现。这两种疾病来源的农场都是疾病控制计划的核心，包括个体牛检验和可疑感染，要严格限制其移动和外卖。

二、保持良好的卫生条件

一定的社会经济因素影响人兽共患病控制计划的制订和实施。在一个典型的公共卫生单元，狂犬病很容易获得人兽共患病控制计划的资助，而其他如弓形虫病就容易被忽略，这就要考虑如下两种因素：①动物卫生和公共卫生疾病控制计划之间的差别；②成本效益分析。

1. 动物卫生与公共卫生

如疾病风险所描述的，有效的控制计划需要可靠的疾病报告系统作为基础。公共卫生部门的建立就是考虑到一些疾病具有重要的公共卫生意义，应该是计划关注或应该是通报性的，许多应该是检疫性的，这就是发病率报告的动因，现在仍然是公共卫生调查程序的核心内容。实际上，为农牧业服务的兽医勤务对动物的群体统计（除了限定的特殊群体外）是非常困难的，大多数食用动物只经历短暂的生命过程，很快就被屠宰了。

真正关注这些疾病是由于经济利益，如结核和布鲁氏菌病；公共卫生影响，如狂犬病。诊断技术的进步促进了公共卫生调查的发展，如结核皮肤试验及牛布鲁氏菌病血清学检验方法的建立，信息的汇集成为调查系统，调查系统呈现的报告具有普遍的公共卫生学意义，而不是被动的临床疾病报告。由于发展过程的差异，发病率报告成为公共卫生资料的基础，疾病流行报告成为动物卫生资料收集的基础。

2. 成本效益分析

成本效益分析实际上就是对疾病控制计划投资与疾病经济损失减少的定量分析。最早在20世纪70年代开始进行成本效益分析研究，最初试图改善经济效益而鼓励宿主们进行类似的研究。现在近40年过去了，成本效益分析已经成为现在处理食用动物疾病控制计划中的常规工作了。

在医学方面并不进行这样的成本效益分析，因此，医学强调治疗重于预防。由于医疗费用飞速上涨，预防就引起了人们的重视，效益分析也就逐渐开展起来了。这里还有一个似是而非的学说，即不能以成本效益来分析人的健康问题，因为人是不能等同于牛、猪来论其经济价值的，人是不能就经济价值来衡量的。很多分析是在公众志愿投资于减少健康风险的基础上进行的。

第七节 交 流

一、卫生专家之间的交流

为使疾病控制计划更加有效，需要切合实际的机制来保障，其中通过调查系统定期的有规律地获得信息机制是其中的保障之一。为了使信息来源范围更加广泛，报告系统中应包括实验室、CDC相关人员、医院工作人员、私人诊所，动物CDC相关人员、动物诊所、宠物医院、防疫员等广大的相关人员。如果没有一个有效的反馈系统，他们当中只有很少的人知道其工作区域以外的相关卫生事件。公共卫生领域的专家能够准确及时地收集到疾病发生率和流行率的相关信息、发病率和致死率的资料。只有具备这样的信息才能及时有效地进行控制，在时间和经济上都展现了珍贵的优势。私人医生（动物和人的）调查报告的主要价值就是对他们行医地区疾病类型的警觉；另外，在鉴别诊断中也是极有帮助的，他们所收集的资料可能在指定预防措施时是必要的。

通常情况下，从调查系统收集的资料能够反映地方流行状况。这种信息是相当重要的，因为在任何诊断方法中，正常的知识是鉴别不正常情况的前提，这些正常资料的散布取决于报告组织的大小和范围。报告的国际规模有WHO公布的公告（bulletins）和技术报告；FAO公布的动物卫生年鉴，美国CDC的发病率和致死率周报等。

任何调查系统中的关键因素都会包括能够指示从正常到异常的方法信号指向。例如，疾病从地方流行到大流行转变指示，每周流感肺炎死亡曲线就是这样一个例子。基于时间曲线的回顾性资料，以当前事件与预期值相比较，从月报告中得知疾病发生率增加，就要加强每星期的监控频率，对每月筛出的风险阈值的适当分析来提供早期预警信息。

应急状态下的报告机制，经常要求现场的卫生专家直接反应，要求所建立的系统及时接触和介入。经验显示，应急状态缺乏有效的交流会出现非常弱的反应情况。这样的系统在各省、市、县的公共卫生部门已经设置；在家畜疾病方面，国家、省动物卫生机构也都有这样的设置。这个系统的基本方法就是交流，包括断电情况下的备份系统，在紧急状态到来前所有功能都应到位，包括公共卫生专家沟通的一些手段等。

国家之间关于疾病流行与控制也需要交流，在现代一些大的流行病，如SARS、禽流感等都体现了国际交流的明显特征。

二、与公众交流

在疾病控制计划中为什么必须有与公众交流的内容，原因有两个：①对卫生相关问题提供准确信息；②提供公众要求的需要解决问题的答案并给予指导。通过调查明确存在问题后就要按已有标准加以区分，因为对一个问题的看法要完全一致是不可能的。职业专家认为问题有必要或必须提出来的，公众认为这些问题需要或感觉应该提出来。相互需要重叠的越多，就会朝着解决办法的共同努力与合作方向前进的越快。疾病控制计划的最原始的动机是动物业主的经济损失，进而动物疾病产生了公共卫生威胁又提供了医学公共卫生动机的基础。当应急压力极大时，公众将要求控制计划出台。另外，对于疾病预防计划一般要求另外的动机，因为现实常规的问题并不要求回答。就一般需求而言，公众应该知道相关的卫生信息，这种要求的机制就是卫生专家和公众之间的交流，因为公众并不知道卫生专家之间的信息流通情况，因此，必须开辟其他交流渠道。鉴于交流手段的限制，可以通过新闻报纸、电视广播节目来实现与大众的交流，也可以通过网络加以交流实际上实施起来并不难。如果问题急迫或需要教育投入，就要召开特殊会议或学校安排专门的教育课程，地方、国家、省相关部门将提供与公众交流的手段和渠道。美国、欧洲也包括我们国家都有定期进行公共卫生培训。

偶尔有医生团队、兽医团队或其他卫生专家团队与公众以咨询的形式进行交流。如果问题已从局部扩展到一个大的区域或全国水平，那么与公众交流的手段就要有所改变；从当地实际情况的特殊指导到区域性或全国性问题的一般指导，信息也将发生变化。例如，强化疫苗免疫计划控制局部狂犬病暴发，就要求全民参加以保证每个角落都能落实，而且也要使公众理解免疫作用、日期、时间和疫苗存放等的基本原理。需要对公众解释对犬免疫作用的意义，特殊的解释就要由地方当局来处理。

第八节　普及教育

从历史上看，卫生职业教育强调诊断和治疗，而不是控制和预防，教育主要是传授技术。在兽医学方面，主要强调技术服务。公共教育并不能使民众完全明白相关的卫生知识，只有专业卫生教育才会使公众完全理解最有效的疾病预防和控制策略。

20世纪初冰岛1/4的狗感染细粒棘球蚴病，人流行包虫病。在该病清除计划的关键步骤中，包括绵羊的宰后检验、流浪狗控制、狗的治疗，再加上普及教育的努力；此外，政府还出版了寄生虫生活史及预防手段的小册子，学校设置了严格的教学计划，至1960年该病在冰岛被清除。类似的清除计划基本依赖于普及教育获得的成功，在新西兰、塔斯马尼亚、塞浦路斯的包虫病的清除，大部分原因是因为普及教育建立起的公众需求的结果。

今天，对教育的需求并不亚于一个世纪前。实际上，现代高度流动的社会伴随新疾病的不断出现，迫切需要更加有效的普及教育和专业卫生教育。宠物拥有者对动物潜在风险知识了解甚少，大约有1/3的人不知道宠物能传播疾病，但狂犬病除外，即使欧洲、美洲的发达国家也是如此。一年当中大约有90%的宠物主人访问过兽医。一项调查显示，仅1/3私人诊所的兽医关心宠物传染给人弓形虫病的风险。卫生专家十分清楚弓形虫病引起脉络视网膜炎的危害，但饲养宠物的家庭因宠物引起怀孕妇女疾病的认识却不普及，也没有这样的教育活动。

随着艾滋病流行扩散，对人兽共患病传播风险教育的需求明显增加了。艾滋病患者中大约有10%的人伴随弓形虫病，15%的人伴随隐孢子虫病。5%的HIV阳性患者发展成为沙门氏菌病、猫抓病、红球菌病、空肠弯曲菌病、微孢子虫病和海洋分枝杆菌病感染在增加。艾滋病个体是人兽共患病保藏宿主、生活史中的重要风险个体，要让他（她）们了解相关风险，在感情上支持他们放弃饲养的宠物。

职业风险是教育的另一个重要领域。家畜和禽饲养者、屠宰人员、兽医技术人员和实验室工作人员、动物控制人员、野生动物学家、宠物商店、诊所人员都属于高风险职业。相关的内容见职业风险章节。我国羊饲养者和相关防疫人员患布鲁氏菌病已经很普遍，特别是牧区，这些地区就很缺乏这样的普及教育和个人的防护措施。

无论是自然的或人为的许多灾难，都增加了人兽共患病暴发的潜在可能性。现在开设兽医专业的学校很少有关于灾难应急中兽医作用的课程，没有很好的教育就很难应对灾难后的疾病控制和相关人兽共患病防控。

食源性疾病是卫生专家和公众更加关心的问题。要努力控制食源性疾病，就要普及教育，宣传食源性疾病传播机制和控制知识。主要问题是信息不准确，来自于团队和个体误传的信息错误。例如，目前对辐射食品利害的争议，有人认为辐射食品具有致癌性或隐藏不卫生的实践操作，因此，反对这样的加工方法。同样的例子也见于乳的巴氏灭菌法对结核分枝杆菌效果的争论。没有一个好的教育活动就引进一个新方法，公众对辐射和其他先进方法的接受就会被推迟，食源性病原还会继续传播。考虑公众关心什么是很重要的，不考虑这点是轻率的。

问题是如何传递相关的人兽共患病教育和控制信息。**在专业层次上，预防医学课程必须超越免疫的概念范畴，而不要把免疫看成是解决所有问题的灵丹妙药。**在专业基础课程中要阐明病原、宿主、环境之间的相互关系，并把这种关系应用到控制计划中。同样在研究层次、特殊专业领域也要宣传这样的基本的专业知识。继续教育计划能够解决私人医疗者的教育问题，对相关问题定期强调是必要的，因为每个新生代并不始终记得为什么进行巴氏灭菌。

无论是在私有单位还是在国家行政部门工作，卫生专家都有责任对公众进行宣传教育，专家组织的教育活动针对现实的特殊问题会更加有效。地方医学和兽医学协会或学会可以针对牧场主、野生动物学家，指导其识别日常接触动物存在的职业风险。公共卫生专业人员能够帮助公众了解与食品和环境有关的卫生问题。

在教育内容方面主要是向动物主人、私人行医者等宣传人兽共患病的潜在风险。在日常接触中，兽医有机会鉴别潜在风险，而后教育顾客风险所在及可能的解决办法。在私人诊所，经常是一对一的关系，这样的指导是非常有效的。必须承认专家是最好的老师，当然其主要职责之一就是要做好公共卫生方面的老师。

第九节　人兽共患病经济学评估

医学和兽医流行病学的平行发展对推动社会卫生事业具有重要意义。医学流行病学比较集中关注慢性病和环境的关系，而兽医流行病学对传染病的流行率感兴趣，尤其是寄生虫病，同时也关注动物生产的最优化。

由于关心的重点和历史原因，兽医流行病学希望具有疾病控制和农业经济学方面的知识。过去和现在俄罗斯、东欧及第三世界国家仍然表现出这样的特征，兽医流行病学家仅仅想知道暴发的总体流行统计。当流行率与发生率混淆时，就需要经济学评估。这就引出什么是经济学？为什么要进行经济学评估？

经济学研究一个社会如何利用稀缺资源生产有价值的商品，并将它们在不同个体之间进行分配。对资源配置优化的类型就是成本效益分析。经济学方法是优选出可有多项选择的最佳方案：

①什么是兽医勤务（服务）的产出？ ⎫
②对这些产出如何进行优先社会排列？ ⎬ 效益
③输入到输出要求什么方式？ ⎫
④我们必须学会失去，如有目的的输入所造成的成本。 ⎬ 成本

农牧场的回报或微观经济学可分为如下层次：

(1) 兽医/实践操作者能提供什么类型的服务？受外部环境影响如何？如诊断实验室支持力度、运输限制、职业教育和训练。

(2) 农场主如何安排这些服务。

(3) 农场主、兽医和可能的社会团体获得预期结果，对投入的要求是什么？

(4) 农场主必须放弃什么？

一、疾病控制经济学简介

1. 疾病控制经济学基本原理

经济活动的直接目的是为人们创造利益，因此，人们需要什么、需要多少就是其价值所在，这些活动受可利用的程度控制。来自于这些资源的成本必须转化为其他用途，经济学讨论主要由两部分构成：①基本资源转变为其他物质或服务；②这些物质或服务被人们再分配，进行消费或利用。在家畜中的利用可见：家畜资源[动物、放牧（草）、饲料、饲养棚]→生产→产品（肉、乳、羊毛、可骑的小马）→消费→人（价值）。

按经济学术语来说疾病是负效益，它可以减少由原始资源生产的产品的数量和质量，因此，对人来说是负效益。有很多"无效投入"（极端天气、工业污染、无序管理、民间动乱等），并不是所有投入都是兽医的控制范围。

家畜患病的影响降低了人们的福利，经济主要考虑人们承担福利的恶化方面，而不考虑动物痛苦所涉及的问题。具有重要经济意义的疾病并没有明确区分病原学或生物学性质，农场家畜疾病在经济上并不比伴侣动物疾病重要。伴侣动物具有不同社会价值和无形价值，通常没有商业产出。在一定社会中，社会收入、生活方式、文化层次决定着动物疾病的经济重要性，在生活水平好的国家不太重要的家养狗或小孩骑的小马可能比不太重要的牛死亡的经济价值高，而在一些贫穷国家则相反。损失家畜的经济价值并不一定与疾病的重要性相关，如价值千万的种公马死亡可能影响宿主的资金流动，但对赛马业经济可能影响甚微。因患有疾病（如BSE、口蹄疫）被淘汰的母牛，却可能危及整个国家的畜牧业。

疾病是一个经济过程，它浪费了稀缺资源的使用，产生了负效益，尤其是人兽共患病直接危害人类健康。疾病控制也是一个经济过程，因为消费资源，如兽医勤务、药物、管理，提供增加的产出、改善家畜产品和更好地为公众服务的过程也需要经济支持。

任何规模化畜牧业都有输入因素（如饲料、劳动力和运输等）和输出产出（如乳重量增加、产牛犊、产蛋），这就是已知的**生产函数**。一般来说，所显示的结果是线性的，如产出开始很快，随后就会小幅增加，但在某一个点产量可能下降。产量是一个不确定因素，但却是输入排列的结果，包括疾病和产出。

图3-1可初步证明疾病的存在或不存在能够区分两个函数，曲线向下位移的疾病函数与输入同量的健康家畜产量相比，能够看出疾病的影响。实际上这是大家熟悉的来自疾病各种发生率/流行率结果的曲线。经济模型显示损失的概念是一种相互关系，但不是一个数，主要取决于生产系统。例如，在低输入-低产出特定系统中可看到图3-1 x 轴的左侧输出损失较小，而右侧为更强的生产系统，包括更多的输入和输出。在不同农牧场、区域或国家动物疾病所占经济的重要性并不一致。类似的用来调整强化包含疾病控制的系统经济性控制计划，主要是针对可能并不是强化系统或不具备强化功能的系统。对于家畜生产系统，看是否是单个农牧场或部门所含的农牧场，从一个国定资源连续产出。这种农场的疾病产出是负影响，如生长率需要更长时间，最终影响产品品质。一个奶牛场产出函数可能是每月平均产奶量、每月平均饲料量。产蛋鸡产出就是产蛋数量和质量，输入就是饲料消耗。

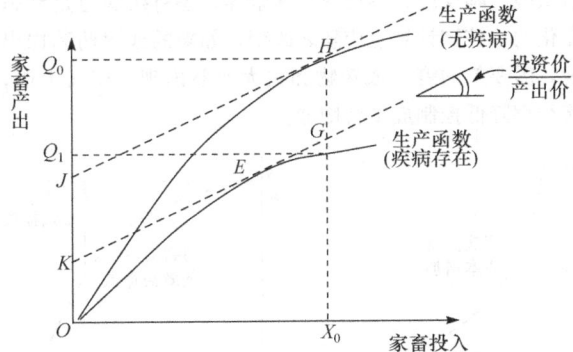

图3-1 疾病对家畜生产函数的影响和在疾病反应中的经济调整

输入 X_0，输出 Q_0 时，假定无疾病生产系统最高生产效率为 H，用标准经济学分析计算边缘效率。例如，图3-1中正切到输出曲线（表示输入的边缘产量）表示输入价值与输出价值比。疾病降低了产出，即来自 X_0

输入的 Q 结果，这样，疾病发生率 Q_0-Q_1 损失产出就有了一个成本数。这种假设是在农场主忽略疾病和原始水平 X_0 输入，甚至更少的利益的前提下。另外，（我们以讨论为目的）虽然农场主并未提出疾病控制计划，他将修改低强度疾病生产函数 E 的位置，可以节约一些输入成本或 X_0-E。这时，他的真正产出损失相当于 JK（$=HG$），这要少于 Q_0-Q_1 产出中最原始减少的程度。这种损失很少以简单金融分析为基础进行计算或被测定。为能计算出这种损失必须依赖于无疾病基线和产量水平调节输入-输出的知识，而且在许多牧场中外来的或非常见疾病、常见疾病的发生，每天都与负产出有关。针对实际发生的或疾病确定生产系统的响应，对流行率、发生率、增加或减少等可用的调整系统进行选项。当产出的这种变化归因于疾病时，它仅能代表直接损失。

以往的几十年在评估疾病控制经济学方法时，都要比较成本与效益。效益大于成本这样的有价值项目回报率至少相当于其他控制资源的使用效果。假如我们正在以最优的方案处理，标准是与其他控制计划有没有不同，这种处理方案对另一种疾病也会获得很好的回报率。

我们还是要考虑家畜疾病问题，在没有对照的情况下，群体中将有一个从零到正常稳定率的流行范围。为减少流行率将承担控制强度和成本增加的投入，如图3-2所示。实际上每种控制方法都有不同的成本曲线，在不同流行范围内都有最优效率函数。例如，当传染分布非常广泛时，一般是疫苗免疫最有效；但传染在局部密度较高或在很少有居民地区持续发生时则无效。在无效情况下，高靶向计划应该是最好的。疫苗免疫本身也存在较高的间接成本：劳动力、冷链、设备折旧、支持性血清试验、副反应、诉讼费和保险等。还有疾病也是动态变化的，控制计划也应随之改变，如新的或耐药菌株出现，需要新的疫苗或药物和更大效益出现。广义上讲，流行率降低控制成本将增加。

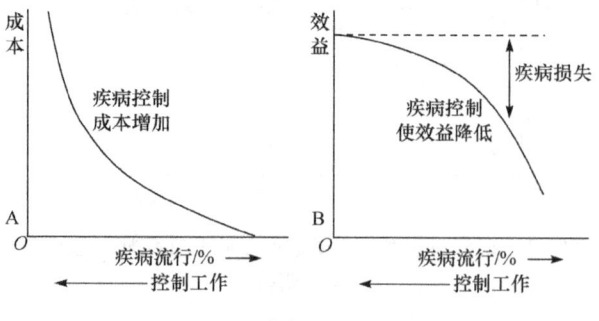

图3-2
A. 疾病控制成本；B. 疾病控制有关效益

根据定义，疾病控制和降低流行率的益处是避免疾病的损失。因此，当没有疾病和零损失时出现最大效益。当疾病的影响仍然很小时，损失增加的较慢，同样利益的变化也是轻微的。如果患病率增加了，损失增加的也会较快，利益下降的速度也会惊人（图3-2B）。如果严重程度增加，损失也将更加严重，不是直接造成的损失，而是多种层次级别的影响，通过生产系统产生广泛的间接费用。

如果我们合并两个简单的曲线（图3-3），就会清晰地看出许多疾病控制水平的收益超过控制成本，但差别较大。在疾病控制最优化经济情况下两个曲线的梯度是一致的，边缘利益和成本也是一样的。在其他方面都是一样的情况下，这种控制和经济状况就是找出各种可用的替代方案。

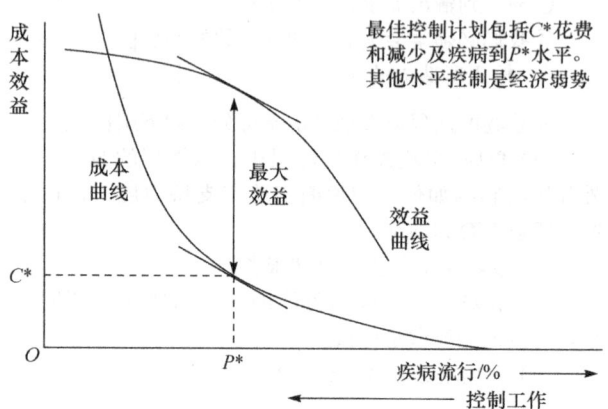

图3-3 经济有效的疾病控制和经济的最佳状况

根据这些经验教训来确定最优经济状态和涉及的控制方法。通过其他措施进一步减少疾病发病率是合理的经济取向。这个期间（政府）会计师面临非常大的风险，尤其是矢量控制。如果很少或没有明显疾病发生，那么就要讨论控制计划是不是太浪费了，如果是就要减少预算。依据流行病学潜伏期必需的长度，如开始时什么都没有发生，但随后易感群体增加，突然暴发新病例，而且这些新病例可能是被医生和兽医遗忘的疾病。

经济和流行病学状态很少是静态的。控制计划的效率取决于生产效率，包括广泛的家畜控制计划是相对有效的稳健措施，如针对适当动物和适当季节进行疫苗免疫，对肉用小牛强化接种可以非常有效地提高免疫至最长时限，其中必须保证疫苗始终保存在冰箱条件下。随着系统的不断强化，就更要抓住时间机会和提高效率（如当小牛到达饲养棚之前，要把前置条件处理好），最有效和敏感的可能是大型禽类企业。

疾病扩散的风险很少是一个简单的流行函数，如巴贝西虫感染发生率可能是非常不稳定的，在30%以上且有高致死率，如果流行病学状况改善就能迅速下降到5%左右。类似的情况见于特立尼达人群中黄热病，根据低发病率的二项式测定其间接费用，一个病例相当于其他病例的10倍。经济模型必须能够涵盖疾病的各种方式，包括疾病影响牧群的经济价值，进一步影响到国家总体经济层次、微观经济和金融水平（表3-1）。

表3-1 动物疾病引起各层次经济损失

经济层次	每个农场存在不同程度疾病	国家/区域规模传染病突然暴发	
		外贸限制	没有外贸限制
从微观经济			
农场/个体生产者	农场疾病发生率/流行率、发病率和损失之间呈直接关系；对养猪、禽收益有严重影响	较大损失，但不影响农场生产，损失动物可能补偿	受影响农场遭受巨大损失，损失动物可能补偿；未受影响农场具有优势
部门/股份农场	市场不够大时由于价格不适应的原因疾病层次与牧场主收益没有什么关系	由于需求下降导致价格下降，尤其使出口产品遭受巨大损失	依据价格调整程度和可能的补偿中度损失
供应和加工工业服务和贸易	假定价格变化快速传递给消费者，但完全依赖于系统中需求和供应的弹性如何		
消费者	由于高价格损失	附带优势	轻微损失
国际经济	资源没有充分利用的损失	国际损失比农场主少得多	损失比农场主多
到宏观经济			

大多数但不是全部国家动物疾病控制计划的代价是农业社会福利。首先，牧群以小规模逐渐融合，这时经常是规模很小或没有疾病的发生，有利可图。随后强制性加入混群，则产生明显的问题，然后再进一步扩大规模以减少损失。因此，社会对牧场主承担责任的同时也要认识到社会承担的共同责任，尽全社会能力帮助其减少成本损失，同时也是社会福利增加的方式之一。

2. 成本效益的数学比较

任何决策都涉及相关建议或情况选择后才能决定，在比较成本和效益价值时可使用多种技术。部分投资比较适合农场或企业系列子公司的慢性疾病控制计划。疾病控制方法主要关注成本效益影响的本身因素，最合适的是对简单问题有一个相对快速的反应，而又不影响农场或企业的整体管理。对不同方法进行比较，但必须要选择最佳的解决办法。利润分析（margin analysis）最适合用于复杂的地方流行情况，尤其是综合的卫生计划，这里可能有许多不同投入，也将有各种产出。这种方法能够以有限能力及时处理以及在没有发生问题的企业的随后扩大。当疾病表现没有规律或零星发生时，在风险和确定性存在的情况下采用收益表和其他形式的决策。当事件的概率已知时，这种方式是一种极有价值的决策工具。

效益成本分析作为分析的一个组成部分广泛地被应用。决策标准是根据不同方面测得的净现值、成本效益比、内部回报率来确定的，并且任何决策都要使这三个方面取得平衡。分析技术的效能是改进决策过程。

1）效益成本分析（benefit-cost analysis）

今天发生的事情要比明天发生的同一件事具有更高的价值，今天有1元比明天有1.5元更好。折扣就是这样一种技术，将未来的成本效益流动减少到现在的价值上。就收益流动来说，如果一个人每年收益6438元，9年后全部收入为57 942元，每年的折扣为15%，现值为30 722元。折扣率（贴现率）是资本的机会成本。可以利用政府的基金项目的借贷率，但将影响可能计划的选择和范围。关于金融和微观经济（农牧场）分析，贴现率是资本的利润成本，如当地的银行利率。

（1）净现值（net present value，NPV）　项目增量净效益流动现值是收益减去成本的现值。现值是现在或支付给出的数量值，或将来某个时候收到值的量，而且这个将来价值是由未来价值乘以贴现因子结果决定的。如果净现值为正，则项目是可行的，但它并没有提供执行的排序。有时可以忽略巨大成本，这个成本是最好的成本效益比。在分析相互排斥的替代方案或项目时，就要选择最大净现值。

$$NPV = \frac{B_0 - C_0}{(1+r)^0} + \frac{B_1 - C_1}{(1+r)^1} + \cdots + \frac{B_n - C_n}{(1+r)^n} = \sum_{t=0}^{n} \frac{B_t - C_t}{(1+r)^t}$$

式中，C_t为在时间t的成本测定；B_t为在时间t时效益的测定；r为贴现率或资本的机会成本；N为项目的年限。

（2）效益成本比（benefit-cost ratio，B/C）　由成本流动的现在成本划分的利益流动现值是成本效益比。如果B/C值等于或大于1则项目可行。如果比值太高（如>15∶1）则应谨慎对待。使用贴现率应该是非常敏感的，因此，必须包括敏感性分析。这可能对独立项目不能正确排序和不能用于互斥备选项目之间的选择。选择标准是接受所有B/C值为1或大于1的项目，太高比值并不是最好，目前效益成本比的控制模式并没有用于人的保健项目中。

$$B/C= \sum_{t=0}^{n}\{B_t/(1+r)^t\}/\{C_t/(1+r)^t\} = \sum_{t=0}^{n}\frac{B_t}{C_t}$$

（3）内部收益率（internal rate of return，IRR）
如果项目打算收回投资、操作费用和盈亏，一个付费试用资源的项目其内部收益率是最大利益，这只是使净收益流动的净现值等于零的贴现率。如果 IRR 要大于实际利润率，项目的经济价值高，它更适合短期优势项目；这是 WHO 和类似基金机构最喜欢使用的计算方式，因为从技术角度看是最为准确，是一种指导决策的可靠工具。它是通过求解 r 来计算的：

$$NPV = \sum_{t=0}^{n}\frac{B_t - C_t}{(1+r)^t} = 0$$

2）社会成本效益分析（social cost-benefit analysis）

在无形社会利益和实际费用之外的项目成本中的额外分析。一些无形的收益，如福利、较好的学校、农业的伸缩性、传统价值、文化和景观价值破坏的成本，都是真实的和反映真实的，但要进行评价很难，你的孩子对你来说价值是什么？是你的生命？这些都是无形的，如果可能的话，要量化，要转变为经济术语，通常使用起来也比较方便。主观评价在最终的决策中要考虑项目中的有形和无形因素，无形的成本对计划以外有形利益是有好处的。

成功的疾病控制或清除的最大好处是公共利益（如一般利益：卫生、福利、幸福）全社会共享。依据控制疾病的性质，其价值可能包括在以前流行区移民和居住，减少公共和私人在控制疾病中的费用（如媒介控制），减少预防消费，增加以前不使用的娱乐性资源的使用（如河流、湖泊的使用），全面改善公众对卫生保健态度和未来信心。这些都为身体上、人力资本储蓄和投资创造了潜力；同时增加女性教育、减少儿童死亡率、增加人口增长率。

3）成本效益分析（cost-effectiveness analysis）

成本效益分析用在收益难以定量或者是决策已经做出、但需要对备选技术进行选择的项目中，在成本效益分析中体现成本流动确定其现值。分析的主要形式基于①常数效应，或②固定成本。常数效应应用于最小投资成本分析；固定成本方法是计算每个利益单位成本或成本效益比值，如持续减少致死率的成本。

4）疾病成本分析（cost-of-illness analysis）

疾病成本分析是依据金融性质来分析的，经常被引用和运用。成本通过直接成本和各间接部分来计算。直接成本是治疗和卫生保健的直接成本，在农业上，要减去家畜的库存和输出；无形成本因为并不直接影响输出而被忽略。间接成本是因疾病、失去劳动能力、死亡等造成的损失，及由此引起的社会影响；在农业上，这些成本体现在生产的外部，间接损失通常都有巨大的经济影响。以分类账簿的方法，通过银行账户和农场收入很容易处理，但结果容易被误用和滥用。常见的错误是对受影响的个体忽略多种疾病问题，假如所有死亡都发生在 1 月，那么发病的数据就有各种变量；但在局部（家庭或牧场）和国家层次上获得第一个近似值和正在确定的主要成分是有用的，尤其在一个更完整的经济分析不可能时更为有用。成本效益有些与食源性疾病暴发有关，总结如表 3-2 所示。

表 3-2 食源性疾病成本效益表

成本			效益
个体成本	工业成本	公共部门成本	（中期—长期）
盛装（看医生或到医院）	产品召回	疾病调查费用	自我提醒
会诊、开处方、住院	工厂关闭	暴发调查费用	更严格标注
收入或生产损失	清洁费用	产品责任成本	重新调整目标
疼痛和痛苦	减少产品需求	医疗、医院公共成本	本地改进促进其他地区发展
失去休闲时间		救护成本、清洁费用	（牛结核清除，改善乳品货架期）
看护孩子、家庭保健费用		税收损失	提高产业素质
避险成本、避险行为成本		员工机会成本	质量好、价格高
访医和看患者路途成本		旅游减少	动物饲料改进，回馈高质量食品

要注意抓住机会，如果信息滞后，所追求的潜在效益将化为泡影。处理反应越快，直接成本越低，将获得较大的中长期利益。

二、人生命价值

要想定量医疗卫生保健的收益，一个常见方法就是延年益寿。通过医疗卫生保健阶段相关的年龄、性别、种族特点来计算人生进程表。另一种方法是在正常预测之外的寿命增加。当双峰情况非常明了时显示治愈或死亡或预防条件恰当，结果也非常好解释。如果接触组群死亡率或狂犬病患病率减少，且如预期的那样活得更长，就会产生较多效益，增加社会经济产出。在过去的半个世纪中通过有效的经济测算发现许多国家人们的健康水平普遍得到改善。

当治愈不完全且具有长期的后遗症或早产/发育失调新生儿、老人等不利状况，情况就会变得更加复杂，但一般会产生两种场景：乐观的和悲观的。乐观的基础在于死亡、疾病流行率和发生率同时下降；而悲观场景是仅死亡下降，但却有更高的发病率。发病率上升和严重程度增加会大大影响社会和经济环境对延长生命的卫生保健的努力，如对卫生保健的需求，对新老人群社会经济和文化地位都有影响。从经济学角度看，预防较治疗效果更好更经济。在乐观的场景中，从正常人口统计学预测和对卫生保健服务的压力中看出，老年人希望延年益寿的愿望将带动高额公共社会保障/福利成本，但也增加了养老金计划的收入。无工作人群所占百分率、退休年龄、中老年员工劳动力的地位和现状、社会中老年人行为模式和价值，对乐观和悲观场景都有影响。良好的营养、锻炼、医学进步都能使人健康长寿。

总体而言，政府必须对民众的身心健康给予关注和投资，所带来的好处可以平衡疾病、疾病预防和控制成本。人的生命价值在国与国之间有很大差别，国内不同地区差别也很大，非致死性伤害通常以致死性成本的一部分来计算。有些成本很容易计算，如住院成本，但这仅仅是一部分。在对待生命价值观上很多人愿意支付更多，以避免将来的死亡或伤害。自愿支付研究为什么有支付风险的变化，而后计算"统计学生命"价值。这些研究更看重生命价值高于人力资本。有些人的生命经济价值比其他人高，富有的国家和个人将支付更多而且有能力减少风险。如一个人永生的概率是零，但他也愿意支付以图例外，这可能与教育有关。在实际工作中，由于误解或不理解，虽然拯救了很多生命，但自愿支付在统计学看并未按比例增加，结果被拯救人的生命价值就低于其应有的价值。

三、兽医经济学

兽医经济学中的一个困惑问题是对不同模型和计算所需要的知识和信息需要了解多少。一个普遍的苛求就是兽医经济学工作是否为专业还是属于业余，如果经济上比较专业但流行病学知识相对缺乏，反过来流行病学比较专业但经济学相对业余，就会在经济学上使用二级或三级数据，罕见有经济学家使用自己的数据，即使有自己的数据，通常也是一组牧群微观经济水平。所使用资料来源范围各异，导致结果也不同，理论上类似的研究是没有可比性的。有时疾病的社会影响太深奥或太复杂，文献不可用或差异太大，很多人试图利用复杂的分析克服这些缺点，并有大型计算机和远离农场的环境。最好的方式是经济学家应该是小组成员，更能接近丰富的信息，以便根据生产、统计和流行病学来组成一个有效和充分的论据意见。例如，许多情况下，损失可以模块化方式处理；乳房炎损失多少牛乳；死牛的价值是市场均价和从小牛到乳牛成长收益的损失价值之和。当次优产品和管理限制长期影响时，就必须分析相关因素，如 FMD 对群内影响，可能要花费 2 年工作；或者是春天产羊羔患球虫病到秋天有大量肺炎和产量不高；或者是布鲁氏菌有关的流产的连串事件。然而，并不是所有疾病流行病学组分或卫生计划都能影响经济学评估，调查的时间越长，结果就更应该简短、简单和真实。有意义的信息只有通过紧凑和良好的组织才能获得。

现在很少有专门的培养动物卫生经济学家的单位，只是一些兽医学家深知其社会价值而专注研究经济学，并与兽医学结合起来，他们乐于提供 B/C 值，而且必须以更宽广的视野来看待动物卫生经济学。有时兽医经济学关注自己领域的视野太窄，如全国乳品企业更关注乳房炎，从而忽视了其他问题。成本、效益、风险的保守估计并不总是受欢迎，但它确实很精确，并具有扩展和延长项目的优势。贴现率的微小调节有时都能使不太完善的计划取得成功。当 B/C 值接近相等时，计划的使用价值就可以转变为行动了，实际情况是处罚常常被滥用。经济学不仅仅是测定，更要理解整个系统是如何运作的。相关国家对人兽共患病的一些经济学研究见表 3-3。

表 3-3 人兽共患病的一些经济学研究

人兽共患病	动物	研究	地点
布鲁氏菌病	牛	成本效益分析	英国、美国、新西兰
		成本和效益	美国、乍得、喀麦隆
		成本	象牙海岸
		控制的社会限制	阿根廷
		控制效益	吉尔吉斯斯坦
		模型计划	象牙海岸
	人	社会经济学成本	西班牙
	综述		美国、尼日利亚

续表

人兽共患病	动物	研究	地点
美洲锥虫病	媒介	媒介控制成本效果分析	
		媒介控制的成本效益分析	
	人	社会成本	
食源性疾病	人	人类疾病综述	美国、加拿大
		棘球蚴病—成本效果分析	撒丁岛
		棘球蚴病—成本效果讨论	澳大利亚
		沙门氏菌病全部病例估计	美国
		沙门氏菌病私有和公共成本	美国
	猪	包虫病—成本	匈牙利
		旋毛虫病	法国
	绵羊	绦虫和包虫病	新西兰
		包虫病	西班牙
螺旋体病	牛	影响	新西兰
		决策分析	新西兰
	猪	影响	阿根廷
肝片吸虫	人	公共和私有成本	泰国
	牛	控制实验	比利时
		疾病成本	牙买加
鼠疫	人	成本效益分析	美国
狂犬病	狗	成本效益分析及综述	菲律宾
	狐狸	成本效益分析	法国
	浣熊	成本效益分析	美国
结核病	獾	成本效益分析	英国
	牛	成本	尼日利亚、乌克兰
		清除成本	澳大利亚、以色列
	鹿	成本	新西兰
	人	牛结核病控制效益	美国
锥虫病	人	成本效益分析	
	牛	成本效益分析,成本	肯尼亚、赞比亚
媒介控制	山羊	饲养效果成本	
		成本效益分析	
		自愿支付	

第十节 人兽共患病控制与预防的一般性考虑

21世纪初的前十年,城市郊区和农村与动物亲密接触的生活环境逐渐消退,如今已成模糊记忆了。随着这种生活环境的逐步消失,人们逐步提高了无健康风险的需求,至少对违规掺假和不卫生状况采取有效拒绝的态度,有时也包括非理性需求、不太现实动物产业的再造工程,即以日常价格饲料来维持大规模饲养工业。现在,任何国家的动物健康都依赖于合理(饲料)价格的良好营养,这点是各种家畜产业集约化和提高效率制约的关键因素。这样的产业要无疾病发生,而且还要有较强的竞争力,要仔细平衡好经济和流行病学之间的冲突,如果没有可靠的疫苗免疫作用,我们就可能面临比以前更大的疾病风险。同样,人兽共患病和野生动物保藏宿主的所有预防疾病暴发的成本可能超过所获得的利益。一些流行地区每年都要面对一定发病率的威胁，如布鲁氏菌病、鼠疫、莱姆病和螺旋体病等。即使对这些疾病可以控制的话，所涉及的人员和设备的成本可能更高。

假定能够控制人兽共患病和减少发病率，措施可行且经济上又是值得的，具体又由谁来负责？动物主人（宿主）还是政府？简单回答就是取决于谁的利益。例如，家畜蟎虫病的直接损失由农场主负责，因为市场的一般规则是奖励成功，惩罚失败，因此加工厂能更有效地对 HACCP 负责。在布鲁氏菌病清除计划中，谁负责计划中的复杂问题，谁就应该从中受益最大。现实的情况更为复杂，但这将是一个良好的开端。全部责任也不能都由政府来负，全社会都有责任共同面对疾病预防，因为食品加工和检验也离不开每个人厨房的实践操作和适当处理。从实际出发，多种系统协同工作更加有效。既需要较为短期和局部的成功，也需要更多的公共部门参与，并提供直接的成本。所涉及的地区越多，就需要更多的合作和共同标准性协议；工业规模化越大，本身也将承受更多的责任；如果非常分散就需要更多的协调和多个行业外部进行监督；类似的还有，如果计划所需时间越长，将会涉及更多的政府部门，就会有更多的计划责任。地方当局将责任转移到省或国家层次，因为政府有能力将利益从一个社会部分转移到另一个部分，政府计划的性质是他们采取的行动能够带来很多好处。

一、看不见的利益效果

疾病预防控制产生的效果呈二项式趋势，即无效或巨大成功。最好的例子是 5 个东南亚国家给较小的禽群体饲喂活的新城疫疫苗，但最终并没有表现较好的保护效果。这些国家目前饲养条件较差的禽群和农村环境饲养的禽只存在较多风险，只能饲养或只适合饲养较少数量和维持较低产量。如果进行适当的条件改善，如有疫苗使用，产量就会增加，但也会有一些额外负担。由于现在的体系或系统效率较低，单个技术创新意义不大。

20 世纪 70 年代对禽蛋业引用马立克氏病疫苗取得成功，这时期该病对产蛋业威胁较大，可使美国蛋产量损失 10%～15%，德国和荷兰损失 20%，我们国家情况类似。在引进疫苗后导致产蛋过剩，并有微薄利润，蛋价下落对产蛋业引起严重冲击，利润下降。疫苗使用 2 年后企业稳步发展，英国不同，因为英国正好全国流行新城疫，导致严重的死亡率。清除和控制计划通常能够帮助企业稳定发展，索马里在 1970～1980 年成功使用山羊传染性胸膜肺炎疫苗计划，效果非常好。

大多数情况下对使用疫苗所获得效益很难直接计算出来。由于引起动物疫病的病原差异，使用疫苗的效果不同，有时不用疫苗没有造成大量死亡，而使用疫苗却引起严重损失。

二、发展中国家必须按照发达国家的经验发展吗

理论上讲，发展中国家在疾病控制问题上应该利用已有的知识和技术来跨越历史，改善未来的防病工作。但从历史经验看兽医在这些方面也没有太多值得发扬的，每一个国家的情况都不相同，即使病原不存在（毒）株的差异，但生活和文化还是有很大差异的。为有效控制疾病，考虑这些因素比考虑病原本身重要得多。第一是问题决定了它们的解决方案，所有可能的因素，如兽医、社会、文化、经济、农业，在提出建议前都要考虑到，就是要结合自身的实际情况和特点，设计实用的方案。第二是逐步找到最佳方案。第三就是创新性使用新技术并灵活用于实践当中。

三、风险分析

风险分析是对来源广泛的信息综合分析所得出的对未来有害事件可能频率的预测。如慢性传染源携带者输入，如何来处理和判断信息的可能性，也就是对传染源传入可能性信息收集和判断。**风险分析是在缺乏可靠性资料、不确定情况下所作出的判断**，由三个部分组成：风险评估、风险管理和风险交流。

1. 风险评估

风险评估主要用于个体或群体接触危险材料或环境对健康影响的评估。尽管有时存在有限的数据和信息，但还必须作出明智及时的决策，这是一个组织和解释科学信息的复杂过程，包括不确定性鉴别和记录、特殊场景风险估计、简要介绍调查结果、整理信息便于决策，作为科学决策的依据。也包括可能发生错误走向的先后定性描述，以及对事件可能的定量措施及事件发生的影响；或者是包括暴露于风险的潜在负效应特征；包括措施、分析技术和解释模型不确定性和风险的评估，以数字表示的定量风险评估特征。

（1）危险或风险识别　对与事件可能有关情况或潜在情景的全部回顾。如果不能对一个特殊危险进行识别，对其发生的概率就无法计算，也就不能采取措施来减少风险。例如，对输入一定种类动物的评价，就必须列出引进动物国家中与该种动物相关的病原目录，以及可能的传播途径。

（2）剂量反应评估或危害特征　剂量反应评估就是接触程度和对健康影响概率之间定量关系的测定。在一些罕见情况下，二项式/阈值情况是存在的，如发生的情形看得见/看不见。

（3）暴露（接触）评估　在有规律对照前后对人或动物接触的范围、频率和持续时间的测定。

（4）风险特征（描述）　包括前三部分一起对接触群体各种结果的性质、规模可能性预测，包括不确定性，对表示风险程度和范围的资料进行假设、代表性、可靠性、适用性全面分析。因为缺乏可靠的资料，置信区间无法计算出来，所以不是一个统计评估。

2. 风险管理

风险控制措施——采取行动或不采取行动选择的评价。负责人或官员有时监督风险评估、风险控制评估、风险信息的处理，政府官员最后决定是否接受输入动物。有时对于动物产品采取减缓措施以减少对不可接受高风险发生的风险，或者是使用高敏感诊断方法来排除可能感染的动物。当风险评估不存在争议时，管理过程通常更客观量化。很明显，在评估人和管理者之间需要主动交流，以便于互相弥补不足。风险管理的目的就是对风险识别、记录等制定相应措施以减少风险的发生。

3. 风险交流

对风险危害所有相关部分共同进行交流讨论的活动。风险交流的目的在于：①通过所有参与者在风险分析过程中互相交流提高对所研究的特定问题的认识和理解；②在达成和执行风险管理决定时增加一致性和透明度；③为理解建议的或执行中的风险管理决定提供坚实的基础；④改善风险分析过程中的整体效果和效率。

风险是限定性危害事件发生的概率或频率。当估计事件的规模很明显时，风险概率的解释就能被所有人接受，如人类健康和环境风险研究中各方面都接受的可忽视风险（negligible risk）通常为 10^{-6}。另外，兽医在风险分析中提出可接受风险（acceptable risk）概念，这是一个关于危害的允许程度或监管决策安全限度的主观决策，这种决策可能涉及重大分歧和公众可接受程度的问题，但能够获得确切的决策选择。对风险可接受性有不同解释，特别是不同利益集团对风险态度是不同的。如果可能的话，对这种潜在利益和效果必须鉴别、描述和定量。可接受风险表示折中和决策的暂时性质。在专家和外部人群中误解的情况经常见到，特别是存在根本分歧的情况下更是如此，这种分歧在统一的术语和定义情况下会大大减少。一个有效的交流系统就可以解决这个问题。

风险分析必须是透明的，信息可用，而且要合理组织和仔细记录；风险分析应该是动态的、灵活的、能够吸纳和利用新的信息，如对出口国卫生状况和新技术的了解和利用程度。风险评估应该不受干扰独立操作，而且要保持完整的、科学的和官方的高标准。评价标准必须始终一致。

4. 风险评估实例

这是一个公布的简单的不完全文件记载的评估，评估新西兰从澳大利亚进口皮张中是否有炭疽。未加工皮张引进炭疽的年概率（T），含有芽胞的概率函数（p），与芽胞接触的动物频次（n），假定芽胞接触有一个二项式分布（如是或不是）：$T = 1 - (1-p)^n$

当 T 非常小时，如 0.001，这个方程式可简写为：$T = pn$

澳大利亚输入新西兰皮张中含有炭疽芽胞的概率假定：$p = is$

这里 i 是澳大利亚绵羊或牛皮张含有炭疽杆菌时的概率，1970～1981 年，每年报道家畜炭疽病是 19 例，范围是 9～42 例，最高风险是 40 例，忽略该病的下降趋势。1989～1990 年，澳大利亚屠宰绵羊和牛 4000 万头，i 估计是 40/4023 万头或 9.94×10^{-7}。s 是皮张到达目的地芽胞存活的比例（存活芽胞为 0.9），因此，$p = 0.000\ 000\ 94 \times 0.9 = 0.000\ 000\ 89$ 或 8.9×10^{-7}。

新西兰易感家畜暴露活炭疽芽胞的天数（n）可能是：$n = gtvfd$

这里 g 是新西兰农牧渔业部批准的制革厂数，设为 23；t 是这些制革厂在季节性洪水期间废水肥料污染厂区的比例（为 20%～100%）；v 是每年洪水发生的平均天数（20～30 天，平均 25 天）；f 是洪水季节加工污染皮张的概率（25/235 或 0.11）；d 是放牧中接触感染芽胞剂量的持续天数。$n = 23 \times 0.2 \times 0.11 \times 1 = 12.65$ 天。

第一次评估新西兰制革厂引进炭疽的概率是：$t = 0.000\ 000\ 89 \times 12.65$ 或是 1.13×10^{-5}。

如果澳大利亚改变了放牧动物方式从而改变了感染炭疽芽胞的概率，那么皮张带染的概率一定比现在所显示的小。另外，在发达国家通过屠宰来源的皮张很少带染炭疽，但死亡动物来源的皮张除外。非洲屠宰动物炭疽常见，澳大利亚炭疽少见。

风险分析对不确定的风险控制提供了一个哲学框架。第一，国际、国家间的贸易协定使国家之间的贸易障碍减少；第二，没有生物零风险状况存在；第三，极其严格的政策、走私或违法都可能导致不可控事件的发生；第四，感染（传染）是不分国界的，但疾病是有国界之分的。疾病的病原绝不是均匀分布的，气候、地理、宿主范围、畜牧业在病原分布的边界方面都是比较模糊的。从改善和保持动物卫生，以及监控系统的多数结果证明这种状态能够获得更多好处，而不是贸易利润。

风险分析中的一个缺点就是需要验证。实际上担心的事情并没有发生，实施后也没能确认设计和使用的处理程序正确与否。该系统对额外的间接成本或与实际不太相干的成本过于小心，需要事后调查事件是否发生、是否按预计的频率发生、甚至就不存在，调查什么是正在进行或发生过的事情也存在较大难度。

风险分析和疾病清除中的问题之一是如何能知道疾病或传染何时发生，实际上这个是做不到的。人兽共患病必须存在一个传染链，在非常小的流行或风险以下水平，我们就不再使用统计学原理，而要使用流行病学的一般知识。

四、关键控制点的危害分析（HACCP）

HACCP 主要依赖于：①危害分析的操作和位置的细节，如关键控制点；②通过技术进步或一般管理实践（GMP）控制病原污染和带染，以清除危险微生物；③通过风险评估验证 GMP 的有效性；④通过监控代表性样品来进行评价。

在食品加工系统中，HACCP 是食品工业普遍遵守的规则：

(1) 从收获到消费过程中包括危害物识别和防控措施；

(2) 控制已知危害物的关键控制点（CCP）的确定，CCP是食品安全控制和预防消除或减少可接受水平的点、步骤或方法（如烹调或快速冷却）；

(3) 建立可接受和不可接受关键值，每个CCP都要遇到；

(4) 适当的CCP监控程序，按顺序记录观察或关键阈值的测定，以评估CCP是否可控；

(5) 当CCP出现偏差时要建立预定和记录纠偏措施；

(6) 发展并实施HACCP验证程序计划，即确认HACCP工作状况；

(7) 以文件形式对（1）～（6）步骤和所有方法记录。

1. （HACCP）实例：危害物为鱼的寄生虫

危害陈述：捕获野生鱼和水生贝壳类含寄生虫是不可避免的。控制捕获鱼的区域是可能的，但首先要知道哪些区域鱼中寄生虫少，有些鱼由于采食习惯或天然抗性，很少感染寄生虫。最好的实用措施是视检并除去寄生虫，但这类方法只能减少鱼中寄生虫，不能彻底除去所有寄生虫。

关键控制点：收获、储藏或加工，有4个独立选项：①加工者认为接收到的鱼没有寄生虫带染；②加工者接收到高带染率寄生虫的鱼（根据以往经验每千克鲜鱼中有1条虫）；③确定接受的鱼来自寄生虫重疫区；④来自市场的鱼经过冷烟熏、腌制或做寿司。

那么，当选择其中一项时该如何处理，假如选择了②控制措施，就要采取以下措施：①整个生产线都要处理可见的寄生虫，将其除去，整批都要处理；②在包装前取一批代表性处理样品，以监控处理效果。

频率：每一批都要处理，监控每一批。

关键阈值：操作程序为鲑鱼、白鲑、白鱼等——45.45kg鲜鱼肉；玫瑰鱼——3%肉片中检出桡足类寄生虫1条或多条，并伴有脓袋出现；其他鱼、甲壳动物和软体动物可见寄生虫都应除去。

记录：对每批检验处理结果都应记录。

纠偏措施：加工后超过阈值的一批要重新加工，任何关键阈值的偏差都要及时加工处理或改变HACCP，以减少偏差风险的发生以及相应随后行动。

通过实施收获前质量控制，不仅仅使家畜禽有更加乐观的屠宰条件，同时也要节约检验成本。

2. 疾病控制实例：狂犬病的国际研究和政府行动

20世纪有两种狐狸突现狂犬病流行，原因是模糊的。从1935年开始，在波兰和苏联边界上出现红狐狸和貛两个主要狂犬病媒介，以离心方式扩散，主要在西南方向，随着第二次世界大战而呈暴发趋势，在苏联西部还有狼和貉。1988年狂热的红狐狸到达法国中部和北斯拉夫地区。其他流行是1945～1947年在北极圈和阿拉斯加，由红狐狸引起，北极狐在北部的分布非常广泛。1952年在加拿大西北部流行，包括雪橇狗、狼和貂，1957年在格陵兰岛也有报道。北极狂犬病流行与狐狸的周期性密度提高有关，而狐狸密度变化与旅鼠、松鸡类3～4年的群体周期变化、雪鞋野兔8～11年的群体周期有关。北美洲流行的病毒株仅一株，分离株与欧洲株明显不同。

欧洲红狐狸是狂犬病的主要宿主，对狂犬病病毒高度易感（10^{-5} MICLD$_{50}$ 或鼠脑内注射50%致死量，牛为$10^{3.5}$，狗为10^6），但对非狐狸性狂犬病病毒生物型并不敏感。欧洲和北美洲的红狐狸同样敏感，许多感染红狐狸要比其他种类动物外排病毒多（≥90%）。在更广的范围欧洲红狐狸又是较低感染剂量，唾液中含有较多病毒且常见，其病毒效价在平均病毒效价以上。通常很少能见到感染狂犬病的个体能分泌高效价病毒。

虽然该病毒具有不建立免疫屏障的优势，在一个高密度群体中每4个星期就有感染的新宿主出现以维持传播，因此传播链难以被打破。因为低剂量感染产生较长的潜伏期（266天或更长）的自我毁灭和再激活，再激活是在应激条件下引发并在更长时间发生的。这种缓慢过程将病毒传播给一个新的高密度具有机遇的狐狸群体中。红狐狸的极地分布有利于病毒传播，从森林到郊区的生态适应变化，它们是极其聪明的，能够避免很多问题和越过屏障，具有较强的生育能力和较长寿命，其行为具有社会性、家庭性和与其他狐狸接触的陆生动物特点，这些特点都有利于病毒传播。狂犬病流行与狐狸性生活规律一致，1～2月是狐狸性生活最活跃期，狂犬病发生也急剧增加，到3月突然下降。欧洲存在狂犬病发病率和狐狸群体密度具有相关性，当控制狐狸群体密度在一定水平时，则狂犬病流行下降。当狐狸群体狂犬病消失时，同地区其他动物的狂犬病也消失了。总体来说，除了局部和短时期外，控制狐狸群体的行动并不成功。一个区域减少80%狐狸群体的状况在4～5年之内即可恢复。

对野生狐狸实施口服疫苗，产生的抗体达$10^{4.5}$ TCID$_{50}$，诱饵方式可达10^6 TCID$_{50}$。使用的是Street-Alabama-Dufferin（SAD）病毒（街毒），也有亚型（ERA/BHK，SAD-Berne，B-19，P5/88-Dessau）、突变株（SAG$_2$）、重组病毒（VRG，HAV$_5$-RG）。VRG对狐狸、狗和浣熊效果很好，对臭鼬效果差，HAV$_5$-RG对所有动物效果都很好。

对于野生动物要用弱毒口服疫苗：①靶向动物应该是口服免疫；②对人、靶向动物和其他动物以诱饵形式不应为致病性；③不应外排病毒；④不能返祖，不易突变成高致病性毒株；⑤无致瘤性；⑥制品中无病原污染；⑦具有储藏稳定性；⑧在室内几天应该稳定，但不是长期的；⑨容易生产，成本低；⑩至少带有一个遗传标记。

早期的研究证明疫苗病毒必须以口腔或咽喉组织感染才能提供免疫，因为病毒在胃中易被破坏。因此，疫苗以液体形式接触口腔和咽部黏膜。冻干和包被病毒可能安全通过胃引起肠道的免疫反应。

对诱饵的要求是：①对靶向动物具有吸引力（如气味、质地、形状），激发其吃的欲望；②直接被吃掉；③其他动物、包括人直接拒绝；④靶向群体中的大部分都能吃到；⑤不能把病毒灭活；⑥能够介导疫苗进入口腔；⑦能够与生物标志物共同使用，如四环素；⑧使用简单，成本低。

曾经试过汉堡包诱饵，但对人有诱感力。鸡头既便宜狐狸又喜欢，在2000km²预防需要30 000个鸡头。脂肪和鱼肉丸既便宜又容易生产，在德国、意大利、比利时、奥地利、卢森堡、法国接受率为73%~75%，有58%~74%的免疫率，抗体效价≥1：180的达57%~73%。瑞士发现诱饵不管放在森林边缘、森林中、田野中还是牧场，其捡食率没有太大差别，诱饵可以人工放置或飞机投放。正常的密度是12~15个诱饵/km²，高密度群体为25个/km²。对于貂和浣熊这样的小群体动物，应该为48~120个/km²。通过2~6个轮次诱饵的投放，狂犬病应该消失，如果获得这样的结果，必须进行调查。

这样的调查要满足如下三个要素。

（1）流行病学　对狐狸不同地理位置分布收集，以单抗或其他适当技术进行病毒鉴定，非靶向动物也应该确定是否被疫苗病毒免疫，注意流行病学类型、宿主生物学、环境情况的异常。

（2）群体免疫情况　如果可能，要在10km²、1000km²范围捕获1只狐狸或射杀、放血方式捕获1只狐狸，成功的诱饵计划应该是≥50%的狐狸血清中和效价超过1：20，靶向群体免疫≥70%。检测并没有国际标准，一般使用ELISA方法。

（3）诱饵捡食率　已经试用了很多生物标记，最经济的是四环素，狐狸消化30mg/kg四环素即可在荧光显微镜下看到骨组织含有。由于组织替代代谢不发生在牙齿，牙质标记多在年轻的狐狸观察最明显，而且每天都在更新或增加新的骨质，牙质检查能看到诱饵消化后的新成分，这些成分与特殊的诱饵成分有关。如果狐狸1岁以上，牙质四环素沉积不明显，很难看出来，这时看骨骼更可靠。

总之，从上可看出，设计、计划和实施野生动物口服疫苗计划是极为复杂的，要考虑如下因素：

（1）所覆盖地区性质和大小，是否清除或有边境保护；

（2）诱饵的数量；

（3）依据疫苗和诱饵的稳定性质、宿主群的动力学特点，来使用不同诱饵；

（4）根据宿主群动力学性质，调节诱饵使用间歇；

（5）使用诱饵疫苗的类型，要注意宿主是否喜欢、竞争性和安全性；

（6）诱饵投放技术要可靠；

（7）调查的组织。

五、遥感和地理信息系统

地理信息系统（geographic information system，GIS）包括共注册、涉及地理的数字资料分析和展示。遥感（remote sensing，RS）资料是以卫星和飞机方式收集的专家资料库，但是在GIS资料范围内。因为数据是共注册，有关定性和定量的数学开发都是共同建立的，这些可以弥补遥远的距离和各地区的巨大差异。虽然地图是GIS和RS的基本工具，但这两种方式不是操作地图。GIS是将不同时期发现的各种特征性信息放到一张地图上的一种工具。RS数据反映的是地表发射的能量状况，在疾病控制中，可以用此技术测量和显示地下水温度、水沉积水平、土壤水分、生物量（植被指数）和植被类型。

GIS在流行病和疾病控制上的应用属于起步阶段，相关的软件专家和统计学工具还很缺乏，因此使用范围还很有限，目前主要用于：

（1）卫生服务和优化，如医院和诊所选址；

（2）物流和运输网络，如救护车和运输家畜的路径；

（3）环境和流行病学研究，如疾病生态学，禽流感全球传播趋势；

（4）新现疾病的反应，如家畜疾病的EPIMAN型系统；

（5）在疾病调查和控制程序中改善战略和操作效率；

（6）实时环境监测，如牡蛎养殖水质和赤潮发生；

（7）区域战略政策制定：高/低风险区域监测。

六、动物农场的永久性/暂时性标识

控制和清除疾病至关重要的组成部分是追踪动物移动轨迹，也就是追溯感染动物来源或者是对控制区域或牧群进入的动物的准确识别。用于动物识别的极小芯片装置已经研制成功并应用于实践当中。最初开发的相关芯片主要是针对奶牛，而且技术精确，但对市场动物，如赛马、鹦鹉和平胸鸟类、动物园动物、家畜、狗等也适用。对奶牛场的奶牛开发出项圈芯片。家畜还有耳标，这个耳标在屠宰场屠宰后去掉，也就完成了芯片的使命。我国溯源计划中每头牛的芯片作为唯一标识是非常有价值的，因为这种耳标芯片在马耳他是成功根除布鲁氏菌病的关键因素，可见在疾病控制中芯片起到了巨大作用。

伴侣动物刺身（纹身）也是常用标识的一种，包括马，是家畜标记的大众化方式之一，具有标识明显、比芯片便宜、便于释读等优点。芯片目前市场价值为20~50元/个，对于高价值动物来说属于便宜的，但对于通常的养殖动物来说价格偏高。普通卡扣耳标适合普通家畜，打号耳标可用于国家疾病控制/清除计划，发达国家已经使用多年。在现场实践中发现牛的耳标多数并不能保持长久，这主要依赖于环境因素，如果个体动物标识在一定时期（如三年计划）非常重要，就要使用多耳标方式。澳大利亚农场尾标标识系统能够很好地工作近20年，类似的标识系统在欧盟的绵羊和猪中使用，但每个成员国都有自己的标准，在欧盟法规指导下每头牛都有独特的标识。

七、未来新技术需求

技术不是科学，而是工程。技术的主要目的是使操作更好、更快和更简便；但改进十分困难，创新性技术更是难上加难。现代技术能够比传统技术产出更加精确的结果。

1. 疫苗

不断创新疫苗生产技术是预防控制人兽共患病的关键技术之一。在已经有可用疫苗的前提下，还要发展新的疫苗可能有如下原因：

（1）因为弱毒疫苗偶然能引起临床发病；

（2）灭活疫苗有时含有活的微生物，FMD灭活苗曾引起大量流产实例；

（3）在培养和加工过程中能够减少或除去脂类、热原性脂多糖和其他物质；

（4）疫苗的保存和运输必须经过冷链环境；

（5）降低了生产费用；

（6）延长货架寿命；

（7）减少疫苗生产工人暴露风险，尽量不用致病病原生产疫苗，减少因为不适当离心或暴集冷冻干燥而产生气溶胶的超敏原；

（8）有些病毒株难以产生高效价商品疫苗或者灭活的安全性差；

（9）要提高疫苗保护水平和持续时间；炭疽Ⅱ号苗的免疫效果虽然很好，但仅保护12个月，需要延长保护时间；

（10）减少运输成本，注射成本是所有使用方法中成本最高的一种，口服最便宜；

（11）疫苗能提供保护，同时又不干扰自然感染、携带者的血清学筛查。

如果能满足上述条件中的全部或部分，新的疫苗生产条件就基本具备。在有效前提下，人类的疫苗主要考虑的是安全，而兽医用疫苗主要考虑的是效益，即效益成本比。人用疫苗相对费用高，而兽用疫苗相对便宜，新的疫苗要比已有动物疫苗有竞争力。已有4类遗传工程方法制造的疫苗用到生产实际当中，包括①最简单的是化学合成肽疫苗。②原核、真核载体表达的病原蛋白，纯化后作为免疫原。主要特点是安全，可以刺激肠道、呼吸道、泌尿生殖道黏膜产生免疫作用。这类蛋白可以作为敏感诊断和筛查试剂盒方法使用。③混合或重组病毒联合表达一个病毒蛋白，可能是复制缺陷性载体病毒或完全复制病毒。④毒性基因缺失株。

2. 先进的诊断技术

先进的诊断技术是人兽共患病防控必不可少的手段或工具，是人兽共患病防控必须关注的领域。当作为人兽共患病筛查或传染病诊断技术时需要考虑如下标准：①能满足实际需要；②是否足够好；③是否快速；④经济简便。从常规的简便技术，如革兰氏染色和其他简单染色技术、血清学鉴定技术、电镜直接观察病毒等简单快速技术，到现代蛋白质检测技术类，如ELISA、免疫荧光技术、胶体金试纸条技术，还有核酸检测技术，如探针、PCR、荧光定量PCR等技术。新技术层出不穷，在未来的人兽共患病诊断、检测、鉴定中，都将发挥巨大作用。

八、人兽共患病控制的综合考虑

疾病控制和经济是两个问题，但相互关系又十分密切，疾病控制离不开经济。美国芝加哥大学Richard Shwerder教授提出三个构建的数学模型，用于对正在发生或可能发生状况的理解。"有害生物"（pest）是因为人兽共患病而产生的名词，有时涉及媒介控制来防控病原或疾病控制；有害生物在这里是指所有方面，包括个体有害生物媒介和集合体。

根据Richard Shwerder教授的模型选择计划时（图3-4），要注意如下问题。

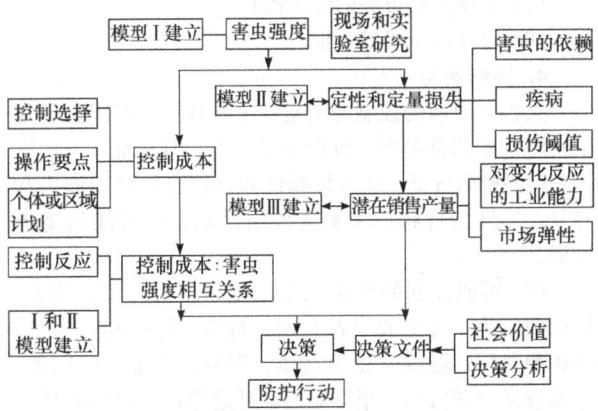

图3-4 人兽共患病控制计划设计和实施组成图

1. 有害媒介生物的强度

（1）测定 ①正常季节循环；②在一年内和不同地区的正常变化；③媒介和病原的多种类复杂情况；④有害媒介的环境和管理因素。

（2）开发和验证气候、生态和管理系数数学/流行病学模型。

2. 定性损失和定量损失

（1）与有害媒介有关：媒介或病原侵袭的频率和强度 ①哪种有害媒介产生哪种模块损失；②与年龄和季节相关的关键时间；③家畜/宿主：因有害媒介强度引起的媒介反应；④保藏宿主识别和分布。

（2）疾病 直接和间接侵袭损失的结果。

直接损失（专性和兼性媒介）：①疾病病原保藏宿主的识别和量化；②传播速率和传播阈值；③疾病损失的识别和量化；④特殊损失；⑤控制反应、预防效果和疫苗损失。

间接损失（传染结果或其他疾病）：①损失的识别和量化；②特殊损失；③控制反应、预防效果和疫苗损失。

与有害媒介相关的损失：①危害严重疾病的病原和其他病原来源或保藏宿主；②引起流行的媒介阈值；③引起流行的宿主阈值；④流行风险。

（3）伤害阈值：各种损害 ①针对有害媒介数量的损失和伤害阈值；②暂时和季节性变化；③宿主的营养状况直接影响和间接影响；④宿主因有害媒介引起的饲养差别；⑤治疗费用；⑥牧群操作的伸缩性。

（4）数学/生产模型（Ⅱ） 它整合疾病直接损失、疾病间接损失、与有害媒介相关的损失；也可能利用模型Ⅰ。

3. 潜在的市场产量

考虑到疾病影响生产能力，市场弹性等，要注意如下相关因素，特别是要考虑应变措施。

（1）现在的产量和生产系统；
（2）潜在的生产系统，包括已有和将要建立的；
（3）不同计划内可控的选择水平产量；
（4）额外的饲料、牧草、市场和管理能力的利用；
（5）动物产品市场的伸缩性；
（6）建立市场模型（Ⅲ）。

4. 控制费用

人兽共患病的控制费用是一个涉及多方面因素的复杂问题，要综合考虑，包括如下4个大的方面。

（1）控制选择 ①非控制性和替代土地使用能力和容量；②维持现状；③备选控制计划；④可能的清除计划。

（2）可能计划的操作元素 ①职工的利用、能力、培训费用等；②主要设备费用、折旧、运输和运用等；③各种费用：燃油、化学物质、保养、空置、药物等；④调查系统和费用，报告周期和延迟等；⑤疾病和传染调查；⑥政治变化。

（3）个体或区域计划 ①牧群（动物）主人的社会责任；②成本分摊；③牧群主人的经济承受能力；④空置经济的可转移性；⑤交流需求、靶向、靶向反应评价。

（4）与有害媒介强度有关的控制费用 ①针对不同阶段、季节和管理强度下的有害媒介强度的控制曲线；②识别可控制模块的可行性试验；③模型预测的程序性评价；④利益的计算：成本比率、内部回报率、净现值；⑤成本计算：可能场景的效益比；⑥关于贴现率、价格变化、实施延迟、费用超标、估计产量的敏感性分析。

5. 决策

决策是综合考量后所选择的人兽共患病防控最终行动目标，以达到最佳控制效果。

（1）社会评价 ①无形成本和利益的识别；②社会、应用成本和利益的评价。

（2）替代方案分析 ①社会利益：可能方案的成本估计；②决策和风险分析；③控制或清除目标的限定。

（3）决策文件 ①决策文件的准备和提交；②包括资金和金融约束的可用性。

（4）决策 确定最终的决策

6. 保护行动

一旦确定最终决策，就要采取相应行动。

（1）组建 ①疾病控制组织的组建；②最初的试点项目和随后的调整；③有关目标的资金和时间表；④经济和流行病学调查的附加插入。

（2）运行 ①包括调查和常规项目的再调整；②计划的发展和演变；③计划目标的时间表。

（3）终止 ①经济计划和流行病学回顾性评价；②通过项目的终止日期。

事情本应该简单，但一件事情导致另一件事情产生，结果产生复杂局面。因此，需要人们在疾病控制方面不断努力保持该系统简单化。最终一旦按计划实施，出现错误也是在所难免，但要尽量避免发生错误，减少经济损失和提高公共卫生安全程度。

第十一节 人兽共患病预测

新的流行病病原出现似乎是不可预测的，的确，没有一个病原在第一次出现前就被预测。但新病原体的来源和传播模式是可以观察到的，这也是调查策略的一部分。1940年以来所确定的400多种新现传染病中60%以上都是人兽共患的，而且这些病原都受到公共卫生的重点关注。类似的还有在人、野生动物、家畜和环境之间特殊地理区域或交界面被确定为最近新现传染病的来源，我们可以将其作为靶向来源进行强化调查。以往的新现事件分析使我们对新现原因（也称为驱动源）有了更深入的了解和理解，这些进展再加上病原传播动力学、新现和传播的生态学及进化数据资料，给我们预测疾病流行趋势带来希望。

本节的要点： 近些年流行的 HIV/AID、SARS、流行性感冒的病原都是病毒，属于人兽共患病性质，来自于野生动物。这样的传染通常是生态学、人类行为或社会经济方面的变化所驱动。数学模型、诊断、交流和信息技术的进步，能够多靶向对人和动物新现和以前不知道的传染进行调查。风险评估方式也能对这种潜在流行进行预测，需要更好的发展和完善。

一、流行性人兽共患病的来源和动力学

当新现传染病来源追溯到人群的第一次出现时，就

可以知道其特点类型，并使之应用于疾病控制当中。新病原新现的频率增加，第一要考虑全球的互相合作以便及时进行调查；第二，新现传染病大部分与人口密集度，即大程度的人为变化，如农业扩张、旅游、贸易和土地使用等有关，或者是受这些因素驱动；第三，野生动物迫于环境压力而外溢病原导致传染新现。空间显示模型可用于识别最有可能出现新现人兽共患病的区域（被称为新现人兽共患病热点）。**这些热点最可能在人类活动的野生动物多样性伴有微生物多样性一致的区域。**对这些区域靶向调查就能很好地预防新现传染病或快速处理暴发。

Daszak 所建立的模型用以评估潜在流行：模型将新现流行分为三个阶段，第一阶段没有人的感染；第二阶段是侵袭人群的阶段（病原外溢）；第三阶段是广泛传播和全球扩散。第一阶段和第二阶段发生的频率并不知道，但可能很高。

人群广泛的连续接触各种病原，那就要评估新现疾病中病原生物学作用，调查人群接触多少种病原和多少种病原成功跨物种传播。在1000种家畜和宠物病原中大约50%属于人兽共患病性质的，其意义在于人类和宿主之间的任何障碍都会被不同病原突破。人类超过50%的已知病原可感染其他脊椎动物宿主，许多人类病原能够传染几种宿主，不同动物宿主之间的病毒转移就会引起其他种动物疫病暴发。病原可以从人转移到动物和不同动物种类间互相传播，再传播回给人类，允许再混合和外溢回来的进化作用，潜在地增强了致病性。

第一阶段（新现前），假定流行病原仍然在自然保藏宿主中，生态学、社会或社会经济的驱动改变了宿主内、宿主间传播动力学，使病原在宿主间扩散，扩展到新的区域或转移到另一个非人类宿主群中或动物种类中。每一种变化都增加了病原接触和外溢到人类的可能性（这就是第二阶段），引起第一阶段新现的驱动源一般认为包括大规模环境、农业或人口结构变化等。

第二阶段（局限性新现），野生动物或家畜病原初始外溢到人群中，结果是多样性的，如从小群体到大规模暴发，有限的人传人，有些没有人传人等。

第三阶段（全流行新现），维持人传人传播，大规模扩散，常由国际旅行、贸易使保藏宿主或媒介动物增加扩散机会并促进传染发生。这一阶段发生流行非常罕见，即使人传人，但不会维持多久。

这些群体生态学改变了微生物传播动力学，导致病原外溢到其他野生动物或家畜的宿主中。粗略估计感染人类的80%的病毒、50%的细菌、40%的真菌、70%的原虫、95%的蠕虫都是人兽共患的。已知保藏宿主的大多数（80%）是哺乳动物，禽的范围小一些，人虽然与无脊椎动物有共同病原，但无脊椎动物通常作为媒介或中间宿主。新现病原组群分类有利于靶向调查和干预，有蹄类动物作为哺乳动物与人有许多共同病原，动物性产品作为食品的主要来源之一经常与人接触，对于食源性疾病人们研究的较为透彻。虽然被认为新现或再现的病原相对于传统的人兽共患病可能较少，但它们的保藏宿主却与非新现人兽共患病的类似。进入第三阶段后病原的情况就不同了，病毒比其他病原更快速传播。虽然第三阶段许多仅感染人的病原对保藏宿主特异性并不严格，但多数来自于动物并具有人兽共患病性质，包括类人猿动物。与此形成强烈对比的是类人猿动物虽然群体小，分布局限，但却能作为一般保藏宿主；如果接触频率函数和成功适应人类的概率达到危险程度，从类人猿获得病原的概率要大于其他动物。

二、病原的发现

人兽共患病病原鉴定技术正在快速进步，特别是分子生物学技术的进步使我们能够识别一些自然存在的未知病原。这个过程包括传染病的鉴别诊断、已知或未知微生物调查。常规技术包括体外或体内（或细胞）培养技术、免疫化学、电子显微镜、血清学、染色等技术。分子生物学技术首先证明尼帕病毒、西尼罗河病毒、SARS病毒和Lujo病毒的存在［非洲发现一种新的致命病毒"Lujo"，5名感染者中已有4人死亡。由于5名感染者分别来自赞比亚和南非，病毒因此由赞比亚首都卢萨卡（Lusaka）和南非首都约翰内斯堡（Johanesburg）的前2个英文字母组合而命名］。现在已经发展了纠偏分子生物学方法，应用可见技术来确定病原或疾病的存在，确定病原在体内的位置。

快速有效而又经济的分子技术可以对样品进行规模化筛查，野生动物中的病原可以在其流行前被发现。对高度外溢风险区域进行靶向筛查时，热点模型可能更为有效。过去的多数调查主要设计针对自然保藏宿主、媒介动物、存在风险人群的单个病原，以单种PCR方法或血清学方法进行调查。由于多重PCR、微阵列和高通量序列扫描技术成本持续下降，已经成为用于综合调查和微生物多样性鉴定调查的基本技术。对未来技术的发展需求都是针对卫生特征鉴定的相关技术。已知有5000种哺乳动物和10 000种鸟（禽）类的每一种类都有几种特定的病毒流行，因此，有待发现的病原为2000～3000种。如果再将其他与脊椎动物有关的微生物都考虑在内，即使是高通量技术也未必能解决筛查问题。因此，病原识别应直接指向保藏宿主、人与动物交接面的媒介生物或其他传播风险高的环节。过去这些年分子序列数据的丰富和可利用度的增加使其能够识别未知但与已知类似的微生物，这种方式在疾病新现的早期具有重要价值。基因序列分析在快速诊断、传染来源鉴别和病原鉴定等方面具有无限的价值，但在大规模扩展前新病原的测序和鉴定技术还存在一定不足。

媒介源性人兽共患病更为复杂，宿主种类和媒介源性多样化，还有多种虫媒病毒、生物学和环境因素等使病原鉴别更加困难。野生动物和家畜贸易在疾病新现或传播作用的风险评估中对预测是相当有用的。保藏宿主种类群体动力学的深入理解，对疾病新现的风险评估和预测能力的发展都有好处。家畜和野生动物疾病的资料多数是有限的，造成对野生动物在疾病传播中的作用认识不足。连续监控暴发性人兽共患病在实际操作中是非常重要的。模型工具在预测方面非常有用，但模型过多依赖于数据和信息的能利用程度和对疾病流行病学的理解程度，也依赖于对预测事件适当的及时反应的实际能力。如全球范围有1200余种蝙蝠，对蝙蝠群控制或消灭措施效果很差，这就要了解从蝙蝠群传播到家畜群或人群疾病的关键激发点，以便在预防新现疾病中采取有效干预措施。

三、新微生物流行可能性的预测

早期检测和报告是预防传染病从局部向大面积扩展及暴发的关键措施，在疾病传染前，即处于潜在传入人群的潜伏状态时，对传播途径或新现途径中动物宿主和动物群体进行病原存在情况调查，这种方式是目前最普及的使用方式。元基因组（metagenomic）技术的进步使分子数据具有前瞻性，可用来确定其他物种中潜在的人类病原体。人们进行相关研究的目的就是定性微生物特征、评估人群中微生物毒性和传播的可能性。其中最关键的是这些微生物影响的预测，尤其是毒性预测。一些情况下（如冠状病毒）可以根据受体特异性和其他因素预测宿主范围。当毒性因子已知时，这些因子的元基因组分析是非常有用的，在病毒微生物中进行这样的分析难度更大一些。在H5N1突变进展试验中，病毒感染雪貂的模型显示病毒已经具备更强的传播能力，该模型可用于侵袭人群分离病毒的靶向调查。有些人类病原能够侵袭人细胞培养物，但却不能感染人体，这可能是没能模拟人体的真实环境。遗传化鼠源模型用于SARS和丙型肝炎病毒（仅感染人和猿）筛查，人源化的鼠或其他模型系统都能够用于从野生动物保藏宿主传染人的新微生物的筛查，还有的用鼠脑内接种，也许这种方式是最敏感的。但人源化鼠的筛查并没有被普及使用。尽管可以用人细胞中超级炎性细胞因子反应作为毒性预测指示器，但现在还没有在实际中使用，多数情况下以分子数据或系统发育数据来预测微生物对人类的毒性和传播。随着全球基因组数据资料的扩展，分子生物学资料的预测价值在逐步提升，将来能够进行更广泛的群体比较和鉴别。如果分子生物学资料与流行病学和临床数据相关，则预测价值进一步提升。目前，对野生动物病原鉴定计划的需求越来越多，因此，风险评估标准的建立就显得更为重要了。实际上一些关键的问题依然存在，进一步研究将加深对这些新现病原的理解，在新流行到来之前我们有能力提早预防。下面列出了可能具有预测价值的几个方面。

1. 宿主相关接触频率的相对重要性

证据显示与相关宿主种类密切的病原可能更好地从一个宿主外溢到另一个，即人接触频率较高的宿主所带染的病原更容易传播给人群，人类新现病原来自于相关宿主种类（HIV-1来自于黑猩猩）和亲缘关系较远但最近亲密接触的宿主（如SARS来自于蝙蝠和果子狸，尼帕病毒来自于蝙蝠和猪，流感来自于禽和猪）。

2. 病毒相关性作为新现预测指示器

与已知人类病原密切相关的野生动物病原相比，非类人猿病原更容易传染人宿主，但正黏病毒和副黏病毒可能是例外。病毒新特性和系统发育分析以及病毒外溢后的致病性分析都是非常关键的。

3. 宿主范围和可塑性

新现病原常有广泛的宿主范围，在不同宿主间具有较强传播动力的病原可能传染给人，这些机制如果弄清楚，就能够很好地预测其相关性。

4. 病毒进化能力的评估

病原跨物种传播的因素并不十分清楚，但可能包括突变能力和校正突变能力的缺乏，这在负链RNA病毒的新现病毒中占有较高比例，所谓的进化能力可以帮助理解一些病原具有宿主跨越的高倾向性。

5. 关于宿主受体的特异性

受体结合是细胞感染的第一步，也是最关键的一步，与宿主和组织嗜性有关。受体结合预测要理解受体结合反应或受体特异性病毒对新宿主的适应性停止，即保守特异性开始出现。人类病毒50%以上的细胞受体仍然不清楚，宿主高特异性受体的结构是传染新宿主的一个障碍。受体结合是病毒进入细胞和复制过程的必需条件，受体亲和性变化（从禽型到哺乳动物型）是H5N1禽流感病毒到哺乳动物传播的第一步，但也需要其他突变。细胞内障碍和宿主抗性因素也存在于许多病毒中，干涉这些病毒功能基因的结果也可以进行病毒鉴别。

6. 开发新传播途径的能力

广泛的暴发与高传播效率有关，部分与传播途径和传播频率有关。人类行为是重要组成部分，应该成为任何模型中的一个指标，但属于病原传播模式的行为方面。

7. 对人类毒性的预测

沿着人群传播能力的预测，最大的挑战就是对野生动物或家畜中的病毒能够引起人类感染的可能性评估。相对于病原传播能力人类真正的风险是疾病的严重性，许多人兽共患病毒感染人但不表现临床症状（如猴泡沫病毒）或轻微症状（如梅那哥病毒）。为什么一些病毒在它们的自然宿主中不发病，而在新宿主中却能引起严重疾病或致死性超级炎性反应（埃博拉病毒），目前对此了解的并不多。病原成分或结构是需要研究清楚的，而且要进一步阐明宿主特异性机制。

8. 宿主-病毒共进化类型

对于相关病毒群和它们野生动物宿主共进化（或协同进化）的相互关系，用分析遗传序列的方式很容易评估。在最近的进化时间段共进化的最强类型给予我们的是相对稳定长期的病毒与宿主的相互关系，但经常从一个宿主转移到另一个宿主中的病原，并没有很好的线性进化树。对病原转移的机遇需要预测。

这8个方面因素是疾病流行调查预测所急需的基础性研究项目。病原外溢的前期证据是将来可能新现的简单预报器，人和动物之间的活动界面是必要条件。新病毒传播给人类的能力，尤其是引起疾病的能力，是能够在人体中很好复制的线索，即病原获得了继续传播的性质。外溢传染正好维持人群传播在阈值以下，尽管这在事先难以确定，但却提出了"主要流行等待"的观点（或者是"蓄势待发"）。因此，不管外溢规模如何都要仔细监测。H5N1在流行国家每一个外溢例子的强化监测都是对第二阶段到第三阶段关键的预测。另外，因为流行性人兽共患病对全球公共卫生构成严重的威胁，所以理解生态学、病毒学和社会规则对新现疾病的驱动作用是非常重要的。现在各个国家都在继续协调跨学科攻关对疾病新现过程进行集中研究，跨学科领域应该包括医学专家、生态学家、社会学家、野生动物学家、兽医及环境学家等。

四、调查和预防的全球战略

关于新现传染病，强化的公共卫生调查的全球行动能够提供早期预警，这也是过去20年专家组们的基本建议。虽然这方面有些进展，但公共卫生调查能力仍然是有限和局部的，还不能达到覆盖全球的水平。世界相关组织WHO、FAO和OIE都有相关网络系统，如WHO的早期预警系统GLEWS、全球暴发和反应网络GOARN。

预防人兽共患病传入人群或减少传入人群的计划是最佳预防措施，已经有这样的计划开始实施，这就可能形成一种模式和成为全球合作预防战略，如流感和SARS，这种模式集中到当外溢人群存在高风险时调查动物的识别阶段作为调查方法。野生动物的广泛调查包括靶向病原的发现，先于人兽共患病新现的野生动物调查计划。2009年美国国家发展局起草了《新现流感威胁计划》（以下简称《计划》），这个计划适合对威胁公共卫生新现病原的快速鉴定（和最终预测）和提高国家缓冲这些威胁的潜在能力。《计划》强调公共卫生以及人、动物福利与环境密切相关；促进横跨动物、公共卫生、环境和社会的"同一个健康"方式实施；靶向促进了识别和减少一些新现疾病的政策和能力的发展。应用基于风险评估的方法靶向调查最可能新现的区域。

《计划》通过一个PREDICT组件建立一种预测模型，来鉴别最可能传播的下一个新现人兽共患病区域、野生动物宿主和人与动物交界面。该方法将专业人员和专家共享于人兽共患病防控当中，是一个新现疾病全球早期预警系统。该系统首先的目标是及时获得人兽共患病威胁的可靠资料，通过热点国家罕见事件报告的国际网调查，分析病原新现的能力和预测在不同社会系统扩展热点的可能性、样本的收集。对收集的样本进行分析鉴别确定是已知病原还是新的病原。

在有热点新现传染病的20多个国家使用PREDICT组件集中调查人与动物交界面的跨物种传播的可能性。在自然宿主或保藏宿主中感染常无症状表现，因此，**对看起来是健康的动物进行检测也是必需的，但如果随机操作可能是面对资源丰富的海量动物或没有任何结果的局面**。为避免这种情况出现，该组件将风险模型结合到靶向局部化、交界面、宿主和计算数据收集、分析、高风险野生动物现场活体采集和病毒的鉴定过程中。这个计划的合作伙伴包括国家和地方政府、国内科学家和活跃在暴发报告、微生物特性鉴定、病原发现等的地方专家。在计划的头两年，有20个国家对20 000～100 000个动物样品（主要是蝙蝠、啮齿动物、类人猿动物）进行分析（采用元或宏基因组的方式），结果呈现从熟悉到隐藏的新的人兽共患病病毒150种之多，这将进一步丰富全球热点地图、模型战略和关于人兽共患病传播检验等的发展。在选定的高风险地区病毒多样性、生物多样性的相关性、人与野生动物及家畜接触的类型、土地使用变化等方面，探讨解释控制疾病新现的规则。计划的最终目标是建立预防新现疾病在人群中流行的全面机制。

要对一个人兽共患病从传闻到分析，最终可能预测新现和传播过程并对其有更深入的理解，最大的挑战是建立基本方法，以分子序列为基准将病原和无害化病原区别开。国家的政治意愿对控制疾病新现也是极其重要的。医学和动物医学各部门的有效合作、相关实验室的密切合作都是有效防控不可或缺的关键因素。

第十二节　水源性人兽共患病和一般控制原理

人兽共患病在人类新现传染病中起到核心作用，人类与人兽共患病病原接触在流行病学上有两种类型：一种是人接触到人兽共患病病原来源上，以此点为核心而后在人间传播，并维持人群传播（如HIV）；另一种情况是动物作为病原的保藏宿主，传染外溢到人类，在人类之间温和传播。但后一种情况在人类之间传播多数是该病的死亡终端。

一、畜牧业和潜在的环境影响

现在全球约有12亿头牛，8亿头猪，100亿只鸡，在家畜禽数量增加的同时，可利用土地却在减少，因为城市化和商业化压力使土地退化，土地大约以每十年7%的速度在减少。一般的家畜饲养密度大约在5个和>6000kg/km²，最大密度在印度、中国和欧洲。动物集约化养殖的肥料处理是一个大问题，多数养殖企业具有系统处理粪尿或循环处理的功能，但还要考虑环境和卫生问题。现场应用是由来已久的有机肥处理方式，但也可能因冰冻、过量雨水或土壤中沙粒过多引起氮的泄露。肥料流入水床能引起微生物繁殖和高生化需氧量，从而改变水的微环境。每年全球约产生70亿t粪尿等动物农业废产物,而且每年大约以4%的速度在增长,到2020年估计有180亿t动物农业废产物(我国将产生约40亿t)。大量的动物废产物流入土壤和水资源中,产生潜在的微生物与人兽共患病传染风险。人和动物粪尿可能是水源性疾病传播有关病原的环境载荷的最大来源(图3-5)。

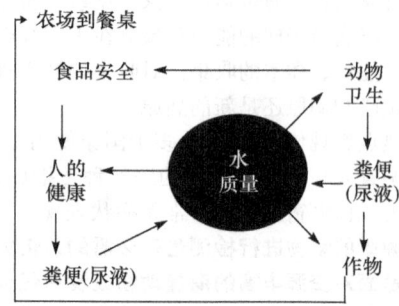

图3-5 人与动物粪便污染水的相互作用关系

现在对**人类肠道细菌**的一半以上、**环境细菌的99%以上**都没有或不能够进行培养和特性鉴定,对家畜和野生动物更是如此。因此,始终存在未知病原新现的风险,这也代表着对公共卫生和动物卫生的真正挑战。

二、水源安全的风险评估与对策

水源同样存在人兽共患病风险,因此,现代社会的水源处理的风险和脆弱性评估,对饮用水更现实的指标是微生物安全,做到或控制无病原微生物是最现实指标,达到可接受风险指标的程度就基本能保证饮水安全和控制水源性人兽共患病的目的。美国环境保护署提出携带水可接受水平是每年食品安全平均风险水平的1∶10 000。对于风险评估这种指导类型要求知道关键信息或者是基于这种数学模型至少可以预测:①对水源中关心的病原感染剂量作出正确反应;②在水中能够检测到的病原浓度;③各种减少病原处理系统的影响。

虽然我们对这些常见水源性疾病相关因素有合理的评估,但我们现有的知识还不能满足未来水供应中新现传染病的风险、特别是人兽共患病风险需求。家畜禽和野生动物群体对水源供应的生物学影响评估需要新的手段和方法(如溯源追踪能力),人和动物粪尿中微生物的多样性使其污染水源和在水源中生存的风险保持在一个较高水平,降低这些风险要求什么情况下处理这样的农家肥才能起到降低风险的作用,需要什么样的新手段与方法来处理才能保证饮水安全是我们关心的重点。

三、与水源有关的人兽共患病或水源性人兽共患病

1. 病原的环境传播

病原进入环境是一种必然趋势,许多因素影响病原通过环境传播的能力。许多水源性病原通过人或动物粪便进入土壤或水中而进入环境,有些是经人或动物尿进入环境。其他的有可能直接排入水中,如几内亚蠕蚴虫经皮肤排出体外而进入水中。经蚊虫卵传播是因蚊虫卵浸入水中,污染水源。微生物进入环境的量依赖于人或动物群体传染流行的情况、粪尿中病原的浓度、感染人体排出病原体持续时间等因素。

影响环境中的疾病传播给人的因素有如下几种。

(1) 环境中病原在成为传染源之前进一步发展所需要的时间。许多肠道病毒、细菌、原虫没有潜伏期,被排出后直接感染。有些微生物,如蠕虫需要在环境中发育到感染阶段,可能通过一个或多个中间宿主。

(2) 微生物在环境中持续生存能力是其传播的关键。持续时间越长就会有机会与易感宿主接触。水中病原存活时间依赖于许多物理因素(pH、温度、阳光)和微生物特性,从几小时到几年不等。有些病原,如沙门氏菌、空肠弯曲菌和霍乱弧菌等进入一种休眠状态,使这些病原在水环境不利状态下存活更长时间,而且维持其致病性。一些病原具有生活史的不同阶段,如孢子或卵囊,在环境中有坚强的抵抗力。水中霍乱弧菌聚集在浮游生物表面,有利于该菌在水中存活更长时间。水处理过程对水中微生物生存影响很大。

(3) 环境中微生物的复制能力也是非常重要的。在水环境中,一些病原在合适的条件下能够繁殖,而专性寄生虫却不可能在水中繁殖。肠道和水生细菌能够繁殖并可达到一个较高浓度,一些蠕虫可以通过水中中间宿主而扩大。

在传播过程中最终因素是感染剂量或传染所需要的暴露程度。不同微生物感染剂量是不同的,难以测定。来自于人的剂量反应的信息非常有限,剂量表示所有接触个体中有50%感染,通常以ID_{50}的中等感染剂量来表示。

2. 水源性相关疾病的布拉德分类(Bradley's)

水源性相关疾病的布拉德分类(Bradley's)有利于水源性人兽共患病预防和控制,主要有4种分类方式:水源性传染、水冲性传染、水性传染和与水有关的昆虫媒介传染。有些传染不止适合其中的一种分类,有些情况下水不仅仅是传播途径,而且可能是主要的传播途径(表3-4)。

(1) 水源性传染 是对经典水源性疾病的认识,如伤寒和霍乱,主要是指通过粪便污染而使肠道微生物进入水源,再通过饮用水源而传播。这种传播途径取决于:①水中粪便污染的量及病原浓度,水中病原的存活能力;②微生物的传染能力;③个体摄入污染水的多少。对这类传染的预防主要是改善水供应中微生物水平,达到控制传播的目的。

(2) 水冲性传染 由不良的个人卫生或不良的家畜卫生引起。由于脏手、餐具没有洗净而使病原传播,如志贺氏菌。感染的个体通过粪便排出感染菌,再污染到手和物体表面,微生物持续存在于物体表面。由于缺乏水冲洗,疾病传播影响眼和皮肤,如沙眼、结膜炎等。预防主要是提供充足的水和强调个人卫生和动物卫生。

(3) 水性传染 病原在水中的阶段是其生命循环部分,如蠕虫感染。这种分类是由于摄入水和接触水而感

表 3-4 与水相关的人兽共患病分类

分类	人兽共患病举例	相关控制方式
饮水的水源疾病	沙门氏菌病、大肠杆菌 O157：H7 隐孢子虫病、贾第虫、空肠弯曲菌 微孢子虫、弓形虫、耶氏菌、土拉菌 囊虫病、小袋纤毛虫病	通过处理改善微生物水质；保护动物粪便污染的引用水源
经娱乐水引起	军团菌病、贾第虫病、隐孢子虫病	保护动物污染的水源
水冲洗引起	隐孢子虫病、贾第虫病、戊型肝炎病毒 小袋纤毛虫病	增加水量改善卫生条件，多洗手
水性源疾病	血吸虫病	保护使用者，控制媒介，表面水处理
水相关媒介昆虫	西尼罗河病毒、裂谷热病毒、睡眠病 黄热病病毒	保护使用者，控制媒介，表面水处理
水/废水气溶胶	分枝杆菌	保护职业个体接触，限制有气溶胶地区人接触
水产食品	并殖吸虫病	不要生食水产品

染。这型感染的原型是麦地那龙线虫病，因为摄入污染该虫的水而感染，血吸虫病是因为接触有血吸虫的水而感染。感染人的血吸虫尿和粪中排出的虫卵进入水环境中，狗、猫、猪、黄牛、水牛、马和野生啮齿动物都可能作为日本血吸虫的保藏宿主，卵在水中孵育为毛蚴，感染钉螺，再发育为感染虫体。钉螺排出感染性虫体进入水中，此过程持续一个月，当人游泳或在水中劳动时虫体穿过皮肤进入人体。控制和预防就是保护水源的清洁卫生，减少接触危险水域和清除中间宿主。

水接触感染在发达国家常见，如娱乐用水、污染的海水、淡水湖泊、池塘、河流、偶然游泳池水、波浪池、热水浴缸、厨房洗涤槽等水的接触。而发展中国家经常见于洗浴或水污染衣服而接触感染。水接触性疾病常与职业接触水有关，常见的是肠道微生物污染水接触和粪便污染水摄入有关，一些耳、眼和皮肤感染与急性水接触或者是病原通过伤口、脓肿穿透皮肤而造成身体系统性感染。娱乐水源疾病暴发有贾第虫、隐孢子虫、宋内志贺氏菌、大肠杆菌 O157：H7，都可能是摄入后经胃肠道感染。其他经娱乐水源疾病暴发包括摄入、接触、吸入固有水生微生物，如假单胞菌、军团菌、毗邻单胞菌、纳氏虫、一些弧菌和几种分枝杆菌，金黄色葡萄球菌皮肤和耳部感染常与娱乐场所用水有关，来源可能是别的洗澡人或洗澡水。创伤弧菌由接触海水而感染，如钓鱼刮伤、捕鱼划伤、游泳划伤而感染严重疾病。蓝藻毒素中毒也与海水或淡水藻类的接触有关。感染动物的尿液螺旋体污染也能引起水接触性感染。**螺旋体病可能是全球分布最为广泛的人兽共患病，无论是发达国家还是发展中国家的城市或农村都是如此。**螺旋体病临床上没有特异症状，相信误诊的概率特别大，漏报的也会很多。

（4）与水有关的昆虫媒介传播　由水中滋生的昆虫媒介传播，如疟疾的蚊虫媒介或近水昆虫叮咬，传播睡眠病的舌蝇。控制措施主要是使用杀虫剂、破坏媒介滋生地、管道水网的构建。

3. 其他与水有关的传播途径

另外两个与水有关的病原传播模型，即气溶胶吸入和生或未熟透水生贝壳类、污染鱼的传播两种类型。水的气溶胶传播主要有嗜肺军团菌，引起军团菌病，军团菌在水和土壤中具有独特的性质，能够在水环境中长期存活和繁殖；在独立生存的阿米巴虫体中能够提高其生存能力，免受常规消毒剂破坏。卫生部门经常从环境和处理水系统中分离到军团菌，该菌也能随水系统居化和传播。军团菌病与医院和宾馆等机构冷热塔蒸汽的气溶胶吸入有关。军团菌可以在温度 30～54℃ 的水槽中增殖，接触淋浴头的气溶胶存在一定风险。控制措施主要是减少与污染气溶胶接触，水系统的氯、氯胺消毒和臭氧清洁及消毒，水质量安全指导指标包括军团菌。

禽结核分枝杆菌存在气溶胶传播风险，对免疫抑制个体风险较高。研究者曾在河边的气溶胶中曾分离到非结核分枝杆菌，其生化特性与人临床分离株类似，因此，他们认为淡水气源性分枝杆菌可能是传染的重要来源。非结核性分枝杆菌在热水系统也分离过，像军团菌一样，也能在其培养原虫中存活。

双半壳贝类也可以作为肠道疾病传播媒介，因为这类水产生物能对病原微生物浓缩，食用生或未熟透的牡蛎、蛤、贻贝暴发感染，许多病原，如甲型肝炎病毒、E 型肝炎病毒、人杯状病毒（诺瓦克样病毒）、致病性大肠杆菌、伤寒沙门氏菌、志贺氏菌、弧菌、类志贺毗邻单胞菌、气单胞菌都曾发生过水生贝壳类传播的疾病。水生贝壳类和一些鱼是藻类毒素的传播媒介。并殖吸虫病就是因为食用生的、腌制的、半生的蟹、龙虾而感染。

4. 水源性人兽共患病标准

既属于人兽共患病且与水源性有关的标准，有如下几条供参考。

(1) 病原必须在一个或多个动物体内作为生命周期的一部分。在人和动物宿主体内应该能够复制或经历发育，在宿主中并不一定引起症状。这个标准严格限定了一些动物，那么感染水生动物或鱼、侵袭性桡足类或蜗牛也包括吗？这个需要其他综合条件来支持，即是否传播病原。

(2) 在病原生命周期内，有的阶段可能进入水中。经粪尿感染动物或人的组织，本身就属于水生微生物或者生存于昆虫媒介的卵中，这些微生物至少在水中存活几小时或几天，水中复制不是必需的。水中的主要生命阶段与不同动物或人宿主的主要生命阶段相关。这种类型的（严格）标准是在水中必须能检测到。

(3) 从动物源到人的病原（或毒素）的传播必须通过水相关途径：①水摄入；②水接触；③水或气溶胶摄入；④动物或动物废弃物影响的水或水生贝壳类或其他海产品被食用；⑤含有病原污染的海产品被食用。

5. 实例

SARS可能经污染水气溶胶，如下水管道引起传播。费氏藻（P. fiesteria）可以在水和死鱼中检测到，能够引起鱼溃疡、昏睡和不稳定状态、死亡。费氏藻对人与动物造成伤害主要见于 P. piscicida——杀鱼费氏藻和 P. shumwayae 两个种类产生的毒素，该菌对人可能引起公共卫生问题，直接接触费氏藻水环境的实验室人员可引起手、脚、皮肤损伤，呼吸道和眼睛刺激，头痛，腹部痉挛，精神集中和记忆困难，个体变化较大。接触停止后几个月症状严重的还持续。在美国马里兰州的波科莫河1997年发生死亡鱼事件后，经调查发现，接触该水域较多的人有神经心理症状、头痛、皮肤损伤，与水接触的皮肤有灼伤感。该病符合4水源性人兽共患病标准中的（3）水源性人兽共患病标准，既可以通过接触、也可以通过吸入气溶胶感染，也属于新现人兽共患病（鱼死、人伤）。费氏藻因产生毒素而有害，其人兽共患性质有待进一步证实。

四、水源性人兽共患病"综合控制措施"

水源性人兽共患病与已知经典人兽共患病有明显不同，针对水源性人兽共患病提出的"控制一揽子计划"是评价不同于经典人兽共患病新类型的人兽共患病威胁的框架。应用这个综合控制计划可以对水源性人兽共患病病原进行风险评估：①可以在这个控制计划内实施，而且不构成独特的管理挑战；②在综合控制计划边缘，如关注，并能合理的方式处理；③在该计划外但要求采用新方法能够处理相关风险。综合控制计划提出了发展风险处理战略的新起点，如HACCP样计划和水食品安全计划（water and sanitation program, WSP）。

控制水源性人兽共患病"综合控制计划" 许多新现病原都有与已知病原类似的特性，都可能用现代处理方法、技术和基础设施获得适当控制。这种一揽子干涉措施就设计为"综合控制措施"（control envelope），包括有关健康结果的严重性，可能用于疾病控制的技术和官方反应。综合控制措施提供了筛查新现水源性病原（不同于已知病原）新起点和有效控制疾病的措施。该概念为一定病原产生危害条件的预测成为有用工具（表3-5）。一个可能超过"综合控制措施"参数的病原可以作为潜在威胁和管理干预的标志。例如，不适当的水处理或短期处理不好的水就可能导致病原出现，我们主要关心的是能引起严重疾病的病原（如大肠杆菌O157：H7），其次才是引起温和型疾病的病原（如诺如病毒）。隐孢子虫引起温和自限性疾病，但对免疫缺陷者则可能无限期持续。

表3-5 已知人兽共患病病原举例和超过"综合控制"系数

病原	综合控制系数
微小隐孢子虫	广泛的野生动物和家畜保藏宿主，环境持续，低感染剂量，低免疫反应不可能制备疫苗，免疫缺陷群体会出现严重后果，没有有效治疗方法
龚地弓形虫	广泛的野生动物和家畜保藏宿主，免疫缺陷群体和胎儿会出现严重后果，环境持续，对治疗过程有抵抗力
空肠弯曲菌	广泛的野生动物和家畜保藏宿主，有耐药菌株，免疫缺陷群体会出现严重后果，并持续，低感染剂量
大肠杆菌O157：H7	广泛的野生动物和家畜保藏宿主，儿童会出现严重结果，低感染剂量，一定环境中持续，有耐药菌株
禽结核分枝杆菌副结核杆菌病	个体可以引起严重疾病，有广泛的感染宿主，难以分离、培养和鉴定，在巨噬细胞内生存并侵袭免疫系统，无症状携带多年，环境持续，对热和氯抗性，在生物膜上生存，多途径传播，包括饮用水、娱乐水接触，气溶胶吸入，在治疗后出现耐药
戊型肝炎病毒	地理分布广泛，动物保藏宿主的传染频率不清楚，孕妇结果严重，低感染剂量，检测和培养困难，推测环境持续，没有治疗方法
肝片吸虫	一定区域家畜和野生动物广泛分布，中到高度伤害，低感染剂量，有限的免疫反应，环境持续，对治疗过程有抗性，在广泛的蜗牛中存在，有药物抗性，通过水源感染人，有新的特性

综合控制措施因许多不同因素在不同国家会有明显不同，包括气候、技术发展水平、水供应和卫生条件、

农业实践等。如果水源处理的好，大肠杆菌和沙门氏菌问题并不严重，反之，则可能引起要严重的公共卫生问题。

(1) 家畜和人的管理　家畜和人的管理是综合控制措施的关键步骤，因为这是对污染源的预防。对家畜和动物管理的重点是考虑病原的宿主特异性，是感染广泛宿主还是少数宿主，同样动物保藏宿主地理分布也是一个关键因素，家畜与抗生素接触导致病原耐药性，促使其耐药质粒在菌株间转移。人与动物保藏宿主接近将增加人与新现水源性人兽共患病暴露的风险。

技术和管理的干涉：对家畜和动物管理涉及许多技术和控制疾病的干涉措施，干涉措施包括：①预防或治疗动物感染（如用疫苗、水和饲料卫生处理、卫生饲养条件、感染动物的化学治疗）；②预防病原进入水中（如废水处理）。

可能导致"综合控制措施"失败的因素：感染人的耐药性空肠弯曲菌又转回到禽类中。根据观察空肠弯曲菌可经污染的水源快速从一个鸡群转移到另一个鸡群；大肠杆菌也可通过水在不同牛群中转移；禽结核分枝杆菌通过人克隆氏病再传播到绵羊和山羊中。

(2) 水源防护　在汇水盆地，感染动物的流行和地理扩散，如不同地区牛带染大肠杆菌O157；H7情况不同，不同动物带染率不同，形成病原来源的复杂局面，病原在环境中的持续和抗性也是管理方面的挑战。水源防护包括技术和管理因素，管理上可把动物从汇水区移出，建立一个缓冲带。技术方法包括装置水处理设施。大雨引起大量污染，包括动物粪便进入各种水环境，这些恶劣的天气事件经常引发水源性疾病。美国1948～1994年的各种资料统计分析表明68%的疾病暴发都与大雨有关，大雨过后两个月的地下水还能引起疾病暴发。浅水井也容易污染。

(3) 水的储藏、处理和分送　水的储藏、处理和分送既是水供应的核心问题，也是公共卫生防护的核心问题之一。病原对处理的抗性和环境的持续能力是这三个过程中病原的重要特性和必须关注的要点，隐孢子虫和贾第虫对氯都有很强的抗性。禽结核分枝杆菌对氯也有抗性。如果短期防护功能不利，则结果可能更严重。安全水供应要求多屏障方式，要经常调查和监测处理过程的效果如何。实施卫生调查对识别潜在污染来源是非常重要步骤。通过监测可知最好的水处理方式，从而选择最佳处理方案。有盖储水或承压储水可以减少污染物进入。要把配水系统维护好并保持正压下，以生物膜控制病原菌的安全。

卫生安全的基础设施对供水系统来说十分必要，但有时因暴雨、系统过载、短路、膜破坏、滤池反冲不经意的回收等都可能使病原进入。例如，2000年5月加拿大的沃克顿饮用水供应不能进行消毒，实验室检测结果没有上报给公共卫生官员，结果导致2000人的大肠杆菌O157；H7暴发。1993年美国密尔沃基供水系统处理失当导致403 000人感染隐孢子虫病。有证据显示在靠近配水系统的土壤和水含有粪便污染，包括肠道病毒，在低水压期间有潜在污染水源的风险。

(4) 饮用水用户和家庭　用户和家庭是综合控制措施的另一个因素，不良的卫生条件影响水用户的水源性人兽共患病传播（包括医院和其他单位）。家庭宠物感染（如猫感染弓形虫病）或其他动物感染的病原（如鼠感染军团菌或戊形肝炎）是水源污染的重要风险来源（表3-6）。

表3-6　水用户或家庭用水的"综合控制"措施

病原	技术/管理干涉	可能导致"综合控制"破坏因素举例
通过不良个人、家畜食品卫生传播	用水点处理改善个人、家畜和食品卫生条件	不良卫生系统设计或交叉连接　孕妇处理垃圾箱
次级或人传人的概率提高	获得足够家庭卫生条件，保证水的供应	不良的卫生条件易与鼠等接触
家畜、外来动物和宠物等保藏宿主的存在	防止交叉连接，不接触外来动物	不良的个人、家畜和食品卫生
疫苗 免疫状态	家庭宠物使用疫苗或化学药物预防 保护家庭供水和食品供应，防止动物风险传播	

(5) 影响综合控制措施的病原性质　病原的性质对综合控制措施的各种系数影响很大（表3-7）。许多病原特性影响现代综合控制措施的模式，不同菌（毒）株有不同的毒性和传染性，许多新现病原具有低感染剂量。微生物能力的改变是一个重要特征，一些微生物快速发展一些新特性，如新的表面蛋白、侵袭宿主免疫反应（恶性疟原虫、HIV）或耐药性等。例如，禽空肠弯曲菌100%对沙拉沙星敏感进而100%转变为抗性株，亚致死剂量抗生素易致毒性基因互相转移，可能导致新血清型发展。对于新现水源性人兽共患病风险控制，常要针对特定微生物来制定具体措施：①开发快速简单的分离、识别和培养技术；②改进可能新现病原识别的人和动物调查方式；③减少促进动物生长的抗生素的使用；④开发新的人用和动物用的疫苗和药物；⑤有效的治疗培训和病原的灭活。

(6) 人类特征和对综合控制的影响　人类特征包括

遗传、社会经济、行为因素等都对水源性人兽共患病有重要影响。与人兽共患病有关的人类特征还包括免疫状态、年龄、医疗状况、其他疾病状况、病原高循环和低循环、环境、遗传易感性、营养不良、改善水供应和卫生状况、个体、家畜和食品卫生、行为、接近动物保藏宿主等。

表 3-7　病原性质及对综合控制措施的影响

病原性质	可能控制方式的举例
毒性和传染性	免疫抑制人群的调查
结果的严重性	人和动物群体传染和疾病调查
流行的可能性	
环境的存活和生长能力	发展分离、识别和培养技术
对水处理过程的抗性	研究病原毒性和传播因子
缺乏宿主特异性	
发展新特性的能力	疫苗、化药的发展
对宿主免疫反应敏感性	使用基本抗生素
对化药敏感性	研究治疗和清除病原的方法

病原性质和人的特征相互交叉决定疾病传播，人类免疫状态依赖于环境，是一个关键因素。在病原高循环状态下，如早期接触甲型肝炎病毒可产生轻微的自限性疾病和长期的免疫，同样这个病毒在成年人则情况比较严重（低病原循环环境）。其他的病原在同样环境能引起儿童急性疾病或慢性感染，可能导致严重的后果，这就说明人体免疫状态对疾病传播的重要影响。人类免疫状态受疾病、年龄、药物、怀孕、营养不良、遗传等因素影响。人类行为在对疾病易感性方面起到重要作用，如吃了不适当的肉和海产品，尤其是水生贝壳类，感染的风险就会增加。

五、风险管理

水源性人兽共患病风险管理战略包括 HACCP 样方式需要鉴别控制点和使用流行病学资料（已经有的）、水和食品的微生物评价、定量微生物风险评估（quantitative microbial risk assessment，QMRA），基于多屏障原则建立 WSP（水质量保障计划或保障网）。

综合控制措施除了从农场到餐桌安全控制外，还有疫苗和其他过程改变人和动物免疫状态等。有效的管理战略要求广泛的知识，包括兽医、广泛的管理专家、农民、水资源管理者、水文地质学家、市民工程师、卫生专家和其他方面人员。水源头污染预防是最有效的解决办法，管理战略也是重点减少动物保藏宿主中的病原或处理影响水质安全的废物。

1. HACCP

美国海产品实施 HACCP 后减少了 20%～60% 的食源性疾病，4 年间同样减少美国李氏杆菌发病率和死亡率 44% 和 49%。而 HACCP 样的 WSP 减少水相关疾病发病率的证据还较少，但也有一些，如美国地表饮用水供应有关疾病暴发从 1995～1996 年的 31.8% 下降到 1997～1998 年的 11.8%，下降的主要原因是相关水务公司采用了 HACCP 样处理方式。

2. 流行病学证据和 QMRA

QMRA 为识别来源到受体的特殊病原限定途径相关风险提供流行病学实施框架。QMRA 可以解释环境中病原引起感染的概率（微生物风险），而且在识别风险中可能提供更敏感性分析。QMRA 的使用主要依赖于描述发生、持续和人对环境中病原剂量反应的可利用数据的定性和适当使用。

对于新现病原，环境发生的数据非常有限，在 QMRA 作为管理风险的有效工具前，需要发展识别、定量和评估病原数量的技术和技能，也需要研究对新现水源性人兽共患病的适当指示微生物和其他监控等关键参数。

在免疫状态和变化的资料比较模糊的情况下，QMRA 能够预测特殊病原和途径的可能风险。因此，限定的剂量反应数据是可用的，尤其是可能的动物保藏宿主，在一些情况下，同一病原的不同株其数据差 1000 倍以上。QMRA 暂时还不能直接与流行病学数据比较，但可以作为评价治疗中变化的敏感性工具和识别主要风险群、风险途径的工具。

3. 水的安全计划

WSP 用于一个流域的水到用户的保护水质系统计划的实施。对于水源性人兽共患病，计划的重要元素包括管理动物的疾病保藏宿主，预防污染是关键点，很大部分的动物可能是病原的携带者。类似的还有在水汇集地感染的动物分布广泛，WSP 可以扩展到为家畜提供高质量的用水。

HACCP 和 WSP 应该包括罕见的灾难系统事故有关对卫生健康的影响分析，完善管理方法，以利于控制对卫生事件的影响，如 WSP 应该在紧急情况下通知卫生当局。

供应水的水质管理是关键，在水源水和水配送到消费者过程中，对水源性人兽共患病病原的检测常常是很慢的、复杂的和昂贵的，对其早期预测能力也是有限的，水质监测的可靠性也不充分。最有效和保护性措施是质量保障网络的应用，这样的网络具有管理水质、周期运行、公共卫生评估、风险评估、建立卫生质量为靶向和风险处理等功能。进入这个周期性环境暴露水平的测定用于人、动物和可接受风险评估。水质控制系统应主要关注如下 5 个关键因素：

（1）基于卫生质量关键评价的水质靶向；

（2）配送水的供应链水质的系统评估；

（3）水供应链中关键控制点的监控；

（4）管理计划文件系统评估和监测，描述正常或偶然条件下行动；

（5）独立的调查系统验证上述操作是否合适。

4. 疾病调查和靶向研究

公共卫生专题和发展趋势调查是风险管理的重要工

具，如果疾病传播特征已经很了解，还要进行控制方法研究。将水源性疾病的责任放在整体社会里，这样就把监测放在风险管理的优先位置上了。调查能够回答许多问题：首先人群和动物群体中是否存在疾病？如果群体中有疾病或严重疾病，是否有经水传播的证据？其次是调查系统对新现疾病监测能力如何？敏感性如何？

现在对水源性人兽共患病常规调查的重点（美国）是隐孢子虫和大肠杆菌O157：H7，但也应该注意免疫抑制群体和无症状动物、病原的深入调查。在某些方面，免疫抑制个体是新现人兽共患病感染的预警个体。

近些年鉴定的新现人兽共患病有如下一些类似特征：

（1）在动物宿主中引起无症状感染；

（2）动物宿主长期携带病原；

（3）在人引起相对低剂量感染；

（4）能通过水或食品等传播，多为生或未熟透食品。

因此，应密切关注无症状感染动物，调查能够发现新现人兽共患病病原的重要线索。群体的靶向研究中寻找感染的血清学证据是非常有用的，如隐孢子虫，我国安徽5岁左右的儿童有一半具有该虫抗体，在巴西贫困地区1岁年龄的儿童就有隐孢子虫抗体了。

新现人兽共患病调查时遇到的困惑：当我们不清楚要寻找的是什么的时候，如何进行调查？如何最大限度地利用有限反应资源来有效预测新现风险的进展？对于罕见的发病率和死亡率事件或普通症状的新病因如何能快速检测和鉴定？最大的挑战还是如何鼓励和支持疾病的报告行为。

第四章
家畜禽的人畜共患病

家畜禽传递的人畜共患病数量及种类是最多的，许多经典的人兽共患病都来自于家畜禽。家畜禽除了人们直接接触及污染环境引起人类具有较高人畜共患病风险外，家畜禽也是人类赖以生存的主要食品供应来源，如肉、蛋、奶，还有衣物的原料供应。这些动物产品在加工、销售、运输、食用等过程中都会经过多途径引起人畜共患病，如我国食用羊长途运输占98%，牛16%，这种长途运输增加了人兽共患病传播的风险。据有关文献记载，动物传染病有200余种，其中有半数以上可以传染给人，另有100种以上的寄生虫病也可以感染人。目前，全世界已证实的人兽共患病共有250多种，其中较为重要的有90多种。在我国所列的一类、二类、三类动物疫病中，人兽共患病至少有18种。

第一节 家畜的人畜共患感染性疾病

这里所指的家畜主要指食草类动物，如牛、羊、马等，也包括杂食家畜猪。

一、家畜常见人畜共患细菌病及病原

细菌性人畜共患病是常见的、种类较多、涉及面广的一类家畜传染病。在人畜共患病认识、危害和防控、研究中属于最为透彻的一类疾病。但由于细菌的普遍存在，种类复杂，对环境的适应能力的多样性，目前仍然是家畜中难以防控的病种之一。

1. 家畜常见人畜共患细菌病及病原

家畜中常见的人畜共患细菌病及病原包括结核病、炭疽、布鲁氏菌病、鼠疫、链球菌病、大肠杆菌病、莱姆病、军团菌病、幽门螺杆菌病、空肠弯曲菌病、鼻疽、类鼻疽、耶氏菌病、李氏杆菌病、金黄色葡萄球菌病、破伤风、沙门氏菌病、猪丹毒杆菌病、棒状杆菌病、巴士杆菌病、黄杆菌、克雷伯氏菌病、嗜皮菌、产气荚膜梭菌、绿脓杆菌病、螺旋体病、支原体病、鹦鹉热衣原体、Q热伯纳特柯克斯体、化脓性放线菌。还有一些新近认为具有人畜共患性质的，如微气杆菌病、弓形菌、鲍曼不动杆菌、克雷伯氏菌。

2. 传播方式

家畜的细菌性人畜共患病的传播途径主要有消化道传播、呼吸道传播、经皮肤接触传播和经节肢动物传播等，从动物到人类传播的主要方式有：人食用发病动物的或被病原体污染的肉品而引起食物中毒或发病，如沙门氏菌、大肠杆菌的中毒；钩端螺旋体病、布鲁菌病等可经皮肤或黏膜的创伤而感染人类；病畜在流涕、咳嗽、打喷嚏时，可将病菌通过空气中的飞沫传播给人，如结核病、布鲁氏菌病等，部分家庭养羊户在棚户中饲养，由于空间狭小和空气寒冷，不开窗，室内又十分干燥，灰尘和气溶胶混杂的布鲁氏菌感染人的情况很常见；动物的毛和皮肤脱落物因内含各种细菌，直接接触和吸入而获得病原。羊和牛可以使人患上皮肤炭疽、吸入性炭疽和胃肠型炭疽。在有些地方，水牛和其他牛一样可以传播人炭疽。动物制品也能造成炭疽流行，100多年以前就发生过用动物毛发制成发梳而导致皮肤炭疽的病例。近几年部分省份因肉牛、奶牛患炭疽病病死亡，养牛者分解牛肉卖掉或分送，导致屠宰分解牛肉者、部分食用者感染事件多起。

大肠杆菌O157：H7经常存在于牛肠道内，人食用了未煮熟的牛肉而感染该菌是最常见的原因，但也可因食物被动物粪便污染而导致感染。牛型分枝杆菌感染常见于屠宰工人。

猪链球菌，特别是2型猪链球菌，是亚洲等地区接触猪的工人导致菌血症和脑膜炎的常见病因，越南70%猪携带猪链球菌，对我国形成周边威胁。猪还能传播钩端螺旋体病，牛、羊也是本病潜在的传染源。猪还可能是人感染多重耐药的鼠伤寒沙门菌（噬菌体104型）的传染源。

3. 流行特点

细菌性病原仍然是家畜传染病的主要病种之一，普遍存在和流行，是畜牧养殖业和公共卫生安全的主要威胁之一。家畜细菌性人畜共患病具有如下流行特点。

（1）混合感染较多　家畜的传染病中细菌感染单独由细菌引起已经很少见到，多数由多种病原引起，因此，病情复杂。

（2）耐药菌株多见　金黄色葡萄球菌、鲍曼不动杆菌、沙门氏菌、克雷伯氏菌都有超级耐药菌株出现，不管在家畜临床的治疗，还是食品安全，都是一个极具挑战性问题。饲料添加普遍和过量使用、普遍使用抗菌药物治疗等，都会使家畜所带染的细菌逐渐适应，产生耐药性，而且耐药性越来越普遍，抗性增强。

(3) 多不表现临床症状　很多家畜感染细菌不表现明显的临床症状，如耶氏菌、空肠弯曲菌、沙门氏菌感染的家畜，多数没有明显的临床症状。有些还是机会菌，主要是在机体抵抗力下降时感染多。

(4) 新现特点　如不动杆菌、弓形菌（Arcobacter）、克雷伯氏菌、大肠杆菌O157：H7等。大肠杆菌O157：H7吸收了新的毒性质粒从而获得新的毒性特点，能够引起肾脏出血综合征等严重病症，与原来的大肠杆菌具有明显区别。不动杆菌和克雷伯氏菌原来只是人类的致病菌或机会致病菌，现在动物致病也非常普遍，也是因为从环境中获得了一些新的毒性特性而改变了致病机制，形成了致病性的跨物种传播。

二、家畜常见人畜共患病毒病及病原

1. 常见家畜人兽共患病毒病及病原

常见家畜人兽共患病毒病及病原有口蹄疫、流感、流行性乙型脑炎、疯牛病、尼帕病毒、梅那哥病毒、盖他病病毒、水泡性口炎病毒、戊肝病毒、挪瓦克样（诺如）病毒、裂谷热、新疆出血热、脑心肌炎病毒、森林脑炎、曼那角病毒病、疱疹病毒、病毒性腹泻、痘毒、跳跃病毒（传染性脑脊髓炎病毒）、牛痘、伪牛痘、克里米亚出血热、博尔纳病毒、环状病毒病、亨德拉病毒、亨尼帕病毒、羊传染性脓疱、基孔肯雅病毒等。

2. 传播方式

家畜病毒性人畜共患病的传播途径主要有消化道传播，呼吸道传播，经性、皮肤接触传播，垂直传播和经节肢动物传播等。例如，疱疹病毒经垂直方式传播，流感病毒经呼吸道传播常见，经媒介生物传播也是常见途径。猪捡食果蝠吃剩的带毒果实可以感染亨德拉病毒和尼帕病毒，经猪放大，再传播给人。

3. 流行特点

(1) 多经动物产品——食物这个途径传播　通过接触和食用而感染人。也常见家畜污染环境、物品、水源等，接触后感染。由于家畜数量巨大，分布广泛，对环境的污染常见，也是人们主要的食物来源，传播给人的人畜共患病毒病也相对常见。混合感染也较为常见，如流感与伪狂犬共感染。

家畜也是人兽共患病病毒的混合器，猪就是流感病毒的混合器，对不同动物来源的病毒与亲和性流感病毒在猪体内混合后，形成具有侵染人类的流感病毒。

(2) 隐性感染　流行性乙脑脑炎的隐性感染率很高，曾有调查报道，每有一个发病者，便会有200～1000个隐性感染者。发病的多为免疫力低下的儿童和幼龄动物。猪最易发病，是重要的扩增宿主，同样在临床上多呈隐性感染，不易发现。本病的发病率与种猪的来源、猪群更新情况、猪场规模大小等有一定的关系。

(3) 扩散快，长距离散播　由于现代化交通或运输工具十分快捷，也使家畜中人畜共患病毒病快速传播，播散极快。

(4) 季节性和周期性　媒介生物传播的家畜源性人畜共患病毒病的传播，因媒介生物活动规律而变化，具有明显的季节规律。

(5) 跨物种传播　尼帕病毒曾在马来西亚和新加坡引起人病毒性脑炎的流行，该病毒先引起猪的感染和发病，再传播到人。现已查明，该病毒的天然储存宿主是蝙蝠。猪和人之间的异种器官移植的开展，引起人们对由猪的内源性猪逆转录病毒感染人类并致病的担忧。有资料表明，部分此类病毒能够在人的细胞系中增殖，而且在实验研究体系中出现了导致宿主免疫功能缺陷的可能。因此，要警惕猪逆转录病毒在其非自然宿主，如免疫功能缺陷者、实体器官以及移植物受者体内被激活而致病的危险。所幸的是，目前用来移植的猪心脏瓣膜在常规消毒处理后可以消除猪逆转录病毒的感染性。博纳病毒（Borna disease virus，BDV）国内已经发现，主要在马和绵羊中流行，在人的基因组中也发现有该病毒DNA。但人兽共患病性质还不清楚，在人的一些精神病患者中抗体检出率高。

三、家畜常见人畜共患寄生虫感染及病原

1. 家畜常见人畜共患寄生虫

家畜常见人畜共患寄生虫包括日本血吸虫、姜片吸虫、华支睾吸虫、旋毛虫、猪囊尾蚴、牛囊尾蚴、棘球蚴、弓形虫、卡氏肺孢子虫、隐孢子虫、蓝氏贾第鞭毛虫、肝片形吸虫、大片吸虫、阔盘吸虫、双腔吸虫、长菲策吸虫、克氏假裸头绦虫、细颈囊尾蚴、细粒棘球绦虫、多头绦虫、毛圆线虫、美丽筒线虫、后圆线虫、结节线虫、锥虫、巴贝斯虫、结肠小袋纤毛虫、猪巨吻棘头虫、肉孢子虫、新孢子虫、兽比翼线虫、螨、蜱、蝇蛆（胃蝇、羊狂蝇、蛆症金蝇、黑须污蝇、皮下蝇）、舌形虫、贝氏等孢子虫等。

2. 传播方式

家畜的人畜共患寄生虫病的传播途径主要有消化道、经皮肤接触、水源和经节肢动物传播等。从动物到人类传播的主要方式有：人食用发病动物的或被病原体污染的肉品而引起食物中毒或发病，1993年在美国威斯康星州曾发生过由于公共水源受到污染而导致4000余人隐孢子虫感染的暴发流行事件。羊的棘球绦虫病可以通过间接方式传播给人，即犬吞食了病羊的内脏，然后从粪便中排出感染性虫卵，再使人感染。已有人感染蛔虫的报告。人进食了未煮熟的猪肉可以感染猪囊虫病。旋毛虫病较常见于进食未煮熟的猪肉。进食未煮熟的牛肉可以感染牛肉绦虫病。进食未煮熟的羊肉或饮用污染了的羊奶，均可能感染弓形虫。

很多家畜寄生虫要经过节肢动物传播媒介来传播，如日本血吸虫要经过螺类再传播给人。

3. 流行特点

(1) 直接接触传播　很多家畜寄生的寄生虫在人与其接触的过程中感染，如螨、蜱直接感染。

(2) 经食物传播　家畜是寄生虫生活史的必需环

节，同时也经过这个环节传播给人，如旋毛虫、囊尾蚴等。

(3) 家畜为保藏宿主，起到放大和传播作用 很多寄生虫寄生在家畜体内或体表，呈隐性状态。例如，弓形虫在主要家畜和禽类等动物中都普遍带染，但一般不表现临床症状，猪囊尾蚴在猪一般也看不出临床表现。这些家畜寄生虫在家畜体内生存和繁殖，持续向环境排泄或增加数量，家畜起到了放大和传播作用。

(4) 水源传播 家畜寄生虫有的经过水源或水生媒介传播，如隐孢子虫、血吸虫、贾第虫。

(5) 经媒介生物传播 如家畜的锥虫经舌蝇吸血，在刺人过程中将带虫血液传染给人。巴贝丝虫经蜱的吸血过程将虫卵吸入体内，在蜱体内增殖，然后再传给其他宿主。

四、家畜常见人畜共患皮肤真菌感染及病原

真菌病的病情复杂，涉及的真菌范围广泛，有很多偶然发生，在多数地区并不广泛流行。最常见的是皮肤真菌病，动物传播到人的皮肤真菌感染包括从牛到人的牛发癣菌病和从马到人的马发癣菌病等。

1. 家畜人畜共患真菌病

家畜人畜共患真菌病有毛癣菌（疣状毛癣菌、马毛癣菌、须毛癣菌）、小孢子菌（猪小孢子菌、犬小孢子菌、石膏样小孢子菌、扭曲小孢子菌、侏儒小孢子菌、桃色小孢子菌、马小孢子菌）、新型隐球菌、念珠菌（牛念珠菌、猪念珠菌）、组织胞浆菌、申克孢子丝菌、球孢子菌（厌酷球孢子菌、粗球孢子菌）、毛霉菌、芽生菌、单孢子囊菌病（伊蒙微小菌或微小金孢子菌）、新月金孢子菌（*Emmonsia crescens*）病（Emmonsiosis）、着色真菌、鼻孢子菌等。

2. 传播方式

以接触、吸入和食入为传播途径，直接接触感染的居多，如皮肤真菌都是以接触为主。

3. 流行特点

(1) 皮肤真菌病居多 皮肤真菌病多数呈癣样疾病，也称为皮肤癣菌病，有浅部和深部两种类型。马、牛、羊、猪等都能感染皮肤真菌病，导致头癣、体癣、股癣、手足癣、甲癣和脱毛等。

(2) 散发常见 由于动物和人所处的环境、职业、接触等存在很大不同，真菌病往往是散发，大面积传播的病例很少见，以直接接触多见。

(3) 与环境有关，多属条件致病菌 很多真菌感染是通过伤口接触了环境中的真菌或长期接触类似环境而感染，也有的由于吸入气溶胶而感染。

(4) 难以防控和治疗 由于真菌多数对抗生素不敏感，侵害的皮肤和组织的伤害或病理变化难以清除和治疗，往往属于迁延型，久治不愈，如癣、脱皮、脱毛、深部感染等。

第二节 家禽的人兽共患病

家禽主要是指鸡、鸭、鹅及饲养的其他禽类、鸟类。

一、家禽中的常见人兽共患细菌病及病原

1. 常见家禽人兽共患细菌病

常见家禽人兽共患细菌病有大肠杆菌O157:H7、空肠弯曲菌、小肠结肠耶氏菌、沙门氏菌、金黄色葡萄球菌、李氏杆菌、肉毒梭菌、绿脓杆菌、禽结核分枝杆菌、产气荚膜梭菌、土拉杆菌、丹毒杆菌、类志贺比邻单胞菌、假结核耶尔森氏菌、气单胞菌、巴氏杆菌、肺炎克雷伯菌、弓形菌、隐球菌、衣原体、支原体等。

2. 传播方式

(1) 直接接触 畜禽之间、畜禽与人的直接接触传染，接触到禽类分泌物、排泄物等直接获得病菌感染，人由动物咬伤或抓伤感染。动物可能常带染，由于各种原因抵抗力下降时发病。

(2) 呼吸道吸入 饲养禽类等场所的气溶胶，或市场、接触禽类产生的气溶胶通过呼吸道感染。

(3) 消化道 由污染饲料、饮水、用具和外界环境经消化道感染健康禽类。

(4) 吸血昆虫 通过吸血昆虫媒介传播。

3. 流行特点

(1) 隐性感染和持续感染 禽类细菌病往往呈隐性感染，在抵抗力下降时才表现临床症状。

(2) 传播快，死亡率高 禽类属群养动物，细菌感染后发病快，死亡率高。

(3) 通过气溶胶传播给人 禽类人兽共患细菌病可以从气溶胶途径传播给人。

(4) 混合感染增多 有细菌病与病毒病同时发生，或者几种细菌病、细菌病和寄生虫病、病毒病与寄生虫病同时发生，这些多病原的混合感染给诊断和防治工作带来了难度。

二、家禽中的常见人兽共患病毒病及病原

1. 家禽人兽共患病毒病及病原

家禽人兽共患病毒病及病原有禽流感病毒、鹦鹉热衣原体、新城疫病毒、西尼罗河热病毒、克里米亚-刚果出血热病毒、戊型肝炎病毒等，病禽和带毒禽是主要来源，通过鼻分泌物和粪便排毒。

2. 传播方式

(1) 呼吸道 禽饲养场所、环境产生的气溶胶是常见传播方式。

(2) 消化道 通过食用其他禽、畜分泌物和排泄

物、污染的水和环境物质而感染。接触污染的禽、产品和污染物而感染人。

(3) 创伤和交配　禽类的创伤和交配也能互相传染。

(4) 通过寄生虫、人畜等机械传播　通过寄生虫、人畜的机械性携带促使禽类动物传染也是存在的。通过饮水、饲料、蛋筐、蛋盘、运输工具也可机械传播。

3. 流行特点

(1) 季节性　四季均可发生，但冬季高发。

(2) 远距离传播　通过飞禽（鸟）类远距离传播。

(3) 能够跨物种传播　高致病性禽流感近些年突变明显，能够跨物种传播到人、猪等。而且能够经气溶胶以呼吸道传播。

三、家禽中的常见人畜共患寄生虫病

1. 家禽中人兽共患寄生虫

家禽中人兽共患寄生虫有棘口吸虫、裂头蚴、艾美尔球虫、贝氏等孢子虫、异形吸虫（横川后殖吸虫、台湾棘带吸虫钩棘单睾吸虫、多棘单睾吸虫、扇棘单睾吸虫、镰刀星腺吸虫、施氏原角囊吸虫）、东方次睾吸虫、颚口线虫、弓形虫、隐孢子虫、微孢子虫、全沟硬蜱、波斯锐缘蜱、翘缘锐缘蜱等。

2. 传播方式

(1) 经消化道　经污染的水、环境污染、禽类食用、鱼等水生生物、粪-口、手-口、肉途径传播。

(2) 经呼吸道　经饲养场所、环境的气溶胶以呼吸道途径感染。

(3) 经皮肤、黏膜感染　如弓形虫可以经皮肤或黏膜途径感染。

3. 流行特点

(1) 与水源丰富的环境有关　禽类感染和传播多与水源丰富的环境有关，因为很多寄生虫的中间宿主生活在水环境，禽类吃这些生物时也同时感染。

(2) 人感染也多与水源附近的禽类有关。

(3) 广泛的污染来源　弓形虫的宿主分布广泛，对环境污染也严重，禽类带染率也很高。

四、家禽中的常见人畜共患真菌病

1. 家禽中的真菌病及病原

家禽中的真菌病及病原有念珠菌、新型隐球菌、霉菌、鸡小孢子菌、孢子丝菌病、毛霉菌病等。

2. 传播方式

(1) 直接接触　人与禽类、鸟类和环境的直接接触是最常见的传播途径，皮肤、黏膜伤口可使病原直接侵入而感染。

(2) 呼吸道　经呼吸道吸入感染也是常见途径之一。

(3) 经消化道传播　禽类吃了污染的饲料、饮水、环境污染物经消化道感染，也有经性传播的。

3. 流行特点

(1) 主要是接触感染，具有职业特征。

(2) 散发居多。

(3) 与环境卫生条件有关。

五、禽流感高危人群防护原则

当禽流感暴发时，与禽相关的工作人员因接触感染禽或污染材料后可能引起严重疾病或死亡。禽饲养、加工等相关工人、场主和管理者应根据如下实践操作规范防止感染禽流感。

(一) 禽流感暴发前的实践操作

(1) 确保特殊区域、国家和行业禽流感反应计划的制订。

(2) 根据生物安全实践来防止禽流感和其他疾病远离禽群　①禽群要与外部环境隔离；②防止禽群与野生鸟、禽和它们可能污染的水源接触；③仅允许本单位职工和车辆进入牧场和禽舍；④为饲养工人提供清洁的保护服、设备和消毒设施；⑤出入厂房车辆、设备要彻底清洁和消毒，包括轮胎和车盘；⑥不要从其他牧场借设备和车辆，也不要把自己的设备和车辆借与别人；⑦不要让其他人参观禽舍；⑧如果要参观另一个牧场或活禽市场，要穿专门的鞋靴和衣服，出来后要彻底消毒。⑨不要带回宰杀禽鸟，尤其是市场活禽到农场来。

(3) 要使全体人员了解禽流感症状　①禽只没有临床症状，突然死亡；②禽只不合群；③禽只不活跃和食欲不强；④产软壳蛋；⑤产蛋量下降；⑥腿、趾、鸡冠、肉垂紫色变淡；⑦头、眼睑、冠、腿关节、肉垂肿胀；⑧腹泻；⑨鼻分泌物增多；⑩咳嗽，打喷嚏。

(4) 立即报告（如果见有可疑发病或死亡鸡）　如果饲养的鸡群有可疑生病或死亡现象发生，立即报告相关部门。

(5) 人感染禽流感的症状　发热、咳嗽、呼吸短促、喉痛、肌痛、结膜炎、腹泻。

(6) 考虑使用季节性流感疫苗。

(7) 要对工人进行安全知识培训。

(二) 禽流感暴发当中的实践操作

(1) 要遵循禽流感反应计划的操作程序。

(2) 要咨询医生关于抗病毒药物的使用方式。

(3) 穿防护服（从头到脚都要防护）　①选一次性、防漏、轻质的防护服；②穿戴防水手套；③穿一次性靴子或耐处理的靴子；④戴一次性头罩。

(4) 戴好眼防护罩。

(5) 戴呼吸防护口罩。

(6) 制订一个呼吸保护计划和实践操作。

(7) 当除去个人防护服和防护设备时的自我保护　①除去防护服装后要放在安全的容器中等待处理；②脱下手套放到安全容器中，用肥皂水全面彻底冲洗手，如果无洗手设备，可用酒精等清洁剂；③仔细除掉护目镜和呼吸防护装置，彻底用肥皂水冲洗手或用酒精等清洁剂。

（8）良好的手卫生和去污染方式防止感染，防止扩散。

（9）全部脱去衣物后淋浴。

（10）参加卫生调查和监控计划　①对接触感染禽、病毒污染材料、环境10天后的工人进行症状鉴别；②如果有症状，立即就医；③在到达医院前，要告知医院流感接触情况；④迅速报告。

第三节　经济动物与人兽共患病

经济动物是指一些稀有的人工饲养的半野生动物，一般市场价位比较高，但是饲养条件比较苛刻。

一、经济动物分类

目前，我国特种养殖动物从种类上可分为"四类"，即特种兽畜类、特种珍禽类、特种水产类、特种昆虫类；从用途上可分为"六型"，即肉用型、药用型、皮羽型、蛋用型、玩赏型、特用型。但"六型"分类不是十分严格，有时一种动物包含多种类型。

特种兽畜类：肉用型的有黄牛、驴、熊、果子狸、肉狗、蛇、小香猪、獭兔等；药用型的有鹿、穿山甲、刺猬等；毛皮型的有水貂、狐狸、水獭、黄鼬、貉、海狸鼠、麝鼠等；玩赏型的有猫、倭狨、毛狨、猴、松鼠等；特用型的有奶牛、白鼠等。

特种珍禽类：肉用型的有山鸡、野鸡、鹧鸪、肉鸽、火鸡、珍珠鸡、鸵鸟、红腹锦鸡等；药用型的有黑凤鸡、乌骨鸡、鸽、野鸭等；蛋用型的有鹌鹑、黑凤绿皮蛋鸡等；羽毛型的有孔雀、雉鸡、锦鸡等；玩赏型的有斗鸡、鸳鸯、黄雀、鹦鹉、八哥、画眉、百灵等；特用型的有信鸽、鹰、骡鸭等。

特种水产类：肉用型的有牛蛙、蟹、鳗鱼、黄鳝、虾、大黄鱼、鳜鱼等；药用型的有甲鱼、龟、泥鳅等；玩赏型的有金鱼、热带鱼等。

特种昆虫类：药用型的有蚂蚁、蜘蛛、蚂蟥、地鳖虫等；肉用型的有蜗牛等；特用型的有苍蝇、黄粉虫、蚯蚓等。

由于这些特种动物养殖投资少、产出多、成本低、效益大、风险相对比较小。它们不仅适于大规模集约化的养殖，也适合一家一户的小规模养殖。因此，大力发展特种动特养殖是一项极具潜力与竞争力的新兴产业。但在大力发展特种兽禽养殖的同时要注重市场、引种、技术、质量、疾病风险和人兽共患病风险等问题。

二、兽类经济动物人兽共患病及病原

1. 貂

（1）细菌　炭疽、巴氏杆菌、大肠杆菌病、沙门菌病、产气荚膜梭菌、李氏杆菌、链球菌、绿脓杆菌、嗜水气单胞菌、鼻疽杆菌、克雷伯菌、恶性水肿杆菌、土拉杆菌、丹毒杆菌、空肠弯曲菌、结核、钩端螺旋体等。

（2）寄生虫　弓形虫、膨结线虫、麦地那龙线虫、旋毛虫、棘头虫等。

（3）真菌　念珠菌病、隐球菌病、皮肤真菌等。

2. 狐狸

（1）病毒　狂犬病毒。

（2）细菌和真菌　李氏杆菌、巴氏杆菌、炭疽、大肠杆菌、沙门氏菌、布鲁氏菌、肉毒梭菌、嗜水气单胞菌、绿脓杆菌、加德纳菌、结核、钩端螺旋体、秃毛癣等。

（3）寄生虫　弓形体、巴贝斯焦虫、蛔虫病、钩虫、后睾吸虫、螨虫等。

3. 貉

（1）病毒　狂犬病毒。

（2）细菌及真菌　炭疽、结核分枝杆菌、巴氏杆菌、大肠杆菌、沙门氏菌、梭菌、嗜水气单胞菌、链球菌、钩端螺旋体、皮肤真菌（秃毛癣）等。

（3）寄生虫　螨虫。

4. 药用型兽畜类

（1）鹿　狂犬病、结核分枝杆菌、巴氏杆菌、大肠杆菌、钩端螺旋体、放线菌、鹿脱毛癣菌、螨虫等。

（2）兔　巴氏杆菌、沙门氏菌、葡萄球菌、密螺旋体、产气荚膜梭菌、李氏杆菌、结核分枝杆菌、大肠杆菌、绿脓杆菌、链球菌、肺炎克雷伯菌、棒状杆菌、癣菌、弓形体、螨虫等。

（3）麝鼠　巴氏杆菌、大肠杆菌、副伤寒沙门氏菌、野兔热、克雷伯菌、产气荚膜梭菌、链球菌、螨虫等。

（4）麝　巴氏杆菌、坏死杆菌、大肠杆菌病、产气荚膜梭菌、钩端螺旋体等。

（5）刺猬　皮癣菌。

三、禽类经济动物人兽共患病及病原

禽类经济动物人兽共患病病原主要包括禽流感病毒、新城疫病毒、大肠杆菌、巴氏杆菌、弯曲杆菌、链球菌、葡萄球菌、绿脓杆菌、禽结核分枝杆菌、李氏杆菌、螺旋体、耶氏菌、支原体、衣原体、曲霉菌、念珠菌、隐孢子虫、异尖线虫、螨虫等。

火鸡亚利桑那菌、火鸡丹毒、雀亚利桑那菌、鸵鸟克里米亚-刚果出血热、鸵鸟炭疽、野鸭克雷伯菌、野鸭肉毒梭菌毒素中毒等。

四、流行特点

(1) 经济动物养殖密度大，群发可能性高，流行快。一旦发生迅速波及全群，对养殖人员易造成人兽共患病传染。

(2) 经济动物养殖条件和环境有时较差，与养殖人员接触频繁，易感风险大。

(3) 经济动物多数为半野生性质，携带病原复杂；多为速成型养殖，动物抵抗力差，混合感染居多，防控难度大。

第四节　牧场中的危险人群

农业人群具有从脊椎动物自然传染给人的传染病或人兽共患病的风险，他们始终处于感染动物和人的疾病（如沙门氏菌）等高风险环境中。动物作为保藏宿主能够放大和扩散病原进入环境中。与家畜接触风险高的人群包括工作和生活在农场的人群，农场访问者，服务人员，兽医，农牧产品加工人员，如屠宰工人、肉类加工厂工人、皮毛加工厂工人等。并不是所有接触者都有同样人兽共患病风险，高风险人群包括年龄、怀孕和免疫状态不高的个体。

在我国农业人群卫生防护设备和措施相对较差，而牧场人员风险更高一些，有些人甚至不知处在风险环境之中。很多都是应季节而工作的季节工，风险意识更差。其他风险还有缺少医疗条件、缺乏医疗保险、经济条件有限、宗教信仰等不去看病。许多农场工人对感染人兽共患病并不知道，农工没有赔偿金，也不进行职业卫生调查，也不报告农场相关疾病或发病趋势。我国劳动卫生和职业卫生法规对农业职业卫生的关注度还不够，需要进一步加强。

一、妇女

农牧业生产中妇女的比例很高，包括家庭动物饲养、特别是奶牛饲养、禽的饲养中妇女占饲养员的比例较高。因与动物接触而感染的事件很多，如医院护士患沙门氏菌海德堡血清型感染，溯源到患者的妈妈，因为护士的妈妈新购买了一头小牛，护士怀孕时接触了这头小牛而感染。她的婴儿作为传染源又传染给相邻的另外两个婴儿。另一个例子是住院感染沙门氏菌，因为患者的妈妈喝了生鲜奶，同时她的产奶羊群也暴发了伤寒沙门氏菌。

怀孕妇女在牧场工作是极危险的，如美国一名怀孕妇女在怀孕绵羊牧场中工作，虽然穿着防护服，但未戴口罩，结果感染了鹦鹉热。立克次体在牧场可通过气溶胶方式传染，一名怀孕2个月的妇女在牧场工作，结果感染Q热立克次体。怀孕妇女和免疫耐受个体具有人兽共患病高风险。绵羊、山羊、牛都有Q热病原携带状态对农场工作中的妇女是严重的威胁。我国家庭养羊户妇女通过接触、气溶胶感染布鲁氏菌病的也不少。

二、儿童

拥有家畜的家庭儿童多半参与饲养过程，儿童在参与过程中存在很高的人兽共患病风险。因为儿童缺乏安全知识和意识，没有相应的培训，参与与年龄不相符的零活，易忽视不卫生的工作条件，没有很好的防护设备，都容易接触或感染人兽共患病。孩子的免疫系统正在发育，经常接触粪便有关的微生物和具有耐药性微生物的环境，因此，感染的机会特别多。例如，一个5岁男孩住在猪场和牛场内，很自由地接触动物及设施，后感染肠炎沙门氏菌伤寒型，从猪、牛和小孩体内都分离出该菌。人类传播的主要来源是与家畜接触，孩子也可能与接触了粪便污染的材料有关。一个2岁大婴儿在访问邻近牧场后感染大肠杆菌O157:H7，后在孩子、牧场的几头小牛、山羊分离出同型菌株。除了农业活动外，农业观光也越来越普及，参加活动感染大肠杆菌O157:H7有很多实际例子。

三、老年人

50岁以上的牧场工人很多，接触人兽共患病环境是经常现象，对这些人群调查有如下现象：背部问题、糖尿病、皮肤癌、白内障、心脏病等。由于老年人免疫力下降，易感染，美国的相关报告指出这些老年人多见于布鲁氏菌病、螺旋体、立克次体、弓形虫、衣原体和汉坦病毒感染。牛场中有感染隐孢子虫、沙门氏菌等诸多例子。

四、家畜人兽共患病的传播动力学

引起人类传染病的几乎2/3（61%）病原都是人畜共患病，家畜病原的616种中的243种（39.4%）能感染人。农业环境中的人兽共患病存在受饲养动物种类、兽医卫生水平、管理方式、农场位置、农业实践的影响。人感染通过口、呼吸道、直接/间接与动物接触、媒介生物或污染环境等途径。通常情况下，感染的动物并不表现症状，农工并不知道动物隐藏病原。例如，钩端螺旋体病在美国的屠宰牛中的检出率为44%（PCR和血清学方法），养牛工人、屠宰工人、运输工人因接触牛的尿液而易感染钩体病。动物产品，如乳、肉和皮污染可导致食源性疾病或污染食品加工环境，有时能见到炭疽病。

要有效处理动物污染环境、相关设施。气溶胶传播是重要途径，如禽流感。职业皮肤病和皮肤创伤也是农业工人常见病种，接触包括皮肤、浆膜、黏膜风险较高环境是重要原因，这些裸露的部分直接接触污染的皮、毛、尸体、羽毛、粪、尿、唾液、生殖分泌物、芽胞

（孢子）、疫苗、咬等物体和环境。当动物排泄物污染环境时就可能出现间接接触，兽医常因接触而感染李氏杆菌病、沙门氏菌病、布鲁氏菌病等。

贫穷及经济条件也是家畜人兽共患病促进因素： 贫穷意味着饲养条件差、环境卫生差、没有废弃物处理能力；控制动物能力不足，不同种类动物之间接触复杂；缺乏必要的卫生知识、条件、防护条件、措施；社会经济条件、生态环境都不能满足需求；个人、家庭和社会环境都恶劣。这样的社会和饲养环境会比条件好的社会人兽共患病发生机会多一些（图4-1）。

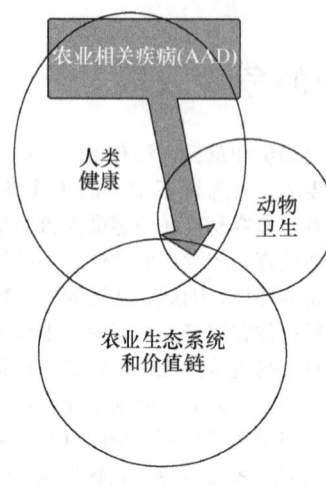

在农业、卫生和社会事业中，发展的关键实施者
（公共部门、私有者、非政府组织）
和推动者
（政策制定者、学术专家、投资者）
是执行的驱动力
（有证据、动机和能力）
通过有效的、可持续的和
平衡的农业
（包括农业生态系统和农业食品链）
创新
（技术上、制度上、市场上和社会）
来减少高风险群体中的AAD多项负担

图4-1 农业相关疾病的相关因素

就人畜共患病发生数量、贫穷程度、对家畜收入的依赖程度、贫穷的热点、新现市场交界面和人兽共患病等因素综合排列见表4-1。19个相对贫穷国家占有全球75%的人类传染病，热点包括尼日利亚、埃塞俄比亚、坦桑尼亚、多哥、印度等。在表4-1中出现多次的国家有中国，当然，其中变化最大改变现状最快的也是中国。

表4-1 根据不同测量方式对贫穷、新现市场交界面和人畜共患病交界面的前20个国家

贫穷交界面		新现市场交界面		人畜共患病交界面		
贫穷国家的家畜饲养	家畜蛋白质缺乏	单胃动物2010年	单胃动物快速变化2010~2030年	人畜共患发生比例（全球）	地方流行发生	新现人畜共患病事件
印度	印度	中国	缅甸	印度	尼日利亚	美国
尼日利亚	埃塞俄比亚	巴西	布基纳法索	尼日利亚	埃塞俄比亚	英国
埃塞俄比亚	尼日利亚	印度尼西亚	印度	刚果	坦桑尼亚	澳大利亚
孟加拉国	中国	印度	巴基斯坦	中国	多哥	法国
刚果	刚果	越南	加纳	埃塞俄比亚	印度	巴西
巴基斯坦	孟加拉国	伊朗	阿富汗	孟加拉国	马里	加拿大
肯尼亚	巴基斯坦	菲律宾	孟加拉国	巴基斯坦	越南	德国
苏丹	印度尼西亚	泰国	利比亚	阿富汗	苏丹	日本
中国	安哥拉	尼日利亚	中非共和国	安哥拉	孟加拉国	中国
坦桑尼亚	阿富汗	乌克兰	乍得	巴西	布基纳法索	瑞典
印度尼西亚	坦桑尼亚	巴基斯坦	柬埔寨	印度尼西亚	喀麦隆	意大利
马达加斯加	巴西	缅甸	贝宁	尼日尔	乍得	马来西亚
尼日尔	菲律宾	孟加拉国	老挝	坦桑尼亚	卢旺达	瑞士
乌干达	乌干达	秘鲁	泰国	肯尼亚	乍得	刚果

续表

贫穷交界面		新现市场交界面		人畜共患病交界面		
贫穷国家的家畜饲养	家畜蛋白质缺乏	单胃动物 2010年	单胃动物快速变化 2010~2030年	人畜共患发生比例（全球）	地方流行发生	新现人畜共患病事件
土耳其	马里	哥伦比亚	津巴布韦	科特迪瓦	莫桑比克	苏丹
菲律宾	苏丹	厄瓜多尔	埃塞俄比亚	乌干达	南非	阿根廷
阿富汗	莫桑比克	摩洛哥	圭亚那	苏丹	刚果	印度
埃及	马拉维	南非	圭亚那比绍	布基纳法索	埃及	以色列
莫桑比克	南非	玻利维亚	中国	马里	冈比亚	秘鲁
布基纳法索	越南	埃及	马里	伊拉克	象牙海岸	秘鲁
					巴基斯坦	特立尼达和多巴哥
					津巴布韦	越南

第五节 水源和环境中的人兽共患病病原

许多新现人兽共患病是间接途径引发的，而不是通过人与动物直接接触引起的，如食品、水、环境污染和媒介等。这些间接途径引起的新现人兽共患病也可能与病原毒性增加有关。所涉及的水包括饮用水（井水、河水、湖水、水库水、雨水等）、娱乐水（游泳池水、江河湖泊、娱乐场所水源及其他水源）、各种污染水环境等，有时是人将病原通过水传播给动物或动物之间的传播等。

一、水源中人兽共患病病原

在各种水体，特别是污染水体中存在着大量的有机物质，适于各种微生物的生长，因此水体是仅次于土壤的第二种微生物天然培养基或培养库。水体中的微生物主要来源于土壤，以及人类和动物的排泄物，其数量和种类受各种环境条件的制约，变化很大。水源中的人兽共患病病原，如螺旋体、弧菌、非结核分枝杆菌（non-tuberculous mycobacteria，NTM）、隐孢子虫、蓝氏贾第虫、疟原虫、肠道病毒、轮状病毒、戊型肝炎病毒、真菌等。水相关性疾病是指通过在水中繁殖（如传播疟疾的蚊子）或靠近水边生活（如传播丝虫病的苍蝇）的某些昆虫传播的人兽共患病，如黄热病、登革热、丝虫病和昏睡病等。

非结核分枝杆菌：是指结核分枝杆菌复合群（结核分枝杆菌、牛分枝杆菌、非洲分枝杆菌、田鼠分枝杆菌）和麻风分枝杆菌以外的其他分枝杆菌。非结核分枝杆菌广泛存在于自然界的土壤、尘埃、水、鱼类和家禽中，传播途径主要从环境中获得感染，如污水。而人与人之间的传染极少见，根据 NTM 的生长速度，《伯杰系统细菌学手册》将其分为快速生长型和缓慢生长型。Runyon 分类法则将 NTM 分为 4 群：Ⅰ 群——光产色菌，如猿猴分枝杆菌、堪萨斯分枝杆菌、海分枝杆菌；Ⅱ 群——暗产色菌，如苏加分枝杆菌、蟾蜍分枝杆菌、瘰疬分枝杆菌、戈登分枝杆菌；Ⅲ 群——不产色菌，如鸟分枝杆菌复合群（$M.\ avium$ complex，MAC）、玛尔摩分枝杆菌、土地分枝杆菌、溃疡分枝杆菌、嗜血分枝杆菌；Ⅳ 群——快生长菌，如偶然分枝杆菌、龟分枝杆菌、脓肿分枝杆菌、耻垢分枝杆菌。对人致病的有堪萨斯分枝杆菌，引起人类肺结核样病变，常有空洞形成；海分枝杆菌（$M.\ marinum$）在水中可通过皮肤擦伤处侵入，引起皮肤丘疹、结节与溃疡。NTM 对人致病，90%以上发生非结核分枝杆菌肺病，引起肺外疾病较少见。

非结核分枝杆菌广泛分布于自然界。Gruft 等（1982）报道，美国沿东海岸各地 520 份水样中，319 份（61.3%）检出非结核分枝杆菌，其中 128 份水样中检出鸟-胞内-瘰疬分枝杆菌（Mycobacterum avium-intracellulaoscrofulaceum complex）158 株，191 份为其他非结核分枝杆菌，9 份气溶胶标本中，4 份分离到鸟分枝杆菌。近年世界各地肺疾患痰标本中，该菌的分离率为 1%~10%（日本为 5.8%，加拿大为 4.8%，中国为 4.3%~4.9%）。1999 年上海第一肺科医院报道，15 年间 5592 例痰抗酸杆菌阳性患者中经鉴定为非结核分枝杆菌 173 例中有咳嗽症状者占 78%，咯血者 58%，发热者 26%，有空洞者 40%，表明非结核分枝杆菌有一定致病性。非结核分枝杆菌从结核样患者分离的阳性率，我国为 3%~15%。

慢生黄分枝杆菌（$Mycobacterium\ lentiflavum$）对人的致病罕见，非结核分枝杆菌只有 26.6%有临床症状。在澳大利亚昆士兰非结核分枝杆菌引起 36 人患病，4 个有明显临床症状。从 206 处饮用水源分离出 13 株慢生黄分枝杆菌。芬兰的饮用水源分离也较为普遍，水源分离率达 38%；韩国水源分离率为 65%，澳大利亚水源分离率为6.3%。该菌引起人的疾病，主要来自于水源，特别是瓶装水风险更高。其感染途径①环境感染人：是主要的公认的感染途径，NTM广泛存在于水、土壤与灰尘中，水发生的气雾颗粒，土壤与灰尘颗粒，都可能形成带菌颗粒，被健康人群吸入，进入人体的门户是上呼吸道，从咽淋巴组织中NTM的分离发现而得到证实。且在水池、海洋和自来水中也已分离出胞内分枝杆菌、戈登分枝杆菌、蟾型分枝杆菌和堪萨斯分枝杆菌的存在，所以NTM又曾命名为环境分枝杆菌（environmental mycobacteria，EM）。②动物感染人：从巴斯德法消毒的奶中分离出堪萨斯分枝杆菌、鸟胞内分枝杆菌、戈登分枝杆菌和淋巴结分枝杆菌，从感染鸟分枝杆菌的母鸡所生的蛋中分离出鸟分枝杆菌，从动物的肉或体内，如牛、猪、鸡、马、鼠、类人猿等能培养出鸟—胞内分枝杆菌，家禽饲养者患鸟型分枝杆菌病较多，但也有人持不同意见。③人传染人：有报告感染堪萨斯分枝杆菌而发病的患者，其接触者对堪萨斯菌素（PPD-Y）反应的阳性率升高，也有报告指出在同一家属中有相互传染的病例，有的认为不存在人与人之间感染的更多确切证据。

另外，饮用污染NTM的水，也可侵入扁桃体、咽淋巴结及颈淋巴结，引起非结核分枝杆菌扁桃体炎，咽淋巴结炎及颈淋巴结炎，海分枝杆菌侵入皮肤的小伤口，也可引起皮肤非结核分枝杆菌病。

在人类非结核分枝杆菌病中，以鸟—胞内分枝杆菌引起者最为多见，主要为肺部感染，好发于慢性肺疾患者（如尘肺、肺结核、慢性支气管炎、支气管扩张等）。英国89例鸟—胞内分枝杆菌病中，约50%为尘肺患者。日本肺结核患者的鸟—胞内分枝杆菌病的发病率为18.7人/（10万·年），比正常人群约高10倍。此外，鸟—胞内分枝杆菌可引起儿童的颈淋巴结炎、泌尿系统感染、脑膜炎及全身播散性感染。鸟分枝杆菌感染小鸡后，可于4个月内使小鸡死亡，肝脏出现病变，小鼠感染后引起脾肿大，使脾重与体重之比（SBR）从正常的0.3%上升至2.25%以上，少数菌株对家兔及小牛也可致死，小牛肺部有病变，并可分离出同型菌株。

瘰疬分枝杆菌（*Mycobacterium scrofulaceum*）可在土壤、水、生牛乳、乳制品和牡蛎中发现。瘰疬分枝杆菌接种家兔后，可发生致死性疾病，但小鼠与豚鼠对该菌有抵抗力。在人类主要引起儿童颈淋巴结核，常为单侧性。Wolinsky（1979）观察44份儿童淋巴结核阳性培养，36份为瘰疬分枝杆菌。

捷克斯洛伐克北摩拉维亚地区从1968年出现堪萨斯分枝杆菌感染的地方性流行，从煤矿淋浴器出水口的水和淋浴器发生的气溶胶，以及煤矿和该地区的供水中，多次查到堪萨斯分枝杆菌，说明该菌污染的供水系统与地方性流行密切有关。堪萨斯分枝杆菌一部分菌株对小鼠及仓鼠有致病性。在世界某些地区，该菌引起的肺病在数量上仅次于结核杆菌引起的肺结核，好发于已有某些类型的肺部病变患者，如83名患矽肺的喷砂工人中，9例为堪萨斯分枝杆菌感染，堪萨斯分枝杆菌的肺部感染与肺大泡有关。

偶发龟分枝杆菌（*Mycodacterium chelonei*）对小鼠均有致病性，产生特殊的肾脓疡，但不发展为全身性疾病。在人类主要引起软组织感染和创伤感染。Wallaee等观察53例偶发龟分枝杆菌感染，其中48例为皮肤软组织感染，2例为手术后并发症，其他尚有肺部感染、心内膜炎、角膜炎及播散性感染等，68%的皮肤软组织感染由偶发龟分枝杆菌引起，14例肺部感染及10例皮肤软组织感染由龟分枝杆菌脓肿亚种引起。

溃疡分枝杆菌（*Mycobacterium ulcerans*）对豚鼠、家兔及小鸡无致病性，但对小鼠和大鼠致病性强。大鼠腹腔内接种可引起腹膜炎、副睾及阴囊发生溃疡，最后死亡。人类感染后主要发生皮肤慢性溃疡，一般始于肢体，以后波及躯干，多发生于非洲及太平洋岛屿的部分地区。

蟾蜍分枝杆菌（*Mycobacterium xenopi*）菌体纤长，两端呈锥形。最适生长温度为43℃，鸟类为其储存宿主。小鼠部分死亡，我国也有分布，已报道50余例人患肺部蟾蜍分枝杆菌感染。

海分枝杆菌（*Mycobacterium marinum*）缓慢生长，能产生色素，31~33℃生长最佳。由于病鱼及其他海中生物的污染，可在淡水及咸水中发现该菌，发病与养鱼等职业有关，引起"游泳池肉芽肿"、"鱼池肉芽肿"，病变多见于肢端及体表等体温较低部位。

猿猴分枝杆菌（*Mycobacterium simiae*）由印度猴分离获得，缓慢生长，能产生色素。很少引起人类疾病。曾有1例多年研究猴工作的妇女患慢性肺病，从其体内多次分离到猴分枝杆菌。Bol等（1982）对24例从呼吸道分出猴分枝杆菌者作长期随访后指出，有肺部疾病的患者痰中，该菌偶可作为腐物寄生菌存在，在易感体内也可引起进行性肉芽肿性肺病。

戊型肝炎病毒 1955~1956年印度新德里发生一次水源性传染性戊型肝炎大流行；1986~1988年在新疆南部发生水源性戊型肝炎流行，12万人发病，发病率为3.0%。

钩端螺旋体 螺旋体是水源传播主要的病原之一，水体中分布广泛。

霍乱弧菌 2001年从中国台湾进来的牛蛙检疫时检出非O1和非O139霍乱弧菌，对小白鼠具有致病性，引起死亡，也有人兽共患新倾向。还有产黑色素拟杆菌也可以引起人兽共患病。

二、环境中的人兽共患病病原

很多人兽共患病病原存在于环境或水源中，依靠环境中的营养物质繁殖和存活。在人或动物接触相应的环境、身体又有伤口、免疫力低下等情况下，就容易感染。例如，炭疽杆菌可以在环境中自然生存10~30年；肝片形吸虫、钩虫也属于这一类型病原。流浪宠物、鼠、野生鸟类及其他野生动物的尸体等，是腐生性人兽共患病的潜在温床，大量老鼠死在洞外的马路上、角落里。道路上的死鼠只要清理不及时经常被机动车辗轧造成血肉喷溅，其自身携带的细菌、病毒、寄生虫等，会随之扩散造成一定面积的污染，影响公共卫生。

人兽共患性真菌病多数与环境以及皮肤黏膜伤口有关，如组织胞浆菌、新型隐球菌、地丝菌、球孢子菌、孢子丝菌、芽生菌、毛霉、马尔尼菲青霉菌、着色真菌、鼻孢子菌、足分枝菌、原藻菌等。有些自然疫源地，如炭疽曾经发生的地域，经大雨等水的冲刷再次暴露出病原，也能引起该类疾病再发。都市家庭中饲养宠物，人与动物之间长期密切接触，使人兽共患病从牧区、农村进入城市，改变了原生态环境，人们在尽享宠物带来快乐的同时，也增加了患疫病的风险。

人兽共患病与环境之间的关系涉及水、土壤、空气、洪水、灌溉实践、干旱、森林砍伐、气候、地理区域、土壤转运、动物交易和运输、动物穿越边界等，这些与环境相关的因素都会影响病原微生物传播。

第五章
宠物（伴侣动物）人兽共患病概述

宠物是世界范围的常见现象，随着我国独生子女家庭增多、人口老龄化到来，对丧失生活能力、残疾、孤独等人群关心的社会化程度越来越高，人们生活水平的提高和休闲时间增多，伴随着这些状况宠物和伴侣动物的数量逐步增加。美国有57%的家庭饲养宠物，宠物和伴侣动物一方面带给人们精神依托和欢乐，成为生活中的得力帮手；另一方面，也给人们带来人兽共患病和疾病传播、患病概率等方面风险，有时甚至是致命的病患。宠物也可以作为预警动物，为人类健康创造福祉。本章就相关问题作一概述。

第一节 宠物（伴侣动物）在当今社会中的重要性

伴侣动物也称为"宠物"。宠物定义为：用于观赏、做伴、舒缓人们精神压力的动植物或其他物品、方式。勤务动物（service animal）是指经过训练的犬，可以帮助残疾人员，如帮助身体缺陷、感觉缺陷、精神障碍、智力障碍或其他精神残疾个体做一些有益工作。其他未经训练的动物不能作为勤务动物。勤务服务必须与残疾人员有关。勤务动物也称作助手动物、导盲犬、助听动物、治疗动物和突发病提醒动物等。宠物与家畜相对而言，是一类以陪伴人们生活及娱乐为目的的动物，而宠物以外的其他动物包括农场动物、实验动物、工作动物、野生动物和娱乐（体育）动物等，这些动物主要是经济目的和科学研究等目的。由于宠物具有华美的外表、娱乐特性和对主人的忠诚，深受人们的喜爱。一些伴侣动物能够帮助老、残个体与其他人交流和帮助做一些工作，提供精神帮助而利于疾病治疗，户外遛狗有利于人们锻炼身体。最常见的宠物是狗和猫，也见于啮齿动物，如沙鼠、南美洲栗鼠、豚鼠、鸟类宠物（如金丝雀、鹦鹉、长尾小鹦鹉）、爬行类宠物（如乌龟、蜥蜴和蛇）、水生动物（如热带鱼、蛙）、马、节肢动物（如鸟蛛、寄居蟹、蝎子等）。

一、宠物动物给予人们精神依托

压力、焦虑和孤独等情况，会导致交感-肾上腺-骨髓系统和下丘脑-垂体-肾上腺轴活跃，使儿茶酚胺类和糖皮质激素释放增加，减少心肌灌注，这就产生许多系统效应，如免疫功能不良、心血管系统疾病等。宠物有能力给予主人、特别是老龄人一些照顾，一些锻炼身体的机会，一些身体和精神上治疗作用，对患有精神障碍的人员提供帮助，使这些人获得健康效果，如降低血压、胆固醇降低、很少用药、减少精神压力或获得快乐。有证据显示，宠物可以使人健康长寿，据92个患有冠状动脉硬化症住院的患者，一年内没有宠物陪伴的29人中有11人去世，有宠物陪伴的52人中仅有3人去世。儿童与犬猫的相处锻炼了表达和相处能力，对患有孤独症的儿童大有益处，儿童与宠物玩耍时要比没有宠物陪伴获得较多的社会技巧、自我尊重和感情表达，儿童与宠物的关系就像兄弟姐妹关系一样。狗是孤独人群和压力过大人群的催化剂，避免人们产生过多的焦虑。勤务动物可以防止精神病患者受刺激或破坏行为，动物存在对犯罪起遏制效应，并提供精神支持、生活安宁、舒服和伴侣作用。随着人们生活水平的提高，我们国家饲养宠物数量也在逐步增加，因此宠物与人们的生活和健康也越来越密切，需要我们公共卫生工作者关注相关的问题。

二、宠物是人们生活的帮手

助手动物（assistance animal）或勤务动物是指经过训练的犬，如导盲犬可以帮助残疾个体，牧羊犬也能帮助残疾人做好多有益事情。美国国家卫生研究院一项研究证实饲养宠物有利于降低老年人心脏病风险，有宠物的主人明显降低了甘油三酯。有证据显示犬可以帮助人们发现肿瘤，据 The Lancet 报道的1989病例研究发现，犬经常发现人们腿上的痣，并试图将其咬掉，这就促使人们就医和发现恶性肿瘤。犬不仅仅能够发现皮肤性肿瘤，还能够帮助发现膀胱癌、肺癌、乳腺癌、卵巢癌和结肠癌等。蛇、兔子和仓鼠还可以起到医疗作用。据美国《公共卫生杂志》2010年研究结果，儿童与狗玩耍，增加了运动量，有利于身体健康，这种有益效果同时也扩展到宠物主人。据加拿大维多利亚大学一项研究显示，拥有宠物的人群比没有宠物的人群获得更多锻炼身体的机会，这些人群的血糖一般不高。英国《医学杂志》报道有1/3以上拥有宠物犬的患有糖尿病的主人血糖逐渐下降。狗还可以发现主人的肌肉颤抖、气味改变等变化。训练宠物的一些特殊技巧，如识别低血糖症等能力就可以帮助人类识别相关的疾病。西方人种对花生等易被产生过敏，很多人训练宠物犬寻找家里遗留在不易发现地方的花生，防止家人过敏。犬对于人类既可以作为伴侣动物，又可以做一些保护人类的有益事情，犬可以非常恰当地配合人完成各种任务，包括执行法律任务、搜救任务、使役，作为助手动物的犬可以为残疾人员提供视力和听力帮助，也可以为运动障碍人员提供动力帮助。其他，如鸟、猴、猪和马等动物都可以作为助手动物。美国得克萨斯州立大学西班牙语教授玛克博士，用一只鹦鹉充当教学助手。当博士上语音课时，他让这只鹦鹉领学生重复念单词，这样学生很快就能掌握西班牙语的发音，鹦鹉能够不厌其烦地教学生。美国海岸警卫队驯养的鸽子，能在茫茫大海里搜寻遇难的飞行员。鸽子发现遇难人员的准确率高达96%，而人仅有35%。

动物辅助治疗（animal-assisted therapy，AAT），是一种以动物为媒介，通过人与动物的接触，改善或维持病弱或残障人士的身体状况，或帮助他们加强与外部世界的互动，进而适应社会、促进康复的过程。动物辅助治疗其实是个多元专业整合的治疗方式，因此一套周密的施行标准及规范格外重要，这份标准应包括动物及治疗对象的进入路径、专业人员的评估及训练、场所的筛选与架构、感染控制及意外呈报流程等。动物辅助治疗能够起到这些作用：①提升病患生活品质；②促进病患恢复健康的方式之一；③改善照护者的照护品质；④强化身心障碍者的疗效；⑤成为身心障碍者疗育过程中有效的教育媒介，减轻疗育人员的工作负荷。

20世纪80年代早期，动物辅助治疗方法受到大众关注。此后，不少心理学研究表明，与动物共同生活可能会为人类身心健康带来好处，如减少孤独感和抑郁情绪、提供社会支持、减缓压力、提高生活幸福感等。2012年，动物辅助疗法已应用于多种疾病，如抑郁症、焦虑症、自闭症等的治疗中，动物辅助疗法可在一定程度上缓解部分病患的压力，使其身心愉悦，然而，该疗法的实际治疗效果，还需要医学专家和动物学家的进一步研究证实。2013年4月美国波士顿发生爆炸袭击事件，爆炸的恐怖场景给不少波士顿居民的心中蒙上了阴影。案发后，5只受到专业训练的金毛猎犬来到波士顿爆炸案受伤者所在的医院，陪伴伤者，并聆听他们的倾诉。

三、动物数量增加与患病风险

据不完全统计，我国目前宠物犬数量已达2.68亿，宠物猫数量为1.07亿。目前我国犬类宠物市场也只是刚刚开始发展，但我国养犬业已经成为一个行业，在数量上已经具备了一定的规模，犬业已经潜移默化地影响人们的生活和社会发展。但是中国宠物市场目前的发展水平还没有在真正意义上与世界接轨，我国的犬业发展至今还没有建立一个国际化和标准化的平台支撑。随着人民生活水平的日益提高，在中国，宠物也逐渐成为人们越来越密切的伴侣。

由于饲养宠物的人群越来越多，饲养水平、卫生水平都参差不齐，我国对宠物交易市场的管理还不是非常规范，交易的范围又非常广泛，人兽共患病风险始终存在。宠物数量的巨大，与人们密切接触机会多，由宠物带给人类的传染性疾病呈现出高发的趋势，宠物对人类健康构成了严重的威胁，防控形势越来越严峻。与宠物相关的卫生风险可以分成三类：过敏、哮喘、超敏性肺炎；咬伤、抓伤引起的感染，美国每年有100万~200万次狗咬伤和40万次猫咬伤，多数产生细菌感染，感染发生与狗有关的约占5%，与猫有关的占16%~35%。细菌包括葡萄球菌、链球菌、棒状杆菌、多杀性巴氏杆菌、犬咬二氧化碳嗜纤维菌及厌氧菌；引起传染病传播。在英国，1980~1996年分离于感染病犬的2296株凝固酶阳性葡萄球菌中，青霉素耐药株的比例从69%增加到98%，大肠杆菌对阿莫西林和链霉素的耐药性呈上升趋势。伴侣动物的人兽共患病风险与人群和动物种类有关，风险因素包括动物年龄和来源、动物所处环境类型、宠物主人生理状态和年龄等。家庭饲养狗和猫获得病原的机会少，但狗和猫能够杀死小的啮齿动物，食用野外动物的腐肉、人们捕获的动物内脏或动物其他废弃物，这就有机会获得病原菌。狗和猫的嘴和爪常污染病原菌，猫、狗喜欢舔抓人的皮肤通过与宠物玩耍和直接接触而被感染。宠物嘴里的病原比爪上的病原留的时间长，如从健康宠物口中分离的多杀性巴氏杆菌达50%~70%，通常在咬伤处感染，也可能随后引起更严重的后果，如脑膜炎和猫抓病。狗和猫可能携带虱子和叮咬昆虫，这些节肢昆虫可能携带病原，在家庭内传给其他人，虱子可传播兔拉热、落基山斑点热、莱姆病、鼠疫、杆菌性血管瘤病、疥疮、螨病等。要经常检查宠物身上有无虱子，减少对人潜在感染原。家庭狗可能感染贾第虫，其粪便可能隐藏寄生虫卵并存留很长时间，如果有宠物狗的家庭不能对庭院定期清除粪便，宠物就可能经粪-口途径传播一些病原，钩虫、弓形虫和蛔虫都是如此。狗和猫均常见钩虫皮肤移行症、弓蛔虫内脏移行症、一般是由粪便污染土壤所致。

据调查，90%以上的健康猫都带有病菌。我国已发现大量弓形虫病感染者，猫是传染此病的"罪魁祸首"。而且，在宠物数量不断增加的同时，人们豢养宠物的种类也在不断地增加，如啮齿类动物小鼠、豚鼠、金丝熊、小松鼠等作为宠物被人类豢养在家庭中。宠物多样化，导致人兽共患病防范复杂化。流浪狗、流浪猫的数量也巨大，据不完全统计，天津市中心城区有1.5万只流浪狗，武汉市中心区也约有1.5万只流浪狗，很多流浪狗咬伤孩子和路人，具有传播狂犬病的风险。

宠物宿主缺乏健康安全基本知识。随着生活水平的提高，人们对健康的关注度越来越高，但部分群体特别是农村地区的人群缺乏饲养宠物的安全知识，自我保护意识差。有关部门统计，犬群中只有10%登记注册，农村犬几乎没有登记注册，且几乎均为散养；在咬伤人的犬中，免疫率只有4.6%。北京门头沟区宠物喂养现状及对宠物传播疾病的认知调查显示，养猫或养狗者有40.8%的人没接种疫苗或不清楚是否接种过疫苗，而同时有超过1/4的人受过宠物的伤害，6.2%的人认为宠物不会传播疾病或对此认识模糊。

四、流动人口和老年人数量增加与患病风险

流动人口增加，特别是与宠物接触较多的人群的流动，对防范人兽共患病十分不利。有些人外出时将宠物携带或寄养在别人家或很远处，有利于疾病的传播。流动人群、旅游人群与当地的宠物、流浪狗、猫等动物接触的机会也会增加。在宠物生活的环境中，脱下的毛发、尘螨等过敏物质、沾染生物、微生物等都会对人的健康造成威胁。人口老龄化，使免疫力低下群体数量在增加，同时老龄化人群饲养宠物的数量也在增加，感染人兽共患病的概率也同时增加。

宠物与人兽共患病相关风险因素包括动物种类、饮食、年龄、免疫状态、先前的抗生素使用情况、接触机会（如旅行、住院情况、拘束情况）和免疫抑制情况等。人的人兽共患病相关风险因素包括饮食、年龄、免疫、先前抗生素使用情况、接触机会（如住院、职业、娱乐活动等）、个人卫生和免疫抑制情况等。

五、宠物与免疫功能低下个体的相互关系

所谓免疫功能低下是一种病理特征。免疫功能低下群体常见原因有如下几个。①营养不良：蛋白质摄入种类或数目不够，无法产生足够的免疫细胞。②患免疫缺陷病：先天性免疫缺陷症，如先天性胸腺缺失。③后天性免疫缺陷症：如艾滋病患者，其体内T细胞被破坏，晚期时细胞免疫功能全部丧失，体液免疫功能部分丧失。④未足量足次注射或未在规定期限内重复注射相关疫苗，缺少对相关病毒有效的抗体及记忆细胞。⑤气血不足：人的精、气、神不充足便会产生免疫力下降，内分泌紊乱，病毒可乘虚而入，这是造成身体产生许多疾病的原因。

免疫功能低下人群也见于：①交际圈子太狭窄；②顶着重压过日子；③外出常以车代步；④过分依赖抗生素；⑤平日欠下"睡眠债"；⑥凡事老往坏处想；⑦有话憋在肚子里；⑧随身物品不齐备，老是借别人东西；⑨抽烟；⑩不容易被逗笑等状态持续存在的个体。

根据发病原因不同，可将免疫功能低下分为原发性和继发性两类：原发性是先天发育不全所致，大多数与遗传有关，多发生于儿童；继发性则由病毒、细菌、真菌等感染或药物、肿瘤、疲劳、失眠、营养不良、压力过大等原因引起，现在年轻人经常服用减肥药减肥，然后不良反应随之而来，也可导致免疫力下降，可见于各种年龄的人群。多数病后体弱，易发感染性疾病者属继发性免疫力低下。

拥有宠物的主人与疾病风险的关系虽然没有清晰的描述，但一些特殊群体具有高风险，如儿童、老年人、怀孕妇女、免疫力低下个体等。虽然风险较高，但这些人群确是宠物拥有率较高的群体。老年人在家庭中与宠物相处空间有限，容易从伴侣动物获得人兽共患病。实际情况多见于有儿童家庭比无儿童家庭宠物拥有率高，免疫功能低下人群也见于类似情况。

现代社会免疫功能低下人群增多主要原因还包括：免疫缺陷病毒侵袭（如AIDS），一些治疗，如细胞毒性化疗、外科手术、器官移植后的免疫抑制治疗引起；其他因素：并发病（并发症）、高龄化等。美国免疫低下人群占20%左右，我国没有这方面的精确统计，但对一些医院患者感染疾病的统计结果分析，免疫低下患者构成比为30.58%。艾滋病患者沙门氏菌发病率是正常人群的19.2倍，空肠弯曲菌发病率是正常人群的32倍，结核杆菌扩散增加30%~50%。

与这些特殊人群有关的疾病并不多，如弓形虫病、隐孢子虫病、沙门氏菌病、空肠弯曲菌病、汉塞巴尔通体、肠贾第虫病、支气管炎博德特菌病、犬咬二氧化碳嗜纤维菌病等，隐球菌病和霉菌性感染对免疫力低下个体往往是致命的。防止免疫缺陷个体感染人兽共患病的最有效方法之一，就是这类人群不要饲养宠物和接触宠物、注意个人卫生。

六、职业风险的认识

涉及与动物有关工作的人群接触人兽共患病病原的风险相对高，如兽医临床和兽医院、宠物商店、动物福利和动物收容所等的工作人员，野生动物保护和研究者，动物处理者，如屠宰工人、剥皮工人、皮张处理者、动物饲养者、动物园动物管理者。经常接触伴侣动物和动物组织的实验室人员也具有高风险。由动物头垢、毛发引起的过敏，因宠物原因的摔伤、绊倒，对老龄人和残疾人都是严重损伤，甚至引起致命性伤害和骨折。因动物存在引起应急或动物存在引起的灾难，因没有适当处理引起致命性狂犬病。

七、动物抓咬伤与疾病传播

由宠物咬伤和攻击引起人受伤、肌肉撕裂没有及时处理，有时引起死亡或寄生虫性疾病。全球每年有470万人被狗咬伤，有80万人寻医治疗；儿童是主要受害者，主要是15岁以下，特别是5~9岁儿童，超过42%的比例。狗咬伤占70%~90%，猫咬伤、抓伤占3%~15%。动物咬伤可表现不同形式，从浅表裂伤到深部撕裂伤、骨折和挤压伤等，有些甚至伤及关节腔或体腔。3%~18%的狗咬伤和20%~80%的咬伤、抓伤引起感染，对免疫力低下个体感染常见，甚至引起死亡。

1. 犬咬伤

美国每年有36万人被宠物犬咬伤，我国这个数据没有确切统计。犬咬伤多发生在夏季和平时的周末。手部咬伤约占犬咬伤的一半，咬伤头颈部占15%，下肢及脚咬伤占20%，上肢咬伤占15%。从咬伤的程度看，60%为单纯的局部犬牙咬伤，10%为撕裂伤，另30%为前两种并存的复合伤。无论是体格大小的各种犬咬伤都有潜在感染的风险，大型犬的咬伤可能造成严重的撕

裂伤、深及体腔或关节腔的伤害。儿童可能多伤及头部或身体上部，而成年人更多的伤及手，80%的狗咬伤来自于自家的或邻家的犬。从犬咬伤者感染伤口分离出的常见需氧菌有巴斯德菌属（50%）、链球菌属（46%）、葡萄球菌属（46%，半数为金黄色葡萄球菌，注意MRSA菌株）及奈瑟菌属（16%）。常见厌氧菌有梭菌属（32%）、类杆菌属（30%）、卟啉单胞菌属（28%）、普氏菌属（28%）和胨链球菌（16%）。具有临床意义的应属犬咬二氧化碳嗜纤维菌，还有动物溃疡伯格菌（Bergeyella zoohelcum）是猫狗上呼吸道共生菌，能引起猫和狗的蜂窝组织炎、腱鞘炎、败血症、脓肿、肺炎、脑膜炎，人感染非常少见。

2. 猫咬伤

猫咬伤能将一系列疾病传播给人。被猫咬伤的通常是猫的主人，妇女占72%，往往在其抚弄猫时被咬伤。猫咬伤大多较轻，常见于手臂和脸部，现在还不清楚哪种猫更具攻击性。就诊时非化脓性蜂窝织炎最为常见，但伤口也可能发展为化脓性蜂窝织炎，甚至形成脓肿。猫的牙齿小而尖，伤口容易累及手部的骨、肌腱和关节，导致骨髓炎、肌腱炎和化脓性关节炎。猫咬伤创口分离出的细菌主要是猫口腔正常菌群。巴氏杆菌属见于75%的病例，其中多杀巴氏杆菌和败血巴氏杆菌分别占54%和28%。这两种细菌易引起较严重的感染，有可能发展至菌血症和中枢神经系统感染。其他常见的需氧菌有链球菌（46%）、葡萄球菌（35%，但金黄色葡萄球菌仅4%，要警惕MRSA菌株）、奈瑟菌、摩拉克（35%）及棒状杆菌属（28%）。厌氧菌见于63%的病例，一旦存在，往往形成严重感染或脓肿。猫的抓伤比较危险，可能传播致命性汉塞巴尔通体病。

3. 啮齿类动物咬伤

啮齿动物咬伤的发生率还没有统计，可能发生率很高。啮齿动物通常体格较小，不可能引起严重的咬伤伤害，但咬伤后可能造成的结果需要认真对待。鼠咬伤引起鼠咬热，是由念珠状链杆菌（Streptobacillus moniliformis）或鼠咬热螺旋体（Spirillum minus）引起的，仓鼠咬伤可见于淋巴细胞性脉络丛脑膜炎病毒。咬伤后的继发感染主要见于鼠的皮肤和口腔菌。老鼠可以携带出血热病毒，实验鼠有时会有出血热病毒感染风险；鼠疫、钩端螺旋体病、鼠型斑疹伤寒、恙虫病也有可能。撕咬动物（人）的口腔常见微生物群见表5-1。

表5-1 动物咬伤可能引起感染的口腔微生物群

动物	口腔微生物
犬	巴氏杆菌：犬巴氏杆菌，金黄色葡萄球菌（包括MRSA）、假中间型葡萄球菌链球菌，莫拉氏菌，奈瑟氏菌，狗咬二氧化碳嗜纤维菌，梭形杆菌多形杆状菌，单胞菌，普雷沃菌属，梭菌属
猫	多杀性巴士杆菌，其他巴氏杆菌，链球菌，葡萄球菌，莫拉氏菌，梭形杆菌，多形杆状菌，单胞菌
鼠	混合需氧和厌氧菌：念珠状链杆菌，鼠咬热螺旋体
类人猿/人	链球菌（化脓性链球菌），肠杆菌科，侵蚀艾肯菌，奈瑟氏菌，肠球菌，葡萄球菌，厌氧革兰氏阴性菌：梭杆菌，疱疹病毒
鱼/海洋动物	弧菌，气单胞菌
爬行动物	混合型需氧和厌氧菌，如沙门氏菌

4. 预防和处置

根据咬伤的位置和深度需要临床诊断和实验室辅助诊断，除常规外科处置外，还需要抗菌和防感染处置。

预防宠物咬伤，可以选择适合你生活方式的宠物，最好选择攻击性差的动物，如果可能的话，在购买前要与其适应一下。对于狗咬进行一些行为训练，不要进行攻击性游戏。如果小孩害怕的话，尽量晚一些时间购进；家里有小孩，要小心饲养宠物，绝对不要让小孩与宠物独处。

要教会儿童与动物接触的技巧：①不要接近不熟悉的动物；②绝不要在动物旁疾跑或朝动物大声喊叫；③接触动物时要保持安静状态；④避免以眼睛与动物接触；⑤不要打扰睡觉和吃饭的狗；⑥如果被咬伤，要立即告诉大人。

八、宠物潜在的疾病传播途径

饲养宠物可以通过直接接触（通过皮肤、黏膜、结膜、消化道和呼吸道）感染动物身上、口腔、分泌物、排泄物中的病原；通过咬伤直接将身体中原有的、沾染的病原传播给人，特别是伤口中的病原，造成感染；通过气溶胶的方式，传播病原；冈田氏绕眼蝇传播结膜吸允线虫，当这种眼蝇停留在动物或人眼睛周围时，会放出结膜吸允线虫幼虫寄生于眼部，在我国也属常见病种；动物脱掉的毛发、皮屑、尘螨等引起人的过敏和感染。与宠物动物近距离相处，容易受到媒介（如舌行虫、环节动物、节肢动物）机械传播方式传播人畜共患病（表5-2）。

表 5-2 一些宠物人兽共患病可能的传播途径

疾病	直接接触	污染物	气溶胶	口腔	媒介源性
疥疮	√	√			
炭疽	√		√	√	
禽流感	√	√	√		
巴尔通体病	√				√（跳蚤）
蛔虫		√		√	
布鲁氏菌病	√		√	√	
弯曲菌病	√	√		√	
查加斯病					√（猎蝽）
衣原体病（鸟）	√	√	√	√	√（叮咬昆虫）
衣原体病（哺乳）	√				
隐孢子虫病		√		√	
隐球菌病			√		
皮霉菌病	√	√			
贾第虫病				√	
鼻疽	√	√			
汉坦病毒	√	√	√	√	
幼虫移行		√			
钩虫	√			√	
蛔虫		√		√	
鞭虫		√		√	
利什曼病					√（白蛉）
螺旋体病	√	√	√	√	
莱姆病					√（蜱传）
类鼻疽	√		√	√	
耐甲氧西林葡萄球菌	√	√			
新城疫	√				
鼠疫			√		√（跳蚤）
Q 热（立克次体）	√	√	√		√（蜱传）
狂犬病	√				
裂谷热	√	√	√		
落基山斑点热					√（蜱传）
弓形虫		√		√	

九、宠物医院、诊所的作用

宠物医院和诊所是指导人们培养良好饲养习惯的主要场所之一，同时也是最直接了解宠物动物疾病发生情况的第一场所，因此，对宠物人兽共患病防治具有重要意义。宠物医院常规工作是保健动物，减少疾病的发生，如进行相关疫苗的注射，提高动物抵抗力。对进入宠物医院的每一个动物，兽医能够仔细观察动物的健康情况，进行非常专业的检查和诊断，对所发生的疾病能够正确治疗和处置，减少了人兽共患病进一步扩散的机会，同时也会对宠物主人适当的指导。能够第一时间了解宠物动物疾病发生的具体情况，以便于卫生防疫部门及时了解信息，便于防控。

宠物诊所应该是人兽共患病的第一道防线的主要门户，也应该是人兽共患病报告的主要窗口。因为这里可能最先发现由宠物引起的人兽共患病首发病例。因此，要提高医生们的警觉性，同时也要提高他们的责任感。

十、宠物的预警作用

宠物患病可能预示着与其他动物接触、与环境接触等带来危险因素，同时也可能预示着人兽共患病进一步传播的可能性。家庭的室内装修可能产生一些有害化学物质，或者环境存在着危险因素，动物比人敏感，首先表现出异常。这些异常变化可以作为人们卫生条件危险因素的预警。宠物还可以指示人类所患的某些疾病，如动物辅助治疗和勤务动物的作用。

第二节 宠物犬源性人兽共患病

宠物犬源性人兽共患病主要包括如下疾病和病原：犬布鲁氏菌病、炭疽、弯曲菌病、产气荚膜梭菌病、李氏杆菌病、链球菌病、犬绦虫病（瓜实绦虫）、弓形虫、犬复孔绦虫病、犬棘球绦虫病、钩虫病、克氏锥虫病、犬恶心丝虫病、隐孢子虫病、狂犬病、（北美）芽生菌症、艾利希氏体病（Ehrlichiasis）、莱姆病、毛囊虫病、狐毛首线虫病、毕氏肠微孢子虫、抗甲氧苯青霉素金黄色葡萄球菌感染；犬咬感染症病原：狗咬二氧化碳嗜纤维菌（Capnocytophaga canimorsus）、猕猴二氧化碳嗜纤维菌（C. cynodegmi）、多杀性巴氏杆菌（Pasteurella multocida）、犬奈瑟球菌（Neisseria canis）、织布鸟奈瑟球菌（N. weaveri）和伯格菌属（Bergeyella）、艰难梭菌相关性腹泻、皮肤/内脏利什曼原虫病、钩端螺旋体病、胃螺杆菌、人胃螺旋体（Gastrospirillum hominis）病、共尾绦虫病、胞虫病（棘球蚴病）、内脏仔虫移行症、洛矶（或基）山斑疹热、心丝虫病、疥癣虫病、贾第虫病、犬蛔虫病、浣熊拜林蛔线虫病（Baylisascaris procyonis）、姬鳌螨（Cheyletiella spp. 如 Cheyletiella yasguri, Cheyletiella blakei 和 Cheyletiella parasitivorax）、伊氏埃立克体病、粪杆线虫病、皮肤仔虫移行症、蠕形螨病、沙门菌病、皮癣菌病、霉菌病、马拉色菌毛囊炎、肠球菌病、嗜气杆菌（Capillaria aerophila, E. aerophilus）、厌氧螺菌属、棒状杆菌病、嗜吞噬细胞无浆体、小肠结肠炎耶尔森氏菌病、链球菌病、球孢子菌病、啮蚀艾肯氏菌病等。狗可以通过咬、抓伤和舔途径将免疫缺陷病毒传播给人，但人不能传播给狗和猫。

我国多次从儿童眼中发现结膜吸吮线虫或东方线虫，如 2013 年南京从一个 1 岁女童眼里接连挑出 9 条活虫。这种寄生虫的虫卵一般通过猫、狗等宠物传染给人。人体寄生的东方线虫主要是从猫、狗身上感染，其中以狗最为多见，其主要传播途径是冈田氏绕眼蝇（为果蝇的一种），当冈田氏绕眼蝇停留在人或动物眼睛周围时，会放出幼虫寄生于人畜眼部。因此，养宠物的家庭要定期为猫狗驱虫，同时注意教育孩子讲究卫生，不要用手揉眼睛。

新中国成立后由于采取各种预防措施，狂犬病发病率曾明显下降。但近些年因养宠物犬的家庭逐渐增多，而各种预防措施未能及时跟上，因此发病率有上升趋势，每年死于狂犬病的约 2000 人，死亡人数在法定传染病中居第二位。家犬密度大的地方狂犬病多发，如广东、福建、江苏等地区。本病全年都有发生，但冬季发病略少。患者以接触家犬或野兽机会多的农村青壮年和儿童居多。2013 年 9 月江苏省宿迁市泗洪县青阳镇重岗社区江某（41 岁），其儿子被一条流浪狗咬破腿后，江某救子心切，多次用嘴吸吮儿子伤口处的血液并吐出后，其儿子及时注射了狂犬疫苗，而江某却不以为然，没有注射狂犬疫苗。一个月后被医院确诊为狂犬病，不治身亡。卫生部公布的"全国法定报告传染病疫情"中统计，2008 年全年（缺 4 月数据）狂犬病发病人数 2413 例，死亡 2196 例，仅次于艾滋病，排在第二位。狂犬病由病犬咬伤人而感染者占 80%～90%，发病率高，死亡率接近 100%。

2004 年亚洲 HPAI 疫情暴发时，泰国从大量狗的血清中检出 H5N1 亚型禽流感抗体，2006 年泰国中部素攀武里府的一只狗在吞吃了禽流感病死鸭的生肉后染病，兽医署从中分离到 H5N1 亚型禽流感病毒。2006～2009 年上海闵行区也在调查中证明犬感染禽流感病毒，还有西尼罗河热病毒、戊型肝炎病毒和结核。

第三节 宠物猫源性人兽共患病

我国宠物猫有 0.5 亿～0.8 亿只，90% 以上的健康猫都带有病原菌。宠物猫源性人兽共患病主要包括如下疾病和病原：猫抓病、鼠疫、弯曲菌病、艰难梭菌病、弓形虫病、肠类圆线虫病、粪类圆线虫病、内脏仔虫移行症、胎儿三毛滴虫病、皮肤/内脏利什曼原虫病、Q 热、猫立克次体病、狂犬病、疥癣虫病、猫耳螨、弓形虫病、肺囊虫病、孢子丝菌病、毕氏肠微孢子虫、皮肤仔虫移行症、类志贺（氏）毗邻单胞菌感染、钩端螺旋体病、巴氏杆菌呼吸道感染症、皮癣菌病、沙门菌病、动物鹦鹉热衣原体（Chlamydia psittaci 猫株）病、猫立克次体（Rickettsia felis）感染症、嗜吞噬细胞无浆体病、牛痘、孢子丝状菌（Sporothrix schenckii）病、霉菌病、球孢子菌病、伪结核耶氏菌病、产气荚膜梭菌病、李氏杆菌病、棒状杆菌病、犬绦虫（瓜实虫）病、欧洲蝙蝠狂犬病（EBLV），猫咬感染症：动物溃疡伯格菌（Bergeyella zoohelcum）、狗咬二氧化碳嗜纤维菌、多杀性巴氏杆菌、炭疽、犬奈瑟球菌等。猫可以通过咬、抓伤和舔途径将免疫缺陷病毒传播给人，但人不能传播给狗和猫。

猫抓病呈全球性分布，在温带地区秋季、冬季多发，经猫抓咬或经猫蚤传播，病原体是巴尔通体。一般在暴露后一周25%~60%的患者出现原发损伤处的丘疹，有的形成小疱并结痂。约2周时出现疼痛和局部淋巴结肿大，半数病例局部淋巴结病变为唯一临床表现，常持续3周左右，而后自行缓解。也有约15%的病例出现局部化脓。伴随症状有疲乏无力、发热、皮疹、腮腺肿胀以及癫痫发作（<1%）。其他表现有眼肉芽肿、结节性红斑、血小板减少性紫癜和骨髓炎。免疫虚损患者特别是HIV感染者感染巴尔通体后常表现为杆菌性血管瘤，为酷似卡波济肉瘤的紫色皮损或为无色的皮下结节。

我国的宠物猫带染弓形虫是比较严重的，孕妇感染是由于直接接触了猫的粪便或污染的物体。儿童接触猫也是易感对象。

第四节　观赏鸟源性人兽共患病

观赏型鸟类一般外表华丽、羽色鲜艳、体态优美、活泼好动，主要有寿带、翠鸟、三宝鸟、红嘴蓝鹊、蓝翅八色鸫、金山珍珠、白腹蓝翁、牡丹鹦鹉、高冠鹦鹉。还有一些体型较大的，如孔雀、山鸡等。实用型鸟较聪明，经训练可能掌握一定的技艺与表演能力，如鹩哥、绯胸鹦鹉、蓝歌鸲、白腰文鸟、棕头鸦雀、黑头蜡嘴雀等。这些鸟，有的能模仿人语，有的能依照人指示叼携物体，有的甚至能帮人打猎，如猎鹰、猎隼等。鸣唱型善于鸣叫，如画眉、柳莺、金翅雀、云雀、树莺等。观赏鸟类源性人兽共患病主要包括禽流感、弯曲菌病、鹦鹉热衣原体病、丹毒丝状菌病、新城疫、巴氏杆菌病、沙门菌病、组织胞浆菌病、西尼罗病毒热、耶氏菌病、结核、微小脑内孢虫、新型流行性感冒、隐球菌病、立克次体病等。

鹦鹉热：无论是家鸟、野鸟还是鹦鹉，鸟儿都可以携带鹦鹉热衣原体，所有携带该病原的鸟类都可以使人感染，因此本病应称为鸟疫更恰当。人经鸟而感染的，多表现为呼吸道症状。也有人传染人的报告，但很罕见。当呼吸道症状较轻时，往往不能被诊断出来。即使发生了肺炎，诊断的确定也需要感染急性期与恢复期血清抗体效价有4倍以上升高。临床上对疑似患者，应给予经验治疗。如果有病鸟接触史，应高度怀疑本病。鹦鹉热肺炎时病情较重，常有高热、寒战，肺部有大叶性炎症病变，咳脓痰，但痰涂片没有异常发现，因鹦鹉热衣原体在革兰氏染色时不着色。

隐球菌病：新型隐球菌能在鸽粪中存活。血清学检测发现，信鸽爱好者比一般人群的感染率高，但患病率并不高。进一步观察发现，辅助性T细胞缺陷者容易发病。新型隐球菌感染常先表现为呼吸道感染，但随后可播散至多种组织器官，包括中枢神经系统。如果不及时治疗，死亡率可高达59%，存活者可留有后遗症。

禽流感　欧洲每年进口100万只野生活禽类，主要作为宠物出售，其交易量占全球的4/5。2005年在英国发现一只鹦鹉感染禽流感病毒死亡。野禽贸易和走私"造成了在工业国家传播禽流感病毒的主要风险"，这种贸易比候鸟迁徙更容易传播禽流感病毒。这一假设"并不是对候鸟迁徙在禽流感传播中起作用的可能性发出挑战，但它带给我们新的认识，即需要重新审视人类合法或非法禽类贸易行为在传播禽流感方面的影响，它与所宣传的候鸟传播到底哪个更严重"。宠物鸟、走私的野生鸟类、家禽市场交易、斗鸡等可能是禽流感的主要扩散渠道，因为有些资料并不赞同野生鸟类长途传播学说。科学家们认为，活鸟市场、四处游走的家禽工人、家禽的流动以及斗鸡表演，很可能是传播禽流感灾害的最主要因素。

第五节　其他宠物源性人兽共患病

一、啮齿类来源的人兽共患病

啮齿类宠物包括龙猫（南美洲栗鼠）、仓鼠、花栗鼠、豚鼠（荷兰猪）、松鼠、宠物貂、小白鼠、小白兔、短耳兔、垂耳兔、狮子兔等都可以在中国饲养。

啮齿类动物可以带染很多病原，如阿根廷出血热、鼠咬热。啮齿动物传播汉坦病毒，南美洲栗鼠、大鼠、小鼠传播单纯疱疹病毒、钩端螺旋体病、臭鼬传播狂犬病、蜱媒回归热、鼠疫、玻利维亚出血热、汉坦病毒感染症、李氏杆菌病、立克次体病、皮癣菌病、委内瑞拉出血热、贾第虫病、肺囊虫病、拉沙热、恙虫病、地方性斑疹伤寒、土拉菌病（兔热病）、兔脑炎原虫病、淋巴球性脉络丛脑膜炎、耶氏菌病、膜壳绦虫病、短小绦虫病、螺杆菌感染症、猴痘、牛痘、沙门菌病、查菲埃立克体病、毛细线虫病、隐孢子虫病、旋毛虫病等。

二、两栖爬行动物来源的人兽共患病

两栖类动物也是人们喜欢的宠物，如树蛙、角蛙、金蛙、东方蝾螈（娃娃鱼）、金麒麟、乌龟、各种蟹类、蛇等。

两栖类动物可带染沙门氏菌病、蛇螨（Ophionyssus natricis）寄生、嗜水气单胞菌感染、大肠杆菌病、幼裂头绦虫病、溃疡分枝杆菌（Mycobacterium ulcerans）感染症、芽胞梭菌感染症、舌虫感染症（Pentastosomiasis）、迟钝爱德华氏菌（Edwardsiella tarda）感染症、弯曲菌病等。

三、蝙蝠来源的人兽共患病

蝙蝠类动物全世界共有900多种，我国约有81种，是哺乳类中仅次于啮齿目的第二大类群。它们可以大体上分成大蝙蝠和小蝙蝠两大类，大蝙蝠类分布于东半球热带和亚热带地区，体型较大，身体结构也较原始，包括狐蝠科1科。小蝙蝠类分布于东半球、西半球的热带、温带地区，体型较小，身体结构更为特化，包括菊头蝠科、蹄蝠科、叶口蝠科、吸血蝠科、蝙蝠科等十余科。

蝙蝠能够带染很多人兽共患病病原，如狂犬病、立百病毒感染症、组织胞浆菌病、亨德拉病毒病、SARS等都能通过蝙蝠传播。蝙蝠能够通过叮咬、抓伤或被动吸入含有其唾液的气溶胶而传播狂犬病。除此之外，蝙蝠还可传播欧洲蝙蝠狂犬病毒-1（European bat lyssavirus，EBLV）、欧洲蝙蝠狂犬病毒-2和最近报道的澳大利亚蝙蝠狂犬病。经蝙蝠传播的狂犬病常常没有被咬伤的证据，很可能存在未察觉的咬伤或未意识到的与蝙蝠唾液等分泌物的接触。因此，在下列情况下，相关人员应注射狂犬病免疫球蛋白和接种狂犬病疫苗：①人睡觉醒来时发现房间里有蝙蝠；②有幼儿居住的房间里发现有蝙蝠；③意识不清或智障人员生活的房间里发现有蝙蝠。蝙蝠还是尼帕病毒和亨德拉病毒等副黏病毒的储存宿主。

四、非人灵长类来源的人兽共患病

非人灵长类常见有恒河猴、熊猴（阿萨密猴，蓉猴）、短尾猴、台湾岩猴、平顶猴（猪尾猴）、猕猴、狨猴（囊猴）、獭猴、夜猴、松鼠猴、猩猩等。主要人兽共患病有疱疹B病毒感染症、埃博拉病毒出血热、猴痘、马尔堡病毒出血热、杆菌性痢疾、黄热病、HIV等。

五、鱼来源的人兽共患病

鱼来源的人兽共患病有霍乱、肉毒杆菌中毒、膨结线虫病（又称巨肾虫病，由 Dioctophyme renale 所引起）、肠炎弧菌食物中毒、类丹毒（丹毒丝状菌感染症）、横川吸虫病、异尖线虫病（Anisakiasis）、棘口吸虫病（Echinostomiasis）、华支睾吸虫、类志贺（氏）毗邻单胞菌感染等。

表5-3 宠物的真菌病和寄生虫病

疾病	狗	猫	雪貂	兔	仓鼠	啮齿动物	马	鹦鹉	鸽子	鸟类	乌龟	鱼
真菌病												
隐球菌病	○	○	○	●	○	○	○	○	●	●	◐	○
癣	●	●	●	●	◐	◐	●	○	◐	◐	○	○
孢子丝菌病	●	●	○	◐	○	◐	◐	○	○	○	○	◐
寄生虫病												
隐孢虫病	●	●	◐	◐	◐	◐	●	◐	○	◐	◐	○
皮肤幼虫移行症	●	●	○	○	○	○	○	○	○	○	○	○
内脏幼虫移行症	●	●	◐	○	◐	◐	○	○	○	○	○	○
包虫病	●	◐	○	◐	◐	●	◐	○	○	○	○	○
疥癣和蛊虫病	●	●	●	●	●	●	●	◐	◐	◐	○	○
弓形虫	◐	●	●	◐	◐	◐	◐	◐	◐	◐	○	○
贾第虫	●	●	◐	●	●	●	●	◐	◐	◐	○	○

注：●经常；◐常见；◐罕见；○无报道。下同

表 5-4　宠物传染给人的例子

疾病	狗	猫	雪貂	兔	仓鼠	啮齿动物	马	鹦鹉	鸽子	鸟类	乌龟	鱼
病毒病												
狂犬病	●	●	○	○	○	○	○	○	○	○	○	○
淋巴细胞性脉络丛脑膜炎	○	○	○	○	●	●	○	○	○	○	○	○
细菌病												
空肠弯曲菌	●	●	○	○	○	○	●	○	○	○	○	○
狗咬二氧化碳嗜纤维菌	●	○	○	○	○	○	○	○	○	○	○	○
螺旋体病	●	○	○	○	●	●	○	○	○	○	○	○
莱姆病	●	○	○	○	○	○	○	○	○	○	○	○
类鼻疽	○	○	○	○	○	○	○	○	○	○	○	◐
禽分枝杆菌	○	○	○	○	○	○	○	○	○	○	○	●
多杀性巴氏杆菌	●	●	○	○	○	○	○	○	○	○	○	○
鼠疫	●	●	○	○	○	●	○	○	○	○	○	○
鼠咬热	○	○	○	○	○	●	○	○	○	○	○	○
沙门氏菌（伤寒型）	●	●	●	●	●	●	●	●	●	●	●	●
破伤风	●	●	○	○	○	○	○	○	○	○	○	○
土拉热	●	●	○	○	○	○	○	○	○	○	○	○
耶氏菌病	○	●	○	○	○	○	○	○	○	○	○	○
衣原体病和立克次体病												
猫抓热	◐	●	○	○	○	○	○	○	○	○	○	○
衣原体病	○	◐	○	○	○	○	○	●	●	●	○	○
洛基山斑点热	●	○	○	○	○	○	○	○	○	○	○	○

第六节　宠物重要人兽共患病流行现状

随着人类文明进程的发展和生活水平的不断提高，人类与动物的关系越来越密切，许多人将各种小动物（包括鸟类）作为宠物饲养与观赏，这无疑增加了许多人兽共患病由动物传播给人类的机会，也包括由人传播给动物，进而扩大蔓延的可能性。宠物带染的很多细菌类微生物是由无害的共生体、机会致病菌和主要致病菌组成。一些细菌是宿主适应性病原，且能感染许多动物和人，结果引起轻微疾病到快速产生死亡的疾病。也有一些就是单一的宿主，很少引起跨物种传播或疾病，即非人兽共患性。宠物携带耐药特性的病原对人的健康也是严重威胁（表5-3、表5-4）。

据北京市卫生局公布，北京宠物伤人数量激增，致死人数高居传染病之首。因此，应高度重视和预防宠物在人兽共患病的发生及扩散中的地位与作用。

一、重要宠物人兽共患细菌病

引起人致病的重要宠物性人兽共患细菌主要包括沙门氏菌、空肠弯曲菌、结核分枝杆菌、大肠杆菌等。目前，关于国内重要宠物人兽共患细菌病的流行病学研究资料较少，大多是些零星报道。

1. 沙门氏菌病

沙门菌病是最常见的与宠物主人相关的细菌性传染病。沙门氏菌感染猫、狗、家禽、爬行动物较常见。由宠物引起的人类沙门氏菌传染已成为一个重要的公共健康问题，对于儿童来说尤为严重。

美国每年约有140万人患沙门氏菌病，其中住院约14 800人，死亡约415人，14%的沙门氏菌感染由宠物龟传染。接触粪便中含大量沙门氏菌的动物会增加人患病危险，如爬行动物、幼小的动物、腹泻的动物。美国CDC与明尼苏达州进行了全国范围内的调查，2003年12月至2004年10月，从19个州共发现28例沙门氏菌病例，对22名患者进行了随访，其中13人曾接触过从宠物店购买的啮齿动物，所有的接触都发生在患病前8天内；2人因间接接触而患上沙门氏菌病。患者主要接触的动物有：宠物小鼠、大鼠和仓鼠。

河南省南阳市畜牧兽医站对300条犬的抽样调查显示，沙门氏菌携带率为3%。虽然猫对多数细菌病有抵抗力，但有研究对625只猫监测显示，发现有3%携带有沙门氏菌。宠物饲料中细菌污染是宠物感染的重要原因，史思等参照国家卫生标准规定方法检测了我国某地区6家工厂宠物饲料的大肠菌群、沙门氏菌，结果是宠物饲料半成品的大肠菌群不合格率为49.06%，沙门氏菌阳性率为7.55%；成品中大肠菌群不合格率为29.27%，沙门氏菌阳性率为0.81%。

2. 弯曲菌病

弯曲菌（$Campylobacter$）是全球范围内主要的人兽共患性肠道病菌之一，对人致病的弯曲菌中95%以上的是空肠弯曲菌（$C. jejuni$），其次是结肠弯曲菌（$C. coli$）、乌普萨拉弯曲菌（$C. upsaliensis$）、纤细弯曲菌（$C. gracilis$），其他弯曲菌偶尔致病。乌普萨拉弯曲菌主要宿主是狗和猫，纤细弯曲菌对人和狗都致病。特定血清型空肠弯曲菌引起的肠炎是人格林-巴利综合征（Guillain-Barre syndrome, GBS）的重要前驱因子。近年来，许多国家人弯曲菌病的发生率呈现明显上升趋势。

弯曲菌是包括猫、狗在内的许多野生、家养动物的正常寄居菌，宠物中高流行，感染的动物通常无明显病症，但可长期向外界排菌，通过排泄物或分娩、污染食物和饮水，从而引起人类感染。这种宠物-人（以粪-口途径传播为主）之间的弯曲菌感染每年大约导致20万例胃肠炎的发生。

2007年1月至2009年12月，扬州大学江苏省人兽共患病学重点实验室对部分地区宠物门诊以及饲养场样品进行了监测研究，336份宠物门诊样本中，空肠弯曲菌平均阳性率为5.36%，结肠弯曲菌平均阳性率为1.79%；174份宠物饲养基地及宠物犬样品中，空肠弯曲菌平均阳性率为1.75%。有腹泻症状的宠物犬空肠弯曲菌阳性率为6.67%，结肠弯曲菌阳性率为1.82%；非腹泻症状的宠物犬空肠弯曲菌阳性率为4.09%，结肠弯曲菌阳性率为1.75%。腹泻和非腹泻的宠物犬之间弯曲菌的检出率没有明显差异（$P>0.05$）。城市宠物样品空肠弯曲菌阳性率为2.28%，结肠弯曲菌阳性率为0.40%；郊区宠物样品空肠弯曲菌阳性率为13.64%，结肠弯曲菌阳性率为4.55%。郊区宠物样本空肠弯曲菌和结肠弯曲菌的检出率要极显著高于城区（$P<0.01$）。幼年犬（1岁以下）样品空肠弯曲菌阳性率为10.42%，结肠弯曲菌阳性率为2.78%；成年犬样品空肠弯曲菌阳性率为1.57%，结肠弯曲菌阳性率为1.05%。幼年犬空肠弯曲菌的检出率要极显著高于成年犬（$P<0.01$）。

3. 结核病

结核病仍然是目前严重危害公共卫生的重大人兽共患病之一。结核病（tuberculosis, TB）是由结核分枝杆菌（$Mycobacterium\ tuberculosis$）、牛型分枝杆菌（$M.\ bovis$）等所引起的人、畜、禽及伴侣动物的一种慢性传染病。虽然对人类及畜牧业生产中的结核病给予了较多的关注，但在犬、猫、孔雀、鸽、鹦鹉、八哥等伴侣动物上，结核病的危险性尚未得到充分的重视。犬的结核病主要是由人型结核分枝杆菌和牛型结核分枝杆菌所致，也有鸟型结核分枝杆菌感染的报道。而犬结核病多为亚临床表现，易与其他呼吸道疾病混淆，患犬成了人类结核病最隐蔽、危险的传染源。

上海市动物疫病预防控制中心等对352份犬、猫鼻液、痰液、尿液及宠物饲料样品进行检测，以16S rRNA、IS6110、Rv3878、IS1081、ESAT-6和CFP-10等为目的基因设计引物，结果显示：非健康犬猫样品DNA中，ESAT-6和CFP-10基因检出率分别为43%和38.6%，而致病性分枝杆菌特异的引物Rv3878、IS6110和IS1081基因不能被检出；在健康犬猫样品DNA中，所有基因的检出率均很低。犬、猫可能携带有非结核分枝杆菌，并且患病的犬、猫被非结核分枝杆菌污染的概率较健康犬、猫更大。

4. 大肠杆菌O157：H7感染

大肠杆菌O157：H7（$Escherichia\ coli$ O157：H7, $E.\ coli$ O157）是1982年被发现和识别的一种肠道新病原体，是肠出血性大肠杆菌（Enterohemorrhagic $E.\ coli$, EHEC）的主要病原血清型，可引起腹泻、出血性肠炎（hemorrhagic enteritis, HC），极易继发溶血性尿毒综合征（hemolytic-uremic syndrome, HUS）和血栓性血小板减少性紫癜（phrombotic thrombocytopenia purpura, TTP）两种严重的并发症。HUS和TTP的病情凶险，病死率达30%。人群普遍易感，男女均发病，病后无持久免疫力，儿童和老年人的发病率和病死率明显高于其他年龄组。据美国CDC估计，在美国大肠杆菌O157每年大约导致20 000人感染，约有250人死亡。我国1999～2000年，在江苏、安徽两省发生两起大规模的暴发流行，发病人数达到2万多人。EHEC O157的储存宿主主要是牛，其他的反刍动物以及家禽、家畜、宠物，如骆驼、羊、马、鹿、猪、狗、家兔、鸟类等为潜在的宿主。EHEC O157 能够长期寄居在健康携带者和健康的牛、羊等动物的肠道中，因此无症状的带菌者和动物都可能是传染源，被污染的食物、水以及日常用品都可能成为传播因子。污染的肉类、肉制品，未经过巴氏消毒的牛奶，采摘过程中污染的水果和蔬菜，被污染的饮用水、娱乐场所用水和农田灌溉水均可引起 EHEC O157 感染疫情。

中国疾病预防控制中心和江苏省徐州市疾病预防控制中心系统收集徐州市 1999~2000 年和 2001~2006 年全国 O157∶H7 感染疾病监测徐州监测点宿主动物 3608 例进行相关研究表明，带菌率为 4.02%，不同的宿主动物带菌率也不尽相同，宿主动物带菌率依次为牛 2.35%、羊 6.44%、猪 4.69、鸡 3.70%。而郑州市疾病预防控制中心监测的 475 份动物数据也显示，牛、羊 O157∶H7 检出率分别为 6.48%、9.10%。

5. 犬布鲁氏菌病

目前已知有 60 多种家畜、家禽和野生动物是布鲁氏菌的宿主，也能够通过犬、鹿等宠物传染给人类。犬种布鲁氏菌占总体布鲁氏菌病的 2.21%，但犬布鲁氏菌感染人的证据目前还不充分。大多数犬呈隐形感染，主要表现为生殖器官发炎、引起流产和各种组织的局部病灶。人主要通过食入被布鲁氏菌污染的肉或处理因布鲁氏菌引起的流产和分娩的犬而感染，感染布鲁氏菌后，高热的症状会反复，布鲁氏菌还造成睾丸等其他器官的严重损害及畸胎等。

据中国兽医药品监察所报道，我国从南到北犬群普遍存在布鲁氏菌病，南方犬布鲁氏菌阳性率可达 20% 左右，北方牧区阳性率可达 90% 以上。北京宠物动物医院从 2008 年 1 月至 2009 年 4 月对来自北京观赏动物医院收治的患犬、出入境检测犬和北京郊区犬养殖场的繁殖犬及少量流浪犬共计 1200 只犬的血清样品进行了犬布鲁氏菌病血清学检测，结果显示北京地区犬布鲁氏菌病疫情呈回升趋势。

6. 厌氧螺菌属

厌氧螺菌属（Anaerobiospirillum spp.）属于厌氧革兰氏阴性螺旋菌，能引起人的腹泻和败血症。从与患腹泻儿童玩耍的健康狗分离到厌氧螺旋菌，但该菌继代培养较为困难。在其他健康狗和猫都分离出该菌，因此人们认为该菌是人兽共患病病原菌，但不属于重要人兽共患病病原菌。

7. 嗜吞噬细胞无形体

嗜吞噬细胞无形体（Anaplasma phagocytophilum）能引起人、狗、猫、马和其他哺乳动物的粒细胞无形体病。这种细菌具有广泛的自然宿主，包括人、狗、猫、马、绵羊、鹿、各种啮齿动物。经几种蜱传播，特别是肩突硬蜱、太平洋硬蜱、篦子硬蜱和全沟硬蜱。动物之间、动物与人之间不能直接传播，动物机械携带蜱与人直接接触传播是可能的，但极少见。

8. 弓形菌

弓形菌（Arcobacter spp.）由布氏弓形菌（Arcobacter butzleri）、嗜低温弓形菌（Arcobacter cryaerophilus）、食物弓形菌（Arcobacter cibarius）和斯氏弓形菌（Arcobacter skirrowii）4 个致病种和其他非致病种组成，这 4 种菌能引起人和动物不同疾病。该菌是革兰氏阴性螺旋形细菌，与空肠弯曲菌接近，但能在有氧和低温下生长。动物致病报告包括农场动物，如牛、猪、马、绵羊和鸡，引起流产、乳房炎和肠炎，肉也有污染。人主要引起肠炎，经水和食品的粪-口途径传播。伴侣动物的调查资料较少，健康猫口腔布氏弓形菌和低温弓形菌检出率为 77%，狗为 50%，但另一个调查为猫 25%；猫粪中未见分离到。另一个报告狗粪和口腔检出率分别为 1.9% 和 0.7%。目前关于弓形菌的公共卫生意义并不十分清楚，可能是一个独特的细菌，在动物、水、食品和环境中都能检出，与空肠弯曲菌类似，而空肠弯曲菌能从宠物传染给人。弓形菌作为人兽共患病病原并不完全清楚。

9. 嗜二氧化碳噬细胞菌

嗜二氧化碳噬细胞菌有 7 个种，并不常见，但很重要，发病率低，一旦感染迅速死亡。其中狗咬嗜二氧化碳噬细胞菌（Capnocytophaga canimorsus）和犬（牙）咬嗜二氧化碳噬细胞菌（C. cynodegmia）是两种重要的人兽共患病病原菌。该种类菌具有独特性质，不易培养，厌氧，嗜二氧化碳，革兰氏阴性杆菌，是狗和猫口腔常在菌，分离率分别是 26%~74%、18%~57%，PCR 检测为 84%~86%。感染动物一般不表现临床症状，狗（牙）咬嗜二氧化碳噬细胞菌在狗表现为支气管炎和肺炎，猫为肺炎。狗咬嗜二氧化碳噬细胞菌对无脾和免疫低下人群可引起明显感染，但感染率低，估计 0.67 人/百万人。主要传播途径是狗、猫的咬、抓、舔咬溃疡处。人从局部炎症到蜂窝织炎、脓性分泌物、淋巴管炎、淋巴结病，可快速（24h）引起系统病理表现，发热、寒战、肌痛、呕吐、腹泻或腹痛、心神不安、呼吸困难、眩晕、头痛、快速发展为多器官衰竭和 DIC。

10. 支气管炎博德特菌

支气管炎博德特菌（Bordetella bronchiseptica）是革兰氏阴性球杆菌，与百日咳杆菌和副百日咳杆菌关系密切。猫、狗、兔和鼠都是宿主，主要在动物口腔和鼻腔生存，以直接和间接途径传播，狗和猫之间呼吸道直接传播，小孩与宠物亲吻从呼吸道感染。是狗和猫或其他动物机会致病菌，狗感染主要是支气管炎，是犬舍咳综合征的常见原因；人感染少见，免疫力低下者感染会严重一些，主要是呼吸道感染，从轻微的鼻窦炎、支气管炎到肺炎。

世界范围分布，猫分离率为 24%~79%，狗为 22%，健康动物排菌率非常低。

11. 巴尔通氏体

巴尔通氏体是嗜血性革兰氏阴性变形菌，有 20 多种。在哺乳动物体中可长期生存，其中几个种能引起人的疾病，有三个最重要：汉赛巴尔通氏体（Bartonella henselae）、杆菌状巴尔通氏体（Bartonella bacilliformis）和五日热巴尔通氏体（Bartonella quintana）。汉赛巴尔通氏体是主要的伴侣动物病原菌。杆状巴尔通氏体与宠物关系不大；五日热巴尔通氏体呈世界性分布，表现战壕热。克氏巴尔通氏体（Bartonella clarridgeiae）和文氏巴尔通氏体伯氏亚种（Bartonella vinsonii subsp. berkhoffii），在人少见，但可从宠物传染给人。Bartonella koehlerae 在健康猫血液中见到，少见引起人的心内膜炎。巴尔通氏体主要通过人虱传播。

汉赛巴尔通氏体主要与猫抓病有关，引起杆菌性血管瘤和杆菌性紫癜。该菌嗜血、生长慢，家猫是自然宿主，1%~81%的分离率，跳蚤促进扩散。菌体主要存在于猫的红细胞中，动物一般无临床症状，猫可带染菌血症 22~33 周，有的甚至 1 年以上。美国每年约 22 000 人感染，各种年龄都可感染，但 10 岁以下儿童多发，表现为临床菌血症，典型的表现杆菌性血管瘤和杆菌性紫癜。克氏巴尔通氏体也是以家猫为自然宿主，健康猫分离率为0~31%，有时与汉赛巴尔通氏体共感染。法国报道宠物猫菌血症 21%~25%，流浪猫菌血症30%~42%，可能与跳蚤接触率有关。

12. 艰难梭菌

艰难梭菌是人的重要病原，具有耐药性和腹泻性致病特点。健康狗和猫及多种动物都能分离到，但真正人兽共患病作用还不十分清楚，但也有证据证明对人和宠物之间能够传播。革兰氏阳性，产芽胞厌氧杆菌，主要保藏宿主种类很多，人和动物医院、农场和家庭环境都可见到。尽管普遍存在，但传播环境的作用并不清楚，食品也是一种来源。人和动物胃肠道是该菌的主要生存场所，狗和猫肠道分离率为 0~10%。到过人医院的狗有较高的分离率，接触人医院环境和儿童对狗是艰难梭菌高风险因素。

感染动物主要表现自限性腹泻到严重的出血性胃肠炎，有的会致命；人感染主要表现无症状、轻微腹泻到严重的暴发性假膜性结肠炎和中毒性巨结肠，发热、腹痛和痉挛。

宠物与人共患细菌病见表 5-5。

表 5-5　宠物中发生的人兽共患细菌病病原与传播特点

病原	传播	正常宿主	主要病症
产琥珀酸厌氧螺菌	直接接触	狗、猫	腹泻，败血症
嗜吞噬细胞无形体	经蜱传播	狗、猫、啮齿动物、马、绵羊、人	粒细胞无形体病
弓形菌	粪-口途径	猫、狗、水、食品、环境	流产，肠炎，乳房炎
炭疽杆菌	接触感染动物，吸入	草食动物、动物产品、环境	皮肤、肺、肠炭疽，败血症
巴尔通氏体	人虱	哺乳动物	杆菌性血管瘤和杆菌性紫癜，心内膜炎
动物溃疡伯格菌	人兽共患传播？	狗猫上呼吸道共生菌	狗咬传播少见蜂窝织炎，脑膜炎
支气管炎博德特菌	直接接触，吸入	狗、猫、兔、鼠	呼吸道感染
犬布鲁氏菌	直接接触	狗	多数隐性感染，生殖器官发炎，流产，局部病灶
空肠弯曲菌	直接接触	猫、狗、家畜禽多种动物	隐性感染，肠炎
嗜二氧化碳噬细胞菌	直接接触	狗、猫	局部炎症，全身影响，DIC
猫衣原体	直接接触，吸入	猫（专性细胞内寄生）	少见，角膜结膜炎，呼吸道感染
鹦鹉热衣原体	吸入（干燥的粪、呼吸飞沫）	鹦鹉、禽、狗	嗜睡，厌食，结膜炎，肠炎，肺炎，绿到黄色分泌物，气囊炎，肝脾肿大；人轻微流感样到严重的肺炎
艰难梭菌	直接接触	狗、猫、多种动物、人	肠炎
产气荚膜梭菌	粪-口途径	狗、猫、草食动物、人	宠物传人的可能性小，肠炎
溃疡棒状杆菌	直接传播？	牛、狗、猫	少见，潜在宠物传播给人病原
博纳特柯克斯体	吸入、接触及摄入	猫	（猫 Q 热）多隐性感染，流感样到肺炎
迟钝爱德华菌	直接接触	水环境、淡水鱼、爬行和两栖动物	儿童迁延型腹泻，少见，风险小
犬埃里克体	蜱咬传播	狗和野狗	高热，贫血，消瘦，黄疸
查菲埃里克体	蜱咬传播	鹿、啮齿动物（偶然传给人）	流感样病情
伊氏埃里克体	蜱咬传播	犬	犬嗜粒细胞埃里克体病和人伊氏埃里克体病

续表

病原	传播	正常宿主	主要病症
侵蚀艾肯菌	狗咬传播	狗、其他动物和人	咬伤与其他菌共感染，表现胖胱性溃疡
肠球菌	直接接触	狗和其他宠物	粪链球菌和屎链球菌，耐药性强，传染人少见
大肠杆菌	直接接触	家畜、人，少见狗和猫	宠物传染的情况少见，也有伤口传染
土拉热杆菌	接触、吸入、叮咬、抓	兔、鸟、鱼、两栖类	蜱和蚊传播，淋巴溃疡腺炎
螺杆菌	直接接触	人、狗、猫	可能从宠物传给人少见，粪-口途径，胃溃疡
螺旋体	直接接触和间接接触	鼠、猪、马、狗	接触动物或尿液，宠物传给人少见，流感样病
结核分枝杆菌	接触、吸入	人、狗	人与狗长期紧密接触，传染给狗，结节性呼吸道病理
牛分枝杆菌、海分枝杆菌、偶发分枝杆菌、龟分枝杆菌		人兽共患？少发、少见？	
多杀性巴氏杆菌	接触、咬伤	狗、猫、兔子、鼠	人皮肤与软组织感染常见，蜂窝织炎
类志贺比邻单胞菌	接触，粪-口途径	猫、狗、爬行动物	少见，腹泻
鼠咬热	接触鼠，鼠咬、抓	啮齿动物，狗，雪貂	发热，关节炎，腹泻，其他病症由念珠状链杆菌和微小螺菌引起
猫立克次体	跳蚤叮咬	猫、狗、啮齿动物等的跳蚤	发热，头痛，皮肤损伤
立克次体	蜱咬	啮齿动物、小哺乳动物和鸟类	保藏蜱，上呼吸道症状，皮疹
沙门氏菌	直接接触	爬行动物、哺乳动物、鸟、昆虫、狗、猫	轻微腹泻，出血性腹泻
金黄色葡萄球菌	直接接触	人、哺乳动物（狗、猫）、鸟、爬行动物	化脓，蜂窝织炎
伪中间葡萄球菌/中间葡萄球菌	人兽共患传播？	狗和猫机会致病菌，很重要	人很少见
施氏葡萄球菌	直接传播？	狗、猫	对人感染少见，蜂窝织炎，化脓
犬链球菌	接触和犬咬传播	犬、人	软组织感染，尿路感染，菌血症，脑膜炎，肺炎，死亡
马链球菌	人兽共患传播？		
小肠结肠耶氏菌	宠物传播给人？		
鼠疫耶氏菌	宠物传播给人？		

二、宠物常见重要人兽共患病毒病

宠物中病毒性人兽共患病非常少见，但也有较少的一些报道或事件（表5-6）。

表5-6 宠物中人兽共患病毒病与传播特点

病原	传播	正常宿主	主要病症
牛痘	直接接触	牛，啮齿动物；狗、猫是偶然宿主	肿，热，流感样病，结膜炎
单纯疱疹病毒	直接接触	人、啮齿动物、猫	主要是人传染给兔子、啮齿动物
欧洲蝙蝠狂犬病病毒	宠物传播给人？		
禽流感 H1N1	直接接触，吸入	猪、鸟、宠物、雪貂、猫	主要是人传染给兔子、啮齿动物
淋巴细胞性脉络丛脑膜炎病毒	接触和吸入	宠物仓鼠	轻微流感样，无菌性脑膜炎，孕妇严重

续表

病原	传播	正常宿主	主要病症
猴痘	直接接触咬，吸入	猩猩、猴、松鼠、啮齿动物	皮疹，脑炎，淋巴结肿
尼帕病毒	直接接触？	果蝠、狗、猫传播？	发热性脑炎
狂犬病病毒	直接接触（咬）	犬、狐狸、蝙蝠	中枢神经症状

?：表示未确定

三、宠物常见重要人兽共患寄生虫病

宠物中人兽共患寄生虫病见表5-7。

表5-7 宠物中人兽共患寄生虫

病原	传播	正常宿主	主要病症
似引蛔虫	接触，粪-口（?）	人、狗（机械宿主）	无症状（宠物共患?）
浣熊拜林蛔虫	接触	浣熊和猫鼬	人感染：种属神经移行症
姬螯螨属	直接接触	狗、猫、兔子	疥疮
隐孢子虫	直接接触	牛（狗、猫少见）	无症状，腹泻
蠕形螨	直接接触？	狗、猫、人；人兽共患？人传狗	脱毛，中度皮炎
犬复孔绦虫	粪-口（卵）	狗、猫、跳蚤（中间宿主）	人多无症状
犬恶丝虫	间接传播	狗、猫、蚊虫（中间宿主）	犬心脏寄生，人咳嗽，胸痛
包虫	直接接触，粪-口	狗、猫、人	肺囊性寄生：咳嗽、胸痛，肝：黄疸
有轮优鞘线虫	接触虫卵或蚯蚓	狗、猫、狐狸	户外活动接触蚯蚓或环境中的卵，肺部症状
跳蚤	直接接触	狗、猫	狗、猫跳蚤很多，引起刺激及皮炎，带染病原
贾第虫	粪-口，接触	狗、猫	宠物直接传播给人？人多无症状
钩虫	直接接触，摄入	狗、猫	直接侵入人的皮肤，引起人皮肤幼虫移行症
利什曼原虫	白蛉传播	狗、猫、人	引起内脏（发热、厌食）、皮肤、黏膜利什曼病
猫耳螨	直接接触	猫	耳螨，兽疥癣，瘙痒，滋扰，皮炎
伯氏禽刺螨	直接、间接接触	鼠、禽	宠物鼠主人，实验室人员，兽医：皮炎
耳痒螨	直接接触	狗、猫	狗和猫的外耳炎，人感染少见，有瘙痒性丘疹
人疥螨	直接接触、间接接触	狗、狐狸、人	瘙痒性皮肤病、丘疹
粪类圆线虫	接触，粪-口	狗、人	环境虫体穿透皮肤，一般无症状，皮肤穿行症
绦虫（少见）	接触，粪-口	狗、猫	宠物人兽传播？神经、皮下组织、肌肉处寄生
蜱（硬蜱、软蜱）	蜱咬	狗、猫	因病原不同，表现各异
弓形虫	粪-口途径	猫	一般无症状，孕妇、老人有发热、腹泻、淋巴结病
犬鞭虫	粪-口途径	狗、狐狸	一般无症状，严重血性腹泻
胎毛滴虫	粪-口途径	猫、牛、狗	宠物传播给人？一般无症状（少见）
克氏锥虫	猎蝽叮咬、输血	狗、人	红结节，眼肿，发热，心肌炎

?：表示未确定

四、宠物常见重要人兽共患真菌病

宠物有许多真菌性人兽共患病，多数为皮肤性真菌病，癣菌病最常见，多数为自限性和非致命的。但也有一些真菌病能够引起严重的、致死性疾病，特别是免疫抑制性个体。致死性真菌病少见，而且致死率非常低。有些真菌对同一环境中的动物和人都能感染，但人和动物之间并不能互相传染。这种情况下，宠物可以作为人接触环境风险的预警动物。有关宠物人兽共患真菌及真菌病见表5-8。

表 5-8 宠物真菌性人兽共患病

病原	传播	正常宿主	主要病症
曲霉（烟曲霉）	吸入	环境，狗，猫	免疫抑制个体感染：恶性血液病
芽生菌	接触	狗	以肺、皮肤和骨骼为主的慢性化脓性、肉芽肿性病变
球孢子菌	直接间接接触、吸入	土壤	宠物和人接触土壤、吸入感染型孢子，红斑，炎症
隐球菌	接触环境，吸入	宠物鸟，猫，环境	接触宠物鸟、猫和环境，肾衰竭
皮肤癣菌	直接接触	狗，猫，其他动物	皮肤癣菌病（病原很多）
兔脑炎原虫	接触	兔子，鸟，狗，啮齿动物	免疫抑制个体、HIV表现复杂
皮屑芽孢菌	接触	狗	皮炎，过敏性疾病
孢子丝菌病	咬，抓	猫，狗	淋巴皮肤孢子丝菌病：皮肤坏死，结节损伤

第六章
野生动物与动物园观赏动物人兽共患病

当人与物理的、化学的以及生物的环境之间相互作用的结果是环境卫生对人形成威胁，当城市和城镇扩张时，人与野生动物的相互冲击就不可避免。近年来新现人类疾病就与全球人口密度增加、移动和环境破坏有关。环境污染形成生物富集、污染物持续存在于环境和生物体内，使食物链中的污染物增加，这些污染物质低水平慢接触对人健康影响结果目前还不清楚。

人类不仅从野生动物引来传染病，人类也将疾病引入野生动物，甚至危及野生动物生存。野生动物感染的群体能够引起人类疾病同时也可能作为这种传染病的地方病种。例如，非洲野生动物感染了人类结核就是生态旅游扩散的结果，这就是人类疾病引入边远动物群体的一个例子。与野生动物接触，包括处理动物、动物撕咬、食用动物都为人兽共患病直接传播提供了机遇，而野生动物病原的跨物种传播能力威胁更大。野生鸟类天然移动和节肢动物媒介传播病原都是有效的传播手段。这些因素与环境交互作用就更为复杂了。环境的破坏和改变的动力学会极大影响野生动物在人兽共患病生态学中的作用发挥。野生动物与重要的流行病学密切相关，其作为人兽共患病病原的主要"储库"（储存宿主），并携带和散播病原体或其传播媒介（如蚊、跳蚤、蜱类等），向其他野生动物（同种或异种）、饲养动物、人类传播。野生动物有关的疾病新现、作为人与动物传染病新现的预警动物、作为人类人兽共患病来源等方面，野生动物都起到非常重要的作用。人兽共患病病原体先前的地理屏障被破坏，使人兽共患病有机会扩展，由于发展的压力给我们带来更多的公共卫生风险，化学和微生物污染将影响水、空气和消费品的质量。

由于这些方面知识的局限性，应对野生动物人兽共患病传播不仅在理论而且在实践上还存在较多缺陷，因此，这章的目的一方面要大家了解野生动物传染给人类的疾病及其传播机制，尤其是与野生动物接触的风险；另一方面，我们也要阐明人类在野生动物疾病新现中的作用。野生动物疾病要从全球考虑，不要只考虑局部、区域，甚至国家方面。

第一节 野生动物生态病原学

纵观长期发生疾病历史的遗迹，针对环境变化和人类行为变化而出现的相应生态学变化，我们逐步清楚了现在和将来的人兽共患病风险。1950年北美洲狂犬病从非吸血性蝙蝠传播给人类后就广泛传播，但狂犬病毒首次在动物中鉴定是1916年的巴西果蝠体内，后在欧洲、亚洲、南北美洲发现，几个不同毒株与野生动物有关。节肢动物疾病生态学，如西尼罗河热和登革热比狂犬病复杂。虽然人兽共患病是在动物和人之间传播，但人-人传播给其他动物少见，在这些情况下人是"死亡终端宿主"，不管疾病已达到死亡极点情况如何。人对人兽共患病形成、维持和许多人兽共患病及传染病发生具有最重要的影响，有些将人类疾病引进野生动物群并作为保藏宿主。这种疾病新现的扩散很少引起人们的注意。

无论何种人兽共患病，疾病发生需要三个基本要素：在环境条件下病原能存活；宿主必须对病原易感；病原和宿主能充分的相互作用。环境因素是引发宿主-病原发病的驱动力。宿主、病原和环境的基本循环有多种排列，这些不同排列的关键与病原特性有关。人们热爱自然和生态旅游，但到一个新的地方旅游就要首先了解其风险，伴侣动物和农业实践都能引发疾病传入野生动物。

一、人类活动和野生动物源性人兽共患病生态病原学关系包含因素

（1）生态旅游 旅游的人们可能进入污染区并将微生物带入没有这些病原的地区。不要与野生动物发生直接接触，因为节肢动物媒介、污染水和文化习惯都可能是疾病传播途径。

（2）伴侣动物 狗和猫是人们饲养最多的宠物，在野外这些宠物可能被传染上病原，如蜱和其他节肢动物，鼠常携带病原。有些人以野生动物作为宠物，美国就有数起臭鼬引起人狂犬病实例，宠物龟、鸡、鸭、蛇经常引起人们沙门氏菌病。鹦鹉热经常来自宠物店和养鸟人。

（3）野生动物健康 与动物密切接触的人，患人兽共患病风险较大，如野生动物救助站人员。

（4）捕获野生动物 狩猎、捕鱼活动都直接与野外动物接触，旋毛虫多因吃野味肉而感染，大肠杆菌O157：H7也因为吃鹿肉而感染。因为野生动物可能不

经检疫，安全性不能保障。野生动物收容救护也是一个可能来源。出于公共目的，许多独立的私营部门、相关机构设立的野生动物救护站，帮助受油污困扰、受伤和其他困扰的野生动物，受感染的野生动物也包括其中。这些动物也会因各种原因造成"院内感染"，并在没有明显临床症状的情况下成为疾病流行来源。

(5) 其他方面 人类的其他活动暴露于人兽共患病，如野外工作，引起蜱咬热、真菌感染。人们可能通过多种途径感染人兽共患病，因此，要防止感染人兽共患病，就要了解不同暴露途径和相关因素，如环境中持续存在的病原像炭疽。观赏动物鱼和野生动物在进出境时要进行检疫，要了解风险因素和病原特性，如气溶胶和接触的风险。许多人非常自由和快速地来往于不同城市、国家和大陆，到一个陌生的地方去旅游，要了解该地的风险因素（表6-1）。

二、陆生环境野生动物

(1) 鸟类 西尼罗河热是陆生鸟类新现传染病，可累及哺乳动物，如蝙蝠、马和人，引起鸟和人死亡。乌苏图黄病毒（Usutu virus）与西尼罗河病毒接近，2001年在奥地利的维也纳引起鸟类大批死亡，是一种新现传染病。房雀结膜炎由鸡支原体引起，1994年首次报道后，以新现疾病形式广泛传播。野生鸟类或野生动物对耐药病原的接触并不严重，但在收容所和自然条件下也能够接触到抗生素，水中野生动物也能接触到，一些鸟类采食牛等动物粪便和饲养场动物粪便，还是有很多机会接触到抗生素环境。这样野生动物也是可能携带耐药性病原的。

沙门氏菌是人兽共患和食源性病原菌，野鸟少见。20世纪80年代中期鼠伤寒沙门氏菌是美国新西兰麻雀第一次发生沙门氏菌病流行，引起鸟大量死亡，也使家畜和人类传染。处理死亡鸟引起处理者13人感染，其中6名是小于5岁的儿童。

(2) 乌龟 乌龟也有新现疾病发生，上呼吸道疾病导致陆生乌龟种群下降，沙漠龟支原体是这种疾病的主因。

(3) 哺乳动物 狂犬病是有些地区的再现人兽共患病，在野生动物中，这种古老的疾病长期流行在浣熊中，同时外溢到其他宿主和人。1994年非洲狮患犬瘟热，是狮的一种新现传染病，犬瘟热病毒以前很少与大型猫科动物有关，仅在动物园内出现过。然而，这次犬瘟热却横扫狮群，在坦桑尼亚的赛伦盖蒂国家公园致死很多狮子。一种经典犬瘟热新的变种出现了，这也是犬科动物和猫科动物种间（障碍）跨越的实际例子。

许多新现和再现传染病涉及陆生动物，如兔拉热和鼠疫，已经出现在新的地区和不同环境下。鹿慢性消耗性疾病是一种新现传染病，还包括鹿的结核病和包虫病，其重要性是可传染给其他动物和人，引起野生动物大量死亡。并发症是野生动物和人类新现人兽共患病的另一个特征。

三、野生动物病原传染给人的可能途径

野生动物病原传染给人的可能途径见表6-1。

表6-1 人接触野生动物带染病原的途径

接触途径	一般情况
动物咬伤	患病动物其病原存在于唾液中，通过咬伤感染人，如狂犬病，口中带染病原的健康动物通过咬伤感染人类，如巴氏杆菌病，最近食用了患病动物肉及内脏，口中带染病原，通过咬伤感染人类，如土拉热
直接接触	徒手捕获、加工或处理野生动物过程中，接触了带染病原的动物组织、器官、液体和污染体表，如结核病；污染手可能再传染眼，如土拉热
间接接触	游泳和浸泡在污染的水塘，通过皮肤、眼结膜小的伤口感染寄生虫，接触到啮齿动物粪和尿污染的土壤和其他环境感染，如汉坦病毒
节肢动物叮咬	带染病原的节肢动物叮咬传染，如西尼罗河热
气溶胶	在限定区域调查的科学工作者、加工动物的工人、清洁动物加工设备人员，通过气溶胶传染病原，如新城疫；污染的皮毛在商贸、加工时通过气溶胶造成人的感染，如炭疽，土壤、鸟中和蝙蝠粪中真菌孢子，灰尘通过气溶胶吸入感染，如组织胞浆菌
消化	捕获的健康动物带染病原没经过充分烹调或生食，导致感染，如异尖线虫

第二节 人类活动与野生动物的广泛接触

一、人与野生动物交界面

人与野生动物交界面（接触面）活动与疾病新现和再现相关活动有多种形式，包括直接消费野生动物，如狩猎；非消费性，如生态旅游。个人价值和观念不同影响这个交界面活动内容，这里我们主要关心相关活动对

疾病发生的影响。

1. 关联和不同

人类活动越来越全球化，在野生动物、人和家畜禽之间不断增加和产生交界面，为不同种类物种之间和相同种类或不同种类病原传播和再传播创造机会。最新的人兽共患病就显示了在野生动物、家畜和人之间跨物种障碍传播的实例。这种交界面支持"同一个医学，同一个健康"（one medicine, one health）的概念，强调动物和医学卫生之间的相互关系。但一个医学概念并不能成为联合和预防疾病的方法，替代方式是人、家畜和野生动物疾病控制的各自方案，代替整合在一起的综合方案更为现实。野生动物、家畜和人在疾病防控方式上有差异，一般都是忽略了大规模野生动物因疾病致死的长期识别，以及野生动物与其他动物之间疾病转移的控制方面。除了对严重的传染病反应之外，一般公众很少关注野生动物疾病问题，这将妨碍总体控制方案实施（表6-2、图6-1）

表6-2 与疾病新现和再现有关的人与野生动物交界面活动样例

活动类型	活动最初目的	包括的部门	相关论述
野生动物处理			
捕获-繁殖-释放	A B C	1, 2, 3	公共照顾场所野生动物释放，非本地种类
（官方）动物转移	A, B, C	1, 2	公共照顾场所野生动物释放，常见非本地种类
（私人）动物转移	A, B, C	2, 4	私人拥有野生动物释放，常见非本地种类
商业贸易			
游戏牧场	D	4	集市贸易场产品带染野味蜱，常见非本地种类
付费打猎和钓鱼	A, B	4	私人场所付费打猎或钓鱼，可能包括非本地种类
生态旅游	C	1, 4	野生动物区域
野味肉	D	4	来自野生动物肉
野生动物宠物	E	4	野生动物商业活动，包括外来物种和商业培育物种
动物收集	F	1, 2, 4	官方和私人收集，可能包含本地种
公共活动			
野生动物收容或救助	G	1, 3, 4	照顾，治疗，野生动物释放
野生动物饲喂	A, H, I	1, 4	饲喂

注：A：狩猎；B：钓鱼；C：种类引进或再引进；D：产品（如肉）；E：宠物；F：教育；G：医疗帮助；H：观察；I：补充粮食。1：政府；2：动物园；3：大学；4：私人。

图6-1 环境质量与生态卫生：生态卫生是环境质量的反应，对人类、家畜和野生动物健康非常重要，这些成分之间的交界面的各种利益需要"同一个医学"的整体分析方法

野生动物疾病的经济和社会代价与投资科学调查和其他疾病预防与控制等方面正以蹒跚状态发展。一些国家包括我国已经关注野生动物健康和疾病预防及控制方式、传染病新现和再现关联性等问题，但与家畜和人疾病防控相比还非常弱。主要表现在如下4个核心方面：①早期检测、野生动物发病与死亡观察；②疾病诊断难度大；③及时反应；④财力支持。

（1）人和家畜疾病 人们在与疾病作斗争中必须有

持续的资金和人力投入才能有效了解疾病进展情况，同时也面临微生物适应能力变化，对新现疾病不能预测和立刻引起注意等方面的挑战。因此，这方面需要良好的基础设施以利于疾病反应和控制。人类疾病包括"以人为主"型，如 SARS 和 AIDS，往往破坏人类正常活动，与家畜、伴侣动物直接相关，人也是这些动物疾病预防控制的一个重要因素。

（2）野生动物疾病　与家畜禽和放养动物相比，野生动物一般来讲是公共性质的。一般由国家公共部门来管理野生动物，但对私人土地范围内野生动物管理还是个问题。隶属关系不同对疾病的防控模式也存在差别。我国野生动物管理属于国家，打猎是非法的。不管哪个国家对野生动物及其疾病的自然属性一般并不干涉，普遍认为发生是短暂的，并不影响种群生存。

2. 野生动物管理

打猎和钓鱼是许多国家的民间娱乐活动，规模和消费水平因动物保有量而不同。相关部门管理捕获并繁殖陆生和水生动物；捕获野生动物释放到另外一些地区；建立新种群或补充已有种群，所有这些活动都含有相关传染风险。多数野生动物对疾病、毒物具有很强的抵抗力，一些食腐动物，如秃鹰，经常食用患病动物尸体但并不被感染。另一些野生动物对一些病原却非常敏感。

（1）捕获繁殖　在野生动物捕获和繁殖过程中，繁育群健康状况、卫生条件和设施内的动物数量及在繁殖设施内维持感染动物感染的阈值水平，使环境中持续存在病原；随后，对更多动物传染。野生动物繁殖程序与水产养殖几乎一致，先进的技术使水产养殖品种越来越多，但同时相关的疾病威胁水产养殖和人类健康。这些过程具有从自然引进病原进入繁育群的危险，有些可能新现，其他可作为传染源。也可能通过繁殖场排水、动物转运时短暂饲喂感染材料和其他途径感染。注重防控动物传染病和人兽共患病对人的影响是各种操作必须考虑的问题。

（2）钓鱼　钓鱼也是人们喜爱的一项越来越普及的休闲运动，人们对养殖鱼的许多病原并不敏感，但野生鱼群中相应疾病如果传入养殖鱼群中将引起重大经济损失。通过法律和卫生检疫监控养殖场资格，包括无特殊病原和鱼类释放流域无特殊病原要求。一旦授权认为不合格，染病养鱼场将被毁掉，然后清洁和消毒。但仍要注意病原不要释放到公共水域中。

（3）娱乐性狩猎　高级猎鸟和水禽经常养殖一定数量以补充自然种群数量不足，这是保存物种经常的做法，如我国蒙古马、丹顶鹤等濒危物种，但要注意疾病传播危险。这些饲养的野生动物有时也用于娱乐和饮食，也要注意安全风险。

（4）野生动物转移　出于各种目的要将野生动物从一个地方转移到另一个地方，如动物园，首先要注意安全规模，然后还有捕获饲养过程，要对这些活动进行适当的疾病风险评估。鱼、爬行动物、鸟和哺乳动物在释放地可能同时释放出来疾病，进而影响人类、家畜和野生动物的生存环境。野生动物转移实际上是超过所有疾病、风险最高的一类疾病传播过程，要严加注意。

3. 商贸活动

全球对有关野生动物的自然旅游都有大量投资，国际和国内野生动物贸易和其他生物资源交易额也是非常巨大的，一些野生动物具有审美和商品价值，有些作为使役动物和宠物出售；非法交易量也很大。所有这些产生捕获饲养、野生动物肉、皮和其他产品的活动过程，同时还有生态旅游也伴随着这些活动，这些过程都有可能导致疾病新现和传播（图6-2）。

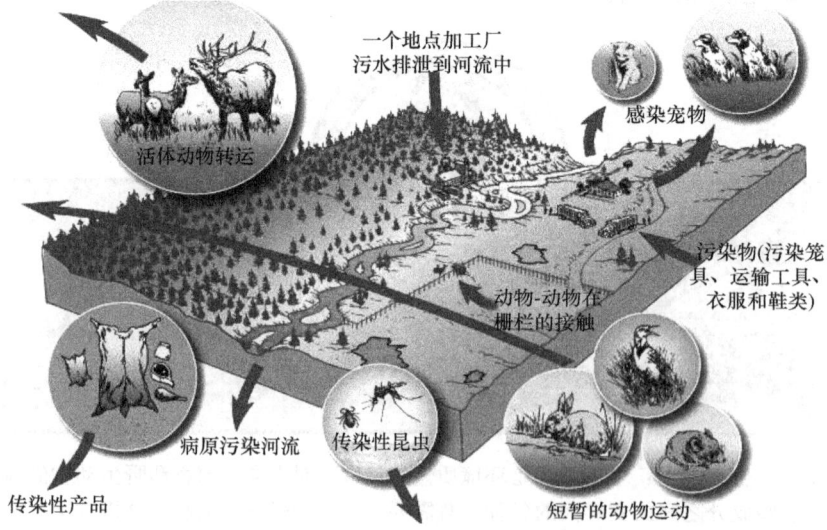

图6-2　野生动物繁殖设施、周围环境和其他位置之间病原可能移动的途径，
这些设施健全的管理强调疾病预防

（1）游戏牧场 随着人们生活水平的提高，娱乐生活愈加丰富，如游戏牧场（或含野生动物的游乐场）、野生动物饲养场、替代农业和其他相关项目，都有疾病传播风险。如果捕获饲养野生动物将疾病传染给人类，将是灾难性后果。经济动物，如皮毛动物饲养在我国的一些地区已经很发达，如狐狸、兔子、水獭、貉等，这些动物饲养密度大，有些具有人兽共患病风险，如结核病。同时还有农家饭和野味餐，经常宰杀一些野味，如野猪肉、林蛙、野鸡等。相关风险还包括朊病毒病、鹿慢性消耗性疾病（美国）、结核病、布鲁氏菌病和耶氏菌病等。

（2）娱乐性付费狩猎和钓鱼 各种形式的付费钓鱼和狩猎运动越来越普及，但这样的娱乐活动私人性质较多，这些活动缺乏对野生动物的监控和调查，存在狂犬病和绦虫、鸭疫等传播可能性。

（3）生态旅游 生态旅游实际上是一项巨大的商业活动，包括基础设施、补给、人类活动服务保障、各种产品运输，这些活动涉及人和物从远距离进入该区域，产生人与动物接触过程，有直接和间接方式，与全球旅行和商贸有关的活动也涉及疾病传入和新现风险。传入方式包括感染人员、伴侣动物、食品供应和其他方式。人和动物进入地方流行病野生动物区域，同样会将病原带出来或带进去。人、猴和猿的近缘关系对人所带染的病原容易感染，反之同样（表6-3）。伴侣动物是另一种将病原带入野生动物群的风险源，法规上是禁止将宠物带进国家公园或公共公园的，防止因昆虫叮咬而使疾病相互传染。狗的心丝虫病传染给野生犬科动物，如狼。伴侣动物粪便和没有处理好的人粪便也是环境潜在污染源，野生犬科动物的犬细小病毒感染就是例子。食物带进观光区也是一种风险，在南极、孤独的海岛和加拉帕戈斯群岛遥远的好鸟群呈现严重的禽类疾病就是与食品遗弃有关。

参与生态旅游的人数将越来越多，大量人群将要进入"处女地"和经常访问野生区域，疾病新现提醒人们关注疾病的预防。

（4）野味肉 野味肉有两种用途：野外生存和市场价值。在猎获野味肉的同时，人类也有可能感染疾病，如可能因为将类人猿作为食物而感染 AIDS。欧洲野味肉市场数量较多，而中国正规市场数量少，但非法交易还是很多，包括鸟、禽、野猪、野兔、蛙等，多数不经过检疫和食品安全评价。SARS 就可能是吃野味肉而传染人，发现这种情况应及时报告官方，以便及时采取应对措施。

（5）野生动物作为宠物 野生动物宠物贸易已经很普遍，在动物转运和贸易时增加了动物种之间接触的机会，病原和媒介就有可能侵入新的宿主。现代的运输速度在临床症状出现前就远距离运输到目的地，如猴痘，野生动物宠物猴痘并不少见，臭鼬成为宠物后，其狂犬病发生及传播风险即增加了。草原土拨鼠的猴痘、土拉热都发生不久，且都是人兽共患病病原。在亚洲市场土拨鼠也发生过土拉热。

野生动物相关传染病在生物学和政策上弄清楚是困难的，因为动物种类广泛、业务量大、国际贸易非组织性成分多；国际贸易以鸟类、爬行动物和观赏鱼为主，但也有大量哺乳动物、两栖类和无脊椎动物。爬行动物的沙门氏菌病常见。

4. 其他相关活动

（1）野生动物收容所 野生动物收容所或救助站主要是私营，兽医人员和其他野生动物卫生相关的专业人员参与。很少对收容所动物疾病或死亡动物进行评价，除非具有高致病性或法定报告疫病，对释放的动物缺乏有效的鉴定。每年都有大量鸟来收容所，对这些鸟类多数不了解其健康状况，这就有可能将染病动物带进来。收容所对收容的野生动物疾病诊断上能力有限，对于野生动物健康状况快速特异的调查系统是发展趋势，及时确定疾病性质非常有意义。

（2）野生动物饲养 很多人喜欢喂养野生动物，如鸽子、松鼠等。在饲喂时大批动物聚集在一起，感染动物可能污染食物和饲喂区。美国这样的饲养广场中的糜鹿有自我循环的布鲁氏菌病，鹿饲喂有可能传播结核病，鸟类雀结膜炎和鸣鸟沙门氏菌病可能主要通过这种方式传播。使用管状物进行饲喂会减少风险。

二、需要发展的措施

同一个医学概念为我们在哲学和功能变化上对野生动物风险管理指出方向。因为人、家畜和野生动物之间

表6-3 人类病原进入野生非人类人猿群的样例

疾病	病原	野生动物	发生年代	一般评论
结核病	结核分枝杆菌	多种	历史到现在	主要是结核分枝杆菌，牛结核占10%～30%
脊髓灰质炎	脊髓灰质炎病毒	黑猩猩	1964年、1966年	印度汞贝国家公园6个死亡、6个麻痹
麻疹	麻疹病毒	大猩猩	1988年	卢旺达国家火山公园死亡6只，27只患病
呼吸道疾病	细菌、病毒	黑猩猩	1968～1996年	从1920年以来对人呼吸道感染非常敏感
				印度汞贝国家公园每次死亡1～11只
雅司病	细菌	橄榄狒狒	1989年	印度汞贝国家公园致死性病例
疥疮	螨	大猩猩、黑猩猩	1996年，1997年	野生大猩猩
寄生虫病	体内寄生虫	多种	20世纪八九十年代	印度汞贝国家公园黑猩猩，卢旺达大猩猩

存在许多传染病，并在疾病传染方面强烈地交织在一起，需要找到一个共同的、普遍使用的解决方案，需要在动物出现疾病之前就能采取预防的措施，对野生动物疾病采取"同一个医学"方式防止人兽共患病发生。

人类活动是推动疾病新现的主要动力之一，如果适当处理和应对就会对野生动物有利，反过来对人和家畜也有利。

1. 完善相关法规

法规主要关注野生动物拥有人、销售和非家用动物运输部分及疾病预防和控制的责任，特别是野生动物特殊疾病威胁情况下对家畜和人类威胁的控制，如宠物贸易中人类接触感染动物而后再感染猴痘。完善野生动物交易、疾病控制法规，如对转移动物要经过兽医和生物学家的卫生评价，观察是否有外部寄生虫、疾病、外伤等情况后，再转运。如有必要进行采样和实验室检查，要有指导原则和实施方法，减少准备运输的动物风险。

转移动物的检疫对许多动物都是一个标准，这就为捕获没有表现症状的动物提供观察时间，也给实验室分析和完善健康评估提供时间。检疫不一定始终做，圈养动物期间花费很高，对野生动物人们希望快速释放，释放季节也影响检疫及其类型、健康检查程序等。但也有人反对对野生动物检疫、卫生检验和疾病确认：可靠的方法并不能确定动物无病，家畜疾病检验方法应用到野生动物可能产生假阳性，强调检疫对野生动物卫生和健康是有害的。在一定地理区域内捕获动物和释放风险是一样的，不存在新的风险，但转运的风险应该属于最大的一种。

2. 加强基础设施建设

我国野生动物管理是国家行为，相关的基础设施发展、科学管理和疾病的反应能力同样重要。科学管理能力要足以应对疾病新现的预防和及时处理。最基本的共同投资建设包括：

（1）对野生动物疾病和疾病新现早期检测，分析改变类型的方法学调查、监控和资料分析；

（2）动物流行病的体系性、跨机构和跨学科的疾病反应能力；

（3）对新现传染病应对，针对野生动物健康的法规主要关注疾病预防和权威性恶性疾病控制；

（4）具有适当应对野生动物疾病规模和变化情况的科学调查和装备水平；

（5）建立野生动物国家网络报告系统：①野生动物精确的可信性高风险疾病报告；②建立与人的人兽共患病调查系统连接网络；③与家畜动物疾病调查和报告系统连接；④最终与国际疾病追踪和趋势分析系统连接。

面对未来，我们应该以全方位视角对待野生动物疾病。很多人兽共患病和家畜禽疾病都是野生动物的传染源，人类健康和农业利益的需求也将促使增加野生动物群疾病预防和控制投资。许多人类活动和行为促进了野生动物疾病新现和传播，野生动物卫生预防工作需要多方面合作才能做好。

第三节 人兽共患病与旅行

发达的交通使人们乐于外出旅行，生态旅游更是如此。旅游中人们与从未接触过的野生动物相处，就有机会与新的病原接触。及时准确诊断和控制疾病是预防流行的基本措施，旅行者一旦感染因远离家园及时诊断相对复杂和困难，也不知道所携带的食物和产品中含有病原，在人们日常的医疗诊断时往往忽略外出旅行情节。这一节主要的目的是提醒人们外出旅行时注意人兽共患病接触性风险，在寻求医疗帮助时，对及时准确诊断提供指导。

一、旅游与人兽共患病可能的接触机会

人们在旅游时有很多不同方式（如咬伤与狂犬病）接触人兽共患病。其他途径可能没有这么明显，即使医学领域也很少注意到这些潜在的传播途径和风险因素。当医护人员注意到旅行地理区域可能并不存在与患者相关的病原时，诊断就更加复杂化。现代社会免疫抑制人群比例越来越高，这些人群的疾病新现或再现可能性高，这种趋势在老龄化和免疫抑制治疗人群中应该很多，发达和发展中国家因免疫抑制和不免疫疫苗的儿童被忽略也成为较高的危险因素。近些年AIDS和结核病就是两个免疫抑制呈现新现和再现疾病样例。

1. 直接接触途径

在遥远的发展中国家接触家畜和野生动物潜在风险要比工业化国家市区的接触风险更大。然而，近10年世界传染病新现和再现的不断出现需要人们警觉，需要关注风险评估和人兽共患病预测方面的发展。有些直接传播途径被大大低估，如美国超过5000万人次被狗咬，抓伤的比例可能更高。宠物的免疫状态和咬伤程度影响旅行者是否就医的态度。一般来说，被野生动物咬伤和抓伤看医生比宠物咬伤的比例高。有时在外旅行的睡觉期间被蝙蝠咬伤可能并未感觉到，但却有狂犬病风险。虽然野生动物咬伤的比例很低（1%以下），但可引起各种感染，其中的一些如猫抓热与家用动物有关。一些巴尔通体病是猫咬、抓伤等机械性传播引起，猫牙齿和爪带染有跳蚤粪。很多种类动物咬伤易引起多杀性巴氏杆菌病。

许多人兽共患病传播途径不同于咬伤。蚊虫、蜱、跳蚤等的叮咬，能直接感染组织、体液和分泌液，是动物疾病调查者、野生动物收容站和动物产品加工者的主要职业风险。猎人、捕猎者、渔民、生物学家和其他与动物接触者仅与动物接触，风险相对较小。至于野生动

物处理者与个人疾病之间的关系可能并不引人注意。野生动物处理、口袋宠物，如杀鼠、仓鼠、豚鼠是另一种在旅行或家中潜在接触病原的途径。接触污染水、羽毛皮屑传播的气溶胶性鹦鹉热，爬行动物宠物和鸟粪污染动物体表的沙门氏菌可能间接传播人兽共患病或传染病。吃野味肉和食品的途径使旅行者带回一些寄生虫，英国的颚口线虫病就是该国新现疾病。

2. 间接传播途径

人类接触人兽共患病有许多间接途径（表6-4、图6-3、图6-4），与荒野旅行或冒险旅行有关。野外比赛、漂流、游泳等都曾发生过细螺旋体病、细菌病，与可能吸入污染水有关。螺旋体病作为人兽共患病具有广泛地理分布和动物宿主，特别是野生动物宿主。由于螺旋体必须在潮湿或有水的地方生存，许多接触这些环境的人，如潜水、游泳、运河工人、冒险湿地旅行和森林旅行者都有螺旋体病感染的例子（图6-4）。

表6-4 处理野生动物使人类感染传染病（非咬伤和抓伤途径）

疾病	病原	野生动物	一般评论
链丝菌病	刚果嗜皮菌	白尾鹿	生物学家检查射杀鹿时手感染
鹦鹉热	鹦鹉热衣原体	水禽	野生动物调查，雪雁和美洲鹤是最可能来源
丹毒菌病	猪丹毒杆菌	海洋动物	海洋动物处理和搜救，如死鸟处理者感染
沙门氏菌病	沙门氏菌	鬣鳞蜥、龟	宠物龟可能是主要来源
类鼻疽	类鼻疽伯克氏菌	海洋哺乳动物	中国香港水族馆的兽医人员偶然吸入鲸鱼呼吸飞沫
猴痘	正痘病毒科	土拨鼠	处理感染土拨鼠
AIDS	人类免疫缺陷性病毒	类人猿	捕获和使用类人猿肉，病毒跨物种传播
海豹指	支原体	鲸鱼、海豹、北极熊	海豹和鲸鱼捕猎者职业病

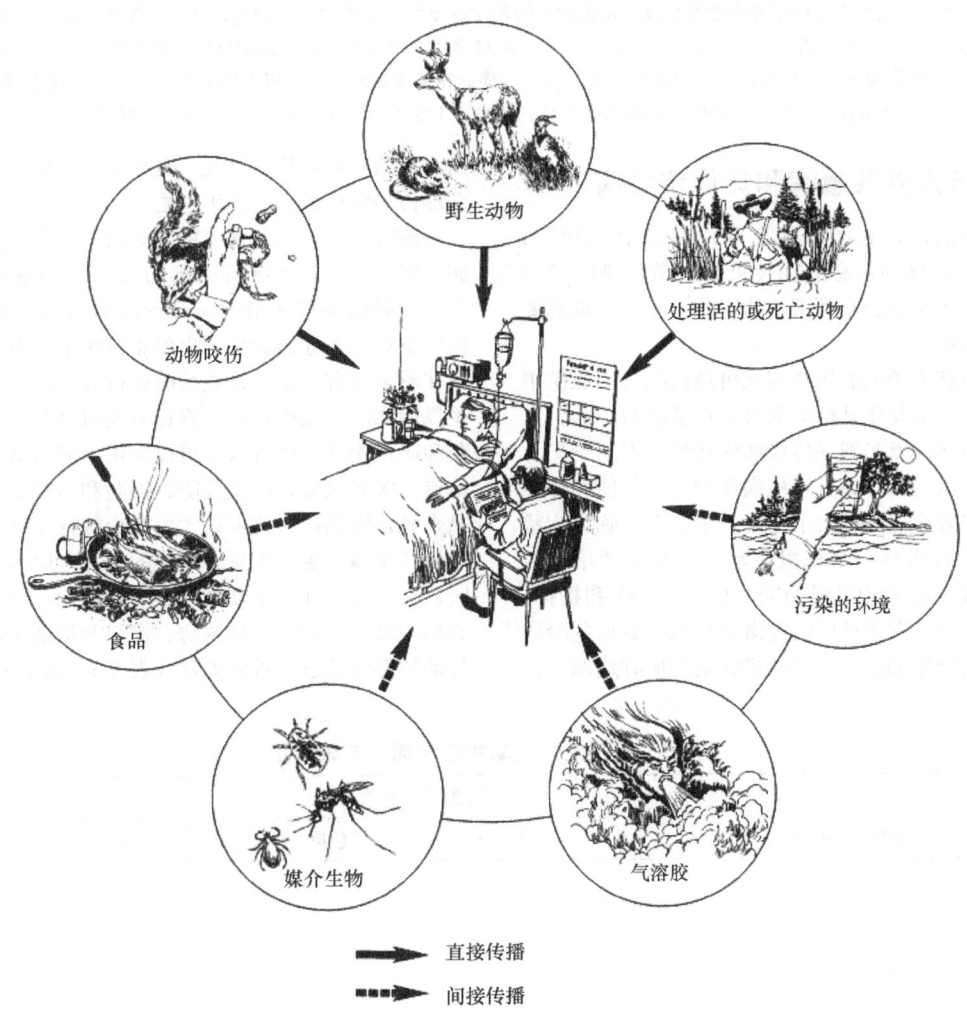

图6-3 动物和人之间传染病可能传播的普遍途径

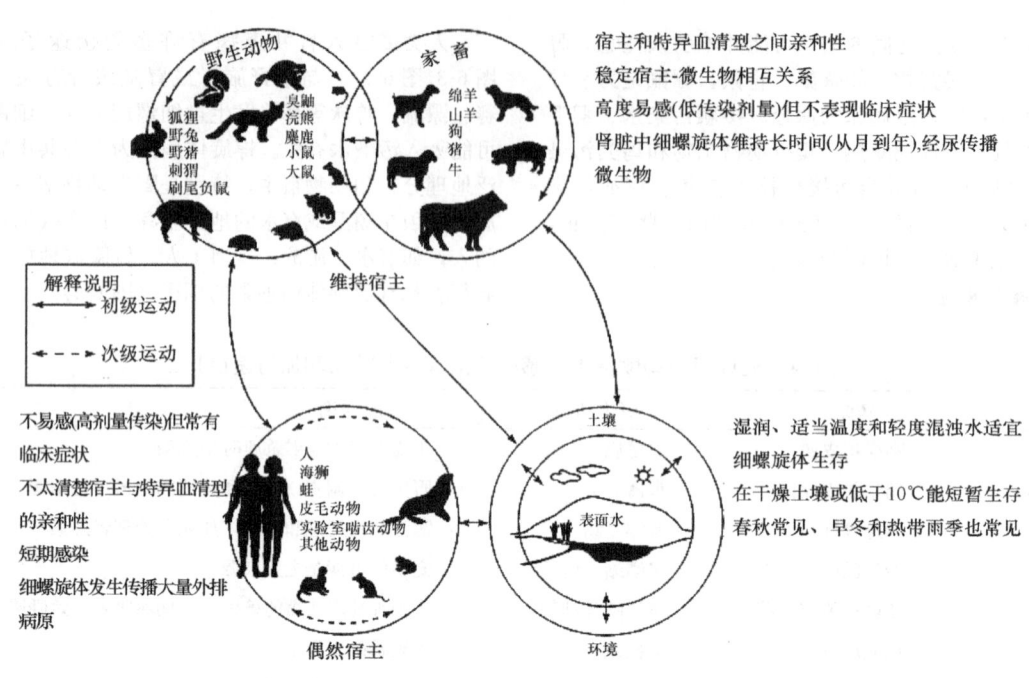

图 6-4 细螺旋体病（见于许多动物）

宿主-病原相互关系中动态流行病学和常数变化改变相关宿主的相对重要性；家用动物（如狗、猫）与各种啮齿类之间人类疾病的许多重要宿主漂移是常见的；人始终是偶然宿主，因此，在传染病维持方面并不重要；人的感染主要是食物或皮肤擦伤，通过嘴摄食、结膜和生殖道黏膜途径；风险最大的有农场工人、兽医、狗饲养者或狗的主人、屠宰场工人、屠夫、处理生肉者、烹调者、狩猎者、农场主、野生动物救助站人员、动物园工作人员、生态旅行者、冒险运动员等

二、旅行与人兽共患病和其他传染病

据 WHO 估计，至 2020 年全球约有 15 亿人旅行，这么庞大的人群移动具有潜在传染和扩散传染病的风险。同时也使传染病分布类型快速变化，对于传染病要从全球角度考虑。

人类旅行和人兽共患病新现或再现情况与"煤矿中金丝雀"一样，金丝雀是煤矿空气质量敏感检测器，人类旅行的卫生状况就是新现传染病的指数。不同于矿井中的金丝雀，旅行者作为新现疾病预警者、信使和传播者，这种突出效应远远超出了个人卫生、个人临床症状意义之外。旅行者是一个积极主动的生物学"单位"，他（她）将微生物遗传材料拾起、加工、携带和扔掉，在缺乏临床表现情况下可以引进潜在病原，更加危险的是现代旅行的频率如此高。这些概念适合所有病原，包括人兽共患病病原。因此，全球贸易、旅行、移民等是全球传染病扩散的主要因素之一。

旅行增加了真菌性感染，如组织胞浆菌和球孢子菌病（图 6-5）。对于旅行引起的真菌病的诊断是一个挑战，如副球孢子菌病（paracoccidioidomecosis）在旅行区感染后几年才能发病。提倡旅行医学和荒野旅行医学现在看来很有必要，在旅行前进行旅行医学咨询可以减少风险和防止发生疾病，旅行后及时就诊，准确及时诊断和确定疾病。旅行医学可以提供不同公共场合、潮湿地点、疾病风险，以及预防、控制和治疗、保健等的信息来源，做到这些就可以大大减少旅行中的人兽共患病发生和传播。更长期看，这样的努力可以改善人们的健康，减少家畜和野生动物群疾病的影响，以及由此引起的相关经济负担。疾病预防、控制和早期干涉是保持人与动物健康状态的重要因素（表 6-5、表 6-6）。

表 6-5 人类经野生动物咬和抓伤感染例子

病原类型	野生动物种类										
	短吻鳄	蜥蜴	蛇	鱼	鸟	鼠	仓鼠	松鼠	负鼠	海豹	其他
细菌											
不动杆菌	+					+					
气单胞菌	+			+						+	
拟杆菌	+	+		+							

续表

病原类型	野生动物种类										
	短吻鳄	蜥蜴	蛇	鱼	鸟	鼠	仓鼠	松鼠	负鼠	海豹	其他
枸橼酸杆菌	+		+	+					+		
肉毒梭菌	+		+	+	+						
棒状杆菌	+		+			+				+	
肠杆菌	+		+								
丹毒杆菌			+							+	
大肠杆菌										+	狮、虎
弗朗西斯氏菌								+			狼
梭菌	+					+					
细螺旋体						+	+				
微球菌			+	+							
巴氏菌	+		+		+			+	+		食肉动物
变形杆菌	+		+								
假单胞菌	+		+	+							
沙雷氏菌	+	+									
螺旋菌						+					
葡萄球菌		+	+	+				+	+		
链球菌			+		+	+		+	+		
弧菌			+				+				
真菌											
霉菌	+				+						
病毒病											
狂犬病											蝙蝠
											犬科动物
											臭鼬
											其他
淋巴细胞性脉络丛脑膜炎						+	+				
B型疱疹											猴
猴痘											猴
											土拨鼠
											狗

+表示人类感染案例

表 6-6　医生和患者（旅行者）共同应对人兽共患病

医疗保健工作者提问	旅行者/野生动物或动物看护者、野生动物爱好者提供信息
是否有免疫抑制的医学问题（癌症、化疗、肝病、移植、AIDS、风湿） 外出旅游没有？如果有参与了哪些活动？（划艇运动，游泳，钓鱼，狩猎，徒步旅行，访问农场、动物园、荒野旅行） 最近发热吗？不知原因的发热？ 接触过陆生或水生野生动物吗？ 你每天有规律户外活动吗？ 当你户外工作或与动物接触穿防护服吗？ 有被昆虫咬过吗？ 在接触动物后有过敏反应吗？ 当你与动物接触或旅行时出现伤口吗？ 是否记得与动物、野生动物接触有气溶胶风险？	在述说症状前，应该先叙述一下你的职业、爱好、旅行范围。 告诉医生： 免疫抑制的相关问题（癌症、化疗、肝病、移植、AIDS） 最近有没有出国旅行 是否去过不经常去的地方，如野生动物区域或水上运动 是否接触过动物、植物、鱼等 是否接触过家畜产品（如清洁胴体、收集血样、追踪野生动物、检查动物排泄物） 旅行时与水生动物、陆生动物间接接触（如气溶胶吸入、昆虫侵袭、蚊虫叮咬，吃野味，处理皮毛） 是否记得旅行时有伤口

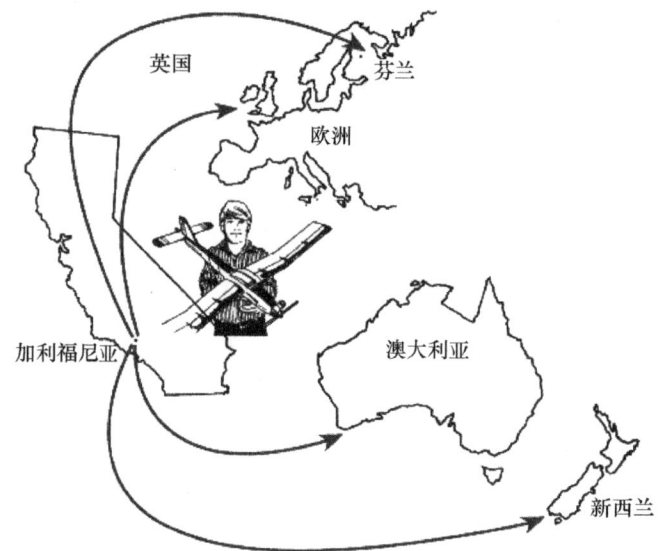

图 6-5　世界航模冠军锦标赛期间感染球孢子菌病的国际传播实例

第四节　野味食用安全

野生动物仍然是世界上许多人的食物来源，涉及的范围很广，从水生贝壳类到森林中的熊等各种类型动物。自古以来人类始终在进行捕猎、捕鱼活动，现代社会仍然存在着野生动物娱乐、社会和文化的其他需要，全球还有很多社会群体的食品补充、生存需求等还要不断消费野味肉。对于新接触野味的人关于如何处理、制备食用安全肉还经验不足。很多野生动物肉是现场加工的，很少经过检疫，因此，安全加工和消费很重要，必须考虑疾病新现和再现问题。

娱乐性和生态旅游捕获野生动物时我们要关注食品卫生的两个方面：建议和指导。当不确定野味肉是否安全时，重要的是找到正确的处理方法，知道如何处理使其安全，而不是马上消费它。不要饲喂腐坏肉给宠物或家畜禽，可能影响其健康或感染传染病。有些危害物不能直接看到，有时不可避免。

一、一般指导

许多无脊椎动物，如水生贝壳类动物是全球各地重要的食品资源，但也易传播不同疾病。这些动物是滤食者，在不发达国家常被人类废弃物污染，它们将水中的毒素经过滤食作用使其身体内富集毒素，如藻华产生的毒素威胁人类健康，捕获这些动物作为食物来源，首先要了解环境卫生条件。甲型肝炎就是消费牡蛎、蛤等感染的。

1. 了解当地情况

当人们要捕获野生动物时要很好地了解当地野生动

物疾病流行情况，如当地是否有土拉热。打猎时要警惕兔子和啮齿动物处理时划伤自己及潜在土拉热媒介叮咬，如蜱的叮咬。渔民要看看当地水污染情况，判断鱼是否可吃。

2. 消费安全指导机构

野生动物消费者要接触当地公共卫生当局、渔业和野生动物管理部门，询问有关野生动物卫生状况。

3. 要学习适当处理以及野味食品制备技术

野生动物胴体的护理和适当去除内脏技术对肉的食用安全非常重要，现场清洁和适当保藏及气候条件很重要，温度高，很快就产生腐败。飞尘、苍蝇和其他现场条件存在传播病原风险，需要用袋装或容器来保护胴体，降低温度，防止腐败也很重要。大型哺乳动物在捕获后其内脏应立即摘除，同时不要弄破胃肠道。个人要戴好手套或穿好防护服，避免直接接触胴体及防蜱叮咬。处理完废弃物要适当处理现场环境，不要危及当地家畜和野生动物，容易形成寄生虫感染循环，如绦虫传染循环见图6-6。

图6-6 犬带状绦虫循环

犬带状绦虫的感染虫卵隐藏在食肉动物（如土狼）粪便中，被兔子消化。卵在兔子体内孵育为幼虫并在其体内移行进入组织。当食肉动物食用兔子肉及内脏时即被感染。狗常因食用猎杀的兔子的废弃物而感染

同样，捕鱼船也要有一定的鱼清洁处理站专门处理不需要的鱼的部分。

不管哪种技术，首先要注意卫生安全问题。例如，子弹碎片和弹孔，这些残留物和孔洞残留后的肉被消费后易引起阑尾炎，碎片导致牙齿损坏。最好不要食用不明原因死亡的野生动物。

4. 一般风险评估

下面是猎手对猎物卫生评价的三个建议。

（1）猎杀动物前尽可能观察动物行为，是否有病，发现的死亡动物最好不食用。要当场决定是否对有问题的动物带走或留下。不要违法狩猎，当发现猎物有明显疾病发生时，应报告相关机构。

（2）猎杀后要观察猎杀动物外表：①皮毛是否健康；②动物营养状况或非常瘦弱；③是否有异常情况，如生长缓慢、畸形或外伤；④是否有其他疾病征象，如腹泻。

通过观察有无传染病迹象。老龄、营养不良和机械伤害，物理缺陷使其采食困难，都可导致外观不良。一些鱼的肿瘤与环境污染有关。外部观察后要进行身体内部观察，以便决定是否能够食用。如果尸体外表存在明显疾病，就不要打开观察内脏了。

（3）捕猎后，要戴手套或穿防护服进行外部和内部观察。

内部检查包括：①胴体是否有异味；②胴体和器官是否变形或变色；③胴体和器官是否有脓肿；④是否有寄生虫寄生（表6-7）。

二、可能会遇到的情况

大多数野生动物在清洁捕获、适当处理和制备食物时是健康安全的。但也有一些性状不良但无害，被废弃掉，这些被废弃掉的野生动物尸体也有存在潜在风险的。

1. 寄生虫

外表寄生虫容易看到，也可在胃肠道、器官上见到寄生虫。猎手经常想知道这些寄生虫感染的肉是否能被安全食用。

（1）外寄生虫 野生动物体外（表）寄生虫常见，如蜱和虱子，一些飞蝇落在野生动物宿主身上，幼虫可能现身于鼻腔、鼻窦、咽囊、皮下，甚至肌肉中。尽管外表有寄生物，但肉是安全可食用的。疥螨病是一种外寄生虫，常见于狗，严重感染易导致致病菌带染威胁食用安全。在处理疥螨病动物时应戴手套或穿防护服以防感染人。淡水鱼的白斑病是全球性寄生虫病，在温带养殖鱼中常见，但对人健康不构成威胁。还有黑蛆、白蛆和黄蛆寄生于淡水鱼体，目前所知对人健康不构成威胁。

（2）内寄生虫 野生鸟类可能遇到肉孢子虫、棘头虫在肉中寄生，棉尾兔中有犬带状绦虫寄生，白尾鹿有肝片吸虫寄生，驼鹿中有囊虫病。有些寄生虫因虫体小，病灶不明显，肉眼难以发现（表6-7）。

肉孢子虫肉又称为"米胸"肉，水禽和其他野生动物常见，如果适当烹调，食用安全性能得到保障。棘头虫在野生鸟和哺乳动物常见，对人食用不构成威胁。犬带状绦虫经常见于兔子，因为兔子为主要中间宿主，人并不感染犬带绦虫。因吃兔子肉或兔子内脏，再感染草原狼、狐狸及其他食肉动物，形成野生动物循环，但通常狗是限定宿主。野生鹿感染肝吸虫，但没有人被寄生的报道，因此，鹿肉对人安全。驼鹿中囊虫感染与狼有关，狼是这种带状绦虫的限定宿主。旋毛虫在野猪和食

肉动物（如熊）多见，很多野生动物自然发生，如猛禽类。该病只有实验室才能检验，正常食用安全规则是充分煮熟。最近美国狩猎者以美洲狮肉制成肉干而感染旋毛虫，即是未充分熟的缘故。鱼类可见有线虫和绦虫等寄生，有一种迷惑伪新地线虫（*Phocanema decipiens*）引起人感染，真圆线虫（*Eustrongylidies* spp.）引起大量鸟死亡，也引起几个人严重病例。吃生鱼还有感染阔节裂头绦虫者。

表6-7 捕获的野生动物可能的寄生虫感染

疾病	病原	野生动物	观察情况	人类风险	建议
气管虫	气管比翼线虫	山地野鸟	气管大红虫体	无	肉可食
胗蠕虫	裂口线虫	山地野鸟	胃内大量小蠕虫	无	重者废弃，轻者可食
组织滴虫病	火鸡组织滴虫	山地野鸟	眼观不明显	无	弃掉肝，肉可食
肉孢子虫	各种肉孢子虫	水禽	肌肉稻米样	无	污染重的废弃
毛滴虫	禽毛滴虫	鸽子	嘴、喉黄干酪样	无	肉可食
棘头虫病	棘头虫	水鸟，野猪，臭鼬，乌龟，鱼	肠结节	无	肉可食
狗绦虫	豌豆绦虫	兔子	体腔囊尾蚴	无	肉可食，不要喂狗
蝇蛆病	皮肤蝇幼虫	兔子，松鼠，驯鹿	肉、皮肤和鼻腔虫体	无	摘掉虫体后肉可食
幼虫移行症	浣熊拜林蛔线虫	臭鼬	肠内成虫	是	适当烹调肉可食，不要接触胃肠内容物
螨病	疥螨	松鼠	皮肤脱落、结痂	是	肉可食，避免接触皮肤
蠕形螨病	蠕形螨	鹿	毛脱落，皮厚	无	对人无危险
肝吸虫	大拟片吸虫	鹿	肝虫体	无	
白点病	小瓜虫	鱼	皮肤、腮、鳍白点	无	感染重的鱼可能有次级感染

2. 细菌

野生动物也广泛受细菌侵扰，如禽霍乱和土拉热，同时还包括伤口继发感染和致衰过程。因捕获动物种类和地理区域不同，所看到的疾病也是不同的。通常捕获的野生动物见到的都是没有明显症状和肠道含有沙门氏菌及其他致病菌的状况，因此，加工野生动物肉时应注意（表6-8）。如果怀疑内脏器官被细菌感染则废弃胴体。偶然发现捕获鹿的脑脓肿，虽然这种情况绝大多数对人无害，但脑组织脓肿应弃掉，即使没有其他感染，在美洲因鹿慢性消耗性疾病风险较高也应废弃掉。

3. 病毒

野生动物广泛地受病毒病影响，有些感染的动物不属于食用野生动物之列，如小啮齿动物；另外一些食用的野生动物感染也不会引起严重疾病或死亡，否则人们也不会食用。一些野生动物的病毒病易引起外部肿瘤，但不致死，易于观察和判断，如皮肤纤维瘤，对人食用危害不大。侵袭性肿瘤或大肿瘤一般易伴随细菌和真菌感染，不要食用其胴体。棉尾兔感染痘病毒是野生动物中常见肿瘤，鸟也可发生，对人类的风险目前并不知道。出血症在许多反刍动物能够见到，如鹿、羚羊，由

表6-8 野生动物潜在细菌感染病原

疾病	病原	野生动物	观察情况	人类风险	建议
布鲁氏菌病	布鲁氏菌	野牛、野猪、驯鹿	生殖器肿，关节炎	有	接触戴手套，煮熟肉
脑脓肿	放线菌、金葡菌、链球菌	鹿	脑脓肿	有	肉安全，处理戴手套
嗜皮菌病	刚果嗜皮菌	鹿到兔	皮厚，结痂，脱皮和毛	有	防止接触病皮肤，免疫抑制患者严重
结核病	牛结核分枝杆菌	鹿，野牛	肋骨多见干酪样结节	有	动物应弃掉，不建议食用
禽结核	禽结核分枝杆菌	鸟类	器官或肠道结节	有	同哺乳动物结核
土拉热	土拉弗朗西斯菌	兔、海獭、麝鼠	肝脾斑点	有	烹调肉可食，戴手套
疗疮	杀鲑气单胞菌	鳟鱼	皮肤肌肉溃疡，器官出血	无	弃掉，不建议食用

流行性出血热病毒和蓝舌病病毒引起，不感染人。到外国生态旅行应注意朊病毒、鹿慢性消耗性疾病，因其病原耐热，烹调过程杀不死这些病原。有些野生动物的肉瘤在野生动物直接接触过程中互相传染，人类在与这些动物接触时要注意，防止被传染，当然，肿瘤传播目前还有争议，病毒性肿瘤有些确实能够传染。

4. 真菌

野生动物可能受真菌和真菌毒素影响，如曲霉菌，鸟类曲霉菌病最常见，典型的在肺和气囊上呈现黄斑样损害，感染鸟非常瘦弱，因此，容易扔掉不易被狩猎者食用。这样的鸟类虽然人感染的可能性小，适当地烹调食用也是安全的，但不建议食用。捕获的野生动物有时会遇到表皮真菌病，头、背部常见，见有脱毛、结痂、脱皮和皮肤增厚，小孢子菌和红色毛癣菌常见，可以通过动物传染给人，吃肉能否传染给人还不知道。在处理这样的动物时要戴上手套等加以防护。

5. 毒素

野生动物可暴露于天然毒素和农药等毒物环境中，但毒物不是这节讨论的内容。鸟类受肉毒毒素和黄曲霉毒素影响。

第五节 海洋及淡水生物引起的人兽共患病

许多人兽共患病涉及水生生物，包括两栖类动物。总体来说，水生动物源性人兽共患病与家畜禽、野生动物、宠物来源的人兽共患病比较相对较少，人们了解的也不多。

一、海洋环境

海洋微生物受多种因素影响，但我们对此知之甚少。人类活动增加了海洋保持物种丰富和多样化的能力，从陆地、压载水和其他途径引入的非海洋病原菌和其他水生微生物，改变了海洋的生态系统，降低了海洋环境的质量，造成了近海岸和远海物种多样化及疾病新现。

以下原因使人类受到水生生物新现疾病或再现疾病威胁：①因为污染赤潮毒素、化学毒物和微生物，食用一定鱼类（如长须鱼）和水生贝壳类中毒；②因疾病导致鱼类数量减少；③在污染水中游泳，增加接触病原的风险；④直接接触赤潮，能引起严重疾病的危险；⑤水源和鱼类污染最终产生经济影响。传染病影响海洋生态系统，海洋或水生环境与人类疾病密切相关，如霍乱传播（图6-7）。

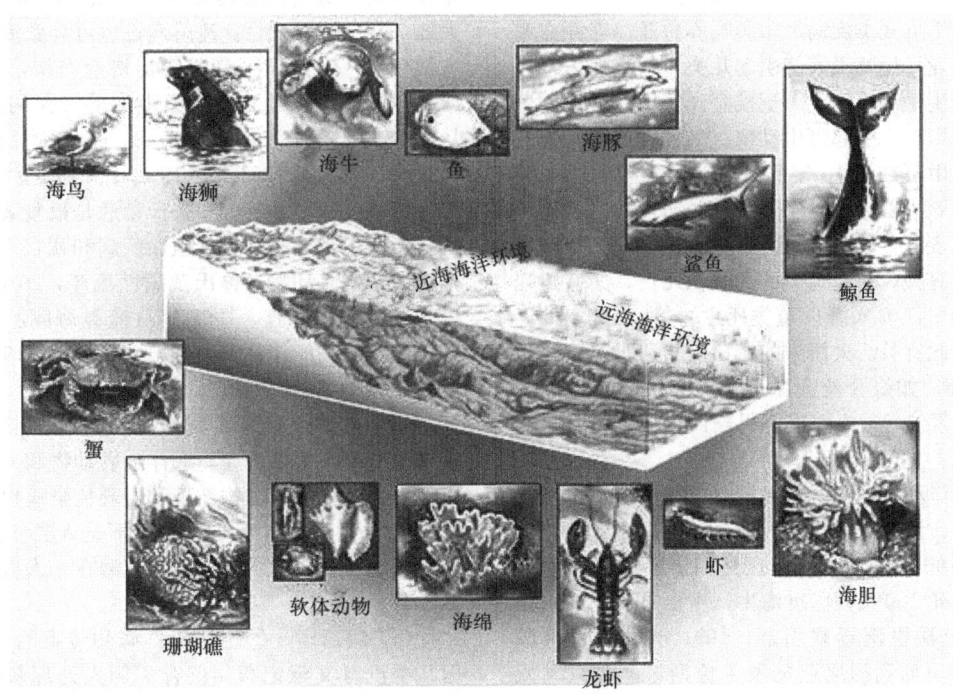

图6-7 海洋环境疾病对多种动物的影响

1. 海洋植物群落

海草床，如鳗草、海龟草是很多水生动物栖息地，是水禽、扇贝、鱼和其他水生动物喜欢逗留的环境。现在这些海草床大部分已经严重退化，不适合海洋生物生存了。退化的原因复杂多样，如海马网黏菌（*Labyrinthula zosterae*）这种软泥中霉菌与美国大西洋沿岸

"海草消耗病"有关，被海马网黏菌污染的海龟草有致命性毒性。这些海草群落的真菌病是弥漫传染性，且在天然生物系统中普遍存在。海草床不仅仅提供了许多生物居住场所，同时也是一些生物食物链的主要组成部分。食物链的营养级别在一个阶段营养不良就会影响其免疫力。"海草消耗病"并不是一种新病，20 世纪 30 年代大西洋出现了"鳗草消耗病"，因原因不明，但表现与海龟草类似疾病的鳗草几乎毁绝。到 60 年代鳗草又恢复了，1987 年在欧洲和美国太平洋沿岸又出现了类似"鳗草消耗病"。

2. 珊瑚礁群落

珊瑚礁可以保持更高生命形式的生活，不仅因为珊瑚礁是世界上最宏观的生态系统，同时也是岛礁（国家）几百万人关键和赖以生存的资源。珊瑚礁大约是 25% 海洋生物的家园，也是最近关注与新现疾病有关的焦点之一。染病的珊瑚礁影响其生存，现在却面临着前所未有的速度消失。20 世纪 80 年代洪都拉斯的百利滋城的"白带病"几乎将整个海域珊瑚礁毁掉，对整个加勒比海珊瑚礁造成了毁灭性打击。麋角珊瑚礁曾经是加勒比海最为丰富的珊瑚之一，现在已经罕见。1980 年牙买加珊瑚礁占沿岸 52% 栖息地，到 1990 年只占 3%。新疾病不断出现使珊瑚礁系统受影响较大。一些病原侵袭珊瑚礁，但珊瑚礁抵抗能力非常弱，如亮黄细菌对沿岸藻类是致死性的，可蔓延 6000km。

3. 鱼类（长须鱼等）和水生贝壳类

鱼类和水生贝壳类疾病严重影响养鱼业、养虾业和其他水产养殖业，生物毒素能引起几类生物疾病，也可以引起人和野生动物疾病。大规模海洋环境受赤潮、紫潮和蓝藻水华影响，引起野生动物（鸟类、鱼类）死亡和人类疾病。甲藻在近 10 年已经成为鱼类死亡和引起人类疾病的罪魁祸首。有毒甲藻（Pfiesteria piscicida）是涡鞭藻的代表种，20 世纪 80 年代发现，1992 年认定与有害藻水华有关，引起鱼类的大面积死亡，如蓝蟹死亡、太平洋沿岸江河入海口鱼类死亡，美国有 33 种以上的长须鱼与此有关。大西洋的鲱鱼皮肤和肌肉溃疡是由溃疡性真菌，如媒介丝囊菌（Aphanomyces invadans）的甲藻毒素引起。人因接触甲藻而感染，引起记忆性缺失。

由于沿海岸和江河入海口地域人口密度高，水域娱乐使用率也高，该区域的鱼类污染藻类毒素对人健康风险是重点关注的问题。1996 年在美国佛罗里达西南海岸双鞭甲藻致死 150 头西印度海牛，主要是赤潮的短裸甲藻产生的短裸甲藻毒素引起。1991 年由软骨藻酸（DA）引起美国加利福尼亚的圣克鲁斯 300 多只鸟死亡，主要是褐鹈鹕和鸬鹚，由拟菱形藻复合群的长链羽状硅藻产生的 DA 引起中毒。野生鸟类因吃了含毒素的长须鱼儿中毒。1987 年加拿大因食用养殖贻贝有 100 多人中毒，3 人死亡。后在美国华盛顿和奥尔良蛤和螃蟹中发现 DA，人中毒主要是因为食用有毒蛤引起。DA 主要引起人记忆缺失性中毒，与其他水生贝壳类西茄中毒共同增加生物毒素中毒数量，这些疾病与海洋生态系统有关，一般来讲与海洋生态退化有关。人类接触这类毒素不仅通过食用海产品，污染环境气溶胶通过呼吸道同样引起中毒，藻类毒素可通过娱乐活动，如游泳、食物消费对人类产生健康和经济后果。鱼类还受很多病毒威胁，出现了很多新现疾病，但这些病毒多数对人类并不引起健康危害。

4. 海洋哺乳动物

海洋哺乳动物是一些人群的食物来源，这些因素将人和海洋动物之间形成交界面，人有多种途径与这些动物接触，如海豹捕获、加工、食用肉等，这些过程可能感染人类。近些年来海洋哺乳动物广泛受新现疾病影响，至少 20 种鲸目动物（如鲸、海豚及鼠海豚）和 15 种鳍脚类（如海豹、海狮及海象）患有 30 种以上新现和再现病原及受疾病困扰。多数与病毒性病原有关，具有强烈的致死性，如犬瘟热病毒侵袭海豹；麻疹病毒类在全球海洋哺乳动物中都有感染和致死的报道，在 1990 年和 1991 年地中海引起 1100 头条纹海豚死亡。鼠海豚麻疹病毒是一种新病毒，1993～1994 年美国墨西哥湾大西洋中该病毒引起蓝鼻海豚和普通海豚小规模死亡。1997 年苏联解体前里海发生犬瘟热株流行，引起 200 只僧海豹死亡，2000 年和 2002 年又发生两次。1997 年里海大约有 20 000 只海豹因犬瘟热病毒感染而死亡。海豹和陆生食肉动物的传播途径并不清楚，2002 年在丹麦、荷兰和瑞典又再现了鼠海豚麻疹病毒流行，大约 750 只海豚死亡。流感病毒也可导致海洋哺乳动物大批死亡，但只限于美国新英格兰海岸，1979 年马萨诸塞州海岸至少死亡 600 只港海豹（大约占 20% 群），从中分离出 A 型禽流感病毒，港海豹因肺炎死亡。1982～1983 年、1991 年、1992 年分别发生小规模流行。

鳍脚类哺乳动物的布鲁氏菌病是最显著的新现细菌病，能够引起这些动物生殖性疾病和死亡。至今，没有报道海洋哺乳动物布鲁氏菌病性流产，20 世纪 80 年代进行了血清学调查，1992 年从蓝鼻海豚胎儿分离出布鲁氏菌。美国海岸海狮分别于 1970 年、1981 年、1994 年发现有钩端螺旋体病。

尽管人类与海洋哺乳动物接触过程中能够传染疾病，但概率不大，病原对海洋哺乳动物和人的致病力差别很大。海洋哺乳动物新现和再现传染病也伴随人类类似疾病发生，海洋哺乳动物并不是人类疾病的主要来源。来源于海洋哺乳动物的（或潜在）人兽共患病有如下几种。

（1）病毒病 ①痘病毒：海豹传染给人副痘病毒，但几乎没有文献记载，仅有 1 例人处理灰海豹时感染（3 人参与，2 人感染）。②杯状病毒：是潜在的人兽共患病。处理海狮的人员深部皮肤被杯状病毒——圣米盖尔海狮病毒感染。杯状病毒是陆地家畜的重要病原，宿主范围包括陆生和海洋哺乳动物、海鱼、爬行动物、两栖动物、昆虫和人。③流感：港海豹与人流感有关，引起局部地区处理港海豹人员感染流感。海豹喷嚏可能喷洒到人的眼睛上，随后结膜感染也伴随眼球感染。最近发现海豹是人间循环B型流感病毒的保藏宿主，也是A型流感病毒的遗传混合器。这些病毒能在海豹中传染和复制，可能比禽类更适合作为流感病毒的宿主。

（2）细菌病　大多数从海洋哺乳动物分离出来的细菌并不是公共卫生关心的病原菌，也有少数对免疫力低下人群形成感染，咬伤或刮伤是常见的感染途径。①布鲁氏菌病：很多国家都有海洋哺乳动物布鲁氏菌病血清学调查报告，人的感染多与这类动物接触或处理这些动物有关。当地人将这些动物作为食物来源，也存在潜在感染的可能。②猪丹毒杆菌：从海豹牙齿、牙龈中分离到，在116个处理海豹并被咬伤的人员中有12个分离出猪丹毒杆菌。③钩端螺旋体病：接触、解剖感染钩体病的海洋哺乳动物组织、液体的兽医人员和其他人员有可能感染，水、尿、组织污染都能传染给人。④结核病：鳍脚类、海豹体中都分离过结核杆菌，海牛和处理者分离过龟分枝杆菌（*M. chelonei*），海豚训练者被咬伤感染（*M. mairinum*，海洋分枝杆菌）及海豹咬伤人员都分离过。接触过活鱼及冷冻鲜鱼，从皮肤伤口处侵入，感染者手部和手臂皮肤会出现红肿、疼痛、甚至入侵手筋，导致手指动弹不得，病情轻者服用抗生素约一周可以治愈，但伤口深者必须进行手术治疗。这种病菌并不会在人与人之间传染，携带病菌的海鲜在煮熟后仍可安全食用（图6-8）。⑤支原体病："**鲸鱼指**"和"**海豹指**"是长期的职业病，包括海豹指黏着，挪威捕海豹船员大约有10%有海豹指。从健康海豹牙齿和海豹咬伤妇女手指中分离共1990例海豹脑支原体（*Mycoplasma phocacerebrale*）。⑥弧菌病：海洋环境有多种弧菌，很多种可引起人严重疾病和死亡。在鲸目动物中常见，鳍脚类少见。人因食用生鲜水生贝壳类、接触水和钓鱼外伤等而感染，风险最大的是皮肤外伤和磨损伤。⑦沙门氏菌病：鲸目动物和鳍脚类都分离过沙门氏菌，人类风险是食用这些动物肉。爱斯基摩人40%有感染，多数是肠炎沙门氏菌。

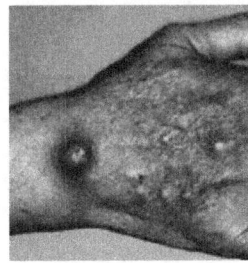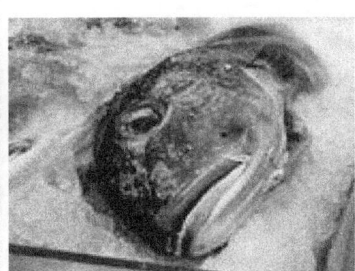

图6-8　海洋分枝杆菌通过接触鱼感染人的皮肤

海豚链球菌（*Streptococcus iniae*）是危害世界水产养殖业的重要病原菌之一，可感染多种养殖鱼类，如罗非鱼、尖吻鲈、虹鳟等。近年来，由于中国养殖罗非鱼链球菌病频发，给中国特别是南方罗非鱼养殖业造成重创，目前已经证实海豚链球菌是罗非鱼链球菌病的主要病原菌之一。我国在筛选海豚链球菌毒力研究模型的研究中发现，海鲈对海豚链球菌的敏感程度远远高于石斑鱼、鯵卵圆鲳和美国红鱼。该病主要集中在地中海、中亚、东南亚和澳大利亚等地区，近年来我国海豚链球菌病暴发呈上升趋势。海豚链球菌不仅是引起鱼类链球菌病的主要病原，而且对食品安全和人类健康构成了威胁，该菌可引发人类蜂窝织炎、心内膜炎、关节炎、脑膜炎、脊髓炎等，具有高发病率和死亡率。全球至少已有25人感染。作为潜在的人兽共患病病原已引起各国的关注。2001年引起全球渔业经济损失达10亿美元。

（3）立克次体病　海豹成年雌性胎盘中分离到博纳特立克次体，为潜在人兽共患传染途径。

（4）真菌病　真菌从海洋哺乳动物直接传染给人十分罕见，海洋哺乳动物致病性真菌在繁殖阶段对人无致病性。皮霉菌和其他一些真菌可以在密切接触情况下传播。洛博芽生菌病（lobomycosis）由洛博菌（*Loboa loboi*）引起慢性皮肤肉芽肿，发生于南美洲、巴西亚马孙流域，也见于大西洋和墨西哥湾宽吻海豚。20世纪80年代有1例从海豚直接传播给海豚处理者。

（5）寄生虫病　一般来讲，海洋哺乳动物并不是人类寄生虫病的主要来源，以海洋哺乳动物为主食者的当地人就有可能感染线虫病，如钩虫和异尖线虫，北极熊和海象肉潜在存在旋毛虫，因为它们是北极森林循环的组成部分。美国南海海獭死亡与寄生虫、真菌、细菌感染有关。海獭棘头虫寄生常见，海獭在世界很多地方很普遍。海洋动物原虫脑炎和球孢子虫病令人有些意外，刚地弓形虫和肉孢子虫引起脑炎多数与陆生动物有关。沿海地区猫弓形虫病最为典型，猫粪通过洪水污染海洋环境，随后海獭再吃非脊椎动物（如软体动物）就可能食入弓形虫卵，这种理论有实际例子支持。海獭的球孢子虫感染可能是吸入陆地灰尘而感染。

5. 海洋鸟类

全球范围有各种禽类致死性疾病，包括海洋环境鸟类。新现疾病是导致古老鸟群下降的主要原因之一，这些新现疾病在海洋鸟类繁殖地引起大量死亡和沿移动路线引起流行病。冬季大量聚集鸟类的区域，禽霍乱（多杀性巴氏杆菌病）是主要的细菌病，过去20年在欧洲、非洲、南极洲和北美洲的海洋环境中野鸟禽霍乱是主要暴发疫病，禽霍乱是海鸟死亡的主要因素之一，也影响淡水环境的鸟类。

传染性法氏囊病（IBD）主要发生在家禽中，现在也为海鸟的新现传染病。通过血清学调查，南极的企鹅、阿拉斯加和波罗的海的绒鸭、鲱鱼鸥中发现了该病毒抗体，因该病毒存在导致死亡和鸟群下降。幼禽感染引起严重的免疫抑制，野禽或海鸟对该病毒敏感，可直接引起死亡。腺病毒在2000年引起阿拉斯加长尾鸭死亡和种群数量下降。但一些海鸟大量死亡的原因目前还不清楚，可能还有很多未知病毒的存在。

二、淡水环境

水产品是人们喜爱的食品种类之一，我国和其他国家一样消耗量逐年增加,随着价格攀升,养殖技术发展也很快。

1. 两栖类动物

两栖类动物全球分布,数量巨大,但也存在新现和再现疾病问题,全球两栖类动物群体呈下降趋势。壶菌性真菌病(chytridiomycosis)和猪蛙虹彩病毒感染与两栖动物死亡有关。壶菌病主要引起蛙皮肤感染,在自然状态下对生态动力学方面起到重要作用。蛙壶菌与几个大陆两栖类动物大批动物死亡有关。报道壶菌已有75个种,澳大利亚就有47个种,其他在欧洲、非洲、南美洲和北美洲。目前不知道引发该病的机制,实验研究对两栖类动物有100%致死性。虹彩病毒也能引起两栖类动物大批死亡,猪蛙虹彩病毒是主要种类,具有高毒性,两栖类动物全身感染,蝌蚪最为敏感,100%致死率。两栖动物、卵、幼小动物能够传播虹彩病毒给人,有些蛙虹彩病毒病在两栖动物中是新现疾病。蛙还出现很多畸形,但不是种群下降的原因。

2. 淡水鱼

由于人们将活鱼移动、养殖和孵卵鱼的释放,在野生和捕获鱼中常有新现和再现疾病,如原虫中脑黏体虫,引起虹鳟旋转病。春鲤毒血症在一些国家淡水鱼养殖业中作为新现疾病,威胁养殖业的发展。OIE规定的水产法定传染病多与重大经济损失和公共卫生有关,该病就是OIE通报性疫病的一种。有些病原经鸟饲料和野生环境导致鱼类疾病传播,一些内源性和外源性病原通过其他途径引入鱼群,如钓鱼者使用鱼饵料、污染的船表面、压舱水释放、非检疫鱼引入等。唇齿鲴三代虫(Gyrodactylus salaris)对欧洲渔业养殖造成了重大损失。

3. 水鸟

淡水环境中的鸟类,即使是季节性到访者也会受细菌、病毒和寄生虫侵袭,引起新现疾病的发生,如非常著名的鸭疫、鸭病毒性肠炎和新城疫就是淡水鸟类的新现疫病,引起淡水禽养殖业严重损失。鸟类的迁徙引起世界范围的流感发生。

三、水生生物引起的人兽共患病

除前述海洋哺乳动物的潜在人兽共患病外,水源和水生生物也是一种人兽共患病传播来源或途径。例如,美国威斯康星州发生的40万人水源性隐孢子虫病暴发,除此以外,饮用水、游泳池水都可以引起隐孢子虫感染。隐孢子虫在6个大陆超过40个国家流行,我国也存在。水生贝壳类是细菌传染媒介如创伤弧菌,该菌可通过食用、捕获、钓鱼等刮伤,引起人严重感染,甚至死亡。水是重要的病原传染途径,如贾第虫、弓形虫都是新现水源性疾病。水源性传染病的发生与生活水平和社会环境有密切关系,如巴西底层社会、中层社会和上层社会弓形虫血清学感染率分别为84%、62%和23%,与水卫生程度有关,水卫生条件差将增加水源性人兽共患病的风险。

水源性人兽共患病来源已经扩展到瓶装水,三种空肠弯曲菌、大肠杆菌都可能通过瓶装水引起食源性或水源性人兽共患病(表6-9~表6-12)。

表6-9 海洋哺乳动物携带对人致病的病原

疾病	病原	主要海洋哺乳动物感染								
		鲸	鼠	海豚	海豹	海狮	海獭	海象	北极熊	海牛
痘病毒病	病毒	+	+	+	+	+				
流感	病毒	+		+						
环状病毒病	病毒	+		+	+	+		+		
布鲁氏菌病	细菌	+	+	+	+	+	+	+	+	+
丹毒杆毒	细菌	+	+	+	+					
螺旋体病	细菌				+	+				
结核	细菌	+		+	+	+				
支原体病	细菌				+	+				
沙门氏菌病	细菌	+		+	+	+				
弧菌病	细菌	+		+	+	+				
Q热	立克次体				+					
芽生菌病	真菌			+						
旋毛虫病	寄生虫	+						+	+	

+表示动物携带病原

表 6-10 海洋环境中禽霍乱（多杀性巴氏杆菌）流行样例

大陆/国家	地理区域	主要感染种类	发生年份	相关评论
北美洲				
加拿大	魁北克东海岸	绒鸭	1964	饲养鸭，周期性流行
美国	缅因州	绒鸭	1963	饲养鸭，周期性流行
	切萨皮克海湾	长尾鸭等	1970	大规模冬季和春季流行
南美洲				
智利	伊基科	海鸭	1941	大规模流行
欧洲				
荷兰	非兰	绒鸭、海鸥	1977	1945年冬季、1977~1980年饲养群流行
丹麦	海岸	绒鸭、海鸥	1996	饲养雌性荣绒鸭冬季流行
非洲				
南非	达森岛	黑尾鸥	1951	禽霍乱暴发
	西部海岸	鸬鹚	1991	大规模成年的死亡
南极	帕尔默站	紫贼鸥	1979	
大洋洲				
新西兰	坎贝尔岛	凤冠企鹅	1985	禽霍乱

表 6-11 两栖类动物新现和地方性动物病

疾病/病原	主要宿主	首次发生年份	地理区域	一般评论
蛙病毒-3和蝌蚪水肿病毒	各种蛙	1963	美国	高度致死
红木希腊蛙虹彩病毒	红腿蛙，黏黑退鱼	1991	美国	蝌蚪和3岁以上鱼致死
虎蝾螈病毒	虎蝾螈	1995	加拿大、美国	牛槽、水库蝾螈死亡
博勒虹彩病毒	华丽的穴居蛙	1989	澳大利亚	年轻娃死亡
无名英国蛙	普通欧洲蛙	1993	英国	公园池塘广泛死亡
猪蛙病毒	美国猪蛙	2000	中国	食用猪蛙反复大批死亡
壶菌病	蛙、蟾蜍	1974	全球	美国、澳大利亚、巴拿马
水霉感染	蟾蜍卵	1993	美国	对蟾蜍卵大批致死
鱼孢霉菌	蛙、蝾螈	1983	美国、加拿大	鱼死亡，两栖类死亡
皮芽胞虫	蟾蜍	1980	美国	成年蟾蜍非致死性感染
肤包虫	蛙、蟾蜍	20世纪10年代	欧洲	皮肤脓疱非致死性感染
支原体病	非洲爪蛙	20世纪80年代	全球？	致死和偶然非致死，喂牛肝
伯金斯虫属样感染	真蛙蝌蚪	1999	美国	蝌蚪新现致死性系统感染
锚状蠕虫	牛蛙蝌蚪	未知	全球	主要寄生鱼，两栖类致死性强
水蛭	蛙、蟾蜍、蝾螈	未知	全球	一般不致病，能杀死蝌蚪
吸虫	蛙，蟾蜍、蝾螈	1995	美国、加拿大	杀死蝌蚪，成年蛙腿肿

表6-12　陆生野生动物群新现和再现传染病样例

疾病/病原	主要宿主	首次发生年份	地理区域	一般评论
哺乳动物				
猪霍乱（典型猪瘟）	野猪	20世纪80年代	欧洲	1983～2001年多次暴发严重
慢性消耗性疾病	鹿，麋鹿	20世纪80年代	美国、加拿大	野鹿群发生
结核病	白尾鹿	1994	美国	密歇根野鹿发生
结核病	狮子和其他	1990	南非	克鲁格国家公园水牛
传染性角膜结膜炎	野山羊等	20世纪80年代	欧洲	最先奥地利发生，现30%流行
腺病毒出血病	骡鹿	1993	美国	新病毒
犬瘟热	非洲狮	1994	坦桑尼亚	第一次在大型猫科动物流行
狂犬病	臭鼬	1977	美国	从美国流行，然后扩展
犬细小病毒	犬科	1978	全球	欧洲狗新现，扩展到灰狼
兔出血热	欧洲兔	1988	欧洲	家兔外溢感染到澳大利亚
鼠疫	土拨鼠	20世纪80年代	美国	广泛地理分布，黑蹄雪貂致死
鸟类				
鸟鹟反转录病毒	美国鸟鹟	1989	美国	新病毒，引起美国鸟鹟大面积死亡
西尼罗河热	美国乌鸦	1999	美国	海岸-海岸传播，现已广泛传播
乌苏图病毒感染	乌鸦、家燕	2001	奥地利	第一次感染均死亡
沙门氏菌病	雀形目鸟	20世纪80年代	美国、加拿大	鸟喂食者感染普遍
支原体病	房子雀	1994	美国、加拿大	房子雀所有范围传播
毒物中毒	秃鹰	1999	巴基斯坦	
禽痘	雀形目鸟	1970年后	美国	夏威夷森林鸟、海鸟死亡率提高
爬行动物				
上呼吸道病	沙漠乌龟	1988	美国	支原体感染
蛙病毒	绿色巨蟒	1998	印度尼西亚	蛇类的全身感染

野生动物新现传染病的规模和复杂性始终是将来的主要挑战，所举样例提供了比以往更多的野生动物新现疾病的横截面。新现传染病影响全球更多动物资源和更广泛环境。这里对爬行动物考虑较少。病原成功跨物种障碍可能成为疾病新现的经常来源。环境改变、与新动物物种接触、动物和人等潜在宿主密度增加，都会促使新现病原出现并其新现提供更多机会。捕获-饲养野生动物也是疾病新现的来源方式之一，其他新现疾病能够影响当地植物和昆虫群体。

美国南部路易斯安那州一个县的自来水供应系统被俗称"食脑虫"的福氏耐格里阿米巴原虫污染，已导致一名4岁男孩丧生。福氏耐格里阿米巴原虫可通过人的鼻孔侵入大脑，引发阿米巴脑膜脑炎，因此被称为"食脑虫"。阿米巴脑膜脑炎致死率超过95%，现阶段没有特效药。在美国，淡水湖泊、河流以及温泉是"食脑虫"主要生存场所。2001～2010年，美国共报告32个"食脑虫"感染病例。在路易斯安那州，包括那名4岁男孩在内，过去3年"食脑虫"造成3人死亡。我们国家也要注意类似的情况。

野生动物微生物引起的非传染性疾病是新现和再现疾病的重要组成部分，如与野生鸟类C型肉毒中毒，人体对此型毒素抗性强，一般不发病，但在北美洲水禽中却广泛性中毒。20世纪40年代该病主要限于密西西比河流域，到60年代后仅限于北美洲，1970年后广泛扩散，1990年在南加利福尼亚索尔顿湖为独特的地方流行病，引起白鹈鹕和紫鹈鹕大量死亡，与这些鸟类食用鱼类有关。2000～2002年在北美洲五大湖系的伊利湖发生E型肉毒梭菌中毒，人对该型敏感。在2000年夏天估计有8000只鸟死亡，2002年有25 000只鸟死亡，包括黑嘴环海鸥、红胸秋沙鸭、白嘴潜鸟和长尾鸭。我们现在对E型肉毒梭菌生态学知道甚少，鱼对其敏感，鸟吃含该菌的鱼中毒，人吃这些湖捕捞并制作的熏鱼而中毒，罗鲱鱼通过食物链引起人与动物或共同感染症。

疾病新现常与生态系统压力的环境有关，这又影响多种系统，从珊瑚礁到北极冰盖都体现着人类对生活空间、食品、水、娱乐、保持经济增长和其他社会需求，都会增加环境压力水平。人与野生动物之间接触可能逐渐增加，导致更多疾病新现。非洲的生态旅游就是一个例子，人与狒狒的亲密接触导致结核病的传播，更广泛的一些说法是生态旅游将导致人传染给野生动物传染病。旅游人群是博茨瓦纳猫鼬和狐獴的结核病传染来源。1988年卢旺达一个危险山区大猩猩未诊断出结果的流行病应该是人源麻疹，在旅游山区大猩猩中发现有肠道寄生虫。

第六节 亨德拉病毒保藏宿主和外溢宿主传染及发病是病原新现的关键因素

一、亨尼帕病毒野生动物保藏宿主致病机制

保藏宿主和外溢宿主传染和发病决定传染病病原引发疾病类型和传染机遇，对易感宿主种类之间的传播过程起引导作用。

马来西亚和新加坡人类尼帕病毒性脑炎暴发作为必需条件是从野生动物保藏宿主果蝠跨物种传播到猪，且引起猪感染。尼帕病毒从野生动物宿主跨越其他宿主并不足以产生暴发，这种跨越需要前置条件：①大型猪场的存在，在易感猪中病毒传播和放大；②感染猪从农场移动到另外猪场导致大量猪群感染；③人与猪群密切接触。

尼帕病毒病作为新现人兽共患病受多种因素影响，这些因素构成了该病暴发的"关口"或关键控制点。这些过程中的每一步都需要传染病病原的传播，一些因素，包括人类活动等因素有利于传播导致传染。传播的关键因素是病原能够引起另一个宿主感染，而且受体宿主对病原易感。各种宿主动物个体中病原致病特征决定传染可行性和概率，并决定传播过程。目前还没有经典的病毒新现理论，但病原和宿主之间进行性生物学反应经历进化、伴随一定因素或事件，综合因素使之有机会发展为新现人兽共患病。

保藏宿主中传染性病原得以维持下去必须在这些动物中持续传播。传播方式可能是垂直或水平传播。无论如何，病原必须感染新宿主，传染才能发生。保藏宿主中亨尼帕病毒的传染模式现在并不清楚。澳大利亚、马来西亚、柬埔寨、泰国、印度尼西亚蝙蝠血清学调查亨尼帕病毒流行率为10%~50%，蝙蝠是该病毒的保藏宿主。亨德拉病毒最初从雌狐蝠流产的尿液、胎儿组织中分离到，也从中央狐蝠胎儿肺和岬狐蝠肾分离到。亨德拉病毒对狐蝠组织嗜性包括肾组织、胎儿组织和尿液。在柬埔寨的翼蝠尿液中分离到尼帕病毒，唾液样品PCR证明病毒基因组存在，这就有可能水平传播。

非肠道接种狐蝠亨德拉病毒，在接种10天后从其器官中分离出病毒，21天则见不到病毒，天然孔样品没有分离到。通过免疫组织化学技术证明蝙蝠损伤主要在血管和淋巴样组织、肾组织。狐蝠感染试验中隔天采样，从尿液能够分离到病毒，解剖雄性蝙蝠肾和雌性蝙蝠子宫都能分离到病毒。分离的病毒含量极低且不能定毒价，这就提出病毒从蝙蝠到易感宿主外溢的机遇问题。对于低剂量感染引起暴发的情况知之甚少，以前试验表明猪需要大量病毒才能在常规传染途径模式上引起感染，这些信息对尼帕病毒从狐蝠直接传播到猪的理论提出挑战。

蝙蝠的亨德拉病毒和尼帕病毒感染实验支持了从野生动物传染给家畜的理论，两种病毒都能从尿液中检出。尼帕病毒也可在自然病例的尿液中分离到，亨德拉病毒没有从尿液分离到，但却从肾脏分离出来，说明尿道是排出病毒的途径之一。唾液也含有尼帕病毒。怀孕动物易致病，通过流产、正常出生胎儿外部液体水平传播，这是病原外溢原因之一，外溢可能仅为偶然发生。季节性是亨德拉病毒发生特征之一，澳大利亚在蝙蝠生产季节亨德拉病毒病发生率高，这时雌性聚堆，与雄性接触少。如果病毒传播受季节限制，我们会看到季节性血清流行病学波动。如果病毒排出途径易于污染环境（如尿液和粪）就容易接触到易感宿主，因此，可能增加病例数量。病毒排出途径可能较窄（尿液和唾液），病毒感染应该有临界剂量，可能受季节、动物种类影响，分泌到环境中的病毒能够存活到新宿主的到来。携带尼帕病毒的狐蝠到果园，通过尿液、粪便、唾液污染环境、围栏，没吃完的果子紧邻猪场，猪吃了被蝙蝠尿污染的果子就会呈现新现传染病。果树与猪场紧邻，且围栏是开放式的，这种途径就是理论推测的接触途径或外溢到其他宿主的致病机制。

二、亨尼帕病毒外溢宿主中的病原学

1. 亨尼帕病毒和相关疾病

亨尼帕病毒实际上包括两种病毒：亨德拉病毒（HeV）和尼帕病毒（NiV）。为非节段性负链RNA病毒，属副黏病毒，两种病毒都是具有广泛宿主的人兽共患病病原。亨德拉病毒在澳大利亚与引起马和人死亡的

新现疾病有关，1994年从马的急性呼吸道疾病中首次分离，7次暴发中有3次因人与感染马匹接触有关，从其中1人身体中分离出来。2004年又有两匹患有呼吸道疾病（可疑亨德拉病）马死亡，1个人有短暂流感样表现并有抗亨德拉病毒的抗体，亨德拉病毒仅在大洋洲发现。**尼帕病毒** 1999年在马来西亚分离，当时引起105人死亡，主要表现为脑炎。这些人因接触尼帕病毒感染猪而发病。尼帕病毒已从东南亚扩展到南亚、印度次大陆等地域，2001年孟加拉国分离1株尼帕病毒与神秘疾病有关，这种新型尼帕病毒在2003年、2004年再度出现，患者有呼吸道和神经症状。

2. 亨尼帕病毒传染的致病机制和传播

病原从保藏宿主外溢要求从天然宿主来的病原有更好的"可利用性"：天然宿主能将病原带到生物学近似的第二宿主，这种候选外溢宿主对病原要易感。这要从整个机体水平和分子水平考虑。病原经过一定途径传到外溢宿主即发生传染，病原一旦与新宿主接触就进入组织水平，然后病毒进行复制，这与细胞受体有关。

亨德拉病毒外溢到家畜动物即发生传播，天然病例发生于马，试验证明猫也易感，自然病例也见于猪、犬、猫。该病毒具有脉管系统嗜性，特别是周围脉管、邻近血管周围的神经变性损伤，肺部病变严重，肾脏较轻。亨德拉病毒的马-马传播并没有得到流行病学材料支持，最大一次流行时13匹马死亡，人为机械干涉可能导致马-马传播。马感染亨德拉病毒常见呼吸道、肺淋巴结肿胀，严重肺水肿、充血，上皮细胞嗜性，脑膜炎，肾小球萎缩，胎盘感染。NiV在马来西亚暴发7例，2例死亡。猫、犬、马和人感染都归因于与猪接触所致。

3. 猪尼帕病毒感染的致病机制和传播

猪的现场解剖对其发病机理提供了一定信息，严重的累及猪和人之间的传播。临床上可以鉴别呼吸道型疾病症状，如咳嗽，然而，猪感染多无临床症状。实验性和野外性NiV感染，猪肺损伤严重，气管、支气管、肺泡都能见到病变。呼吸道可能是排泄途径之一。猪群可以互相传播，主要通过呼吸道传播，饲槽也有污染，因咳嗽喷嚏污染饲槽，飞沫导致猪-猪传染。从患病猪咽喉处经常分离出病毒。

人接触传染是可能的，一些工作可能与感染有关。农场内居民风险因素并不高（优势比，比值比，odds ratio，OR=0.87），农场围栏外居住风险（OR为1.48）比农场内高，饲喂猪具有高风险（OR为3.86）。高密度饲养猪更是如此。卡车司机也具有高风险，这些人经常将猪从一个圈运到另一个圈，这个过程可能接触呼吸分泌物，类似的还有屠宰场驱赶猪群的人，新加坡暴发尼帕病毒病就是如此。其他具有高风险的是与猪接触或处理猪的人，如处理病猪的人（OR为3.86）、接生（OR为3.37）、治疗（OR为3.10）、处理死猪（OR为3.89）。尼帕病毒病试验猪和自然病例使我们知道，不仅呼吸道感染，也是全身系统性感染。试验猪引起脉管炎；自然病例包括发热、育肥猪和屠宰猪神经症状，成年猪神经表现和突然死亡，母猪流产，吃奶猪神经症状和高致死率、呼吸道充满血液渗出物、脑炎流产、死胎。因此，猪尼帕病毒病可以引起猪群传播，也可以引起猪-人传播。

4. 其他外溢宿主感染机制和传播

亨德拉病毒外溢宿主主要是马，尼帕病毒主要是猪，猫可能易感，口腔接种猫可感染，猫可横向传播，可从肺、肾和尿中分离到病毒，很少从气管中分离到。从猫分离的病毒可传染马，尿可能是传播来源，猫也可垂直传播，与蝙蝠类似，但口腔和呼吸道分泌物是可能的来源。犬受猪场影响对尼帕病毒具有高感染率和致死率，解剖观察为瘟疫性症状，组织学变化包括呼吸道和尿道，肾脏能检出尼帕病毒抗原。血清学调查不认为犬互相传播，犬发病应该是接触发病猪、吃猪胎盘和流产胎儿而感染。马也易感，多从猪传染而来，马互相不传播。猫-猫、猫-马传播，狐蝠排泄物（感染胎儿和液体）→牧草→马食用牧草都应该是该病毒的传播途径。

5. 人类宿主的致病机制

人感染亨德拉病毒可能与马体液接触有关，没有证据证明人-人传播。尼帕病毒也是这样，已有265例报道，92%人的病例可能与猪接触有关。大量的人类接触者，如卫生保健人员血清学调查均未检出。但从患者唾液或咽拭子和尿中检测到尼帕病毒，为人类互相传播的致病机制探讨留下机会。孟加拉国乡村尼帕病毒脑炎暴发，人病例观察看来不像与猪接触有关，2001年和2003年两起暴发并没有限定的家畜动物来源证据，传染可能与蝙蝠的非特异接触有关，有中和抗体产生。

人-人传播的可能性方面，家庭群发的例子中症状发生与假定的潜伏期一致。2004年发生的36例中27例死亡，流行病学证据认为是人-人传播。家庭系列中发病前92%的患者与其他人有接触，许多是呼吸道症状，认为是较大飞沫传播所致，血清学调查动物中仅果蝠阳性。孟加拉国人尼帕病毒连续发生，主要在1~4月，与保藏宿主生活特征有关。最新病例显示喝生椰枣汁风险高（OR为7.9），蝙蝠与这类果实接触较多而污染椰枣汁等植物产品。从孟加拉国人发病情况看，假定保藏宿主为人，存在人-人传播，主要经呼吸道传播的可能性大。

三、亨尼帕病毒传染散布的致病机制

虽然检测时能检出抗体，临床上并没有见到蝙蝠感染发病。蝙蝠类动物个体高度移动，可远距离飞行，包括不同种类蝙蝠以巨大数量栖息在一起。这些动物能够正常飞行，并不表现疾病，但聚集了各种因素以保藏宿主的身份广泛扩散疾病。

狐蝠家族广泛分布于东南亚、太平洋岛国、马达加斯加、多数非洲地域，与相近种类生活在一起，很容易种内传播，可能使相关蝙蝠都能带染。血清学资料说明澳大利亚狐蝠自然不感染尼帕病毒，马来西亚狐蝠也不感染亨德拉病毒。泰国蝙蝠对尼帕病毒敏感。蝙蝠-病毒生态系统可能存在，这些病毒的致病机制可能是不同病毒适应不同种类宿主的混合体。马来西亚尼帕病毒暴发因其传播到新加坡，引起了世界关注，有22名屠宰场工人感染，1人死亡。接触活猪是最高的风险因素，无症状感染是猪尼帕病毒病的一个特征，传染性更强。

四、亨尼帕病毒分子致病机制

亨尼帕病毒具有宽泛的宿主范围，这是与其他副黏病毒不同的特征之一，这种特征只有在分子水平才能论述清楚。亨德拉病毒和尼帕病毒进入脊椎动物细胞的受体，是否是这类病毒进入这类细胞的唯一受体并不清楚，但在脊椎动物中广泛分布，因为尼帕病毒具有广泛的宿主范围。在细胞水平上，ephrinB2受体位于动脉内皮细胞和中膜周围，静脉内皮细胞没有发现。因此，亨尼帕病毒嗜动脉而不是静脉，也未见于在神经元内存在。另一个关于这类病毒的F蛋白研究说明亨尼帕病毒感染的系统性质，位于病毒的表面，在组织蛋白酶-L和胞内蛋白酶作用下断裂产生生物活性片段。这些蛋白酶分布广泛，是病毒系统性扩散的关键，在不同种内、种间进行扩散传播。

亨尼帕类病毒病首先在能够识别的情况下初步确定，这样的新现疾病处理预示在缺乏全面认识的情况下反而很成功，包括主要疾病是否反映病原对新宿主的最初外溢的识别。马来西亚猪群尼帕病毒清除和人类有关流行的控制，也是通过剔除感染动物群、清洁家畜污染环境和控制人与猪交界面等方式实现的。野外资料认为狐蝠是亨尼帕病毒的保藏宿主，猪和马是否是该病毒的次级宿主或中间宿主？这还有待于进一步追踪探讨。猪是尼帕病毒的外溢宿主，而马是亨德拉病毒次级宿主，家猫也是次级宿主。

五、亨尼帕病毒新现风险因素与保藏宿主处理战略

1. 亨尼帕病毒新现风险因素

许多专家都强调人为因素改变环境，将病原驱离原本在野生动物群体中流行的稳定态，感染（传播）到这些群体外的动物群体中形成疾病新现。空气、贸易传播、气候变化和农业集约化等作为动因使疾病新现。人兽共患病与野生动物保藏宿主密切相关，人为因素改变了野生动物的群体、迁移模式和行为，都可能导致人群中疾病新现，如人群蚕食野生动物居住地就会增加莱姆病和蜱咬性脑炎的风险。同样，"新病原"进入从来没有接触过的人群和家畜群，随着新病原接触新种类动物，就有可能跨物种传播进入人群和动物群。与自然宿主状态不同，新宿主对这类新病原没有天然免疫力或对进化的抵抗力；另外，高密度群体和相关的实践操作也容易在动物群体中快速传播新现传染病，传染从天然宿主或中间宿主传播给人。亨尼帕病毒的新现风险因素有如下几个。

（1）蝙蝠群猎食和不同群类交叉，其居住区域逐渐进入人类居住区域，增加与人类接触和外溢机遇。

（2）局部森林开发导致季节性觅食区域转移，可能更多依赖园艺作物来进行觅食，结果导致更高密度蝙蝠群接近人类和家畜（气候变化、森林火灾、雾霾事件都有类似机制，导致蝙蝠觅食运动方式改变）。

（3）近10年马来西亚猪场和市场在数量、密度和分布都在增加，导致蝙蝠与猪接触增加，更因为果园和猪场邻近而接触机遇提高。

马的亨德拉病毒风险因素包括：饲养、性别（雌性）、年龄（大于8岁）、怀孕状态、厩舍（围栏）、季节、蝙蝠喜爱食物与分布等。

2. 保藏宿主处理战略

有效的传染病处理要求：流行病学知识（疾病原因、维持和传播、病原的宿主范围、宿主病原关系性质知识），疾病监测（调查和诊断），政治、公众参与和工业支持。对于亨尼帕病毒病现实的处理战略：减少与天然宿主直接接触和间接接触，监测中间宿主，改善农场的生物安全状况，较好的疾病识别和诊断方式。强调马比狐蝠的检疫更重要。

尼帕病毒对马来西亚有较大的经济和社会影响，对猪有高传染性，而且所有猪都易感。在农场通过呼吸道、猪群运输移动传播；人主要是接触猪而感染，不存在水平传播。防控措施主要是控制猪-猪传播、狐蝠与猪接触交界面（宿主-外溢宿主界面）。中心措施是农场卫生控制实践，如监控牧群卫生状况，疾病症状的早期

识别，要保持农场和兽医的高度警觉性，把好新畜群入场的生物安全关，如除掉果园周围狐蝠的食物。

综合上述战略，建议对此类疾病的新现处理战略：调查、检测和新现处理。经过这样的处理，目前马来西亚已经没有尼帕病毒病了。生态系统、人类卫生以及环境、人类和非人类宿主-病原之间的相互关系是非常密切、且在现实中逐渐明确起来。

第七节　野生动物疾病作为生物恐怖的潜在手段

疾病新现和再现一般是自然过程和人类行为及活动的意外结果。新现传染病也包括人类制造的新病原被恶意使用，包括自然筛到的新病原和基因工程修改的病原。这一节我们主要阐明病原-宿主-环境的野生动物部分，重点讨论以野生动物作为传染病生物武器攻击社会的潜在可能性。其科学价值在于以疾病新现病原为基础，对不同新现和再现疾病进行预防和控制、野生动物作为生物武器的相对重要性。对于恐怖袭击不同国家面临的形式可能完全不同，看法也存在巨大差异。至少美国在国家层面上认为生物恐怖的现实性和潜在性，我们国家也面临着同样的潜在威胁。

生物恐怖是故意使用微生物或毒素引起人、动物或植物发病、死亡的活动，意在制造恐慌和社会动乱。

一、过去的细菌战和生物恐怖

1. 鼠疫和天花作为生物武器

1346年在围攻现今乌克兰卡发城时使用了最可怕的生物武器，蒙古军队用弩弓炮发射感染的动物尸体到被围攻的城内。大量的尸体被扔进市内，使居民感染黑死病或死亡，后经各种因素传播到地中海盆地。鼠疫是鼠疫耶氏菌引起的人兽共患病，典型的是野生啮齿动物带染。历史上鼠疫在14世纪中叶横扫欧洲、中东地区和北非，可能是有记载以来最大的公共卫生事件，造成流行区域1/4～1/3的人口死亡。第一次鼠疫记录在541年的埃及流行，横跨欧洲和亚洲的许多区域，导致流行区域50%～60%的人口死亡。

综上可知，鼠疫是最危险的生物武器之一。第二次世界大战在侵略中国的战场上日本就使用了鼠疫生物武器，释放了1500万只跳蚤。由于生物武器的复杂性，用跳蚤传播鼠疫作为生物武器并非可靠。腺鼠疫跳蚤源传染力强，气溶胶对人传播更有效。美国和前苏联都曾研制气溶胶鼠疫生物武器，装在陆基导弹上，但气溶胶扩散技术仍然不好解决。天花在我国及世界范围已经消灭，但由于人类对其过于敏感，仍是潜在生物武器选择之一，现在只有美国和俄罗斯的国家实验室保存天花毒种。

2. 针对人类的其他生物武器

日本在第二次世界大战时使用人体做实验至少致死10 000人以上，战场上使用所造成的死亡人数更多。野外（自然）人兽共患病包括伤寒、副伤寒、霍乱、沙门氏菌病、鼠疫、炭疽、类伤寒热、鼻疽、痢疾等，第二次世界大战期间因技术不成熟这些生物武器并未造成大面积死亡。生物武器也曾用于破坏动物和食品供应。

二、现代生物战和生物恐怖

现代社会生物恐怖的威胁增加了，1975～1989年恐怖活动的动机是反对政府政策，1990年以后恐怖动机主要是以报复或复仇、民族分离主义为目标。美国CDC曾收到许多关于炭疽系列信件的报告，通过调查，均系恶作剧。但CDC认为这类威胁很可能变为现实，因此随后通缉了曾威胁使用炭疽攻击政府的微生物学家。"9·11事件"随后又真实发生了炭疽信件事件。

1. 生物武器与生物恐怖

生物武器是大规模杀伤武器，更因为看不着，安静，无色无味，容易扩散而更可怕。1972年超过100个国家签署了不生产、保存和使用生物武器条约。1984年美国新奥尔良一个色拉酒吧人为投毒伤寒沙门氏菌，意在破坏选举，导致750人患肠炎，45人住院，但投毒供水系统失败。1996年美国得克萨斯医院实验室人员用偷出来的痢疾志贺氏菌人为污染蛋糕，使其他人发病。有些病原可以侵袭更多新宿主，而且人们不易预防和控制，就容易被人们作为生物武器（图6-9、图6-10）。因宗教原因1995年东京地铁使用毒气沙林而使多人死亡，同时在日本另外三起炭疽和肉毒毒素袭击并未成功。1993年曾有人用气溶胶形式在高层楼顶喷洒炭疽。生物武器和生物恐怖的主要区别是生物恐怖仅影响小部分病例。

2. 间接影响

用于防止生物恐怖袭击的准备工作花费可能超出人们的想象，包括基础设备或设施、调查、公共卫生相关事情、生物医学、法律投入、知识培训等。生物防御影响传统科学、社会和其他主流生活。

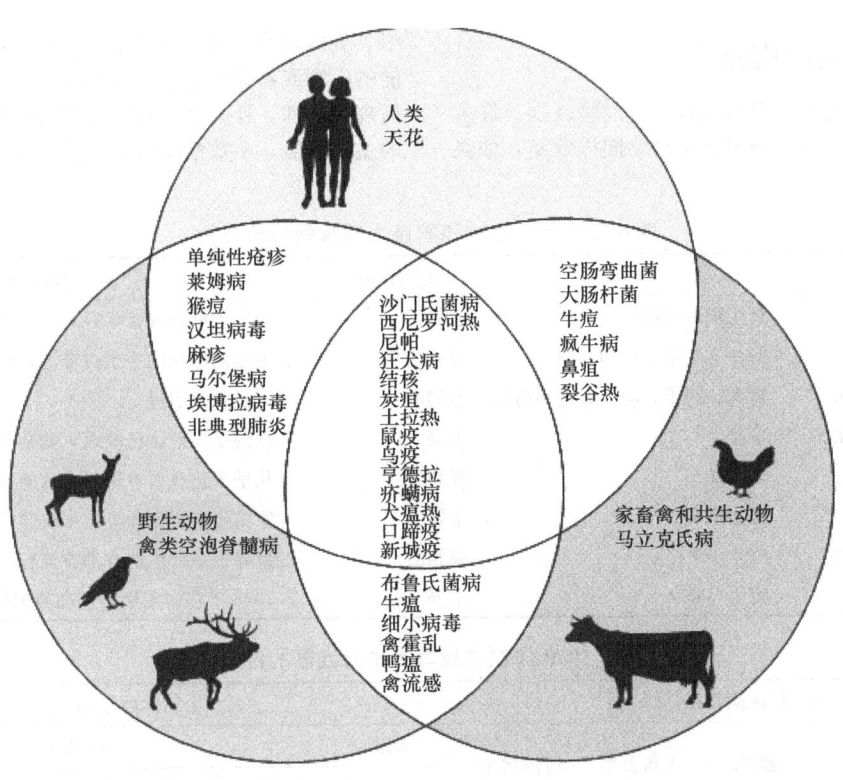

图 6-9　野生动物、家畜及人之间重要传染病和潜在生物恐怖病原

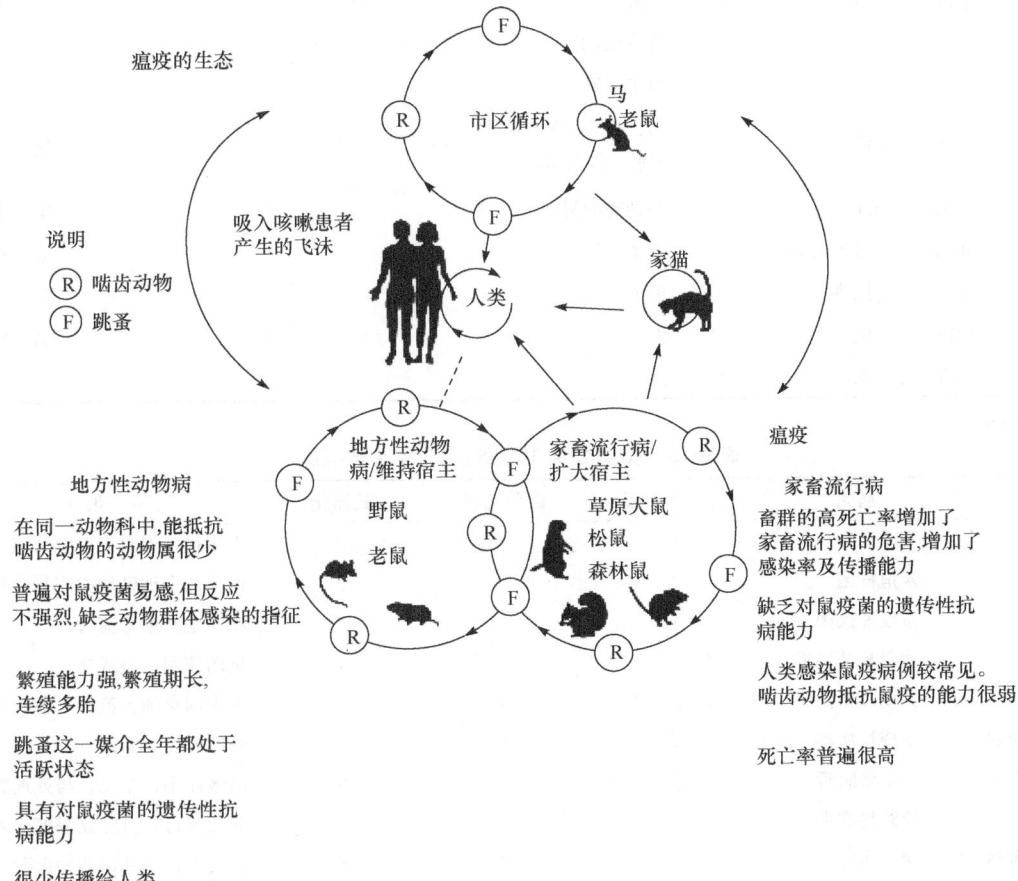

图 6-10　鼠疫的一般生态学（鼠疫耶尔森氏菌）及潜在生物恐怖病原

三、可能被利用的病原

公共卫生和农业部门都对病原划分危险级别，许多危害人类健康的病原对家畜和野生动物同样致病，如炭疽、委内瑞拉马脑炎和鹦鹉热病毒。列为危险病原或可能的生物武器病原主要考虑如下几个方面：连续新现，新现抗性株，社会技术和生态学变化使其有机会成为新的生物武器，多数都能跨物种传播（表6-13～表6-18）。

表6-13 野生动物和家畜之间疾病传染样例

疾病	原宿主	新宿主	流行潜在性	一般评论
牛瘟	牛	野生偶蹄动物	主要	原印度感染家畜牛，现非洲野牛也有感染
牛结核	牛	野牛、水牛、鹿和其他	温和的	通过奶牛和肉牛引进非洲，传染野牛
犬瘟热	家犬	野犬、狮子、豹、鬣狗和海豹	温和的	通过家犬引进
非洲猪瘟	野猪	家猪	主要	以前很多地区已消灭，葡萄牙引进扩散
非洲马瘟	斑马	马、驴	温和的	从纳米比亚引进斑马在沙哈拉地区流行
禽霍乱	禽	野生水禽	主要	家禽传染野生禽类，水禽流行更猛
鸭疫	家鸭	野生水禽	温和的	世界很多野生地方都有流行
新城疫	禽	野生鸟类	主要	1926年在印度尼西亚和英国暴发

表6-14 1970年以前战争时作为武器的传染病原

病原	病原/疾病特征				生物武器使用					
	类型	疾病	人兽共患	动物宿主	靶向		地理区域			年代
					人	动物	欧洲	亚洲	美洲	南美洲	
鼠疫耶氏菌	细菌	鼠疫	＋	小型啮齿动物	＋		＋	＋			14世纪
炭疽杆菌	细菌	炭疽	＋	家畜 食草动物 野生动物		＋	＋		＋	＋	第一次世界大战
鼻疽杆菌	细菌	鼻疽	＋	马、骡子、驴、骆驼、浮游动物	＋		＋		＋	＋	第一次世界大战
霍乱弧菌	细菌	霍乱	＋	因种类而异	＋			＋			第二次世界大战
沙门氏菌	细菌	沙门氏菌病	＋	兔子	＋			＋			第二次世界大战
土拉杆菌	细菌	土拉热	＋	田鼠	＋		＋				第二次世界大战
志贺氏菌	细菌	痢疾	无		＋			＋			第二次世界大战
重型天花	病毒	天花	无		＋				＋		1754～1767年

＋表示确定的

表6-15 美国公共卫生部门列为A类病原

疾病	病原	人兽共患病	以前用过	武器化	一般评论
天花	天花病毒	×	√	√	未用过，但对人极度敏感
炭疽	炭疽杆菌	√	√	√	世界几个地区地方流行，野生动物有
鼠疫	鼠疫耶氏菌	√	√	√	我国也有地方流行
肉毒中毒	肉毒梭菌毒素	×	√	√	试图使用但没成功
土拉热	弗朗西斯菌	√	√	√	许多国家地方流行，兔株毒性更强
埃博拉出血热	埃博拉病毒	√	×	×	高致死性，非洲
马尔堡出血热	马尔堡病毒	√	×	×	高致死率，罕见，与处理类人猿有关
拉萨热	拉萨热病毒	√	×	×	非洲流行，自然鼠保藏，人传人常见
阿根廷出血热	胡宁病毒	√	×	×	南美洲，小啮齿动物保藏
玻利维亚出血热	马丘波病毒	√	×	×	玻利维亚，鼠是保藏宿主

表 6-16 美国公共卫生部门列为 B 类病原

疾病	病原	人兽共患病	以前用过	武器化	一般评论
布病	布鲁氏菌	√	×	√	广泛发生，主要是与动物接触感染
肠毒血症	魏氏梭菌病	√	×	√	食源性疾病，气舯疳
沙门氏菌病	（菌）	√	√	√	食源性疾病，美国发生过恐怖袭击
志贺氏痢疾	（菌）	×	√	√	食源性疾病，美国发生过恐怖袭击
大肠杆菌病	O157：H7	√	×	×	食源性疾病
鼻疽	鼻疽杆菌	√	√	√	主要感染单蹄兽，对人有高致死性
类鼻疽	类鼻疽假单胞菌	√	×	×	南亚和澳大利亚，接触、食入和吸入
鹦鹉热	鹦鹉热支原体	√	×	×	世界分布，130多种鸟带染，吸入和接触
Q 热	立克次体	√	√	√	蜱传疾病，世界分布
肠毒素中毒	葡萄球菌 B	√	×	√	气溶胶和食物中毒，潜在生物武器
伤寒热	普氏立克次氏体	√	×	×	虱传播，气溶胶，10%～40%致死
委内瑞拉马脑炎	（病毒）	√	×	√	蚊传疾病，马是重要扩大宿主
霍乱	霍乱弧菌	×	√	√	食源性/水源性疾病
隐孢子虫病	隐孢子虫	√	×	×	世界性，与家畜、水、食品接触

表 6-17 OIE 列为 A 类病原

疾病	病原	人兽共患病	家畜	家禽	野生动物
口蹄疫	口蹄疫病毒	人罕见	√	×	√
猪水疱病	肠道病毒	人罕见	√	×	×
小反刍兽疫	（病毒）	×	√	×	×
牛结节性疹	山羊痘病毒	×	√	×	×
蓝舌病	环状病毒	×	√	×	√
非洲马瘟	环状病毒	人罕见	√	×	√
典型猪瘟	猪瘟病毒	×	√	×	√
新城疫	腮腺炎病毒属	人罕见	×	√	√
水泡性口炎	（病毒）	√	√	×	√
牛瘟	麻疹病毒	×	√	×	√
裂谷热	白蛉病毒	√	√	×	×
绵羊山羊痘	（病毒）	×	√	×	×
流感	（病毒）	√	√	√	√
牛传染性胸膜肺炎	支原体	×	√	×	×

表 6-18 生物和毒素武器公约特别小组提出的人兽共患病

疾病	病原	涉及的主要生物种类
裂谷热	裂谷热病毒	牛、山羊、绵羊、蚊虫、人类
猴痘	猴痘病毒	啮齿动物、猴、人类
东方、西方及委内瑞拉马脑炎	甲病毒	啮齿动物、蝙蝠、鸟、草食动物、人类
炭疽	炭疽杆菌	土壤、叮咬飞蝇、草食动物、食腐动物、人
羊布鲁氏菌病	羊布鲁氏菌	绵羊、山羊、人类
猪布鲁氏菌病	猪布鲁氏菌	猪、欧洲野兔、驯鹿、人类
鼻疽	鼻疽伯克霍尔德菌	马、猴、骡、人类
类鼻疽	类鼻疽伯克氏菌	啮齿动物、家畜、人类
土拉热	土拉热弗朗西丝（氏）菌	节肢动物、野鼠类、水生啮齿动物、兔、人
鼠疫	鼠疫耶氏菌	啮齿动物、跳蚤、人类

四、动物疾病和生物恐怖

历史上也有记录关于动物作为传播媒介传播疾病给人类的情况。敌人将死亡动物扔进城中，用有病动物胴体去污染水井、水库和其他军民使用的水源。第一次世界大战英国军队成功使用这种方法抵御德国军队。德军则用炭疽和鼻疽感染盟军的军马和骡子，军用牲畜的食物来源是生物武器攻击的靶向之一（表6-16～表6-19）。

表6-19 攻击农业的最危险病原所具有的特征

病原特征	可产生的结果
高度传染性	低剂量即可感染，快速传播
良好的环境生存能力	各种温度和物理条件不易灭活，各种污染物体（如水、土壤、蔬菜）作为传染源
可预测的临床疾病模式：包括致病率和致死率	可作为恐怖分子选择的靶向
对家畜禽有强致病性	可引起严重后果，如致死，严重的繁殖障碍，经济损失
方便使用，容易获得和生产	容易培养和大量生产
类似自然暴发	不产生人为制造的假象，不易被怀疑
不伤害作案者	不影响作案者健康，容易携带和运输，便于攻击
容易传播	不需要复杂手段即可针对靶向释放（如污染食品和水源）

1. 农业生物恐怖

美国农业部列出了22种农业生物恐怖（动物）潜在病原：口蹄疫病毒、猪瘟病毒、非洲猪瘟病毒、牛瘟病毒、裂谷热病毒、新城疫病毒、委内瑞拉马脑炎病毒、蓝舌病病毒、山羊痘病毒、绵羊痘病毒、伪狂犬病病毒、水泡性口炎病毒、猪肠道病毒1型、猪肠道病毒9型、狂犬病病毒、牛结节疱疹病毒、PRRS病毒、非洲马瘟病毒、炭疽杆菌、鹦鹉热病支原体、心水病立克次体、锥形蛆蝇。OIE和美国农业部、我国农业部所列重要危险病原是因为所引发动物疾病造成重大经济损失。例如，人们对感染疯牛病的牛肉传染给人的市场恐惧效应来说明动物疾病和人类健康以及潜在农业生物恐怖的关联性。同样新城疫和牛结核也会产生巨大农业和工业损失，包括社会影响。

2. 人兽共患病或"双向病原"

能同时对动物和人类引起疾病的病原为"双向病原"。人与动物交界面促进了传染病病原持续和传播。对靶向环境的选择能增强人与动物染病概率，也增加了动物运动使病原在环境中持续存在和疾病传播的潜在可能性。

1979年苏联因实验室泄露炭疽杆菌导致下风向4km的居民和工人77人感染，66人死亡，主要是通过吸入感染。50km外有家畜感染死亡，最终死亡人数达200～1000人。20世纪70年代津巴布韦独立战争中因使用炭疽生物武器针对牛进行攻击，因牛是该国主要食品来源，对牛攻击主要是摧毁人们的精神依托，结果导致10 000人患病，几百人死亡。之后津巴布韦炭疽始终流行于人、家畜和野生动物中。

五、野生动物因素

尽管家畜禽都是原始野生动物驯养而来的，但大多数外表、行为和其他特征与野生同类有明显不同，家畜对许多影响同类野生动物的病原更易感。有些家用动物与野生动物短暂接触或切向关系而有机会保留、交换病原/媒介，因此，家畜禽与野生动物疾病有着密切关系，有些疾病也能从家畜禽传播到野生动物（如野牛的布鲁氏菌病）。其他一些情况是野生动物作为病原保藏宿主或动物媒介流通宿主。

1. 野生动物和生物恐怖

一般来说野生动物比家畜更容易受到恐怖攻击，因为接近野生动物不受限制，作案者一般不引人注意，野生动物调查的概率低，对于野生动物疾病一般在发现以前已经流行，传播广泛。但释放者必须具备野生动物生态学知识和对动物运动规律相对了解。

2. 防止扩散

应对人、家畜和野生动物传染病就像救森林大火一样，暴发早期检测是关键，同样重要的还有反应能力和基础设施：应急、人力、供应和特殊设备。有效的沟通、信息流畅、及时报告都很重要。检测疾病暴发和持续的工作能够认清污染的实质，在有经验人员指导下适当训练、合作和实施相关活动，可最大限度减少可能的生物恐怖造成的影响。

3. 早期检测和反应

早期检测和反应对减少恐怖攻击引起疾病和死亡对公共卫生和家畜卫生领域十分重要。第一线工作者早期发现能力至关重要，如农场工人发现和报告是及早检测的前提。对于农产品和活体动物全球移动的新现疾病监测也是需要的，最终要靠实验室对大量样品进行检测。野生动物第一线工作者、生物学家、猎人、野生动物救助站工作人员等，这些人员最初是不会知道恐怖袭击的，但能发现动物数量累及较多，及时报告和随后评价，对传染病潜在传播控制非常重要。并不是所有的检测都会很快出结果，特别是表现不具有特征时检测和判断更加困难，疾病调查、诊断、报告和野外现场反应能力都是有限的。

4. 调查和监测

很多国家公共卫生部门和农业部门都有调查和监测特殊疾病系统和机构，用于鉴定非常见疾病发生事件、类型和发展趋势。由现场工作网、诊断实验室、科学研究、报告系统、系列报告为基础的全面工作来支持疾病调查和监测。常规的人类患者、动物检测和连续采样也对发现临床病例起到了积极作用。而野生动物疾病调查和监测多数是临时性或特殊的，许多国家并没有野生动物疾病报告要求，也没有规定采样方法来探讨疾病发生机制。如果设计标准化的空间、时间和营养基本水平来调查和监控野生动物应该更有价值。我们国家同样缺乏这方面的行动，如果能够进行相关调查与监测最好是非致死性采样，目前仅对禽流感野生禽类采样采用这样的方式。可以结合捕获、族群减少计划、独立疾病调查计划、野生动物死亡尸体评价、野生动物收容站等资料资源共同分析，以便早期预警。还需要相关部门对实验室烈性病原严格控制和其他措施。

第八节 啮齿动物、蛇和昆虫侵袭的一般防护

一、昆虫、蜘蛛和蜱的侵袭防护

防止昆虫叮咬，最好穿裤子、袜子和长袖衣服，用昆虫驱除剂，对叮咬伤要用适当保护剂处理，防止感染。避免被火蚁叮咬，如果被叮咬，要立即就医治疗和处理。

二、啮齿动物、野生动物或流浪动物的侵袭防护

死亡和活的动物可传播如鼠咬热和狂犬病等相关病原，尽量避免接触野生动物或流浪动物；避免接触鼠或鼠污染的环境；防护措施需要穿长袖衣裤，多洗手，尽量早处理死亡动物；如果被咬伤或抓伤，应立即就医和处理。

三、蛇侵袭的防护

当你处理杂碎物体时注意手和脚所处的位置，如果可能尽量不要放置手于碎物之下，穿长袖衣服。如果看到蛇，应后退，允许其行进。穿靴子应在一尺高以上，注意蛇上树或进入碎物中。蛇跳起来的距离大约是其身体长度的1/2，如果被咬伤，注意蛇头部颜色和形状；保持被咬者安静，减慢毒液扩张速度，迅速就医，不要切伤口和试图吸出毒液。帮助咬伤者平躺，以清洁干燥织物覆盖伤口。

第九节 蝙蝠中人兽共患病宿主生态学

人类活动增加了与蝙蝠接触的机会，蝙蝠不同于森林病原的其他保藏宿主，因为它们具有独特的和多样的生活方式，包括能飞、高度群居的社会结构、较长寿命跨度和低繁殖率。

一、驱动蝙蝠传染动力学的宿主生态方式

蝙蝠是广泛的人兽共患病动物宿主：狂犬病病毒、SARS病毒、尼帕病毒、马尔堡病毒、禽流感病毒、副黏病毒等。在蝙蝠的细胞水平上病原和人-病原反应，如进化突变率和受体结合亲和性变化都是关键环节。

1. 季节性疾病传播的宿主动力学

季节影响蝙蝠接触率和群体传染易感性。温带蝙蝠季节动力学机制包括限定的出生日期、迁移、聚集居住地和冬眠。蝙蝠的每一种行为都可能影响群体密度、接触率和免疫反应，导致传染动力学的时空变化，如蝙蝠中狂犬病、冠状病毒和星状病毒就展示了季节动力学变化。

2. 宿主繁殖和生存是蝙蝠疾病传播动力学的主要驱动源

在温带和热带的许多种类蝙蝠具有高度一致的同步分娩行动，这在短时间内戏剧性改变了群体接触率和易感性，易感的年轻蝙蝠的大量涌现是传染动力学的关键驱动源。但不同宿主疾病动力学繁殖方式的不同作用和强度现在并不知道。许多蝙蝠于温暖月份在不同性别之间的分布和行为具有明显差别，包括冬眠和居住地选择，这种时间差别是疾病传播动力学的重要因素。宿主生存率也是重要因素，群体的互通性交流和免疫力是传染动力学的关键因素，这要比大量年轻蝙蝠涌现重要得多。

3. 迁移和群居居住地是蝙蝠疾病传播动力学的主要推动力

不同种类蝙蝠具有不同迁移行为（长距离和限定区域驱动）和居住地的群体密度，但这种差别对疾病动力学的影响并不知道。从影响接触率和疾病动力学角度看，迁移期间或居住期间种群密度的改变可能影响传染流行。如果有食物吸引，蝙蝠迁移减少，就会影响HeV（亨德拉病毒）流行强度和持续性。在病毒再次进入时减少迁移将增加HeV流行强度和短期暴发。蝙蝠群体免疫力下降将扩大流行规模，而且可能快速消失。减少蝙蝠迁移和群体接触有可能增加季节性暴发和外溢

的可能性。

4. 冬眠也是疾病传播动力学和季节动力学的主要驱动源

蝙蝠在能源和水缺乏时采取冬眠方式以节约能源，热带种类采取短期和浅冬眠方式。冬眠典型地减少了病原复制率，延长了传染的潜伏期，防止宿主间的接触，反过来影响传染的季节传播动力。冬眠使狂犬病延长潜伏期和减少致死率而使病毒在蝙蝠中持续存在，直到新的易感个体出现，继续传染循环。但狂犬病病毒也能在不冬眠的蝙蝠群体中持续生存。

二、多种类、多病原疾病传播动力学

在野生动物系统中单一的宿主种类的多病原动力学要比单病原-单宿主疾病传播动力学复杂得多，如在单个田鼠中包括一种病毒、一种原虫和2种细菌的混合感染。在一个蝙蝠感染研究中，一个群体486只蝙蝠中12%感染，19只来自欧洲种类的蝙蝠，5只中有疱疹病毒共感染。在泰国的同一群果蝠中发现两种尼帕病毒循环；狂犬病感染多宿主也是典型例子。

三、病原毒性驱动源的宿主生态方式

利用冬眠和迁移相关因素及空间结构，蝙蝠可能选择不同程度的毒性病原，这类感染的蝙蝠能够长期存活，且具有抗狂犬病病毒的免疫力。宿主内病原的复制是温度依赖性的，因此，季节性冬眠就将病毒封闭起来。冬眠行为中种类和性别不同影响病原变异的共进化、传播速率及繁殖时间。病原的长距离传播会增强毒性，因为用完了易感宿主而减少了病原局部选择压力。Gandon（2004）运用模型预测，如果传染适应现象存在于数量丰富的宿主中，而后对其他宿主则可能不适应；而数量较少的宿主这种不适应可能导致无毒性或对新宿主产生超毒性或对普通宿主的低毒性。这样就会减少种间传播导致病原适应数量丰富的宿主，从而增加种间传播，导致更多一般化毒性方式。

四、病原生态学作为蝙蝠疾病传播动力学驱动源

在蝙蝠宿主迁移、群居住地和冬眠等行为中导致不同病原适应方式进化出现明显变化是可能的。病原传染方式（如传播模式和毒性）和病原变异与宿主自身生态学差别以外的特殊宿主驱动疾病动力学有关，Hampson（2009）发现无论暴发的狗群密度如何，犬的狂犬病流行始终都是$R_0<2$（R_0代表易感群体中感染个体引起的传染的平均数）。因此，人们可以推测病原生态学驱动狗群中狂犬病病毒（RABV）的动力学发展。来自于蝙蝠的许多新现传染病都是RNA病毒引起的，RNA病毒比DNA病毒易突变，低校对能力。毒性、传染性和其他重要过程的变化在较短的进化时间规模上可能被改变，而且也改变了传染的动力学。然而，病原的生态学也必须平衡地影响相关的传播因素，如毒性、流行病学流行停止和在复杂宿主中持续的机制。

在蝙蝠宿主中相同种类病毒毒性差别很少有实验证据证实，人类中存在不同毒性的埃博拉病毒（EBOV）株，既有非致命株又有致死达90%以上的强毒株。蝙蝠中毒性株毒性很少有人研究，其毒性可能很低。蝙蝠中类似的亨尼帕病毒在实验条件下假定的保藏宿主中并未展现强毒性。

RABV和冠状病毒（CoV）的持续方式明显不同，都能外溢到人群，引起致命感染，但生态学方式明显不同，在蝙蝠宿主中表现也不同。可能有不同的传播模式，但都是通过紧密或直接接触宿主而发生。不同的传染则产生不同的疾病传播动力学，而且基于宿主的传染生态学是可以预测的，但多数蝙蝠传染的传播模式和毒性特征知之甚少。了解病原生态学对传染动力学的影响是非常必要的。实验性测定病原外排和在单宿主中不同生态学方式的传播，有可能确定高毒性伴有高外排，低毒性伴随着低外排。这些资料可用于解释现场数据和机制模型中。

五、整合数据和比较蝙蝠中传染流行病学的方法

我们提出以多学科协作方式专注蝙蝠生态学和疾病动力学方面对控制其传染和流行是有益的。详细的蝙蝠疾病传播动力学整合模型需要生态学家、蝙蝠生物学家、病原专家、病毒学专家、分子生物学专家和流行病模型制作者提供数据，同时还需要高水平专家。通过模型整合不同学科数据，同时还需要高水平专家通过模型整合不同学科数据。图6-11是蝙蝠中狂犬病病毒传播动力学模型。

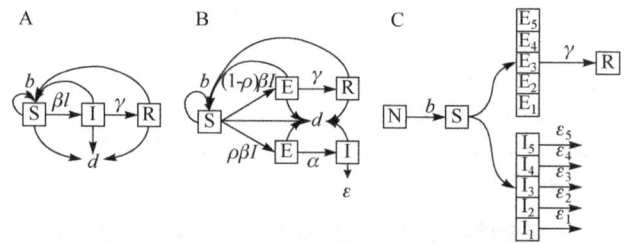

图6-11　蝙蝠中狂犬病病毒传播动力学模型

S：易感蝙蝠群；E：接触（潜伏感染）；I：传染；R：恢复（免疫）。

系数：b：出生率；β：传播系数；γ：回复率（血清转化）；ε：疾病引发的致死率；d：自然死亡率；ρ：传染引起疾病的概率。

模型A为Amengual（2007）使用SEIR模型结构：用于说明鼠耳蝙蝠的可能无症状欧洲蝙蝠狂犬病病毒-1传染动力学。

模型B为George（2011）使用SEIR模型结构：用于说明大棕蝠中狂犬病病毒传播动力学及持续机制，有三个季节模式：春季出生/传播前；夏季传播和冬天冬眠。

模型C为Dimitrov（2008）使用SEIR模型结构：用于说明游离尾蝠中宿主狂犬病病毒持续不同免疫类型和在宿主群体中狂犬病病毒可能对不同免疫类型的选择。

N指群的大小，$N=S+E+I+R$

通过整合模型探讨传染病动力学，机械模型缺乏关键数据，整合模型，如 SEIR，基于模型中系数的相对敏感性来检测不同的假设。这种模型可用于预测在性别、种类和疾病当中对宿主和感染特征变化的影响。另外，还可以评估其他生态学特征影响的量化测定，如不同病原对蝙蝠繁殖和生存或季节流行差异的影响。尽管病原不同但宿主生态方式是驱动病原动力之一的话，就会提出蝙蝠新现疾病动力学来自于生态学特征的预测。因为疾病变化的暂时类型的病因学而提出的接触和传播率的周期性变化，可以作为调查模型来应用。蝙蝠传染动力学模型应该整合这些季节行为假设，包括迁移、居集地和冬眠。这种方式能够帮助揭示鼠疫草原犬鼠系统、禽流感的环境传播和蝙蝠 RABV 系统中相对重要的传播机制。一个模型应关注更加详细的免疫学假设，而其他的模型证明改变迁移行为的何种改变导致聚居群落内免疫力下降，从而导致 HeV 暴发流行。如果迁移和聚居行为是疾病传播动力学的重要驱动源，那么，模型中传染持续时间和流行就对影响群居内或之间接触率的因素非常敏感。同样，如果冬眠是疾病传播动力重要驱动源，那么传染的持续时间和流行就对影响潜伏期和抗性系数高度敏感。

六、传染病原和其蝙蝠宿主的生态学

在许多蝙蝠病原系统中要进行整合和多学科研究是很困难的，包括在种内或种间相关病原监测、时间序列数据收集和宿主生态系数的重要变化。依据流行率的传染检测，如 RNA 病毒引起的流行，其检测可能是非常困难的，而且要求非随机采样，样品量非常大，需要特殊技术或三者全部使用，蝙蝠中 EBOV 检测就是一个清晰的例子。虽然各种迹象都认为蝙蝠作为 SARS 样冠状病毒保藏宿主，并在全球检测到了冠状病毒各种关联，但细胞培养系统并没有从蝙蝠中分离出冠状病毒。我国科学家最新资料证实，**中华菊头蝠就是人 SARS 病毒的保藏宿主和直接来源。**

在疾病生态学中时间序列数据在年度间的变化是相当复杂的，收集这些数据需要付出巨大的努力。已有科学家先后三年内对鼠耳蝠母群连续采集数据和 HiV、NiV 群水平研究，所有研究都证明捕获季节都能排泄病毒，但这些数据是有偏差的。个体排毒传染研究很少有成功的例子，尽管采样量很大，但对低流行率的检测不易成功。如果传染检测很困难，那么传染模式测定、传染时期和恢复率的测定就更具有挑战性，经常要求实验研究。但蝙蝠实验研究，如 RABV、EBOV、HiV 研究代价都很高，通常采用小样品量和阐明宿主对传染反应的复杂性；另外，实验性测定动物发病率和致死率也是非常困难的伦理性问题。在评估重要宿主—相关参数时也会遇到很多问题，出生率可以测得到，但对野生群体死亡率和致死率原因的确定是一个巨大挑战。一般采用捕获标记-再捕获方式来测定死亡率，但实际操作起来很困难，特别是迁徙性种类或大群居住的种类。野生蝙蝠真实年龄测定也很困难，有人用牙骨质龄和抗拉哥斯蝙蝠病毒（Lagos bat virus，LBV）年龄特异性血清流行来估计年龄对传染的压力。但这是一个破坏性过程而且样品量小。

因为蝙蝠本身生态学的特征和生命过程性质，要想对聚居、冬眠和迁移中的季节和性别差异量化是很难的，典型的是在一年中只有部分信息或一个特殊性别。而对于非迁移性群落其信息可能了解的相对透彻。对于蝙蝠的组和群的大小可能难以确定，栖息动力学难以定量。大群落中的个体难以鉴别和计数，小群落可能又不显著。通常只知道栖息行为，但长距离轨迹确定要用翅膀标记、飞机跟踪或精确地 GPS 和卫星定位系统。

七、人类行为对蝙蝠的影响

虽然人-蝙蝠相互影响难以定量，这种反应正在以各种方式增加和发生。在增加方面，人类正侵袭蝙蝠的栖息地，蝙蝠也正在利用人工建筑作为栖息地，如欧洲家庭中（冠状病毒、星状病毒）、美国的桥梁和房子（RABV、CoV）作为栖息场所。几个马尔堡病毒（MARV）外溢与旅行和矿井活动有关；SARS 样冠状病毒新现与在中国的活鲜市场将蝙蝠作为食物有关。尼帕病毒暴发与孟加拉国棕榈汁收集、马来西亚芒果园周围大型养猪场有关；亨德拉病毒暴发与澳大利亚蝙蝠的城市化居住变化有关。最新的调查指出，狐蝠和精灵蝠在亚洲和非洲的捕获数量非常高，表明人与蝙蝠的交互影响数量是巨大的。Rohani（2006）以理论模型预测许多系统捕获行为可能增加捕获动物群体传染病的流行率和流行高峰大小，因为通过密度依赖性补充（增加年轻个体的存活率）增加易感池，也就增加了流行峰的大小。这些数据与蝙蝠使用人类建筑遮蔽场所的增加有关，同时提出人-蝙蝠群体交界面动力学是一个被忽视的研究领域，在我们充分了解外溢风险后必须关注这个缺口。

关于对待蝙蝠态度和蝙蝠保护方面的知识需求，就必须了解怎样防止病原外溢的基本情况。最新的例子证明如果措施得当，迁移方式是可以实施的。当考虑人兽共患病传染情况时，蝙蝠传染外溢给人的事件并不常见，人类影响外溢动力学可能是难以检测到的。例如，马来西亚要求减少人类侵袭野生动物居住地和减少种间宿主的接触，因此从法律上禁止将果园建在猪场附近，防止 NiV 外溢。在孟加拉国几乎每年都要暴发 NiV，如果预防措施成功的话就很容易量化。两国的病毒外溢预防方法不会影响传染动力学本身。

尽管建立一个很好的参数化系统模型是很难的事，

如捕获或限制蝙蝠迁移，但模型可以预测传染动力学改变。在实践当中迁移种群的实验数据是难以获得，特别是迁移种群，但还是应该考虑如何更好地获得数据。机遇性研究是必需的，如一些机构正在应用破坏性控制方法来清除吸血蝙蝠种群，以防RABV外溢到牛群和人群当中，监控人群和牛群及其传染动力学、未接触人群，就可以获得局部地区群体流行密度增加的证据。

蝙蝠群体中疾病传播动力学的了解对采取相关的政策和迁移方式是否科学是很重要的。在实际情况下人和蝙蝠的接触是不可避免的，有可能面临如何处理这些反应的发生。要结合实际和实验性研究来创造一个有效的数据驱动机械模型，阐述蝙蝠生态学对新现蝙蝠病毒动力学是相当关键的。这一特点为基础的预测方法在群体调查资料无法获得时特别重要，宿主生态学不清楚时更重要。

第七章
食物链引发的人兽共患病概述

自从动物成为家畜禽后,人们与动物的距离接近了、关系更密切了。动物、动物分泌物都能携带人兽共患病病原,这些病原又能够污染食品和水源,引起人的疾病。20世纪五六十年代,因为抗生素的使用结果使动物疾病和人类疾病大幅度降低,七八十年代后虽然食品产量问题解决了,但动物产品对人健康的影响这一重大公共卫生问题却逐步引起人们的关注。食源性疾病病原和毒素已超过200种,其中也包含人兽共患病。这一章主要是关注食物链中的人兽共患病问题。

第一节 食品供应全球化和疾病的传播

目前全球的政治、经济和社会的相互交融,导致流动人口的大量增加;由于贸易、旅行和移民的大量增加,也增加了生物病原传播的风险,一些新现疾病传播加大了防控难度。食源性疾病的相关报道数量也不少,主要是因为食品和动物产品交易数量逐步增大,一些世界组织十分关注相关食品安全的控制,如WTO《实施动植物卫生检疫措施协议》的发布,促进了各国共同合作对食源性疾病进行有效控制。食物链与人兽共患病风险密切相关(图7-1)。

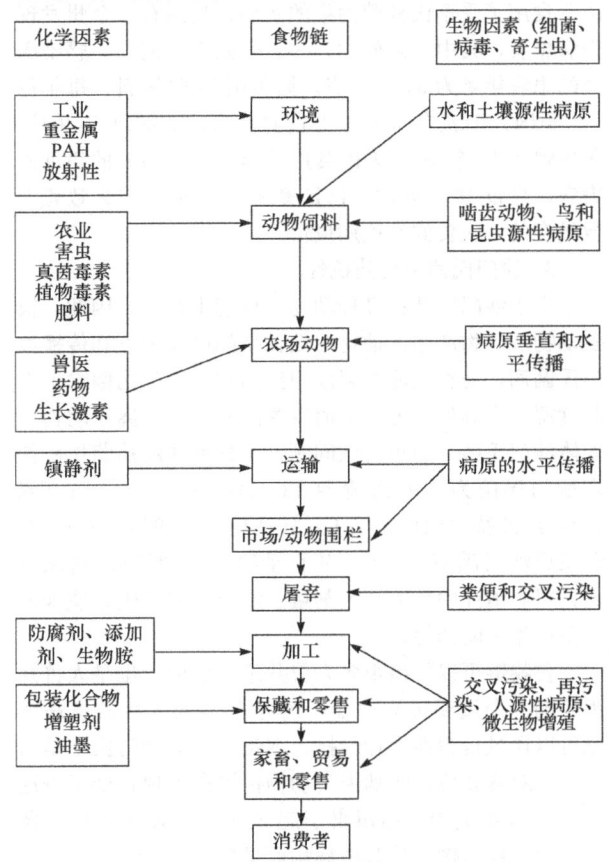

图7-1 食物链与相关风险的性质

一、疾病和食物链

1. 影响食源性疾病的因素

(1)调查和报告的能力增强 工业化国家对食源性疾病的报告系统已经比较完美,具有较好的检测方法和食品溯源方式,从而预警也更加有效。除了轻微的病例和零星病例可能没有报告外,在媒体和良好教育的公众监督下促进了食源性疾病的报告制度的发展,报告通信和信息网络化,较好地预测和控制了相关的人兽共患病的发生。

(2)食品生产和农业加工的变化 食品安全应该从农场开始,全程跟踪。现代食品很多是跨国消费,长途运输。食品在到达消费者前的任何阶段都可能被污染,现代社会生产加工多大型集中,技术的进步也具备了大量生产的能力。但这种大量生产需要放置和长距离运输,这就需要适当的条件和对食品原料的特殊处理。许多法规都十分强调良好的农业操作和良好的食品安全操作。新鲜食物产品的大量上市和较少的处理加工,这样的食品更自然和有机化,但也可能导致食源性疾病增多,特别是消费者不能很好地洗净食品、准备和烹调过程中的交叉污染。新鲜水果和蔬菜也是食源性疾病的主要来源之一,如蔬菜和水果的长途运输导致食源性病原李氏杆菌的传播。

(3)消费习惯的变化 很多人喜欢到外面消费饮食,特别喜欢肉类食品,这类食品容易传播食源性疾病,尤其是手工操作食品、快餐食品。现代人们喜欢的有机食品、新鲜水果、蔬菜、新鲜果汁等都可能含有潜在病原,一些生、冷、鲜食品不洗,一些蔬菜传播寄生虫病的风险较大。危险食品也包括水生贝壳类,旅游和文化差异,导致人们在异域饮食不了解饮食习惯和风险因素,往往导致食源性疾病的发生。

(4)风险人群增加 很多国家人口老龄化,老年人口数量增加,住院、养老院及家庭被看护的人群都易患食源性疾病;怀孕妇女、婴儿、免疫力低下个体尽量少用即食食品、色拉、熟食店的肉、软奶酪、鲜肉、生蛋和生鱼。而且在这些食品加工时要充分洗涤，充分烹调。

(5) 改善检测方法和强调溯源　发展新的病原检测方法，特别是分子检测技术，可以增强对病原监测和溯源的能力，生物传感器、免疫分析方法和PCR技术都是敏感快速方法，只要方法可靠，就能有效甄别疾病和控制其暴发。

(6) 改善新现疾病的调查能力　过去10年，又有新的食源性病原被确定，有些已经完善了检测方法，如O157∶H7大肠杆菌。大规模养殖家畜中的耐药菌株的出现，监测方法和体制还不完善；诸如病毒是人传人，与动物无关；李氏杆菌、O157∶H7和空肠弯曲菌与动物性食品及食品加工有关。尼帕病毒也是潜在的食源性病原，可能通过宿主猪传播给人；SARS可能就是食源性的。这些情况都可以作为早期预警信息，也说明我们现行的生物安全措施、食品安全措施和检疫标准有待改善。

(7) 旅游中的"入乡随俗"　旅游业是雇员最多的行业，全球约有2亿个职位，大约占全球职位的10%。每年大约有超过10亿人进行全球旅游或旅行，生态游占有很大比例。人们见到野味、当地水果、其他当地食品都喜欢尝一尝，但因为卫生标准差，容易从这些食品和水果蔬菜传染人兽共患病。现在回归自然是潮流，但人们接触野生动物和食用野味具有卫生风险。对这类食品安全管理的法律法规目前还不健全多数情况是监管不到位，只能依靠人们自己的风险判断能力。1995年因食用美洲狮狮肉干使10人感染旋毛虫病，旋毛虫可能在野猪更多。

2. 食源性疾病控制

跨国性食品安全针对食品中细菌病、病毒病、寄生虫病，如国际贸易引起的口蹄疫、BSE等，OIE和WTO分别颁布了相关法规，有利于各国共同合作控制食品安全，国内也是在食品安全法的指导下，许多相关法规保证了食品安全。

要保证安全食品供应需要做食源性疾病调查和风险评估。

食源性疾病调查：调查对食源性疾病早期鉴别和控制非常有益，良好的调查报告可以帮助搞清楚事实真相和防止扩散，减少经济损失。

风险评估和国际食品标准：微生物风险评估可以提供特异病原的可能性或存在风险，也可以评估高风险食品和加工方法。评估过程必须是连贯的，而且评估多数是定性的，有些往往因得不到充分数据而实用性差。国际上公认并通用SPS、HACCP等卫生标准和控制措施。60%已知人类病原、75%人新现疾病和80%新现病原都是潜在生物恐怖病原，都适用于世界卫生规则，都应该使用全球早期预警系统进行预防。

二、食物链中人兽共患病实例

1. 口蹄疫

口蹄疫是全球性危害偶蹄动物的疫病，由于传播速度快、范围广、损失大，又能危及人类健康，各国都十分重视其防控。2001年英国暴发了口蹄疫，造成了重大经济损失，经济损失主要用于控制费用、重新开放市场的巨大努力、对人健康的直接和间接影响、对动物福利的影响等。如果检出带有口蹄疫的动物肉，一定要剔除，以保证人和动物的安全。国际贸易中如果漏检或没有检出来，则非常容易扩散。口蹄疫对人来说是轻型人兽共患病，人患病罕见，且症状轻微；主要是造成社会心理和经济影响，对农业造成压力，政府担心造成新的灾难。英国政府采取措施对养猪业实行全面疫苗预防，改善疫苗质量，加强报告和调查系统，改善兽医基础设施来防控口蹄疫。

2. 李氏杆菌病

李氏杆菌病对一些人群是严重的，可以呈暴发形式，主要影响孕妇、儿童和免疫低下个体，这些人群感染李氏杆菌可造成流产、死胎、脑膜炎。人的感染主要来自污染食品，病原是单核细胞增多性李氏杆菌，通常经口途径传播。在健康人产生自限性胃肠炎，蛋类、禽类、海产品、蔬菜、软奶酪、鲜奶和冷鲜肉对敏感个体都是危险食品。近些年美国和法国都有较大规模感染和中毒发生，也引起了上百人死亡，食物感染死亡率平均为33%，是食物中毒和食物感染引起死亡率最高的一种。李氏杆菌同样也能引起动物疾病，如猪的感染。

2013年7月美国食品药品管理局（FDA）证实，由于食用了受李氏杆菌污染的奶酪，美国有4个州发现染病患者，其中一人死亡，一名孕妇因此流产。感染病菌的患者年龄为31～67岁。据美国CDC资料，每年每6个美国人中就有1人患上食源性疾病。2011年9月，美国曾有18个州72人因食用受李氏杆菌污染的甜瓜而染病，导致16人死亡。这是美国自1998年以来致死人数最多的一次食源性疾病疫情。

3. 沙门氏菌和耐药抗性

由于沙门氏菌在多种动物、环境中存在，因此，很多动物及动物产品、动物源性食品都可以污染和传播沙门氏菌病，动物也能引起沙门氏菌病。沙门氏菌除了引起食源性疾病外，另一个值得关注的就是分离于动物和人体沙门氏菌株的耐药性问题，所分离的耐药菌株鼠伤寒沙门氏菌为主要血清型13.4%（人），34.3%（家畜），纽波特沙门氏菌2.6%（动物），3.9%（人），亚利桑那沙门氏菌0.7%（死亡动物）。主要原因是家畜禽饲料和治疗中普遍和大剂量、混合使用抗生素使沙门氏菌产生了耐药性。

食物链可以传播很多人兽共患病病原，也是人兽共患病的一个重要传播途径，约有50%的人兽共患病病原可以通过食源性途径传播。鸡蛋中肠炎沙门氏菌是新趋势，对禽和传统的啮齿类动物传播作用现在处于争论中。1993年美国因冰淇淋引起25 000人肠炎沙门氏菌病。食源性传播人兽共患病病原见表7-1、表7-2。

表 7-1　过去 30 年新现的主要食源性传染

病原	人兽共患	主要宿主	病原	人兽共患	主要宿主
病毒病			李氏杆菌	√	家畜和野生动物
星形病毒	×	人	肠炎沙门氏菌	√	禽
诺瓦克样病毒	×	人	非霍乱弧菌	√	水生贝壳类和长须鲸
轮状病毒	×	人	产毒素性霍乱弧菌	×	人
朊病毒病			创伤弧菌	√	水生贝壳类
朊病毒	√	牛	小肠结肠耶氏菌	√	猪、宠物
细菌病			寄生虫病		
空肠弯曲菌	√	禽、猪宠物、迁徙鸟类	异尖线虫	√	鱼
大肠杆菌 O157：H7	√	牛	伪地新线虫属	√	鱼
肠毒性大肠杆菌	√	牛	环孢子虫		人

注：√表示人兽共患传染；×表示非人兽共患传染

表 7-2　过去 30 年美国新现的食源性传染

产品类型	病原											
	病毒		细菌								寄生虫	
	V1	V2	B1	B2	B3	B4	B5	B6	B7	B8	P1	P2
莴苣/卷心菜/绿叶菜	√	√	×	×	×	√	√	×	√	×	×	×
胡萝卜/芹菜/青葱	×	√	×	×	√	×	×	×	√	×	√	×
球状甘蓝	×	×	√	×	×	×	×	×	√	×	×	×
番茄	√	×	×	×	×	×	√	×	×	×	×	×
甜瓜	×	×	×	×	×	×	×	×	√	×	×	×
红草莓/草莓	√	×	×	×	×	×	×	×	×	×	×	×
水果/蔬菜	×	×	×	×	×	×	×	×	×	×	√	×
蒜末	×	×	√	×	×	×	×	×	×	×	×	×
苹果苏打	×	×	×	×	×	√	×	×	×	×	×	×
橘汁	×	×	×	×	×	×	×	√	×	×	×	×
椰子汁	×	×	×	×	×	×	×	×	×	√	×	×

注：√表示在此类产品中发现病原；×表示未在此类产品中发现病原
V1. 甲型肝炎；B2. 肉毒梭菌；B5. 李氏杆菌；B8. 毒素性霍乱弧菌 O1 型；
V2. 诺如病毒；B3. 肠致病性大肠杆菌；B6. 沙门氏菌；P1. 微小隐孢子虫；
B1. 蜡样芽胞杆菌；B4. 大肠杆菌 O157：H7；B7. 志贺氏菌；P2—环孢子虫

第二节　食品供应中病原的流行病学

WHO 估计在发展中国家每年有 180 万人死于腹泻性疾病，其中许多就包含有食品和水源中的病原对人传播引起的。通常食源性疾病是直接污染或环境污染引起，也包含一些人兽共患病病原。这就需要我们利用好流行病学和调查手段，更好地理解病原生物学和风险人群等相关行为，更好地理解城市在扩大、人兽共患病所累及的人群也在不断改变、新现和再现人兽共患病等是当今社会面临的重要问题。集中反应在人与动物医学对待人兽共患病问题上必须密切配合。

一、肠道感染的类型和趋势

肠道感染性疾病从住院人数和死亡人数看都是常见类型，每个国家都很常见，其中就含有大量的食源性人兽共患病病原。美国每年有 7600 万人患食源性疾病，5000 人死亡；而大肠杆菌 O157：H7、空肠弯曲菌、沙门氏菌和李氏杆菌病的报道却很少。这就反映出检测方法和调查系统的不完善，有些病原可能就是查不出来，如环孢子虫病。我们国家这方面的统计数据没有美国这么完善。全球性食品供应链中对新现病原的调查不断加强，对广范围的人兽共患病暴发的资料收集和趋势预测也正引起各国政府的重视，同时耐药性菌株也在增加，对风险人群感染的机会致病菌也在不断发现，这些都是新的趋势。食物链安全方面还面临自然选择压力、食品加工新技术和消费者对食品选择方式等而出现的新病原、变异病原、潜在病原等。

特殊病原对人健康的影响主要依赖于病原致病性、宿主易感性、接触程度、共感染病原的存在与否和宿主的免疫状态等。流行病学涉及的面更宽，包括疾病传播主要方式、必要条件、传播媒介或中间宿主、保藏宿主的作用、人群接触的地理分布、机会致病菌等（表7-3、表7-4，图7-1、图7-2）。

表7-3 食品供应链中病原的流行病学

病原	食品/水源常见途径	人常见症状
病毒		
肠病毒	污染水	胃肠炎和系统症状
腺病毒	污染水	胃肠炎和呼吸道症状
甲型肝炎病毒	污染水、食品（水生贝壳）	无黄疸性肝炎
戊型肝炎病毒	污染食品，包括猪肉和鹿肉	无黄疸性肝炎
星状病毒	污染水、食品（水生贝壳）	胃肠炎、呕吐、恶心
轮状病毒	污染水和食品	胃肠炎，呕吐，腹泻
诺如病毒	污染水、食品（水生贝壳）	胃肠炎腹泻，呕吐，腹痛
细菌		
大肠杆菌	污染食品（包括肉和蔬菜）	胃肠炎和系统症状
沙门氏菌	污染食品（包括肉和蔬菜）	胃肠炎、发热和系统症状
志贺氏菌	色拉；灵长类和人是关键宿主	胃肠炎、血便
弧菌	污染食品和水；灵长类和人是关键宿主	胃肠炎、呕吐、发热
空肠弯曲菌	污染肉（主要是禽肉）	胃肠炎、发热，其他症状
李氏杆菌	色拉，水生贝壳，冷鲜肉	胃肠炎，脑膜炎
小肠结肠炎耶氏菌	污染食品，包括肉	胃肠炎和其他症状
禽结核分枝杆菌（副结核病）	污染乳	肠炎，Cronhn's病
贝纳特氏立克次体	污染乳	系统症状，恶心，头痛
牛结核分枝杆菌	污染乳	淋巴肿大，局部或系统症状
金黄色葡萄球菌	产毒素的污染乳	胃肠炎，其他症状
魏氏梭菌	未煮熟的肉	胃肠炎，其他症状
艰难梭菌	污染肉（牛肉和猪肉），火鸡	温和胃肠炎
蜡样芽胞杆菌	再加热食品，米饭	胃肠炎和其他症状
布鲁氏菌	污染乳和乳产品	波浪热，头痛
螺旋菌	直接寄出动物尿，污染食品和水	发热，黄疸，腹痛
原虫		
蓝氏贾第虫	污染水	胃肠炎、腹胀，不舒服
肉包子虫	鲜肉、未熟肉	胃肠炎或其他症状
弓形虫	生或未熟肉	胃肠炎
溶组织阿米巴	污染食品	胃肠炎，脓肿
微小隐孢子虫	污染水和新鲜产品	胃肠炎，腹泻
环孢子虫	污染水，新鲜产品（人为宿主）	胃肠炎
线虫		
管圆线虫	生或未熟的蟹肉、蜗牛，鲜产品	腹痛和脑病
旋毛虫	生或未熟肉	各种症状，可致死

续表

病原	食品/水源常见途径	人常见症状
异尖线虫	生或未熟的海产品	上腹痛，呕吐
毛细线虫	生或未熟的水产品	胃肠炎
吸虫		
肝片吸虫	污染植物	各种症状
姜氏肝片吸虫	污染水	上腹痛、下腹痛，胃肠道症状
华支睾吸虫	生或未熟鱼	各种症状，胆管炎
并殖吸虫	鲜蟹	胸痛，咳嗽，发热
绦虫		
牛肉绦虫	未熟牛肉	视力障碍
猪肉绦虫	未熟猪肉	视力障碍，神经症状
棘球绦虫	污染狗粪蔬菜	视力障碍
裂头绦虫	生或未熟的淡水鱼	视力障碍

?：表示未确定

二、食源性细菌病

细菌多数引起人和动物肠道性疾病，通常以污染的水源和食品而传播，依赖于地区特色、食品操作、食品喜好、卫生条件、使用洁净水的程度、教育水平、公共卫生设施、食品和食品安全规则实施情况等而发生。大肠杆菌、克雷伯氏菌、沙门氏菌、弧菌、志贺氏菌、小肠结肠耶氏菌等一般通过食品和水传染人；空肠弯曲菌与特殊食品材料（如禽肉）有关，也可以从野生动物和家畜途径传播给人。李氏杆菌存在于环境、动物、蔬菜、肉和贝壳类。许多细菌经水生贝壳类动物或食品传播给人，但很多专家并不认为是人兽共患病传递的经典途径。鱼类过敏性中毒多数由变形杆菌和克雷伯氏菌引起。

在不发达地区，结核、布鲁氏菌、立克次体和螺旋体等病原引起人类疾病暴发，很多国家都把它们列为疾病和食品安全重点控制对象，我们国家也是如此，对旅行者风险高。

发达国家城市的人兽共患性肠道病暴发典型的归因于细菌病原有关（如大肠杆菌O157、沙门氏菌、李氏杆菌、空肠弯曲菌），主要是污染的乳、蛋、肉和加工食品。其他暴发归因于污染水源和水洗鲜产品、病原（如细菌和隐孢子虫）；也有因为食品安全措施不到位，与鲜、冷食品生产、远距离运输有关（表7-3）。不发达地区或国家经食物链传播给人的安全问题更多，水、野生动物、家畜禽和人之间的潜在传播风险更高，病原涉及面更广。为更好理解人、食品供应和环境之间的相互关系，应加强人兽共患病、新现疾病的流行病学研究，包括微生物学家、分子科学家、生态学家、风险评估专家、地理学家、兽医、野生动物生态学家、医学专家、食品加工专家及其他有关人士共同努力。这些广范围基础调查主要是按兽医和公共卫生权威倡议的要求来进行的，以适应未来人兽共患病防控需要。

三、食源性寄生虫病

食用水产品能引起人兽共患寄生虫病，食源性寄生虫病近90种，如吃生鱼引起异尖线虫病和颚口线虫病（表7-3、表7-4）。野味肉也是人传染病来源之一，如鸟和其他动物来源的弓形虫病，都有野生动物传播的基础。野生动物驯养所产生的食源性疾病比纯野生动物多，但与喜爱特种食品人群有关，如国外旋毛虫病多数与吃野味肉有关，我国规模化饲养的猪群已经很少能见到旋毛虫了。

四、食源性病毒感染

甲型肝炎病毒和诺瓦克病毒是两个重要水产品传播食源性病毒，粪便污染、水生贝壳类都能作为食源性传播途径（表7-3）。野生动物传播疾病与水产养殖、生态旅游、人们生活方式变化和饮食习惯改变有关，如兔和野兔的兔拉热。

表7-4　1996～2000年英国红肉食源性疾病分析

食品	实例	死亡	致死率
禽	502 634	191	38
火鸡	87 798	45	52
鸡	398 420	141	35
红肉	287 485	164	57
牛肉	115 929	64	58
猪肉	46 539	24	53
羊肉	46 239	27	59

第三节 肉及肉品作为人兽共患病病原来源

肉作为人们消费动物源性食品的主要品种，带给人们丰富的营养和美味可口佳肴。但肉及肉制品又是人兽共患病传播的主要媒介之一，人们通过接触、食用而患有人兽共患病。肉及肉制品能够传播多种相关病原，包括细菌、病毒、寄生虫及其他病原。

英格兰和威尔士1990~1999年发生的1426例人类肠感染，16%与红肉有关，9例死亡。其中涉及牛肉34%，猪肉32%，羊肉31%，病原中沙门氏菌占34.3%，产气荚膜梭菌43.4%。每年欧洲发生食源性人兽共患病超过32万例。具体比例见图7-2、图7-3。

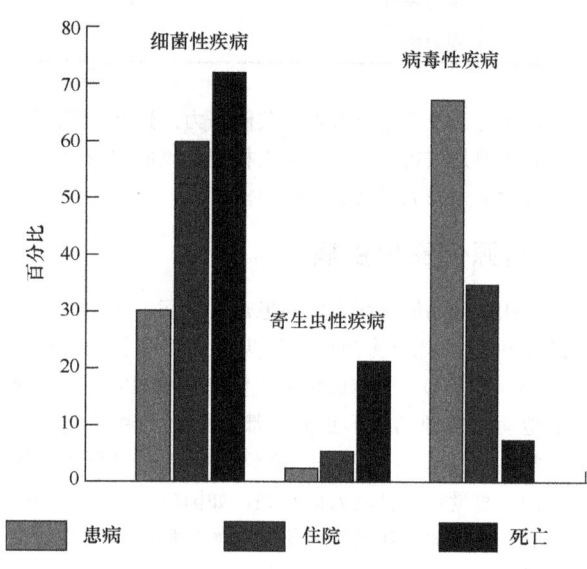

图7-2 美国不同食源性病原引起疾病、住院和死亡估计的百分比

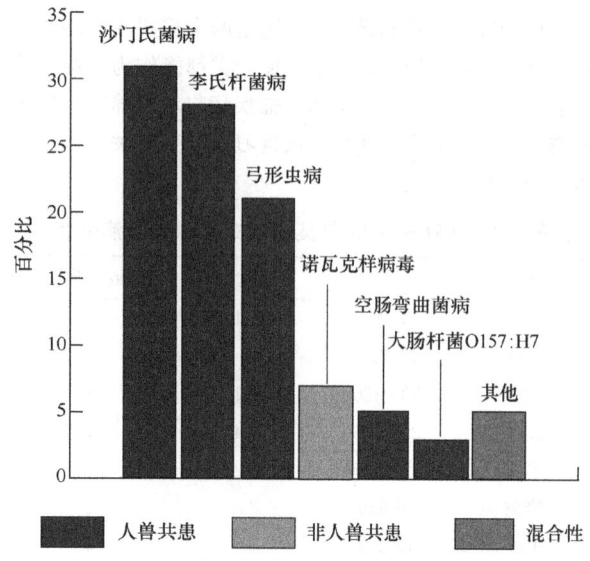

图7-3 美国与食品死亡有关疾病的百分比

一、细菌性人兽共患病病原

肉及肉制品具有营养丰富、内环境（pH）适中、非常好的黏性，既具有有氧环境，又有厌氧环境。这些特点非常适合人兽共患病微生物生长和繁殖。肉中常见人兽共患病细菌类包括沙门氏菌、空肠弯曲菌（表7-5）、致病性大肠杆菌、李氏杆菌、炭疽杆菌、金黄色葡萄球菌、布鲁氏菌、结核杆菌、产气荚膜梭菌、肉毒杆菌、小肠结肠耶氏菌、猪链球菌及链球菌、猪丹毒杆菌等。

表7-5 25个国家生鲜肉和食用动物空肠弯曲菌分离率

肉和动物	平均阳性样品/%	阳性率/%
乳牛	30.0	6~64
肉牛	62.1	42~83
绵羊	31.1	18~44
猪	61.0	50~69
鸡群	58.7	2.9~100
零售鸡	57.4	23~100
零售牛肉	2.7	0~9.8
零售猪肉	2.0	0~5.1
零售羊肉	6.0	0~12.2

空肠弯曲菌和沙门氏菌来源于食用动物，也可来源于肉和乳。调查显示人类分离株同农场动物及食品检出的病原基因相类似，但动物感染与食品污染菌种的性质明显不同，也有人对其与人类疾病之间的关系提出质疑。美国（2001年）对3780例沙门氏菌食品流行率调查显示：冻羊肉污染率为1.5%，牛肉为3%；比利时猪肉为27%。冰岛食源性空肠弯曲菌调查，50%的鸡样品为阳性，鸭为46%，火鸡为12%，猪为5%，牛肉为3%。我国报道曾因食用羊肉棒骨的骨髓而感染布鲁氏菌病，食用水牛、毛用动物肉、羊肉、猪肉感染布鲁氏菌病；2007年四川资阳猪链球菌病暴发，就是因为接触、食用猪肉引起。

二、病毒性人兽共患病病原

动物源性食品感染的病毒包括禽流感病毒、口蹄疫、轮状病毒、肠道病毒、诺如病毒、甲型肝炎病毒、戊型肝炎病毒、朊病毒等。特别是近年来禽流感在我国的流行，多因接触、食用禽、野生鸟禽类而引起人类感染或死亡。有些病毒能够在食品中存活很长时间，如诺如病毒可在肉中存活 7 天以上。

三、寄生虫性人兽共患病病原

通过食品、特别是动物源性食品而感染寄生虫病的也不在少数，虽然大面积暴发的病例较少，但散发病例的比例却很高。目前已经明确的食源性寄生虫病至少有 89 种［具体见《食品病原微生物学》（柳增善，2007）］，有些对人类也是致命的，如猪囊虫病、牛绦虫病、脑包虫等。食用未熟透或生的熊肉、野猪肉、猪肉等而感染旋毛虫病；牛粪污染果园和水源，食用水果感染隐孢子虫病，隐孢子虫也可以人-人传播，可以从苹果汁、牛羊奶、水果和蔬菜、肉和水产品途径感染人；鱼体中华支睾吸虫污染率很高，有时甚至达到 100%，如吉林省长春地区最近（刘明远等）调查 8 个村，养殖鱼华支睾吸虫带染率为 50%～100%。青蛙肉中有双槽蚴虫，食用蛙肉也有感染者。

第四节　肥料作为人兽共患病来源

胃肠道系统除了提供营养功能外，在生理学、免疫学和保护宿主等方面具有重要功能。微生态对宿主健康十分重要，包括免疫反应、保护机体免受病原侵袭，但也可能储藏有大量的有害微生物。在人类 1415 种病原中有 61% 是人畜共患病原，即 868 种病原是人畜共患的，868 种包含 313 个种属，病毒和朊病毒占 19%，细菌和立克次体占 31%，真菌占 13%，原虫占 5%，蠕虫占 32%。75% 的新现病原是人兽共患（132 种），在新现传染病中，Jones 和 Taylor 的不同研究得出的结果又有差异，病毒和朊病毒分别占 25% 和 44%，细菌和立克次体分别占 54% 和 30%；这种差异主要是分类和对药物抗性作为不同病原分类依据所致；来自于野生动物占 72.8%，比伴侣动物和生产动物多。这一节主要关注肥料来源的人兽共患病病原及其传染模式。

一、肥料来源的人兽共患病和传染模式

肥料一般是家畜禽的排泄物，包括尿和粪混合后发酵产物，也包括杂草、各种洗涤水等，少数边远地区也包含人的粪便。这样的肥料可能包括鼻、喉、阴道、乳腺和皮肤分泌物，也可能包括血等，典型的细菌含量为 10^{10} 个/g。来自于肉牛、乳牛、肉鸡、蛋鸡、羊等的养殖所产生的粪便，现在作为工业废弃品或副产品用于农业，经发酵后再被农业利用，使土壤更肥沃。有的用于沼气生产，在处理相关粪便时对人有潜在的人兽共患病传播风险。感染可能因直接接触：加工和处理肥料而接触到病原；间接接触途径：肉、乳及其产品和水。英国动物源性食品（肉、乳及海产品）引起的疾病死亡率占 65%～68%；屠宰动物、加工肉品时都可污染肉，也可能直接接触动物胃肠道和皮肤而污染肉。英国的蔬菜源性疾病和死亡率分别为 3% 和 2%（2005 年）。乳加工条件不好可引起 7% 的疾病和 5% 的死亡率。从中可以看出，动物源性食品也是人兽共患病病原的主要传播途径之一。

水中病原微生物有些是致命的，很多水源都发现含有肥料污染的病原，含病原的肥料对水源的污染可经多种途径，对于人用水源的污染，可用过滤方式除去绝大部分病原，尤其是雨水较大情况下更加有效。融雪水容易进入人兽共患病病原微生物的生存环境中，也要注意地上水、灌溉水和饮用水供应的卫生安全。水源的污染也可能通过动物和牧群传播。

动物生产工业化（规模化），通过其动物饲料、动物产品和废弃物，包括肥料增加了环境中的微生物数量，人与其接触都有风险。例如，微生物气溶胶是主要传播方式之一，在圈舍内工人直接接触带有病原的气溶胶，提高了患病风险。肥料作为一种发酵剂起到了机械性传播作用，如在舍内和环境中的气溶胶，通过喷淋水或植物而传播污染。

作为公共卫生工作者要注意蔬菜类和牛体上大肠杆菌 O157 的卫生处理，也要对室内饲养动物卫生清洁。肥料中的病原可在其中存活很长时间（如 O157:H7 可在肥料中存活 21 个月），可通过向肥料中加入其他一些成分，以物理的、化学的或生物的处理方法处理后再使用，可明显减少病原的存在。最后还要对食品加工设备经常进行卫生清洁。

二、接触肥料引起的重要人兽共患病

肥料中病原类型和数量因不同来源的动物种类、地理区域、肥料的物理化学组成不同而差别较大。细菌、病毒、原虫性人兽共患病微生物都可以通过肥料传播给人，但以细菌为主。美国曾对 3 862 941 例食源性疾病的病因学研究发现 6 种主要病原占 70%，这 6 种病原占死亡人数（2718 人）的 95%：沙门氏菌占 31%，李氏杆菌占 28%，弓形虫占 21%，诺如病毒占 7%，空肠弯曲菌占 5%，大肠杆菌 O157:H7 占 3%（1999 年）。除诺如病毒和弓形虫外，这些病原将肥料作为人的直接感染来源或通过食物链污染传播给人。最近公布（2009 年）的 51 种主要食源性疾病和水源人兽共患病分布结果支持这种论据。沙门氏菌、空肠弯曲菌、李氏杆菌和 VTEC 大肠杆菌是最主要的食源性人兽共患致病菌。

三、肥料作为耐药微生物和耐药基因的来源

肥料除了作为人兽共患病病原的直接来源或通过污染环境而引起人兽共患病外，在动物饲养时使用大量抗生素，诱导这些环境中的微生物产生耐药性。耐药菌株对人产生风险主要有两个方面影响：①是潜在感染人的耐药菌株来源的主要途径；②是耐药基因的储藏宿主。储藏在肥料中的耐药基因可水平转移，如存在于胃肠道和粪便中，这样肥料就构成了感染和环境污染病原的潜在来源，而且这些病原具有耐药性。肥料中可能含有大量具有耐药性病原，并且广泛散布于环境中，对人类健康构成潜在威胁。

四、来自于肥料的其他重要人兽共患病

与肥料有关的病原和疾病多数经粪-口途径传播，引起胃肠道疾病，超过100种人兽共患病病原是通过食物链传播的。虽然涉及的微生物谱很广，但重要的病原还是少数。下面我们就较为重要的肥料源性人兽共患病病原作一简要介绍。

小肠结肠耶尔森氏菌是一种食源性病原，引起急性胃肠炎和肠系膜淋巴结炎，是欧盟第三重要人兽共患病病原。猪是主要的储藏宿主，常与未熟的猪肉有关。**螺旋菌**与人的胃肠疾病有关，在绵羊（幽门螺杆菌）、猪（猪螺杆菌）和牛（牛螺杆菌）都发现带染。**艰难梭菌**已经在牛、猪和肉鸡及其它们的零售肉中发现。**产气荚膜梭菌**存在于许多动物胃肠道中，包括各种生产动物。母源和新生儿破伤风全球范围都有发生，每年180 000例死亡，主要见于发展中国家，WHO最终目标是清除这种疾病。许多家畜中都发现有**破伤风杆菌**，一些发展中国家使用酥油在新生儿脐带伤口处使用，使伤口痊愈和增强体力。当酥油以这种方式使用时以牛粪作为燃料加热的操作就可能与新生儿破伤风有关。**布鲁氏菌病**是再现人兽共患病，已有报告称与职业性接触肥料有关，尤其是山羊，也包括绵羊和牛。类似的还有**螺旋体病、Q热、马红球菌**，马红球菌主要来自于草食动物。**猪丹毒杆菌**与猪和火鸡有关，存在于多种动物的粪便中，包括牛、绵羊、马等动物，临床上表现为非化脓性蜂窝织炎，典型的在手臂上，其他的可能产生重要的疾病。**2型猪链球菌**也发现于猪胃肠道和粪便中，与猪接触感染为脑膜炎。**禽分枝杆菌亚种——副结核杆菌**与Crohn's病有关。**副结核分枝杆菌**是Johne's病病因，主要感染牛，在其他反刍动物、猪和兔子也有报道。感染方式是经粪-口途径，也可以通过垂直接触肥料污染的环境感染。研究报道副结核分枝杆菌于粪便、水、牛的泥浆中存活250天。

禽类也涉及很多潜在的人兽共患病病原。鸡感染**鼻疽杆菌**通常是无症状的，禽类对粪便中的芽胞具有较强的抵抗力，因此，对感染和污染环境具有较大的潜在风险。**新型隐球菌**见于禽类粪便中，包括鸡、特别是鸽子，临床上隐球菌病少见，人可以抵抗。**鹦鹉热**是一种潜在的致命性疾病，临床表现各异，典型的是呼吸道感染，可进一步影响其他器官。鹦鹉热感染涉及465种鸟类，包括鸡、火鸡、鸭和鹅，主要通过气溶胶化的尿液、呼吸或眼分泌物、干燥的粪便等传播。

五、处理肥料，减少风险

通过直接或间接接触肥料成分构成严重的公共卫生风险。肥料可隐藏多种人兽共患病病原，由于养殖业快速发展和工业化，肥料的公共卫生风险日益突出。许多国家已发展了很多方法来减轻肥料存在的病原生物。肥料处理方式可分为化学的、物理的或生物学方式，典型的是一般预防性卫生措施或控制或清除特殊病原的措施。病原数量减少并不是主要目的，去除才是最终目的，方法上如肥料去氮或磷沉淀，其他实践操作也可以作为减少肥料病原数量的方式选择。

对于固体废料和泥浆废料，化学处理方法包括：石灰水、福尔马林、苛性钠、过乙酸、石灰氮等。化学处理也同时将病原处理掉了。物理处理方法，如加热或辐射，也可以作为废料的消毒手段；干燥和阳光暴晒也是物理方法。生物技术包括需氧和厌氧技术，也能够减少废料中的病原。生物手段包括抗生物成分添加、改变pH、氧化还原方式调整、营养缺乏、外热代谢等，提高废料的温度，杀死病原生物。

第五节 动物饲料作为人兽共患病病原来源

一些国家，特别是欧盟国家虽然采用了一些较好的、普遍接受的卫生实践，但沙门氏菌、大肠杆菌O157：H7等污染食品的食源性疾病仍不断发生。因此，需要采取一些新的措施减少食源性疾病发生。欧洲的一些国家对这些病原采取了零容忍的政策，因为动物源性食品来源的空肠弯曲菌、沙门氏菌或VETC大肠杆菌与食源性疾病的关系已经非常明确。证据显示，肥料和食品生产废料对环境污染非常严重，不可避免地使

人们采取措施控制水果和蔬菜污染。现在我国家也把饲料作为食品安全的一个环节，说明国家对这一问题的重视。

家畜禽带染空肠弯曲菌、沙门氏菌和大肠杆菌O157：H7是常见的，感染动物通常不表现临床症状。牛李氏杆菌带染者不表现症状，但可引起小的反刍动物（绵羊和山羊）发生李氏杆菌病并致死。李氏杆菌在动物环境中是非常普遍的。沙门氏菌、VETC大肠杆菌和耶氏菌三个重要食源性病原菌分布也很广泛。空肠弯曲菌的分布情况知道的较少。牛可能是大肠杆菌O157：H7的主要宿主，猪是小肠结肠耶氏菌的主要宿主，禽带染沙门氏菌和空肠弯曲菌更普遍。这些人兽共患病病原来源包括动物、动物环境、饲料和水。动物饲养和放牧使这些病原水平传播，并散布于农场。

一、饲料作为潜在疾病的传播者

饲料除了使用粮食、矿物质、维生素和微量元素外，还使用一些动物下脚料、副产品或海产品，这都可能引进人兽共患病病原、重金属残留和其他毒性物质。人们已经认识到来自动物饲料对人健康的风险，如朊病毒、二噁英在鸡猪饲料中污染。饲料中的健康风险包括生物的和化学的，同时饲料也是人类食物链的一部分。虽然不采取零容忍政策，但也要采取必要的措施加以控制。最近有报道从饲料中分离出新的人兽共患病病原，如鲍曼不动杆菌，该菌是人的院内感染主要菌类，在动物以前是非致病性或机会致病菌，现在已经演变成可引起猪、牛、鸡大批死亡的致病菌，因而具备了人兽共患性质。

二、饲料中的人兽共患病病原

根据调查资料，美国饲料沙门氏菌污染率为25%~50%，颗粒饲料污染率低（4%~9%）；欧盟国家为0~9.5%；巴基斯坦禽饲料沙门氏菌污染率为21%。美国饲料中大肠杆菌O157：H7的污染率<0.8%，过去两年调查5个农场鲜禽和猪饲料污染率>17%。我国一些地区饲料中黄曲霉毒素B1检出率高达99.51%，但超标率较低，平均为2.27%；不同省份饲料中黄曲霉毒素B1含量差异极显著（$P<0.01$），贵州省最高，河南省、四川省较高，福建省最低，其余7省居中；黄曲霉毒素B1含量由高到低依次为棉粕、家禽配合饲料、菜粕、玉米、仔猪配合饲料、麦麸、豆粕、鱼粉和小麦。对从河南、湖北、山东、安徽4省采集的102份饲料及其原料样品进行了霉菌污染状况的分析。结果表明：曲霉属霉菌的检出频率最高，达98%，颗粒饲料的含菌量明显低于粉状饲料；饲料中的霉菌污染状况与玉米、麸糠类等主要原料的带菌种类及含菌量有密切的关系。

三、饲料成分污染的风险

沙门氏菌在全球的饲料中分布，同时，沙门氏菌也是人类疾病的主要涉及菌。动物携带沙门氏菌一般并不表现症状，但可使动物胴体污染增加和引起人类疾病。大肠杆菌O157：H7在饲料中与沙门氏菌一样，是人类潜在的致病菌，这些菌污染的产品有时不经烹调直接进入口中，即食食品就是这一类食品，风险很高，如色拉、凉拌菜或蘸酱菜等。一些饲料成分污染有沙门氏菌和其他致病菌，当混进饲料或合成饲料后就成为风险饲料，但关于这方面的信息还比较少，这些饲料成分也包括动物蛋白、蔬菜籽油生产的副产品、油菜籽、红花籽、棕仁及葵花籽等。另外，杂鱼和蛋壳也经常带染沙门氏菌；谷类成分带染沙门氏菌的风险较低，但有时也会出现问题，没有加工的大豆含沙门氏菌。骨粉作为饲料成分产生了BSE危机，是1991年从英国开始的。油菜籽、鱼粉、动物油脂厂、饲料配料厂、禽类饲养环境等都是沙门氏菌的生态环境，在这些环境中沙门氏菌能够存活很长时间。动物蛋白热加工和榨油过程都可以去除沙门氏菌，但在最后一道加热过程后粉类饲料会再污染沙门氏菌。沙门氏菌也存在于油污设备表面和地面上，产生气溶胶后经冷却再污染饲料粉。饲料配料厂常见沙门氏菌和大肠杆菌，包括颗粒饲料的生产中。

朊病毒是饲料高风险因子之一，人们已经充分认识到饲料途径的风险，并且已经对疯牛病控制得很好，这里不再赘述。

四、饲料对人产生的健康风险

虽然饲料中沙门氏菌和大肠杆菌O157：H7已经非常明确，但饲料中的病原对人的健康风险并不十分清楚。现在还没有兽医和医学卫生调查程序来监控饲料中的病原、动物健康状况、动物饲料污染状况以及对人健康风险等发生情况的系统，这个系统能够监控病原沿这个食物链的转移情况，目前没有哪个国家具备这样的监控系统。但有报道关于其中一两个环节病原转移的情况。美国报道了一起将玻利维亚进口鱼粉作为禽饲料，污染亚利桑那沙门氏菌，首先引起阿肯色州人的感染，后有几个州人患病；同时，这样的玻利维亚鱼粉还销往英国、以色列和荷兰等国，也同样引起人的食源性疾病，这是食物链和饲料传播病原的实际例子。2002年美国有100万以上的人患沙门氏菌病例，2005年美国从家畜禽中分离出10个以上血清型沙门氏菌，现在流行主要血清型为肠炎沙门氏菌和伤寒沙门氏菌，这与人沙门氏菌流行情况一样。

巴基斯坦的饲料中肠炎沙门氏菌和伤寒沙门氏菌污染率为10%~21%，污染骨粉和鱼粉使鸡和牛带染，又引起人的亚利桑那沙门氏菌、山夫顿堡沙门氏菌感染。挪威对于饲料成分、饲料和饲料厂环境调查分析，约有2%人的沙门氏菌病来自于家畜禽，丹麦1.7%~

2.1%来自于饲料的污染,美国约为10%。

参照国家卫生标准规定方法对我国某地区宠物饲料的大肠菌群、沙门氏菌检测结果,宠物饲料半成品的大肠菌群不合格率为49.06%,沙门氏菌阳性率为7.55%,成品中大肠菌群不合格率为29.27%,沙门氏菌阳性率为0.81%。其中碎皮成形类饲料大肠菌群不合格率为54.76%,皮压骨类饲料大肠菌群不合格率为26.67%,皮节骨类饲料大肠菌群不合格率为9.80%。饲料中鲍曼不动杆菌能够引起动物疾病,是否进一步引起人类的健康威胁需要溯源性研究。

2010年FAO/WHO在罗马召开一次专家会议,强调饲料传播疾病与食品安全直接关系的证据还不是特别充分,但沙门氏菌似乎比较明显。需要进一步验证饲料-动物-食品-人健康这个食物链的安全问题。

五、饲料中抗生素的使用

动物饲料中添加抗生素可以促进动物生长、减少疾病的发生,但同时也引起饲料或动物体中耐药菌株增多。全球消耗的抗生素总量约90%用于食用动物饲料和治疗中,食用动物抗生素使用量是人用量的10倍。已经发现多种超级耐药菌株,如MRSA(耐β-内酰胺类抗生素)、VRE(耐万古霉素肠球菌)、MDR-TB(耐多药的结核杆菌)、VRSA(耐万古霉素金葡菌)、超级耐药的鲍曼不动杆菌等。这些超级耐药菌株的出现给人类感染性疾病治疗和动物疾病治疗带来困难和健康风险,每年约有8万个病例因耐药问题而死亡,菌株耐药是公共卫生的一个重大问题。

北欧国家,如瑞典、挪威、芬兰和冰岛对所有饲料在沙门氏菌检出阴性的情况下才能出厂使用。对于禽类饲料要求≥75℃ 30s至2min处理,如果发现有沙门氏菌要用有机酸处理,颗粒饲料要加热处理。欧盟国家对饲料的控制要求关注点——POA(point of attention),而不是HACCP,沙门氏菌存在并不要求加热或报告食品和饲料安全系统,也就是说并不认为饲料沙门氏菌对人类健康构成威胁,主要根据是这些地区的饲料沙门氏菌与人的食源性疾病的沙门氏菌血清型别不同。

第六节 乳和鲜乳的消费作为人兽共患病病原来源

一、鲜乳的食用价值

鲜乳和乳产品是人们日常消费或食用的主要食品种类之一。人们食用的鲜乳主要来自于牛、绵羊、山羊和其他动物经巴氏消毒的乳,与其他食品相比,乳具有营养价值高、味道好、天然、未经其他加工的特点,可选择品种多,深受人们的喜爱,在我国消费逐年增加。但鲜乳和乳产品也是人类疾病病原的来源之一,由于鲜乳(主要是指未经巴氏消毒)具有潜在卫生风险,所以公共卫生部门和立法机构推荐巴氏消毒乳,不建议食用未经巴氏消毒处理的乳。

(1)鲜乳的食用价值 许多国家允许销售未经巴氏消毒处理的乳,加拿大不允许,美国有29个州允许,我国不允许。赞同食用鲜乳的观点是:经过巴氏消毒等处理的乳品质下降,巴氏消毒乳易产生乳糖耐受、增加过敏反应、破坏抗体和保护性生物活性物质、降低营养价值、与关节炎和孤独症有关等,但这些依据的科学性还有待于探讨。有研究证实,鲜乳可以改善孩子的自闭症和Crohn's病状况,来自欧洲国家的研究证实,农场环境的孩子很少过敏,鲜乳中有保护过敏的因素,但也存在潜在的病原风险。

(2)鲜乳风险 巴氏消毒处理对乳的品质影响总体来说是比较小的,该类方法是保证乳品质前提下微生物安全最好的加工方法。乳中的体细胞是乳品质的指示物之一,乳中体细胞数量增加,说明品质下降,20%~50%的鲜乳体细胞超标。我国2012年出口韩国牛奶中检出金黄色葡萄球菌。鲜乳中还存在其他病原微生物风险(表7-6~表7-8)。

二、鲜乳和乳产品食源性病原流行情况

表7-6 美国和加拿大桶装乳人兽共患病病原流行情况

产品	病原	国家	流行率/%	年份
鲜乳	单核细胞增多性李氏杆菌	加拿大	2.73	2006
鲜乳	单核细胞增多性李氏杆菌	美国	2.8	2006
鲜乳	单核细胞增多性李氏杆菌	美国	4.6	2001
鲜乳	单核细胞增多性李氏杆菌	美国	5.6	2004
鲜乳	单核细胞增多性李氏杆菌	美国	4.9~7.0	2003
鲜乳	单核细胞增多性李氏杆菌	美国	4.8	2008

续表

产品	病原	国家	流行率/%	年份
滤过奶	单核细胞增多性李氏杆菌	美国	12.6	2000
鲜乳	沙门氏菌	加拿大	0.17	2006
鲜乳	沙门氏菌	美国	6.0	2006
鲜乳	沙门氏菌	美国	2.24	2002
鲜乳	沙门氏菌	美国	6.1	2001
鲜乳	沙门氏菌	美国	2.6	2004
鲜乳	沙门氏菌	美国	2.6/11.8	2005
鲜乳	沙门氏菌	美国	0	2008
初乳	沙门氏菌	美国	15	2008
乳和滤过奶	沙门氏菌	美国	1.1/12.6	2003
乳和滤过奶	沙门氏菌	美国	11/66	2008
滤过奶	沙门氏菌	美国	1.5	2000
鲜乳	空肠弯曲菌	美国	9.2	2001
鲜乳	空肠弯曲菌	加拿大	0.47	2006
鲜乳	小肠结肠耶氏菌	美国	6.1	2001
鲜乳	大肠杆菌 O157	美国	0.23	2007
鲜乳	大肠杆菌 O157	美国	3.96	2007

鲜乳和乳产品中常见的人兽共患病病原有大肠杆菌 O157：H7、单核细胞增多性李氏杆菌、沙门氏菌、金黄色葡萄球菌、非 O157 产毒素性大肠杆菌等，肠炎沙门氏菌是主要类型之一。表 7-6 列出了美国和加拿大乳中病原的流行情况。

表 7-7　亚洲国家和中东地区鲜乳及乳产品中人兽共患病病原流行情况

产品	病原	国家	流行率/%	年份
鲜乳	大肠杆菌 O157：H7	马来西亚	33.5	2004
乳和乳产品	大肠杆菌 O157：H7	印度	1.8	2008
鲜乳	大肠杆菌 O157：H7	中国	0	2007
鲜乳	单核细胞增多性李氏杆菌	马来西亚	1.9	2004
鲜乳	单核细胞增多性李氏杆菌	中国	0	2007
鲜乳	沙门氏菌	马来西亚	1.4	2004
鲜乳	沙门氏菌	中国	4	2007
鲜乳	副溶血性弧菌	中国	0	2007
鲜乳	禽分枝杆菌亚种-副结核杆菌	伊朗	11（牧群）	2008
鲜乳	禽分枝杆菌亚种-副结核杆菌	伊朗	8.6～23（样品）	2008

表 7-8　世界范围鲜乳中乳房炎病原菌的流行情况

产品	病原	国家	流行率/%	年份
鲜乳	金黄色葡萄球菌	美国	42	2008
鲜乳	金黄色葡萄球菌	美国	31	2004
鲜乳	金黄色葡萄球菌	美国	37	2000
鲜乳	金黄色葡萄球菌	美国	27.4	2008

续表

产品	病原	国家	流行率/%	年份
鲜乳	金黄色葡萄球菌	肯尼亚	61	1992
鲜乳	金黄色葡萄球菌	马来西亚	60	2004
鲜乳	金黄色葡萄球菌	西印度群岛	94.3	1994
鲜乳	金黄色葡萄球菌	中国	34	2007
鲜乳	金黄色葡萄球菌	巴西	30.9	2009
鲜乳	凝血酶阴性葡萄球菌	美国	11.4	2009
鲜乳	凝血酶阴性葡萄球菌	美国	74	2008
鲜乳	链球菌	美国	71	2008
鲜乳	无乳链球菌	美国	10	2004
鲜乳	无乳链球菌	美国	0	2000
鲜乳	支原体	美国	0	2000

从鲜乳中较少分出布鲁氏菌，如肯尼亚牛乳的布鲁氏菌分离率为0～10%，英国副结核分离率为8.6%～23%。桶装乳病原的污染主要来自于患乳房炎的产乳乳房，全球范围这种污染率为27.4%～94.3%，主要是金黄色葡萄球菌，初乳的金黄色葡萄球菌污染最高，如美国为42%，还有链球菌，如无乳链球菌。

除牛乳外，还有水牛、绵羊、山羊等的乳作为人食用乳，这些乳同样存在人兽共患病病原。例如，桶装山羊乳李氏杆菌分离率达17%（2000年，美国）；大肠杆菌O157：H7美国为0.75%，希腊母羊为1%，土耳其水牛为1.4%，西班牙母羊为3.5%。山羊奶酪和骆驼乳没有分离出病原菌。捷克用非巴氏消毒奶制作的非巴氏消毒山羊奶酪（56.3%）和绵羊奶酪（33%）污染有蜱咬性脑炎病毒。巴西以水牛乳制作马苏祖里拉芝士奶酪（mazzarella cheese），其中分离出非分枝结核杆菌达21.7%，包括堪萨斯分枝杆菌（Mycobacterium kansaii）、猿猴分枝杆菌（M. simiae）和慢生黄分枝杆菌（M. lentiflavum），其中慢生黄分枝杆菌是人的水源性致病菌（水源6%），瓶装水是人的病原来源之一，韩国水源污染率达26%，非分枝结核杆菌是巴西马苏祖里拉芝士奶酪的安全风险的重要因素之一（表7-7、表7-8）。

第七节　环境和食物链中抗生素残留和家畜中抗生素基因

据周树南等报道，对国内8市10个牧场牛奶制品的检测与调查，发现其抗生素残留含量较高，检出率为：生奶4.6%，消毒牛奶11.84%，奶粉19.08%。若长期食用这种奶制品可促进耐药菌繁殖，是肠源性感染发生的重要因素之一。2001年超级耐药抗性金黄色葡萄球菌（MRSA）引起美国18 650人死亡。由于耐药性增加，在10年内使临床上使用抗生素量明显减少。动物中使用抗生素却很普遍，主要用于动物疾病治疗、亚治疗剂量预防疾病和促进动物生长。现在兽医临床上使用的抗生素已经涉及人医临床上所有抗生素，仅美国2009年动物的非治疗性抗生素使用就达1120万kg。由于大量使用抗生素，动物的粪尿排出大量的抗生素，污染土壤、水源和环境。微生物为适应这样的环境压力，逐步产生相应的抗性基因，质粒、转座子和整合基因都是抗性基因赖以生存的基本形式，而且这些基因可以在微生物间转移，最终影响人类健康。

具有耐药抗性的微生物通过土壤、水源或动物体污染进入食物链。2007年Garofal等对意大利肉用鸡和猪场采粪样，结果测到11种抗生素基因。类似的研究对市售鸡、火鸡和猪粪分离出的360株肠球菌分析，均含有庆大霉素抗性基因。

欧洲干酪中分离的肠球菌含有抗四环素、红霉素和氯霉素抗性基因。这就产生了食品安全和公共卫生问题：病原在这些环境中能够生存或储藏起来，通过食物链对人造成更强感染或难以治疗的感染。许多报道已明确耐抗生素基因存在于环境和食品中，但还没有广泛的流行病学资料证明畜牧业大量释放耐抗生素基因和新现疾病之间的关系。

第八节 畜牧业减少人类肠道人兽共患病病原的实践操作

对于人兽共患病防控不能是来了什么病就进行紧急应对，而应该采取积极主动的方式将畜牧业源性人兽共患病消灭于平时的各个环节当中，使损失和风险降到最低。下面就畜牧业生产过程减少人类肠道人兽共患病病原的一些措施简要论述。

一、降低动物饲料和饮水中病原数量

动物饲养后的屠宰加工检验对于控制食源性疾病是一个重要环节。通过严格屠宰检验，有证据证明明显减少了屠宰牛肉中大肠杆菌O157：H7、沙门氏菌和李氏杆菌的流行。但无论怎样努力，食物链中仍然存在病原细菌，很多证据和溯源还是追踪到动物的屠宰环节，与胴体污染有关的细菌常见大肠杆菌O157：H7、沙门氏菌、李氏杆菌、空肠弯曲菌、小肠结肠耶氏菌等。综合防控环节见图7-4。

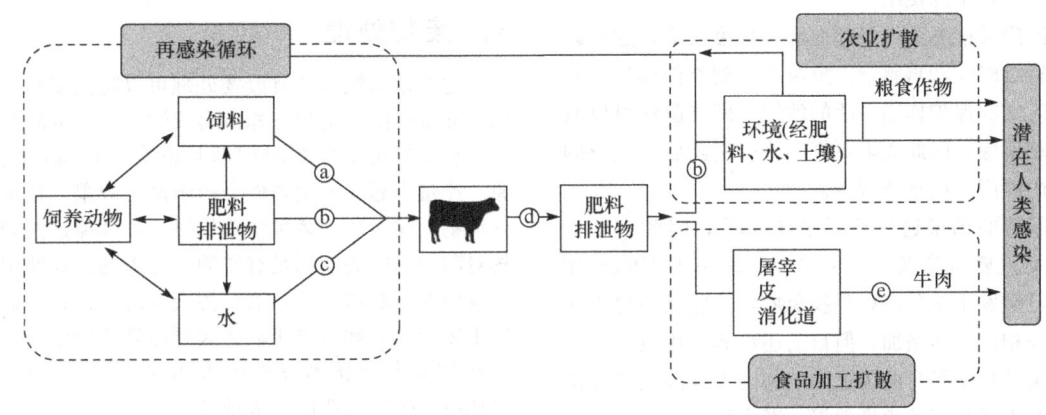

图7-4 牛肉生产系统中大肠杆菌O157：H7扩散到食品和环境可能控制环节
a→d表示农业实践中细菌可能的控制点：a. 饲料卫生；b. 饲养场卫生，废物处理；c. 水的处理；
d. 抗生素、噬菌体、益生菌、疫苗、免疫治疗；e. 宰后控制

猪、禽和牛是食源性病原的主要宿主，如伤寒沙门氏菌就可以在饲料和牛粪中同时分出，而禽和猪的颗粒饲料是在90℃情况下加工出来的，这样可以充分消灭其中的细菌，捣碎的饲料比颗粒饲料易污染病原菌（污染比21%：4%）。禽饲料经过93℃ 90s加工可减少1万倍沙门氏菌污染，丙酸可增加沙门氏菌对热加工的敏感性。不同种类细菌对热的敏感性不同，且热加工并不能减少以后各个环节的污染。啮齿动物、鸟类和野生动物可以将细菌等病原带进并污染储藏饲料当中。

水也是畜禽病原来源途径之一，有些地区12%的水源含有大肠杆菌O157：H7，该菌在环境中可存活245天，对水中氯抵抗力较强。使用有机酸处理动物粪便，可减少其中的大肠杆菌。

二、抗微生物饲料添加剂

几种类型的抗微生物饲料添加剂用于靶向病原防控，如新霉素硫化物可减少牛体大肠杆菌O157：H7数量，使之达到检测不到水平和低流行率。但大量使用抗菌药物于饲养场，将产生耐药性问题，并通过食物链传递给人。所以，很多人选择用化学或中草药成分抗菌，如硝酸盐还原酶、氯酸钠可减少沙门氏菌和致病性大肠杆菌数量。空肠弯曲菌主要靠氨基酸获得能量，因此，可利用抗氨基酸代谢减少该菌数量。例如，脱氨酶抑制剂——氯碘联苯和麝香草酚混合物能减少空肠弯曲菌数量；辛酸对减少禽类空肠弯曲菌非常有效，在禽的干饲料中加入0.35%～0.87%的辛酸，可减少2.0～5.0对数单位空肠弯曲菌。辛酸对沙门氏菌也很有效。香精油抗微生物效果也很好。我国普遍使用中草药成分抑制病原微生物。

三、益生菌

益生菌（probiotics）包括很多活的微生物，如酵母、乳酸菌或其他细菌、酶等，对家畜禽安全生产有益，促进动物生长。现在又发展一些新益生菌制剂拮抗病原微生物，如禽饲料直接添加剂DFM（含有嗜酸乳杆菌、干酪乳杆菌、粪肠球菌和双歧杆菌），可减少禽、鸟类肠沙门氏菌、空肠弯曲菌及艾美尔球虫数量。含枯草杆菌的DFM，可减少K88大肠杆菌侵袭，减少沙门氏菌、大肠杆菌肠道黏附性。与猪、禽相比，牛的DFM主要是控制大肠杆菌。

四、益生元

益生元（prebioties）是非消化饮食成分，能够刺激消化道固有微生物群体的生长或活性，有利于宿主生长

和健康，如果糖-寡糖、半乳糖-寡糖类、菊粉和半乳糖果糖苷等。有些在促进动物生长的同时，能抑制一些病原微生物的生长。

五、免疫作用

免疫作用对减少病原微生物是一种非常有效的手段。疫苗可用于动物病原防控，但有时会产生一些不良反应。如果疫苗有效，就会减少食源性疾病发生，如果是人畜共患病病原，可能使人和动物共获益。有些病原在动物不表现临床症状（如空肠弯曲菌、大肠杆菌O157：H7），利用疫苗就不能立即看到经济效益，会不利于这类动物疫苗的使用。

禽类沙门氏菌感染可引起血清学免疫反应，这可以减少感染持续时间和再感染。疫苗可起到类似作用，并保持较长时间的保护作用。活的沙门氏菌疫苗还可以激发细胞免疫反应，因此效果更好。使用疫苗后可见鸡的肠道和卵内沙门氏菌感染减少。

因空肠弯曲菌最适生长温度为43℃，因此空肠弯曲菌是禽类主要带染菌种，但禽类一般不表现临床症状。该菌可激发系统免疫和黏膜免疫，口腔感染可引起血清和黏膜相应抗体增加，但目前还没有可用疫苗。一种沙门氏菌携带空肠弯曲菌蛋白的基因工程菌疫苗在试验过程中产生了很好的免疫效果，潜力很大。

禽类沙门氏菌疫苗用于猪也获得了较好的免疫效果，使小猪得到保护，使用后猪带菌率明显下降。牛、羊大肠杆菌O157：H7疫苗的使用，明显减少发病和带菌率，使用疫苗的牛带菌率为2.9%，未使用牛带菌率为17.0%。卵黄抗体保护猪大肠杆菌K88、小牛沙门氏菌感染，都获得了很好结果。

六、噬菌体

噬菌体用于细菌防控并不新鲜，而且是特异性杀菌剂。耐药菌株的出现能够引起人们对控制这类菌种的兴趣，噬菌体具有如下优点：高度特异性、无毒性、自我繁殖、克服多耐药性、可以动物间互相转移。对禽类使用广谱沙门氏菌噬菌体动物试验，可明显减少菌群数量，但也见有抗噬菌体的沙门氏菌。其他实验证实这类噬菌体清除禽肠道沙门氏菌效果是短期的，不会持续太久。鸡空肠弯曲菌的动物试验结果类似；猪沙门氏菌噬菌体控制效果也非常好；牛的大肠杆菌O157：H7噬菌体防控效果好，而羊的效果差。

七、废物处理

适当地对饲养畜禽废物处理可以防止家畜禽源性病原向环境扩散。例如，养禽房或棚中的垃圾隐藏很多病原，在饲养房中放置时间越长就会向环境扩散更多病原。产蛋房恶劣卫生条件会影响疫苗效果，在饲养房内各动物栏间大肠杆菌可快速传播。处理掉这些动物废弃物对防控其中的病原是有益的和必需的。粪便中细菌也可以引起表面水污染，潜在污染人的水源，因此，饲养房中废弃物处理对防止动物病原污染环境十分关键。预计到2020年我国畜禽粪便将达到40亿t，数量巨大，对环境卫生安全造成巨大威胁。

一般将家畜禽废物作为肥料使用，肥料中的病原能够很好地存活下来，再传播到田野和水源中。耐药性大肠杆菌O157：H7在牛粪中和环境中可存活175天以上，沙门氏菌在土壤和粪便中可能存活更长时间。用生物发酵法、添加化学物质或有机酸等处理，可以有效杀灭其中的病原微生物。

第九节　有机农业对人兽共患病的影响

一、有机食品安全

有机农业生产和卫生控制程序严格。有机畜牧业饲养动物方式必须具有较高的动物福利条件，而且来自这些动物产品的药物残留低。西方国家对有机畜牧业控制较严，严格控制抗菌药物使用和非常长的休药期，一般是不能使用农药和化肥的。由于自我使用肥料，减少进补材料，也减少了病原来源，相对病原较少，地域局限病原传播有限，实际上也就提高了食品安全性。但有机畜牧业面临两个问题：相对开放特点；有机系统主要依据生物循环。有机养殖动物更容易接触病原和传播媒介，特别是野生动物群（如啮齿动物、野猫等），鼠类动物有传播病原的风险。使用有机肥料种植可能使肠道病原进入食物链，在莴苣、洋葱、辣根、胡萝卜和西芹等有机蔬菜上的大肠杆菌O157：H7、伤寒沙门氏菌能存活几个月，对有机食品安全有一定影响。

二、有机植物产品风险

1992年美国一名2岁儿童因食用有机蔬菜感染大肠杆菌O157：H7而死亡；1995年美国一所护士学校暴发溶血尿毒综合征和胃肠炎，原因是有机西芹用作三明治，污染了弗氏枸橼酸杆菌，该菌可以引起尿毒症和胃肠炎。美国对有机蔬菜污染调查，紫茎球形甘蓝污染沙门氏菌7.7%，莴苣污染大肠杆菌16.7%，有机农场污染比传统农场污染致病菌高，最高达19倍。英国对即食有机蔬菜调查发现许多病原菌，包括李氏杆菌、沙门氏菌、空肠弯曲菌、大肠杆菌O157：H7，这些病原菌在3200份样品中仅0.5%存在风险。荷兰有机蔬菜也见有沙门氏菌、空肠弯曲菌、大肠杆菌O157：H7、李氏杆菌和气单胞菌,气单胞菌分离率达34%;挪威等国家的情况类似。但有机蔬菜农场总体实践操作应该是很满意的,农场也积极采取措施减少肥料中的微生物数量,减少食品安全风险。

三、有机动物产品风险

有机畜牧业养殖的动物传染病基本同常规养殖场,然而,由于正常生活规律被打破而使卫生情况下降、户外接触其他动物,可能更容易感染肠道人兽共患病病原。潜在感染对象包括蠕虫和原虫等通过食物链或环境感染人;食源性人兽共患病,如弓形虫、牛绦虫、猪绦虫、旋毛虫、牛-人肉孢子虫、猪-人肉孢子虫、隐孢子虫等。最近日本进口的有机食品感染钩虫病,丹麦因食用进口发酵香肠感染产志贺毒素大肠杆菌O26:H11(2009年)。从而说明有机食品或产品也不是绝对安全的,还存在一定风险。但有机产品的风险相对比常规食品生产系统小。

第十节 禽流感对食物链的威胁与影响

一、禽流感致病性

1997年香港禽流感发生以来,大约有500人感染禽流感,致死率约为60%。高致病性禽流感病毒显示不可预测的地理分布、变异和宿主范围的逐渐扩大等特点。因此,该病始终都面临随时暴发的可能状态,如2013年国内H7N9禽流感流行,就是与禽类交易和食用过程有关,发生情况见表7-9。

表7-9 1959年以来禽类发生的高致病性禽流感和流感

高致病性病毒(型/禽类型/地区/年份)	亚型	累及的禽类大约数量
A/禽/苏格兰/1959	H5N1	1个小农场
A/火鸡/英国/1963	H7N3	29 000
A/火鸡/安大略/1966	H7N9	8 000
A/禽/维多利亚/1976	H7N7	58 000
A/禽/德国/1979	H7N7	1个鸡场,1个鹅场
A/火鸡/英国/1979	H7N7	9 000
A/禽/美国弗吉尼亚州/1983	H5N2	1 700万
A/火鸡/爱尔兰/1985	H5N8	30 700,主要是鸭
A/禽/维多利亚/1985	H7N7	240 000
A/火鸡/英国/1991	H5N1	8 000
A/禽/维多利亚/1992	H7N3	1 800
A/禽/澳大利亚昆士兰/1994	H7N3	22 000
A/禽/墨西哥/1994	H5N2	不清楚?
A/禽/巴基斯坦/1994	H7N3	600万以上
A/禽/NSW/1997	H9N4	16万
A/禽/香港/1997	H5N1	300万
A/禽/意大利/1997	H5N2	8 000
A/禽/智利/2002	H7N3	70万
A/火鸡/意大利/1999	H7N1	1 400万
A/禽/智利/2002	H7N3	70万
A/禽/荷兰/2003	H7N7	2 500万以上
A/禽/欧洲-非洲/2003~2006	H5N1	不清楚
A/禽/美国/2004	H5N2	6 600
A/禽/英国/2004	H7N3	1 600万

续表

高致病性病毒（型/禽类型/地区/年份）	亚型	累及的禽类大约数量
A/鸵鸟/南非/2004	H5N2	30 000
A/禽/朝鲜/2005	H7N7	219 000
A/火鸡/英国/2007	H5N1	160 000
A/禽/加拿大/2007	H7N3	540
A/禽/英国/2008	H7N7	15 000
A/禽/西班牙/2009	H7N7	30 000
A/禽/墨西哥/2012	H3N8	170万；2 257人感染，1名儿童死亡
A/禽/中国/2013	H7N9	130人感染，35人死亡
A/猪/印度/2013	H1N1	2 329人感染，死107人
A/禽/柬埔寨/2013	H5N1	5人感染，4人死亡
A/禽/以色列/2013	H1N1	2人，1人死亡
A/禽/波兰/2013	H1N1	8万人感染
A/禽/朝鲜/2013	H5N1	160 000（鸭）
A/禽/中国/2013	H10N8	1人死亡，市场禽类

感染宿主从鸟类到哺乳动物，范围已经非常宽泛了。可分为高致病性禽流感（HPAI）和低致病性禽流感（LPAI）。病毒从野生鸟类循环感染家禽后，可能突变为高致病性毒株，其中血凝素糖蛋白特殊位点断裂是高致病性关键原理之一。病毒主要在呼吸道和肠道上皮细胞内复制。

二、新现禽流感病毒

禽流感病毒不断修饰其HA和NA抗原，导致抗原漂移（主要是点突变引起）、基因重排。这样机体对新型病毒没有免疫抵抗力或免疫力极差，容易引起人禽流感流行，再通过排泄物扩散到周围环境中。例如，2013年国内流行的H7N9禽流感以往认为该毒株是弱致病性或非致病性，经变异为强毒株。水生鸟类是禽流感病毒的天然宿主，在呼吸道和肠道中复制时并不引起禽鸟类症状，但禽类之间的传播机制目前还并不十分清楚，因病毒株、禽鸟品种和环境因素而异。鸟类迁徙时，高密度人口、禽猪流行提供了两类病毒接触的机会。猪和人一样有AT受体，可能是一种混合器，在猪体内两种病毒混合并使病毒进化，成为感染人的毒株。污染的湖水和池塘水为禽鸟类传播该病提供途径。H5N1已经横跨亚洲、欧洲及非洲，而且有演变为人传人的趋势。目前禽流感是人兽共患病中传播最广，涉及动物群体、地理区域、食物链最为复杂的一种。禽类是人们食品和食物链的重要组成部分，禽流感严重影响了禽类产品的食用安全。传播途径最经典是直接从禽传到人，与禽类密切接触和食用未充分烹调熟的禽肉是重要感染途径。因此，人禽流感具有明显的食源性特点。人接触猪或因人传人而感染猪流感，猪流感H1N1比H3N2毒性强。与猪密切接触的工作人员患流感的概率大，如农场工人、屠宰场和肉品加工工人、兽医和其配偶。所以，动物屠宰和肉品加工环节是人兽共患病重要环节，既是传播关键环节，也是动物或疫病检疫的关键环节，是兽医公共卫生必须关注的重点。猪流感和人流感混合后易产生新流感病毒。

第二篇　新现人兽共患病与新现机制

一般认为人兽共患病新出现的病原是偶然引起传染病，这种病原在新宿主群中出现概率增加，或者从流行病学角度观察是一种长期变化，造成病原存在于新宿主群体中概率增加了。我们正处于新的人兽共患病不断出现，老的人兽共患病以不可预测的速度扩散的时期，但人兽共患病新现并不是一种新现象。疾病新现是病原进化生态学中常规现象，部分是病原群对不同宿主漂移的独特反应。从人类有史以来的资料分析看，地理和社会行为变化提供了病原新现的各种机会，现代社会可能机会更多。

第八章 新现人兽共患病

第一节 新现人兽共患病的概念与分类

一、新现人兽共患病

所谓**新（发）现人兽共患病**（emerging zoonoses）是指在人群或动物群中第一次出现的人兽共患病或传染病，20世纪70年代以来新发现的病原体所引发的人兽共患病，也就是近30年左右新出现或新发现具有人兽共患病性质的病原。而**再肆虐（再现）**的人兽共患病（re-emerging zoonoses）则指历史上曾引发（已被控制），现在发病率明显增加或扩展到其他区域了，近年又重新流行的一些古老的人兽共患病种类。新现疾病是已知病原进化或变化而引起的新传染，包括在宿主范围、媒介生物、致病性或毒株方面；或者以前不认识的传染或疾病。再现疾病是病原已知，但在地理区域方面发生变化、宿主范围扩大或流行明显增加。

因为人兽共患病的种类较多，人们关注的重点是一些"重要"人兽共患病，所谓"重要"，是指可能引发大范围传播，病原、媒介、宿主较为广泛、特殊或难以控制、致病能力强，如果不注意防范，可能引发大的公共卫生问题。据 Edinbergh University（苏格兰）的 Mark Woolhouse 博士统计，人类疾病的1709种病原中，832种为人兽共患病（占49%）；156种为新现传染病，其中114种为人兽共患病（占73%）。图8-1代表了疾病、医学、重要医学技术进步的关键时间段。图8-2表现了典型的重要人兽共患病毒病的新现严重影响公共卫生和生态学态势。

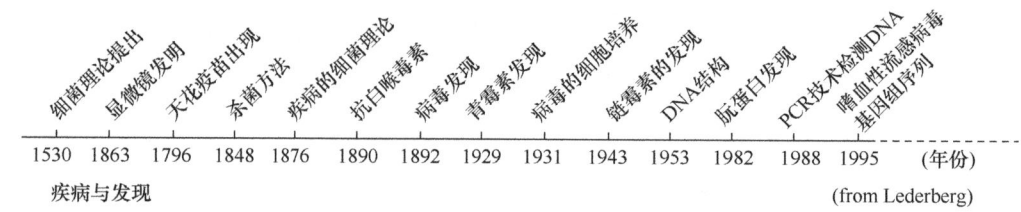

图 8-1 疾病和发现的年代

新现（1973年以来）的人兽共患病种类及病原

发现年份	病原体种类	病名
1973	轮状病毒（Rota virus）	婴幼儿腹泻
1975	甲型肝炎病毒（Hepatitis A virus）	甲型肝炎
1976	微小隐孢子虫（Cryptosporidium parvum）	急性和慢性腹泻
1977	埃博拉病毒（Ebola virus）	埃博拉出血热
1977	嗜肺军团菌（Legionella pneumophila）	军团菌病
1977	汉坦病毒（Hantaan virus）	肾综合征出血热
1977	空肠弯曲菌（Campylobacter jejuni）	弯曲菌病
1981	金黄色葡萄球菌产毒株	中毒性休克综合征
1982	大肠杆菌 O 157（Escherichia coli O 157）	肠出血性大肠杆菌感染
1982	伯氏疏螺旋体（Borrelia burgdorferi）	莱姆病
1983	人免疫缺陷病毒	艾滋病
1983	肺炎衣原体（Chlamydiac pneumoniae）	肺炎衣原体病

发现年份	病原体种类	病名
1983	幽门螺杆菌（*Enterocytozoon bieneusi*）	幽门螺杆菌病
1984	日本斑点热立克次体（*Rickcttsia japanic*）	东方斑点热
1985	比氏肠胞虫（比氏肠细胞内原虫）（*Helicobacter pytori*）	顽固性腹泻
1986	卡晏环孢子球虫（*Cyclospora cayetanensis*）	顽固性腹泻
1988	戊型肝炎病毒（Hepatitis E virus）	戊型肝炎
1989	人类埃立克体（*Ehrlichia chaffeensis*）	人埃立克体病
1989	丙型肝炎病毒（Hepatitis C virus）	丙型肝炎
1991	Guanarito 病毒（Guanarito virus）	委内瑞拉出血热
1991	脑胞内原虫（*Encephalitozoon hellem*）	结膜炎，弥漫性疾病
1991	巴贝西虫新种（New species of *Babesia*）	非典型巴贝虫病
1991	东方马脑炎病毒（eastern equine encephalitis virus）	东方马脑炎，急性脑炎
1992	O139 霍乱弧菌（*Vibrio cholerae* O139）	流行性霍乱
1992	巴尔通氏体（*Bartonella henselae*）	猫抓病（杆菌性血管瘤病）
1993	辛诺柏病毒（Sinnombre virus）	成人呼吸窘迫综合征
1993	家兔脑胞内原虫（*Encephalitozoon cuniculi*）	弥漫性疾病
1993	辛德毕斯病毒（Sindbis virus）	辛德毕斯病
1994	Sabiab 病毒（Sabiab virus）	巴西出血热
1994	亨德拉病毒（Hendra virus）	亨德拉病毒病，急性脑炎
1995	GBV-C/G 型肝炎病毒（GBV-C/HGV）	庚型肝炎
1996	朊病毒（prion）	新型克雅氏病
1997	禽流感病毒（H5N1）	人高致病性禽流感
1998	西尼罗河病毒（West nile virus）	西尼罗热
1999	尼帕病毒（Nipah virus）	尼帕病毒性脑炎
2003	新型冠状病毒（SARS virus）	传染性非典型肺炎
2013	H7N9	禽流感病毒病
2013	类冠状病毒	呼吸系统综合征

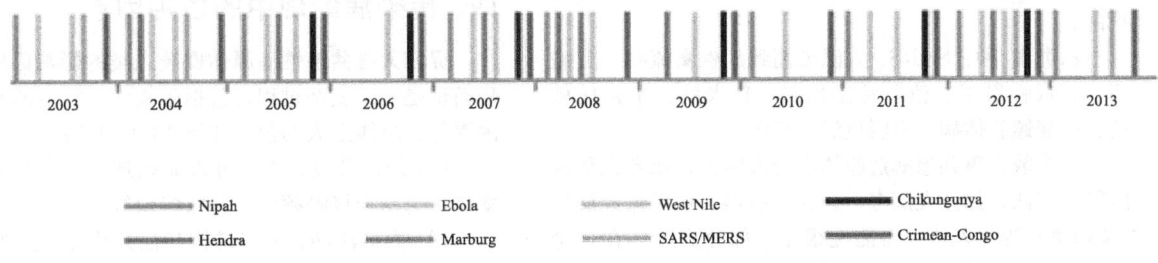

图 8-2　2003～2013 年十年间的人兽共患病毒病新现概略图

二、再现人兽共患病

表 8-1 是一些主要的再现人兽共患病及其主要原因。

表 8-1　再现人兽共患病

病原体种类	病名	再肆虐原因
狂犬病毒	狂犬病	犬数量增加，管制困难，犬咬伤者增多，犬免疫不力
登革病毒	登革热/登革出血热	旅游发展，人流、物流加速，媒介活跃
黄热病毒	黄热病	蚊媒孳生
疟原虫	疟疾	蚊媒孳生，抗药性增强
血吸虫	血吸虫病	水生态改变，钉螺孳生
囊尾蚴	神经囊尾蚴病	人群迁徙
棘头变形虫	棘头变形虫病	隐形眼镜的使用，结膜炎
利什曼原虫	内脏利什曼病	战乱、迁徙、虫媒孳生、免疫力下降
弓形虫	弓形虫病	养猫、免疫力降低
蓝氏贾第鞭毛虫	贾第虫病	饮水污染，旅游卫生条件不良
棘球绦虫幼虫	包虫病	养犬及畜牧养殖量增加
A 群链球菌	猪链球菌 2 型	养殖条件不良
巴尔通体	战壕热（五日热）	卫生措施削弱
白喉棒状杆菌	白喉	免疫规划中断
百日咳杆菌	百日咳	免疫不落实
沙门氏菌	沙门氏菌病	工业技术因素、人口结构及行为改变
		抗药性增强、食品转换
肺炎球菌	肺炎球菌病	人口变动、抗药增强、旅游贸易、滥用抗生素
结核杆菌	结核病	人口变动、行为因素、抗药增强、旅游贸易、卫生措施不力
鼠疫耶尔森氏菌	鼠疫	经济开发导致鼠类及宿主迁徙
霍乱弧菌	霍乱	卫生措施不力
布鲁氏菌	布鲁氏菌病	卫生措施不利，疫苗防疫能力差，政府管控不利

三、甲类、乙类法定传染病中的人兽共患病及影响因素

我国法定甲类传染病包括 2 种人兽共患病：鼠疫、霍乱。

乙类 10 种：SARS、人感染高致病性禽流感、艾滋病、病毒性肝炎、流行性出血热、狂犬病、布鲁氏菌病、钩端螺旋体病、血吸虫病、疟疾。

大多数人兽共患病病原体不会人传人，或者人传人的能力很低，如狂犬病毒、裂谷热病毒、伯氏疏螺旋体（莱姆病）等，人传人可能性很小。部分病原体在理论上人传人概率约 10%，如分枝杆菌、麻疹。有些则可能是从一次性非人传染源传到人群中引发人传人的，如某些甲型流感、鼠疫耶氏菌及 SARS 病毒等。大约有 200 种人兽共患病病原体可引发人传人，如大肠杆菌 O157、AIDS、如埃博拉病毒，2014 年西非流行株很快就发生变异，在人间传播还是很猛烈。这些人兽共患病的影响因素见表 8-2。

四、传染病新现中的各种因素

促使人兽共患性病原体侵袭人类的影响因素：传染病新现是一个复杂过程，包括生物学、社会的和生态学因素等。总体上大约包含如下 13 种因素：

（1）经济开发、人口进入原始地带、生产生活方式变化，与动物接触频繁、畜牧养殖等；

（2）人员流动、人口结构与社会状况发生变化；

（3）人群健康状况改变，人群免疫能力下降，易感性或脆弱性增加；

（4）医院与医疗操作不当；

（5）病原变异、适应性和抗药性增强；

表 8-2　影响传染病新现的各种因素

因素	特殊因素	疾病新现
生态学变化	气候变化	裂谷热
	水生态系统变化	阿根廷出血热、汉坦病毒或朝鲜出血热
	砍伐森林/再造森林	汉坦病毒肺综合征
	洪水/干燥	
	饥荒	
人类行为	战争，移民行动	HIV 和其他性传播疾病
国际旅游和商贸活动	贫穷，衰败城市	登革热
	人类行为因素	
	世界性商贸，飞行旅行	鼠咬源性汉坦病毒，霍乱
技术和工业发展	食品供应全球化、加工包装变化	禽流感，SARS，大肠杆菌污染肉，疯牛病
公共卫生技术和发展	新医疗设备，器官移植	埃博拉，HIV
	药物性免疫抑制，抗生素	克雅氏病
微生物适应性和变化	微生物对环境选择压力适应	抗原漂移；SARS 可能的遗传变化；耐药性
宿主防疫崩溃	免疫抑制/缺陷	牛结核，李氏杆菌
公共卫生或措施崩溃	缺乏足够的卫生和媒介控制	结核，非洲难民营中的霍乱

　　(6) 食物或水源被污染；
　　(7) 国际旅行；
　　(8) 公共卫生保障不到位，卫生措施不力，农村地区尤其薄弱；
　　(9) 国际贸易、人流物流活跃；
　　(10) 气候变化；
　　(11) 战争和饥荒，贫穷和社会不平等；
　　(12) 技术和工业发展；
　　(13) 变化的生态系统。
　　虽然对于传染病新现不可能准确预测，但从已发生的新现疾病可看出如下规律：①病毒、朊病毒、细菌、原虫可能比真菌、蠕虫新现概率大；②大约有 75% 的人兽共患病构成新现传染病，且多数来源于野生动物；③容易突变或基因组重排的病原更可能新现，如 RNA 病毒；④感染多宿主的病原或感染宿主可隐藏较多病原，就会提供基因重排或重组的机遇，因此，新现可能性大，如猫严重畸形呼吸道综合征；⑤病原有多个传播途径或间接接触途径，其新现可能性大。间接途径如水、食品、环境污染和媒介动物等。

　　人类新现传染病中人兽共患病起到中心作用。人类接触人兽共患病在流行病学上主要有两种类型：一种是仅仅是人对人兽共患病原点源接触，而后主要在人群中传播（如 AIDS）；另一种是动物作为病原的储藏宿主，传染外溢到人，但很少在人间传播，如埃博拉病毒。后一种情况传染在人群成为死亡终端。

　　基因漂移：所谓基因漂移，指的是一种生物的目标基因向附近野生近缘种的自发转移，导致附近野生近缘种发生内在的基因变化，具有目标基因的一些优势特征，形成新的物种，以致整个生态环境发生结构性变化。

　　自然选择：自然选择是指能够导致同一种群中，不同遗传性状的分布比例在下一个世代发生变化的过程。

　　跨物种传播：能够突破动物种类或人间屏障，或者是突破原有传染宿主范围模式，引起新物种或人类暴发传染病。

　　死亡终端感染：感染的宿主以死亡转归为最终结果，使传染链终止，这个宿主**不再传染**下去。

第二节　人兽共患病病原新现的理论基础

　　传染病新现一般认为分两步：病原进入新的宿主群，能够在新宿主群中感染，群内扩散，随后再扩展到其他群中。野生动物新现传染病表现陡峭的死亡率曲线和野生动物群中较短的持续期，是典型的"处女地流行病"。

　　近些年已有许多文章调查新现疾病事件及相关因

素，通过分析这些资料能够更深刻理解新现机制，促进我们对新现疾病预测、检测或控制能力的发展。从疾病新现历史发展开始，调查分析特征性新现病原种类与分类、涉及的宿主范围和传播途径，从新现人类疾病和新现动物疾病的典型来推导出一般新现类型。最终提出一个分析不同病原新现的框架，来鉴别靶向疾病调查和控制措施有关实践的高风险情况和环境。

如果在感染宿主群体中平均感染一个或多个易感宿主，那么这种感染将持续存在于宿主群体中。如果新感染宿主平均数低于1，病原最终不能持续下去。病原持续存在要求不断提供或补充易感宿主，一般是通过新生、外购和免疫缺失来实现。在当地畜群中 $R_0<1$，病例发生概率小，最终侵入失败。如果 $R_0>1$，流行的概率大大增加。畜群疾病的流行扩散，剩下易感池将缩小（更多群体成为免疫或感染个体死亡），扩散率将降低。如果侵袭群体比标准数量少，病原就不可能持续或暴发，最终消失。这在短传染期的传染病实际情况中的确是这样的，这种情况多引起高致死率或引起宿主的长期免疫。

一、新现人兽共患病和人类群体发展史，过去什么时间有新病原出现

在人类早期社会，狩猎队伍人员比较少，难以形成足够易感宿主群来维持特殊种类病原的传播，这个时期传染病暴发需要从其他宿主群体中反复传入病原，多数病原都是人兽共患病性质的。这些人类特异病原仅在类人猿群体中传播留下来，如蛲虫。

人类新现传染病历史涉及生物进化中的关键转变，第一个关键转变点是10 000～15 000年前动物家养，成为家畜家禽群体，为疾病新现提供了很多机遇。如跨物种传播，这些家畜禽有机会保留了野生动物群体中的病原，并有机会传播给人群，在人群中病原稳定下来，如麻疹和天花；第二个关键转变点是居民城市化：卫生问题和瘟疫控制增加了，一些如黑死病和霍乱等传染病的卫生问题；迁移（包括移民）、商贸、探险和战争形成了第三个关键转变点，逐步形成了易感人群并伴随灾难性后果。15世纪开始（1500～1521年）美洲和太平洋沿岸，估计因天花和麻疹死亡1 000万～1 500万人，密螺旋体病被传入欧洲。

人类传染病的历史就是主要流行病学转变的历史演变，这些转变与人口数量、人类行为和技术的大规模改变有关。人类生产活动始终是人类流行病学演变的动力，这种情况今天也是如此。现今的新现和再现人兽患病与以往流行趋势有哪些不同吗？过去的30～40年平均每年出现一种新的传染病，人类感染新传染病的速度不可预测。虽然一些新病原，如幽门螺杆菌、嗜肺军团菌等，现在看却是老病的新病因；影响全球人类新疾病，如HIV/AIDS和SARS，严重威胁人类生命健康，业已存在又再发疾病，如结核、布鲁氏菌病同样产生严重卫生问题。纵观历史和现代反复出现的主题是疾病"新现"，在宿主生态学和接触类型上主要变化就是新现，在不同宿主群之间人为因素影响到人口数量及接触类型，最终引起疾病新现。人口数量的快速增加，人和动物的大规模快速移动以及环境的快速转变，人与人之间、人与动物之间的全球性不可预测的接触模式，都预示着将来的风险。

二、人类病原的动物来源

无论是过去或今天，我们已经了解人兽共患病新现的两个突出机制：一些病原作为引起人类传染来源，而且从动物-人跳跃到人-人的适应模式；另一些病原需要动物宿主反复接触，在人群中没有稳定循环。Hart等（1999）提出基于这两种特征和新现事件的时间-规模来对人兽共患病进行系统分类，在此分类中，动物宿主源性的人特异性感染作为老病或现代病很常见。对老病来说，如麻疹就是来自于牛瘟，天花来自于骆驼或牛痘；现代病，如HIV-1和HIV-2，突破了猿猴到人的种间屏障，SARS也是动物源性，现在已经适应了人-人传播。

遗传学分析可以提供最近动物到人跳跃的人兽共患病证据，也对一些经典老病的人源病原起源产生怀疑，如结核分枝杆菌（人结核）通常认为是牛分枝杆菌（牛结核）演化而来，现在从菌的核酸序列分析看不太像，牛分枝杆菌基因组已经失去了许多人结核分枝杆菌原有的一些基因。在一个比较宽泛的人兽共患病分类中包括老病Q热、布鲁氏菌病、新病尼帕病毒和亨德拉病毒，这些病原可能通过反复接触动物保藏宿主获得感染，仅在人群中循环。

病原侵入有许多方式，如猎人检查打死后的鹿而感染了人兽共患真菌病-链丝菌病（streptothricosis），生物学家和技术人员每年很多人从事与此有关相应的工作。有些病原传播需要中间宿主，有些则不需要。例如，1800年夏威夷引进蚊子，这些蚊子为禽痘病毒和禽（鸟）疟原虫提供媒介，这两种病原均在该岛存留。痘病毒一直存在，但疟疾在20世纪90年代前并未流行，从外来鸟、尤其是亚洲鸟引入后，疟疾就可能引起流行。当地森林鸟栖息地因为引进猪产生蚊虫吸血性繁殖，从而使蚊子保持了病原的存在。蚊子是痘病毒机械性传播媒介，当其从鸟类吸血感染后就成为"**飞行的注射器**"，进行撒毒。同样，这些蚊子也是禽疟疾的生物媒介，禽疟疾对夏威夷鸟类影响较小，而禽痘对岛内鸟群影响较大。

三、哪几种病原最近新现

艾滋病、大肠杆菌O157等都被视为新现人兽共患病，这些新现人兽共患病很多都涉及野生动物宿主，如埃博拉病毒、西尼罗河病毒涉及蝙蝠和飞鸟等，这就意味着人类新现传染病从动物宿主传播给人是一个极其重

要的步骤。对于新现病原分析已有许多重要发现,所有病原并不是随机选择,但宿主范围和病原种类是疾病新现的重要风险因素。一般认为近30~40年新出现的人兽共患病为新现人兽共患病。

1. 新现人兽共患病涉及宿主范围

在新现传染病（emerging infectious disease,EID）中人类新现疾病与动物宿主之间有着密切联系,人类已明确的1415种病原（统计方法的不同造成病原总体数量的不一）中有61%（313属）为人兽共患病性质,感染多种宿主。来自96属的175种人类病原（占12.4%）为新现疾病病因,其中的133种是人兽共患病病原,这些还不包括已知动物源性的人兽共患病,现在却是人-人传播的传染病（如HIV-1和HIV-2）。多宿主病原在动物新现传染病中占多数,90%家畜传染病和100%新现家养食肉动物传染病都是多宿主病原。通过这些调查材料人们发现,在人和动物宿主新现疾病中"通才病原"占主体,即一种病原可以感染多种宿主,见图8-3、图8-4。

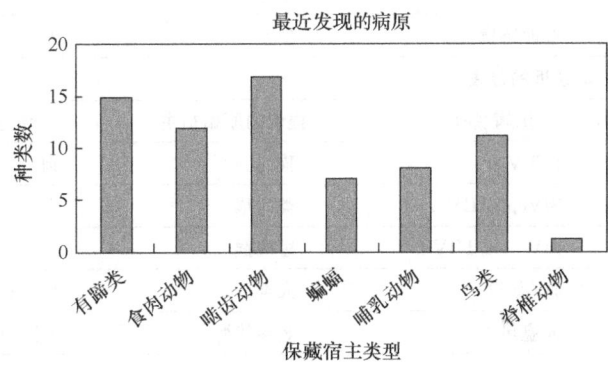

在相关宿主范围内的不同分类组中新现病原比例,每个柱表示一个种类人的病原的全部数量

图8-3 人兽共患病宿主分类图

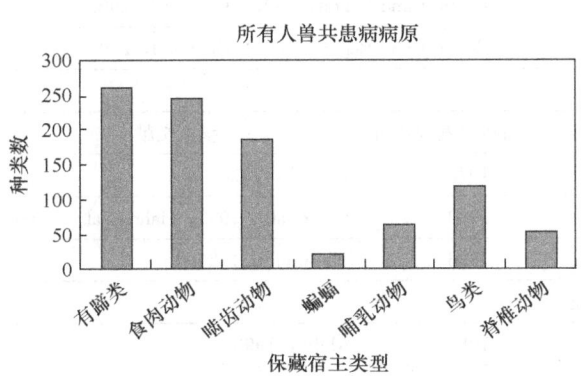

图8-4 人类病原的保藏宿主

感染野生动物宿主的病原比限定宿主范围的病原危险性高。广泛的宿主是最近发生的野生动物暴发传染病的一个特点。与早期人类社会相比,危险的野生动物群体太小难以维持种类特异性病原,人类新现疾病风险增加,最终产生跨物种传播。

并不是所有"新病原"都是第一次出现,有些是已知、但最近才感染人;或者是以前就存在于人体中,只有最近才被人们比较充分的认识。当然,也存在分类学的问题,如A型流感病毒,不同血清型却有着非常不同的流行病学和致病性特性。在跨物种传播中,已证实与宿主相关性和地理区域接近有关,如美国蝙蝠狂犬病的跨物种传播程度和蝙蝠群地理位置重叠之间有相关性。类人猿在种系上是更接近于人类的宿主,其共同寄生虫种类会更多。人类新现或再现人兽共患病与病原的广范围宿主有关,如朊病毒中的BSE和人克雅氏病（vCJD）具有广范围宿主,就可以传染人,而痒疫仅限于绵羊和山羊,就不能传播给人。病毒病的宿主范围是高度可变的,如狂犬病毒能感染非常广泛的哺乳动物谱;而其他一些种类,如流行性腮腺炎仅在人这个单一宿主中,因此,也难以成为人兽共患病。具有广泛宿主侵袭性病毒与高度保守性受体利用率有关（图8-4）。

2. 新现人兽共患病病原分类

虽然各种病原分类都将人类新现传染病病原包含在内,但病毒在新现传染病中更显突出,相对新现风险要比其他种类病原高出很多（RR=4.3,relative risk of emergence,RR）,占全部人类病原的15%（$n=215$）,新现病原的35%（$n=76$）。家畜动物存在类似情况。与此相反,寄生性蠕虫在新现传染病分类中却低于经典风险（RR<0.25）。虽然野生动物疾病缺乏基本的定量资料（RR不能计算）,病毒也是近些年来野生动物疾病暴发的主因,但病毒中RNA病毒比DNA病毒的RR高（2.8:2.5）,跨物种传播能力却存在巨大差别（表8-3、表8-4）。

表 8-3 不同病原种类与病原宿主范围的相对新现风险

病原感染宿主	人兽共患病数（n=800）	新现人兽共患病数（n=125）	相对风险
野生动物	619 (77.4%)	113 (90.4%)	2.75
鸟类	82 (10.3%)	23 (18.4%)	1.97
非哺乳动物	109 (13.6)	30 (24.0%)	2.0
有蹄类动物	315 (39.3%)	72 (57.6%)	2.09
食肉动物	344 (43.0%)	64 (51.2%)	1.39
类人猿	103 (12.9%)	31 (24.8%)	2.23
啮齿动物	180 (22.5%)	43 (34.4%)	1.81
海洋哺乳动物	41 (5.1%)	6 (4.8%)	0.93
蝙蝠	15 (1.9%)	6 (4.8%)	2.64

表 8-4 新现病原、宿主及发现年代

A. 较早过去

疾病/病原	提议的原始宿主	新宿主	参考文献
麻疹	牛/狗？	人	Bennett and Begon，1997；Diamond，2002
天花	牛/骆驼？	人	Bennett and Begon，1997；Diamond，2002
普通感冒	牛？	人	Bennett and Begon，1997；Diamond，2002

B. 最近的过去

疾病/病原	提议的原始宿主	新宿主	新宿主发现年份	参考文献
FPLV	猫	狗	1978	Parrish，1994
SIVcpz/HIV-1	类人猿	人	1983	Gao et al.，1999；Hahn et al.，2000
SIV mac/HIV-2	短尾猴	人	1986	Hahn et al.，2000
狗/海豹	犬类	竖琴状海豹		
犬瘟热	竖琴状海豹	海港海豹？	1988	Mahy，1993
亨德拉病毒	果蝠	人/马	1994	Mackenzie et al.，2001
澳大利亚狂犬病	果蝠	人	1996	Mackenzie et al.，2001
梅那哥病毒	果蝠	猪，人	1997	Mackenzie et al.，2001
尼帕病毒	果蝠	人/猪	1999	Mackenzie et al.，2001
犬瘟热病毒	狗	狮	1994	Roelke-Parker et al.，1996
	雪橇狗	蟹食海豹	1955	Bengston et al.，1991
	狗/野生犬？	贝加尔湖海豹	1987/1988	Grachev et al.，1989
	狗/野生犬？	里海海豹	2000	Kennedy et al.，2000
H5N1 流感病毒	禽	人	1997	Li et al.，2004
E 型肝炎病毒	鹿	人	2003	Tei et al.，2003
SARS 病毒	中华菊头蝠	人	2013	石正丽等，2013

3. 病原新现与疾病新现互存关系的理解

研究适应性分支能力的进化生态学家们很早以前就提出，很早以前适应能力很广的祖先动物，经过适应性的分化，进一步分化到更为特定的生物学位置上。很多病原分类学上的类别正好在适应性分支的矩阵中。但现在还不清楚，新现传染病中病毒病病原的绝对优势能够使我们理解传染病新现的机制吗？病毒的绝对优势包含这几个因素，如病毒病治疗困难、检测技术不断改进（认识不断增加）、较短繁殖周期和高突变率。RNA 病毒能远距离跨物种传播，侵袭新宿主（或物种）的能力较强；高突变率，即使株间也存在较大差异，这种原始推动力使病毒能够适应环境变化，克服宿主内和种间障碍。例如，狂犬病毒不同宿主组织和宿主间传播，可能是因为对组织嗜性所致，由毒株的差异性弥补了狂犬病病毒基因组内调控因素简单和缺乏的不足。但争论的焦点是病毒非常小的基因组限制了RNA病毒适应能力和进化，如果要具备其他功能必须编码特殊序列，这样适应环境变化的突变概率会较小。阐明基因组限制RNA病毒进化的机制，就能够解释有些RNA病毒比其他病毒跨物种传播能力更强的道理。

RNA病毒广泛重组可能是增强跨物种传播能力的一个因素。A型禽流感的重组对其新现起到了关键作用，对登革热病毒萌发变异和新现也起到了关键作用。如果重组是传染病新现的重要机制，那么病毒基因组遗传结构影响重组率就是一个重要问题了。A型禽流感病毒是分节段基因组，属于负链RNA病毒，重组率可能比正链RNA病毒低。

就疾病新现机制而言，更多关注的是宿主转换和新病原出现的问题，如人类HIV和SARS。**针对动物EID，宿主转换也是新现疾病的主要特征**，如犬瘟热病毒（CDV）跨物种从犬到狮、里海海豹、贝加尔湖海豹的传播；海豹温热病毒（PDV）从竖琴海豹跨越传染到普通海豹；猫胃肠炎病毒演变为犬细小病毒（表8-4）。

进化生态学家研究"适应辐射效应"，很早以前就提出一个"通才祖先"通过适应多样化而成为非常专门的病原。许多分类上非常接近的病原非常适合这种"适应辐射效应"范例，但并不清楚是否新现现象与宿主一般化或简单化改变有关。宿主改变事件在进化记录中可看到相应宿主而言病原系统遗传上常发生拓扑紊乱，依此提出如下假设：这些宿主的改变与病原新现的周期有关。与此不同的是病原克服选择压力而适应新宿主或者是维持更宽一些宿主谱的宿主适应改变，原因现在还不清楚。宽泛的宿主范围可能是分类亲缘关系较远的潜在新宿主的重要预报器，这并不总是要求跨物种或成为人兽共患病病原（见本章第一节）。新现人兽共患病来自广泛的宿主种类，主要包含有蹄类（58%），再次是食肉动物（51%）和啮齿动物（34%）。自然条件下灵长类人兽共患病相对较少（13%），也可能与缺乏这方面的资料有关。如果以相对风险来对待潜在新现传染病更恰当，灵长类和蝙蝠比有蹄类和食肉动物相对风险要高（表8-3）。

病原具有广泛宿主的决定因素目前还不清楚，以往数据已经表明宿主细胞受体在跨物种中是高度保守的，也因为受体促进了广范围宿主感染。例如，狂犬病病毒潜在感染所有哺乳动物，经高度保守的乙酰胆碱受体进入周围神经，口蹄疫病毒是经玻璃黏附蛋白受体完成侵袭。受体是病原进入任何一个潜在许可宿主细胞系的前提条件，也是限定宿主范围所引起细胞内过程的限制因素，是我们需要了解的复杂过程。

四、新现疾病调查中总结的经验教训

确定人和动物EID病原特征有几个方法上的关键点：首先，所有说明过去人兽共患病和现在人类新现传染病重要性的调查事实，强调对人和动物群体中人兽共患病病原传播动力学的充分理解，必须扩展单一医学知识领域范围，促进兽医学、野生动物疫病知识与医学知识相互交融。在完善人传染病资料时经常利用兽医教科书中大量的人兽共患病材料，而不是医学教科书中的材料。将来可能有许多新现人兽共患病首先由兽医学或野生动物学界认定，因为这些专家多数在新现人兽共患病早期或源头进行检测，早期发现是必然的，如西尼罗河病毒监测和鉴定就是兽医病理学家确定的。兽医提供的材料对于鉴定新现传染病的潜在保藏宿主来说是最主要的来源渠道。人与动物EID中病毒病的主体地位迫切需要专业的病毒技术，专业性病毒技术的发展会积极促进抗病毒治疗和医学与兽医学的合作，如SARS，以往医学界对冠状病毒了解很少，在SARS早期反应阶段多数是从动物冠状病毒知识获益，从而促进了对SARS快速反应的全过程。类似的动物冠状病毒疫苗认识有助于人类SARS疫苗的研制。现在对动物宿主群中新现人兽共患病传染动力学知之甚少，对野生动物宿主更是如此。多宿主群中"通才病原"的流行病学通常很复杂，对其感染的宿主鉴定也是一种挑战，如英国獾作为牛结核的来源或宿主始终确定不下来。对于人兽共患病，学科之间整合与合作是非常重要的，反过来，生态学家和人口生物学家要了解个体、群体和社会水平的病原动力学知识。

通过对新现人兽共患病的流行病学等的调查，我们知道了新现病原及其相关特性，最重要的一条是病原广泛致病性有可能引致疾病新现。近些年来实际发生的新现事件足以让我们惊讶：新现和潜在新现疾病都是在有利生态学和环境条件下发生的。

五、病原在哪儿新现，为什么会是这些病原新现

首先讨论病原的生命活动特点。病原的相对生物学端点是存活、繁殖和传播，这些端点迫使病原适应周围环境。很多微生物都有比蠕虫更快的适应周围环境的能力，主要是遗传变化能力和较短的繁殖周期，并且微生物在进化上表现出一些优于人类和其他动物的适应环境压力的进化特点，具备这些特点就很可能成为新现疾病病原，如细菌耐药性的快速产生。人类活动对微生物连续进化造成损害，但微生物种群动力和遗传能力在自然选择中具有强大竞争力。

人和动物之间的生态交界面是复杂的，但却是人兽共患病新现和再现的关键环节。这种生态交界面连续受到如下因素的影响：持续全球化，人口和动物数量及移动增加，城市化，动物和动物产品贸易扩增，农业技术和实践的复杂性增加，家畜和野生动物之间更加亲密和频繁接触，生态系统的巨大变化，媒介和保藏宿主生态学变化，土地使用变化和对野生动物消费的变化。因此，可以说**人兽共患病新现就是出现在人-动物生态系**

统交界面上。这个交界面出现在哪里，哪里就是传染病新现的高风险区域。人与动物交界面也是早期发现、预防和控制的中心环节。

许多专家特别强调人类社会和环境因素在疾病新现中的作用，人类社会活动对疾病新现影响有6个主要因素：人口数量和行为、技术和工业的进步、生态学和土地使用、国际贸易、微生物适应性和变化、公共卫生措施的崩溃。我们强调人类活动对传染病新现的重要影响，同时也提出一些措施减轻人类活动所造成的影响，但在更广泛领域经常引用一些风险因素，如气候、人口数量和密度增加、城市化和居住条件的恶化，都改变了人群中传染病模式和维持方式，人们与动物、野生动物共享更多空间；户外的娱乐和生态旅行使数以百万计人员进入野生动物空间。除非将这些因素与疾病发生动力学联系起来，否则在针对不同传播方式设计有效控制措施或靶向调查中将面临很多困难。例如，土地利用的变化常常作为新现人兽共患病的一个风险因素。但土地使用变化较大和居住条件改变可能影响人兽共患病病原感染动力学，如①增加保藏宿主的数量；②保藏宿主传染病发生率增加了；③或者是保藏宿主和人之间传染类型、速率改变了。充分认识在这些因素中的哪几个最为重要，以便能达到最佳控制效果。但确定关键的传染方式并不是简单的事情，生态学过程在人兽共患病感染动力学过程中可能改变，而且是非常特殊的，这要求充分理解宿主群生态学。

全球在1800年时期少于1.7%的人口住在城市，1970年则到了1/3以上，2000年已占一半比例。城市人口数量猛增，市区的基础设施和经济状况还不能满足人口生活空间、卫生和清洁水的需求，拥挤、恶劣的卫生条件，不良的卫生设施都易使疾病新现。动物也见于类似情况，北美洲水禽（包括鸭、鹅和天鹅）成千上万迁移和群居。这些水禽种群维持通过每年北半球靠近北极区域觅食周期，到了冬天再沿一定飞行走廊季节性迁移回到原住地。一些原有的湿地已被人为和自然破坏，湿地损失导致局部北美水禽密集度增高，粪便污染导致水质恶化，大量病原通过粪便污染水质并传播，水禽同样面临传播风险。免疫抑制是另外一个因素，水禽营养不良和农药接触都影响其免疫功能。湿地缺乏，导致或迫使水禽吃谷物等旱地食物，实际上不能满足其生长发育需求，再遇到微生物侵袭时就会使其致死率极高。

土地使用影响病原动力学和新现，这可能受如下因素影响，即保藏宿主传染动力学或宿主-保藏宿主接触类型：①从统计学看食肉动物等竞争宿主减少，增加病原主要宿主的密度；②"篱笆效应"，人们居住分散限制了病原扩散，结果导致非自然性高密度和"篱笆感染率"；③物种多样性减少，导致更具竞争性宿主增加的相对改变；④遗传多样性减少，可能增加EID概率；⑤营养状态（如污染、农作物存在和发酵剂）对一些病原有利；⑥生物多样性减少了对一些物种有利时机；⑦产生了次级接触带，对于先前都是相对隔离状态的病原提供了进入新环境的机遇。人类活动为跨物种传播提供机遇和桥梁作用，实际上人类在为微生物和寄生虫吃饭摆饭桌。

技术和工业发展对新现人兽共患病具有重要影响。现代医学、食品加工和水处理作为技术发展和工业革命促进了现代化，同时也促进了人类疾病新现。院内感染是现代医学的"负效应"，每年因此在美国累及200万人，死亡2万人，病原的耐药性是主因；我们国家面临同样的问题，我国每年约400万人发生院内感染。饲养场、大规模养禽业、水产养殖业都为人类病原提供了环境机遇。三明治大肠杆菌感染、禽肠炎沙门氏菌都是食品工业与疾病新现的典型例子。

针对新现人兽共患病生态风险因素，能够具有鉴别作用的三个步骤基本框架：①动物宿主到人的高风险个体传播；②从高风险个体再广泛的传播；③从传播者再到更广泛群体的传播（图8-5）。

这里需要强调对**专性人兽共患病**的区分，即从动物传染给人，是动物源性的人类传染病，是潜在人群中传播的疾病。专性人兽共患病，如狂犬病、布鲁氏菌病、西尼罗河病毒等基本没有人-人传播群体。这一群体中疾病新现机制和风险因素仅在动物宿主与人类高风险个体间传播步骤上有关（图8-5B）。

为了探讨流行因素与疾病新现之间的关系，对莱姆病、埃博拉病毒、汉坦病毒、艾滋病、流感病毒、结核分枝杆菌、尼帕病毒、SARS、疯牛病和鼠疫10个了解较为透彻的病原进行分析（表8-5）。表8-5中列出了常规分类，如土地使用变化、城市化效应和流行病学框架中影响因素模型系数。如果保藏宿主和高危人类个体之间增加接触，那么高危个体中感染水平就会大大提高。这就要考虑传播途径早期影响因素，如医院卫生条件较差，会增加与埃博拉病毒感染者体液接触机会，并提高传染概率。农业实践操作改变也可以影响人兽共患病新现，主要是通过动物保藏宿主感染率改变或增加保藏宿主和人类感染群体之间接触实现的。表8-5列出主要影响接触率风险因素，如局部和长距离移动增加人-人和动物-人接触，这种接触正以空前的速度、容量和贸易扩增而增加，如每天国际上有140万人使用飞机和大型游轮旅行。虽然长距离移动与疾病传播到一般群体有关，有些长途移动，如旅行者起到了受染人群和传播者的作用，一些长距离贸易与动物保藏宿主和人之间接触增加有关。野生动物和家畜在人兽共患病新现中扮演着重要角色，潜在增加保藏宿主和病原来源群体中的感染率，增加保藏宿主与人接触机会。限制人类接触相关活动，如旅行通常会很难，限制合法和非法的家畜及野生动物移动能够减少新现风险。

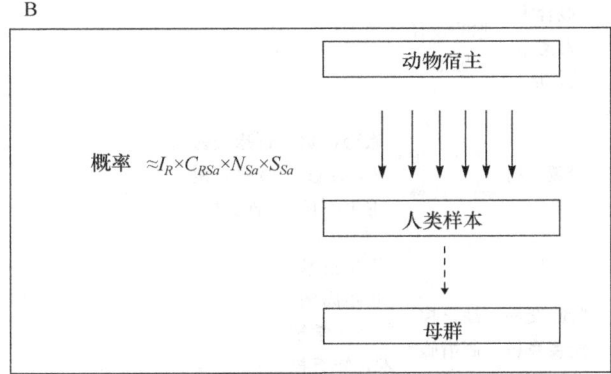

图 8-5 人兽共患病新现步骤与相关风险功能

每个步骤的传播风险：病原来源群体感染数量 I，群体之间的平均接触率 C，宿主群体易感性 S，N 是可能接触的宿主数量，R 是动物保藏宿主或病原来源群体，Sa 为高风险群体，Sp 为人类传播者，Gp 为一般人群。A. 能够人传人的人兽共患病病原；B. 专门的人传人的人兽共患病病原。

表 8-5 人兽共患病风险影响因素

病原	传染			接触			数量			易感性		
	保藏宿主	高危个体	传播者	保藏宿主 高危个体	高危个体 传播者	传播者群体	高危个体	传播者	一般群体	高危个体	传播者	一般群体
伯氏疏螺旋体	森林破碎，森林再造			侵袭乡村 森林再造			侵袭乡村 森林再造					
埃博拉病毒				不良医院卫生	野味贸易 侵袭乡村	污染的针头	长距离旅行			野味贸易		
汉坦病毒	啮齿动物密度增加 土地使用变化，气候变化			砍伐森林 土地使用变化，侵袭乡村，老鼠运输及贸易	长距离旅行		长距离旅行			土地使用变化		

续表

病原	传染			接触			数量			易感性		
	保藏宿主	高危个体	传播者	保藏宿主 高危个体	高危个体 传播者	传播者群体	高危个体	传播者	一般群体	高危个体	传播者	一般群体
尼帕病毒	集约化农场，家畜移动，气候变化，破坏居住地农业实践			家畜移动								
SARS病毒		不良卫生医院卫生不良		野味贸易试验感染	局地旅行试验感染	高密度群体长距离旅行		野味交易				长期的公共卫生问题
克雅氏病	牛饲料实践，BSE流行			混合家畜禽市场，屠宰	吃的途径输血							
鼠疫耶氏菌	气候，家畜感染上升			侵袭乡村	旅行，贸易，迁移	旅行，迁移，卫生不良		野味交易，贫穷，侵袭乡村				
HIV				野味交易侵袭乡村	缺乏控制措施	医学技术长距离旅行，医学技术，缺乏控制措施						
A型流感	集约化农场，家畜移动，混合家畜农场/市场			家畜移动	长距离旅行	长距离旅行						
结核分枝杆菌		公共卫生措施崩溃			迁移	公共卫生措施崩溃，高群密度，长距离旅行		公共卫生措施崩溃		与HIV共感染，贫穷		与HIV共感染，贫穷

高危个体（sampler）到传播者（spreader）或者传播者到一般群体（general population）的传播途径可能包含较少的传播机制（如国际飞机旅行、食品污染、医院看护）。这样的接触方式能够很简单地预测其风险模式，如SARS接触和传播模式预测后，及时采取简单的卫生措施，如戴口罩，就比机场调查和检测战略更加有效。通过表8-5还难以限定非常清晰的风险因素或直接相关因素，如城市化实际包含了很多因素，每个因素都对不同方式特殊病原的流行产生影响，如贫穷（增加人群易感性）、高密度群体、房屋拥挤、恶劣的卫生条件（影响接触率和传播者数量）、破坏社会价值观和公共卫生（影响感染率和接触率）等。表8-5中缺乏几个人兽共患病保藏宿主传染动力学信息（埃博拉和SARS）。

流感病毒流行的前期需要几个月时间才能引发人群传播，只要早期工作做得好，还是有机会做好识别和适当的反应工作（预防和控制）的。要透彻了解流感病毒的分子特性及其与公共卫生关系的意义，对有效的反应具有重要意义。1997年虽然有很多人接触H5N1流感病毒的例子，但并没有引起人群流行，这就提出了**虽然环境中有丰富的病毒和高水平人与动物接触频率，但在流行驱动上应该有其他关键因素**。

六、新现人兽共患病预测和调查

一些专家认为对于下一个人兽共患病将要出现的时

间地点的预测是不可能的，对跨物种的准确时间预测非常困难。但早期检测新现事件就有可能控制暴发，并将其影响降到最低。在宿主群体中传播者的放大效应包括从动物-人传播，再到人-人传播，重要的问题是测定传播链中病原来源的点，最好是测定从动物保藏宿主到高危人类个体传播事件，实际上这种情况可能发生很少并且发现也很困难，但却可能花高昂代价来预防暴发；或者是集中调查传播群体中的传播事件，这样的传播可能发生更为频繁，但对流行控制来说相对迟缓。对动物保藏宿主传染动力学的理解非常重要，深入了解其机制需要耗费精力、物力或较高代价，尤其是野生动物，如为了防控尼帕病毒病，应尽最大努力调查果蝠保藏宿主群，这样就促进了高风险猪场疾病监测能力的发展，促进这一区域医院的病例调查，以及同一区域野生动物、家畜和医院在人兽共患病防控方面的合作。

增加 I_R 或 C_{R-Sa} 因素可能增加从动物群体到人群病原的外溢，这些比罕见的跨物种传播易于预测。

新现人兽共患病的这个阶段，有可能对高风险状况有关的预警动物群进行鉴别（表8-6）。吃野生动物肉数量增加，可能作为几种人兽共患病新现和新病原出现的风险因子，这可能因为狩猎数量/消费数量（N_{sa}）增加，或者增加狩猎者/消费者与野生动物保藏宿主（C_{R-Sa}）之间接触概率来实现的。对野生动物狩猎者或屠宰者高危人群调查活动中，可能检测在扩散到一般人群前的病原传播和新现事件。类似的，农场工人和市场贸易者作为疾病预警者非常合适，如SARS和涉及人兽两个方面的病毒事件，高风险人群预警的潜在价值已经被证明。喀麦隆乡村对猴泡沫病毒的检测中就是针对直接接触类人猿血液和体液采样。宿主转换事件经常发生，许多发生的事件非常小，可能就被忽略了。目前针对人群进行适当反应、检测新的病原微生物等还是做得不够好，能够促进医学诊断和边远社会交流的各种方法，都能够有效防止新现病原所引起的暴发。

表8-6 高风险环境和靶向新现人兽共患病调查的人类预警

风险环境/状况	潜在人预警群
旅游为中心	航空公司工作人员，机场工作人员，经常飞行工作方式船员，国际事务工作者
城市棚户区	贫困社区，城市牲畜饲养者，卖淫者
医院	护士，医生，免疫抑制者和老年患者
农场和市场	农民，市场贸易者，屠宰工人，兽医，城市周围牲畜饲养者
城乡交界面	打猎和野物解剖者，野味市场贸易者，消费者
居住变化：如筑坝，砍伐，毁林	新居民社区
新技术	器官移植和血液传播受体者

土地使用变化影响保藏宿主感染率，主要是对野生动物保藏宿主传播来的新现人兽共患病影响最大。特殊病原很难预测其新现情况，而土地使用变化会带来人兽共患病新现风险是肯定的。病原新现不是生态学上的新鲜事物，而是宿主群之间相互接触扩大变化后的必然结果。纵观人类历史，病原始终在发生着变化，过去十年卫生保健专业人员对新现传染病的一般情况有了较为清楚认识，下一个10年将发展解决这些问题的方式。

第三节 野生动物传播给人的人兽共患病毒病新现过程

宿主-病毒的相互作用是非常复杂的，人兽共患病病毒生物学传播的不同角色和影响因素都关系到新现过程。新现过程有两个阶段是必需的：①人接触传染源；②病原的跨物种传播；后两个阶段对许多人兽共患病并不是必需的过程，③持续的人-人传播；④对人宿主的遗传性适应。后两个传播过程（阶段）大概是病原流行的前提条件（图8-6）。

一、概述

野生动物人兽共患病发生是由病原和野生动物宿主通过跨物种引起分类学上绝对不同的第二宿主感染，引发病理过程从而发生疾病。在第二宿主中不断反复感染，结果产生局部性、地区性或全球性可检测到或者作为新发生具有一定规模发病率和致死率的传染病。发生过程包括个体、种间、群体和全球规模的生态学相互作用。动态环境和参与者相对重要性反映出来一种进化背景：病原的主动适应、被动适应、保藏宿主（H_{RS}），宿主多样性及地理范围，宿主的局部扩散和病原群。反过来，历史因素影响传统的（病毒）种类分布、数量丰度、多样性，而且不断改变病原与新的潜在的易感第二宿主［H_{SS}］交互作用的相关环境。现在的历史因素以前所未有的效力推动人兽共患病病原和宿主"重新洗牌"扩张，使之进入前所未有的新的生态环境。最近10年，感染的 H_{RS} 或 H_{SS} 快速易位的加快使人们对人

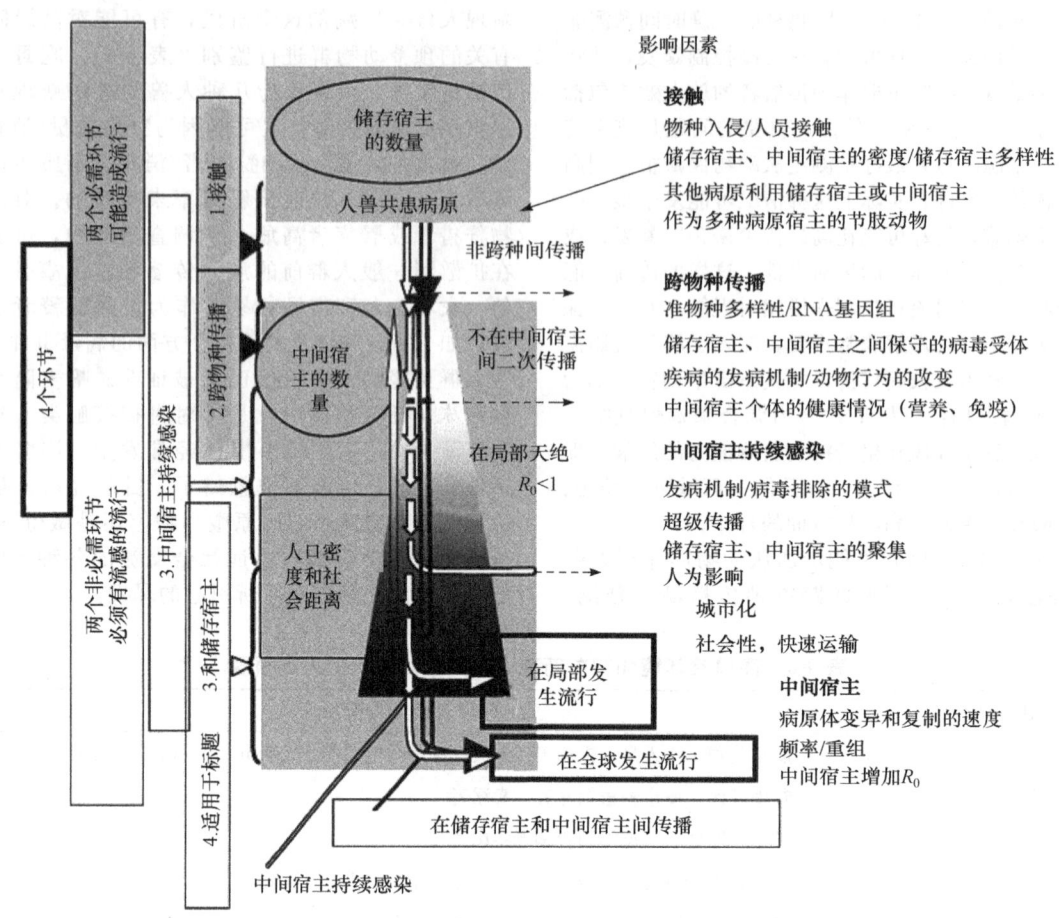

图 8-6　人兽共患病发生的 4 个阶段

兽共患病中病毒病原所产生的公共卫生威胁的看法有所改变，如 SARS、西尼罗河病毒、禽流感病毒、尼帕病毒、埃博拉病毒及猴痘病毒等。

1. 跨物种传播

人兽共患病跨物种传播（spillover）是指异源性病原一旦进入第二宿主（H_{SS}）群体的个体中、完成传染循环的能力。这包括：①病毒吸附，穿过细胞和脱衣壳，或病毒核酸从衣壳脱离过程；②转录、翻译和复制；③组装和释放。而后与共同或相关细胞受体介导结合侵袭进入第二宿主细胞。随后，因感染细胞病毒释放，病毒进入组织，导致第二宿主出现系统性疾病，而引发传染病（表 8-7）。

2. 保藏宿主和第二宿主的发病机理

保藏宿主和第二宿主感染和发病过程可能是不同的。猕猴疱疹病毒引起的口腔损伤，感染人则多引起致命性脑膜脑炎（70%）；汉坦病毒在其啮齿动物保藏宿主中（$H_{R}s$）仅仅是亚临床感染表现，没有明显病理变化，如果跨物种传给人则发生致命性血热性肾综合征。不管在人体中或第二宿主体内疾病过程如何不同，病原在保藏宿主中的病理过程是预防人兽共患病跨物种传播的主要组成部分，相对综合防治来说对保藏宿主防治比对已患病人的治疗还重要。在野生动物（保藏宿

表 8-7　跨物种传播的新现人的疾病或人兽共患病

疾病	病原	原始宿主
AIDS	HIV-1	黑猩猩
AIDS	HIV-2	白颈白眉猴
SARS	SARS 冠状病毒	中华菊头蝠
疟疾	恶性疟原虫	鸟（未确定）
疟疾	间日疟原虫	亚洲猕猴
睡眠病	布氏锥虫亚种	野生反刍动物
白喉	白喉杆菌	家畜草食动物？
肝炎	B 型肝炎病毒	猿猴
病毒性淋巴瘤	HTLV-1	类人猿（亚洲猕猴）
（未确定）	HTLV-2	矮黑猩猩
呼吸道感染	人冠状病毒 OC43	牛
流感	A 型流感病毒	野禽
麻疹	麻疹病毒	绵羊/山羊
腮腺炎	腮腺炎病毒	哺乳动物
天花	天花病毒	反刍动物
伤寒	普氏立克次体	啮齿动物
鼠疫	鼠疫耶氏菌	啮齿动物
登革热	登革热病毒	旧世界灵长类动物
黄热病	黄热病病毒	非常类人猿

主)检疫过程中,忽视病原传播的错综复杂局面,而只重视以人为中心的、传统概念的疾病和资料/疫苗预防方式,是不完善的预防机制。

二、人兽共患病新现和物种侵袭的比较生态学

1. 人兽共患病发生的4个阶段：前两个阶段是前提条件

(图8-6)①第一阶段是来自野生动物保藏宿主中传染性繁殖体与易感性第二宿主之间的接触；②跨物种传播。这两个阶段可能要求有中间宿主（H_V），如节肢动物或中间脊椎动物宿主（H_I）。

2. 后两个阶段是疾病流行所必需

后两个阶段是区别宿主和病毒之间相互关系的关键环节：(图8-6)③一旦在新宿主中发生人兽共患病传播，就自然形成了新的跨物种传播；(图8-6)④新宿主内部传播形成遗传适应和表型变化，即在人体内形成新病毒。与人有关的新病毒在质和量上，即遗传和表型上与原毒株是明显不同的，如HIV和流行性禽流感亚型，在宿主嗜好和致病性方面对人来说已经是一个全新的病毒了。一些病毒具备人传人的能力，但却保持最小或没有遗传变化（如SARS病毒），虫媒病毒、黄热病病毒和4个登革热血清型病毒在人传人间循环，就是因为吸食类人猿的昆虫再次袭击人而介导这种人-人循环。这些病毒与森林中野生型病毒循环有着密切的关系。

病毒对人类宿主的适应性是新现人兽共患病发生的最关键性进化。对于禽流感来说，禽样基因片段的存在、气溶胶传播、从A型流感病毒的关键成分进入预存于禽流感病毒中，与其重组后导致流行性A型禽流感发生。人SARS发生也是伴随来自人、果子狸、菊头蝠病毒片段的重新组合，假设这些都是SARS病毒假定保藏宿主或中间宿主（H_{IS}）。

3. 基本繁殖能力（R_0）作为病毒相关适应能力测定指标

流行病学家为了测定宿主中传染病发生频率，依赖病毒"繁殖潜能"（R_0）或病毒基本繁殖能力作为基本指标，是对一个易感个体随机混入动物群体后单个感染宿主和第二感染宿主预期发生感染数量的测定。相对于适应能力R_0由三个术语组成：c为接触频率或单位时间内接触次数；p为每次接触传播的可能性；d为感染持续时间。

三、新现人兽共患病发生过程的影响因素

1. 非生物因素

非生物因素可以改变保藏宿主和第二宿主动物群体间或传染媒介接触概率，从而影响跨物种传播。人兽共患病传播高度依赖非生物因素，因此，常被冠以环境驱动的流行病。全球气候变化与新现人兽共患病有明显关系。如果说"厄尔尼诺"现象引发人兽共患病，可能的方式是营养级联，导致保藏宿主和媒介宿主数量增加，增加人类接触人兽共患病病原的风险。"厄尔尼诺"现象增加了美国东南部汉坦病毒肺综合征和鼠疫、澳大利亚罗丝猴病毒、南美杆状巴尔通体病和利什曼病等的风险。气候变化或局部气候条件反复的变化能影响人兽共患病发生和媒介源，干燥可以促进圣路易斯病、日本乙型脑炎病毒和埃博拉病毒的传播，使人处于跨物种传播的风险之中；而暴雨又会增加媒介动物数量，导致如西方马脑炎、罗丝猴病毒、裂谷热病毒处于流行状态，也会使人处于跨物种传播状态。

2. 新现过程进化和固有生物因素

固有的和进化因素促进一些如RNA病毒性人兽共患病跨物种传播能力增强，病毒复制率高、高突变率都会增加重组或重排以适应新的环境。如果人类宿主对传染病易感，则反映免疫记忆或其他方面变化的进化，人的个体对传染的免疫功能和易感性即是传播动力学的一部分。这个传播动力受个体营养状态和年龄影响，当强大的进化动力维持病毒在一个极少人群范围内时，R_0接近统一。理论上讲，病毒进化受社会结构性宿主群体、如人群与外界交流频繁程度的影响。这种情况下病毒传播模式假设是平均的或自由混合人群，对人-人传播的新病原数量增加较高，能促进病原进化到一个高平均R_0，疾病易发生流行。

分散人群接触率c，进化动力低，如果病毒毒性增加则加快进化进度。如果分散宿主中低毒性病毒感染人数有限，可能会很快传播到免疫力较强个体中，对疾病继续传播影响较大，因免疫力强个体较多，传播甚至停止。如果毒性强的病毒引起致死性感染，没有存活的个体来阻挡，死亡进程已经把感染个体除去，进一步促进已感染结构的扩散。这种情况下低毒循环中引入高毒性病原，通过传染过程或病毒重组，改变了病毒宿主适应性进化轨迹。

3. 外来生物相互作用

近些年来，自然的或人为的易位感染或潜伏感染保藏宿主或媒介等外来生物对人兽共患病发生起到了促进作用。例如，美国宠物贸易促进了猴痘的传播，人们全球旅行促进了SARS传播，人们饲养狗使狂犬病毒更多潜伏。蚊虫叮咬传播的病毒经蚊虫使病毒侵入以前蚊虫没有侵袭的其他当地固有群体。并不是所有入侵或疾病引入都能导致流行，但美洲的西尼罗河病毒例外，入侵后几乎很快就涉及鸟类保藏宿主和蚊虫媒介等广泛的本地种类。一些鸟类保持西尼罗河病毒一定数量和嗜血性媒介病毒持续周期，能够传播给人和沿鸟类飞行路线进行传播。欧洲和中东的西尼罗河病毒存在着与此类似现象。风吹可能改变传播路线，如1998年风吹使蚊子将日本脑炎传播到澳大利亚北部大陆。

4. 外来因素特殊类型——人为影响

(1) 栖息环境改变　人为侵袭动物生存环境和现代农业实践。人口增加和现代农业发展使人类活动不断袭扰自然生态环境系统，如农业灌溉增加媒介昆虫数量，水坝有利于人们利用水资源，但也有利于媒介源性昆虫滋生和人兽共患病传播。由于人类的活动使病原遇到了不稳定的生态环境，人类活动改变了物理和生物学环境，即微生物与动物原来存在的环境、人类与病原作用环境（包括卫生和治疗预防），总体来说人类活动是病原进化的主要动力之一。40%~50%的土地资源因人类活动而退化，这将促进疾病新现和再现。

(2) 家畜提供了合适环境　家畜禽为人兽共患病病毒侵袭潜在宿主进化提供了合适的环境，存在于人或家畜动物中的人畜共患病病毒在不同因素驱动下进入森林栖息环境。例如，马和猪等家畜在传播给人的链条中起到关键作用，亨尼帕病毒、NiV和HeV跨过种间屏障而感染猪和马，经媒介物再感染人。这两种病传播给人都证明中间脊椎动物宿主的重要性。

狂犬病就与家养狗潜伏带毒有关，也是陆上动物狂犬病流行来源，引起全球每年约5万人死亡。其他家养动物都能在人畜共患病发生中起到重要作用，如猪在禽流感传播中的作用。

家畜和家禽饲养提供了各种疾病新现的交界面，利于病原进入野生动物群体中。野生鸟的禽霍乱和野生麋鹿布鲁氏菌病就是例子。

(3) 人口数量的增加和都市化　近50年世界人口发生了明显变化，除了数量增加外，人口分布和社会结构也随着移民、城市化和难民等而发生变化。城市人口密度增加形成巨大城市和巨大人口群，在边缘地区居住条件差，拥挤情况使卫生条件恶化和饮用水缺乏，这种条件易促使新发人兽共患病流行，也包括媒介源性传播，城市化也改变了野生动物生活环境质量，潜在增加人-动物-媒介互相作用。

(4) 快速发展的现代化运输　人为因素最为突出的是改变了运输条件，在人们快速移动的情况下，也使疾病传播的速度增加了，如SARS。野生动物的非法交易、加上快捷的运输，特别是非法野生动物交易促进了人兽共患病的扩散。天花引进新大陆，梅毒进入旧大陆，都是与人们旅行有关的经典例子。通过贸易使感染的动物和节肢动物媒介传入新的区域，它们经常是搭便车的旅行者。例如，亚洲虎蚊通过轮船上的轮胎进入美国，然后感染老鼠。感染的老鼠通过船到达各个港口并开始世界各地航行。压舱水引进了霍乱，导致美国1991年霍乱暴发。

(5) 发达的现代医学　现代医学广泛使用针具，增加免疫抑制治疗、器官移植和输血等，这些方式都可能促进人兽共患病的传播。一些医学技术也能使（如仅限于人传人）传播途径局限的人兽共患病病毒出现短暂的传播波动，如西尼罗河病毒和狂犬病病毒从感染供体到易感受体，可以通过输血、器官移植和组织移植传播。这些例子都是特别例外的情况，人-人传播通常要求媒介（西尼罗河病毒）或直接接触（狂犬病病毒），医学的干扰作用限制了其进一步扩大传播。

(6) 经济发展和土地使用　土地使用主要与开荒和经济发展有关，快速经济发展和大量土地使用改变了脊椎动物和非脊椎动物住所及种间接触环境。例如，北美洲近10年兔拉热流行，就是土地利用改变了哺乳动物宿主和蜱媒介的生存环境所致。修筑水坝和再建人工森林也会促进人类疾病新现。蚊源性裂谷热主要是牛和羊的疾病，这种病1997年以前仅发生在非洲撒哈拉以南地区，1997年建筑阿斯旺大坝后，裂谷热引起埃及20万人以上的临床病例和600人死亡；1987年塞内加尔盆地的地啊玛大坝建成后，引起1200人以上裂谷热严重病例，250人死亡，此外，绵羊和牛同样患病。主要是因为大坝建成为蚊虫提供了繁殖场所，利于裂谷热病毒传播。莱姆病是几种硬蜱传播的，美国的白爪鼠是细菌的宿主，白尾鹿是蜱媒介宿主。早些年密西西比河东部砍伐森林，导致鹿失去家园而死亡，结果使鹿和鼠生活区域接近人类生活区，莱姆病成了美国50个州最常见的媒介源疾病。经济发展和土地过度使用促进动物疾病新现，农业种植粮食类型直接影响野生动物来源。与农业有关疾病包括黄曲霉毒素中毒、蓖麻子中毒和产气荚膜梭菌的肠毒素血症。我国对羊肉全国性需求增加，导致羊布鲁氏菌病、包虫病暴发。冬季鸟因吃发霉谷物导致霉菌毒素中毒症。我国和美国北部地区具有冷、冻融循环的特点，这也是真菌生长和产毒所要求的条件。废弃的花生在地里是真菌的良好培养基，鹤吃有毒花生中毒，导致接近10 000万只鹤死亡（表8-8）。全球也包括我国普遍面临着粮食霉变或霉菌毒素污染引起的中毒问题。

表8-8　人类有关疾病新现和再现的主要因素

因素分类	相关机制
病原	
微生物适应性和变化	包括选择压力、突变、进化和相关变化
跨物种障碍能力	对新宿主侵袭和种群中维持
传播致病性和毒性	侵袭宿主，引发疾病和传播到新宿主
存活和持续存在	疾病静止期在环境中持续存在

续表

因素分类	相关机制
环境	
生态学变化	气候变化、自然过程,如植被交替、地震、火灾、洪水和其他大规模自然事件
动物转移	动物自然循环运动,如候鸟季节性移动、寻找水源、大型哺乳动物产犊移动
人类	
人群	包括数量增加、分布和密度
行为	包括性、社会、文化和其他行为传播疾病
城市化	从农村到城市人口增加
现代旅行和商贸	人员与货物国际移动、生态旅游和国际化市场
农业和食品实践变化	种植类型、动物饲养方式到食品生产、水产养殖、食品加工和包装
现代医学	器官移植、抗生素、增长寿命、人群和其他卫生健康
公共卫生基础设施和措施破坏	包括虫媒病毒等调查活动减少、不强调传染病
动物再定居	外来物种引进、农业物种和野生动物人为移动、伴侣动物贸易
环境变化	人类活动导致土地使用变化,如砍伐森林、筑坝、大规模农业城市发展、娱乐发展等
社会事件	战争和冲突、城市衰败、恶劣生存条件
技术和工业发展	运输速度、水再利用、医疗水平、空气质量和生产副效应

四、人兽共患病新现作为侵袭生物学范例

新现人兽共患病病毒特别强调对新的第二宿主侵袭作用,人是几个易感宿主种类之一,主要特征之一是非本地种类动物的生物学侵袭。①接触传染链条中非本地动物种类,如运输到外地口岸的道路;②非本地动物沿运输链和进入异地环境跨种类传播;③维持在新环境中侵袭第二宿主的传播;④维持在第二宿主的传播并进化为新的病毒保藏宿主。

1. 新现或侵袭终点和传播"分支"

难以跨物种传播就不能引起新现人兽共患病传播,传播潜能 $R_0<1$,传播链就不能建立,第二宿主内传播链即断裂,非本地动物平均 $R_0<1$,属非传播种类。反复接触和跨物种就能引起新现疾病流行,但侵袭物种在进入点处不再移动和消失;这种情况要继续传播,侵袭需要反复引入,进一步建立引入侵袭和扩展传播。要坚持对人和动物中人兽共患病原进行监测,能够及早发现,从而阻止其进一步流行。

2. 侵袭人类或人类侵袭?

人类侵袭后或人类活动的扩展将改变环境的整体性,关于人作为侵袭种类,是指人兽共患病领域而言,见图8-6。人类侵袭一个新的栖息地或环境常常涉及病毒性人兽共患病的发生过程,本地的保藏宿主和媒介生物共同激发自然存在的病毒病原启动传染过程,增加了生态相互作用的机遇。北美洲同地域啮齿动物的汉坦病毒保藏宿主对传播汉坦病毒病产生汉坦病毒肺综合征(HPS)证明是不可预测的;同样西非洲类人猿HIV保藏宿主对该病传播、亚洲和澳大利亚亨尼帕病毒从果蝠的传播预测也是难以实现的。因此,从生物医学角度看,更强调病毒对人的侵袭。人类侵入新的环境作为人为因素影响接触和跨物种传播,但目前并没有现成的森林栖息性人兽共患病循环模式,人类的侵袭并不一定就能引起疾病的流行。人类侵袭了野生动物自然环境,然后,野生动物保藏的病毒反过来又侵袭人类,造成新现人兽共患病流行。

五、不同传播途径人兽共患病毒病的致病性

为了进一步探讨一定的人兽共患病毒病为什么和怎样倾向于跨区域传播、传播过程的不同途径,下面我们这里对一些病毒进化史、病毒生存的现代理论以及如何成为人类疾病的病原因子等材料进行讨论。能够引起人兽共患病致病的病原生物学特征包括多保藏宿主、高复制率、潜在的同源或异源重组,RNA病毒就具备这些特征。

1. 经反复接触和跨物种传播引起疾病

有两种病毒在感染保藏宿主或感染中间媒介生物再传播到人这个第二宿主,期间是重复接触和跨物种传播,如狂犬病和西尼罗河病毒。虽然这两种病毒RNA基因组极化和复制方式明显不同,但都减少正向选择,甚至建立了新的保藏宿主或媒介宿主。对于病毒来说要进化为普遍性感染病毒或多感染宿主病毒,即在不同种类细胞中要能够感染和繁殖,如媒介源性西尼罗河病毒,那就要求该类病毒要能在禽、哺乳动物、昆虫保藏宿主、媒介宿主、第二宿主中感染和繁殖。这些病毒罕见有人传人的情况,即这些疾病人传人的流行病学意义不大。新型禽流感H7N9就是以反复接触模式引起跨物种传播给人的。

2. 人传人持续的跨物种传播

人是森林栖息性人兽共患病传播循环的易感宿主,一些人兽共患虫媒病毒可以引起人-人传播。人-人传播的人兽共患病流行主要是因为城市人口密度过大,与虫媒宿主共存,尤其是环境卫生恶劣和拥挤环境更易发

生。黄热病病毒和登革热病毒是虫媒病毒，所引起疾病主要以城市型传播循环模式，而不是森林栖息保藏宿主和虫媒宿主型，登革热在亚洲就是城市人口密集型发生为特点。2014年9月相隔半个多世纪后登革热又在日本重现，位于东京市中心的代代木公园，已被断定是传播这一疾病的伊蚊集中区。在短短的四天里，已有22人感染。这些患者有一个共同点，就是过去两个星期内都曾到东京涉谷区的代代木公园一带活动。

狂犬病病毒在哺乳动物目、种的新保藏宿主中跨物种传播，与蝙蝠有关的狂犬病病毒通过陆生食肉动物获得暂时性传播，如红狐狸和条纹臭鼬。狂犬病流行首先要有充足的原始保藏宿主保持保藏宿主内的传播，唾液中的狂犬病病毒的反复接触就可能引起人的跨物种传播。狂犬病对许多哺乳动物都是致命的，主要保藏宿主（如狗）数量下降与第二宿主（人）流行下降是一致的。如果保藏宿主数量又增加，流行就会呈间歇性周期复发。西尼罗河病毒流行与狂犬病类似，许多保藏宿主蚊虫、蜱与感染西尼罗河病毒的三类脊椎动物（禽、哺乳动物、爬行动物）反复接触引起流行。实际上宿主-媒介-病毒之间的关系目前并不十分清楚。蚊虫媒介要求温度和潮湿度，因此蚊虫媒介只适应满足这两种条件的区域或季节中，温度敏感型外来病毒在保藏宿主中存活，季节是疾病驱动力之一，如西尼罗河病毒和其他虫媒病毒，在冷温带西尼罗河病毒传播就会停止。

3. 人的适应方式：SARS平静了吗？

SARS冠状病毒是一个新的科学问题，SARS作为人类病原是直接跨物种传播性疾病，此前对该病人们一无所知，或者病毒是哺乳动物冠状病毒和禽冠状病毒重组而来。SARS病毒从遗传学观察与已知冠状病毒明显不同，最近我国科学家以PCR方法证实SARS来源与中华菊头蝠有关，基因组分析曾认为SARS病毒来自于人和果子狸，分子流行病学分析认为人SARS流行与食用果子狸关系密切。这些资料提出蝙蝠是保藏宿主（如中华菊头蝠），果子狸等野生动物作为第二保藏宿主，再导致人类感染的食物链发生，并能维持人-人传播链。更多资料指出SARS很快适应人类新宿主，快速和有效的公共卫生反应终止了其传播，也停止了其进一步进化。遗传学资料显示，SARS具有强烈选择性和人适应性，人分离株基因组与果子狸毒株有明显不同，证明在人体内该病毒已经明显进化了。病毒本身的特性赋予其容易跨物种传播的本领，进化史包括广范围哺乳动物适应性和感染能力，主要是有广范围保藏宿主和第二宿主。病毒对这些宿主具有预适应能力，从而导致人间传播。病原在新的宿主——人体呼吸道组织中提供维持传播的方式，较浓的飞沫或气溶胶的呼吸道传播。

SARS病毒生物学特性、人类行为和社会实践相关因素重叠促进了SARS流行，人与果子狸的接触增加、跨物种的反复适应和快速运输是该病毒和疾病传播的动力因素。就目前而言，SARS仍然有很多未解之谜，是一个"来无影、去无踪"的神秘疾病，幸运的是该病已被有效控制。

第四节 病毒新现的进化遗传学

虽然有很多材料来描述病毒新现相关的生态因素，但对于能够促使病毒跨物种传播和在新宿主中建立感染方式的进化过程知之甚少。为了理解新现病毒进化的生物学基础，需要建立一个进化遗传学理论框架，特别是自然选择作用和遗传漂移对病毒新现的促进作用重要性的理解。新病毒病的进化规则，特别是一定类型病毒或者能够感染特殊种类宿主的病毒要比其他病毒可能新现。强调病毒进化速度和系统遗传学的不同宿主细胞受体识别能力之间的交互作用。目前还缺乏足够资料对病毒感染早期是否需要在新宿主中有一个适应过程，或者是带有必要遗传特征病毒传播的机会更大一些的过程理解。

一、概述

直到最近人们才了解许多病原传播到人群与生态因素有关，这些因素涉及人口数量及密度、土地利用的变化、全球旅行人数增多、政治动乱等因素，上述所有因素都可能增加传染病发生概率或增加储藏宿主的密度。现在还非常缺乏对进化过程的研究，对于新现病毒，首先通过系统遗传学研究其进化生物学变化。虽然人生态学和系统遗传史变化是研究重点，但不能摆脱新现特异病原生态学和遗传学变化的理论体系，关键问题是哪些进化过程与病原表型和遗传有关。

进化遗传学是阐述与原始发生和在宿主中变异过程相关的遗传学变化。目前这方面的最大困惑就是基因漂移。病毒进化遗传学基本理论：疾病或病毒新现要求病毒与新的易感宿主群体有接触机会，病毒对新宿主的些微自然选择变化，如果选择成功，病毒就能成功跨物种传播。不同种类病毒具有不同的适应程度，达到最高峰就是最好的适应度，就有可能跨物种传播，这个高峰是由无数低谷连接而成的。新现病毒开始只感染少量个体，病毒在这些新个体中突变并进而稳定——形成遗传漂移，漂移可能发生在更小的群体中。最终，漂移和选择分别影响病毒在宿主中传播宿主群的大小，发挥传播模式功能。

二、哪种病毒更易新现

病毒分类中使用广泛的依据之一是病毒含有DNA或RNA核酸，新现病毒病中RNA病毒较DNA病毒多，而DNA病毒几百万年来已经与宿主形成了稳定的病毒-宿主共生关系。DNA病毒与RNA病毒相比更多的形成持续感染，因此更易激发宿主进化。

RNA病毒似乎具有特殊的新现特质，具有快速进化变化，这是因为RNA病毒较DNA病毒在RNA聚合酶或反转录酶作用下更容易出现基因错配，复制速度快、数量大。因而，快速进化允许RNA病毒快速产生突变，以适应新的环境，包括新宿主，这是一种普遍机制；但RNA病毒是具有引发新现能力，还是能够引起病毒的一些实质性变化是我们最为关注的内容。理解这些变异的基础是发展病毒新现进化模型的关键，进而深刻理解RNA病毒进化机制。

一般来讲病毒进化主要是因为复制错误率和每一代发生时间所引起的进化速率驱使，病毒间的变异率是这方面研究的热点，人们已经对病毒种属和种间每代变异进化时间获得了大量数据。尽管这些因素和自然选择之间的相互作用丰富了群体遗传理论，我们还要对病毒进化理论进行全面理解，从而对病毒新现和跨物种的发生有一个全新的认识。并不是所有的RNA病毒和DNA病毒都适合快速和慢速进化，最典型的例子是猴泡沫病毒（SFV），该病毒在类人猿宿主中历经几百万年而产生有限分支，每年基因上取代位点的概率仅为10^{-8}，低变异率与DNA病毒相似。对于这种低变异率的最可能解释是最大限度减少复制速率和最强的纯化选择，使大量突变和缺失被排除。从各种进化谱系结果看，单股DNA病毒与RNA病毒进化速度相似，可能原因是固有错误率类似。

虽然突变是最原始突变变化导致进化的基本条件，但从更长时间看基因漂移和自然选择双向过程是遗传变异的最终决定者。因为所有病毒都是绝对依赖于宿主细胞基质而延伸生命循环，病毒蛋白和宿主细胞受体之间反应构成病毒适应能力的先决条件；特定DNA序列和细胞受体之间的反应对一些RNA病毒跨物种传播是最重要的条件之一。例如，禽流感病毒通常不能引起人-人传播，就是因为缺乏病毒蛋白氨基酸序列，一般认为就是血凝素蛋白（HA），它编排与人细胞上唾液酸受体结合的特殊氨基酸序列。病毒与受体间的亲密关系影响病毒传播，如果是一个"通才病毒"，它与受体反应应该是广谱性的，也可能形成跨物种传播。对于一些实例分析情况看，病毒利用保守细胞受体比利用不同其他细胞受体更容易跨界传播，如果这种分析符合实际，将对病毒新现的预测意义更大。

另一个影响病毒跨物种传播能力的是传播模式。可以认为一定传播途径、特别是呼吸道和媒介源性传播比其他方式更易新现，肯定比血源性或性接触新现病毒的概率高。早期记载的很多都是蚊虫媒介传播的新现病毒，这种方式增加了接触概率，但还有许多其他因素可以看做微积分省略去的因子。传播模式和病毒在新宿主细胞中的繁殖能力关系最大，已经有病毒媒介体内外比较研究结果支持这种理论，在节肢动物和哺乳动物就有严格的序列变化限制。这种效应是拮抗适应平衡效应，突变是为了增加对新宿主的适应能力。因此，宿主中氨基酸的变化是有害的（即使是轻微的毒害），最终除去纯化选择作用。在昆虫中难以建立病毒的繁殖感染，可能是一些动物和植物RNA病毒在进化过程中所参与的媒介种类也是关键一环。但突出的一点是虽然媒介病毒经常与人类疾病暴发有关，但很少能维持长期传播网络和死亡终端感染，这是其共同特点。在不同宿主中复杂的复制适应能力可能是预防许多媒介病毒在新宿主中成功新现的关键，是否还有类似的限制性机制目前还不清楚。

三、哪种类型病毒更易跨越种间传播

快速发现HIV非人类人猿宿主和SARS冠状病毒的最终宿主蝙蝠，对理解病原跨物种传播非常重要。然而，对著名的埃博拉病毒在非洲调查几千个动物样本，并未鉴定出保藏宿主（也有认为是蝙蝠）；丙型肝炎病毒也是新发现的人类感染病毒，但至今仍没有发现相关动物，这些属于例外情况。有些病毒有能力跳跃生物物种传播，但系统遗传限制了这种能力的发展。如果宿主种类接近，跨物种传播的概率就更大。现在并没有证据显示来自不同生物，如植物、鱼、爬行动物或两栖类动物的病毒能感染人，如植物病毒即使通过食品也不能传染给人。人类病毒多数来源于哺乳动物，偶尔来源于鸟类。昆虫病毒虽然常感染人，但多数是从其他哺乳动物传播来的，而不是昆虫自己感染的病毒，在终宿主引起新宿主死亡终端传染。

为探讨与哺乳动物病毒影响人类有关的系统遗传趋势，特别是人类近缘的类人猿病毒对人类侵袭比其他种类病毒危险大吗？现在还没有充分资料证明这样的关系，还难以理顺接触概率与传播概率的关系。我们知道类人猿与人的关系比啮齿动物接近，但全球人口与啮齿动物接触更多，个别证据指出因类人猿与人关系更近，其病毒有能力侵袭人类。例如，HIV-1和HIV-2，其宿主为黑猩猩和猴子，其他人类病毒似乎也存在类人猿宿主，包括登革热病毒、黄热病病毒、乙型肝炎病毒等。

$CD4^+$ T细胞是HIV-1的主要靶细胞，在自然感染过程和通常的体外实验中，该细胞的活化和增殖是HIV-1得以大量复制的先决条件。1996年，科学家意外发现，经过CD3/CD28抗体协同刺激后，活化的$CD4^+$ T细胞能够逆转对HIV-1的易感性。采用生物芯片技术，对能够逆转HIV-1易感性的$CD4^+$ T细胞进行了全基因组分析，从中发现了产生逆转效应的信使核糖核酸（mRNA）表达谱特征。易感性是由遗传基础所决定的相同环境下不同个体患病的风险的高低。但目前，尚不清楚这一现象所包含的调控规律和分子机制。

这些病毒与人类系统遗传学关系较近，偶尔因为生态因素，如毁林及相关活动，增加了与其他猿猴等动物接触的机会而发生传染。通过这样的接触机会人类同样会把人类病毒传播给猿猴等动物，如麻疹病毒、扭拒特诺病毒（Torque teno virus, TTV）（一种非甲非庚型肝炎病毒，在我国猪中带有）。人们确信发达国家人口所带染的病毒在适当机会必将传播给那些边远、比较封闭地区带有固有遗传背景的当地人。

系统遗传距离与病毒新现之间存在合理机制关系，如识别和感染宿主细胞的能力是跨物种传播的关键步骤，而系统遗传相关宿主种类可能共享相关细胞受体。跨物种概率与系统遗传距离远近有关。依此理论，DNA病毒跨物种的难度更大，速度会更慢。但有很多例外，如人类许多新现病毒往往来自于啮齿动物而不是猿猴等，这就意味着高密度啮齿动物携带大量各异的病原和（或）啮齿动物生活在人类附近而增加接触机会。其他因素还包括系统遗传相关免疫反应，遗传关系较近就可能共享等位基因，该基因决定对特殊病原的免疫反应能力，即组织相容性，具有很强的免疫能力，从而阻止了感染的发生。

四、需要在新宿主内适应后才能引起新现吗

对于一些新现人兽共患病我们只关心其发病情况，并没有与能够引起人-人传播疾病的两类病毒进行区别。的确，人类一些新现人兽共患病形成死亡终端感染，这可能代表着跨物种传播的自然背景动力学，如A型禽流感病毒，所有禽传播给人的结果都是死亡终端感染，当然这种禽传人的感染偶然也能引起流行，每次跨物种传播都提供一次流行机遇。对于确定特异的原发传染病是否将要发生和流行，及时鉴别和定量其中的关键因素仍然面临很多困难。对于新现病毒，我们要弄清楚为什么仅仅一些病毒能形成长期的传播网络。

核心的问题是跨物种传播后，新现病毒是否必须适应新宿主中的复制模式或相对自然选择来说新现过程是一种盲目的过程？例如，一种病毒新现模型在流行早期适应新宿主是非常重要的，因为病毒基本繁殖率（R_0）>1，便于使传染网络维持下去，在早期传染过程中是特征性的。因此，病毒并没有完成人传人这个过程或者说并没有完全适应人类所要求的R_0<1。这种理论已有实验数据支持，肉食动物的细小病毒（ssDNA病毒）就是实例。早在1970年开始猫细小病毒感染，随后跳跃感染传播到犬，引起犬的细小病毒病，同时伴随着强烈的阳性选择作用和极高的核酸取代作用。委内瑞拉马脑炎病毒的新现其核心问题是该病毒直接对新宿主具有适应能力；猴登革热病毒跨物种传播到人，并没有过多证据支持该病毒在人体中的适应状况，而是指出城市人口登革热病毒的主要宿主伊蚊进行了预先适应，是人群传播的先前适应过程。

在接触后病毒新现并适应新宿主的动物模型中，如果病毒已经具备必需的突变（如受体结合），新现就会发生。换句话说，成功新现的病毒株必须能够对新宿主有预先适应能力才能引发繁殖型感染，新现的概率就成为接触频率的一个函数。新现传染的大部分（至少在人是这样的）产生死亡终端传染，其意义在于短期的传播链难以建立，因为这些病毒还缺乏必要的突变，因此，难以在新受体宿主中完全适应，大多数新现病毒都难以呈现跨物种传播。虽然一些序列分析认为SARS病毒在人类早期传播易适应人类宿主，但不清楚这种适应是针对新宿主或是免疫逃避。病毒接触了合适的遗传结构宿主可能是形成传染的关键环节。

禽流感病毒能够在感染宿主含有唾液酸受体的细胞内繁殖感染，所有禽流感病毒都在胃肠道复制，并结合到α-2,3-半乳糖苷键上；而人流感病毒在呼吸道上复制，结合到α-2,6-半乳糖苷键上，产生特有症状。因此，α-2,3-半乳糖苷键漂移到α-2,6-半乳糖苷键是病毒从禽到人的关键，这经常包含两个氨基酸残基的变化。关键问题是这些突变作用在人体感染病毒后是否重新开始，然后就有新现作用？

病毒新现的新宿主适应作用原理有三个方面的阐述。一是要有对基因选择压力测定的好的分析方法，包括现在常用的每个位点同义取代（d_S）和非同义取代（d_N）数量比较。这些方法高度保守，并且在一个单线上分散氨基酸位点，阳性选择是局限性很大的，这些阳性选择可能是病毒新现的适应性进化形式。二是尽管病毒序列资料不少，但在供体和受体中可利用的病毒序列资料却很少，如登革热病毒是非常重要的人类新现病毒，而且人登革热病毒序列资料也很多，但仅收集到最可能供体种——旧大陆猴样一个种。三是需要建立在各种环境选择下的进化模型，虽然有许多致病性病毒存在的模式动物，也能准确反映新现病毒复杂生活史，但这些模型可能并不一定能受分析技术控制；这就意味着计算性强化仿真研究将成为探讨新现疾病进化遗传学的重要工具。

五、重组是病毒新现的前提条件吗

RNA病毒进化过程具有高突变率，越来越多的证据表明重组可以改变RNA病毒群的遗传变异能力。重组是一个这样的过程：潜在增加有利进化基因型，除去有害突变作用，能够促进新现过程。在类人猿的慢病毒例子中可见到这样的情景，如HIV不仅经历了极高的重组率，而且在每个复制循环中发生多模板转变，重组病毒与许多跨物种传播情况有关。类似情况见于A型禽流感从禽到人常伴随血凝素（HA）和神经氨酸酶（NA）亚型的重排。SARS病毒是由禽冠状病毒与其他哺乳动物冠状病毒重组为人SARS冠状病毒，重组后产生的氨基酸变化能够引起人类感染。仔细观察相关序列后对这种假设提出怀疑：首先SARS冠状病毒重组是最弱的；其次该病毒重组含相对远距离病毒重组，不可能与最近人群中的新现病毒有关。另一个可疑之处是在普通RNA病毒中重组，而不是在反转录病毒中，不可能有其他机制参与。例如，负义链RNA病毒的重组极为罕见，因为它们的RNA始终都被囊壳包裹，极大地限制了模板转变成重组中心。

RNA病毒重组率受两个因素控制：病毒核酸转变能力和多感染发生的频率。例如，HIV有高重组率，

病毒具有两个RNA基因组拷贝，而模板转变已经发生，病毒易于传播，多感染是丰富的。

六、RNA病毒进化与新现

目前支持相关进化与病毒新现的观点有些矛盾，可能的原因包括RNA病毒基因组非常小，功能却很丰富，许多突变都可能影响病毒生物学的关键方面。因此，虽然RNA病毒突变非常多，但多数是有害的，长期来说将减少病毒的适应性，病毒进化遗传受突变-选择平衡支配。一个紧凑的高效基因组伴随高错误率，也导致高突变量。这个理论虽然不完善，但对于理解人兽共患病毒病新现还是有用的。

2013年中国农业科学院哈尔滨兽医研究所国家禽流感参考实验室的研究人员，从上海、安徽、浙江等地的家禽市场、家禽养殖场、野生鸟类栖息地和屠宰场采集了1万多份样本，经培养确认了50多个H7N9病毒株。研究发现，这些H7N9病毒株特别相似，只有数十个氨基酸的差别，而它们的生物学特性差异却比较大。不过，所有人类和禽类病毒株均可与人类呼吸道受体相结合，一些病毒株还保持着与禽类呼吸道受体结合的能力。研究人员利用与人类传播情况相近的雪貂，做了5个H7N9病毒株的传播能力实验，其中两个病毒株来自鸡与鸽子，另三个病毒株来自上海与安徽发生的最早3例人感染病例。他们发现，除了来自鸡的病毒株外，其余4个病毒株都可以通过呼吸道飞沫传播。这说明H7N9病毒株可能只需要几个氨基酸的突变，就会变得跟来自安徽患者的H7N9病毒株一样，在哺乳动物间高效传播。最新研究表明，H7N9病毒对禽类无致病力，但该病毒侵入人体发生突变后，对哺乳动物的致病力与水平传播能力得到明显增强，从而揭示了H7N9病毒存在较大人间大流行的风险。2013年132例H7N9确诊病例中有43人死亡。因这一病毒此前从未在人或动物中检测到，所以它的出现引发了一系列关于该流感病毒特性的科学问题以及对人类公共卫生的高度关注。其中，焦点问题就是该病毒能否在人与人之间发生有效传播。陈化兰团队在动物中进行了大量的主动监测，并利用家禽和哺乳动物系统评估了从禽体和人体中分离的H7N9病毒的致病力和传播能力。通过全基因序列比较发现，从禽体中分离的H7N9病毒和从人体中分离的H7N9病毒基因组高度同源，它们仅有不到30个氨基酸的差别。尽管有些病毒仍然保持着识别禽类呼吸道上皮细胞受体的能力，但所有从禽体和人体中分离的病毒都具有结合人呼吸道上皮细胞受体的能力。这正是H7N9病毒容易感染人的主要原因。

科研人员利用家禽和小鼠测试了H7N9病毒的致病能力。他们发现，从禽体内分离的H7N9病毒对鸡、鸭和小鼠无致病性，但从人体内分离的H7N9病毒可引起小鼠严重发病，体重下降超过30%，甚至死亡。进一步分析表明，人体的H7N9分离株在小鼠体内的复制能力与致病力较强的原因是其在人体复制过程中发生了基因突变。

由于流感病毒在哺乳动物雪貂与人类中的传播特性非常接近，因此雪貂常用作模式动物开展流感病毒传播的相关研究，人体的H7N9病毒可经飞沫在雪貂中高效传播。H7N9病毒对禽类无致病性，可使它在禽类中存在而不易被发现，增加了H7N9病毒传染给人并发生更多基因突变的机会，从而可能使H7N9病毒获得在人与人之间的高效传播能力。中国疾病预防控制中心称H7N9病毒更易感染人：大量生物特征表明，H7N9禽流感病毒对人类已构成重大威胁。我国2013年12月新发疫病禽流感H10N8感染人类，死亡1例。

WHO于2013年5月23日将最新暴发的新型冠状病毒感染命名为"中东呼吸综合征"（Middle East respiratory syndrome, MERS）。目前研究机构对该病毒所知依然"非常有限"。世界卫生组织（WHO）已经确认MERS（中东呼吸综合征）冠状病毒的患者有100多例，其中约70人来自沙特阿拉伯，66人死亡，死亡率达53%，多数确诊病例为男性，患者年龄为24~94岁，平均年龄为56岁。目前，大多数确诊病例集中于中东国家，但也有欧洲国家陆续报告该病。病例应与中东直接或间接接触有关，特别是有患者最近曾赴阿联酋旅行。在法国和英国，新型冠状病毒在从中东旅行归来的人有密切接触者当中发生了有限传播。发现实验室确诊病例的国家包括约旦、卡塔尔、沙特阿拉伯、阿联酋、法国、德国、突尼斯和英国等。法国巴斯德研究所科研人员2013年7月表示，虽然还不能确定，但这种新病毒的动物宿主可能是蝙蝠，并且在传播给人类前，可能还利用了骆驼或山羊等中间宿主。

新型冠状病毒源自哪里？美国与沙特阿拉伯的研究人员报告说，他们在沙特阿拉伯首位人类患者住所附近采集的蝙蝠样本中，发现了新型冠状病毒，这是首次在动物中发现这一病毒。蝙蝠是新型冠状病毒可能的动物源头，但蝙蝠不太可能直接将病毒传染给人，或许还必须借助其他动物作为中间宿主。美国哥伦比亚大学与沙特阿拉伯卫生部的研究人员在沙特利雅德、比沙堡等三个地方采集了7个种类蝙蝠的1000多份样本，结果在其中一只蝙蝠的排泄物样本中发现了与新型冠状病毒"100%相同"的病毒。最新证据证明骆驼传播证据比较肯定，一名沙特男子因给骆驼鼻子抹药而感染，在骆驼内和人体内病毒同源性100%。

在单峰驼血清样本中发现新型冠状病毒的抗体，表明单峰驼可能作为中间宿主，在病毒传播中起到"帮凶"作用。但世界卫生组织发言人认为，该研究并不能解释人类感染新型冠状病毒的传播途径，并强调，需发现病毒本身而非抗体才能确定骆驼与人类感染的是同一病毒。

第五节 病原-宿主-环境的相互作用和疾病新现

我们将传染病新现事件分成三组：①病原在新宿主中出现，而且是传统宿主外溢，包括人兽共患病，完全的跨种属传播；②在同一个（原）宿主展现新的特性，包括毒性增强、耐药性和宿主免疫逃逸；③病原在新的地理区域出现，可通过广范围扩展或长距离跳跃。每种类型都有典型新现驱动源、相匹配病原特性、疾病生态学和传播动力学相伴随。人类的作用能够调节病原、宿主和环境之间的相互作用，但不同EID的驱动源及其新现机制是不同的。

一、疾病新现的驱动源

新现传染病（EID）的驱动源可理解为新现的原始因素。1992年Lederberg等列出了人类EID的特殊动力学，后陆续又充实了相关的驱动因素。家畜和野生动物中新现的驱动源类似于人类EID驱动源，特别注意，人类行为性质的变化是人、家畜和野生动物EID的基础。人口增加和经济发展，转化为对土地、水源和能量需求增加，产生全球更多的疾病新现连续驱动源的出现，如毁林、生物多样性丧失、气候变化、农业和食品供应系统失衡，旅行、贸易和交通速度快速增加，不良卫生系统和卫生保护实践的持续。

二、病原-宿主-环境的相互作用

人们已经注意到病原-宿主-环境之间疾病新现的调节作用驱动源，在EID事件中三者相互作用特性的改变、宿主-环境和疾病生态学变化是产生新传播类型和新病原对适合遗传特性选择作用的关键。这个过程最终将产生一个新的稳态的病原-宿主-环境反应。然而，这种新的传染病的具体类型是难以说清楚的。

影响疾病新现的可能性和结果的关键因素是病原的侵袭性。RNA病毒具有遗传性高突变率，细菌也能从外源获得遗传材料，它们都能够感染多种宿主，都容易成为新现疾病的病原。另外，宿主-环境的可侵入性影响疾病新现，也就是个体、宿主群结构、宿主群体组成和混杂成分、病原侵袭性的有关地理情形和病原侵袭性的反弹等等都属于可侵入性相关因素。环境作用延伸到病原生存环境的温度和湿度、节肢媒介的季节丰度和分布，地理的、物理的或化学的屏障。

三、疾病新现的基本框架

框架的第一类，病原可能侵入与其紧密接触的新宿主类型，也就是人、家畜和野生动物。病原混杂并与宿主接触从而增加病原外溢的机会，形成病原的跨物种传播，持续存在于新宿主种类中。例如，野生动物狩猎和食用野生动物肉，毁林以及其他人类入侵森林和野生动物栖息地，在野生动物/农业交界面上，在人与宠物之间，食用动物生产系统内增加物种之间的接触，展现了驱动源的活力。**框架的第二类**，在限定宿主的循环中病原可能发展成具有新特性的病原，这个发展的动力关键是病原打破了宿主的束缚，开始对新宿主利用的启动。动物密集饲养、抗生素使用和疫苗的普及，都可能促使产生新的"毒性跨越者"，增加致病性和临床症状出现、病原产生耐药性或逃避疫苗诱导的获得性免疫攻击。**框架的第三类**，通过病原、媒介和宿主被动/主动再分布，在新的区域建立新的疾病。地理侵袭的两个特征类型：病原地理范围的扩展（**范围扩展**）和病原远距离扩散（**距离跳跃**），跨越物理屏障。范围扩展的关键因素是有利于疾病引进和建立的地理情形、天气、气候和土地使用等变化作为动力驱动源；距离跳跃方面，由于国际旅行、国际贸易和交通，由地理情形、各自的宿主、媒介和病原群体共同作用提高了它们之间的连接水平，从而使距离跳跃更容易。

另外，在三个新现疾病类型之间还有中间型，在新宿主种类中的新现病原当跨越种类成功后就将在地理上扩展，宿主特异性调整，病原就会在侵袭新的地理区域内成为主体。在原始宿主中病原突变后表现出新特性可能引起宿主感染高发和更多的外溢到新宿主中。新特性可能引起新区域的地理扩张，而且病原的地理扩张可能导致传染过程的调整。

与上述三种疾病新现的分类明显不同的是群体中正常表现的疾病行为，相对应宿主的数量周期、宿主免疫状态、空间群体结构、卫生保护措施等的时间和空间上的行为和疾病特征是有弹性的。

四、在新宿主中的新现

在新宿主中疾病新现包括所有外溢到外溢事件和所有跨物种传播事件。这里应该注意人兽共患病和外溢可能与商业活动有关，近些年的跨物种传播产生了复杂的、灾难性流行，包括A型禽流感和HIV-1大流行，还有潜在流行但被扼杀在摇篮中的SARS。也有病原具有明显流行潜能，但到目前为止还没有外溢或短期的人传人链，如埃博拉病毒、戊型肝炎病毒和猴痘病毒等。但最近的埃博拉病毒人间流行应该是在病原新变异的情况下发生的。

1. 新宿主中新现动力学

病原在新现过程中可以分成这样几个阶段：保藏宿主的感染阶段，外溢到新宿主但还没有传染阶段（新宿主$R_0=0$），断断续续传染链阶段（$R_0<1$），最终稳定在新宿主-新宿主传播阶段（$R_0>1$）。有些情况下新宿主中病原的适应并不要求在新宿主中成功新现，一些病原能够经生态适应或在保藏宿主中的预适应后就能够从一个宿主转移到另一个宿主。2009年A型禽流感H1N1就是在猪群循环中预适应后再到人群的证据。但新宿主中的适应性常要求在新宿主之间成功传染和随后的持续传播。

适应成功的概率受初始感染数量、初始 R_0、要求的遗传变化数、病原进化和其他因素影响，偶然新宿主中断续传播链的几个轮回才有可能成功。即使初始病原（侵袭）建立失败，新宿主群体能以部分免疫方式由病原再引入使感染持续更长时间。例如，马来西亚的尼帕病毒动力学研究提出从蝙蝠反复引入同一个猪场，产生了一种诱导猪群免疫状态来支持病毒循环并扩展到其他猪场。

2. 新宿主中病原倾向于新现

跨物种要求病原的进化能力，即有广泛的宿主范围、经常重排或重组基因、节段基因结构、遗传保守受体、不进入细胞核中复制和准种形成。这些特征，尤其是单股 RNA 病毒，在跨物种跳跃中是必需的，但这些特征不能保证成功跨物种。还有，病原需要在环境中生存、被许多节肢媒介传播的能力，要比性传播更高的传染机遇传播到新宿主中。

有些病原更倾向于周期性物种跨越，在未来某个时候重复进行，表现出更强的传播能力。近些年，A 型禽流感就进行了多物种跨越，包括禽源到马、人和猪，从马到狗，从猪到人，从狗到猫。H5N1 对禽具有高致病性，但罕见有传播给人的现象，对禽类高致病性这种现象仅 5 个碱基突变就将会气源性传播。

3. 新宿主中新现的驱动源

新宿主种类中疾病新现依赖于保藏宿主和新宿主之间的接触频率，以及相关病原在新宿主中的适应能力；另外，保藏宿主中疾病发作能够促进病原外溢到其他宿主类型中。多数病例新宿主中病原新现的主动驱动源是不同宿主类型之间的接触增加、全球各种因素改变了生态地理边界，使动物和人更加密切的接触。类人猿动物、野生动物、鸟、蝙蝠和啮齿动物都是微生物的保藏宿主，其中有潜在危险的病原在这些动物中循环。人可能因进入森林和驯养保藏宿主而感染，包括狩猎和食用野生动物肉；其他物种间接接触率急剧上升，人口及食用动物生产增加，从而使野生动物中的病原更容易跨越到家畜和人类中来。基于野生动物的自然资源压力而进入农场和城市地区，进而促进了物种的混合。例如，马来西亚尼帕病毒新现情形是先猪后人，是由猪场附近果园的果蝠带进病毒，利用猪粪作为发酵剂。

五、同一宿主中具有新特性病原的新现

疾病新现框架中第二种类的主要因素是同一宿主中具有新特性的病原新现，突然发生疾病。这类病原带有高毒性（毒性跨越），有些具有耐药性或抗病毒药抗性，有些病原具有逃避疫苗免疫效应的冲击。这种情况普遍能够突破宿主间屏障，这就形成了"感染广泛宿主"情形，常伴随严重的临床症状。例如，最近发生的高致病性禽流感 H5 和 H7 株，这些具有新特性毒株对常规宿主首先造成损害，而后又外溢回野生鸟类中；2011 年具有耐药性的大肠杆菌 O104：H4 在德国引起严重的食品安全问题，经溯源调查证明是从埃及进口的葫芦巴豆种子引起。

1. 具有新特性病原新现的动力学

具备新特性病原是因为突变的结果，或具有超级适应潜能，能够突破宿主的物种屏障。对于毒性跨越者来说，毒性增加可能最终使其毒性变小或甚至产生相反的结果，妨碍传播。毒性传播可能有几种结果，这取决于其他因素的影响，如传播时间性和传染期间有关毒性高峰、每个病原-宿主-环境结构的最适者毒性水平等。由于病原能够逃逸疫苗免疫作用和具有耐药性、超级的适应能力，因此，新现可能无限期持续下去。但并不是所有新现病原都具备这些特性，仅仅是能够使其突然发病或者在宿主群体中占主要发病组成的才能真正新现。研究表明霍乱对一直生活在流行地区的人们施加进化压力，很可能已经改变了当地人口的基因库。而科学家们此前对非洲的研究也提供了相似的证明：疟疾在非洲的流行，导致非洲人口的基因库发生了改变。该研究指出：这种细菌促使人类进化的另外一条线索就是，许多人只有轻微的症状，或根本没有病症，这说明他们已经拥有了抗菌适应性。研究人员分析了孟加拉国 36 个家族的 DNA，并且跟欧洲西北部的人们、西非人和东亚人的基因组进行了对比。分析结果显示：在来自孟加拉国的分析对象中，基因组上有 305 个片段留下了自然选择的迹象。

2. 在同一宿主中病原倾向于展示新特性

在原宿主中病原如果具有新特性的能力就会倾向于高突变率或者通过基因重排、重组或质粒转移，从而展示新特性，即获得遗传材料的能力。RNA 病毒中增强毒性与新种的各种突变的病毒有关。A 型禽流感病毒有能力发展一些新特性，就是具有高突变率和形成准种的特性，从而形成跨物种高变异基因池。人流感病毒已经具备抗病毒药物的能力，H7 和 H5 禽流感病毒亚型通过突变获得更强的毒性。我国 PRRS 病毒就是毒性跨越的典型例子。病原遗传的稳定性是相对的，而变异是绝对的，没有变异，病原就不会进化。受环境和免疫压力的影响，病原在人和动物群中连续频繁的增殖传递，促成病原基因的重组、突变、互补、表型混合，使病原发生变异，产生新株、新型、新种或原有毒力增强，在致病性、抗原性、耐药性、传播途径和感染宿主的类型等方面发生改变，导致一些毒株跨越种间屏障而感染人类，向人间传播。

细菌能够通过水平转移获得遗传材料，如毒性因子、毒素和耐药基因。例如，大肠杆菌 O157：H7 就是从 pO157 获得大毒性质粒和一个表达 Shiga 毒素的噬菌体，从而引起食物链中的新现疾病。含有新德里金属-β-酰胺酶的质粒能够水平转移到大肠杆菌中，形成不同抗碳青霉烯耐药性菌株，虽然过去有这种（耐药）现象，但现在这种现象出现的频率快速增加。水平基因转移并不仅限于细菌，在真菌中也存在，如小麦黄斑病真菌的

毒性质粒就是从其他真菌转移而来。原虫、蠕虫也能获得抗药性，如恶性疟原虫具有抗青蒿素抗性基因。

在原宿主中通过获得疾病传播生态学病原的新特性在疾病新现中起重要作用。食品、水和媒介源传播都能促进新的疾病复合体新现，如在特殊食品生产链或宿主集合体中最适传播的病原特性，如果新病原比先前病原具有更好的适应性，则可能发生感染广泛宿主的结果，即发生新现疾病。无论哪种情况，病原全新特性决定着新出现疾病的特性。很多情况下，通过病原在环境中生存能力的增强，使宿主侵袭性病原具有更强的传染性，如 H5N1 高致病性病毒、大肠杆菌 O157：H7 和传染性法氏囊病毒。

3. 具备新特性病原新现的驱动源

具备新特性病原的驱动源包括食用动物群体、农业集约化过程和全球食品供应的动力学、抗菌药及疫苗的高浓度使用动力学。自从 1950 年以来许多发达国家对食用动物生产、加工、销售和储运都已经集约化，牛、猪和鸡等动物都已经实施大规模饲养模式，针对病原逃逸采用生物排除法处理和其他卫生防护生活规则所建立的措施费用很高，高密度饲养产生大量相似遗传年龄和性别的食用动物，快速替换和活体动物运送，都有利于具有新特性病原的新现。例如，在稻田中大批饲养爱尔兰鸭能快速成熟，这类饲养禽只在活禽市场传播高致病性 H5N1 中起到重要作用。现在已经发现具有新特性病原可能沿食物链接近人类宿主，主要通过活动物处理、食物链处理产生的气溶胶、食品污染或相关的动物废物处理等途径实现。2003 年荷兰人群发现有超级金黄色葡萄球菌新现，追溯得知来自于猪场。

单一栽培的水果、蔬菜和作物提供了纯净单一的场景，在生产大量食品过程中这些植物遗传差异非常小，产生特征病原的可能性也小。全球养鱼业快速发展激发了具有新特性病原的新现、传播和持续，如鲑鱼集约化饲养中带有毒性的柱状黄杆菌、鲁氏耶氏菌、传染性鲑败血性病毒等病原的出现。具有讽刺意味的是，疫苗和抗菌药物及人医药的使用，促使病原选择增强毒性和耐药性。从疟原虫、百日咳博德特氏菌和传染性法氏囊病毒疫苗使用过程及结果可看出疫苗或药物使用促使其毒性增强。最近发现肺炎链球菌具有免疫逃逸作用，特别是能够减少肺炎链球菌病原生长、传播或毒性的疫苗会促使该病原增强毒性，而阻止肺炎链球菌感染的疫苗则相反。

一些罕见病例导致以不常见途径方式传播新现病原，如美国多州暴发类固醇注射污染有关的真菌脑膜炎，这种注射液分离出曲霉菌和突脐蠕孢菌（*Exserohilum*）这类真菌脑膜炎也可通过器官移植、输血传染。在公共卫生上是需要注意的新感染类型。

六、在新地理区域疾病暴发的新现

第三个疾病新现分类是在**新的区域呈现复合侵染的新现**，这种新现在地理空间上可能赋予更大范围，称作"地理扩展"或"地理跨越者"，通过跳跃扩散（远距离）使病原到达新区域和新的宿主源附近。病原面临土地使用、变化和气候变化等情况有利于扩散，如果成功扩散和流行，则地理跨越即为成功。美国 1999 年蚊虫源性西尼罗河病毒引进就是例子。

1. 新地理区域疾病新现的动力学

地理扩展达到了实际分布限制以外的地形部分，地理范围的逐级扩展在初级阶段仅仅是轻微向外扩展。**扩展期间的适应性主要是生态学适应再转化到逐级的遗传进化**，最终，所有的侵袭都停止，建立一个新的地理限定区域。

地理跨越者仅较少病原能够实现，且受机遇控制。例如，媒介或感染的宿主到达新的地理区域，什么时候、从哪里到哪里的长距离跨越是难以预测的。最初建立跨越形式的主要瓶颈是多宿主和地形的适应性，当感染个体数量很少时，即使在新地理区域或病原 R_0 大于 1，也能偶然发生传染灭绝。一旦初始建立成功，大量易感宿主在内的话，就容易快速传播。地理跨越可能伴随毒性明显增强，最终的侵袭结果始终在扩大的地理范围内，可能或没有更深远生态动力学和病原的异地物种形成相伴随。

除了地理跨越和局部扩展外，可能发生较多的混合形式，形成新聚集地并不断扩展，导致地理区域和带染群体合并，发展成疫病前沿，并形成分层扩散之势。

2. 新的地理区域倾向于新现的病原

疾病新现包括可能含有全部病原的新情景，从病毒到细菌、真菌、原虫、蠕虫、共寄生虫和其他有害病原，也包括节肢动物。任何新的地理区域出现病原的类型都能展现独特的机会，病原适应性好的话则更易扩散，因此，新的地理区域中出现的新病原也是在新现疾病中表现更为突出的一类。

3. 新的地理区域新现动力学

病原进入新地理区域的疾病新现驱动源是已存在的病原与其他地方宿主源的接近机会增加了，可能发生的场景极为复杂，包括感染宿主群体的引入或感染媒介引入等。土地使用和气候变化调节着宿主、媒介习惯或环境中病原的生存，这就驱使病原的局部扩展。例如，美国莱姆病病原伯氏疏螺旋体，严格意义上的蜱源性人兽共患病的扩展就是气候、农业和土地使用变化的综合驱动结果。

地理跨越典型地产生于国际贸易和国际旅行，也包括活动物、食品、植物伴随昆虫的运输，这样就能使病原搭便车和在新的地方出现。例如，2000～2001 年阿拉伯半岛地方流行的裂谷热病毒就是由非洲大陆活的动物和蚊虫带入的。地理跨越也可能来自野生动物主动移动，包括哺乳动物、鸟、鱼、节肢动物等，在此过程中引进了完全的微生物保藏宿主进入一个新的地理区域。

七、社会科学对新现人兽共患病的影响

关于新现疾病人们重点关注病原的分子机制、重排和突变过程，研究这些分子如何代表人-人传播的风险。社会和生态学过程促进传染的发生也引起了人们的注

意，特别是关于人兽共患病方面。病原新现和传播模型还不能很清晰地阐明什么机制能有效预防传染病。更理想的模型是能够跨过病原生物学、人类、媒介和保藏宿主之间的复杂交界面，这样的模型注重疾病新现的原因、传播，与人类行为、社会文化和政治体系有关的扩散。社会科学对因果组合的论述和社会、经济、政治及文化方面流行病学的相关行为理论对理解人兽共患病新现是非常重要的理论补充，因此，有利于对人兽共患病传播有效行为和结构干预。

1. 人类行为和生活方式对人兽共患病新现的影响

在人兽共患病研究中社会科学重要性的第一步是考虑人类社会效果和行为对病原基础繁殖率 R_0 的影响。R_0 的三个组成（接触或暴露率、传播的概率和传染的持续性）部分的社会规则：社会伙伴关系推动接触率。另外，如应急状态和贫穷等社会因素影响传播概率和传染的持续性。社会不平等也影响易感性、严重程度和传染持续性。仅关注 R_0 就会束缚对人类病原传播机制的分析，我们特别需要对跨物种外溢点的生动预测能力，这些方面社会和行为因素则起到重要作用。同样方式，生态学家重点论述生态学瀑布效应会促使疾病新现；社会学家谈论的是社会系统方面的影响，从个人到社会广泛的政治经济对疾病风险的影响。社会科学强调各种社会因素基础资料收集。**因果复合在人兽共患病新现中扮演着重要角色和作用：如农业发展和相关的土地利用可增加媒介源疾病风险；食品加工体系工业化时间易产生和扩展食源性疾病、抗生素抗性病原、病毒性人兽共患病新现；社会和经济活动促进人们接触自然、放大宿主的作用。**

新现人兽共患病的发生常与人类自身的行为和生活方式相关联。注射毒品、输血、乱性和同性恋引起艾滋病，乙型、丙型、庚型病毒性肝炎传播流行已是众所周知、十分典型的实例。不良的饮食习惯，如生食肉类、鱼类、淡水蟹及某些水生植物可导致多种寄生虫病的感染和传播。嗜好食用野味可增加感染野生动物源性病毒的机会。不良的食品加工和烹调技术也会导致人兽共患病感染的机会。美国曾多次报道因食入被 O157：H7 肠出血性大肠杆菌污染、烹调不彻底的汉堡包牛肉馅，或饮用生牛奶、食用污染的蔬菜和果汁引起肠出血性大肠杆菌病的暴发流行。

2. 生态破坏与环境污染

经济发展常常造成环境污染和生态破坏，也是新现人兽共患病频发的重要原因。人类无节制地开发自然和向大自然索取资源，如过度开垦土地、过分放牧、滥伐森林、滥捕乱猎野生动物，大举进入自然疫源地兴修水坝、建造公路和铁路等，造成病原体、传播媒介和动物宿主群落分布和生态变化。使野生动物赖以生存的栖息地逐渐缩小，野生动物食物链被严重破坏，迫使动物从森林深处迁移到森林边缘的农村、果园和牧场觅食，增加了人类和家畜与媒介昆虫、野生动物病原携带者接触的机会，把野生动物许多未知病原体从原始的自然疫源地中带了出来，引起新的人兽共患病发生。最好的例证是 1997 年在马来西亚首次暴发的尼帕病毒性脑炎；1998～1999 年造成人和猪大批死亡，除猪以外，狗、猫、羊和马也易感染尼帕病毒。研究表明，果蝠、食虫蝠和狐蝠是尼帕病毒的自然宿主，由于森林砍伐，热带雨林面积缩小，食物缺乏，促使这些蝙蝠迁移至森林边缘附近的果园采食，并在附近猪场的猪圈上方栖息，随蝙蝠的尿液、唾液等排泄物和分泌物排出尼帕病毒，而使猪感染发病，再由猪传给人类。人口增长所带来的城市化，城市大量的垃圾和生活污水以及从畜禽养殖场、屠宰场、肉食品加工厂和皮革厂生产过程中，排出的动物废弃物、尸体和污水，含有很多数量和种类的病原体、寄生虫卵和幼虫，同时这些废弃物和污水还是鼠类和媒介昆虫良好的营养来源，如处理不当造成环境污染，就能成为人兽共患病滋生和发展的温床。

八、气候变暖与节肢媒介的促进作用

目前国际上已从 300 多种脊椎动物中分离到 540 多种虫媒病毒，其中多种病毒能引起人和动物的严重疾病，如乙型脑炎、登革热、森林脑炎、裂谷热、流行性出血热、尼帕病毒性脑炎、埃利希体病等。地球温室效应引起的气候变化使全球变暖，为传播虫媒提供理想的生存和滋生条件，促进虫媒人兽共患病的流行和暴发。过去 10 年媒介源性传染病明显增加了，这也证实对于环境变化敏感的媒介动物因气候变暖而日趋活跃，驱动产生一些随气候变暖而出现的新现疾病。蚊、螨、蠓、白蛉、蜱、虱等大幅度的增加，每年的危害期明显延长，与之相关的人兽共患病的发病率也随之上升。以最近暴发的虫媒人兽共患病为例，2005 年初由基孔肯亚雅病毒引起的基孔肯亚雅出血热，在印度洋法属留尼旺岛暴发，当年 12 月传播速度突然加快，每周新增病例高达 1000 人，2006 年岛上已有 25.8 万居民受感染，其中 219 人死亡。热带地区比其他区域有较高的 EID，从野生动物传播而来的人兽共患病与热带野生动物多样性有关。

第六节 新现病毒病调查

一、调查的目的

调查是公共卫生学最基本的工具，调查所获得的信息用以指导实践。现代疾病调查依赖于一些相关的卫生措施，如发病率、综合征、甚至与卫生有关行为的各种事件。调查的原因有很多，收集资料和分析资料的方法受调查系统总目标影响。就拿新现病毒来说，调查是对疾病暴发检测、监控暴发传播或发展情况、评价疾病控制措施的效果、确定传染和疾病的决定因素。

这里首先要区分一下**全新新现病毒**（newly emerging virus）和**新现病毒**（emerging virus）两个术语，全新新现病毒是指实验室从来没有分离过的病毒，一旦分离出来就不是全新新现病毒了。除了阳性检测结果外，调查系统必须依赖于一些相关资料，如异常病理报告、非特异性症状发生情况、感染后的综合征等相关数据。如果病毒已被分离出来，紧接着更重要的是有没有相应的可利用诊断方法，这都与调查有关。在全新新现病毒调查中就会采取更多步骤来进行诊断和鉴定。

对新病毒的认识或新现病毒最初都是以感染个体的临床表现而被人们认识或识别出来。人群中一个明显新传染病病例出现将促进流行病学调查和开展原因病原的分离工作，一旦病原被分离，就会很快建立诊断方法。随着这些点状进展的发展，依据所见到的病毒而确定病因，病毒也不再是全新新现的病毒了。

区别全新新现病毒和新现病毒对调查的预测非常重要，因为这决定了调查系统形成什么样的材料。全新新现病毒因为没有任何鉴别实验室诊断可用，所以，任何病例限定（或确定）都依赖于临床和可能的流行病资料。实验室常规调查监测结果对新病毒暴发最初的警示作用很小，例外的是新现病毒可能与基因工程株类似，出现交叉反应。对挑选出来的病原作为已知病毒也好，还是最终病毒确定，实验室检测还是非常有用的。

二、调查方法学和调查方法

1. 调查过程

调查方法都要依据共同原则，在最基础水平上，调查的目的包含：①个体病例鉴定；②在确定的个体病例中检测群体类型；而后③对群体卫生类型决策者传递信息（图8-7），即公共卫生行动。

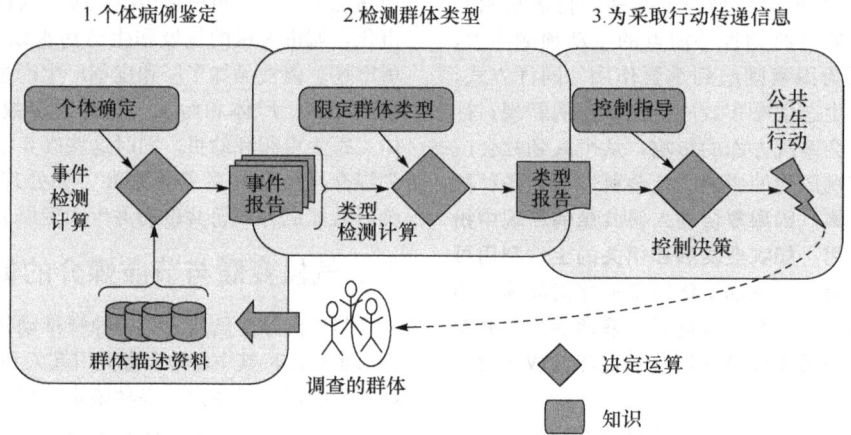

图8-7 调查过程关键点：包括个体检查、群体类型确定，鉴定类型信息综合为控制决策提供信息

（1）个体病例确定

调查系统中个体病例限定对系统的设计执行具有重要意义。调查系统设置和目的就是准确了解病例来更好地理解疾病，以便能准确地判定病例和病原的特异性质。例如，发达国家公共卫生部门对麻疹调查系统的病例确定主要依靠特异性诊断试验，传染病调查系统依赖于实验室检测数据和临床检验数据的对应关系（图8-7中1）。

还有很多调查不可能依赖诊断检测作为病例确定的核心组成。例如，脊髓灰质炎的世界范围调查，尽管有特异性诊断试验，其病例确定也要参考临床症状（面瘫）与实验室检测结果相对应。临床数据用于脊髓灰质炎病例确定是因为许多国家实验室的检测并不可靠，而临床确定又是高度敏感。全新新现病毒代表着另一种情况，即一般不可能依赖实验室检测确定的病例的相关情况。

依据上述情况，实验室常规检测对全新新现病毒是不可利用的，因此，这样的病例确定主要关注临床和疾病的流行病学特征。依据临床和流行病学特征也

存在问题，因为病毒和宿主的不同特性，全新新现病毒可引起各种不同的临床症状。换句话说，对全新新现病毒的调查系统并不知道病例的特殊特征。使用单一的方法并不能确定新现病例，但可以对非常规病例报道进行监控信息来源，如果确定使用该方法，必须保证调查系统是非常敏感的。也就是说，能够保证病例确定是全新新现病毒感染的病例，我们必须接受这种确定方法也适合因其他原因引起的疾病病例。

（2）疾病病例中群体类型的检测

病例中群体类型检测涉及发生病例中未知类型检测，在调查分析中通常对群体中的亚群或地理区域中突然增加的感兴趣。在病例特征确定和群体类型检测之间存在密切关系，当病例确定高度特异时，确定病例的大部分应该是真实的，在群体水平上应该有较少的错误信号。当特征信号很强时，很容易检测到未知类型，如麻疹发病率的历史波动很低，而后麻疹病毒传染检测结果阳性却增加明显，检测起来就相对容易。对于一般传染性疾病暴发的前瞻性调查方法往往是简单的：主要是观察方法和统计学方法；对全新新现病毒病例结果确定的

方法要低特异性且高敏感性为好。

另一个可能的干扰因素是病例发生率的正常变化，一般来说，这种基线正常变化越大，对检测未知发生率增加的情况就会更困难。一个极端情况，如果在正常情况下没有病例，单个病例出现就足以激发进一步行动。例如，在发达国家出血热的一个病例足可以引起人们的注意。但当病例出现很多常见症状时，较少特征性且不明显症状的病例很难与此分开，如全新新现病原引起流感样症状就很难引起人们的注意。这种情况下观察到的非特异症状病例的发生率增加，相关公共卫生行动就将延迟。

(3) 公共卫生反应

公共卫生反应受交流能力和疾病严重程度、群体易感性影响较大，对于全新新现病毒来说，可能有很多未知的公共卫生威胁和可能有效的控制措施。谨慎的做法是假设的公共卫生威胁是严重的，直到传播动力学已经很清楚，这样就可以应用一般的控制措施，如感染病例隔离和接触个体的检疫。

2. 调查的设计和要求

调查的基本问题是判断的正确与否，这很重要，同样重要的是要认识到调查的前后、周围事件和现象的连贯性，包括调查系统的地理区域设置和调查组织的任务，经常是局部区域调查系统收集资料传到国家系统中，这就提供了更广泛的前瞻和跨邻近区域疾病暴发确定的有利条件。美国的"全国法定传染病监测系统"（NNDSS）就是这种模型的例子。国家和国际系统之间的交流一般包括汇集资料的过程，2002～2003年SARS暴发就为国际合作提供了范例。最先在中国监测出来，后来在加拿大暴发的连续处理，都体现了国际合作模式。

根据不同任务，如资料收集和控制疾病暴发的调查，许多国家政府是法定的权威，要求政府部门经常了解疾病的相关知识，否则对全新新现疾病的调查可能存在不能明确的描述。这可能对公共卫生当局构成一个实际问题，对于建立新的调查系统、特别是系统要求临床数据，这些数据采集受法规规定方法的限制时问题会更加突出（图8-7）。也就是说，方法限制了对新现病原确定的扩展。

3. 调查的类型

对新现病毒调查方法的判断很大程度上受病例确定的特异性影响（图8-8），任何针对新病毒的调查系统必须遵循非常规表现病例或遵循非特异症状发生规律，一旦全新新现病毒的临床表现和流行病学有了更深入了解，产生了相关知识综合汇集，就能更特异地进行病例确定。如果病毒能够分离出来，也建立了诊断方法，对病例确定能力将更加特异。

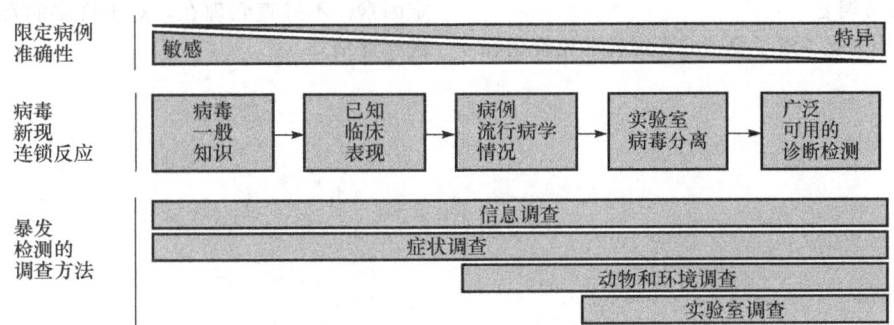

图8-8　病毒新现连锁反应中对限定病例调查的敏感性和
特异性变化，在连锁反应中不同点上采取合适的调查方法

1) 最初检测和早期阶段调查

对未知病毒或疾病新现早期，调查的核心应包括两个方面的主要内容：第一是信息调查，就是关于疾病暴发网上或其他来源信息收集；第二就是症状调查，要依据个体卫生保健服务时所收集到的预诊断数据进行综合判断。

(1) 信息调查　通过主动和被动因特网方式收集公共卫生资料。被动方式主要依赖于疾病报告子任务来收集，如E-mail，这样的信息调查针对的是单一局部的信息；主动的调查方式是因特网上已经发布的疾病暴发信息收集后再进行研究。系统信息调查要以疾病暴发信息为基础，对应于传统疾病病例调查的确定方式。

(2) 监控新现疾病程序（ProMED）和ProMED-mail　ProMED是1993年创建的，已有超过150个国家的32 000个注册者，在针对全新流行疾病描述或未知疾病和流行的信息收集、分析和信息传播方面已经很成熟。ProMED-mail主要感兴趣的是新现或未知疾病，在新的区域或群体中流行、暴发和疾病新现事件等。电子邮件形式传播很快、很广，没有政治背景和交涉压力。这种调查方法可能是敏感的、快速的和特异的，主要是有专家帮助分析。

(3) 全球公共卫生知识网（GPHIN）　GPHIN是1998年加拿大和WHO共同创办的，主要功能是对新现疾病信息的收集、过滤、分类和综合分析。收集主要靠软件对特异疾病单词网上信息收集，每个月有8000～10 000个条目进行分析。过滤和分类阶段，对不相关的和重复信息弃掉，对每个相关条目进行分类。综合分析阶段，每个月约有9000条信息发布于网上。我们国家也参与其中,WHO现在负责GPHIN收集资料的流行病分析。

关于调查过程模型(图8-7)中的术语问题,确定可能相关信息的关键词和单词排列对GPHIN病例确定是基本要求。以此系统对病例确定具有高敏感性、低特异性,因此,对信息必须过滤。HPHIN关注的事件是广泛的,不仅仅是传染病暴发,也包括消费产品、辐射、食品、水和其他原因等。

2)症状调查

电子捕获卫生数据的优势使其成为常规卫生保健服务数据调查的工具,也可以用于症状调查。这种电子方式已使用多年,但总体上使用电子捕获和分析还是新鲜事件,对于生物恐怖和新现病毒监测很有用。美国CDC就使用这样的手段进行症状调查,包括急诊、实验室检测单和药物处方等。

由于不同地区数据特征变化较大,对不同类型症状调查系统的应用还是很难的。来自于早期疾病事件,如出售柜台药品和电话分诊系统,具有及时和反应症状流行的优点,但这些资料却包含较少的临床信息,暴发特征也可能被其他信息掩盖。鉴于此,许多症状调查系统主要依靠更特异的资料,如急诊部门的记录。理想的情况是既要利用可用的资料来源,还要进一步研究更理想的方式赋予调查系统中。

3)中间阶段的调查

如果公共卫生人员了解了更多的新现病毒流行病和遗传学特性,即可进行调查。调查可使用两种方法:一种方法如动物和环境的调查,主要是病毒流行病数据确定何时、何地人(或动物)传染病可能发生;另一种方法就是实验室检测结果的调查。

(1)动物和环境的调查 许多新现病毒引起人兽共患病,一旦确定全新新现病毒有一个脊椎动物宿主和传播媒介,然后就可以进行动物宿主、传播媒介调查,甚至动物宿主和媒介的生活特性调查。例如,人登革热发生时,如果了解昆虫学风险因素就可以研究人传染的空间和时间模式;其他工作者根据鸟的死亡和习性分布与带毒蚊虫的关系,观察了西尼罗河病毒的同样现象。

(2)实验室为基础的调查 如果有可靠的诊断方法,阳性流行实验室检测是可行的,实验室调查方法非常特异,但调查系统中必须有实验室参与。阳性流行的实验室调查和通过实验室方法对新现病原的检测是一种高效的调查方式。

一项研究称,在哺乳动物间传播的病毒种类可能还有至少32万种等待被发现。研究者称,识别这些病毒所引发的疾病,特别是那些可传染给人的疾病,或许可以帮助我们预防流行疫病。我们的目标是尽可能地获取更多的信息,要全方位地识别在哺乳动物中传播的病毒多样性,从而理解在各种疾病风险背后的决定因素。不过直到现在,对于许多病毒的来源还很难进行评估。

第九章 同一个世界，同一个健康

第一节 概述

加拿大外科医生 William Osler 第一个在英语中引入"One Health"概念；Schwabe 在他的《兽医同人类健康》一书中再次引入这个概念，并指出动物及其产品同人类健康的关联度越来越高，人医和兽医应该联合起来共同应对各种疾病的发生。各类传染病不断出现，也使"同一个医学"（One Medicine）的概念显得更为重要，特别是人兽共患病防控时，需要医学和兽医学的共同配合，才能更好地完成使命。兽医通常对生物系统和动物疫病了解的较为深入，对人兽共患病的流行病学及其过程有较为丰富的知识，对重大动物疫病诊断和防控经验也是丰富的，而且多数处在人兽共患病防控第一线。动物和人类健康的关联性至少有三个基本形式：首先，许多健康风险与动物接触有关，包括动物传染给人的疾病，动物过敏原引起人的过敏，动物咬伤、蛰伤和其他的接触创伤；其次，人与动物之间的纽带关系的重要社会心理效应可能也带来身体上的益处；最后，动物可能作为环境中对人类同样是一种风险的有毒或传染性健康危害的"哨兵"。由于人的医学与动物医学具有如此密切的关联，先后从一个医学概念，发展为 One Medicine-One Health-One World, One Health Initiative，甚至"Human-Animal Medicine"。

2007 年 12 月在印度新德里召开的禽流感国际会议，FAO、OIE、WHO、联合国儿童基金会和世界银行等几大国际组织同意接受"同一个世界，同一个健康"的理念，并制定了实现动物-人类-生态共健康的全球战略框架。这个战略框架关注的是动物-人-生态之间可能流行或大流行疾病传染，给国家、地区或全球造成广泛影响的流行性传染病。框架认为，①人类健康主要面临这样的新挑战：食品营养与安全；动物发展模式与安全；生态环境。②高度重视动物健康：人与动物关系正发生深刻变化；发达国家高度重视动物健康与管理；需要建立现代健康理念。

战略框架的目的和预期成果侧重流行病的发生、传播和存在机理。战略框架的目的是想通过国家、地区和国际疾病情报、疾病监测和疾病应急响应系统，并通过稳定的公共卫生和动物卫生服务及国家之间的战略支持，建立一个消灭风险、减少因流行病给全球带来威胁的框架措施。同一个健康理念针对人兽共患病来说，一方面说明人兽共患病不是一个国家或地区的事情，国际上面临同样的健康威胁；另一方面人兽共患病不仅是兽医的事情，也必须包括医学、公共卫生、环境卫生、食品安全、社会和执政当局的全面合作，也就是全社会的事务。

一、"同一个世界，同一个健康"战略框架中 5 个战略措施

新德里大会的动物-人类-生态共健康战略框架提出如下 5 个战略措施：

（1）通过长期干预手段，建立有效监管，符合 WHO 和 OIE 规范和标准的系统；

（2）通过提高国家和国际应急响应能力，以控制疾病暴发为手段来预防地区和全球面临的疾病威胁，特别是人兽共患病威胁；

（3）更好地关注贫困地区，从关注发达国家经济转向发展中国家经济，从关注现实疾病转向潜在疾病，重视地区性重大疾病扩散；

（4）加强多地区、多学科、多部门的广泛合作；

（5）通过执行战略性研究，开发一些合理有效的、有针对性疾病的控制计划。

二、"同一个世界，同一个健康"战略框架确定 6 个目标

该战略框架同样提出了如下 6 个目标作为各国权利机构优先考虑的领域：

（1）建立国际、区域和国家对疾病流行的监察能力，运用国际标准、手段和监视方法的能力；

（2）确保国际、区域和国家有足够的保护公众卫生和动物卫生的能力，包括信息沟通策略，以便预防、检测或应对疾病暴发；

（3）确保国家应急系统转运的能力，全球快速应急支持的能力；

（4）提升机构之间和部门之间的协作能力，密切合作关系；

（5）控制禽流感或潜在传染病、人兽共患病的发生；

（6）开展人兽共患病战略性研究。

2004 年美国曼哈顿国际会议同样提出"同一个世界，同一个健康"的主题，建立一个全球性整体互动的

预防流行病、维持良好的生态平衡的体系，提出12条原则：

（1）充分认识家畜、野生动物的健康与威胁人类的疾病、人类食物供应和经济发展及生物多样性的紧密关系，生物多样性是维持健康环境、发挥生态系统作用所必需的，也是人们必须关注的公共卫生重要部分；

（2）要认识水土利用决策对健康有着重要意义，如果对此没有清醒认识，生态系统作用的改变、人兽共患病出现和传染方式变化都将不可避免；

（3）把野生动物健康科学作为全球预防、检测、监测、控制和消除传染病不可或缺的组成部分；

（4）认识人类健康计划可对环境保护发挥极大的推动作用；

（5）制定实用的、全面的和有前瞻性的预防、检测、监测和清除新发和再发人兽共患病方案，方案应充分考虑到动物种群间复杂的相互作用；

（6）在制定人兽共患病威胁解决办法时，寻求人类需求和生物多样性保护观的高度统一；

（7）减少和更好地管理及控制野生动物的国际贸易，这不仅保护动物种群，同时也是减少疾病传播、种群间的传染和产生新病原及保藏宿主数量的有效措施；

（8）限制对野生动物屠杀，只有多学科、国际性和科学性的共认同，确系某动物群对人类健康、食品安全或野生动物本身卫生等重大而紧急情况下必须做的除外；

（9）鉴于威胁人类、家畜和野生动物健康新发和再发人兽共患病的严峻局面，增加人与动物卫生健康基础设施建设与投资，加强全球人与动物疾病监测、扑灭能力建设，信息及时共享能力的发展；

（10）具有良好的政府、当地民众、私人机构和公共机构之间的合作关系，以应对全球卫生和生物多样性保护问题；

（11）提供足够的资源和支持全球野生动物卫生监测网络，以便早期预报和信息共享；

（12）普及相关的人兽共患病教育，使人们认识到健康与生态完整性的密切关系，让人们更加关注生态健康。

普遍接受同一个健康关念，并且鼓励跨学科、跨专业和跨组织的工作。同样重要的是，从同一个健康的概念转向实际的执行日常行动和战略，以使人类、动物和环境健康的连接更好的聚焦，确保积极的和真实的健康效应。

确保我们的研究人员、诊断医生、实验室科学家们和从业者采取一个更加整体的健康视野，要使他们了解人类医学、动物医学、健康之间的许多重叠或者是交互医学。相互协作带来很多益处，并且鼓励我们成为一个拥有相互尊重、面对人兽共患病拥有更多新的手段和想法的群体，将继续促进人类、动物和环境健康的相互交融。人类健康和动物卫生的关系正在变得日益复杂，其中包括生物、化学、物理和社会等多方面的因素。

三、人类、动物及公共卫生专业人员在培训和实践方面的异同

医生、兽医及公共卫生专家的培训和实践形式存在着重要的差别。尽管医学院和兽医学院的许多课程都很相似，但是兽医接受更多的是动物传染病方面的训练，而医学院学生实际上却没有接触任何关于动物卫生方面的内容。无论是医学院还是兽医学院学生，都仅仅接受了很有限的公共卫生方面的理论和实践知识。

完成培训后，在从业过程中医生很少去查看患者的生活和工作环境；而大多数兽医却经常到农场视察；环境卫生专家可能更愿意访问已经被证实存在环境卫生威胁的地方。兽医面对死亡动物尸检的概率可能远大于医师进行尸检的概率。由于这种训练和实践的不同，在发现和防止涉及人、动物和环境相互作用的一些问题方面，三者存在着很大的不同。

四、医生和兽医之间的沟通

涉及人类和动物卫生问题的相互交叉渗透要求医生和兽医之间不断的、实质性的协作，以及一个共享的关于人和动物卫生之间关联的知识体系。然而，这种专业上的互动通常是有限的。研究表明，许多医生及医护人员不愿意与患者讨论动物卫生问题。在很多情况下，兽医在与他的客户讨论人类保健问题时也很谨慎，在某些情况下不发表跨越专业的意见是处于谨慎的态度，但是在某些情况下也是处于对医疗事故责任或隐私问题的顾虑。临床医生和临床兽医可能不熟悉公共卫生和环境卫生的理念及这些理念与他们临床实践的相关性。

关于这些专业之间的一些重大的差异，以及旨在克服这些阻碍职业间交流与合作壁垒的——"同一个健康"理念的做法，提出一些建议并做如下讨论。

（1）创建临床健康病历的处理新方式 尽管对于人类患者和患病动物疾病状态的成像技术和化学诊断技术不断地发展，临床档案在人和动物卫生的处方方面仍然起着很重要的作用。在如今这个时代，保健医生和兽医很少到患者家庭、社区和工作的地方出诊，因此询问病史的过程中仍然是收集与患者健康状况有关的环境因素信息的主要方法。

尽管人类和其周边动物的卫生关系日益清晰，但是直接询问患者与动物的接触情况，对很多临床医生似乎还很陌生。与动物的接触这一问题在医学评价中常常被忽视。对于家庭医生的一项研究表明，大部分情况下，医生对传染性胃肠炎和腹泻患者进行评估时，没有考虑到动物暴露史。在医疗档案中常常把明显与临床相关的在宠物商店的、外来的或家养的宠物、农场动物及环境、动物园或其他野生动物中心的可能动物接触史省略，由此推测可能有许多人兽共患病被漏检。可能存在采集病史时忽略动物接触的重要性而产生的漏检和法律责任问题。对于临床兽医，忽略人兽共患病或人-动物

相关的卫生风险，也存在潜在的法律责任。

(2) 人类病史中的动物卫生信息　基于以下4个方面的原因，医生应该把患者与动物的接触史作为病史采集的常规问询内容：①为了找出可能的人兽共患病的风险，从而促进疾病诊断并预防疾病从动物向人的传播。②确定附近的动物是否为过敏原来源。③为了理解患者的社会心理问题，包括患者和一个或多个动物的情感纽带、日常对动物的照顾和喂养的影响以及忽略或虐待动物的警告信号。在对患者社会接触史的常规问询中，动物在患者生命中可能比涉及的其他社会关系网更有意义。④咨询患者附近的动物卫生情况可提供关于环境中有毒和传染性风险的信息，以及动物的药物是否被存储在家中和可能对人类的风险。

另外，询问动物接触史可能会增进临床医生和患者之间的和谐，使其更好地了解患者的家庭关系、健康理念，以便为医生进一步提供患者的日常习惯及环境状况等信息。

(3) 动物接触史作为急诊的一部分　在急诊时，询问病史的时间是有限的，因此首先应该收集最重要的医学信息。同时，未能收集与动物接触的重要信息，特别是在病历中如果缺少基本数据，可能会增加丢失有助于正确诊断和治疗的重要线索的风险。因此询问几个关于与动物接触史的简短的筛选性的问题作为急性疾病患者病史的一部分内容是恰当的。

第二节　人与动物预警共同的健康风险

动物以各种方式与人类保持接触，与人类生活、健康具有密切关系。动物相关的"索引病例"（index case）具有明显的人类疾病预警作用。同时，人类的疾病也会对动物疾病起到同样的"示病"作用，这种"示病"作用不仅包括传染性疾病，也包括化学性等环境危害。根据"同一个医学"原理，采集动物健康信息是人类疾病早期发现和预防的基本步骤。

一、人类健康中预警卫生

人类健康中的预警事件（SHE）定义为可预防性疾病、致残或最终死亡事件可以作为需要改善预防或治疗质量的预警信号。"索引病例"就是疾病信息的"冰山一角"（tip of the iceberg），表示对其他群体的风险，如不同国家相关网络追踪人群中流感样病的季节变化作为流感确证病例，提供病毒分离来源，以便确定未来使用的疫苗株。旅行医学地理预警网络可提供与旅行有关鉴别预警病例，这种风险与特殊地区其他旅行者、居民有关。职业和环境医学也可以利用职业接触工人的疾病预警病例，可以作为类似环境风险确定和纠正的警示。

二、动物卫生的预警事件

如人类健康一样，预警调查（监测）和预警卫生事件也是兽医学的重要事件之一。在实验室中，啮齿动物"预警群落"的兽医监控卫生可以确定病原或毒素是否正在影响其他动物群体，试验人员被鼠咬，就要确定是否具有鼠疫风险以及对其他鼠群的影响。布鲁氏菌病和其他传染病的家畜"预警群"现在已经普遍被使用。这里自然就会想到人医中动物预警、兽医学中人类对动物疾病的预警作用。

三、人类健康的动物预警

在20世纪的早期，英国和美国都使用笼养金丝雀放在矿井中，以预警一氧化碳、甲烷等毒气的存在与否。矿井中金丝雀预警风险原理如下：①金丝雀比人对一氧化碳和甲烷敏感；②鸟和人享有同样接触空气的机会；③如果金丝雀对一氧化碳中毒的话，矿工会警觉到，因为鸟从较高的栖息处掉下来，并表现病症。鸟还对杀虫剂，如DDT和有机氯化合物非常敏感，很多自然环境的鸟因此而死亡，这会警示人们毒性威胁的广泛围。利用预警动物可以检测毒素、人兽共患病病原，很多人兽共患病都能引起家养动物表现疾病，或可用血清学、PCR、其他方法检测出来。动物的人兽共患病监测也是对人类疾病的预警。已知蚯蚓、燕子、蝙蝠都可以起到预警作用，猫、狗等宠物的预警作用更加明显。动物对疾病流行、环境有害物质的预警表现是多方面的，如禽类对流感的预警作用，动物对环境、气候变化、过敏原等敏感，饮水或河流中化学物质过浓，水生动物或鱼类就会死亡。

将一些动物作为生物恐怖因子（包含许多人兽共患病病原）的预警动物有三个主要原因：①动物对很多病原比人敏感；②动物较人有较短的潜伏期；③动物比人有较多的接触风险机会或更高强度的环境接触。

四、动物卫生中人类的预警作用

当动物所处的环境卫生风险比人更高时，可能并不被人们注意，但人可能首先被医学注意到。在同一区域的人疾病调查和临床保健服务要远远超过动物，农村区域野生动物死亡并不一定会引起卫生专家的注意。在这种情况下，人类中的预警卫生事件就可以作为动物卫生的预警。例如，屠宰动物工人诊断患有布鲁氏菌病，就可以作为饲养地区牛羊布鲁氏菌病暴发的预警，同时也表明当地权威部门和农民对布鲁氏菌病的漏检。医院传染病科检测出布鲁氏菌病患者，也是对患者地区牛羊布鲁氏菌病暴发的预警。因此，人和动物疾病调查的良好互动对人和动物健康卫生都有好处，也对动物疾病控制和报告系统的鉴定缺口很有帮助。

五、人与动物之间卫生风险举例

1. 汞中毒

1956年日本诊断出2例人的水俣病，随后观察到当地很多人有不知原因的中枢神经紊乱，经过三年研究，确定为有机汞中毒。随后的流行病学调查发现氯碱生产设备厂释放的汞进入海湾，污染周围的水源，鱼能富集水中的汞，居民又吃了这样的鱼，沿着食物链传递，在儿童发生严重的汞中毒。在这些悲惨病例发现后，人们又发现"猫跳舞病"，由于吃较多的鱼，猫表现流涎、痉挛和行走困难，一些甚至跳进海被淹死。当时，卫生专家并未注意猫的预警示病症状对人预防中毒的警示作用。但猫确实可以作为水俣病的预警动物，如1957年科学家将猫放在日本流行水俣病地区，几个月后猫就发生跳舞病，这样的动物试验结果帮助人们认识人类疾病与环境的相互关系。

加拿大的安大略省猫发生了与日本水俣病类似的情节，因美国与加拿大交界，河流互相穿过。加拿大的猫吃了从美国流来的河水中含甲基汞鱼，然后猫就发展成急性神经症状，进一步检测证实汞中毒，源头来自美国工厂，工厂附近都检出汞的污染。

2. 铅中毒

对于铅中毒的预防措施不能对所有病例都起到预防作用，临床上主要依靠次级预防措施，包括密切接触儿童的筛选。（美国）超过50％铅中毒病例有饲养宠物背景，儿童中毒警示这些宠物也有中毒风险。在美国一只狗因持续呕吐和失重，狗的主人叙述一个月前狗圈外墙重新装修，这只狗被诊断为铅中毒，用螯合剂治疗完全康复，9个月后又发生类似症状，血铅升高，与其玩耍的1岁和3岁两名儿童并无症状，但也证明是铅中毒。儿童与宠物玩耍的院子被狗圈喷漆的铅污染。另一个例子是邻居家外墙喷漆，一个月后猫呕吐，嗜睡和共济失调，诊断为铅中毒，家庭中儿童无症状，却诊断为铅中毒。喷漆工有腹泻、衰弱和呕吐表现。

我们国家经常有牛、羊、猪疾病死亡后，分割肉埋掉或送人，引起多起炭疽感染的病例。美国的西尼罗河病毒传染就是鸟类警示作用的很好例子。

六、动物预警（预警动物）实施中存在的障碍

阻碍人与动物疾病信息整合和预警调查的因素可以分成三类：职业分割、数据分离和证据缺口。

1. 职业分割

职业分割涉及职业培训，包括人医与兽医的专门培训的学校学习内容不同，尽管许多内容是相关的，但在职业观念上是相互分开的。在继续职业培训过程中，医学和兽医学的交流也很少。医学看待人兽共患病时将动物仅看做是潜在媒介，包括减少接触、控制媒介昆虫、清除保藏宿主群落，如人居住附近的啮齿动物，对于宠物狗和猫在疾病预防方面就是减少接触。在考虑人类健康价值时，忽略了人和动物同样面临环境风险和疾病新现的威胁。这样就不可能恰当地理解和控制动物群体疾病，同时也难以减少对人类的风险。

2. 数据分离

即使在美国，人与动物疾病调查资料关联度也是有限的，我国更是如此。这种关联度分离的原因是多因素的，包括人和动物调查行动都是各为其是。动物调查的主要资料来源是当地兽医、农场工人、兽医诊断室人员所提供的信息，这些个人和机构所提供的信息本来就应该报告给当地农业部门。正常的报告是，以电话和纸质文件方式进行，省级农业部门主要是从市县相关部门收集信息。而在医学方面，严重的人类疾病包括人兽共患病都是由临床医生或实验室报告当地或地区卫生部门，通常也是以电话和纸质文件方式进行，当然也有以电子传递方式报告的趋势。两大部门很少有直接交流的机制和机会，预警作用没有被重视和应用。

省级人兽共患病调查经常包括农业和卫生部门以外的单位和组织，如环境保护部门，环境保护部门负责监视森林和野生动物资源，特别警觉野生动物死亡或疾病，这些机构与兽医、卫生部门接触也是有限的。国家和国际水平的疾病调查也同样面临有限接触和资料共享的状况。

3. 数据缺口

在人与动物疾病发生与环境健康威胁之间仍然有上述预警资料使用的相互关联的缺口问题，结果，动物群体中的特殊疾病事件与人类健康的相互关系可能并不清晰。许多动物种类对一定环境暴露的敏感性和潜伏期都存在差异，如毒物和传染。非实验动物种类还没有足够的证据来确定作为人类特定疾病的最合适模型。以类似的方式来研究动物接触环境危害物的风险或人类的风险，目前对于接触风险的相关程度了解还不够深入。一些媒介源传染病复杂的生态学了解也是有限的，如西尼罗河病毒传染中监控特殊动物群体的预警价值，即鸟类预警西尼罗河热传染的价值如何，现在还不完全了解。最终，因人与动物调查资料有限的对照结果，实际上有效预测和减少许多环境中毒物和传染风险的动物预警证据不多。许多人类卫生专家坚信"循症医学"概念，很少努力去系统地构建证据来进行人类卫生动物预警的常规工作。

4. 克服这些障碍的成功方式

（1）改善人与动物卫生之间的交流　One Health 就是要解决人医和兽医之间的沟通协调问题，一个可能的解决方案是对人与动物共有风险的警觉性，确定关键风险，提出共同解决这些风险的方法。再就是国际水平、国家水平的相关信息共享，这样相互交流就会成为自然的事。

(2) 人与动物调查资料相关的信息解决方案 从技术角度看，生物医学信息解决方案正在讨论，以促进人兽共患病调查和人与动物数据具有更好的相关性。有很多相关系统，这些系统经过修饰都可以用来支持人与动物关于人兽共患病监控数据的关联性。数据源包括人医医院、动物医院资料，一些机构资料，如公共卫生、野生动物、农业、环境保护、兽医实验室、兽医公共卫生病理实验室等。

使用分子和动物多样性方式用于人兽共患病调查系统潜在数据来源（图9-1）。利用分子和生物多样性信息在公共卫生实践当中，流行病学家就能够靶向最敏感的动物群体人兽共患病调查。

(3) 解决证据差距 要很好地分析类似全球早期预警系统GLEWS（Global Early Warning System）动议和其他共同的人与动物调查的数据流类型之间的相关性，利用这样的调查资料去鉴别动物和人群驱动疾病新现关键环境因子。另外需要研究的是利用指纹技术和基因序列分析人与动物群体之间病原跨越进化和驱动病原适应作用因子。比较基因组方法可以分析不同物种种类之间不同易感性的原因，以表观遗传学研究环境因素对基因表达的影响。

总之，越来越多先进的技术和信息工具使人们更方便地分析与交流，也要求人们在医学和兽医学的动物人兽共患病方面更加密切的合作，以利于人类健康事业的发展。

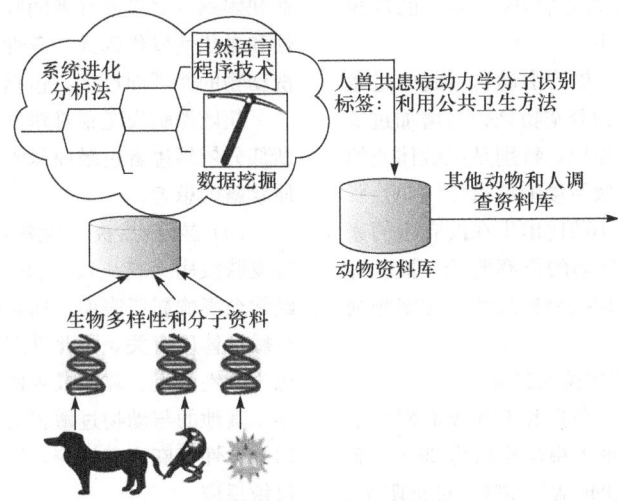

图9-1 利用公共卫生来支持群体水平调查

第三节 人与动物交互病医学

很多致病因子在动物之间、人与动物之间不具有互相传染的性质，针对同样致病因子却具有共同的病症，或者可能具有互相传染性质，但都是动物与人互动引起的，这就是人与动物交互医学或互通病医学（Human-Animal Medicine）。这里我们对这些因子进行讨论，以利于人们对这类疾病的防控知识发展和人兽共患病的扩展。

一、过敏性疾病

人对动物的一些组织成分过敏，一些过敏原既能引起动物过敏，同时也能引起人类过敏。

1. 人类的动物成分过敏

人类可能会对广泛的动物过敏原比较敏感（表9-1）。差不多10%的普通人和50%的过敏体质的人（过敏倾向体质的人）对猫和狗很敏感。其他能引起人类较为严重过敏的动物包括鼠类、马类、昆虫类和鸟类。

表9-1 与人类过敏相关的动物过敏原

动物种类	过敏原来源
大鼠和小鼠	尿液、毛发、唾液
豚鼠	皮屑、唾液、毛发
兔子	尿液、唾液、毛发
猫	皮屑、唾液
狗	皮屑
鸟类	羽毛、血清
马	血清、皮屑
牛	毛发、皮屑
爬行动物	鳞屑
非人类灵长类动物	毛发
蟑螂	粪便、唾液、死动物残骸
螨	粪便

许多过敏症状与宠物相关。动物实验人员和兽医等从事动物工作的人员，过敏也可能是一个很重要的职业问题，职业过敏原包括鼠尿、猫皮屑和马皮屑。由于动物过敏原在动物消失后也会长期存在于环境中，而且通过灰尘播散，因此猫和狗的过敏原可能会存在于没有宠物的家庭和学校。

(1) 对猫和狗过敏　一般认为人类对猫、狗的毛发过敏，因而认为猫、狗掉下的毛发是危险的过敏原。事实上，人类对猫、狗的过敏与特定的蛋白质过敏原有关，分别是 Fel d1 和 Can f1，而不是毛发本身。几乎所有的狗和猫品种都能引起人的过敏，然而有些品种只对特定个体引起过敏反应。猫的 Fel d1 蛋白被认为是最重要的一种，它是由皮脂腺、唾液腺、皮肤基底鳞状上皮细胞和猫肛门腺合成，它可以被直径小于 5μm 的颗粒携带，并长时间的停留在空气中。

(2) 宠物过敏的危险因素　尽管由动物引起的过敏比较少见，现在还不清楚家里饲养宠物是否会增加过敏的风险。宿主因素发挥了重要作用，特别是过敏体质的存在即形成 IgE 抗体以应答过敏原接触的遗传倾向。研究表明，出生在饲养狗的家庭小孩比出生在没有狗的家庭的小孩，2 岁以下患过敏性疾病的概率要低。接触过敏原的时机似乎也起作用，早期接触猫过敏原对宠物饲养者起到了早期的保护效果。

2. 由动物成分引起过敏的相关临床表现

(1) 鼻炎和上呼吸道症状　鼻炎和上呼吸道症状是医院门诊中最常见的疾病。普通人患病率高达 20%，而哮喘患者的患病率会更高。症状包括打喷嚏、鼻道阻塞、流泪，以及鼻咽发痒。慢性鼻炎和鼻窦炎的一个最重要的区别是过敏性的还是非过敏性的。鼻炎和其他与室内空气暴露相关的过敏性病症的诊断实验包括皮肤点刺试验或检测抗特异性抗原的 IgE 抗体的血清学试验。皮肤点刺测试包括观察对皮下引入的抗原产生的即时可见的风团——充血反应。血液测试使用放射性过敏原吸附试验（RAST）可以筛查大量的抗特异性抗原的 IgE 抗体。

(2) 哮喘　人类支气管哮喘的特点是支气管收缩和炎症，伴随呼吸道炎性分泌增加，能导致呼吸道阻塞。临床上，哮喘的症状是急促喘息、咳嗽和呼吸困难。多种过敏原可导致哮喘的敏感和新发或以前致敏个体原有哮喘的恶化，包括动物相关的过敏原，如皮屑、蟑螂排泄物和尘螨。家畜在哮喘发病和预防中所起的作用是复杂的。一些研究显示，拥有宠物猫和犬可能与早期儿童哮喘发病率较低有关系；而其他研究表明，拥有宠物可能会导致患哮喘的风险增加。这些差异部分与人群的体质有关。诊断测试往往涉及皮肤点刺测试和 RAST 测试。

(3) 过敏反应　过敏反应是一种急性的、严重的、IgE 介导的对环境过敏原致敏在敏感个体发生的反应，临床表现包括嘴唇和咽喉肿胀，进行性呼吸道水肿，导致呼吸道阻塞和崩溃，如不治疗甚至会死亡。过敏性反应可由昆虫叮咬引起，也可能是由接触其他动物过敏原引起，也可能促发过敏的因素是未知的。常规诊断是通过患者的过敏史来判断的，实验室测试的方法仅具有有限的参考价值。

(4) 超敏性肺炎　超敏性肺炎（HP），也称为外源性过敏性肺泡炎，是下呼吸道对不同的环境过敏原产生的炎症性反应。同样由于职业的原因，超敏性肺炎也能通过接触发霉的干草（"农民肺"）、蘑菇（"蘑菇工人的肺"）以及大量的其他动物和植物过敏原等引起。与超敏性肺炎有关的动物过敏原包括鸽子抗原（养鸽人肺）和其他鸟类的羽毛皮屑，特别是鹦鹉鸟类，如长尾小鹦鹉和鹦鹉（"鸟爱好者的肺"）。超敏性肺炎同样具有急性和潜伏性发作模式。急性症状可由于接触抗原，如清洗动物的笼子而产生，包括咳嗽、呼吸短促和发烧。

超敏性肺炎是很难辨别和诊断的。超敏性肺炎的诊断部分依靠患者过敏原暴露的病史，特别是对鸟类过敏原暴露的患者。

(5) 湿疹/皮炎　湿疹，也称为过敏性皮炎，是一种皮肤疾病（表 9-1、表 9-2），特点是皮肤瘙痒和刮伤，经常会影响屈肌表面，通常在 5 岁之前出现。因为它与过敏性体质有关，因此许多患有湿疹的儿童最终可能会患过敏性鼻炎、哮喘或者两者都有。病症往往持续到成年。其他的与动物过敏相关的皮炎病症包括接触过敏原后的急性荨麻疹和瘙痒，这样的皮肤反应可能会伴随着过敏反应。

3. 动物过敏症

(1) 猫哮喘　像人类一样，猫哮喘也与嗜酸性呼吸道炎症、可逆性呼吸道阻塞、呼吸道高反应性和呼吸道结构相关。过敏原被认为可驱动 Th2 的免疫应答，引起临床症状，表现为咳嗽、喘息和阵发性呼吸窘迫。使用 IgE 血清学实验和皮下皮肤实验测试，猫对于多种过敏原呈阳性反应（包括杂草、树木、草、真菌和尘螨）。猫在暴露于非过敏原刺激，如香烟、壁炉烟或各种喷雾剂（如发胶、除臭剂、跳蚤喷雾）和来自猫沙的灰尘等也能表现出临床症状。有些猫对过敏原逃避有很好的反应（表 9-2）。

(2) 犬嗜酸性支气管肺病　狗没有哮喘，尽管狗的症状更类似于人类嗜酸性支气管炎，表现为嗜酸性粒细胞呼吸道炎症，但没有自发性呼吸道阻塞或持续的高反应性。与人类症状相反的是，支气管和肺薄壁组织的嗜酸性粒细胞浸润通常在体内同时发生。支气管肺泡灌洗液中的嗜酸性粒细胞和 $CD4^+$ T 淋巴细胞为这一病症的过敏病因提供了支持。患有嗜酸性支气管肺病狗的皮内测试显示对螨虫、人类皮屑和与混合羽毛等有阳性反应。

表 9-2　常见的宠物过敏性疾病

种类	疾病	临床表现	诊断	治疗	潜在致病因子
猫	哮喘	咳嗽，气喘，呼吸窘迫	胸部X线片，呼吸道细胞学检查，辅助诊断	支气管扩张剂，类固醇	产花粉植物（推测）
狗	犬嗜酸性支气管肺病（嗜酸细胞性支气管炎/肺炎）	咳嗽，呼吸窘迫，流鼻涕	胸部X光片，呼吸道细胞学检查，嗜酸性呼吸道炎症已知因素的排除	类固醇（有或没有抗生素）	产花粉植物？
猫，狗	特应性皮炎	皮肤瘙痒，发红，脱屑，色素沉着，脱发	皮下皮肤实验，RAST实验	类固醇，过敏原逃避，过敏原特异性免疫治疗，必需脂肪酸，环孢素，抗组胺药	霉菌、树木，杂草和草花粉，动物和人类的皮屑；面料（羊毛）
马	复发性呼吸道梗阻（马慢性肺气肿）	咳嗽，呼吸道阻塞，运动不耐性	病史，身体检查，呼吸道细胞学检查	改变环境，支气管扩张剂，类固醇	霉菌，马舍粉尘
牛	超敏性肺炎	消瘦，咳嗽，肉芽肿性炎症，肺泡炎，间质纤维化	气管冲洗，抗干草小多孢菌阳性血清，肺穿刺活检	急性或严重的反复发作病例：糖皮质激素，改变管理（如将牛带到外面）	来自发霉干草的粉尘（嗜热放线菌孢子）

（3）特应性皮肤炎　狗和猫通常产生特应性皮肤病，通常与不同的室内和室外环境中的过敏原导致IgE水平提高相关。其他因素被认为与过敏原特异性的IgE抗体水平提高一起引起特应性皮炎，包括对细菌和真菌感染易感性的增加、表皮屏障功能异常。

特应性皮炎的诊断包括仔细了解临床病史和身体检查，排除其他引起类似的临床症状的疾病是十分重要的，包括体外寄生虫、跳蚤过敏性皮炎、不良食物的反应和脚气。在狗和猫特应性皮炎的诊断中，皮内皮肤试验和血清过敏原特异性IgE检测对确定特定过敏原是有重要帮助的。

（4）马慢性肺气肿　慢性肺气肿表现为慢性过敏性哮喘或由于对霉菌或马舍灰尘产生的超敏反应形成的严重哮喘。与猫和许多人类病例中嗜酸性粒细胞是主要的炎症细胞不同，马肺气肿中性粒细胞是主要的炎症细胞类型，而嗜酸性粒细胞则很少见。

（5）牛超敏性肺炎　牛接触发霉干草后形成与人类超敏性肺炎相似的呼吸疾病。疾病可能表现为急性或慢性，症状包括咳嗽、发热和呼吸困难。慢性形式包括厌食和体重减轻。尸体剖检可发现肺间质纤维化。

二、化学物质和毒物风险

环境中的毒物是人与动物面临的共同危害，因此，可以互为预警。大多已知环境中化学物质毒性主要是基于大鼠和小鼠等为模型的试验研究为基础的。宠物和家畜及野生动物既可以为人类健康提供重要的临床资料，也可以作为癌症及其他环境诱发疾病研究的"动物模型"（表9-3～表9-5）。

表 9-3　对宠物有毒的部分食物列表

食物（成分）	对狗的毒性作用	对猫的毒性作用
酒精饮料（乙醇）	运动失调，呼吸困难，心跳异常，致死（5~8mL/kg时可引起急性毒性；狗口服的半数致死量为5500mg/kg）	运动失调，呼吸困难，心跳异常，致死（5~8mL/kg时可引起急性毒性）
鳄梨（persin）	呕吐、腹泻	尚不明确
巧克力（可可碱）	呕吐、腹泻、震颤、癫痫发作、致死（狗的半数致死量为250~500mg/kg）	呕吐、腹泻、震颤、癫痫发作、致死（猫的半数致死量为200mg/kg）

续表

食物（成分）	对狗的毒性作用	对猫的毒性作用
咖啡（各种类型的）（咖啡因）	呕吐、腹泻、震颤、癫痫发作、致死（狗的半数致死量为140~150mg/kg）	呕吐、腹泻、震颤、癫痫发作、致死（猫的半数致死量为100~150mg/kg）
脂肪类食物	脂肪痢、腹泻、肥胖、胰腺炎	脂肪痢、腹泻、肥胖
夏威夷果	呕吐、抑郁（症）、运动失调（2.2g/kg）	尚不明确
发霉食物（霉菌毒素）	肌肉震颤、癫痫发作	肌肉震颤、癫痫发作
洋葱、洋葱粉、大蒜、韭菜、细香葱（二硫基丙醇）	溶血（11g/kg生洋葱）	溶血（28g/kg生洋葱）
葡萄和葡萄干	急性肾功能衰竭（无明显的剂量依赖性）	尚不明确
酵母生面团（乙醇）	腹胀、乙醇中毒	腹胀、乙醇中毒

表9-4 兽医诊所和中毒控制中心报道的动物暴露于各种有毒因子的情况

因子	相对频率/%
巧克力	26
灭鼠剂	26
药物	22
杀虫剂	13
植物	5
其他	3
乙二醇	1

表9-5 动物的非癌症性疾病与相关的慢性环境毒物暴露

物种	疾病类型	可能的毒物暴露物
猫	甲状腺功能亢进汞中毒	地毯和家具内的阻燃剂（PBDE）食用鱼
狗	肺病	周围的空气污染
牛、马、鹿	氟骨症	暴露于周围工厂污染过的牧场内的氟化物
马、狗	猝死	暴露于马厩或道路喷洒的二噁英污染的石油
牛	镉引起的肾脏疾病	污水灌溉的牧草和饲料中的镉

对于环境中急性、慢性毒物暴露，人与动物可能面临同样的风险，有些场合动物接触多一些，人则少一些；而另外的场合人可能比动物接触强度高一些。相关毒物种类复杂，毒性危害特征各异，如重金属、杀虫剂、农药、毒性气体、蛰刺毒液及赤潮毒素等。

在急慢性动物疾病鉴别诊断中要考虑动物接触风险问题，如果有，先要考虑毒物对儿童的风险，要注意将毒性物质，如清洗液、杀跳蚤和壁虱剂及其他药物放到儿童接触不到的地方。一种动物在某种动物群异常密集发生异常表现就应引起对这种特点危害的注意。

1. 接触途径

宠物更易接触灰尘和地面，家中灰尘可能含有各种化学物质，如阻燃剂、铅、汞、邻苯二甲酸盐和全氟化合物，房屋装饰材料中的有毒化学物质，将导致人和宠物共同暴露。有报道称，猫体内阻燃剂浓度是人体20倍，狗体内汞水平是人体5倍以上，全氟化合物（不粘锅材料）是人体2倍以上。宠物在环境中易接触土壤中的铅、农药、砷和其他有毒物质。野生动物和家畜更易接近水、空气、土壤和食物中的有毒物质。冶炼厂附近放牧，动物会出现骨和牙氟中毒症状，镉污染土壤放牧时也会引起镉中毒，狗可以用来监测空气对心肺功能的影响。

2. 对药物、毒物敏感性

动物和人类新陈代谢有差别，有些毒物动物更敏感。狗对多环芳香烃更敏感，更易患鼻腔癌，金丝雀对一氧化碳和甲烷比人敏感。宠物的寿命一般比人短，存在较短的潜伏期，如狗接触石棉瓦患间皮瘤平均潜伏期为8年，而人平均20年以上。美国每年接到急性毒性病例超过200万例，大多数是孩子或职业人群。动物中毒事件也有很多，狗比猫多，可能是因为狗接触毒物概率比猫大，美国宠物毒性主要原因是巧克力摄入、灭鼠剂接触、药物等。有些放置不当或使用不当，如误食农药、灭鼠药、有毒植物、清洁品等。因此，动物急性中毒也可以成为有毒物品摆放不当的警示。取暖等情况下易引起一氧化碳中毒：狗较人有耐受性，表现嗜睡、动作不协调、黏膜潮红、呼吸困难、昏迷，甚至死亡；鸟类表现为嗜睡、呼吸困难、无力、共济失调。

另外毒液螫刺也是人与动物较为少见的风险，包括蜂、蜥蜴、毒蝎、两栖类、爬行类、海洋生物毒液等。例如，2013年我国安康、汉中、商洛等地发生黄蜂蛰人事件，有近300人被蛰，死亡22人。有毒赤潮毒素通过气溶胶被动物吸入，引起鸟类死亡，鱼类大批死亡，人因食用被毒素污染的鱼类引起毒害作用。

三、肿瘤具备传播能力吗？是否具备人兽共患病潜能？

这里是要探讨肿瘤是否具有潜在传播能力，如果有，是否具有人兽共患病性质？

1. 肿瘤有传染性吗？

一般认为肿瘤是没有传染性的，但动物的一些肿瘤、人的一些肿瘤都可以说有传播性质。狗和塔斯马尼亚獾（Tasmanian Devil）的撕咬、交配等行为可以传染癌症。这里所说的传染癌症不是致癌病毒等致癌因素在不同个体间传播而引发不同个体发生癌变，而是实实在在地传染癌细胞。有些并非发生在人类的癌症可能经由动物传播而引起，如发生于狗的史狄可氏肉瘤（Sticker's sarcoma）。有病患者接受器官移植，由于移植器官中带有肿瘤，结果使接受者患癌。因此，肿瘤的传播具有潜在性，特别是病毒引起的肿瘤，某些肿瘤由昆虫传播，如非洲儿童伯基特淋巴瘤的EB病毒感染率高；用死亡动物肝喂鱼，鱼易得肿瘤；人T细胞白血病病毒能从一个人传到另一个人。

袋獾也称称为塔斯马尼亚恶魔，现今只分布于澳大利亚的塔斯马尼亚州。袋獾面部肿瘤是一种独特癌症，常出现于袋獾面部或嘴部，通过舔咬、打闹互相传播，但通常会扩散至袋獾的内脏。动物的白血病是由病毒引起的，动物之间具有明显的传染性。

2. 可能的传播方式？

癌细胞要传染，必须具备哪些条件，人和人之间是否具备这些条件呢？要传染首先要有传染途径，动物的交配撕咬会传染癌细胞。人类什么行为可能给癌细胞提供顺风车呢？性行为和动物交配应该具有同样的效果。人类没有撕咬，但多了一些其他行为，接吻、共用注射器，还有输血、器官移植等途径。再就是癌细胞到达了新宿主后能否存活也是关键因素之一。器官移植时其他细胞可以活下来，癌细胞逃避免疫攻击的能力比普通细胞强，更能生存。器官移植时，抑制免疫活力，可能属于特殊情况。正常免疫状态下，癌细胞可以逃脱狗和獾的免疫攻击。狗与人同属哺乳动物，免疫力不比人差。另外，癌细胞在人体内的行为，就像生物界的自然选择，一棵植物产生成千上万颗种子，多数由于运气差或者不适宜当地环境而夭折了，只有一两棵会长大，这一两棵长大就够了。癌细胞不断分裂增生，不断变异，众多细胞中有一两支细胞系能逃脱免疫攻击就足以致人于死地。当今社会，器官移植是少数，但输血很常见，其他身体接触更普遍。有医生给肿瘤患者手术割伤自己，3年后患同样肿瘤死掉，可能是癌细胞通过伤口留在医生的血液或组织中。

3. 动物肿瘤传播给人的潜在性？

一项最新研究表明，袋獾的传染性癌症能逃避动物免疫系统的监视。这种被称为袋獾面部肿瘤（DFTD）的疾病会把正常修饰细胞表面、可以识别"非我"和"自我"的蛋白质表达关闭，从而导致免疫系统无法将癌细胞与其他细胞区分开来。不管是人的癌症，还是动物的癌症是否有传染性，主要取决于病因。尽管对动物肿瘤的病因还没有弄清楚，但动物肿瘤和人的肿瘤之间的平行关系，目前已得到肯定，即人患癌率高的地区，畜禽患癌率也高。例如，原发性肝癌高发地区，猪、鸡、鸭肝癌发生率也高，人食管癌高发区，鸡的咽、食管癌和山羊的食管癌比人的发生率还高。针对这种情况，有人认为，这种地区内引起人和动物患肿瘤的病因很可能是一致的。但也有人认为这是癌症能够传染的佐证。另外，动物试验证明，癌细胞通过接种方式，可以在体内发展成肿块。

从宰后的统计数字来看，动物的恶性肿瘤高于良性肿瘤，鸡的马立克氏病平均占屠宰数的7%，有的地区，恶性肿瘤可占动物肿瘤数的88%。从宰后的病变看，动物的肿瘤多发生在腹腔和内脏。对屠宰动物肿瘤病的处理，各国现行规定不一，我国《肉品卫生检验试行规定》中规定："患全身性肿瘤者，肉尸及内脏全部作工业用或销毁"。但这种情况较少，现在处理的一般根据是：若仅在一个脏器发生肿瘤，而肉尸不瘠瘦并无其他病变者，废弃患病脏器，其他内脏及肉高温后可食用；如肉瘠瘦或肌肉有变性者，则应全部废弃不可食用。患淋巴肉瘤或白血病的畜、禽，不论病变轻重，一律不可食用。因此，需在此提醒人们，选购肉食，尤其是熟食一定要谨慎。有人研究认为红肉（牛、羊、猪肉）在一定程度上与一些肿瘤可能有关，但没有结论。

俄罗斯医学科学院肿瘤科学中心通过15年的研究发现，人一旦感染了动物病毒，就极易患上恶性肿瘤，而老鼠和猴子则是最主要的病毒携带者。随着生态环境的不断恶化，这种现象将会经常发生。研究人员发现，在传统的致癌病毒中，包括乳头状病毒、疱疹病毒、T细胞白血病病毒等，其中一些病毒来自人类。虽然另一些病毒还没有足够的证据证明是来自动物，但在一些患者的病毒中，发现了哺乳动物病毒的遗传物质。

研究发现，来自猴子的病毒的确与肿瘤产生有关。研究人员在40%～70%的美国和西欧的间皮瘤患者体内发现了长尾猴病毒SV40；在喉癌患者和3～14岁不同淋巴癌患者体内发现了猴逆转录D型病毒SRV。人和动物的直接接触很容易感染猴子病毒，但欧洲人和美国人与猴子接触的机会非常少，他们之所以感染了长尾猴病毒，是因为在1957～1963年脊髓灰质炎大规模流行期间，有些人通过注射疫苗感染上了该病毒，而这种疫苗是在长尾猴肾组织液的基础上制取的。白血病和肉瘤从动物传播给人的潜力最大。

第三篇 人兽共患病各论

第十章 人兽共患细菌病

第一节 炭疽

炭疽（anthrax）是由炭疽杆菌（*Bacillus anthracis*）引起的急性、热性、败血性人畜共患病。

一、流行病学

1. 病原特性

炭疽杆菌为革兰氏阳性大杆菌，芽胞菌体链呈竹节状，具有典型荚膜或不典型荚膜。土壤中能形成芽胞，在机体中能形成荚膜。病原的毒性主要来自荚膜，荚膜（在质粒介导下）能够阻止吞噬细胞吞噬作用和具有外毒素功能。毒素包含三个蛋白质成分：保护抗原、致死因子、水肿因子，三者单独存在毒性不明显。

2. 传播途径

（1）经皮肤黏膜　经皮肤伤口侵入；毒力强的毒株可侵犯完整皮肤。

（2）经呼吸道　通过吸入炭疽芽胞的尘埃、飞沫等气溶胶而感染。

（3）经消化道　摄入污染食物或饮用水等而感染。

3. 易感性

动物中草食动物最易感，绵羊、山羊、牛、马最易感，骆驼、水牛、野生草食动物次之，猪有一定抵抗力。

人对炭疽普遍易感，主要发生于病畜及畜产品接触机会较多的人群。呼吸道感染多见于皮张加工，污染肉食用人群易感染。

4. 流行特点

本病多呈地方流行，属腐生性人兽共患病，干旱或多雨、洪水、吸血昆虫多都是促发因素。

二、临床表现

1. 动物

潜伏期一般为1～5天，最长为14天。①最急性型：常见于绵羊和山羊，偶见于牛、马。突然倒地，呼吸困难，可视黏膜发绀，天然孔流带泡沫的暗红色血液。②急性型：多见于牛、马，体温升高至42℃，兴奋，食欲废绝，行走蹒跚，初便秘，后腹泻。呼吸困难，黏膜发绀，1～2天死亡。③亚急性型（痈型炭疽）：症状与急性相似，表现缓和。牛、马可见颈、胸、腹、咽喉、外阴等皮局灶性炎性肿胀，称为炭疽痈，初热痛，后冷无痛，坏死，形成溃疡。④咽峡型：猪在咽喉部和附近淋巴结肿胀，体温升高，精神萎靡，食欲缺乏，体温升高。黏膜发绀，呼吸困难。

2. 人炭疽

①皮肤炭疽：占病例90%，在面颊、颈、肩、手、足等裸露部位有丘疹，后出现水疱，溃疡或坏死，结痂，周围红肿，发热，疼痛，局部淋巴结肿大。②肺炭疽：高热，寒战，咳嗽，呼吸困难，可视黏膜发绀，胸腔积液，皮下水肿。③肠炭疽：发病急，高热，持续呕吐，便秘或腹泻，血样便，全身症状明显。三型均可继发败血症、感染性休克及脑膜炎。

三、防控措施

疫区或职业风险较大考虑使用减毒疫苗，疫区动物接种。发生本病立即上报，划定疫点、封锁疫区，隔离治疗，彻底消毒。受威胁区及假定健康动物做紧急预防接种。

第二节 结核

结核（tuberculosis）是由结核分枝杆菌引起的一种慢性人畜共患传染病。

一、流行病学

1. 病原特性

结核分枝杆菌致病株主要由结核分枝杆菌（*M. tuberculosis*）、牛分枝杆菌（*M. bovis*）和禽分枝杆菌（*M. avium*）构成。具有抗酸性染色特点，菌体细长或微弯。生长缓慢，在牛血清或鸡蛋培养基上需28天左右才能形成一般菌落，在环境中可存活很久。三型均可感染人。

2. 传播途径

病畜禽和患者是主要传染源，牛和人可能是最主要的来源。

(1) 经呼吸道　通过吸入污染菌体的尘埃、飞沫、痰液、咳嗽、喷嚏等气溶胶而感染。

(2) 经消化道　痰液、粪尿、乳汁和生殖道分泌物都可带染，摄入污染饲料、食物或饮用水等而感染。带染的人再通过肺或泌尿生殖道传播回到牛。

3. 易感性

多种动物易感，牛（特别是奶牛）易感，如黄牛、水牛、牦牛、猪和禽也易感。野生动物狮、豹、鹿也有报道。

人对结核普遍易感，主要发生于与结核病患者接触、与病畜及畜产品接触机会较多的人群，污染乳、肉食用人群易被感染，鲜乳可能是主要传播途径。

4. 流行特点

本病多呈散发，与病畜禽接触发生气溶胶传播较多，食用病畜禽肉、乳易感染。

二、临床表现

1. 动物

潜伏期短则数十天，长的几个月至几年。

(1) 牛：以肺结核多见。消瘦，贫血，咳嗽，顽固性腹泻。以多种组织形成肉芽肿、干酪样钙化结节为特征。

(2) 禽：成年鸡及火鸡多发，表现肝、脾、肠结核，消瘦，贫血，鸡冠萎缩，产蛋下降。

(3) 猪：对三种分枝杆菌都易感，颌下淋巴结结核、颈部淋巴结核或肠结核。

2. 人结核

人以肺结核常见，主要表现身体不适，疲倦，烦躁，心悸，食欲缺乏，消瘦，长期低热，咳嗽，痰中带血，严重的呼吸困难。还有结核性腹膜炎、结核性脑炎、结核性胸膜炎、肾结核、骨关节结核时，呈现相应症状。

三、防控措施

早发现，严格隔离，彻底治疗。牛乳应消毒后饮用，婴儿注射卡介苗。加强畜禽检疫，净化畜禽群。职业人员注意自身保护，特别是气溶胶传播途径。

分枝杆菌病在人兽共患病中占有重要地位，除结核分枝杆菌外，非分枝结核杆菌也是重要的人兽共患病病原菌，包括堪萨斯分枝杆菌（*Mycobacterium kansaii*）、猿猴分枝杆菌（*M. simiae*）和慢生黄分枝杆菌（*M. lentiflavum*），其中慢生黄分枝杆菌是人的水源性致病菌（水源6%），瓶装水是人的病原来源之一。需要继续关注相关的人兽共患病发展。

第三节　布鲁氏菌病

布鲁氏菌病（brucellosis）是由布鲁氏菌引起的人、牛、羊、猪等动物的一种人兽共患病，以生殖器官炎症和流产为特征。

一、流行病学

1. 病原特性

布鲁氏菌有6个种，马耳他（或羊）布鲁氏菌菌（*Brucella melitensis*）、流产（或牛）布鲁氏菌（*B. abortus*）、猪布鲁氏菌（*B. suis*）、绵羊附睾布鲁氏菌（*B. ovis*）、沙林鼠布鲁氏菌（*B. neotomae*）、犬布鲁氏菌（*B. canis*），共19个生物型。革兰氏阴性球杆菌，全球分布。

2. 传播途径

羊是国内主要传染源，其次是牛和猪。

(1) 接触途径　与患病动物、胎儿、羊水、胎衣、阴道分泌物和乳汁接触；经皮肤（伤口）、黏膜也可感染。

(2) 呼吸道　经动物粪尿、皮肤灰尘的气溶胶吸入感染；

(3) 消化道　感染的动物肉、乳都可以通过消化道传染。

3. 易感性

人普遍易感，羊最易感，其次是牛和猪。

4. 流行特点

具有职业特点，凡是与家畜接触较多的人群感染率高，如兽医、挤奶人、羊羔接生、羊皮毛处理人员、牛羊猪肉处理人员、牛羊饲养户、布鲁氏菌实验室人员等；感染后不易完全康复，长期带菌，波浪热，由于细胞内寄生，不易治愈导致迁延不愈。

二、临床表现

1. 动物

动物感染布鲁氏菌主要是生殖器官和胎膜发炎、流产，牛流产多发生于妊娠6～8个月，病羊发生在妊娠3～4个月，猪在妊娠4～12周。也有不表现临床症状的带菌者。

2. 人

潜伏期一般1～3周，临床表现多样，有急性、亚急性、慢性。急性和亚急性多为菌血症，表现弛张热或长期低热，全身不适，关节痛，睾丸炎、附睾炎、卵巢炎、子宫内膜炎，偶而导致流产。慢性多从急性转变而来，无特异症状，常年疲乏，低热，可表现关节痛和肌肉痛、外周神经炎等，病程可持续多年。

三、预防措施

预防职业感染，加强职业防护，特别是气溶胶、动物生产、流产胎儿接触的防护；食品安全防护很重要；疫苗接种预防。加强动物检疫措施的落实。

第四节 丹毒丝菌病

一、流行病学

1. 病原特性

丹毒丝菌病（*Erysipelothrix rhusiopathiae* disease）是由猪丹毒杆菌引起的一种人畜共患的急性、热性传染病。猪丹毒杆菌也称为红斑丹毒丝菌、丹毒丝菌，革兰氏阳性，无芽胞和荚膜。有24个血清型，1型毒力较强，引起猪丹毒。

2. 传播途径

猪是主要传染来源。

（1）消化道　以猪为主，不同年龄猪都可发病，其次为牛、羊、马、犬、鹿及禽类，水生动物也有。病猪或带菌猪经粪便、尿、口腔、鼻腔、眼分泌物将病菌排出体外，污染的土壤和水成为重要传播媒介。接触饲料、饮水、土壤（猪拱地）经消化道传染。

（2）皮肤创伤（接触途径）　人与患病动物接触，通过皮肤伤口感染。

（3）媒介生物　蚊、蝇、虱和蜱等吸血昆虫传播。

3. 易感性

各种年龄猪都易感；人患病较少，多数为皮肤创伤感染，一般称为类丹毒。

4. 流行特点

猪主要表现急性败血型和亚急性疹块型，也有的为慢性关节炎或心内膜炎。人发生主要与职业有关，如屠宰工人，家禽处理工人，鱼、肉处理工人等。

二、临床表现

1. 动物

猪潜伏期一般为1～4天。典型的表现为4个型。

（1）最急性型　病程短，没有征兆突然死亡，剖检也无明显病理变化。

（2）急性型　又称败血型，流行初期，病猪高热42℃以上，卧地不起，眼结膜充血，发病1～2天后死亡，胸、腹、股内侧皮肤有红斑，指压退色。病程2～4天。

（3）亚急性型　皮肤出现边缘整齐的扁平疹块红斑，后变为深色。病程7～14天。

（4）慢性型　从急性或亚急性转来，主要表现关节炎和心内膜炎症状。心内膜炎猪咳嗽，呼吸促迫，可视黏膜青紫色，四肢胸部水肿；关节炎的病猪有热痛，关节变形。

2. 人

潜伏期一般1～4天。发生多为局部性，多发生在手部。外伤部位皮肤出现紫色环状斑或水肿，边缘稍隆起，界限明显，有烧灼感、刺痛感，但不化脓。也有扩散性皮疹，发热、全身不适，病程可持续数月。严重者表现为败血型，全身红色盘状红斑，发热，伴有关节炎及心内膜炎。

三、预防措施

加强职业防护，包括食品安全，防止皮肤受伤，一旦受伤马上处理。经常洗手，保持卫生环境。

第五节 鼻　疽

鼻疽（glanders）是由鼻疽杆菌引起的单蹄兽（马、骡、驴）的一种急性传染病和人兽共患病。

一、流行病学

1. 病原特性

鼻疽假单胞菌（*Pseudomonas mallei*）也称为鼻疽杆菌，革兰氏阴性。不产生外毒素，内毒素为鼻疽菌素（mallein），产生变态反应，可用于该病的皮试诊断。美国和欧洲已经清除，我国已基本消灭。

2. 传播途径

（1）直接接触　直接接触了感染动物或其分泌物、排泄物而感染，一般通过损伤的皮肤和黏膜感染。

（2）呼吸道　通过气溶胶传播给人。

（3）消化道　家畜之间互相传播的主要渠道，通过家畜污染的水、饲料或牧场的草而被感染。

3. 易感性

温血动物都可感染，自然易感动物为马、骡、驴等单蹄兽，实验条件下山羊、猫和雪貂易感。人感染一般属于例外情况。

4. 流行特点

该菌在环境中的生存能力比较强。人的病例已经很少见到，多与职业有关，如兽医、饲养员、骑兵、屠宰工人等。

二、临床表现

1. 动物

急性鼻疽主要见于马、驴、骡，体温升高，呼吸促迫，颌下淋巴结肿大，腰背强硬。肺部鼻疽时，有全身症状，还有干咳、呼吸困难，病末出现鼻腔症状后死亡。慢性鼻疽是我国土马中常见类型，占病马80%～

90%,鼻腔内溃疡(呈冰花状),脓性鼻液,病程数月。

2. 人

潜伏期平均4天,急性的在感染部位出现蜂窝织炎,附近淋巴结肿大,沿淋巴管出现多处肌肉和皮下淋巴结性脓肿,可形成瘘管。如果侵入呼吸道,可使鼻腔溃疡和坏死,鼻中隔穿孔,脓性分泌物、肺炎和胸膜炎等。通常有全身症状,如头痛、发热、周身酸痛、食欲缺乏、脓血症和循环衰竭而死亡。慢性全身症状不明显,低热或长期不规则发热,出汗,关节酸痛,间或有败血症或脓血症,皮肤和软组织脓肿。病情缓慢,可持续数月至几年,最后衰竭而死。

三、预防措施

用鼻疽菌素点眼可以确定动物感染与否,感染马必须扑杀后深埋。受污染的环境彻底消毒。注意个人防护,不要与病马等接触,患者隔离,分泌物、排泄物及换药的敷料纱布等均应彻底消毒。

第六节 巴氏杆菌病

巴氏杆菌病主要由多杀性巴氏杆菌引起的家畜、家禽、野生动物和人类的传染病总称。

一、流行病学

1. 病原特性

多杀性巴氏杆菌(*Pasteurella multocida*)为革兰氏阴性短杆菌,禽巴氏杆菌两极浓染。DNA杂交可以分成11个种,15个血清型。多杀性巴氏杆菌和溶血性巴氏杆菌为主要致病型。多存在于动物上呼吸道,病畜禽是主要来源。

2. 传播途径

(1)消化道 经污染的饲料、饮水、用具和外界环境,经消化道感染畜禽。

(2)呼吸道 咳嗽、喷嚏经呼吸道吸入气溶胶也是感染途径。

(3)直接接触 人感染多是猫、狗咬伤或抓伤后感染。

3. 易感性

家畜中以牛、猪多发,绵羊、兔和家禽也易感。人也有易感性。

4. 流行特点

多种动物易感,气候突变(冷热交替、多雨)和环境卫生是其诱因;动物急性病例以败血症和炎性出血性过程为主要特征,但在人多呈伤口感染等个体病例,少见。

二、临床表现

1. 动物

(1)猪 猪感染也称为猪肺疫,分三型,最急性型来不及表现症状即死亡,稍长的体温升高,食欲废绝,咽喉部红肿,呼吸困难,黏膜发绀,最后窒息死亡,病程1~2天。急性型多呈胸膜性肺炎,可窒息死亡,病程5~8天。慢性多为慢性肺炎和慢性胃肠炎症状。

(2)牛 也称为出血性败血病,也分为三型,败血型:高热,食欲废绝,反刍停止,腹痛,下痢,粪中带血,1天内死亡;水肿型:除全身症状外,还有头部、咽部、颈部、前胸部皮下结缔组织肿胀,初期热而硬,后期无热,呼吸困难,常窒息死亡,病程1~2天;肺炎型:急性纤维素性胸膜肺炎症状,病程3~7天。

(3)羊 主要见于绵羊,与牛相似,最急性见于羔羊,突然发病,数小时死亡;急性型以胸膜肺炎和肠炎为主,病程2~5天;慢性以慢性胸膜肺炎和肺炎症状为主,多见于成年羊,病程达3周。

(4)禽 禽霍乱,也分为三型,最急性型不表现症状突然死亡;急性型以纤维素性心包炎、肺炎、胸膜炎和出血性肠炎的多种临床症状为主,肝脏有灰黄色坏死灶,最后衰竭死亡,病程1~3天;慢性型多以慢性肺炎、慢性上呼吸道炎和慢性肠炎为主。

野生动物、宠物猫狗、兔子都能感染此病,与上述症状相差不多。猫也是主要携带者。

2. 人

多为局部感染,伤口感染型:潜伏期数小时至1周,伤口剧痛、肿胀、温热感,继而化脓,形成脓肿,周围淋巴结肿胀,个别患者呈败血症或脑膜炎表现;非伤口感染型:表现为呼吸道感染症状。

三、预防措施

防止宠物等咬伤、抓伤,咬伤、抓伤后及时处理;家畜禽定期预防接种。

第七节 棒状杆菌病

棒状杆菌病是由棒状杆菌属细菌引起的人和多种动物共患的一类疾病总称。

一、流行病学

1. 病原特性

棒状杆菌属（Corynebacterium）细菌为革兰氏阳性杆菌，与诺卡氏菌属、分枝杆菌属和红球菌属有关，是放线菌中细胞壁含短链分枝菌酸的菌属。自然界分布广泛，对人强致病性的是白喉棒状杆菌（C. diphtheriae），还有假白喉棒状杆菌、结膜干燥棒状杆菌、阴道棒状杆菌、痤疮棒状杆菌等，一般称为类白喉杆菌（Diphtheroid bacilli）。通常寄生在人鼻腔、咽喉、眼结膜、皮肤、上呼吸道和泌尿生殖道黏膜等处，一般无致病性。对动物致病是伪结核棒状杆菌。

2. 传播途径

（1）呼吸道　棒状杆菌主要通过飞沫的气溶胶形式进行传播。

（2）直接接触　伪结核棒状杆菌通过接触患病动物（如羊）、动物器官或产品（皮肤、乳）、脓汁、分泌物等感染动物和人。人是白喉棒状杆菌保藏宿主，以人传人模式传播。

（3）泌尿生殖道　通过尿路感染人，引起膀胱炎和肾盂肾炎。

3. 易感性

人对白喉棒状杆菌易感。假结核棒状杆菌、溃疡棒状杆菌动物和人都敏感。

4. 流行特点

一年四季都可发生，儿童敏感，发生较多。气候突变和环境卫生是常见诱因。

二、临床表现

1. 动物

绵羊和山羊发生较多，世界性分布。羊多发生干酪性淋巴结炎。化脓棒状杆菌常引起牛、猪、绵羊、山羊、兔的化脓性疾病，引起局部炎症或脓肿，也可以蔓延到器官组织化脓病变。

2. 人

人感染主要是由白喉棒状杆菌的外毒素引起，称为白喉，表现为咽喉、鼻等处黏膜坏死，形成伪膜，发热、无力等全身症状。严重者可因伪膜脱落，阻塞呼吸道而窒息。也有发生肾脏疾病。

三、预防措施

由于人感染病例较少，又是普遍存在的细菌，很少有专门针对该菌的预防措施。在人主要是正确诊断。尽量减少外伤，可以减少该病的发生。

第八节　坏死杆菌病

坏死杆菌病是由坏死杆菌引起的哺乳动物和禽类的一种慢性传染病，为人兽共患病。

一、流行病学

1. 病原特性

坏死梭杆菌（Fusobacterium necrophorum）是专性厌氧的革兰氏阴性菌，多形态。正常存在于人与动物的口腔、胃肠道和泌尿生殖道中。分三类：一是对鼠致病性；二是轻度致病性，溶血；三是既不溶血也不致病。还可根据致病性分成三类：①主要对人致病的梭菌，包括死亡梭杆菌、舟形梭杆菌、具核梭杆菌、牙周梭杆菌、溃疡梭杆菌、静脉瘤梭杆菌等；②主要对动物致病，如腐败梭杆菌、普氏梭杆菌、猴梭杆菌、苏联梭杆菌、具核梭杆菌等；③无特定宿主的梭杆菌，坏死梭杆菌是人畜共患的病原菌。

2. 传播途径

主要经皮肤、黏膜外伤感染，经血液流散全身，在其他组织或器官形成坏死灶。人主要是经外伤感染。

3. 易感性

各种年龄的人都可感染，但以儿童更易感。动物也是幼龄的易感性更强。

4. 流行特点

散发为主，人少见。动物以蹄部皮下、皮下组织或消化道黏膜的坏死性炎症——溃疡为特征。由于该类菌属于人、动物体内正常菌群，感染多以内源性为主，在人更为突出，属于机会致病菌；主要以皮肤或皮下组织、口腔、胃肠黏膜发生坏死，或内脏形成转移性坏死灶。

二、临床表现

1. 动物

牛、羊以腐蹄病为特征，病畜蹄冠、蹄锤、趾间等处有炎症表现，有的发生脓肿甚至坏死，严重的可见蹄壳脱落；有的发生坏死性口炎、坏死性子宫炎和坏死性阴道炎，也有肝坏死、肺坏死等。行走困难，猪以皮肤坏死、溃烂为特征，多发生在体侧、臀部、颈部。

2. 人

各种坏死病症、水肿、肺脓肿、关节炎、卵巢输卵管脓肿。坏死梭杆菌和脆弱拟杆菌是大脑脓肿、脑膜炎的重要致病菌。咽喉炎和扁桃体脓肿也很常见。

三、预防措施

潮湿环境和卫生条件是动物腐蹄病的重要诱因，预防主要是提高抵抗力，防止外伤。

第九节 破伤风

破伤风（tetanus）由破伤风梭菌引起的一种急性、创伤性、中毒性感染。严格意义上不属于人畜共患病，但动物以其粪便在病原播散方面起到很大作用。

一、流行病学

1. 病原特性

破伤风梭菌（*Clostridium tetani*）为细长杆菌，严格厌氧，动物体内外都可形成芽胞。产生几种外毒素（痉挛毒素、溶血毒素、溶纤毒素），以痉挛毒素为主，作用于神经系统，主要作用于大脑灰质中突触小体膜的神经节苷脂上，使其不能释放一致性递质，使肌肉痉挛。病原多来源于土壤和草食动物、杂食动物的消化道。

2. 传播途径

创伤是主要的传播途径和机遇，结痂会促进感染的病原繁殖。有些见于狗咬病例。

3. 易感性

各种动物都可发生，马最易感，猪也常见；人易感。

4. 流行特点

广泛存在于自然界，主要见于创伤，并且存在厌氧条件或深部感染。

在巴拉圭1946～1972年的2337例中，脐带感染占31.7%，小伤占38.7%。2000～2008年北流市新生儿破伤风报告发病率为0.37%～1.39%，病死率为13.91%。开平市新生儿发病率为0.7%。

二、临床表现

1. 动物

病畜表现全身或部分强直性痉挛和反射兴奋性增高。猪、牛、羊多横躺地上，四肢僵直，对刺激敏感。病畜神志清醒，体温正常。

2. 人

病初低热，不适，头痛，四肢痛，咽肌和咀嚼肌痉挛，继而张口困难、牙关紧闭，呈苦笑状，随后颈背、躯干及四肢肌肉发生阵发性强直性痉挛，不能坐起，颈不能前伸，两手握拳，两足内翻，咀嚼、吞咽困难，饮水呛咳，严重时呈角弓反张状态。

三、预防措施

防止外伤和感染；一旦发生外伤要及时处理，但对较深外伤要使用破伤风抗血清，动物阉割前要进行免疫接种。儿童使用百白破三联苗免疫。

第十节 梭菌创伤感染

梭菌创伤性感染包括气肿疽、梭菌性肌坏死、组织毒性感染，厌氧蜂窝织炎；（动物）恶性水肿。严格意义上不是人兽共患病，是人畜共同病或人与动物共感染症。

一、流行病学

1. 病原特性

梭菌创伤感染多为混合菌群，主要包括产气荚膜梭菌、诺氏梭菌、腐败梭菌、溶组织梭菌、索氏梭菌，革兰氏阳性、产芽胞杆菌。为细长杆菌，严格厌氧，动物体内外都可形成芽胞。产生外毒素（如坏死毒素、致死毒素、溶血毒素、透明质酸酶等）破坏组织。

2. 传播途径

土壤和动物肠道较多，病畜不能通过直接接触途径传染给健康动物，但能够通过病原外排加重环境污染，成为传染源。创伤是主要传播途径和机遇，结痂会促进感染的病原繁殖。有些见于狗咬病例。

3. 易感性

各种动物都可发生，牛、羊、马、家兔、小鼠最易感，猪也常见；人易感。

4. 流行特点

广泛存在于自然界，主要见于创伤，并且存在厌氧条件或深部感染。职业事故和交通事故的创伤中多见；也见于肌肉注射、尤其是油悬液注射。

二、临床表现

1. 动物

动物发生频率不清楚，潜伏期从几小时到几天，特点是皮下组织和结缔组织的出血性水肿，肌肉转为暗红，有少量气肿疽。感染动物表现有发热，中毒，跛行（lameness），几天后动物死亡。

2. 人

潜伏期数小时至1周，在伤口处梭菌繁殖产生气体，引起肌炎。疼痛，心动过速，血压降低，发热，水肿，红色液体渗出，触之有捻发音。也可感染子宫，还可引起败血症、强烈溶血、急性肾炎，休克和无尿症。

三、预防措施

防止外伤和感染；一旦发生外伤要及时处理。

第十一节 猪链球菌病

猪链球菌病是由C、D、E、L及R群链球菌引起人兽共患病的总称,特别是2型猪链球菌(Streptococcus suis type2)引起严重的人兽共患病。

一、流行病学

1. 病原特性

猪链球菌(Streptococcus suis)仅部分是人兽共患病病原,革兰氏阳性链状球菌。在健康猪扁桃体中检出率可达76%,是条件致病菌。根据兰氏血清学分类,有20个血清型,其中2型致病力和人兽共患致病性最强。我国流行株与国外不同,为2型猪链球菌的序列7型。

2. 传播途径

人和动物(主要是猪)都是保藏宿主。

(1) 直接传播 链球菌呼吸道疾病的患者之间经直接接触传播。职业接触:屠宰人员、打猎者、肉品加工等。

(2) 消化道 具有化脓性乳房炎的牛乳或冰淇淋,巴氏消毒奶污染,污染肉,通过食用传播。

3. 易感性

猪和人最易感。

4. 流行特点

职业接触,皮肤损伤而感染。猪多为短期波及全群,病死率很高。

二、临床表现

(1) 动物 猪表现为关节炎、脑膜炎、败血症、心内膜炎、脓肿等。

(2) 人 潜伏期2~3天,发病急,怕寒,发热,头痛,头昏,全身不适,乏力,腹痛,腹泻。部分病例脑膜炎,恶心,呕吐,严重者昏迷。脑脊液有脓性改变。皮肤有出血点、淤点,休克等。

三、预防措施

职业人员注意皮肤有伤口的防护,不要割伤自己。注意猪的饲养卫生和临时气候变化。饮用乳及产品注意灭菌确实。

第十二节 土拉菌病

土拉菌病是由土拉弗朗西斯菌(Francisella tularensis)引起的多种野生动物、家畜和人的共患病,也称野兔热,兔热病。

一、流行病学

1. 病原特性

土拉弗朗西斯菌革兰氏阴性,美蓝染色两极浓染。该菌在动物血液中呈球状有荚膜,人工培养基上无荚膜。营养要求较高,需要血液等培养成分才能生长。

2. 传播途径

(1) 生物媒介传播 扁虱或苍蝇传播引起啮齿动物急性传染病。家兔和野兔(A型)土拉热主要由蜱和吸血昆虫传播,被啮齿动物污染的地表水是B型土拉热的重要传染源。

(2) 接触 污染材料,如土壤,引起结膜炎等,在疫区划伤皮肤引起感染。

(3) 消化道 食用、饮用病死动物肉、污染的水经口腔感染。

(4) 吸入 实验室、动物毛、谷物、草料等的灰尘的污染,经气溶胶吸入。可以作为生物战剂。

3. 易感性

易感动物广泛,人也可感染。主要保藏宿主是家兔、野兔(A型)、啮齿动物(B型);家禽也可以作为保藏宿主。

4. 流行特点

通过污染环境、生物媒介(如蜱、虻、蚊)叮咬传播,人是偶然宿主。野兔和啮齿动物是主要来源。常呈地方流行,与媒介昆虫活动季节有关。

二、临床表现

1. 动物

啮齿动物和兔最易感,表现虚弱,发热,溃疡,脓肿,局部淋巴结肿胀。易感的动物死亡,其他很少有死亡。

2. 人

急性发作,感染局部淋巴结肿大,预后良好;如果其他途径感染,可能有发热、头痛、肌肉痛、皮肤溃疡、淋巴结肿胀、眼痛、腹痛、呕吐、腹泻、咳嗽等。

三、预防措施

进入疫区做好个人防护,防止被昆虫生物叮咬;皮肤有伤口要注意处理好。避免接触患病动物或环境。

第十三节 沙门氏菌病

沙门氏菌病是由沙门氏菌（Salmonella spp.）引起的一类人兽共患病的总称。

一、流行病学

1. 病原特性

革兰氏阴性杆菌。沙门氏菌型别较多，已经含有2400多个血清型，但致病株并不是很多，100多种，人兽共患性就更少。根据致病性可分为三个群：对人致病，如伤寒沙门氏菌；对动物致病，如猪霍乱沙门氏菌，偶也感染人；人与动物都可感染，如鼠伤寒沙门氏菌、肠炎沙门氏菌等。

2. 传播途径

（1）消化道 经污染的食物或饲料传播，是沙门氏菌主要传播途径，人食物中毒常见。

（2）直接接触 污染环境、院内感染都是通过接触传播的。

（3）呼吸道 通过污染灰尘的气溶胶吸入。

禽也有通过卵传播。

3. 易感性

各种动物和人都易感，儿童更易感。

4. 流行特点

广泛存在，病畜禽是主要来源。

二、临床表现

1. 动物

（1）猪 也称为猪副伤寒，急性型体温升高，精神不振，食欲废绝，呼吸困难，皮肤有紫红色斑点，后有下痢，病死率很高。亚急性和慢性多见，体温升高，寒战，食欲缺乏，后下痢，特征病变为坏死性肠炎，最后衰竭而死或发育不良。

（2）禽 禽副伤寒呈败血经过而迅速死亡，鸡白痢常侵害雏鸡，禽伤寒主要侵害成鸡。

2. 人

人沙门氏菌病临床上可以分四型。

（1）胃肠炎型：常见，约占70%。潜伏期4～24h，多发热，腹部不适，腹痛，恶心、呕吐、腹泻，水样便，儿童有抽搐、昏迷状态。死亡率较低。

（2）伤寒型：由鼠伤寒沙门氏菌和猪霍乱沙门氏菌引起，潜伏期3～10天，长期发热，全身不适，腹泻等，病程1～2周。

（3）败血症型：多由猪霍乱沙门氏菌引起，发病急，寒战，发热，持续1～3周，胃肠道症状不显著。

（4）局部化脓型：发热或退热后可在任何局部化脓。这四型可能互相重叠。

三、预防措施

加强公共卫生与食品卫生，加强动物屠宰检疫和食品检验。

第十四节 大肠杆菌病

大肠杆菌病是由致病性大肠杆菌引起的人与动物传染性疾病。

一、流行病学

1. 病原特性

大肠杆菌（Escherich coli）是革兰氏阴性中等大杆菌，是人和动物胃肠道常在菌，属于条件致病菌。根据致病性和致病因子特点，将致病性大肠杆菌分成6类：肠产毒性大肠杆菌（ETEC）、肠侵袭性大肠杆菌（EIEC）、肠致病性大肠杆菌（EPEC）、肠出血性大肠杆菌（EHEC）、肠黏附性大肠杆菌（EAEC）和弥散黏附性大肠杆菌（DAEC）。有O抗原171种，K抗原103种，H抗原有60种。O157：H7对人是最严重威胁的一种致病型，比较重要的还包括O26、O103、O111、O145等。

2. 传播途径

（1）消化道 粪-口途径是最常见传播模式，动物源性食品是主要来源。人-人传播也是主要形式。

（2）直接接触 通过污染的手、食品或用具直接接触传播。

3. 易感性

人易感，儿童更易感；家畜禽都易感，对猪、鸡危害严重，死亡率很高。

4. 流行特点

多种动物与人都可感染，污染普遍，食物和饮水是主要传播途径。夏秋季节多见。仔猪黄白痢常见，发病率高，雏鸡发病率也高。

二、临床表现

1. 动物

猪的大肠杆菌病主要有仔猪黄痢、白痢和猪水肿病。牛以牛犊多发，以败血型、肠毒血型和肠型发生。羊可表现为败血型和肠型。禽主要是雏白痢，成年鸡表现为关节炎、输卵管炎和腹膜炎。

2. 人

（1）胃肠炎型：腹泻，水样便；

（2）尿路感染：尿痛、尿急、尿频、尿脓及低热等，肾炎，如果是 O157：H7 感染可能引起溶血性尿毒综合征（HUS）；

（3）败血症：多继发于尿路、肠道、胆道、呼吸道、妇科生殖道感染等，表现发热，寒战，双峰热，严重休克。

三、预防措施

做好公共卫生和饮食卫生，加强新生动物的饲养管理和卫生条件控制。加强母畜疫苗免疫。

第十五节 小肠结肠耶氏菌病

小肠结肠耶氏菌病（Yersinia enterocclitica）是由小肠结肠耶氏菌引起的人和动物人兽共患病。

一、流行病学

1. 病原特性

小肠结肠耶氏菌是革兰氏阴性杆菌，22~25℃培养时有鞭毛，37℃培养时无鞭毛，4℃时仍可缓慢生长。O 抗原可分为 27 个血清型，以 O：3、O：9、O：5、O：8、O：27 血清型为主要致病株。

2. 传播途径

主要通过消化道传播，也可能经吸血昆虫传播，是一种主要的食物中毒菌。应该包括人-人、人-动物、动物-动物、食品和水等途径。

3. 易感性

致病株有宿主特异性，人易感，以儿童敏感性强为特点；易感动物较多，动物中猪、牛和鼠是人感染的主要来源，猪最为重要。

4. 流行特点

伊斯兰国家发生少，可能与不食用猪肉有关；污染的蔬菜、饮水及动物性食品是主要传播媒介。

二、临床表现

1. 动物

动物多为隐性感染，猪等动物也有发热、腹痛、腹泻等胃肠炎症状，关节炎、败血症表现。

2. 人

（1）小肠结肠炎：该菌引起人的疾病多数为此型，发热，腹痛和腹泻，水样便，一般为自限性。

（2）末端回肠炎：以末端回肠、阑尾、肠系膜的淋巴结炎症为主，多见于大儿童和青年，突然发热，右下腹痛或压痛，外周血中性白细胞增多，有腹泻或无。

（3）败血症：机体抵抗力低下时，表现为持续高热，肝脾肿大，头痛，腹痛，中性白细胞增多，血沉快，婴幼儿多见。

（4）病态反应性病变：多发性关节炎、结节性红斑、肾小球肾炎、心肌炎等。

三、预防措施

做好环境卫生和食品卫生工作，做好动物粪便的安全处理。

第十六节 弯曲菌病

弯曲菌病是由弯曲菌属细菌引起的人兽共患病。

一、流行病学

1. 病原特性

主要有空肠弯曲菌（Campylobacter jejuni）、胎儿弯曲菌（C. fetus）和结肠弯曲菌（C. coli），革兰氏阴性，螺形菌或 S 形菌，如两个菌体相连形成海鸥展翅状，典型菌体，可用单染色法鉴别。微需氧生长，要求 5%O_2、10%CO_2、85%N_2 的气体条件，还需血液。42~43℃可以良好生长。有 O 抗原 60 个血清型，H 抗原有 90 个血清型。可产生三种毒素：细胞紧张性肠毒素（CE）、细胞毒素（C）和细胞致死性膨胀毒素（CDT）。

2. 传播途径

（1）消化道 经食物、水传播，引起人的食物中毒。

（2）直接接触 与感染动物接触，与动物污染水源接触，都能传播。

（3）垂直传播 通过鸡蛋传播。

3. 易感性

家禽、野禽和家畜带染最多，是重要传染来源，人易感，儿童发病多。

4. 流行特点

动物一般不发病，属无症状带菌，禽带染率最高，可能与其体温较高有关。人因接触宠物、禽类而感染。

二、临床表现

1. 动物

牛：主要是腹泻，多发生于秋冬季节。鸡：精神沉郁和腹泻，体重减轻，鸡冠发白、干燥、萎缩，常有腹泻，产蛋率下降；肌、肝脏炎症和坏死。

2. 人

潜伏期一般3～5天，病情轻重不一。典型发热，全身无力，头痛，肌酸痛，婴儿还可发生抽搐。继而腹痛，常局限于脐周，间歇性。12～24h后开始腹泻，水样便，1周后自行缓解。儿童还可发生败血症、脑膜炎、胆囊炎、腹膜炎、心内膜炎和反应性关节炎等。

三、预防措施

加强食品卫生和环境卫生，减少与宠物、禽类、禽类产品接触，勤洗手。

第十七节　类 鼻 疽

类鼻疽（Melioidosis）是由伪鼻疽伯氏菌引起的一种人兽共患病。

一、流行病学

1. 病原特性

伪鼻疽伯氏菌（Burrholderia pseudomonas）是假单胞菌属细菌，革兰氏阴性短杆菌。两极浓染，与鼻疽假单胞菌抗原交叉，Ⅰ型抗原耐热，Ⅱ型抗原不耐热，我国的属于Ⅰ型。自然环境存在较长时间。

2. 传播途径

直接接触污染的土壤和水，通过损伤的皮肤和黏膜而感染；也可经呼吸道、消化道或泌尿生殖道感染，主要是直接接触途径。该菌是环境常在菌，人-人可传播，动物起到转输病原的作用。

3. 易感性

人易感；动物多为隐性感染，海洋动物，如海豚、海豹和鲸敏感。

4. 流行特点

长期接触稻田、橡胶园的农民感染率最高。一般认为与野生动物有关，特别是鼠类。人和动物发病主要发生在雨季，病原适合在热、湿环境中生存。

二、临床表现

1. 动物

（1）羊　发热，食欲废绝。呼吸困难，咳嗽，消瘦，黏液性鼻液，腰椎、荐椎化脓时，后躯麻痹。化脓性脑膜炎时，有神经症状。山羊睾丸和乳房有顽固性结节。

（2）马和骡　急性肺炎，发热，食欲废绝，呼吸困难，咳嗽。慢性缺乏明显症状，在鼻黏膜上有结节，脓性鼻液，消瘦，下痢。

（3）猪　发热，精神沉郁，呼吸加快，咳嗽，运动失调，四肢肿胀，脓性鼻液，睾丸肿胀，仔猪病死率高。

（4）牛　无明显症状，脊髓化脓或坏死灶时可能偏瘫或截瘫等症状，也有肺脓肿。

2. 人

（1）急性败血型　败血症和肺脓肿症状，起病短促，高热，咳嗽气喘，有腹痛、腹泻、黄疸、肝脾肿大。病死率可达90%以上。

（2）亚急性型　多由急性感染消退后形成多处化脓灶，典型的肺脓肿，间歇性发热，咳嗽，消瘦，胸痛，类似结核。

（3）慢性型　以多发性脓肿为主要特征，病变涉及皮肤、肝、肺、脾、关节、淋巴结等。

三、预防措施

类鼻疽属不常发生疾病，没有疫苗可用，主要针对户外工作的加强自身防护。控制动物感染是困难的。

第十八节　葡萄球菌病

葡萄球菌病是由葡萄球菌属中的致病性葡萄球菌引起的人和动物感染的多种疾病总称。

一、流行病学

1. 病原特性

革兰氏阳性球菌，以金黄色葡萄球菌（Staphylococcus aureus）、表皮葡萄球菌和溶血葡萄球菌为主要致病菌，金黄色葡萄球菌最为主要。金黄色葡萄球菌具有血浆凝固酶和耐热核酸酶的菌株是主要致病菌。猪葡萄球菌（Staphylococcus hyicus）和中间葡萄球菌（Staphylococcus intermedius）也可能引起一些葡萄球菌病。葡萄球菌广泛存在，是人和动物体表常在菌。

2. 传播途径

（1）直接接触　接触动物、环境，通过破损的皮肤、黏膜侵入机体，也可经汗腺毛囊进入机体。

（2）消化道　肉、乳、蔬菜等食品经消化道感染，引起食物中毒。金黄色葡萄球菌产生的肠毒素耐热，共分5种主要肠毒素（A、B：B1和B2、C：C1、C2和C3、D及E）。

（3）呼吸道　经气溶胶通过呼吸道感染。

3. 易感性

人和动物都可感染,在免疫抑制群体易感。

4. 流行特点

广泛存在,与各种诱因有关,如饲养条件差、环境恶劣、污染严重、并发症和免疫低下等,院内交叉感染。

二、临床表现

1. 动物

牛羊引起乳房炎,表现发热,乳房肿胀,泌乳减少或停止,慢性可见乳房硬化。猪多表现为渗出性皮炎。马多为慢性,表现为体表和内脏化脓性肉芽肿。雏鸡多表现为败血症,成年鸡多见关节炎。兔多表现为脓毒败血症和体表、内脏的脓肿。

2. 人

(1) 皮肤软组织感染　局部反应的浅表小脓肿。

(2) 全身性感染　严重的痈、窦腔血栓、脓毒症或败血症。黏膜表面感染包括膀胱炎、小肠结肠炎。乳房、子宫内膜和胎儿组织都可感染化脓。严重的深部感染有心内膜炎、脊髓炎、脑膜炎、肺炎、肝脓肿等。

(3) 食物中毒　起病急,最短15分钟,恶心,呕吐,腹痛,腹泻,很快自愈。

(4) 中毒性休克综合征　由外毒素C引起,高热,休克,红斑皮疹,呕吐,腹泻等。

三、预防措施

注意食品安全,防止皮肤损伤和化脓,低温保藏食品。注意环境卫生和饲养卫生。

第十九节　李氏杆菌病

李氏杆菌病(Listeriosis)是由单核细胞增多性李氏杆菌引起的人和动物散发性传染病。

一、流行病学

1. 病原特性

单核细胞增多性李氏杆菌(Listeria monocytogenes)为革兰氏阳性小杆菌。能在低温下(4℃)缓慢生长,有7个血清型,16个血清变种。对人致病以1a、2a、1b、2b和4b多见。李氏杆菌属中仅两个种对人和动物同时致病:单核细胞增多性李氏杆菌和伊氏李氏杆菌(L. ivanovii)。世界性分布,存在于蔬菜、土壤、人和动物肠道中,是典型的细胞内寄生菌。

2. 传播途径

(1) 消化道　通过食物和水源传播为重要途径。食物包括蔬菜、肉、乳等。

(2) 直接接触　通过接触环境、动物,经破损的皮肤、黏膜、结膜感染。有养牛人因把手伸进牛生殖道直接感染的病例。

(3) 呼吸道　气源性感染引起流感样症状。

母亲或雌性动物怀孕通过胎盘、产道感染幼儿或幼畜。

3. 易感性

人和动物均表现神经症状,人以食物感染性疾病居多,儿童、老弱人群易感。食物感染死亡率33%,是食物中毒、食物感染病原中死亡率最高的病原。

4. 流行特点

散发为主,发病率低,致死率高,以中枢神经症状、死胎、流产为特征。

二、临床表现

1. 动物

牛、绵羊、山羊等反刍动物有脑膜炎,新生动物死亡,败血症,以脑炎常见。脑膜炎表现精神沉郁,发热,独处,斜颈,头颈一侧性麻痹,圆圈运动。母畜流产。猪表现为败血症和神经症状,病初低热,意识障碍,运动失常,圆圈运动或无目的行走,肌肉震颤,口吐白沫,1~4天死亡。仔猪败血症,母猪流产。禽类主要为败血症,表现为精神沉郁,停食,下痢,短时间死亡。

2. 人

人主要表现脑膜炎、败血症和心内膜炎。脑膜炎多见于新生儿和免疫抑制个体,发热,剧烈头痛,恶心,呕吐,颈部强直,严重时昏迷、抽搐。孕妇流产、死胎、败血症。

三、预防措施

接触动物和动物环境时,注意自身防护。注意食品卫生,吃熟的食品。

第二十节　肉毒梭菌中毒

肉毒梭菌中毒症是由于摄入含有肉毒梭菌毒素的食物或饲料引起人和动物中毒性疾病,以运动神经麻痹为特征。

一、流行病学

1. 病原特性

肉毒梭菌(Clostrdium botulinum)为革兰氏阳性专

性厌氧菌。A型、B型菌芽胞大于菌体，呈网球拍状，也是中毒的两个主要菌型。产生神经毒素。存在于土壤、动物肠道、粪便、动物腐败尸体、腐败饲料及各种植物中。

2. 传播途径

自然病例主要是摄食了污染饲料、食物中的毒素引起中毒。人中毒多以罐头食品、腌制食品、鱼制品为主，蜂蜜也是常累及的食品。西方国家多因家庭罐头食品中毒。也有伤口感染的，动物放牧时有感染。

3. 易感性

人和动物都具有易感性。

4. 流行特点

一般与食用特殊类型食品（具有厌氧保藏条件的食品）有关，发生率非常低，一般散发。动物在该病传播中作用不明确，但动物肠道携带肉毒梭菌。

二、临床表现

1. 动物

禽类（野鸭）中毒表现头颈无力，向前低垂，常以喙触地，有"软颈病"之称，翅膀下垂，两脚无力，有的呈嗜眠状或阵发性痉挛，病死率较高。

牛、羊、马等较大型动物表现为神经麻痹，由头部开始，迅速向后发展，直至后肢。肌肉软弱和麻痹，不能咀嚼和吞咽，流涎，颌下垂，眼半闭，瞳孔散大，共济失调，卧地不起，头颈弯于一侧；呼吸困难，直至呼吸肌麻痹死亡。病死率为70%~90%。

2. 人

潜伏期平均2~10天，起病急，初感觉全身无力，恶心，呕吐，头晕，胃肠道功能紊乱等前驱症状；继而出现典型症状，视力模糊，复视，眼睑下垂，瞳孔散大，眼内外肌麻痹，严重时出现咀嚼和吞咽困难，呼吸困难，常因呼吸肌麻痹而死亡，体温正常。

三、预防措施

注意罐装食品的加工和安全监测；不要饲喂腐败饲料等。

第二十一节 放线菌病

由放线菌属菌引起的动物和人的慢性传染病，以头颈、颌下和舌的放线菌肿为特征。应该是人畜共同病或人与动物共感染症，很少互相传染。

一、流行病学

1. 病原特性

与人和动物有关的放线菌的病原包括牛放线菌（*Actinomyces bovis*）——牛为主、伊氏放线菌（*A. israelii*）——人为主、黏性放线菌（*A. viscosus*）——犬为主、化脓放线菌（*A. pyogenes*）及猪放线菌（*A. suis*）等。革兰氏阳性，有成菌丝倾向，在病变组织中呈现带有辐射状菌丝颗粒性聚集物，外观似硫磺颗粒，质地柔软或坚硬，经涂片革兰氏染色后，菌体中心呈阳性，周围膨大部分呈阴性。厌氧。

诺卡氏菌属于需氧性放线菌，有关的包括星状诺卡氏菌（*Nocardia asteroids*）和豚鼠耳炎诺卡氏菌（*N. otitidiscaviarrum*）等。我国人兽共患病主要涉及伊氏放线菌和星状诺卡氏菌。

2. 传播途径

人与动物感染放线菌病主要通过直接接触，如皮肤、黏膜的创伤感染，或长期刺激，动物吃带刺的草料的刺伤感染。人也有内源性感染，即牙齿周围携带的病菌因伤侵入造成。口腔中的细菌通过吞咽或呼吸进入气管。也有星状诺卡氏菌污染蒸馏水，导致人的注射感染。

3. 易感性

一般动物放线菌不攻击人，但伊氏放线菌罕见在动物发病，牛放线菌罕见在人引起感染。放线菌病多与农业劳动者有关，星状诺卡氏菌与职业接触无关。

4. 流行特点

动物中放线菌不能传播给人，不能以人-人或动物-动物方式传播。散发为主。

二、临床表现

1. 动物

主要见于牛，上下颌骨肿大，界限明显，肿胀进展缓慢，一般要经过6个月以上才有明显的硬结，初期肿部疼痛，晚期无感觉。病牛呼吸、吞咽和咀嚼困难，消瘦，有时皮肤化脓，脓汁流出，形成瘘管，长久不愈。头、颈、颌下组织也会发生硬结，无热痛。舌发硬为"木舌病"，流涎，咀嚼困难。乳房感染时有弥散性肿大或局灶性硬结，乳汁稠，混有脓汁。马主要发生于精索，硬实无痛的硬结。猪患病时乳房肿大，多因小猪牙齿咬伤而引起感染，也有扁桃体或颚骨肿。

2. 人

因感染或侵入途径不同，病变也不一样。口腔或咽部黏膜损伤侵入，常于面颊及下颌部肿胀，硬结，后软化形成脓肿，破溃后流出硫磺样颗粒的脓汁。呼吸道侵入，多为肺炎，扩展到胸膜和胸壁瘘管，排出含硫磺样颗粒的脓汁。胃穿孔或胃肠手术引起，常见阑尾，再就是肛门、直肠和胃。慢性期可见腹痛、腹泻和腹部下坠感。侵犯骨骼系统，以下颌骨和胸椎多见。有时随血流侵犯全身，皮肤出现红肿结节，破溃后形成窦道。

三、预防措施

注意口腔卫生和术后感染，农业人员注意皮肤保护。野外游玩注意自身防护，防止皮肤损伤。没有成熟的动物防护机制。

第二十二节 钩端螺旋体病

钩端螺旋体病（leptospirois）是一种重要而复杂的人兽共患病和自然疫源性传染病，由不同型别的致病性钩端螺旋体引起。是最常见、发生频率最高的一种人兽共患病。

一、流行病学

1. 病原特性

钩端螺旋体属有两个种，一个是问号钩端螺旋体（*Leptospira interrogans*），对人、畜都有致病性，一个是双曲钩端螺旋体（*L. biflexa*），无致病性。菌体长丝状，有12~18个螺旋，菌体的一端或两端有钩状结构。革兰氏染色阴性，但不易着色。我国钩端螺旋体有18个群，70个血清型。一般于水田、池塘和淤泥中存在数月或更长。

2. 传播途径

鼠是主要来源，动物中猪、犬和牛也是重要来源。

（1）直接接触 鼠咬，乳汁、胎盘、性交等途径直接感染，经皮肤和黏膜的损伤、消化道和呼吸道黏膜侵入机体。这是人类主要感染途径。

（2）间接接触 人和各种带菌动物经尿、乳汁、唾液和精液等多种途径向体外排出钩端螺旋体，以尿中排出量最大，时间最长，污染周围环境的水、土壤、植物、垫草、饲料、食物和用具等，接触这些污染物就可发生感染。

3. 易感性

几乎所有的温血动物和人都可感染。爬行动物、两栖动物、节肢动物、软体动物和蠕虫等都可自然感染钩端螺旋体，特别是蛙类。

4. 流行特点

存在广泛，感染和流行广泛，职业人群比较危险，如与水接触、与动物接触的人感染较多。野生动物和家畜等是病原保持宿主。

二、临床表现

1. 动物

成猪以急性黄疸型多见，散发，发热，厌食，皮肤干燥，1~2天后皮肤和黏膜发黄，尿呈茶色或血尿，病死率很高。小猪多见亚急性和慢性型，地方流行。发热，眼结膜潮红，浆液性鼻漏，食欲减退，精神不振。几天后眼结膜潮红水肿，头部或全身浮肿，俗称"大头瘟"。茶色尿或血尿。病死率50%~90%。

牛和羊 急性型突然高热，黏膜发黄，尿色黄暗，皮肤干裂、溃疡或坏死，可在发病3~7天内死亡。亚急性常见于奶牛，发热，结膜染黄，食欲缺乏，产奶下降，流产。

犬和猫 急性出血型为高热，实质器官出血，以肺和消化道常见，后呼吸和循环衰竭而死。亚急性黄疸型以发热、严重黄疸、尿血、粪带血为特征。最终死亡。

2. 人

潜伏期平均10天左右。根据病程及菌株致病特点可分为如下三个阶段。

（1）早期（钩体血症期）：发病3天内，突然发热，头痛，肌肉疼痛，以腓肠肌痛伴有压痛为特征，全身乏力，浅表淋巴结肿痛，以腹股沟淋巴结常见。可能还伴有咽痛、咳嗽、呕吐、腹泻、鼻出血、皮疹等。

（2）中期：表现为流感样伤寒型、肺大出血型、黄疸出血型和脑膜脑炎型。

（3）晚期（恢复期）：一般10天后，退热，症状消失而趋于痊愈，有些出现后发症，如发热眼、反应性脑膜炎等。

三、预防措施

不食生乳或生水，不要在污染的河沟和池塘中洗澡，与水和动物接触较多的职业注意卫生防护，如戴手套、穿靴等。世界性分布，我国也有发生。

第二十三节 莱 姆 病

莱姆病是由伯氏疏螺旋体引起的人兽共患疫源性疾病，临床上以叮咬性皮损、发热、关节炎、脑炎、心肌炎为特征。

一、流行病学

1. 病原特性

伯氏疏螺旋体（*Borrellia burgeorferi*）革兰氏阴性，有7个螺旋弯曲，末端尖，多根鞭毛。微需氧，最适培养温度33℃，从蜱中易分离，但难从人体分离到。

2. 传播途径

30多种野生动物和49种鸟类及家畜作为病原宿主，啮齿动物是主要来源。通过蜱类传播，美国为达敏硬蜱，瑞士和德国北部为篦子硬蜱，俄罗斯和日本为全沟硬蜱、卵形硬蜱、肩胛硬蜱，我国主要为嗜群血蜱、长角血蜱、全沟硬蜱。

3. 易感性

人和动物均有易感性。

4. 流行特点

本病流行与蜱的生活习性有关，多数在森林或草地、牧区。温暖季节多发。

二、临床表现

1. 动物

野生动物莱姆病症状不清楚；狗等主要是游走性关节炎，关节痛伴随发热、疲劳、厌食、淋巴结炎，关节炎一般为暂时的，但有时转为慢性。马包括关节炎、脑膜炎、皮炎、葡萄膜炎、肢体水肿。牛也是关节炎多发。

2. 人

被蜱叮咬部位皮肤慢性游走性红斑，发热，头痛，骨骼和肌肉游走性疼痛，关节疼痛，易疲劳，嗜眠，随后有脑炎、脑膜炎、多发性神经炎、心脏搏动异常和关节炎等。

三、预防措施

避免在流行区被蜱咬，进入流行地区、职业劳动都要穿防护服，如戴手套、穿靴子等。狗、猫等咬伤要经常检查有无蜱叮咬。

第二十四节 蜱传回归热

蜱传回归热也称为地方性回归热，是由疏螺旋体属多种螺旋体引起的一种急性人兽共患病，以不规则热为特点。

一、流行病学

1. 病原特性

病原按媒介昆虫软体蜱的种类命名，有十余种。蜱的分布有严格的地区性，我国南方与北疆为波斯疏螺旋体、拉氏疏螺旋体，中非有赫姆斯疏螺旋体等。

2. 传播途径

鼠类、其他野生动物和家畜都是传染源，患者也可以作为传染源。传播媒介是软体蜱。

3. 易感性

人和家畜都易感。

4. 流行特点

有媒介蜱的地方就有本病传播，春夏季节多发。

二、临床表现

1. 动物

动物多数呈隐性感染，很少有症状。

2. 人

叮咬部位有炎性反应，痒感，稍痛，局部淋巴结肿大。潜伏期一般为4～9天，发热，寒战，伴有乏力，全身酸痛、恶心、呕吐。一般复发3～9次，反复发热，但逐渐减轻。后引起虹膜睫状体炎、脑膜炎、脑炎等。有视力障碍和神经麻痹等后遗症。

三、预防措施

灭鼠，防止被蜱叮咬，穿好防护衣及配套服装。

第二十五节 小螺菌鼠咬热

小螺菌鼠咬热是由小螺菌和念珠状链杆菌引起的人和动物的急性热性传染病，以间歇热和各种皮疹为特征。

一、流行病学

1. 病原特性

小螺菌（*Spirillum minus*）也称为鼠咬热螺旋体（*Leptospira morsus muris*）。菌体为短粗、两端尖的螺旋形微生物，革兰氏阴性，多数具有2～5个粗螺旋，人工培养还未成功。念珠状链杆菌（*Strptobacillus moniliformis*）革兰氏阴性，多形态性，微需氧杆菌。培养需要20%血或腹腔液。

2. 传播途径

鼠是念珠状链杆菌重要的保藏宿主，隐藏在咽喉部，通过鼠咬传播病菌给人；也有从乳传播给人；鼠粪污染学校水源传播。大鼠和啮齿动物是小螺菌的主要保藏宿主，存在于鼠的唾液腺中，通过鼠咬感染人；人被雪貂、狗、猫和食肉动物咬伤都可以感染该菌。

3. 易感性

人和鼠、家畜、宠物都易感。

4. 流行特点

鼠疫源地和鼠咬是两个必备因素，很多是实验室鼠咬，鼠起到主要作用。

二、临床表现

1. 动物

动物隐性感染，在鼠类可见结膜炎或角膜炎。

2. 人

咬伤处疼痛，肿胀发紫甚至坏死，继而黑痂硬结下溃疡。局部淋巴结肿大，压痛，发热，全身乏力、肌痛及关节痛，腹泻、呕吐、便血、昏迷、颈强直等中枢神经症状。50%的人有皮疹，暗红色，椭圆形，分布于四肢和躯干。间隔3～7天后体温又上升，上述症状，即皮疹又出现。如果不及时治疗可持续3～8周，逐渐消退。由于长期发作常伴发心内膜炎、脑膜炎、心肌炎、肝炎、肾小球肾炎、贫血、附睾炎、胸膜渗出和脾肿大等。

三、预防措施

灭鼠和防止被鼠咬。与鼠接触的试验人员必须戴防护手套等。

第二十六节 气单胞菌病

气单胞菌病是由气单胞菌属中的嗜水气单胞菌和温和气单胞菌引起的人与动物传染病。

一、流行病学

1. 病原特性

革兰氏阴性短杆菌，以基因杂交可分为有13个不同基因种。产生β-溶血素和细胞兴奋素性肠毒素，与霍乱毒素有交叉反应。

2. 传播途径

消化道为主要传播途径，以水和食物传染。与鱼类密切接触、与不洁水接触或食用海产品、伤口接触水、被鱼刺伤或咬伤都可感染。

3. 易感性

缺乏特异宿主，人和多种动物易感。

4. 流行特点

主要来源是河、湖和池塘水，分布广泛，如自然界、水、动物粪便、动物源性食品。水源性传播为多数。鱼类是该菌的主要保藏宿主。

二、临床表现

1. 动物

多种动物都可感染，常见表现腹泻和败血症，一般均表现较高发病率和死亡率，常与其他病原菌混合感染。鱼类表现局部感染和败血症。

2. 人

人感染主要表现急性胃肠炎、外伤感染、败血症及其他感染。外伤多与游泳、捕捞、钓鱼等有关。

三、预防措施

避免生食食物，特别是海产品；注意外伤的处理和清洁。该菌毒性决定因子和流行病学目前还不清楚。

第二十七节 红球菌病

是由马红球菌引起的一种人兽共患病。

一、流行病学

1. 病原特性

马红球菌（Rhodococcus equi）属放线菌目，类球形或杆状，革兰氏阳性，有荚膜。正常生存在土壤中。有14个血清型。为机会致病菌，可以隐藏在巨噬细胞中，是细胞内寄生菌。

2. 传播途径

草食动物粪便利于该菌生长。以吸入和消化道途径传播，人主要是吸入，而猪可能以粪口途径为主。草食兽粪便起到撒播作用。

3. 易感性

马、猪、牛和人易感。

4. 流行特点

以1～6月龄幼驹发生化脓性支气管炎为特征。

二、临床表现

1. 动物

病驹在发病初期精神沉郁，食欲减退，时有咳嗽，随后出现稽留高温，结膜潮红，贫血，随着病情的发展，发生化脓性肺炎，呼吸迫促，鼻腔流脓液性分泌物，以后转为脓性。有的病驹关节肿大，最后卧地不起，多因脓毒败血症而死。本菌还可引起猪的化脓性肺炎和淋巴结炎，牛和绵羊的化脓性肺炎。

2. 人

人发生罕见，漏报是可能的。持续发热，呼吸困难，干咳，胸痛。食用不熟的猪肉、牛肉、羊肉，特别是食用各种烤肉串常使人致病，并可引起艾滋病、血液病和肾移植等免疫功能受损患者的肺部感染。

三、预防措施

没有太好的预防措施。

第二十八节 嗜皮菌病

嗜皮菌病（dermatophilosis = dermatophiliasis）是由刚果嗜皮菌引起的人与动物皮肤病。

一、流行病学

1. 病原特性

刚果嗜皮菌（*Dermatophilus congolensis*）为放线菌目细菌。兼性厌氧，革兰氏阳性。呈分枝丝状，横向和有鞭毛样芽胞，称为游动孢子，专性寄生。

2. 传播途径

人通过直接接触动物受伤部位；节肢动物媒介包括蜱、飞蝇和蚊虫。以游走孢子感染。外伤也是一种传播途径。

3. 易感性

牛、羊、马和人易感。

4. 流行特点

环境潮湿或皮肤潮湿是前提条件，游动孢子需要潮湿环境游走和释放。动物营养不良也是诱因。春末夏季多发，热带和亚热带流行。

二、临床表现

1. 动物

牛、羊、马的毛丛状连根干燥为基础的渗出物形成痂皮，然后痂皮脱落，形成潮湿秃的区域，损伤呈各种大小，在背、颈、头和任何侵袭部位。

2. 人

病例较少，以手和前臂的丘疹为特征，含有黄白色渗出物，如果破裂，形成漏斗状浅红色腔。损伤 3～14 天痊愈，留下紫红色疤痕。

三、预防措施

人病例很少，主要是不要徒手接触动物。

第二十九节　绿脓杆菌感染

绿脓杆菌感染是由绿脓杆菌引起的人和动物共患病。呈世界性广泛分布。

一、流行病学

1. 病原特性

绿脓杆菌也称为铜绿假单胞菌（*Pseudomonas aeruginosa*）为革兰氏阴性较大的杆菌。产生两种水溶性色素，可见感染处的绿色脓汁。

2. 传播途径

主要是直接接触和空气的气溶胶传播，接触环境污染物如院内感染、接触患病动物、创伤感染等。动物抵抗力下降时易感，经饲料也可感染动物。

3. 易感性

人和动物都易感，人在烧伤或免疫力低下情况下易感染，感染动物多为幼龄动物。

4. 流行特点

分布广泛，条件致病菌，养殖环境不洁或突然改变都是诱因。

二、临床表现

1. 动物

经济动物，如狐狸、貂常表现为出血性肺炎，死亡率很高；犬发生眼部感染；马流产和化脓性肺炎。鸡的孵化胚胎期感染和新生雏鸡的败血症、关节炎等；雏鸡下痢、水样便，黄绿色，死亡率很高。牛羊可引起下痢、乳房炎、皮肤肉芽肿，子宫炎，化脓性肺炎。

2. 人

人感染包括全身感染和各种局部感染，幼儿败血症、皮疹、化脓；系统感染包括呼吸系统、泌尿系统、中枢神经系统等的感染。局部感染包括：心内膜炎、皮肤炎、骨骼感染和骨髓炎、创伤感染、脓胸、皮肤软组织感染、眼部感染、耳鼻咽喉部感染及新生儿脐部感染等。

三、预防措施

做好卫生措施，防止感染，提高动物免疫力。人防止皮肤受伤，接触动物注意防护，特别是养殖人员更要注意防护。

第三十节　军团菌病

由军团菌属细菌引起的以发热和呼吸道症状为主的疾病称为军团菌病。

一、流行病学

1. 病原特性

军团菌目前发现的有 50 个种，能引起人和动物疾病的约有 20 个，常见有嗜肺军团菌（*Legionella pneumophila*）、买氏军团菌（*L. micdadei*）、博氏军团菌（*L. bozemanae*）、菲氏军团菌（*L. feeleii*）、杜氏军团菌（*L. dumoffii*）、长滩军团菌（*L. longbeachae*）等。不能在一般培养基上生长，也不能被一般染色剂着色。革兰氏阴性，杆状或长丝状。1% 甲苯胺蓝加热染色。需氧，但需要 2.5%～5.0% CO_2 环境。

2. 传播途径

空调冷却水、河流、湖泊、潮湿土壤都可分离到。分布广泛。通过气溶胶和污染水吸入途径是主要途径。

阿米巴原虫也是传播途径，与原虫形成稳定互惠关系，并释放到周围环境。外伤接触了污染水也可感染。院内也有感染，病人可能是一个主要来源。

3. 易感性

人和家畜都易感。

4. 流行特点

流行多数与水有关，世界性分布，散发或点状暴发流行。

二、临床表现

1. 动物

动物感染一般不表现临床症状，我国调查资料显示，家畜禽普遍存在抗体。

2. 人

临床上有两种类型：一种是以发热、咳嗽和肺部炎症为主的肺炎型，称为军团菌肺炎；另一种是散发，病情轻，发热、头痛、肌痛等急性自限性流感样疾病。

三、预防措施

各种水环境如空调凝结水、淋浴等水应注意清洁，注意与水接触时的卫生。没有特定的预防措施。

第三十一节　迟钝爱德华菌感染

由爱德华菌属细菌引起的人和鱼类的爱德华菌病。

一、流行病学

1. 病原特性

迟钝爱德华菌（*Edwardsiella tarda*）为革兰氏阴性菌，需氧菌。

2. 传播途径

传播途径并不是十分清楚，接触带菌动物及其粪便是感染的主要途径，水体是另一个主要途径。外部伤口和肠道也可能是其他传播途径。

3. 易感性

人和鱼类。

4. 流行特点

局部范围或散在病例，鱼的感染比人广泛。

二、临床表现

1. 动物

鱼表现溃疡、肝肾病、鳍感染等。

2. 人

人主要表现胃肠道感染和胃肠道外感染。胃肠道症状就是轻症腹泻、呕吐、腹痛等。肠道外感染，如脑膜炎、腹膜炎、菌血症及败血症、皮肤软组织感染、腹内脓肿、输卵管脓肿、肝脓肿、心内膜炎、伤口感染、尿路感染、肺部感染等。

三、预防措施

注意饮食卫生，与鱼类接触注意不要被刺伤。

第三十二节　鼠　疫

鼠疫（plague）是由鼠疫耶尔森氏菌引起的啮齿动物和人的一种急性烈性传染病，以发热、严重毒血症、淋巴结肿大和肺炎为特征。

一、流行病学

1. 病原特性

鼠疫耶尔森氏菌（*Yersinia pestis*）革兰氏阴性短杆菌，有荚膜，无芽胞。有18种抗原，F、T、W是该菌的特异抗原，F为荚膜抗原，可以作为诊断抗原；VW为菌体表面抗原；T抗原及鼠毒素可以导致宿主发病和死亡，免疫原性好。

2. 传播途径

野生啮齿动物是主要保藏宿主，以跳蚤从鼠传播到人，也可经皮肤伤口和口腔黏膜使人感染。鼠疫的维持依赖于自然疫源地中鼠疫杆菌-啮齿动物-跳蚤复合群的状况。共生的大鼠中鼠疫产生了一个附带现象——腺鼠疫，扩展到人鼠疫。

3. 易感性

人易感，但属意外宿主。动物也有感染鼠疫的，大概累计250种动物。

4. 流行特点

鼠疫是自然疫源性疾病，自然条件下在啮齿动物中循环，偶然传播给人。

二、临床表现

1. 动物

啮齿动物表现为腺型鼠疫或肺型鼠疫，也有隐性感染，家畜中骆驼可以发病，发热，全身症状明显，侵入肺脏，表现肺炎症状，病驼不久死亡。犬猫多隐性感染。

2. 人

潜伏期3～5天，有腺型、肺型和败血型，可单独发生或混合发生。各型初期多有全身中毒症状，发病快，发热，寒战，呼吸促迫，头痛，全身痛，结膜充血，出血症状，发病3～6天死亡。腺型鼠疫相对常见，除全身症状外，还表现严重淋巴结炎，进一步化脓或肺型和败血型鼠疫而死亡，死亡率为50%～90%。肺型以剧烈胸痛、咳嗽、咳痰、呼吸困难、皮肤和黏膜发绀为特征，病死率达70%～100%。败血型鼠疫多继发于肺鼠疫和腺鼠疫，病情迅速加剧，伴有严重毒血症症状，昏迷，皮肤、黏膜和脏器广泛出血，可于数小时或1～2天死亡。

三、预防措施

主要是控制鼠和跳蚤，但这是一项长期的工作。进入疫区的个人要注意防护。

第三十三节 肺炎克雷伯氏菌感染

肺炎克雷伯氏菌感染是由肺炎克雷伯氏菌引起的人和动物呼吸系统感染性疾病。

一、流行病学

1. 病原特性

肺炎克雷伯氏菌（*Klebsiella pneumoniae*）为革兰氏阴性杆菌，有荚膜。K和O抗原均具有良好免疫原性。

2. 传播途径

人和患病动物是主要来源。主要通过呼吸道；在适当条件下，也可通过内源性或污染环境等引起人的感染，还可以引起人的食物中毒。其他途径较少见，但很复杂。传播途径包括呼吸道、泌尿道、胃肠道、腹腔、静脉注射、新生儿脐带等。动物是通过群体间接触、饲料污染、水源污染等途径。

3. 易感性

缺乏特异宿主，人和动物为条件致病或机会致病所引起。感染广泛。

4. 流行特点

散发，几乎不具有流行性。

二、临床表现

1. 动物

猪、鸡、牛、羊、兔、熊猫及猴等都可感染，主要是呼吸系统感染。

2. 人

可以人为分为三类：①杜诺凡病（donovanosis）由肉芽肿克雷伯氏菌引起的人传染性疾病，即腹股沟肉芽肿，主要侵害生殖器官；②肺炎和呼吸道感染：以肺炎克雷伯氏菌引起，人畜共患；③呼吸系统外感染：泌尿道感染、腹腔内感染、创伤感染、菌血症等。

三、预防措施

做好卫生条件改善和提高人和动物抵抗力，防止院内感染，加强动物卫生管理。

第三十四节 弓形菌感染

弓形菌感染是由弓形菌属细菌引起的人类和动物的腹泻、菌血症等疾病。

一、流行病学

1. 病原特性

目前已发现弓形菌属（*Arcobacter*）有11个种，最常见的是嗜低温弓形菌（*A. cryaerophilus*）、布氏弓形菌（*A. butzleri*）、斯氏弓形菌（*A. skirrowii*）和硝化弓形菌（*A. nitrofigilis*）4个种。其中，前3种与人类和动物的腹泻、菌血症等疾病密切相关。弓形菌广泛分布于自然界，致病力与弯曲菌相当，且比弯曲菌更易存活，引起了许多研究者的关注。最重要的人类感染源是食品，该菌在牛、猪、火鸡、鹅等制品中均可检出，其中禽类被认为是最大的储存库，宠物带染率也很高。此外，该菌还大量存在于各种水体中，包括饮用水、湖泊水、地表水、地下水、污水等。

2. 传播途径

感染的途径可能包括人对人（宿主对宿主）的直接接触、食入被污染的饮用水或食物，其中家禽产品的污染率极高，此外，未经杀菌处理的奶类制品也是造成弓形菌传播至人类的重要途径之一。可通过水体媒介进入人体肠道，引发一系列的肠道疾病，危害人类和动物的健康。

3. 易感性

人和很多动物易感。

4. 流行特点

主要食源性传染，散发。城市污水和城市污水化学生物絮凝池活性污泥中的优势菌群，且具有致病性。

二、临床表现

1. 动物

动物与畜类的胃肠炎和流产有关，主要在牛、马、绵羊、禽类引起疾病，都能引起流产、乳房炎和肠炎。

2. 人

弓形菌引起人类胃肠炎和菌血症等疾病，胃肠炎的临床症状与弯曲杆菌病类似，主要表现为持续性腹泻，伴有腹痛、胃痉挛、恶心呕吐和发热等症状，严重的有致命性急性呼吸道疾病、DIC和肾衰竭，机制目前还不清楚，可危及老年人生命；但引起腹泻的频率和持久性比空肠弯曲菌更高。

三、预防措施

预防控制弓形菌感染注意动物屠宰线卫生控制，保证肉类屠宰卫生，避免各种污染源对屠体的污染是至关重要的。在日常生产加工中，应依据HACCP原则，建立"过程控制"和定期微生物监测系统，加强对动物性食品加工过程中重点环节的监督管理，加大监测力度，及时掌握食品的动态卫生质量。不要接触环境水源。

第三十五节 博德特氏菌病

博德特氏菌病也称为波氏菌病（Bordetellosis），是由支气管炎博德特氏菌等引起的人与动物呼吸道传染的疾病。

一、流行病学

1. 病原特性

支气管炎博德特氏菌（*Bordetella bronchiseptica*）为革兰氏阴性球杆菌，需氧，两极多浓染，是人和温血动物严格寄生菌和致病菌。

2. 传播途径

接触唾液、痰液以气溶胶形式传播给人。

3. 易感性

人和很多温血动物都可感染，包括猪、兔、鼠、哺乳动物、豚鼠、鸡、鸭、鹅、文鸟、小熊猫、狐猴、袋鼠等。

4. 流行特点

世界性分布，有时与其他菌混合感染，如与多杀性巴士杆菌共同感染引起萎缩性鼻炎。散发，人感染罕见。

二、临床表现

1. 动物

猪主要是萎缩性鼻炎；兔以鼻炎为主；小熊猫、节尾狐猴、袋鼠表现为肺水肿、出血、胃胀气；狗表现为支气管炎。

2. 人

鼻窦炎、支气管炎、百日咳样病，在免疫力低下情况下发生肺病和传染性疾病。

三、预防措施

与宠物接触注意气溶胶传播，也要注意直接接触感染的风险。

细菌性人兽共患病除上述外，还有变形杆菌感染、副溶血性弧菌感染、阴沟肠杆菌感染、鲍曼不动杆菌感染、志贺氏菌感染、狗咬二氧化碳噬纤维菌、猕猴咬二氧化碳噬纤维菌等，也是近些年从各种证据上认为是人兽共患病病原菌，但感染人的概率小一些或互相传播较弱，因此，重视还是不够。这里就不一一详述，参考相关章节和文献。狗咬二氧化碳噬纤维菌（*Capnocytophaga canimorsus*）和猕猴咬二氧化碳噬纤维菌（*C. cynodegmi*）见宠物人兽共患病章。费氏藻（*Pfiesteria*）包括杀鱼费氏藻（*P. pisicicida*）和*P. shumwayae*可能具有人兽共患病性质。见第三章第十二节。

海豚链球菌（*Streptococcus iniae*）也是链球菌属成员，是鱼类和人类感染病原菌，具有人兽共患性质。分布广泛，包括北美、中东和亚太地区。包括罗非鱼等很多鱼类感染，感染后海豚呈皮下脓肿，罗非鱼等呈脑膜炎、全眼球炎，高发病率和死亡率（5%~50%）。人因伤口接触鱼类而感染，常见于手蜂窝织炎、脑脓肿、菌血症、关节炎等。预防主要是避免有伤口时期接触鱼类。

第三十六节 人的Crohn's病和牛的Johne's病的关联性

人的Crohn's病（CD）和牛的Johne's病之间可能存在密切的关联性，如果存在这种关联性，那就属于人兽共患病。人的Crohn's病为人克隆病（克罗恩病），也曾称为局限性回肠炎、局限性肠炎、节段性肠炎和肉芽肿性肠炎，是一种慢性、复发性、原因不明的肠道炎症性疾病。与慢性非特异性溃疡性结肠炎统称为炎症性肠病（IBD）。牛的Johne's病也称为牛的慢性细菌性肠炎，由牛分枝杆菌亚种——副结核分枝杆菌引起的牛肠道和其他器官慢性颗粒性炎症。

1. 牛的Johne's病流行病学

牛的Johne's病主要表现间歇性腹泻，体重损失和生产性能严重下降，最终死亡或极度衰弱状况。感染该病的牛隐藏菌体于粪便和乳中，几乎每个国家的牛群都患有此病，引起严重的经济损失，美国因此每年直接损失2.5亿美元。赤峰1987~1990年检疫9856头牛，406头阳性，白宇等2005年对长春、上海760头鹿检疫，61头阳性。对该病检验很困难，一般不易在粪便检出菌体或血中检出抗体。加拿大屠宰场取淋巴结和肠道进行微生物检验，乳用牛16%感染，但这些牛并不表现临床症状，仍可引起其他动物感染。反刍动物，如绵羊、山羊、野生动物（如鹿、麋鹿、大角麋）作为森林动物MAP（副结核分枝杆菌）的储藏宿主，MAP也存在水源性传染。

2. 炎性肠病（IBD）流行病学

由人CD和溃疡性结肠炎构成IBD（炎性肠炎），表现慢性逐渐恶化的肠道炎症，原因不明，治愈困难。工业化国家流行严重，一般在18～35岁居多，儿童占10%～15%。部分原因是受环境和微生物影响，概括起来是基因-肠道微生物-环境复杂反应所致。

3. 人的Crohn's病流行病学

人的CD很难治愈，导致慢性免疫抑制和手术治疗。在发达国家这类患者不在少数，如加拿大5万～10万，美国在50万左右，我国1987～1993年报道625例。病因不清楚，一般认为遗传敏感性个体肠道微生物与环境反应的结果（饮食习惯）、胃肠感染MAP继发慢性炎症，与工业化发展关系密切。在啮齿动物模型中，肠道没有微生物、特别是MAP不产生肠炎；将肠道微生物放回肠道，则能重新发生肠炎。CD病理中常见MAP，证明相关性较高，后来认为人类感染MAP继发感染引起CD。副结核分枝杆菌具有广泛宿主和潜在人兽共患病致病性，但由于生长缓慢，分离、特别是人的病例分离更加困难，现在通过指纹技术和PCR技术证明两株人与动物分离株基因同型，而且在同一地理区域。但现在还缺乏直接证据证明人与动物中的MAP直接相关。食物冷藏或冷冻可能也存在IBD的潜在风险，嗜冷性人兽共患病微生物如小肠结肠耶氏菌、李氏杆菌在病变处都能检测到。CD发病率与食用肉和乳有关，在不同国家零售乳样中发现有MAP活菌，但少量阳性乳样与高CD发病率之间数据矛盾还无法解释，如瑞典无牛副结核病，但人CD发病率却很高，分析原因认为瑞典从国外大量进口乳及乳产品。屠宰加工污染MAP牛肉常被人们食用，加拿大研究指出，牛肉烹调温度在63℃ MAP可存活，但数量大大减少，而71℃就可消灭肉中MAP。人可直接接触病牛感染MAP，尽管农村食用非巴氏消毒乳比率高，但数据显示城市CD比农村风险高。欧洲研究证据证明野生动物和家畜反刍动物之间MAP可以传播，这与食物链食用密切相关，MAP也可以通过污染游泳水和饮用水感染人。

总之，人的克隆病与牛副结核病之间的关系具有共患病潜在风险，确切关系还不能完全解释，其他关系需要以后的研究加以证明（Peter M R and Lisa A，2009）。

第十一章
人兽共患衣原体病、支原体病和立克次体病

第一节 衣原体病

人兽共患性衣原体病是由鹦鹉热衣原体等病原体引起的人兽共患病。

一、流行病学

1. 病原特性

目前认为衣原体属有4个种,即沙眼衣原体(*Chlamydia trachomatis*)、鹦鹉热衣原体(*C. psittaci*)、肺炎衣原体(*C. pneumoniae*)和反刍动物衣原体(*C. pecorum*)。肺炎衣原体仅限于人类,其余3种都具有人兽共患性质,以鹦鹉热衣原体引起的人兽共患病常见。

2. 传播途径

(1) 鸟(禽)类中传播 气溶胶吸入和食入了鸟类粪便污染的饲料传播,通过卵或吸血昆虫传播。

(2) 人感染途径 ①吸入气溶胶而感染,打扫禽舍,清理鸟笼或鸽舍中粪便,宰杀禽类、拔毛时产生的气溶胶;②直接接触 在接触禽类、鸟类,宰杀、拔毛等活动中,通过损伤皮肤、黏膜感染。

3. 易感性

鸟最易感,最常见鹦鹉热,有190多种鸟、禽类易感,家畜也易感,野生动物和人也易感。

4. 流行特点

世界性分布,多数动物和人引起的疾病不表现症状呈隐性感染,一旦环境改变或抵抗力降低就可转化为活动性感染。

二、临床表现

1. 动物

(1) 鸟类 鸟鹦鹉热表现精神萎顿,厌食,眼鼻分泌物增多,拉稀;后期脱水,消瘦,幼龄常死亡,成年症状轻。

(2) 家禽 多隐性感染。火鸡症状明显,发热,食欲减少,萎顿,拉稀,消瘦,病死率一般不高。病鸭眼鼻分泌物增多,厌食,拉稀,消瘦,死亡。

(3) 鸽 精神不安,眼鼻分泌物增多,厌食,拉稀,雏鸽死亡,成年鸽康复呈带菌者。

(4) 哺乳动物 ①流产型:主要见于牛羊猪;公牛精囊炎,猪睾丸炎、附睾炎、阴茎炎、尿道炎等。②肺肠炎型:6月龄前的犊牛、仔猪,精神沉郁,腹泻,发热,鼻流浆液性、黏液性分泌物,流泪,咳嗽和支气管炎;仔猪胸膜炎和心包炎。③关节炎型:主要是羔羊,犊牛也有。④结膜炎型:主要是绵羊,尤其是肥育羔和哺乳羔。⑤脑脊髓炎型:主要见于牛,特征为脑炎、纤维素性胸膜炎和腹膜炎,病牛表现神经症状、流涎、咳嗽。

2. 人

引起鹦鹉热、沙眼衣原体病和Reiter综合征等。

(1) 鹦鹉热 潜伏期6~15天,多隐性感染。表现症状为肺炎型,急性的为发热,轻微咳嗽;伤寒样或重度败血症型:剧烈头痛、喉痛,伴有肌痛,一周后肝肿大,还有其他各种表现。

(2) Reter综合征 也称为反应性关节炎,成年男性多见。

(3) 沙眼衣原体病 主要是直接接触或间接接触引起,又包括包涵体包膜炎、泌尿生殖道感染、性病淋巴肉芽肿,后两种通过性传播。

三、预防措施

增强动物抵抗力,加强动物检疫,及时发现病畜禽并及时处理;注意与动物接触人员的个人防护;牛羊和猫可用疫苗预防。正确适当的性接触。

第二节 支原体病

支原体(*Mycoplasma*)是一类缺乏细胞壁、高度多形态性、能通过细菌滤器、可在无生命培养基中生长繁殖的最小原核细胞型微生物,也是迄今发现能够独立生活,自行繁殖而不需要寄生于其他生物细胞的最小微生物。支原体病是由支原体引起的以肺病为主的人畜共患病。

一、流行病学

1. 病原特性

支原体的大小为0.2~0.3μm,可通过滤菌器,常

给细胞培养工作带来污染的麻烦。菌落小（直径0.1～1.0mm），在固体培养基表面呈特有的"油煎蛋"状。无细胞壁，不能维持固定的形态而呈现多形性，对渗透压敏感，对抑制细胞壁合成的抗生素不敏感。革兰氏染色不易着色，故常用Giemsa染色法将其染成淡紫色。凡能作用于胆固醇的物质（如两性霉素B、皂素等）均可引起支原体膜的破坏而使支原体死亡。支原体基因组为环状双链DNA，分子质量小（仅有大肠杆菌的1/5），合成与代谢很有限。支原体广泛寄生于人、动物和植物，是重要的人畜共患病病原。肺炎支原体的一端有一种特殊的末端结构，能使支原体黏附于呼吸道黏膜上皮细胞表面，与致病性有关。

2. 传播途径

(1) 呼吸道 借呼吸飞沫或气溶胶传播。

(2) 消化道 口腔支原体随粪便或唾液排出体外，污染食物、食具、饮水、饮料等传播。

(3) 性接触、共用浴盆、浴巾等传播。

(4) 直接接触 动物之间的直接接触。

(5) 垂直传播 人能通过胎盘传播；禽可通过卵传播。

3. 易感性

人和动物均易感，但以幼龄动物易感。

4. 流行特点

全球分布，无地区差别，动物支原体要比人的广泛，发病率高，死亡率低。

二、临床表现

1. 动物

(1) 牛羊传染性胸膜肺炎 牛有急性、亚急性和慢性之分，急性症状明显，发热，腹式呼吸，胸腔积水，便秘与腹泻交替发生，常因呼吸困难死亡。慢性过程主要表现纤维素性肺炎特征。

(2) 猪支原体肺炎 又称猪气喘病，表现咳嗽、气喘、生长缓慢和饲料转化率低，但体温基本正常，发病率高，死亡率低。

(3) 禽支原体病 病原包括鸡毒支原体、滑液支原体和火鸡支原体，引起鸡呼吸道疾病和产蛋下降，引起重大经济损失。

2. 人

(1) 支原体肺炎 起病缓慢，发热，咳嗽，气喘，乏力，肺部体征多不明显为特征，多以幼龄儿童多见；

(2) 其他支原体病 上呼吸道支原体病包括唾液支原体、口腔支原体和人型支原体等；泌尿生殖道感染与解尿支原体感染有关，人型支原体和生殖道支原体等为病原；发酵支原体感染与急性感染有关，引起多器官功能衰竭。

三、预防措施

防止动物之间的相互感染，人接触时注意个人防护。对病畜禽及时处理。

第三节 立克次体病

立克次体病(rickettsiosis)是由立克次体目中某些致病微生物所引起的多种急性感染的统称。16S rRNA序列的分析显示，立克次体可分为两个亚群，α亚群包括立克次体(Rickettsia)、埃立克体(Ehrlichia)、埃菲比体(Afibia)、考德里体(Cowdria)和巴尔通体(Bartonella)；γ亚群包括柯克斯体(Coxiella)和沃巴哈体(Wolbachia)。现已发现很多新的种属如日本立克次体(Rickettsia japonica)、查菲埃立克体(Ehrlichia Chaffeensis)、腺热埃立克体(Ehrlicha Sennetsu)、汉赛巴通体(Bartonella henselae)等。

立克次体病呈世界性或地方性流行，临床表现轻重不一。传播媒介主要为节肢动物，如蜱、虱、蚤、螨等，也可因家畜，如猫、犬等抓、咬而发生。各种立克次体以共生形式存在于节肢动物体内，也可经卵传代；蜱、螨、虱、蚤等的粪便中均含有该类病原体，而随粪排出体外。此外蜱和螨体内的立克次体尚可进入唾液腺和生殖道中。各种立克次体主要经节肢动物叮咬从皮肤进入人体，而贝氏柯克斯体主要从呼吸道进入体内而使人受染。

一、Q热

Q热是由贝氏柯克斯体引起的一种自然疫源性人兽共患传染病。

(一) 流行病学

1. 病原特性

贝氏柯克斯体(Coxiella burnetii)革兰氏阴性，多形态，只能在鸡胚或细胞培养中生长。

2. 传播途径

可直接传播，通过气溶胶远距离传播；通过蜱叮咬传播。Q热在袋鼠、砂土鼠、野兔及其他野生动物中循环，形成自然疫源地。家畜感染后的排泄物污染环境，其他家畜接触后可经多途径传播（呼吸道、消化道、皮肤、黏膜损伤）。

3. 易感性

人易感，多种动物也易感。

4. 流行特点

一年四季发生，但在农村、牧区、春季接羔、产犊时期多见。人群Q热多见一些与动物接触人群，有职业特点。

(二) 临床表现

1. 动物

动物多呈隐性感染。有的表现发热，食欲缺乏，精神萎顿，鼻炎、结膜炎、乳房炎等，羊有的流产，犬可能发生支气管炎和脾肿大。

2. 人

潜伏期长，发热，头痛，肌痛，乏力。干咳，胸痛。还可以表现其他各种炎症。

(三) 预防措施

加强检疫和动物疫病的控制，注意职业风险，防止被蜱咬。

二、恙虫病

恙虫病（Tsutsugamushi）也称为丛林斑疹伤寒（scrab typhus），由恙虫病立克次体引起的自然疫源性传染病。

(一) 流行病学

1. 病原特性

恙虫病立克次体（Rickettsia tsutsugamushi）呈双球菌或短杆状，革兰氏阴性，不能在人工培养基上生长，一般用小鼠腹腔接种分离。细胞培养能够很好生长。发热期间，患者的血液、淋巴结、焦痂、骨髓等能够分离出病原。

2. 传播途径

鼠是主要传染源，家畜禽、鸟类也可以成为传染源，通过恙虫即红恙螨和地里恙螨叮咬感染动物和人。

3. 易感性

人易感，家畜禽、鼠都易感。

4. 流行特点

具有季节流行特点，春夏季节多发，与野外职业、活动有关。

(二) 临床表现

1. 动物

动物感染多呈隐性，猪、兔即使有症状也比较轻。

2. 人

发热，叮咬处呈原发性焦痂（或溃疡）、淋巴结肿大及皮疹为特征。

(三) 预防措施

及时处理患病动物，消灭传染源；切断传播途径，搞好环境卫生；对于野外工作和活动人员，注意个人防护。

三、流行性斑疹伤寒

流行性斑疹伤寒（epidemic typhus）是由普氏立克次体引起的一种以稽留热、严重头痛、皮疹和中枢神经系统症状为特征的人兽共患病。

(一) 流行病学

1. 病原特性

普氏立克次体（Rickettsia prowazeki）为革兰氏阴性，双极性球状、微小球杆菌。组织培养，如鸡胚卵黄囊培养。

2. 传播途径

人群流行主要通过人虱（体虱、头虱）叮咬而传播，人被虱叮咬时通过搔抓或虱被压碎使立克次体逸出，通过抓痕进入皮肤；也可通过眼或呼吸道黏膜侵入。动物间的传播以蜱叮咬传播。

3. 易感性

人易感，特别是儿童。动物感染一般不发病。

4. 流行特点

有季节性流行，在媒介动物活跃期多发，与卫生条件有关，也与野外活动有关。

(二) 临床表现

1. 动物

动物呈隐性感染。

2. 人

(1) 典型斑疹伤寒　发热，乏力，严重头痛，全身疼痛，面部和眼结膜充血等。皮疹是主要特征，有的表现神经症状，反应迟钝，狂躁。肝脾肿大。

(2) 轻型　散发病例，发热较轻，明显头痛及全身疼痛。

(3) 复发型　我国少见，人体带菌达数年至数十年，抵抗力下降时再发。

(三) 预防措施

灭虱、灭蜱，注意环境卫生，免疫预防。

四、鼠型斑疹伤寒

鼠型斑疹伤寒也称为地方性斑疹伤寒，是由莫氏立克次体引起的经鼠蚤传播的人兽急性传染病。

(一) 流行病学

1. 病原特性

莫氏立克次体（Rickettsia mooseri）与普氏立克次体基本一致，但菌体较小，形态较一致。

2. 传播途径

家鼠是自然储藏宿主和主要传染源，以鼠-鼠跳蚤-鼠自然传播，跳蚤再感染人。传播媒介主要包括开皇客蚤、不等单蚤、猫栉首蚤、盲蚤、欧洲鼠蚤等。螨也可能作为媒介。

3. 易感性

人易感，鼠和家畜也易感。

4. 流行特点

散发，无明显季节性。发病轻，病程短，病死率低。

(二) 临床表现

1. 动物

一般呈隐性感染。

2. 人

发热，明显头痛，全身疼痛及结膜充血，脾肿大。

(三) 预防措施

灭鼠、灭跳蚤，患者及早隔离。

第四节 埃里希体病

埃里希体病（Ehrlichiosis）是由埃里希体引起的人兽共患病和自然疫源性传染病。

一、流行病学

1. 病原特性

埃里希体（*Ehrlichia*）为严格细胞内寄生的革兰氏阴性菌，主要寄生在单核细胞、粒细胞或血小板内。涉及人兽共患病埃里希体包括犬埃里希体、查菲埃里希体、尤氏埃里希体、人粒细胞埃里希体、腺热埃里希体等。

2. 传播途径

蜱是主要传播媒介，主要是硬蜱；也可通过消化道（鱼或水生贝壳类）、呼吸道、血液（注射、输血）和其他昆虫叮咬。

3. 易感性

人易感；动物主要为哺乳动物，其中犬科动物、啮齿动物为自然感染宿主，水生贝壳类也是该病原宿主。

4. 流行特点

与蜱存在有关，与职业和野外活动有关。

二、临床表现

1. 动物

一般症状不明显，具有抗体反应。

2. 人

发热、不适、头痛、肌痛等一般症状，还有白细胞、血小板减少，重症者中毒性休克样综合征，合并多器官衰竭。

三、预防措施

职业和野外活动注意避免与蜱接触，注意个人防护。

第五节 附红细胞体病

附红细胞体病是由一群寄生于人和动物红细胞表面或游离于血浆、组织液及脑脊液中的支原体和附红细胞体属病原等引起以动物为主的人兽共患病的总称。

一、流行病学

1. 病原特性

病原包括温氏支原体（*Mycoplasma wenyonii*）、猪支原体（*M. suis*）、羊支原体（*M. ovis*），副红细胞体属的类球状附红细胞体（*Eperythrozoon coccoides*）、小附红细胞体（*E. parvum*）、犬附红细胞体（*E. perekropovi*）等。无细胞壁，无明显的细胞核、细胞器，无鞭毛，属原核生物。其形态为多形性，如球形、盘形、哑铃形、球拍形及逗号形等。大小波动较大，寄生在人、牛、绵羊及啮齿类中的附红细胞小体直径为 $0.3\sim0.8\mu m$，而寄生在猪体中的附红细胞小体直径为 $0.8\sim1.5\mu m$，最大可达 $2.5\mu m$。

2. 传播途径

吸血昆虫和节肢动物是主要传播方式。可能包括所有吸血昆虫类。也可以垂直传播，如猪。摄食带血的食物、舔伤口、咬尾、交配的方式互相传播。实际上传播途径并不十分清晰。

3. 易感性

人和动物都易感。

4. 流行特点

世界性分布，一般散发。动物普遍，人少见。与管理条件和应激因素有关。

二、临床表现

1. 动物

一般呈亚临床症状，严重的贫血、高热、黄疸、消瘦症状为主，还有厌食、死胎、流产、睾丸炎等。

2. 人

一般没有症状，严重时发热、黄疸、出汗、疲劳、嗜睡、肝脾及淋巴结肿大、关节酸痛、厌食、骨髓增生。轻型表现为疲劳性综合征。

三、预防措施

没有特殊针对性措施，综合性防护措施，特别是防止产生应激环境。

第六节 人粒细胞无形体病

人粒细胞无形体病（human granulocytic anaplasmosis，HGA）由嗜吞噬细胞无形体侵染人末梢血中性粒细胞引起，以发热伴白细胞、血小板减少和多脏器功能损害为主要临床表现的蜱传疾病。

一、流行病学

1. 病原特性

嗜吞噬细胞无形体（Anaplasma phagocytophilum）为无形体科、无形体属中的一新种，是一种寄生于细胞内的寄生菌，侵染人末梢血中性粒细胞。

2. 传播途径

主要通过蜱（也叫壁虱）叮咬传播。蜱叮咬携带病原体的宿主动物（主要有鼠、鹿、牛、羊等野生和家养动物）后再叮咬人，病原体可随之进入人体。国外曾有屠宰场工人因接触鹿血经伤口感染该病的报道是少有的人传人传染病代表。

3. 易感性

我国曾在黑龙江、河南、内蒙古和新疆等地的全沟硬蜱中检测到嗜吞噬细胞无形体。在美国部分地区及欧洲大多数国家中，有蜱类存在的地区，往往嗜吞噬细胞无形体感染率比较高。有些哺乳动物也可能是嗜吞噬细胞无形体的储存宿主，如美国发现的白足鼠、白尾鹿，欧洲的红鹿、牛、山羊等。

4. 流行特点

接触蜱等传播媒介的人群为该疾病的高危人群，包括疫源地居民、劳动者和旅游者等。与人粒细胞无形体病患者密切接触、直接接触患者血液等体液的医务人员或陪护者也有可能被感染。美国2001～2002年人粒细胞无形体病的年发病率为1.4例/百万人，60～69岁年龄组的发病率最高。2006年安徽省发现了人粒细胞无形体病病例。2011年河南省共报告发热伴血小板减少综合征（蜱虫病）病例70例，死亡4例。2011年调查浙江家畜动物存在较高无形体携带率为39.42%。

二、临床表现

1. 动物

一般症状不明显。

2. 人

无形体病以发热伴白细胞、血小板减少和多脏器功能损害为主要特点，潜伏期1～2周，大多急性起病，持续高热，可达40℃以上。其临床表现主要为全身不适、乏力、头痛、肌肉酸痛以及恶心、呕吐、厌食、腹泻等。可伴有心脏、肝脏、肾脏等多脏器功能损害。

三、预防措施

职业和野外活动注意避免与蜱接触，注意个人防护。

关于**猫抓病**见第五章**巴尔通氏体病**。

第十二章 人兽共患病毒病

人兽共患病毒病在人兽共患病中以新现和再现形式出现较多或新认识的病原出现较多为特征,有些属于外来病,但基于人兽共患病特点,我国人们出国旅游、商贸、维和、相关国家留学生来华学习等活动,难免涉及这些人兽共患病毒病。按照学科体系完整性角度我们将涉及人兽共患性质和比较明确的致病性质病毒病简单阐述,供在教学过程中根据需要选择相关内容。

第一节 以接触性传播为主的人兽共患传染病

一、狂犬病

狂犬病（Rabies）是由狂犬病病毒引起的一种急性人兽共患传染病。

1. 流行病学

（1）病原特性 狂犬病病毒（Rabies virus）为弹状病毒科狂犬病病毒属（*Lyssavirus*）病毒。呈子弹形,单股RNA,有囊膜,存在于动物神经组织、唾液腺内,在感染细胞内形成包涵体。自然病例分离株为"街毒";通过兔脑传代后成为"固定毒":对兔致病力强,但对人和动物无致病力。

（2）传播途径 病毒存在于犬科动物、猫科动物、浣熊、臭鼬、蝙蝠、红狐等是主要载体动物。咬伤是主要传播途径,皮肤、黏膜接触也能感染。少见经呼吸道、消化道和胎盘感染。

（3）易感性 人和温血动物都易感。

（4）流行特点 世界性分布,一般散发。与犬群、蝙蝠活动规律及暴露史有关。人患病如果治疗不及时,死亡率达100%。

2. 临床表现

（1）动物 犬症状最典型,潜伏期一般为14～60天,沉郁,常躲在暗处,易兴奋。兴奋期狂暴,常咬人、动物或自咬,四处游荡,表现肌肉痉挛,下颌麻痹,叫声嘶哑,流涎,吞咽困难,恐水。后麻痹死亡。

（2）人 有与动物接触史;潜伏期10天至1年以上;①咬伤部位出现异常,麻木感,蚁行感,肌肉水肿;②怕水,咽喉部肌肉痉挛,流涎;③沉郁型或麻痹型少见,症状不明显。因呼吸和循环衰竭而死亡。

3. 预防措施

控制犬,特别是流浪犬的控制,预防免疫。注意职业风险。

二、口蹄疫

口蹄疫（foot and mouth disease, FMD）是由口蹄疫病毒引起的偶蹄动物共患的急性接触性传染病,人也可以感染。严格意义上口蹄疫的人兽共患性质不明显,全世界仅有几例人感染。

1. 流行病学

（1）病原特性 口蹄疫病毒属小RNA病毒科、口蹄疫病毒属（*Aphthovirus*）。病毒呈球形,单股RNA,无囊膜,核衣壳决定其抗原性,具有7个血清型、65个亚型,各型之间无交叉反应。

（2）传播途径 偶蹄动物是其来源。直接接触和间接接触方式传播。经消化道和呼吸道感染,也可经损伤的皮肤黏膜感染。病畜的分泌物、排泄物、呼出气体及其被污染的物品和动物均可作为本病的传播媒介。能随空气远距离传播,人多因与病畜接触或饮用带毒鲜乳感染。

（3）易感性 偶蹄动物易感;人偶然感染。

（4）流行特点 传染性强,传播速度极快,随空气远距离、跳跃式传播。流行有周期性特点。

2. 临床表现

（1）动物 牛潜伏期一般2～4天,发热40～41℃,精神萎顿,食欲减退,流涎。在唇内、齿龈、舌面和颊部黏膜发生蚕豆至核桃大小的水疱,流涎增多,呈白色泡沫挂满嘴边,采食和反刍停止。水疱破溃,呈红色烂斑,逐渐愈合,全身症状好转。趾间和蹄冠皮肤水疱,破溃后形成烂斑,如感染则化脓坏死,甚至蹄匣脱落。有时乳头出现水疱。一般良性经过,但恶性口蹄疫侵害心肌,病死率可达20%～50%。犊牛水疱不明显,主要表现出血性肠炎和心肌麻痹,病死率更高。

猪潜伏期1～2天,体温升高40～41℃,精神缺乏,厌食。蹄冠、蹄叉、蹄踵等部位局部红肿、微热、敏感,不久形成米粒、蚕豆大小水疱,破溃后呈红色烂斑,继发感染则蹄甲脱落,行走困难,卧地不起;鼻镜、口腔黏膜、舌、乳头皮肤出现水疱和烂斑。一般良性经过，仔猪因肠炎和心肌炎突然死亡，病死率达60%～80%。

羊、骆驼和鹿与牛症状相似，感染率低，症状也轻。

（2）人　潜伏期2～18天，一般3～8天。突然发病，发热，头痛，全身不适。口腔黏膜发热，齿龈、颊部黏膜潮红，水疱，舌部和咽部水疱。皮肤水疱多见于指掌面、指甲、足底、足趾上，口唇、鼻翼、面部和乳房周也常见。口腔水疱破溃，烂斑，流涎，厌食、恶心、呕吐等，破溃后结痂。重者有胃肠炎、心肌炎，皮肤、肺部继发感染。

3. 预防措施

不要从疫区引进动物及产品、饲料和生物制品。接触动物注意个人防护。严密监视，一旦发现，及时处理。疫区使用疫苗预防。

三、羊传染性脓疱

羊传染性脓疱（Contagious ecthyma）俗称"羊口疮"，由传染性脓疱病毒引起的一种接触性人畜共患传染病。分布于养羊的国家。

1. 流行病学

（1）病原特性　传染性脓疱病毒（Contagious ecthyma virus）为痘病毒科、副痘病毒属（Parapoxvirus）病毒，砖形，双股DNA，有囊膜。不同地区和国家的毒株有抗原交叉。对环境抵抗较强。

（2）传播途径　病羊和带毒羊是主要传染源，主要经破损的皮肤和黏膜感染。羊通过接触病羊及病羊污染的牧草和场地而感染，羔羊通过母羊乳头互相传染。人多因与病羊接触而感染。

（3）易感性　人和羊、猫都易感。

（4）流行特点　世界性分布，一般散发，有职业特点，人少见，一般是局部感染。

2. 临床表现

（1）动物　羊潜伏期为4～7天。可分为唇型、蹄型、外阴型和乳房型。唇型常见，口角、上唇或鼻镜出现散在小红点，继而出现小结节，水疱和脓疱，破溃形成硬痂，1～2周内脱落恢复正常。严重的羔羊发生较多的水疱、脓疱、痂垢，扩散形成大面积龟裂、污秽的痂垢。还可以在蹄叉、蹄冠、外阴、乳房等部位形成水疱或脓疱。

（2）人　潜伏期3～7天。擦伤处皮肤发红，丘疹，水疱或脓疱，皮肤红肿，腋下淋巴结肿胀。皮疹多见于手、前臂、眼睑、口唇。水疱破溃后自愈。

3. 预防措施

具有职业特点和户外活动的注意个人防护。

四、痘病

痘病（pox）是由痘病毒引起的各种家畜、家禽和人的一种急性传染病。传染性强，发病率高，常造成巨大经济损失。

1. 流行病学

（1）病原特性　痘病毒包括正痘病毒属（Orthopoxvirus）、副痘病毒属（Parapoxvirus）、软疣痘病毒属（Molluscipoxvirus）和亚塔痘病毒属（Yatapoxvirus）与人感染有关。双股DNA，有囊膜，砖形或卵圆形。对人毒性较强的有天花病毒、猴痘病毒、牛痘病毒和痘苗病毒。

（2）传播途径　主要通过直接接触感染，也有通过节肢动物传染。

（3）易感性　人和牛、羊、猴、马、猪、猫等都易感。

（4）流行特点　世界性分布，一般散发，一旦进入牛群可迅速传播。有职业接触特点，人少见，一般是局部感染。

2. 临床表现

（1）动物　发热，乳头或乳房触痛，局限性红斑，红疹，水疱化脓、破溃，结痂。

（2）人　手等皮肤局限性结节，感染处丘疹，结痂，发热和全身症状。

3. 预防措施

动物预防接种；及时隔离，避免犊牛等食用病牛等乳汁；接触人员注意个人防护。

五、猪水疱病

猪水疱病（swine vesicular disease）是由猪水疱病病毒引起的一种人兽共患病。

1. 流行病学

（1）病原特性

猪水疱病病毒（swine vesicular disease virus，SVDV）属小核糖核酸病毒科、肠病毒属（Enterovirus）。球形，单股RNA，无囊膜。对环境抵抗力较强。

（2）传播途径　病猪是主要传染来源。接触传播是主要途径，通过消化道和呼吸道，经破损皮肤和黏膜也可感染；妊娠母猪可通过胎盘垂直传播。

（3）易感性　人和猪易感。

（4）流行特点　主要是猪场高度集中或频繁调运状况下多见。人主要是接触感染，具有职业特点。

2. 临床表现

（1）动物　猪潜伏期为2～5天。发热，蹄冠、蹄叉等部位出现水疱，米粒至黄豆大小。充满清色或黄色液体，1～2天破溃，形成溃疡，严重时蹄壳脱落，行走困难。水疱也可见于鼻盘、舌、唇和乳头上，发病率高，病死率低。

（2）人　人多数隐性感染，个别有类似流感样表现，有的类似口蹄疫表现。

3. 预防措施

加强猪的检疫；接触人员注意个人卫生防护。

六、淋巴细胞脉络丛脑膜炎

淋巴细胞脉络丛脑膜炎（lymphocytic choriomeningitis，LCM）是由淋巴细胞脉络丛脑膜炎病毒引起的一种人和多种动物共患的急性神经系统传染病。人感染后轻者流感样症状，重者脑膜炎症状。

1. 流行病学

（1）病原特性　LCM属于沙粒病毒科、沙粒病毒属（*Arenavirus*）。球形或多形态，单股RNA，有囊膜。

（2）传播途径　小鼠是主要传染来源。可经接触、垂直和其他途径传播，接触鼠经破损皮肤感染较多，也可经呼吸道传播。媒介传播目前还没有定论。

（3）易感性　人、猴、啮齿动物、犬猫都易感。

（4）流行特点　一般散发，有职业接触特点，世界性分布。

2. 临床表现

（1）动物　主要是鼠类，新生小鼠可形成持久的耐受性感染，通常表现慢性肾小球肾炎。大于3日龄鼠表现为急性症状，如弓背、竖毛、嗜睡、眼睑炎和水肿等，还可突发阵挛性惊厥。犬、猪、兔一般无症状。

（2）人　①感冒型，潜伏期5～10天。发热、头痛、眼痛、肌肉酸痛、乏力、流鼻涕、咳嗽、食欲缺乏。②脑膜炎型，潜伏期15～23天。发热、流鼻涕、咳嗽等，体温下降，1～2天后再次发热，头痛、呕吐、颈硬、关节痛、肌肉痛等，很快恢复。可能有其他炎症。

3. 预防措施

检疫动物；接触动物注意个人卫生防护。

七、亨德拉病毒病和尼帕病毒病

1. 流行病学

（1）病原特性　亨德拉病毒（hendra virus，HeV）和尼帕病毒（nipah virus，NiV）属副黏病毒科、副黏病毒亚科、亨尼帕病毒属（*Henipavirus*）。球形到丝状形态各异，HeV呈"双侧边缘"结构，NiV呈"单层边缘"结构，单链RNA。

（2）传播途径　蝙蝠是主要传播媒介。果蝠污染环境，马接触到污染草地就可感染。猪捡食果蝠吃剩的果实可感染发病。人接触猪或污染环境感染。也可经呼吸道和消化道传播。

（3）易感性　人、马、猪、蝙蝠、狗、猫、羊、鸡等敏感。

（4）流行特点　流行与蝙蝠有关，人感染与职业关系较大，主要是与动物接触，如猪、马。

2. 临床表现

（1）动物　①亨德拉病：仅限于澳大利亚，病例很少。马主要表现呼吸道症状和高死亡率。②尼帕病毒病：猪多数为亚临床表现，少数有症状，感染率高，死亡率低，以发热、呼吸道或神经症状为特征。

（2）人　①亨德拉病：人表现流感样，病例很少，也有表现呼吸道症状和反复发作性脑炎症状。②尼帕病毒病：发热、头痛、头晕、肌肉痛、呕吐、意识障碍、呼吸促迫困难，病死率达38%～75%。

3. 预防措施

有蝙蝠的地区注意防范其污染环境；到流行区旅行应注意个人防护。

八、非典型肺炎

非典型肺炎是由SARS冠状病毒引起的急性人兽共患传染病。

1. 流行病学

（1）病原特性　SARS冠状病毒（SARS-CoV）属于套式病毒目、冠状病毒科、冠状病毒属（*Coronavirus*）。有囊膜，囊膜外有棒状刺突结构，呈圆形花球状。

（2）传播途径　蝙蝠是主要来源和传播媒介，中华菊头蝠是主要源头。主要是亲密接触、呼吸道、消化道等途径传播。

（3）易感性　人、蝙蝠、果子狸等敏感。

（4）流行特点　流行与蝙蝠有关，人-人可通过气溶胶传播，致死率高。

2. 临床表现

（1）动物　动物临床表现不太清楚，一般可能隐性感染，如蝙蝠、果子狸等。

（2）人　潜伏期1～12天。发热，类感冒症状，上呼吸道和肺部感染严重，引起人的死亡。

3. 预防措施

没有特殊措施，注意疫区发现和对蝙蝠等动物的卫生防护。食用和接触野生动物应注意。人与人注意呼吸道互相传染。

九、埃博拉热与马尔堡热

埃博拉热与马尔堡热是由埃博拉病毒和马尔堡病毒引起的人兽共患传染病。

1. 流行病学

（1）病原特性　埃博拉状病毒（Ebola virus）和马尔堡病毒（Marberg virus，MBV）属于RNA病毒目、丝状病毒科、丝状病毒属（*Filovirus*）。有囊膜，囊膜外有瘤状突起结构。多形态，丝状、杆状、L形等。

（2）传播途径　埃博拉病毒人是主要来源，马尔堡病毒患病动物和人是主要来源。①直接接触：埃博拉热以人-人传播为主，直接接触感染，通过体液传播，包括血液、汗液、呕吐物、唾液、精液等接触；②呼吸道：气溶胶可导致埃博拉和马尔堡病毒的传播；③实验室感染：马尔堡病毒有实验室感染实例；④昆虫传播：通过蚊虫叮咬传播，可由血液和其他体液传播，传播速度很快，可导致埃博拉出血热。

（3）易感性　人、猴、鼠等敏感。埃博拉病毒可分为扎伊尔型、苏丹型、本迪布焦型、塔伊森林型。除莱斯顿型对人不致病外，其余4种亚型感染后均可导致人发病。

(4) 流行特点　仅在非洲流行。几内亚 2014 年 2 月在其东南部暴发的埃博拉疫情已导致 80 人感染，其中 59 人死亡。2014 年 7 月西非发生最大规模爆发，截至目前，感染人数超过 1 万，死亡人数超过 5000。6 个月内共有 225 名医务工作人员感染埃博拉病毒，其中约 130 人死亡。死亡率 70%~90%。2000 年乌干达，当时死亡 425 人，在 1976 年首次暴发疫情时，有 280 人在位于目前刚果民主共和国埃博拉河附近的一个偏远村庄死亡。

2. 临床表现

(1) 动物　猴感染：发热，对外界反应迟钝，皮肤丘疹，呼吸困难，6~13 天死亡。

(2) 人　①埃博拉热：潜伏期 7 天（2~21 天）。发病突然，发热，类感冒症状，数天后病情恶化，腹泻、呕吐、肾功能衰竭，体内出血，皮疹，重症引起人的死亡，死亡时会口鼻流血。②马尔堡热：潜伏期 3~9 天，发病突然，发热，出汗，类感冒，随后病情加重，恶心、呕吐、水样腹泻和弥漫性腹痛等。内脏出血，皮疹，休克和神经症状死亡。

3. 预防措施

没有特殊预防措施，注意动物检疫，前往疫区注意与动物接触的防护。

十、病毒性脑心肌炎

病毒性脑心肌炎是由脑心肌炎（encephalomyocarditis，EMC）病毒引起的人兽共患传染病。以脑炎、心肌炎或心肌周围炎为主要临床特征。

1. 流行病学

(1) 病原特性　脑心肌炎病毒（encephalomyocarditis virus，EMCV）属于小 RNA 病毒科、心肌炎病毒属（*Cardiovirus*）。无囊膜，单股正链 RNA，圆形。

(2) 传播途径　带毒的啮齿动物及其污染的饲料、水、隐性感染猪是主要来源。传播途径还不十分清楚，与啮齿动物直接接触或食用了污染的饲料、饮水等感染，猪之间的水平传播、胎盘感染。蚊子传播还不确定。

(3) 易感性　人、哺乳动物、鸟类、昆虫、鼠、猴等敏感。

(4) 流行特点　主要在猪中流行较多。

2. 临床表现

(1) 动物　啮齿动物常呈隐性感染。但人工感染表现致死性脑炎和心肌炎，最终死亡。类人猿表现口鼻流泡沫样液体，急性病例很少有临床症状。猪急性的没有表现临床症状就会死亡，仔猪常因心肌衰竭而死亡。急性病例表现发热、食欲缺乏、进行性麻痹等症状，病死率高。成年猪多呈隐性感染。

(2) 人　人表现发热，头痛，颈部强直，咽炎，呕吐等多数患者康复没有后遗症。

3. 预防措施

目前，还没有很好的预防措施，在与啮齿动物和猪的接触中注意防护。

十一、疱疹病毒感染

疱疹病毒感染是由疱疹病毒科病毒感染，引起人类、哺乳动物和鸟类等多种动物患病的总称。

1. 流行病学

(1) 病原特性　疱疹病毒科包括疱疹病毒甲亚科、疱疹病毒乙亚科、疱疹病毒丙亚科和未定名亚科 4 个亚科。感染人类的疱疹病包括 8 种：单纯疱疹病毒 1 型和 2 型水痘—带状疱疹病毒、EB 病毒、巨细胞病毒、人疱疹病毒 6 型、人疱疹病毒 7 型、人疱疹病毒 8 型。感染动物的疱疹病毒包括 7 种：伪狂犬病毒、禽传染性喉气管炎病毒、马立克病病毒、鸭瘟病毒、传染性牛鼻气管炎病毒、牛恶性卡他热病毒和马鼻肺炎病毒。球形，有囊膜，双链 DNA。

(2) 传播途径　带毒的人和动物是主要来源。人疱疹病毒通过直接接触感染是主要途径，以损伤皮肤或黏膜感染；也可通过呼吸道、消化道、生殖道、子宫内感染而传播，性交、器官移植、输血等都可传播。动物主要通过消化道、呼吸道传播，也可通过精液、胎盘、机械传播，还有蚊虫叮咬传播。

(3) 易感性　人、哺乳动物、鸟类等敏感。

(4) 流行特点　病原多，表现形式多样，以疱疹变化为主。是动物流行较为严重的一类传染病。

2. 临床表现

(1) 动物　伪狂犬表现家畜和野生动物发热、奇痒、脑脊髓炎为主的传染病。鸡传染性喉支气管炎病毒引起喉和器官、肺感染。鸡马立克氏病是以外周神经、虹膜、皮肤、肌肉和内脏器官的淋巴样细胞浸润、增生和肿瘤为特征。犬瘟热病毒引起犬、貂、狐狸等动物的急性传染病，以呼吸系统、神经系统和消化系统症状，脚垫发硬、脓性疱疹为特征。还有其他动物疱疹，如鸭瘟。

(2) 人　人表现：①急性疱疹性口腔齿龈炎，主要见于儿童；②角膜结膜炎、眼部发炎或疱疹；③生殖器疱疹；④疱疹性脑炎，头痛、疲乏和颈强直等；⑤皮肤疱疹。

3. 预防措施

免疫接种预防；保持较好的环境卫生，发现各种炎症及时处理。

十二、阿根廷出血热

阿根廷出血热是由鸠宁毒引起的、啮齿动物为主的自然疫源性疾病和人兽共患病。临床特征有发热、剧烈肌痛、出血、休克、神经异常及白细胞和血小板减少等。

1. 流行病学

(1) 病原特性　鸠宁病毒（Junin virus）属于沙粒病毒属（*Arenavirus*），因在超薄片上呈沙粒状而得名。鸠宁病毒为分节段单股负链 RNA 病毒，呈球形、扁球形或多样形，有囊膜。该病毒对新生小白鼠和地鼠有致病性，故可用来分离病毒。

(2) **传播途径** 与鼠密切接触而感染。

(3) **易感性** 人和鼠易感。

(4) **流行特点** 主要发生于阿根廷。流行地区与一种野鼠活动有关，旱季多见。

2. 临床表现

(1) 动物 主要是鼠，一般不表现明显症状，持续性病毒血症。

(2) 人 病初发热，乏力，头痛，肌痛，干咳。后全身关节痛，食欲下降，恶心、呕吐、腹泻，精神迟钝，结膜充血，黏膜出血、血尿，后可能出现更严重表现。无后遗症。

3. 预防措施

到疫区旅行注意个人卫生，避免受染。

十三、玻利维亚出血热

玻利维亚出血热（Bolivian hemorrhageic fever, BHF）是由马秋博病毒引起的一种急性热性自然疫源性人兽共患病。

1. 流行病学

(1) **病原特性** 马秋博病毒（Machupo virus）属于沙粒病毒属（Arenavirus），因在超薄片上呈沙粒状而得名。马秋博病毒为分节段单股负链RNA病毒，呈球形，扁球形或多样形，有囊膜。

(2) **传播途径** 病毒长期存在于鼠的鼻、口腔唾液和尿液中，由鼠的排泄物、分泌物污染尘埃、食物，经消化道或呼吸道感染，也可经破损的皮肤感染。

(3) **易感性** 人和鼠易感。

(4) **流行特点** 主要发生于玻利维亚。流行地区与蚊虫活动有关。

2. 临床表现

(1) 动物 主要是鼠，一般不表现明显症状，持续性病毒血症。

(2) 人 本病的潜伏期6~14天。①高度怀疑人群：曾与鼠类接触过，在流行区或进入流行区人员；②白细胞和血小板减少；③眶周水肿、咽黏膜充血、淤点、颜面潮红、结膜充血、淤斑及小水泡出现；④蛋白尿；⑤出现腰痛、肌肉关节痛、眼眶痛、发热、淤斑及子宫出血、剧烈头痛、上腹痛、皮肤淤点等。预后良好。

3. 预防措施

到疫区旅行注意自身防范。

第二节 经虫媒传播为主的人兽共患病毒病

一、流行性乙型脑炎

流行性乙型脑炎（Epidemic encephalitis B）也称为日本乙型脑炎，简称乙脑，是由乙型脑炎病毒引起的一种急性人兽共患传染病。

1. 流行病学

(1) **病原特性** 乙脑病毒属于黄病毒科、黄病毒属（Flavivirus），球形，单股正链RNA，有囊膜。脂蛋白囊膜上有血凝素纤突。

(2) **传播途径** 主要通过节肢动物——蚊子传播。通过蚊—猪—蚊循环，使乙脑扩散。库蚊、伊蚊、按蚊及库蠓，三带喙库蚊是主要传播媒介，病毒可在其中繁殖。

(3) **易感性** 人和很多畜禽都易感。

(4) **流行特点** 主要发生于东北亚、东南亚、我国也有。流行地区与蚊虫活动有关。

2. 临床表现

(1) 动物 ①马：幼龄多发，潜伏期4~15天，病初发热，精神不振，头颈下垂，食欲废绝。做圆圈运动，站立不稳，后躯麻痹，卧地不起。有的马兴奋，狂躁。一般表现沉郁、兴奋和麻痹交替出现。吞咽困难，衰竭死亡。②猪：无特征性脑炎症状。发热，稽留数日，沉郁，嗜睡，食欲减少。母猪流产、死胎。公猪不明显。

(2) 人 儿童多发，潜伏期一般10~14天。体温升高，感染中毒症状，嗜睡，颈项强直，短暂抽搐，神志清醒；体温稽留40℃以上，脑炎症状加重，意识障碍，全身抽搐、痉挛或瘫痪，呼吸衰竭死亡。体温下降，逐渐好转。临床上根据病情可分为轻型、中型、重型、极重型。

3. 预防措施

灭蚊防蚊，野外活动时注意个人防护；马定期接种。

二、森林脑炎

森林脑炎（Encephalitis veris-aestatis russianensis）也称为远东脑炎、蜱传脑炎（tick-borne encephalitis, TBE），由森林脑炎病毒引起的一种自然疫源性人兽共患传染病。以高热，意识障碍，头痛，上肢、颈部及肩胛麻痹为特征。

1. 流行病学

(1) **病原特性** 森林脑炎病毒（encephalitis veris-aestatis russianensis virus，EVRV）属黄病毒科、黄病毒属（Flavivirus）。球形，单股RNA，有囊膜。

(2) **传播途径** 蜱叮咬是主要传播途径，主要是硬蜱，如全沟硬蜱、嗜群血蜱、森林革蜱和日本血蜱等。人类饮用羊奶也可引起感染，乳汁和乳制品中能够分离出病毒。还可能通过人类接触麝鼠污染的环境而感染。

(3) 易感性　人和动物中啮齿类、家畜、禽类、鸟、猴等都易感。

(4) 流行特点　本病流行与蜱活动规律有关，有职业接触特点，伐木工人、森林作业人员感染概率大。

2. 临床表现

(1) 动物　①小动物：鼠一般呈隐性感染，齐氏鼠和刺猬感染后症状明显；②羊和猪感染，羊可从乳汁排出，羊和猴试验感染发病明显，羊肢体麻痹；③马、牛、骡都能感染，牛感染仅体温升高和食欲减退。其他家畜呈隐性感染。

(2) 人　潜伏期9~14天，急性发病，发热，早期头昏、乏力、嗜睡、昏迷等，脑膜刺激症状为常见体征，剧烈头痛、恶心、呕吐、颈强直等，可持续5~10天。后出现颈肌、上肢肌肉麻痹，头下垂及手臂呈摇摆无依靠状，多数恢复。少数因延髓麻痹而死亡。

3. 预防措施

保护环境和防蜱，对特定人员接触预防，注意个人防护。

三、登革热

登革热（Dengue fever）是由登革病毒引起的急性人兽共患传染病也称为骨痛热症。轻型的成为登革热，以双相热、头痛、肌肉痛、关节痛、皮疹和淋巴结肿大为特征，病死率极低；重型的成为登革出血热，以发热、皮疹、出血和休克为特征，病死率高。

1. 流行病学

(1) 病原特性　登革热病毒（Dengue virus）属黄病毒科、黄病毒属（*Flavivirus*）。球形，单股RNA，有囊膜。登革热病毒有4个血清型，各型之间有部分交叉。

(2) 传播途径　登革热病毒自然宿主是人、灵长类和蚊。主要传播媒介是蚊，伊蚊为主。

(3) 易感性　人和动物中啮齿类、灵长类、猪等都易感。

(4) 流行特点　从我国登革热发生情况看，发病突然，来势凶猛，传播快，经2~3年流行后消失。流行与伊蚊活动规律有关。

2. 临床表现

(1) 动物　动物感染登革热很少有明显症状，但特异性抗体明显升高。棕果蝠和猪为登革热病毒的储存宿主，埃及伊蚊和白纹伊蚊是主要传播媒介。

(2) 人　潜伏期3~15天。按WHO要求将登革热分为典型登革热（DF）、登革出血热（DHF）和登革热休克综合征（DSS）。①典型登革热：发热，3~5天降至正常，1天后再次升高，呈双峰热，持续5~7天，头痛或眼球后痛、骨骼、关节和肌肉酸痛，乏力，食欲缺乏、恶心、呕吐、逆呕、腹痛、腹泻等。皮疹：麻疹样或出血样皮疹，也有红斑疹、猩红热样疹和荨麻疹样皮疹，有痒感，3~4天后消退。出血：鼻出血常见，其次皮肤淤血、牙龈出血、消化道出血、子宫出血、血尿、咯血等。淋巴结肿大：颈部、颌下、耳后、腋窝、腹股沟等淋巴结肿大，并有触痛。其他表现：咳嗽、胸痛、气促、肝肿大有压痛等。②登革出血热：具有典型登革热症状，但发热过程或退热后，病情加重，皮肤变冷，出汗、淤斑、消化道和其他器官出血。③登革热休克综合征：登革热循环衰竭体征，持续腹痛，持续呕吐，烦躁不安或昏睡，高热突然转变为低温并出汗或虚脱。

3. 预防措施

进入疫区，注意个人防护，防止蚊虫叮咬。

四、新疆出血热

新疆出血热（Xinjiang hemorrhage fever, XHF）是由新疆出血热病毒引起的一种自然疫源性人兽共患传染病，以发热和出血为特征。

1. 流行病学

(1) 病原特性　新疆出血热病毒（Xinjiang hemorrhage fever virus, XHFV）属布尼亚病毒科（*Bunyaviridae*）、内罗病毒属（*Nairovirus*）。球形或长圆形，单股RNA，有囊膜。

(2) 传播途径　蜱叮咬是主要传播途径，7个属30多个种的蜱感染XHFV。接触感染也是该病毒传播方式，通过破损的皮肤与毒血症患者的血液或家畜的血液或脏器接触感染；剪羊（驼）毛或抓山羊时将带毒蜱挤压或剪碎时污染破损的皮肤也可感染。医护人员和陪护人员因接触患者而感染，症状特别严重，病死率较高。

(3) 易感性　人易感，动物不易感。

(4) 流行特点　本病流行与蜱活动规律有关，有职业接触特点，伐木工人、森林作业人员、牧民、剪毛工人、屠宰工人等感染概率大。

2. 临床表现

(1) 动物　动物发病报道极少，接种乳鼠后兴奋、惊跳、弓背、平衡失调等，继而衰弱、皮肤苍白而死亡。

(2) 人　潜伏期2~12天，急性发病，发热，头痛，乏力，全身酸痛，口渴，面与胸部皮肤潮红；出血症状突出：软腭及颊黏膜斑点出血和鼻出血，继而出现皮肤出血斑点。

3. 预防措施

保护环境和防蜱，对特定人员接触蜱的预防，注意个人防护。医护人员、陪护人员、兽医和牧民注意个人防护，不喝生鲜牛羊乳，不吃生肉等。加强检疫和预防接种。

五、西尼罗河热

西尼罗河热是由西尼罗河病毒引起的人兽共患病。

1. 流行病学

(1) 病原特性　西尼罗河病毒（West Nile virus, WNV）属黄病毒科、黄病毒属（*Flavivirus*）。球形或长圆形，单股正链RNA，有囊膜和蛋白衣壳。

（2）传播途径　鸟是病毒主要来源，沿着"鸟-蚊-鸟"途径在自然界循环，鸟类是病毒扩散宿主，蚊子（特别是库蚊）是主要传播媒介，携带西尼罗河病毒的蚊子叮咬人是该病的自然传播途径。

（3）易感性　人易感。哺乳动物、鸟类都可感染，鸟类易感。两栖类和爬行类动物也分离出病毒。

（4）流行特点　主要发生于晚夏或早秋，温暖区域一年四季都有。本病流行范围不断扩大。可通过输血、器官移植或使用血制品在人-人之间传播，具有实验室职业感染风险；母乳引起母婴传播。

2. 临床表现

（1）动物　动物发病报道极少，个别马匹发病，有神经症状，如脑炎；转圈，后肢无力，瞎眼，嘴唇垂落或麻痹，磨牙，急性死亡等。鸟类感染死亡的较多，如美国乌鸦死亡。

（2）人　潜伏期3~14天，1996年前多为一过性发热，是一种轻型传染病。人感染多数呈隐性感染，但近年发生的多以中枢神经系统损害表现为主，如发热、全身不适、乏力、肌肉疼痛、头痛、咽喉痛、结膜充血、颈项强直、神经错乱、肌肉无力、昏迷、甚至呼吸衰竭，直至死亡。

3. 预防措施

进入疫区、森林、草地、野外注意防止蚊虫叮咬。

六、基孔肯雅病

基孔肯雅病（Chikungunya）也称为"屈曲病"，是由基孔肯雅病毒引起的一种急性人兽共患病。以关节疼痛、发热、皮疹为主要特征。

1. 流行病学

（1）病原特性　基孔肯雅病毒（Chikungunya virus）属于披膜病毒科、甲病毒属（*Alphavirus*）。圆形，单股RNA，有囊膜。有两种主要蛋白，血凝素蛋白与核心蛋白，只有一个血清型。

（2）传播途径　患者、患病动物及隐性感染动物都是本病传染源。主要经蚊虫叮咬传播，我国包括埃及伊蚊、白纹伊蚊、东乡伊蚊及三列伊蚊等；软蜱和臭虫也是传播媒介；也可经气溶胶通过呼吸道传播。

（3）易感性　灵长类、啮齿动物、家畜都易感；人普遍易感。

（4）流行特点　在亚洲主要流行于城市，有明显季节性，以8~11月多发。

2. 临床表现

（1）动物　灵长类与人表现一致，其他动物呈隐性感染。

（2）人　感染表现与登革热相似，发病突然，发热期短，平均72h（登革热116h）；关节痛（占90%），登革热只占13%，关节炎；皮疹常见，只在发热期出现一次（而登革热出现两次）；白细胞数正常或稍低（登革热显著减少）；很少伴有出血症状和味觉改变（登革热常见）。

3. 预防措施

隔离患者，防蚊灭蚊。

七、黄热病

黄热病是由黄热病病毒引起的媒介传播性急性人兽共患病。

1. 流行病学

（1）病原特性　黄热病病毒（Yellow fever virus，YFV）属于黄病毒科、黄病毒属（*Flavivirus*）。圆形，单股RNA，有囊膜，囊膜外有刺突。

（2）传播途径　主要经蚊虫传播，包括非洲伊蚊、辛普森伊蚊、趋血蚊属、煞蚊属的蚊虫。以猴-蚊-猴、人-蚊-人传播模式循环。实验室也有通过气溶胶形式传播。

（3）易感性　人和脊椎动物易感。

（4）流行特点　城市型：人-蚊-人传播；森林型：蚊-猴-蚊形成循环，构成黄热病自然疫源地。

2. 临床表现

（1）动物　动物呈隐性感染。

（2）人　潜伏期3~6天。多为隐性感染，病毒主要侵犯内脏，包括肝、肾、心脏，高热、头痛、恶心、呕吐、黄疸、蛋白尿，重者感染器官衰竭而死亡。

3. 预防措施

加强动物检疫，防止蚊虫叮咬。

八、裂谷热

裂谷热（Rift valley fever）是由蚊虫叮咬传播的裂谷热病毒引起的人兽共患传染病。

1. 流行病学

（1）病原特性　裂谷热病毒（Rift valley fever virus，RVFV）属于白蛉热病毒属（*Phlebovirus*），布尼亚病毒科。有囊膜，圆形。

（2）传播途径　通过蚊虫叮咬传播。具有感染性的动物体液也是传播的另一途径，因直接接触传播。

（3）易感性　人、家畜、鼠等敏感。

（4）流行特点　仅在非洲流行，阿拉伯半岛曾从非洲传播流行。

2. 临床表现

（1）动物　动物中羊最严重，羔羊发病率达100%，死亡率可达95%，成年羊15%~30%。绵羊最急性突然死亡，潜伏期非常短，然后是发热，脉搏加快，步态不稳，呕吐，流黏性鼻液，可视黏膜淤血斑。成年羊主要是亚急性，发热，虚弱，黄疸，呕吐和腹痛。母羊流产。

（2）人　人的症状是视网膜损伤，并发有肝炎和脑炎，严重的有出血性体征。

3. 预防措施

实验室注意气溶胶方式传播；接触动物排泄性液体应注意，具有职业卫生风险；防止蚊虫叮咬。

九、科罗拉多蜱传热

科罗拉多蜱传热也称为山林热或山林蜱热，是北美洲经蜱传播的人兽共患病毒病。以感冒样症状、双峰热和白细胞减少为特征。

1. 流行病学

（1）病原特性　Colti 病毒属于呼肠孤病毒科、Colti 属，为 12 节段双链 RNA 病毒，其中以科罗拉多蜱热病毒（Cofcorado tickfever virus，CTFV）为代表株。我国也有本病毒的存在。

（2）传播途径　病毒主要经蜱、蚊传播，如洛基山森林蜱、西方革蜱、等翅革蜱等；亚洲携带该病毒的蚊包括：三带喙库蚊、白纹伊蚊、常型曼蚊、环纹按蚊、圆斑伊蚊、多节领蚊、迷走按蚊、环胫伊蚊、棕头库蚊、股点伊蚊等。

（3）易感性　人和啮齿动物易感，也包括野兔、豪猪和牛带毒。

（4）流行特点　主要发生于北美洲、亚洲和欧洲部分地区，与蜱活动规律有关。

2. 临床表现

（1）动物　动物发病报道极少，试验感染鼠发生毒血症或死亡。

（2）人　潜伏期 3～7 天。①急性期：突然发病，发热，肌肉和关节痛，嗜睡，咽痛，恶心，呕吐，双峰热，皮疹，严重的有脑炎等。②恢复期：偶有肌肉疼痛，关节痛，淋巴细胞减少。③并发症和后遗症：儿童可并发脑炎、脑膜炎、出血，皮肤淤点，紫癜，胃肠道 DIC，伴有肝炎、心包炎、附睾-睾丸炎、非典型肺炎，有瘫痪后遗症。

3. 预防措施

没有特殊的预防措施，防止蜱、蚊虫叮咬。

十、辛德毕斯病

辛德毕斯病（Sindbis disease）是我国新现的蚊虫媒介人兽共患病毒性传染病。

1. 流行病学

（1）病原特性　辛德毕斯病毒为披膜病毒科、甲病毒属（Alfavirus）的典型代表株，球形，有囊膜，为不分节段的单股 RNA，目前已知有 29 种病毒。

（2）传播途径　病毒主要经蚊传播，三带喙库蚊是主要品种。

（3）易感性　人易感。动物宿主不十分清楚，但蚊虫是主要传播媒介。

（4）流行特点　主要发生于热带、温热带部分林区，与蚊虫动规律有关。

2. 临床表现

（1）动物　动物发病目前不清楚。

（2）人　早期是躯干部位皮肤损害，出现红斑、肌痛。随后直接损害中枢神经，引起脑膜炎、脑炎、脑膜脑炎等严重症状。

3. 预防措施

注意防蚊等措施，没有特殊预防措施。我国由于是新现传染病，还没有引起大家注意，需要提高防范意识。

十一、环状病毒病

环状病毒病（Orbivirus disease）是以吸血昆虫媒介传播的人兽共患传染病。以神经系统损伤为特征。

1. 流行病学

（1）病原特性　环状病毒（Orbivirus）涉及人兽共患病的包括蓝舌病毒、非洲马瘟病毒、鹿流行性出血热病毒、克麦诺沃病毒、昌硅诺拉病毒等。环状，有双层衣壳，为双股 RNA。

（2）传播途径　病毒主要经库蠓类叮咬传播。传播媒介包括蜱、蠓、蚊、虻、白蛉等，传播环节是宿主-媒介-宿主。动物宿主主要是绵羊、牛、山羊、野生反刍动物。

（3）易感性　人易感。动物宿主水牛、黄牛、山羊、绵羊、奶牛。

（4）流行特点　主要发生于热带、温热带部分地区，与库蠓等媒介活动规律有关。

2. 临床表现

（1）动物　动物发病死亡率不高，出血是其典型症状，系统症状表现迟缓。①发热，面部、口腔、鼻腔炎症，水肿，皮肤出血，蹄冠炎症，跛行；②口、鼻腔及面部：充血，水肿，充血，出血，口腔炎症、舌充血发绀；③精神沉郁，卧地，采食下降。

（2）人　主要以神经系统损害为主。发热，皮疹、关节炎、肌无力、脑部病变、脊髓病变、肢体麻痹。

3. 预防措施

疫苗免疫预防；人群间传染，应注意预防，防止昆虫叮咬。

十二、东部马脑炎

东部马脑炎（Eastern equine encephalitis，EEE）是由东部马脑炎病毒引起的人和马的急性病毒性传染病。由蚊虫传播。

1. 流行病学

（1）病原特性　东部马脑炎病毒（Eastern equine encephalitis virus，EEEV）属于披膜病毒科、甲病毒属（Alfavirus），单股 RNA，有囊膜，是披膜病毒科中致病性最强的一种。

（2）传播途径　主要储存宿主是野鸟，自然情况下在鸟之间传播。主要是经蚊传播。

（3）易感性　人易感，动物中马、骡、鸟易感。

（4）流行特点　主要发生于美洲、东南亚的菲律宾、泰国和欧洲部分地区。与蚊虫活动规律有关。

2. 临床表现

（1）动物　马表现高热、中枢神经系统症状。

（2）人　主要以神经系统损害为主，多数留下不同程度神经系统后遗症。临床上分三个阶段：①初热期：发病突然，高热、寒战，伴剧烈头痛，恶心呕吐，体温上升。持续2～3天，稍下降，然后再上升进入极期；②极期（脑炎期）：持续高热（40℃以上），明显的中枢神经系统症状、体征。剧烈头痛，呕吐，肌张力增强，嗜睡，进入昏迷或惊厥，项强直明显，肌肉痉挛，严重脑水肿进一步脑疝，心跳呼吸停止，一般持续7～8天；③恢复期：病程约10天，体温开始下降，逐渐恢复，但多留有语言障碍、嗜睡状、定向力差、对周围事物漠不关心或步态失调等症状。

3. 预防措施

无特效疗法，对症治疗；防蚊虫等。我国主要是注意在这些地区旅游的安全。

十三、西部马脑炎

西部马脑炎（Western equine encephalitis，WEE）是由西部马脑炎病毒引起的人和马共患的急性病毒性媒介传播性传染病。

1. 流行病学

（1）病原特性　西部马脑炎病毒（Western equine encephalitis virus，WEEV）属于披膜病毒科、甲病毒属（*Alfavirus*），单股RNA，有囊膜。与东部马脑炎病毒有部分抗原交叉。

（2）传播途径　主要储存宿主是野鸟，自然情况下在鸟之间传播。主要是经蚊传播。

（3）易感性　人易感。宿主广泛，多种鸟类、啮齿类、家畜都不同程度易感。

（4）流行特点　主要发生于美洲。与蚊虫活动规律有关。

2. 临床表现

（1）动物　马表现中枢神经系统症状和出血斑，但较东部马脑炎轻。

（2）人　仅少数人发病，主要临床表现与东方马脑炎相似，但要比东方马脑炎轻，病死率也低。潜伏期5～10天，西方马型脑炎病程3～5天，大多在8～14天。成年人多无后遗症，乳幼儿后遗症常有智能低下、情绪不稳、四肢强直性瘫痪。老年患者则表现为精神障碍和人格改变。多数无后遗症。

3. 预防措施

无特效疗法，对症治疗；防蚊虫等。我国主要是注意在这些地区旅游的安全。

十四、委内瑞拉马脑炎

委内瑞拉马脑炎（Venezuelan equine encephalitis，VEE）是由委内瑞拉马脑炎病毒引起的一种蚊媒性人畜共患病。

1. 流行病学

（1）病原特性　委内瑞拉马脑炎病毒（Venezuelan equine encephalitis virus，VEEV）属于披膜病毒科、甲病毒属（*Alfavirus*），单股RNA，有囊膜。主要致病亚型为IA、IB、IC，引起人类散发和兽类地方流行的是亚型IB。

（2）传播途径　患者和在疫源地内受染的野生小啮齿动物以及受染的马、骡、驴等带病毒，主要是经蚊传播。

（3）易感性　人易感；动物中马、骡、驴、啮齿动物易感。

（4）流行特点　主要发生于美洲。具有职业特点，高危人群有马、骡、驴等饲养员、兽医、屠宰人员及实验室工作人员。与蚊虫活动规律有关。

2. 临床表现

（1）动物　马表现中枢神经系统症状和出血斑，但较东部马脑炎轻。

（2）人　潜伏期2～5天。大多表现为流感样症状，发冷、发热、头痛、肌痛（以下背部及腿部明显）及恶心、呕吐等。可有心动过速、结膜炎和非渗出性咽峡炎等体征。4～6天上述症状消失，仅有少数患者有嗜睡、昏迷、抽搐、痉挛性瘫痪及中枢性呼吸型衰竭等脑炎的典型表现。末梢血白细胞轻度增高。有脑炎表现者脑脊液呈病毒性脑炎特点。死亡率10%～20%。

3. 预防措施

无特效疗法，对症治疗；防蚊虫等。我国主要是注意在这些地区旅游的安全。

十五、圣路易斯型脑炎

圣路易斯型脑炎（St Louis encephalitis）是由圣路易斯型脑炎病毒引起的，经蚊媒介传播的人畜共患中枢神经系统感染性疾病。

1. 流行病学

（1）病原特性　圣路易斯型脑炎病毒（St Louis encephalitis virus）属于黄病毒科、黄病毒属（*Flavivirus*），病毒颗粒呈球形，有囊膜，单股正链RNA。

（2）传播途径　野鸟和家禽（鸽子和麻雀）为主要携带病毒者，鸟是病毒宿主；以跗斑库蚊、尖音库蚊、黑须库蚊和鸡刺皮螨等吸血传播。

（3）易感性　人易感。动物中马及鸟类等多种动物易感。

（4）流行特点　本病流行于北美洲，主要在密西西比河和俄亥俄河流域以及加利福尼亚、得克萨斯、佛罗里达等地。主要流行于21℃等温线以南地区，主要发生于6月。

2. 临床表现

（1）动物　马、禽、鸟无症状感染。

（2）人　潜伏期4～21天，多数患者表现为发热、头痛、咽痛、肌痛，数天后即完全恢复。仅有少数患者（多见于小儿和40岁以上患者）出现脑炎症状和体征。部分患者留有较轻的后遗症，高龄是病死的高危因素。成人脑炎病死率为10%～25%。

3. 预防措施

无特效疗法，对症治疗；防蚊虫等。我国主要是注意在这些地区旅游的安全。

十六、苏格兰脑炎

苏格兰脑炎（Scotland encephalitis）是由跳跃病毒引起的人兽共患病，由蜱传叮咬、主要侵犯神经系统。在羊也称为跳跃病（louping illness，LI）。

1. 流行病学

（1）病原特性 苏格兰脑炎病毒（louping ill virus）属黄病毒科、黄病毒属（*Aflavivirus*）B组，分为4个亚型。

（2）传播途径 绵羊、松鸡及其他小哺乳动物带病毒，通过人与病羊接触或蜱（蓖麻蜱）叮咬而受染。也有经过呼吸道传播的可能。

（3）易感性 人易感。多数家畜易感。

（4）流行特点 本病分布于苏格兰、北爱尔兰、威尔士和爱尔兰所有的丘陵放牧区。人群普遍易感，但以牧羊人、羊毛处理人员、屠羊或实验室工作人员多见。好发季节为夏季、秋季。

2. 临床表现

（1）动物 羊等动物以发热（双峰热）、共济失调、肌肉震颤、痉挛、麻痹为特征。

（2）人 潜伏期5～15天。表现为流感症状发热轻微，可有双峰热第2次发热时，部分患者出现严重脑膜炎症状。末梢血白细胞总数初期轻度减少，后期增多。脑脊液呈无菌性脑膜炎改变（病毒性）。

3. 预防措施

无特殊预防措施，到这些地区旅游注意接触动物和防止蜱咬。

十七、墨累山谷脑炎

墨累山谷脑炎（Murray valley encephalitis，MVE）是由墨累山谷脑炎病毒感染引起的急性高致死性人兽共患传染病。

1. 流行病学

（1）病原特性 墨累山谷脑炎病毒（Murray valley encephalitis virus，MVEV）属黄病毒科、黄病毒属（*Aflavivirus*），球形，RNA，有囊膜。

（2）传播途径 水鸟是主要传染来源，通过蚊虫叮咬传播，主要是库蚊。

（3）易感性 人易感，多数家畜、禽、鸟易感。

（4）流行特点 本病主要发生在巴布亚新几内亚岛和澳大利亚的部分地区。

2. 临床表现

（1）动物 动物感染一般无明显临床症状。

（2）人 临床症状主要包括严重头疼，高热，不适，瞌睡或惊厥，脊柱强直和广泛的脑损伤。本病有极高的死亡率，儿童尤甚。血清学研究表明800～1000个感染的人中仅有1个出现明显的临床症状，而具有临床症状这些人中有25%死亡，其余的25%～50%的人会留下终身的神经性缺陷。

3. 预防措施

没有特殊预防措施，未感染的人群易感，因此，到流行区旅游要防止蚊虫感染。

十八、波瓦生脑炎

波瓦生脑炎（Powassan encephalitis，POW）是由波瓦生病毒引起的自然疫源性人兽共患传染病。

1. 流行病学

（1）病原特性 波瓦生病毒（Powassan virus）属于黄病毒属虫媒病毒B组。球形，有囊膜，RNA病毒。

（2）传播途径 波瓦生病毒的传播途径同莱姆病相同，都是通过携带该病毒的鹿蜱叮咬、旱獭或小型啮齿动物叮咬进行传播。波瓦生病毒的传播时间非常短，仅仅需要15min；而大多数莱姆病则是在被叮咬36～48h后，莱姆病细菌才可以进行传播。

（3）易感性 人与鼠易感。

（4）流行特点 本病主要发生在北美洲、北欧、俄罗斯部分地区。儿童多见，夏季、秋季发生。

2. 临床表现

（1）动物 动物感染一般无明显临床症状。

（2）人 导致蜱传脑炎，发病急，引起发热、头痛、呕吐、体质虚弱、意识错乱、癫痫和记忆丧失等临床症状，患者可能长期忍受神经系统疾病的折磨。

3. 预防措施

没有特殊预防措施；到流行区旅游注意防止蜱等叮咬。

十九、颚市斯克出血热

颚市斯克出血热（Omsk hemorrhagic fever，OHF）是由颚市斯克出血热病毒引起的蜱传性自然疫源性传染病。

1. 流行病学

（1）病原特性 颚市斯克出血热病毒为黄病毒科、黄病毒属（*Flavivirus*）RNA病毒。球形，有囊膜。

（2）传播途径 蜱的叮咬传播。

（3）易感性 人易感。豚鼠、猫、小猪、绵羊、猴、牛、乌鸦、麻雀敏感，小白鼠高度敏感。

（4）流行特点 本病主要发生在俄罗斯西伯利亚地区。与蜱活动规律相关。

2. 临床表现

（1）动物 动物感染一般无明显临床症状。

（2）人 潜伏期3～4天。主要侵犯神经系统，发病突然，高热、呕吐、腹泻等；持续发热、吐血、便血、尿血及皮下出血等，全身淋巴结压痛明显。死亡率低。

3. 预防措施

没有特殊预防措施；到流行区旅游注意防止蜱等叮咬。

二十、赛卡热

赛卡热（Zika fever）是由赛卡病毒引起的蚊媒性人兽共患病。

1. 流行病学

(1) 病原特性　赛卡病毒（Zika virus）为黄病毒科、虫媒病毒B组，RNA病毒，球形，有囊膜。

(2) 传播途径　病猴或带毒猴是主要来源，经蚊虫叮咬传播。

(3) 易感性　人和猴易感。

(4) 流行特点　本病主要发生在非洲。与蚊虫活动规律相关。

2. 临床表现

(1) 动物　动物感染与登革热类似，但形式上更加温和，无出血现象。

(2) 人　人感染表现皮疹，开始以面部或四肢，然后转到其他部位，结膜炎，关节疼痛，低度发热和头痛等，有的出现黄疸。

3. 预防措施

无特殊预防和治疗措施，主要是到疫区旅行注意防蚊。

二十一、韦塞尔斯布朗病

韦塞尔斯布朗病（Wesselsbron disease）是由韦塞尔斯布朗病毒引起的昆虫传播的急性病毒性人兽共患病。

1. 流行病学

(1) 病原特性　韦塞尔斯布朗病毒（Wesselsbron disease virus）属披膜病毒科、黄病毒属（*A flavivirus*），球形，单股RNA，有双层囊膜。

(2) 传播途径　通过蚊虫叮咬传播。主要是神秘伊蚊（*Aedes allopictus*）和环黄伊蚊（*Aedes circumluteolus*）传播。

(3) 易感性　人、绵羊、牛等自然感染发病。

(4) 流行特点　本病主要发生在非洲。自然疫源性和季节性明显：多发生于雨季、昆虫孳生的夏季、秋季。

2. 临床表现

(1) 动物　潜伏期1～3天。羔羊：发热、食欲废绝、虚弱、脑炎、嗜睡，3～4天死亡，死亡率高达100%；成年羊：病毒血症，随后发热、抑郁、食欲缺乏、白细胞减少、出血、黄疸、流产，胎儿木乃伊化、畸形、脑膜炎，死亡率20%～70%。

(2) 人　临床症状主要包括发热、头痛、肌肉痛、四肢和眼球疼痛等流感样症状。

3. 预防措施

预防接种免疫，可获得坚强免疫力；到疫区主要是防蚊。

第三节　以食源性传播为主的人兽共患病毒病

一、疯牛病

疯牛病也称为牛海绵状脑病（Bovine spongiform encephalopathy, BSE）是由朊病毒引起的成年牛致死性神经系统疾病，也是人畜共患病。以潜伏期长，发病突然，病程进展缓慢，感觉过敏，共济失调，脑灰质发生海绵样变化为特征。疯鹿病与此相似，只有北美洲存在，在野生鹿和圈养鹿发生，目前还没有发现传播给人，但通过鹿肉传播给人的风险较大。

1. 流行病学

(1) 病原特性　朊病毒病原的本身性质并不清楚，所以也称为朊蛋白。目前认为是一种变形蛋白 PrP^{sc}，对理化因素抵抗力极强，一般烹调方法难以灭活。主要存在于英国、欧洲。

(2) 传播途径　动物之间传播是通过肉骨粉饲料。人主要是食用病牛肉、内脏和脑感染。

(3) 易感性　牛易感，羊、水貂、鹿和猫都易感，人也易感。

(4) 流行特点　主要见于牛，乳牛多于肉牛，散发。我国不存在。目前该病已得到有效控制。这几年已经没有发生的报道了。

2. 临床表现

(1) 动物　潜伏期平均4～6年或更长，初期，症状轻微，很难察觉。死前1～6个月病情逐渐加重，主要表现中枢神经系统的异常变化，精神沉郁，行为反常，感觉过敏，恐惧狂躁，有攻击行为，共济失调。卧地不起，强直性痉挛，瘙痒。后期极度消瘦死亡。

(2) 人　人主要是克雅氏病表现，与疯牛病基本差不多。肌肉震颤，大脑机能障碍，最后昏迷致死。

3. 预防措施

不从疫病国家进口牛或相关产品，加强检疫，防止类似外来病传入。

二、痒病

痒病（Scrapie）也称为痒疫，是由痒病因子引起的慢性进行性中枢神经系统疾病，也是人畜共患病。

1. 流行病学

(1) 病原特性　痒病因子是一种亚病毒，与朊病毒相似，但对理化因素敏感。在痒病羊脑组织有淀粉样纤维组成的物质，称为痒病相关纤维（SAF）。

(2) 传播途径　病羊和带毒羊是传染来源，传播途径不太清楚，认为是接触传播，也可通过胎盘传播；人因接触病羊或食用带毒羊肉感染。

(3) 易感性　人和羊敏感。

(4) 流行特点　主要流行于羊中。

2. 临床表现

(1) 动物　羊潜伏期1~5年。主要表现瘙痒和共济失调。病初病羊易惊、不安，有癫痫症状；头高举头、颈、腹震颤；多数出现瘙痒，啃咬腹、肋、股部，或摩擦体表，日渐消瘦，最后几乎不能站立，100%死亡。

(2) 人　潜伏期长，主要为慢性表现，发热，头痛，眩晕，视力模糊，语言失调、表情淡漠、静止性震颤，肌肉痉挛。最终死亡。

3. 预防措施

加强病羊检疫和扑杀；对病羊肉不得食用。

三、戊型肝炎

由戊型肝炎引起的以黄疸型为主的人畜共患性肝炎。

1. 流行病学

(1) 病原特性　戊型肝炎病毒（hepatitis E virus，HEV）为杯状病毒科、HEV样病毒属，单股正链RNA病毒，呈球形，无囊膜。

(2) 传播途径　猪是主要来源。①食物污染：可导致此病暴发，我国曾报道因为食物污染而导致戊肝暴发；②经粪-口渠道传播：因为水源被粪便污染所导致的，发病高峰多在雨季或者洪水后，其流行规模视水源污染程度而异；③平时生活接触传播；④输血渠道：研究表明通过静脉输入含戊肝病毒血液或血浆，也会使受血者发生HEV感染。

(3) 易感性　人和家畜、禽敏感。

(4) 流行特点　流行特征与基因型有关。与雨季和洪水使病毒扩散造成流行有关。人感染多于生食海鲜有关。

2. 临床表现

(1) 动物　动物感染多为隐性或亚临床感染。

(2) 人　潜伏期10~60天，平均40天。一般起病急，黄疸多见，半数有发热，伴有乏力、恶心、呕吐、肝区痛。约1/3有关节痛。常见胆汁淤积症状，如皮肤瘙痒、大便色变浅较甲型肝炎明显。多数肝大，脾大较少见。大多数患者黄疸于2周左右消退，病程6~8周，一般不发展为慢性。孕妇感染HEV病情重，易发生肝功能衰竭，尤其妊娠晚期病死率高，可见流产与死胎，其原因可能与血清免疫球蛋白水平低下有关。HBsAg阳性者重叠感染HEV，病情加重，易发展为急性重型肝炎。

3. 预防措施

切断粪-口传播途径，加强公共卫生。

四、病毒性腹泻

病毒性腹泻是由轮状病毒、传染性胃肠炎病毒和流行性腹泻病毒引起的人和动物急性胃肠道传染病。

1. 流行病学

(1) 病原特性　轮状病毒属于呼肠孤病毒科、轮状病毒属（Rotavirus），双股RNA病毒，呈车轮状。传染性胃肠炎病毒属于冠状病毒科、冠状病毒属（Coronavirus）病毒，单股RNA，圆形，有囊膜。流行性腹泻病毒为尼多病毒目、冠状病毒科、冠状病毒属。

(2) 传播途径　猪是主要来源。消化道传播是主要途径，猪传染性胃肠炎病毒可经呼吸道传播。

(3) 易感性　人主要是儿童，动物主要是猪敏感。

(4) 流行特点　人秋季较多发。猪发病和流行。

2. 临床表现

(1) 动物　厌食、精神萎顿、呕吐、腹泻、脱水。

(2) 人　人的腹泻主要是轮状病毒引起，初期有咳嗽、流涕、发热等上呼吸道症状，儿童发热、水样便、呕吐、脱水。

3. 预防措施

对猪等动物加强饲养管理。切断粪-口传播途径，加强公共卫生，特别是儿童的日常卫生防护。人可接种免疫预防。

第四节　经输血传播的人兽共患病毒病

一、艾滋病

艾滋病是获得性免疫缺陷综合征（acquired immunodeficiency syndrome, AIDS）的简称，是由人类免疫缺陷性病毒引起的致死率极高的传染病。主要在人间传播。

1. 流行病学

(1) 病原特性　人免疫缺陷病毒（human immunodeficiency virus, HIV）为逆转录病毒科、慢病毒属（Lentivirus）灵长类动物慢病毒群。球形，有囊膜，单股正链RNA。

(2) 传播途径　①性传播：主要传播方式之一；②血液传播：输血；共用针头；共用切屑或生活用具；③母婴传播。

(3) 易感性　人易感；猴、猫、牛都有感染该病毒情况。

(4) 流行特点　全球分布，我国流行也很严重。主要分布在乱性、吸毒、输血人群。

2. 临床表现

(1) 动物　猴感染病初有病毒血症表现，发热、皮疹、腹泻、浅表淋巴结肿大等，严重的体重下降、全身衰竭。猫有免疫缺陷综合征表现，免疫功能不足，继发感染，神经功能紊乱，恶性肿瘤等。

（2）人　潜伏期较长。早期有非特异性综合征表现，发热，头晕，无力，咽痛，不适，肌痛，躯干丘斑疹，腹泻，淋巴结病等类感冒症状。后转为无症状期，在某些因素刺激下病毒被激活，损伤淋巴细胞，转为艾滋病。呈慢性渐进性感染，超长潜伏期，免疫功能低下，继发感染增加，严重者多发性感染死亡。

3. 预防措施

防止该病性传播；注意输血感染和传播；加强吸毒人群的管理。

已被证实经输血传播的人兽共患病病原有**西尼罗病毒、锥虫、疟原虫、巴贝西虫、细小病毒B19、登革热病毒和朊毒体**引起的**克雅氏病**等，见相关疾病或文献。

第五节　经呼吸道传播为主的人兽共患病毒病

一、流行性感冒

流行性感冒（Influenza）简称流感，是由流感病毒引起的一种具有高度传染性呼吸道症状为主的人兽共患病。

1. 流行病学

（1）病原特性　流感病毒属正粘病毒科、甲型和乙型流感病毒属（influenza virus A and B）及丙型流感病毒属（influenza virus C）、类托高土病毒属（Thogoto like viruses）。多形态性，单股负链RNA，有囊膜，核蛋白（NP）和基质蛋白（M_1和M_2）是其型特异性抗原。根据NP和M差异，将流感病毒分成A、B、C三型，根据血凝素（HA）和神经氨酸酶（NA）抗原性不同，又将A型流感病毒进一步分型，A型流感病毒的HA抗原共有16个亚型（H1～H16），NA抗原共有9个亚型（N1～N9）。H1、H2、H3、H5、H7、H9禽流感都能感染人。

（2）传播途径　病毒存在于人和动物的鼻液、口涎、痰液等分泌物中，人、猪、禽是主要带毒者，随咳嗽、喷嚏、呼出气体散布于空气中，通过飞沫经呼吸道感染。也可经接触途径传播。

（3）易感性　人和禽、鸟、猪、哺乳动物等都易感，海豹、鲸也是主要带染者。

（4）流行特点　世界性分布，传播迅速，流行广泛，发病率高，流行过程短。流感通常于冬季暴发，1月、2月为高峰期。

2. 临床表现

（1）动物　有禽流感、猪流感、马流感等。①禽流感：症状多样，禽突然发病并迅速蔓延，鸡未表现症状即死亡，发病率可达100%，死亡快（发病5天内），病死率高（30%～80%）；死前皮肤发绀，极度消瘦，腹泻，身体蜷缩，共济失调，惊厥等神经症状。②猪流感：H1N1、类禽H1N1、类人H3N2亚型。厌食，精神沉郁，衰竭，呼吸促迫，张口呼吸和腹式呼吸，流鼻液，结膜潮红。病死率高（100%），死亡率低（小于1%）。③马流感：H7N1、H3N8。干咳，鼻炎，呼吸促迫，肌肉酸痛。死亡率一般不超过5%。

（2）人　人感染以禽流感最为严重，禽流感：初期与普通流感一样，重者可有肺炎、肺出血、胸腔积液、血细胞减少、肾功能衰竭、败血症、休克等，甚至死亡。重度者还可引起神经系统和心血管系统的中毒症状。美国联邦疾病防治中心2013年年底宣布，H1N1型流感扩散到全美超过10个州，引起4名儿童死亡，上万成年人入院治疗。H1N1病毒始于2009年暴发的猪流感。这种病毒首次于2009年在人类身上发现，此后每年的冬季流感季都会不同程度的暴发。2012年全美共有169名儿童因为流感引发严重病情丧生，超过38万成年人入院治疗。

3. 预防措施

加强禽类检疫，避免与患者、禽类接触，加强公共卫生措施，预防接种。

二、流行性出血热

流行性出血热（Epidemic hemorrhagic fever, EHF）是由流行性出血热病毒引起的一种急性出血性人兽共患传染病。

1. 流行病学

（1）病原特性　流行性出血热病毒（Epidemic hemorrhagic fever virus, EHFV）属布尼亚病毒科、汉坦病毒属（*Hantaanvirus*），以汉坦病毒（HTV）为原型株。球形或多形态，单股RNA，有囊膜。有汉坦病毒、韩城病毒、贝尔格莱德病毒、泰国病病毒、普马拉病毒和辛诺柏病毒等。

（2）传播途径　多途径传播，人感染主要通过呼吸道感染，也可通过皮肤损伤或经消化道传染。病鼠和带毒鼠是主要感染来源，革螨是鼠间传播媒介和病毒储存宿主，还可能是鼠与人之间EHF的传播媒介之一。也可经胎儿垂直传播。

（3）易感性　人和鼠、犬、猫也易感。

（4）流行特点　为自然疫源性疾病，主要在荒野、森林、草原和低洼潮湿地区分布。有明显季节性，有职业接触特点如农民和林业工人。

2. 临床表现

（1）动物　一般为隐性感染。

（2）人　人感染的潜伏期多为7～14天。症状轻重不一，病程一般可分为5期。①发热期：发热，全身酸痛，有腹泻和呕吐等胃肠炎症状，也有嗜睡等神经症状；之后皮肤、黏膜淤血点扩大；②低血压休克期：发热末期有暂时性低血压和休克，胃肠道症状、出血、神经症状加重；③少尿期：低血压后期，表现尿毒症；④多尿期：症状减轻，但因失血等导致休克，再次肾功能衰竭；⑤恢复期：一般需要1~2个月才能恢复。

3. 预防措施

搞好环境卫生与食品卫生。

三、新城疫

新城疫（Newcastle disease，ND）是由新城疫病毒引起的一种急性、热性、高度接触性人兽传染病。

1. 流行病学

（1）病原特性 新城疫病毒（Newcastle disease virus，NDV）属于副黏病毒科、腮腺炎病毒属（*Rulubavirus*）病毒。多形性，多为不规则圆形，单股RNA，有囊膜，上有血凝素和神经氨酸酶。

（2）传播途径 多途径传播，人感染主要通过呼吸道和消化道感染，也可通过皮肤损伤或交配传播。野禽、寄生虫、人畜等也可机械性传播。

（3）易感性 人和禽类。

（4）流行特点 春秋流行较多，雏鸡发病率高于成鸡，一旦鸡群发病，几乎影响全群，病死率可达90%。

2. 临床表现

（1）动物 鸡潜伏期3~14天。可分为最急性、急性、亚急性和慢性4型。①最急性型：雏鸡和流行初期，突然发病，无特殊症状而死亡；②急性型：常见，体温升高43~44℃，精神萎顿，厌食，呆立，垂头缩尾，眼半似昏睡状，冠及肉髯暗红，流涎，不断抬头吞咽，呼吸困难，拉黄色稀便；出现翅、腿麻痹等神经症状，体温下降，不久昏迷死亡，病死率很高。③亚急性或慢性型：病初与急性相似，后症状减轻，同时出现神经症状，头向后仰，翅下垂，腿麻痹，常伏地旋转，动作失调，瘫痪，经10~20天死亡。

（2）人 潜伏期1~2天。多为眼部感染，病初流泪，结膜潮红。1~2天后炎症加重，眼睑水肿，耳前淋巴结肿大。发热，咽炎等流感症状。

3. 预防措施

注意从疫区引进鸡种，注意饲养场所的卫生消毒措施；接触人员注意个人卫生防护。疫苗接种预防。

四、拉沙热

拉沙热（Lassa fever，LF）是由拉沙病毒引起的一种人兽共患急性热性出血性传染病。

1. 流行病学

（1）病原特性 拉沙病毒（Lassa arena virus）为沙粒病毒科、沙粒病毒属（*Arenavirus*），与淋巴细胞脉络丛脑膜炎病毒同科。病毒呈球形、卵圆形，有囊膜，病毒内有沙样颗粒分布而得名。

（2）传播途径 鼠是该病毒的重要宿主，患者和病毒携带者都是重要来源。①人-人传播：人患病后通过咳嗽、喷嚏传染他人；通过接触患者污染环境感染；伤口感染。②鼠-人传播：鼠排出病毒，污染环境，以气溶胶、食物或水传播。昆虫叮咬、机械传播没有证实。

（3）易感性 人、鼠和猴。

（4）流行特点 地方流行和院内感染形式多见，主要流行在非洲，西非最常见。不同地区表现旱季或雨季；与职业人群有关：医生、护士、实验室人员感染率高，致死率也高。

2. 临床表现

（1）动物 动物多呈隐性感染。

（2）人 潜伏期3~17天。差别很大，隐性感染；严重疾病表现：发热、寒战、全身不适、头痛、弥散性肌痛，随后咽喉痛、吞咽困难、咳嗽、胸痛、呕吐、腹泻、腹痛等，脱水。

3. 预防措施

加强动物检疫，防止该病进入国门。到非洲、特别是西非旅行注意接触和卫生防护。

五、仙台病毒感染

仙台病毒感染（Sendai virus infection）是由仙台病毒引起的人兽共患病。

1. 流行病学

（1）病原特性 仙台病毒（Sendai virus，SV）属于副黏病毒科、副黏病毒属（*Paramyxovirus*）。多形性，多为不规则圆形，单股RNA，有囊膜。

（2）传播途径 多途径传播，人感染主要通过呼吸道和直接接触传播。

（3）易感性 人和猪、小鼠、豚鼠、地鼠、家兔易感。

（4）流行特点 世界各地流行，气候变化较大时易发。

2. 临床表现

（1）动物 急性和慢性两种，病鼠被毛粗乱，呼吸困难，弓背弯腰，发育不良，消瘦等。

（2）人 儿童易感，主要是呼吸道感染症状。

3. 预防措施

与鼠类接触注意个人防护。

还有发病率低，人感染属偶然事件的人兽共患病，如**马传染性贫血**是马属动物的一种急性烈性传染病，只有3位兽医患病，但传染性较强；**梅那哥病毒感染**（也称为**曼那角病毒病**），引起猪的繁殖障碍和先天畸形，存储于果蝠中，仅有养猪人员、实验室人员极少量感染；**博尔纳病**（Borna disease，BD）是马的一种神经型疾病，可能与人类某些精神疾病有关，主要证据是人类阳性抗体；**输血传输病毒病、人偏肺病毒病**等，但人发生频率极低，还称不上是完全的人兽共患病，但具有这种潜能，需要注意。

第十三章 人兽共患寄生虫病

人兽共患寄生虫病因寄生虫分布广泛，与动物的生活密切相关，引起人兽共患病的概率很大，是人们防范的重要人兽共患病病种。

第一节 人兽共患原虫病

一、弓形虫病

弓形虫病（Toxoplasmosis）是由刚地弓形虫寄生于人、畜、野生动物、鸟类及一些冷血动物体内所致的一种人兽共患寄生虫病。

1. 流行病学

（1）病原特性　刚地弓形虫（*Toxoplasma gongdii*）为弓形虫科、弓形虫属（*Toxoplasma*），发育过程中有滋养体、速殖子、缓殖子、裂殖子、配子体和卵囊等形态。猫吞食弓形虫包囊，在其体内繁殖后排出孢子化卵囊，被人、畜等中间宿主吞食，繁殖寄生在肌肉和脑等组织，发育为缓殖子，并形成包囊。

（2）传播途径　猫科动物是终宿主和重要传染源。可经皮肤、口、黏膜、胎盘等途径侵入人或动物体。

（3）易感性　人、家畜、禽和野生动物易感。

（4）流行特点　人感染多与生活习惯、接触动物机会等有关，如动物饲养员、屠宰加工人员、兽医、实验室人员等感染率高。

2. 临床表现

（1）动物　猪易感，高热，精神沉郁，食欲废绝，便秘或腹泻，呕吐，呼吸困难，咳嗽，肌肉强直，体表淋巴结肿大，流产，生长缓慢。羊呈隐性感染。牛有神经症状，发热，呼吸困难，咳嗽，初便秘后腹泻，淋巴结肿大。犬的症状类似犬瘟热。

（2）人　多为隐性感染。抵抗力弱时出现严重症状，主要侵害脑、淋巴结和眼等器官。急性期表现淋巴结炎、脑炎、心肌炎、肺炎、肠炎、肝炎、扁桃体炎、脉管炎、胎盘炎、贫血、视网膜脉络膜炎等表现；发热、头痛、乏力、肌肉疼痛、淋巴结肿大，肌肉痛可持续1个月或更久；流产、早产、死胎；肝肿大、惊厥、脑积水、脑损害等。

3. 预防措施

加强动物弓形虫监测和适当处理；屠宰动物弓形虫监测，发现应销毁；加强粪便管理，环境、食品和饮水卫生管理。

二、肉孢子虫病

肉孢子虫病（Sarcocystosis）是由肉孢子虫寄生于人和哺乳动物、爬行动物及鸟类等引起的人兽共患病。

1. 流行病学

（1）病原特性　肉孢子虫（*Sarcocystis*）属于肉孢子虫科、肉孢子虫属（*Toxoplasma*），有100多种，以人为终末宿主的主要有人肉孢子虫、猪人肉孢子虫。终末宿主（可能是肉食动物）吞食含有肉孢子囊的肉，经过发育排出卵囊，被中间宿主吞食后发育成裂殖子，进入肌肉组织发育为肉孢子虫囊。

（2）传播途径　感染的人、家畜、啮齿类、鸟类、爬行类动物为重要传染源。可经消化道传播。中间宿主有草食、杂食、啮齿、爬行类动物和禽类，因采食了被卵囊污染的饲料或饮水而感染；终宿主为肉食动物，包括中间宿主——人，人因食用未熟透肉类或生肉而感染。

（3）易感性　人、家畜、禽和野生动物易感。家畜中猪、牛、羊、马均可感染。

（4）流行特点　人感染多与生活习惯等有关，食用半熟、未熟透肉感染。

2. 临床表现

（1）动物　动物轻度一般无症状。重者发热、不安、厌食、虚弱、消瘦、贫血、水肿、淋巴结肿大，少数有肌肉僵直、角弓反张、四肢强直等症状。

（2）人　人感染后有头痛、恶心、呕吐、腹痛、腹泻、食欲缺乏、发热等症状。重者出现贫血、下肢疼痛、行走困难。

3. 预防措施

加强动物粪便管理和环境卫生，不吃生的、未熟透肉食。

三、隐孢子虫病

隐孢子虫病（Cryptosporidiosis）是由隐孢子虫寄生于人、哺乳动物、爬行类、鸟类和鱼类等动物消化道与呼吸道黏膜引起的一种常见人兽共患寄生虫病。

1. 流行病学

（1）病原特性　隐孢子虫（*Cryptosporidium*）为隐孢子虫科，主要是微小隐孢子虫。该虫是单宿主寄生虫，各发育阶段都在小肠上皮细胞的纳虫空泡内进行。孢子化卵囊排出后，污染饮水、食品或饲料。

(2) 传播途径　经口感染人和动物。

(3) 易感性　人和动物易感。动物可能包括40多种，猪、牛、羊易感。

(4) 流行特点　水源污染引起传播或暴发，一年四季皆可发生，但温暖季节多见。

2. 临床表现

(1) 动物　主要是腹泻、脱水、精神萎顿、食欲缺乏、消瘦、生长停止，甚至死亡。

(2) 人　严重腹泻、精神不振、食欲减退、腹痛、水样便、发热、恶心、呕吐、肌肉和关节痛。

3. 预防措施

及时治疗病畜；加强饮水和食品安全管理，不饮生水和未消毒乳。

四、利什曼病

利什曼病（Leishmaniasis）是由利什曼原虫寄生于人和动物体内而引起的一种慢性地方性人兽共患寄生虫病。

1. 流行病学

(1) 病原特性　利什曼原虫为锥虫科、利什曼属（Leishmania），包括杜氏利什曼原虫可侵害内脏器官，引起黑热病；热带利什曼原虫引起皮肤利什曼病；巴西利什曼原虫寄生于皮肤和鼻腔黏膜，引起黏膜与皮肤利什曼病。白蛉吸食人和动物血液时，将含有利什曼原虫的巨噬细胞吸入，在肠内繁殖，形成前鞭毛体，7~8天返回口腔内。当白蛉再次吸血时，前鞭毛体进入健康人或动物体内，鞭毛脱落，变成利杜体，部分被多核白细胞吞噬，部分随血液到达骨髓、肝、脾、淋巴结等组织的巨噬细胞内寄生。

(2) 传播途径　患者、病犬、狼、狐等野生动物是主要传染来源。白蛉叮咬传播。

(3) 易感性　人、犬、狼、狐狸、豪猪、草原鼠等易感。

(4) 流行特点　白蛉多的地方传播也多，在每一个流行区域都有自己的特点。美洲主要是犬和人之间传播；巴西北部流行较多，印度人是主要保藏宿主；我国也有流行。

2. 临床表现

(1) 动物　病畜头部尤其是耳、鼻、脸部、眼睛周围及趾部脱毛，皮肤增厚，局部溃烂，渗出物结痂，痂皮脱落后出血。伴有食欲缺乏、精神萎靡、消瘦、贫血、发热、嗓音嘶哑等症状，重者死亡。

(2) 人　长期发热，头痛，食欲减退，消瘦，乏力，贫血，腹泻，水肿，肝脾和淋巴结肿大，牙龈出血，血尿，白细胞减少，重者死亡；皮肤丘疹、结节和红斑，表面粗糙，结节可连成片酷似瘤型麻风。

3. 预防措施

流行区内监测患者和动物，发现动物发病立即扑杀。防止被白蛉叮咬。

五、阿米巴病

阿米巴病（Amebiasis）是由溶组织阿米巴寄生于人和动物肠道及其他组织所引起的一种常见食源性寄生虫病。主要以阿米巴痢疾和阿米巴肝脓肿为特征。

1. 流行病学

(1) 病原特性　溶组织阿米巴（Entamoeba histolytica）属于内阿米巴科（Entamoebae），形态包括滋养体和包囊两种。人和动物食入后在肠内脱囊，发育为小滋养体，形成包囊，经粪便排出。

(2) 传播途径　患者、带虫者是主要传染来源。人和动物因食用污染包囊的水、饲料、食物而感染。苍蝇和蟑螂携带包囊帮助传播。

(3) 易感性　人、猫、犬、鼠等易感。

(4) 流行特点　主要是因食用不卫生食物、饮水而感染。

2. 临床表现

(1) 动物　犬多数为隐性；猴也是隐性感染；其他与人相似。

(2) 人　肠阿米巴病最常见，发热、腹痛、呕吐、严重腹泻、粪便带血、背部疼痛、体重减轻等。慢性持续数月，贫血、乏力、腹胀和腹痛。重者虚脱，肠出血、穿孔、阑尾炎、腹膜炎等。还可引起肝脓肿等其他感染。

3. 预防措施

监测食品行业人员的携带情况，加强食品卫生管理。

六、贾第虫病

贾第虫病（Giardiasis）是由蓝氏贾第虫寄生于人和动物小肠，偶尔寄生于胆道和胆囊引起的以腹泻为特征的人兽共患寄生虫病。

1. 流行病学

(1) 病原特性　蓝氏贾第虫（Giardia lamblia）属于六鞭科、贾第虫属（Giardia）。发育中有滋养体和包囊两个阶段。

(2) 传播途径　患者和带虫者是传染来源，人和动物主要是摄食被包囊污染的水、饲料、食物引起感染，蝇和蟑螂可协助传播。

(3) 易感性　人易感，家畜、宠物、猿、河狸等都易感。

(4) 流行特点　因食用或饮用污染的食物或水而感染。

2. 临床表现

(1) 动物　多为隐性感染，有时出现与人类相似症状。

(2) 人　人感染后症状不一致，急性期上腹部疼痛、腹胀、腹泻并带有黏液、恶心、呕吐、体重减轻、衰弱等，有时胆绞痛和黄疸；长期腹泻导致营养不良、消瘦、贫血、发育不良等。

3. 预防措施

积极治疗患者，注意公共卫生和个人卫生。

七、卡氏肺孢子虫病

卡氏肺孢子虫病（Pneumocystosis）是由卡氏肺孢子虫寄生于肺脏引起的一种人畜共患的原虫性寄生虫病。

1. 流行病学

（1）病原特性 卡氏肺孢子虫（*Pneumocystis carinii*）分类学上与真菌接近，但有自己特点，应该是一个独立的真菌纲。发育过程中有滋养体和包囊。

（2）传播途径 鼠可能是传染源，犬可能是重要保藏宿主。有直接接触传播、消化道、呼吸道传播途径。人经呼吸道传播更重要。

（3）易感性 人易感，鼠、犬、猪、羊、兔等也是易感动物。

（4）流行特点 世界性分布，散发。

2. 临床表现

（1）动物 动物主要表现呼吸道症状，如咳嗽、呼吸困难、咯血，间质性浆细胞型肺炎。

（2）人 干咳、呼吸促迫、黏膜发绀，发热或无热，偶有腹泻，体重减轻，幼儿可发生纵膈气肿和皮下气肿。

3. 预防措施

由于传播途径不十分明了，还缺乏有效控制手段。

八、兔脑炎原虫病

兔脑炎原虫病（Encephalitozoonosis）是由兔脑炎原虫引起的一种人畜共患的专性细胞内寄生的寄生虫病。兔感染较为严重。

1. 流行病学

（1）病原特性 兔脑炎原虫（*Encephalitozoon cuniculi*）在体内有假囊和滋养体，但在细胞外很难看到。

（2）传播途径 传播途径并不十分清楚，动物通过排泄物传播，也可经胎盘传播。

（3）易感性 对宿主有比较严格选择性，非流行区人和动物进入流行区后，动物和人就会易感。

（4）流行特点 兔场广泛流行，世界性分布，对人危害很大。

2. 临床表现

（1）动物 动物多为隐性感染。出现症状时病兔表现逐渐衰弱，体重减轻，尿毒症，严重的有神经症状，如惊厥、颤抖、斜颈、麻痹、昏迷等。

（2）人 最多见神经系统表现，也包括呼吸道和消化道表现，脑炎和肾炎多见，严重腹泻也有。

3. 预防措施

由于对其传播方式不是太清楚，目前还没有很好的预防措施。

九、巴贝斯虫病

巴贝斯虫病是指由巴贝斯科的原虫经蜱传播所引起的一种人兽共患寄生虫，也称为梨形虫病。

1. 流行病学

（1）病原特性 我国存在的病原寄生于马属动物，主要为驽巴贝斯虫（*Babesia caballi*，又称驽梨形虫）和马巴贝斯虫（*B. equi*，又称马纳脱原虫）。一类虫体不超过 $2.5\mu m$，另一种虫体大于 $3\mu m$。寄生于哺乳动物红细胞内的虫体呈圆形、梨形、杆状、阿米巴形等多形态；同一种虫体有不同形态，但各种不同巴贝丝虫都有某一固定形态。需要裂殖生殖、配子生殖和孢子生殖三个阶段才具有感染能力。

（2）传播途径 传染来源主要是患病动物和带虫者。经蜱吸血传播。

（3）易感性 人易感，家畜中牛、马、野生动物都易感，巴贝丝虫病对宿主的选择比较严格，非疫区的进入疫区的人和动物就易感。

（4）流行特点 在我国分布于东北、西北、西南等地。因蜱的活动规律而表现较强的季节性和区域性，在北方驽巴贝斯虫病于3月初开始出现，4月达高潮，5月下旬以后逐渐停止流行。马巴贝斯虫病的出现稍晚。各种动物各自有特定病原体，彼此互不感染，特定条件有可能交互感染。多种巴贝丝虫可感染人。

2. 临床表现

（1）动物 病畜主要表现高热、贫血、黄疸、消瘦和衰弱等。除驽巴贝斯虫病外，都有血红蛋白尿。幼畜或外地新输入的家畜常出现严重症状。诊治不及时，死亡率高。

（2）人 严重的患者表现发冷、发热、精神缺乏、厌食、黄疸、溶血性贫血、血红蛋白尿、关节疼痛、昏迷，直至死亡。切除脾的人症状轻微。

3. 预防措施

进入疫区注意防止蜱的叮咬。

十、结肠小袋纤毛虫病

结肠小袋纤毛虫病（Balantidiasis）是由结肠小袋纤毛虫寄生于人和动物结肠的人兽共患性寄生虫病。

1. 流行病学

（1）病原特性 结肠小袋纤毛虫（*Balantidium coli*）是人体寄生最大的原虫，属于小袋科。有滋养体和包囊两个阶段。主要是包囊阶段传播给人和动物。

（2）传播途径 人主要是通过吞食包囊污染的食物或饮水感染，猪是本病的主要宿主。

（3）易感性 人和哺乳动物如猪、猫、鼠等易感。

（4）流行特点 主要分布在热带和亚热带地区，人体不适合该虫寄生，人少见。人与猪密切接触者感染率高。

2. 临床表现

（1）动物　动物感染潜伏期 5~16 天。一般呈带虫状态，急性表现为：精神萎靡、食欲缺乏、喜躺卧、怕冷、颤抖、发热、下痢。慢性持续数月，卡他性-出血性-坏死性-溃疡性大肠炎。

（2）人　人感染后表现无症状型、急性型和慢性型三种状况。急性型：发病突然，腹泻、腹痛，里急后重，脱水，营养不良，消瘦，病程短，自限性。慢性型：腹泻，水样，有黏液，腹泻与便秘交替进行，腹部有压痛。

3. 预防措施

加强猪的粪便管理，注意个人卫生。

十一、锥虫病

锥虫病（Trypanosomiasis）是非洲和南美洲国家广泛流行的致死性人兽共患病。

（一）非洲锥虫病

非洲锥虫病也称为睡眠病，是由布氏冈比亚锥虫和罗德西亚锥虫引起。

1. 流行病学

（1）病原特性　锥虫病的虫体属于锥虫科、锥虫属（Trypanosoma）。布氏冈比亚锥虫（Trypanosoma brucei gambiense）和布氏罗德西亚锥虫（T. brucei rhodesiense）在舌蝇体内繁殖。舌蝇吸血吸入含锥鞭毛体，发育后进入唾液腺，再次刺吸人血时，进入人体血液。

（2）传播途径　人感染主要是舌蝇叮咬。

（3）易感性　人易感，林羚、麋羚、牛、绵羊、猪、犬等可能是虫体宿主。

（4）流行特点　分布于非洲。主要涉及包括农民、旅游者、野外工作人员。

2. 临床表现

（1）动物　动物症状不清楚，应该是隐性带虫状态。

（2）人　人感染后表现初期：发热，皮损，皮疹，水肿和淋巴结肿大；血淋巴期：淋巴结肿大、脾肿大、肝细胞变性、心肌炎等；脑膜脑炎期：感觉过敏、共济失调、嗜睡等。

3. 预防措施

控制舌蝇数量，防止被叮咬。

（二）美洲锥虫病

美洲锥虫病也称为恰加斯病（Chagas）或克氏锥虫病，病原体是克氏锥虫，主要分布在南美洲和中美洲，也称为美洲锥虫病，是通过锥蝽（臭虫）引起的一种人兽共患寄生虫病。

1. 流行病学

（1）病原特性　克氏锥虫（Trypanosoma cruzi）生活史包括三个阶段：无鞭毛体、上鞭毛体、锥鞭毛体。锥蝽自人体或哺乳动物吸入含锥蝽鞭毛体的血液，转变为无鞭毛体、球鞭毛体、小型上鞭毛体、大型上鞭毛体、锥鞭毛体。锥蝽吸血时经皮肤或黏膜侵入人体。

（2）传播途径　主要经锥蝽叮咬、吸血传播。也可以经克氏锥虫污染的食物，如通过接触锥蝽臭虫的粪便；使用受感染献血者的血液进行输血；在妊娠或分娩期间由受感染的母亲传播给新生儿；使用受感染捐献者的器官进行器官移植；实验室事故等传播途径，但少见。

（3）易感性　人易感，犬、猫、狐、雪貂、松鼠、家鼠等也易感。

（4）流行特点　南美洲的恰加斯病流行和死亡很严重。人群附近犬、猫是重要宿主。

2. 临床表现

（1）动物　动物一般呈隐性感染或带虫状态。

（2）人　恰加斯病为两个阶段，最初的急性期在感染之后持续约两个月。在急性期多数病例无症状或症状温和，但可包括发热、头痛、淋巴结肿大、脸色苍白、肌肉疼痛、呼吸困难、肿胀以及腹部或胸部疼痛。可见的典型体征可以是皮损或一侧眼睑青紫肿胀。慢性期患者出现心脏障碍，食道或结肠扩大等。数年内感染可导致猝死或心力衰竭。

3. 预防措施

主要是控制传播媒介——锥蝽。

还有**疟疾**（猴、人）、**人芽囊原虫病、等孢子虫病、艾美尔球虫病、毛滴虫病**等人兽共患原虫病（文心田，2011）。

第二节　人兽共患吸虫病

一、日本血吸虫病

日本血吸虫病（Schistosomiasis japonica）是日本血吸虫寄生于人和家畜门静脉系统引起的人畜共患的寄生虫病。

1. 流行病学

（1）病原特性　日本血吸虫（Schistosoma japonicum）属于分体科、分体属（Schistosoma），雌雄异体，常合抱寄生在人和动物的门静脉处。造成传播的条件是，带虫卵的粪便入水、钉螺的存在和滋生，接触疫水。

（2）传播途径　传播途径是经皮肤、黏膜侵入人或家畜体内。

（3）易感性　人易感，家畜、宠物均易感。

（4）流行特点　多发于夏秋季节，具备含虫卵的水环境、钉螺的存在、人和动物接触水。

2. 临床表现

（1）动物　以犊牛和犬的症状重一些，绵羊、山羊轻一些，马呈隐性感染。表现皮肤炎症，发热，食欲减退，精神沉郁，运动呆滞，下痢，粪带黏液或血液，贫血，腹痛，肝硬化，腹水，消瘦，发育迟缓，因极度衰竭而死亡。慢性表现精神萎靡，极度消瘦，贫血，流产。

（2）人　人的症状严重且表现复杂。依据病程发展、寄生部位及人体反应不同，可分为如下几种。①急性血吸虫病：夏季、秋季，以青壮年和儿童多发，发热，腹胀，腹痛，腹泻，肝脾肿大，有腹水，荨麻疹、淋巴结肿大、血管神经肿大。②慢性血吸虫病：流行区多见此型，无明显症状；有症状的表现为腹泻、腹痛、脾脏肿大、消瘦、乏力，有时便血。③晚期血吸虫病：多因反复严重感染而又未及时治疗所致，有巨脾型、腹水型和侏儒型三种。④异位损害：虫体寄生于肺、脑等组织器官，引起肺血吸虫病和脑血吸虫病。

3. 预防措施

对人普查监测，对应治疗；灭螺；加强人畜粪便管理和公共卫生建设；增强自我防范意识，不要直接接触疫区的水。

二、并殖吸虫病

并殖吸虫病（Paragonimiasis）也称为肺吸虫病，是由多种并殖吸虫寄生于人和猫、犬、狐、虎、豹等食肉动物肺脏和其他组织所致的人兽共患寄生虫病。

1. 流行病学

（1）病原特性　并殖吸虫为并殖科、并殖属（Paragonimus），有50多种，我国常见的有卫氏并殖吸虫和斯氏并殖吸虫。成虫寄生于人和动物肺脏，虫卵随宿主痰液或经粪便排出，落入水中，经胞蚴、母雷蚴、子雷蚴、尾蚴，离开螺体，侵入第二中间宿主溪蟹或蝲蛄体内，形成囊蚴，被人和其他终宿主食入，在小肠内脱囊，穿过肠壁、膈和肺膜进入肺脏发育为成虫。

（2）传播途径　患者、病畜和保虫宿主（犬是主要）是主要来源，螺和溪蟹等是主要中间宿主。鸡、鸭、鸟、鼠、蛇、蛙等多种动物可称为转续宿主。终宿主有猫科、犬科、灵猫科动物。人虽然不是适宜宿主，虫体在人体内处于童虫阶段，也有虫体在人肺脏中发育为成虫的报道。人主要是生食溪蟹、蝲蛄、饮用生水等引起。

（3）易感性　人易感，多种动物均易感。

（4）流行特点　一般流行于山区有溪蟹、蝲蛄等水域，具有生食习惯的人群。野生动物因吃了这些中间宿主而感染，人吃了也会感染。

2. 临床表现

（1）动物　动物症状与人相似，但较轻。常见精神沉郁、咳嗽、咳痰、咯血，伴有气喘、发热、腹泻等。

（2）人　主要寄生于肺脏，轻度表现食欲缺乏，乏力，消瘦，低热等。重度表现低热、头痛、胸痛、咳嗽、咯血、盗汗、腹痛、腹泻和肝脏肿大等。皮肤肌肉型以游走性皮肤结节或包块为特征；腹型以腹痛、腹泻、便血为主；神经型以儿童多见，有剧烈头痛、癫痫、瘫痪、视力障碍等症状。

3. 预防措施

及时治疗患者和感染的犬、猪；消灭中间宿主，管理好转续宿主；不食用生或未熟透的溪蟹和蝲蛄等。

三、华支睾吸虫病

华支睾吸虫病（Clonorchiasis）是由华支睾吸虫寄生于人及动物的肝胆管内所致的人兽共患寄生虫病。

1. 流行病学

（1）病原特性　华支睾吸虫（Clonorchis sinensis）属后睾科、支睾属（Clonorchis）。成虫寄生于人和哺乳动物的肝胆管内，经粪排出，被螺等吞食，经毛蚴、胞蚴、雷蚴发育，最后成为尾蚴从螺体逸出，到水中遇到第二中间宿主淡水鱼或虾，发育为囊蚴，被人或猪等动物吞食后，在十二指肠脱囊孵出幼虫，移行至肝内胆管发育为成虫。可存活20~30年。

（2）传播途径　人、畜和野生动物均可感染并成为传染源。人主要是因食用含有囊蚴的生鱼而感染。

（3）易感性　人易感，家畜、野生动物、宠物等均易感。

（4）流行特点　属于自然疫源性疾病，人主要经鱼类感染。

2. 临床表现

（1）动物　感染后与人的症状相似，严重感染者表现消化不良、食欲减退、腹痛、腹泻、消瘦、水肿、贫血、黄疸及发育受阻等。

（2）人　多呈慢性或隐性感染，感染虫体多时表现食欲减退、消化不良、乏力、水肿、腹泻、消瘦等。严重时高热、寒战、肝区疼痛、嗜酸性白细胞增多，反复严重感染者全身水肿、消瘦、贫血、黄疸、心悸、眩晕、失眠和记忆力减退。虫体破坏胆管上皮、阻塞胆管，引起胆管狭窄、组织增生、肝硬化、腹水。有些晚期肝绞痛、胆管炎、胆囊炎和肝癌。

3. 预防措施

管理好人、畜粪便，加强公共卫生水平；不食用生鱼，也禁止用生鱼或鱼内脏、废弃物喂猫、猪、犬等。

四、姜片吸虫病

姜片吸虫病（Fasciolopsiasis）是由布氏姜片吸虫寄生于人和猪小肠内所致的一种人兽共患寄生虫病。

1. 流行病学

（1）病原特性　布氏姜片吸虫（Fasciolopsis buski）为片形科、姜片属（Fasciolopsis），成虫寄生于人或猪的小肠上段，随粪排出虫卵，在水中孵出毛蚴，进入螺体，发育为胞蚴、母雷蚴、子雷蚴、尾蚴，从螺体内出来，附着在水生植物或其他物体表面形成囊蚴，被人和猪食入后，在小肠内脱囊成为幼虫，吸附在小肠黏膜并寄生，1～3个月发育为成虫。

(2) 传播途径　猪采食了污染姜片吸虫的水中植物，人因食用水生植物而被感染。

(3) 易感性　人易感，家畜中猪易感，也有猴自然感染的报道。

(4) 流行特点　除东北、西北外，我国大部分地区都有流行。一般在9～11月多发。

2. 临床表现

(1) 动物　病猪精神不振，被毛粗乱，低头弓背，腹泻，消瘦，水肿，贫血，幼猪发育受阻，重者出现腹水。

(2) 人　轻度腹部不适、消化不良。中度间歇性腹泻、腹痛、恶心、呕吐，少数有剧烈疼痛。重者全身无力，精神萎顿，营养不良，消瘦和水肿，少数发生肠梗阻。儿童睡眠不安，磨牙，抽搐，颜面苍白，消瘦，贫血，黄疸，发育障碍。

3. 预防措施

不要给猪饲喂水生植物，人在食用水生植物时注意洗净或熟食。

五、肝片吸虫病

肝片吸虫病（Fascioliasis hepatica）是由肝片形吸虫寄生于人和羊、牛等哺乳动物的胆管内所致的人兽共患寄生虫病。

1. 流行病学

(1) 病原特性　肝片吸虫（$Fasciola\ hepatica$）属于片形科、片形属（$Fasciola$）。成虫寄生于哺乳动物胆管内，产出虫卵随胆汁排出，在水中孵出毛蚴，侵入椎实螺体内，经胞蚴、母雷蚴、子雷蚴发育为尾蚴，从螺体内逸出，附着于水生植物或其他物体上，被人或动物摄食后，在小肠破囊而出，童虫穿过肠壁进入腹腔，进入肝脏胆管，发育为成虫。成虫可在人体内寄生12年，在畜体内可寄生3～5年。

(2) 传播途径　人主要是吃了污染的水生植物，喝生水而感染。动物多因吃含囊蚴的饲料而感染。

(3) 易感性　人和家畜、犬、野生动物等易感。

(4) 流行特点　多发生于温暖区域，温暖潮湿的夏秋季节。

2. 临床表现

(1) 动物　动物多为急性、慢性肝炎和胆囊炎，全身中毒和营养障碍。病牛消瘦、贫血和水肿。病羊发热、精神沉郁、腹痛、腹泻、腹水、贫血、衰竭。

(2) 人　急性肝炎，腹膜炎，胆管扩张和肝硬化。肝区疼痛，腹痛，胸痛，呕吐，食欲缺乏，营养不良，局部水肿，发热，血小板减少。严重的黄疸，贫血，呼吸困难，衰竭而死。

3. 预防措施

消灭中间宿主椎实螺；加强人畜粪便管理，防止污染水源；不生食水生植物，不用其喂家畜。

六、双腔吸虫病

双腔吸虫病（Dicrocoeliasis）由双腔吸虫寄生于人和反刍动物等胆管内所致的人兽共患寄生虫病。

1. 流行病学

(1) 病原特性　双腔吸虫属于双腔科、双腔属（$Dicrocoelium$）。主要有4种：矛形双腔吸虫、中华双腔吸虫、支双腔吸虫和客双腔吸虫。在人和哺乳动物胆管内产卵，随胆汁排出，被陆地螺吞食，孵出毛蚴，经母胞蚴、子胞蚴、尾蚴，形成由黏液包裹着的黏球，从呼吸孔排到外界。黏球被蚂蚁吞食，尾蚴从其腹部血腔中形成囊蚴。反刍兽和哺乳动物吞食蚂蚁，囊蚴在终宿主肠道中脱囊，经十二指肠到达胆管内寄生，发育为成虫。

(2) 传播途径　人主要因食入被含囊蚴蚂蚁污染的食物所致；动物因吞食含囊蚴的蚂蚁污染的饲草而感染。

(3) 易感性　人易感，家畜、哺乳动物和野生动物均易感。

(4) 流行特点　流行区的形成与当地存在适宜的传播媒介有关，如陆地螺和蚂蚁等中间宿主。一年有两次感染高峰期。

2. 临床表现

(1) 动物　牛、羊严重感染时，可表现为食欲缺乏，精神沉郁，腹泻，逐渐消瘦，黄疸，下颌水肿，贫血和腹水。

(2) 人　呕吐，腹泻，便秘，消化不良，肝肿大和黄疸，重者死亡。

3. 预防措施

对动物驱虫；人、畜粪便无害化处理；合理放牧；注意饮食卫生。

七、阔盘吸虫病

阔盘吸虫病（Eurytremiasis）也称为胰吸虫病，由多种阔盘吸虫寄生于动物和人的胰管中所致的人兽共患寄生虫病。

1. 流行病学

(1) 病原特性　阔盘吸虫属于双腔科、阔盘属（$Eurytrema$）。我国流行的有胰阔盘吸虫、腔阔盘吸虫和支睾阔盘吸虫。成虫在终宿主的胰管内产卵，随胰液排出，被第一中间宿主陆地螺吞食，孵出毛蚴，经母胞蚴、子胞蚴发育为尾蚴，排出体外；被第二中间宿主草螽和针蟀吞食，发育为囊蚴。家畜吞食含有成熟囊蚴的草螽或针蟀，囊蚴在十二指肠脱囊，进入胰管，发育为成虫。

(2) 传播途径　牛和羊是最终宿主和重要传染来源。主要通过消化道感染。

(3) 易感性　人易感，牛、羊、猪、骆驼、兔、鹿、猴等均易感。

(4) 流行特点　流行区域与陆地螺、草螽和针蟀分布、孳生及牛羊放牧有关，与放牧季节有关。

2. 临床表现

（1）动物 动物消化不良，消瘦，贫血，水肿等。下痢严重时可引起死亡。

（2）人 人感染严重时有营养不良，消瘦，腹泻，贫血，水肿，生长发育不良。

3. 预防措施

管理好人与动物粪便；流行季节前灭中间宿主；改善饲养环境，移场放牧。

八、毕吸虫病

毕吸虫病（Harziasis）是由东毕吸虫和毛毕吸虫引起的人兽共患寄生虫病，在人称为尾蚴性皮炎（Cercarial dermatitis）。

1. 流行病学

（1）病原特性 属于分体科、东毕属（Ornithobilharzia）和毛毕属（Trichobilharzia）。主要有寄生于牛羊等家畜的土耳其斯坦东毕吸虫、彭氏东毕吸虫、程氏东毕吸虫及土耳其斯坦东毕吸虫结节变种；寄生于鸭的奥氏东毕吸虫、何氏东毕吸虫、包氏东毕吸虫、大毛毕吸虫、眼点毛毕吸虫、中山毛毕吸虫、集安毛毕吸虫、大榆树毛毕吸虫及横川毛毕吸虫。虫卵随宿主粪便排出，孵出毛蚴，侵入椎实螺体内，经母胞蚴、子胞蚴发育为尾蚴，逸出螺体，进入牛、羊、鸭等动物体内，到达肠系膜静脉和肝门静脉发育为成虫。尾蚴进入人的皮肤，引起剧烈免疫反应，导致皮炎，但不发育为成虫。

（2）传播途径 感染动物是传染来源，椎实螺是中间宿主。牛羊站在有尾蚴的水中吃草，尾蚴钻入皮内而感染。人与接触有尾蚴水有关，如农民和渔民发病率较高。

（3）易感性 人易感，家畜、家禽、野生动物均易感。

（4）流行特点 与椎实螺、水塘等有关，温暖季节多发。

2. 临床表现

（1）动物 牛羊主要表现颌下及腹下水肿，消瘦，贫血，黄疸，发育不良，不孕或流产。鸭感染后轻者一般无症状，重者消瘦，发育不良。

（2）人 局部皮肤瘙痒，继而出现红斑、丘疹，伴有奇痒，持续5~7天。有时继发感染，局部溃烂。

3. 预防措施

对动物驱虫；轮流放牧；流行区不要到有水区域放牧，人不要接触野生塘水。

九、林多恩斯棘口吸虫病

林多恩斯棘口吸虫病是由林多恩斯棘口吸虫寄生人和动物引起的人兽共患病。

1. 流行病学

（1）病原特性 林多恩斯棘口吸虫（Echinostoma lindoense or echinatum）属于棘口科、棘口属。螺（螺丝、蝌蚪）为第一中间宿主，鱼、犬、软体动物为第二中间宿主。终宿主是哺乳动物。成虫寄生于动物体内，产生卵排出体外，在水中孵出毛蚴钻入淡水螺体内，经胞蚴、母雷蚴、子雷蚴发育为尾蚴，离开螺体，遇第二中间宿主，囊蚴进入中间宿主中，发育为成虫。

（2）传播途径 人主要是生食鱼、贝类、螺类而感染。

（3）易感性 人易感，家禽为主要感染群体，猪、猫、家鼠、兔均易感。

（4）流行特点 人多因食用生鱼、贝类、螺肉而感染。

2. 临床表现

（1）动物 动物多为黏膜损伤，出血，贫血，消瘦，发育不良。

（2）人 肠道出血，肠炎，下痢，食欲减退，消瘦，发育不良。

3. 预防措施

不吃生鱼、螺肉、贝肉。

十、大片形吸虫病

大片形吸虫病是由大片形吸虫引起的人兽共患寄生虫病。

1. 流行病学

（1）病原特性 大片形吸虫（Fasciola gigantica）为片形科、片形属（Fasciola）寄生虫。终末宿主为反刍动物，中间宿主是螺类。

（2）传播途径 羊群常去低洼地采食、饮水，经口吞食含有囊蚴的饲草或饮水而获感染。人因食用含囊蚴的植物（如鱼腥草）、饮生水、吃未熟透的牛羊肝而感染。

（3）易感性 虫体可寄生于山羊、绵羊、水牛、黄牛、鹿和骆驼等各种反刍动物的肝脏胆管中，也多见于猪、马属动物和家兔及一些野生动物也有寄生，人也有被寄生的报道。

（4）流行特点 本病流行常依各种自然因素不同而致流行程度也有不同，一般以多雨的年份特别严重，因为雨水多、水位高，螺类容易繁殖；虫卵易落入水中，进行孵化；还可使囊蚴广泛散布，严重污染水草，易被宿主吞食。南方适于虫卵和幼虫发育。

2. 临床表现

（1）动物 症状依感染程度和动物体质而有不同。分急性型和慢性型两种。急性型较少见，主要由童虫侵入引起的腹膜炎和创伤性肝炎所致，呈微热、腹痛并下泻，有时突然死亡。较多见者为慢性型，此时虫体已进入胆管定居，主要表现为贫血、衰弱，在颌下、前胸及腹下部发生水肿。食欲缺乏，消瘦，被毛失去光泽而易断，严重时因衰弱而死亡。孕畜可能流产。

（2）人 以高热起病，发热持续，嗜酸性粒细胞升高，伴不同程度的恶心、呕吐、腹痛等消化系统症状；肝肿大、肝区叩痛。

3. 预防措施

不要生食水生植物、螺类，也要禁止动物食用疫区的水生植物和螺类。

十一、长菲策吸虫病

长菲策吸虫病是由长菲策吸虫引起的人畜共患寄生虫病。

1. 流行病学

（1）病原特性　长菲策吸虫（*Fishoederius elongates*）为腹袋科、菲策属（*Fishoederius*）寄生虫。寄生于反刍动物瘤胃内。

（2）传播途径　牛羊因吞食附有囊蚴的水草而感染。人偶然因误食附有囊蚴的螺体、蔬菜而感染，或饮用生水感染。

（3）易感性　人易感；水牛、黄牛、山羊、犏牛、绵羊易感。

（4）流行特点　东南亚、我国南方广泛流行。

2. 临床表现

（1）动物　动物多为隐性感染。严重时消瘦，贫血，血便，下痢，水肿，厌食。

（2）人　严重时表现消瘦，贫血，血便，下痢，水肿。

3. 预防措施

不要生食水草、水生蔬菜。

还有美洲重翼吸虫、齿形背茎吸虫、台湾棘带吸虫、舌隐穴吸虫、伊族棘口吸虫、毛形双腔吸虫、曲领棘口吸虫、卷棘口吸虫、徐氏拟裸茎吸虫、异形异形吸虫、诺氏异形吸虫、拟异形吸虫、锥状低颈棘口吸虫、横川后殖吸虫、麝猫后睾吸虫、猫后睾吸虫、珍珠新穴吸虫、斜睾吸虫、原角囊吸虫、斑皮吸虫都是食源性人兽共患寄生病病原（柳增善，2007）。

第三节　人兽共患线虫病

一、旋毛虫病

旋毛虫病（Trichinellosis, trichinosis）是由旋毛虫引起的一种人兽共患寄生虫病。

1. 流行病学

（1）病原特性　旋毛虫属于毛形科、毛形属（*Trichinella*）寄生虫。成虫和幼虫在同一宿主体内寄生，成虫寄生于人和动物肠道，幼虫寄生于横纹肌中，并在横纹肌中形成包囊。完成生活史必须更换宿主。人和动物摄食含旋毛虫包囊的动物肉后，幼虫破囊而出，在小肠内发育为成虫。雌虫钻入肠黏膜的淋巴间隙，产出幼虫，经淋巴进入血循环，散布于全身横纹肌中，发育1~3个月后形成包囊，半年后开始钙化。

（2）传播途径　猪、野生动物等是主要来源。人主要是因为吃了未熟透且含旋毛虫包囊的肉而感染。

（3）易感性　人易感，猪、犬、熊、狐狸、海豹等易感。

（4）流行特点　散养猪易感染，野生食肉动物自然传播。我国主要是吃火锅、生肉制品的食用人群。

2. 临床表现

（1）动物　猪、犬、猫严重感染表现食欲减退，呕吐，腹泻，继而发热，肌肉疼痛，僵硬或麻痹，运动障碍，消瘦，声音嘶哑，有时眼睑和四肢水肿。一般症状不明显。

（2）人　成虫寄生小肠时引起肠炎，患者厌食、恶心、呕吐、腹泻、腹痛、出汗、低热等，1周后消退。幼虫侵入肌肉后，表现肌肉疼痛、头痛、出汗、眼睑和面部水肿，淋巴结肿大，伴有发热。严重感染时呼吸、咀嚼、吞咽和说话困难，嘶哑，虚脱，水肿。发病月余，肌肉内形成包囊，持续数月，消瘦，虚脱，严重时因心肌炎而死亡。

3. 预防措施

加强猪的屠宰检疫；吃熟透肉品。

二、蛔虫病

蛔虫病（Ascariasis）由蛔目的多种蛔虫寄生于人和动物小肠及其他组织所致的人兽共患寄生虫病。

1. 流行病学

（1）病原特性　蛔虫（Round worm）为蛔科和弓首科。引起人兽共患病的主要包括似蚓蛔线虫（人蛔虫）、犬弓首线虫、猫弓首线虫和小兔唇线虫。成虫寄生于人或动物的小肠，产卵随粪排出，蜕皮发育为感染性虫卵，被人或动物食入后幼虫在小肠发育，钻入肠壁，经血液循环移行至肺，在肺泡内经两次蜕皮后，上行至咽被吞入胃，在小肠内发育为成虫。

（2）传播途径　虫卵污染环境、手、饮水、食品或饲料，被人或动物吞食而感染，尤其是食用未充分洗涤的生鲜蔬菜。

（3）易感性　人易感，猪、犬、猫等动物易感。

（4）流行特点　主要流行于发展中国家，我国广泛流行。散发，农村多于城市，卫生条件差易引起流行。

2. 临床表现

（1）动物　动物表现腹泻、肺炎和发热等。仔猪、幼犬、幼猫症状严重，初期因幼虫移行引起蛔虫性肺炎，咳嗽、发热、呼吸困难、食欲缺乏等，后表现发育不良，消瘦，贫血，异嗜等。

（2）人　幼虫移行损害肠壁、肝和肺，引起支气管炎、肺炎及哮喘。成虫寄生于小肠，一般无明显症状，儿童或体弱者引起营养不良、食欲缺乏、荨麻疹、发热等。侵害其他器官则引起相应疾病和症状。

3. 预防措施

注意饮食卫生，对蔬菜、瓜果要洗净；避免与猫和狗亲密接触；加强人和动物粪便管理。

三、钩虫病

钩虫病（Ancylostomiasis，hookworm disease）是由钩口科的一些线虫寄生于人和动物体内所致的人兽共患寄生虫病。

1. 流行病学

（1）病原特性　钩虫（Hookworm）为钩口科线虫。人兽共患的包括十二指肠钩口线虫、美洲板口线虫、锡兰钩口线虫、犬钩口线虫、巴西钩口线虫、欧洲钩口线虫、羊仰口线虫、牛仰口线虫、马来钩口线虫、狭头弯口线虫等。成虫寄生于宿主小肠，排出卵在土壤中，发育第一期杆状蚴、第二期杆状蚴发育为丝状蚴，侵入人或动物的皮肤或黏膜，进入血管或淋巴管，随血流至肺，上行至咽，再随咽进入消化道，经二次蜕变发育为成虫。

（2）传播途径　污染土壤等的钩蚴经皮肤侵入动物和人，也可经食品或饲料经口腔黏膜侵入。

（3）易感性　人易感，牛、羊、猪、犬、猫等易感，狮、虎、猴、狐等野生动物也易感。

（4）流行特点　本病的流行与自然条件和农业生产方式关系密切。

2. 临床表现

（1）动物　动物腹泻、便血、消瘦、贫血等症状。

（2）人　营养不良，乏力，眩晕，严重贫血，腹泻、血便、异嗜症，胃肠炎等症状。幼虫移行引起皮炎，红斑、奇痒。肺脏则出现咳嗽、血痰、哮喘等。

3. 预防措施

人与动物粪便无害化处理；避免在潮湿低洼区域放牧，防止钩蚴侵入人畜皮肤、黏膜。

四、丝虫病

丝虫病（Filariasis）是由盖头丝虫科的多种线虫寄生于人和脊椎动物的淋巴系统、皮下组织、体腔、心血管等多种组织内所致的人兽共患寄生虫病。

1. 流行病学

（1）病原特性　以除鱼类以外的脊椎动物为终寄主，节肢动物为中间寄主，节肢动物叮咬终寄主时将感染性幼虫传入后者体内。寄生于人体的丝虫共有8种：班氏武赫雷尔氏线虫（班氏丝虫）、马来布鲁格氏线虫（马来丝虫）、旋盘尾线虫（盘尾丝虫）、罗阿罗阿线虫（罗阿丝虫）、常现棘唇线虫（常现盖头丝虫）、链尾棘唇线虫（链尾丝虫）、欧氏曼森线虫（欧氏丝虫）及帝汶布鲁格氏线虫（帝汶丝虫）。犬恶丝虫偶尔感染人，不能在人体内发育成熟。班氏丝虫、马来丝虫可感染人和动物，成虫寄生于人或动物淋巴管及淋巴结。雌虫产出微丝蚴，经胸导管、如血液循环。蚊虫吸血时将虫体吸入，发育为感染蚴虫，再叮咬人或动物体就可侵入。成虫在人体内可存活4～10年。

（2）传播途径　主要经蚊虫叮咬传播。

（3）易感性　人、犬、猫、猴等易感。

（4）流行特点　地方流行，以乡村和市郊多见，与蚊虫活动规律有关。

2. 临床表现

（1）动物　猫猴表现淋巴管曲张和淋巴结炎。犬顽固性湿疹，沿背中线形成痂皮，甚至化脓，逐渐波及全身，严重时咳嗽、循环及呼吸困难、胸腔和腹腔积水、全身水肿，甚至窒息而死。

（2）人　人感染可分为微丝蚴血症、急性期、慢性期和隐性丝虫病。微丝蚴血症：表现不明显，仅发热和淋巴管炎；急性期的临床表现为淋巴管炎、淋巴结炎及丹毒样皮炎等。淋巴管炎的特征为逆行性，发作时可见皮下一条红线离心性发展，俗称"流火"或"红线"。上下肢均可发生，但以下肢为多见。当炎症波及皮肤浅表微细淋巴管时，局部皮肤出现弥漫性红肿，表面光亮，有压痛及灼热感，即为丹毒样皮炎，病变部位多见于小腿中下部。在班氏丝虫，如果成虫寄生于阴囊内淋巴管中，可引起丝虫病精索炎、附睾炎或睾丸炎。在出现局部症状的同时，患者常伴有畏寒发热、头痛、关节酸痛等，即丝虫热。有些患者可仅有寒热而无局部症状，可能为深部淋巴管炎和淋巴结炎的表现。慢性期阻塞性病变由于阻塞部位不同，患者产生的临床表现也因之而异：包括象皮肿、睾丸鞘膜积液、乳糜尿等。

3. 预防措施

监测动物，及时处理；防蚊。

五、颚口线虫病

颚口线虫病（Gnsathostomiasis）是由颚口线虫成虫寄生于猫、狗等宠物体内、幼虫寄生于人体所引起的一种人兽共患寄生虫病。

1. 流行病学

（1）病原特性　颚口线虫属于颚口科、颚口属（Gnsathostoma）寄生虫，已确定的有10~12种，我国有棘颚口线虫、刚棘颚口线虫和杜氏颚口线虫。在发育过程中需要两个中间宿主和一个终宿主。终宿主为犬、猫或虎、豹等食肉动物，猪可为刚棘颚口线虫和日本颚口线虫的终宿主或转续宿主；第一中间宿主为剑水蚤；第二中间宿主为淡水鱼，如泥鳅、乌鳢等。成虫寄生在终宿主胃壁上，排出体外后，在水中孵出第一期幼虫，被剑水蚤吞食发育为第二期幼虫。剑水蚤被淡水鱼吞食后，发育成第三期幼虫。犬、猫等终宿主吞食剑水蚤后，第三期幼虫移行至鸡肉和结缔组织寄生，最后返回胃内，在黏膜下形成瘤状肿块。

（2）传播途径　猫、犬是重要来源；虎、豹、水貂和浣熊也可成为传染源。人感染主要是生食或半生食含有幼虫的淡水鱼或转续宿主的肉所致；少见经皮肤或胎盘传播。在人体中虫体不发育，而是停留在第三期幼虫阶段。鱼类、两栖类、爬行类、鸟类和哺乳动物吞食感染鱼类后，第三期幼虫可在其皮下组织和肌肉中重新成囊，成为转续宿主。

（3）易感性　人易感，家畜、禽、水生动物、哺乳动物、野生动物都易感。

（4）流行特点　东南亚、南美洲、我国南方广泛流行，江苏洪泽湖一带流行严重，主要是生食鱼类习惯引起。

2. 临床表现

（1）动物　猫、犬等终宿主动物表现消化不良、腹痛、腹泻、呕吐等症状。转续宿主动物主要表现幼虫移行症。

（2）人　幼虫在人体内移行长达数年之久，患者皮肤出现匐行疹或游走性结节。幼虫寄生消化道，表现腹痛、食欲减退、呕吐等症状。幼虫进入脊髓或脑，患者出现神经症状，甚至死亡。

3. 预防措施

加强狗、猫检测，及时处理；管理好动物粪便，不给猫、狗喂食生鱼类；人也不要生食鱼类。

六、类圆线虫病

类圆线虫病（Strongyloidiasis）是由粪类圆线虫寄生于人和犬、猫等动物体内所致的人兽共患寄生虫病。

1. 流行病学

（1）病原特性　粪类圆线虫（*Strongyloides stercoralis*）为类圆科、类圆属（*Strongyloides*）寄生虫。为兼性寄生虫，生活史复杂，虫体有自生世代和寄生世代。在宿主体内的生活阶段包括成虫、虫卵、杆状蚴和丝状蚴。自生世代可循环多次，丝状蚴侵入人体，定居在小肠，尤其是十二指肠及空肠。

（2）传播途径　感染途径主要是经皮肤或黏膜接触、消化道及自身感染。

（3）易感性　人、犬、猫易感。

（4）流行特点　人、犬、猫是该虫的自然宿主和传染源。主要分布于热带、亚热带地区，与潮湿、卫生条件差有关。

2. 临床表现

（1）动物　犬猫感染初期出现幼虫移行引起的皮炎和呼吸道症状，继而腹泻、腹痛或便秘，严重时导致水泻、脱水，常因极度消瘦、衰竭而死亡。

（2）人　幼虫侵入皮肤，引起局部红斑、丘疹，并有刺痛或瘙痒。幼虫移至肺部时，出现咳嗽、咳痰、发热等症状。成虫寄生肠道引起烧灼样腹痛、腹泻、呕吐和恶心。严重时表现发热，贫血和全身不适，血性黏液性腹泻、肠梗阻，脱水、衰竭而死亡。

3. 预防措施

加强对猫狗监测，加强人和动物粪便管理，避免与含丝状蚴的土壤接触。

七、毛圆线虫病

毛圆线虫病（Trichostrongyliasis）是由毛圆线虫寄生于人和草食动物引起的人兽共患寄生虫病。

1. 流行病学

（1）病原特性　毛圆线虫为毛圆科、毛圆属（*Trichostrongylus*）寄生虫。主要有东方毛圆线虫、短小毛圆线虫、蛇形毛圆线虫、艾氏毛圆线虫、突尾毛圆线虫、透明毛圆线虫和斯氏毛圆线虫。成虫寄生于人和动物胃及十二指肠，虫卵随粪排出，在土壤中孵出幼虫，经两次蜕皮为感染性幼虫，被人或动物吞食，在消化道内经第三次蜕皮后侵入胃肠黏膜发育，约4天后，经第四次蜕皮，虫体前端插入肠黏膜发育为成虫。

（2）传播途径　患者及感染的动物为主要传染来源。经食入被污染的食物或饲料、饮水引起感染；也可经皮肤感染。

（3）易感性　人和草食动物易感。

（4）流行特点　分布于亚洲、北非、俄罗斯，我国也有流行。在潮湿、温暖地区多见。不良的卫生习惯，如不洗手就吃饭、吃剩菜或饮生水易引起感染。

2. 临床表现

（1）动物　动物多为隐性感染。严重时表现黏液性肠炎、腹泻、营养不良。

（2）人　轻者症状不明显，严重时有头昏、贫血、腹泻、腹痛、衰弱、消瘦等症状。

3. 预防措施

注意个人卫生，勤洗手，不吃生的蔬菜等。

八、肾彭结线虫病

肾彭结线虫病（Stephanuriasis）是由肾彭结线虫寄生在多种动物和人的肾脏内而引起的人兽共患寄生虫病。

1. 流行病学

（1）病原特性　肾彭结线虫（*Dictophyma renale*），俗称巨肾虫，为彭结总科、膨结线虫属（*Dioctophyma*）虫体。肾膨结线虫的发育史需要一个中间宿主——多变正蚓。感染卵在多变正蚓体内孵化为第一期蚴后，进而发育至第二、第三期蚴，第三期蚴是感染性蚴。终末宿主采食了含第三期蚴的蚯蚓便遭感染，发育为成虫。至于湖蛙、淡水鱼类并不是本虫发育所必需的第二中间宿主，而是它的转续宿主。

（2）传播途径　宿主广泛，如猪、貉、犬等。人偶然因误食附有囊蚴的螺体、蔬菜而感染，或饮用生水感染或生食或半生含该虫第三期幼虫的蛙或鱼类或吞食了生水中的、水生植物上的寡毛类环节动物而获感染。牛羊因吞食附有囊蚴的水草而感染。

（3）易感性　人与多种动物易感，如犬科、鼬科等食肉动物，猪、牛、马等。

（4）流行特点　主要流行于北美洲，我国南方广泛流行，均因食用生鱼类感染。

2. 临床表现

（1）动物　马、牛多为隐性感染。犬的症状显著，表现剧烈的腹痛、血尿，经常有神经症状，类似狂犬病样。

（2）人　患者临床表现肾部发生剧烈疼痛、血尿，继而表现肾盂肾炎、肾水肿及功能障碍。虫体在腹腔时，患者表现腹膜炎症状；在皮下时，局部出现包块，内含虫体，周围形成肉芽肿。除肾脏外，本虫也可寄生于腹腔，偶可寄生于肝脏、卵巢、子宫、乳腺和膀胱。

3. 预防措施

不要生食鱼类。

九、美丽筒线虫病

美丽筒线虫病（Gongylonemiasis）是由寄生在反刍动物及哺乳动物口腔与食管黏膜的美丽筒线虫引起的人兽共患寄生虫病。

1. 流行病学

（1）病原特性　美丽筒线虫（*Gongylonema pulchrum*），为筒线科、筒线属（*Gongylonema*）虫体。美丽筒线虫发育过程需要中间宿主和终末宿主。终末宿主，如牛、山羊、绵羊、猪为本虫的专性宿主。还有很多动物，包括野生动物、鸡、火鸡等作为该虫宿主。人偶可作为终末宿主。中间宿主包括鞘翅目、金龟子科、拟步行虫科、水龟虫科，人感染中间宿主主要是屎甲虫和蜚蠊。

成虫寄生于反刍动物及猪的食管、眼部、口腔黏膜下，随粪便排出体外，被中间宿主吞食，卵内第一期幼虫在食管内孵出，进入体腔。也可由于中间宿主跌落水中，死后解体，幼虫逸出至外界环境，污染水源、蔬菜或坏死物。

（2）传播途径　是一种虫媒动物源性寄生虫。生食或半生食昆虫宿主、生饮环境水等感染。

（3）易感性　人与多种动物易感。

（4）流行特点　世界性分布，我国南方广泛流行。人偶然感染，均因生食或饮用生水感染。

2. 临床表现

（1）动物　牛、羊、猪多寄生在食管、咽部和口腔黏膜和黏膜下层，寄生部位有回旋形弯曲，并有神经刺激症状。

（2）人　在寄生部位有小白泡及乳白色的线性弯曲隆起。虫体在黏膜和黏膜下层自由移动，造成轻重不同症状。

3. 预防措施

不要生食昆虫、不饮生水。

十、结膜吸吮线虫病

结膜吸吮线虫病是由寄生在动物和人眼部结膜的结膜吸吮线虫引起的人兽共患寄生虫病。

1. 流行病学

（1）病原特性　结膜吸吮线虫（*Thelazia callipaede*），为吸吮科、吸吮属（*Thelazia*）寄生虫。初产蚴被冈田绕眼果蝇吃进脱去鞘膜，进入果蝇血腔，幼虫增大侵入睾丸和血腔壁组织；腊肠期蚴侵入组织表层形成泡状囊，第一次蜕皮，成为感染前期幼虫，幼虫进一步变为线虫，第二次蜕皮；到达果蝇的口器，成为丝状蚴。进一步在宿主眼内发育。

成虫寄生于反刍动物及猪的食管、眼部、口腔黏膜下，随粪便排出体外，被中间宿主吞食，卵内第一期幼虫在食管内孵出，进入体腔。也可由于中间宿主跌落水中，死后解体，幼虫逸出至外界环境，污染水源、蔬菜或坏死物。

（2）传播途径　主要传染源是犬、猫、兔。冈田绕眼果蝇是中国结膜吸吮线虫的主要传播媒介。该果蝇喜欢发酵果实，对人眼、犬眼有趋向性。大绕眼果蝇也是中国境内传播媒介。

（3）易感性　人与犬、猫、兔易感。

（4）流行特点　世界性分布，我国南方广泛流行。人偶然感染，因与宠物接触、儿童睡觉被果蝇侵袭而感染。

2. 临床表现

（1）动物　一般不太注意或隐性带虫。

（2）人　眼部有轻重不同的炎症。

3. 预防措施

加强犬猫的管理和检查，保护好儿童不要被果蝇袭扰。

十一、麦地那龙线虫病

麦地那龙线虫病（Dracunculiasis）是由麦地那龙线虫引起的人兽共患寄生虫病。

1. 流行病学

（1）病原特性　麦地那龙线虫（*Dracucculus medinesis*），为旋尾目、龙线总科、龙线虫科龙线虫属（*Dracunculus*）寄生虫。龙线虫共有8种。雌雄交配后，雄虫死去，受孕的雌虫在人、犬等终宿主腹股沟或腋窝等处组织内进一步发育成熟，移行到四肢、腹部和背部皮下组织，头端伸向皮肤，释放大量幼虫，引起宿主强烈免疫反应，使局部皮肤形成水泡，水泡破溃；当破溃处接触冷水时，排出大量杆状蚴。杆状蚴被中间宿主剑水蚤吞食，经两次脱皮成为感染性幼虫。剑水蚤被终宿主（人、犬、猫等）饮水而食入，在十二指肠处逸出，钻入肌肉，移行至皮下结缔组织，经第三次和最后一次脱皮，在皮下移行，形成水泡和破溃。

（2）传播途径　饮用被污染的水是感染这种疾病的主要途径。麦地那龙线虫的中间宿主是一种身体极小的食肉性甲壳类动物——桡足虫，当人们饮用了被桡足虫污染的水之后，桡足虫体内的麦地那龙线虫的幼虫便会进入人体。

（3）易感性　人与犬、猫、马、牛、狼、豹、猴、狐等易感。

（4）流行特点　世界性分布，热带和亚热带流行较多，我国也有流行。人偶然感染。

2. 临床表现

（1）动物　动物感染不表现明显症状，但犬可引起类似人类的皮肤损伤。

（2）人　当成熟的麦地那龙线虫从人体（通常为腿部）钻出时，会造成剧烈胀痛、水泡和溃疡，同时伴有发热、恶心、呕吐、皮疹、头晕、局部水肿等征象。

3. 预防措施

世界卫生组织建议的一些防治麦地那龙线虫病的低成本办法包括：提供安全的饮用水、对饮用水进行过滤、加强对患者病情的控制、防止患者涉水，以及用药物对水源进行除虫处理等。

十二、肝毛细线虫病

肝毛细线虫病（Hepatical capillariasis）是由肝毛细线虫寄生于宿主的肝脏引起的人兽共患寄生虫病。

1. 流行病学

（1）病原特性　肝毛细线虫（*Capillaria hepatica*），为毛细科、毛细线虫属（*Capillaria*）寄生虫。成虫寄生于肝，产卵于肝实质中，虫卵沉积导致肉芽肿反应和脓肿样病变，肉眼可见肝表面有许多点状珍珠样白色颗粒，或灰色小结节。

（2）传播途径　人感染是由于食入感染期卵污染的食物或水而引起。

（3）易感性　人与鼠、猪、猫等多种动物易感。

（4）流行特点　肝毛细线虫是一种鼠类和多种哺乳动物的寄生虫，偶尔感染人，成虫寄生于肝，引起毛细线虫病。

2. 临床表现

（1）动物　动物感染不表现明显症状，与犬弓首线虫类似。

（2）人　患者可表现有发热、肝脾肿大、嗜酸性粒细胞显著增多、白细胞增多及高丙种球蛋白血症，低血红蛋白性贫血较为常见，严重者可表现为嗜睡、脱水等，以至死亡。

3. 预防措施

因为鼠是该虫的主要宿主，主要是加强鼠的管理。

十三、广州管圆线虫病

广州管圆线虫病（Angiostrongyliasis cantonensis）是由广州管圆线虫幼虫在寄生人体内移行，侵入中枢神经系统引起的以急性剧烈头痛为主要表现的人兽共患寄生虫病。已被列为国家新发传染病。

1. 流行病学

（1）病原特性　广州管圆线虫（*Angiostrongylus cantonensis*），为管圆线虫目、后圆线虫科、后圆线虫亚科、管圆线虫属（*Angiostrongylus*）寄生虫，成虫寄生在终宿主——鼠（犬、猫和食虫类也可）肺动脉内，孵出的一期幼虫经呼吸道至消化道随粪便排出，在体外潮湿或有水的环境中发育3周；中间宿主：螺、蛞蝓；转续宿主：蟾蜍、蛙、蜗牛、鱼、虾、蟹、猪、牛、鸡、蛇等；在中间宿主（螺、蛞蝓）体内发育为感染期幼虫；鼠因吞食中间宿主、转续宿主或污染的食物而感染。

（2）传播途径　生食或半生食中间宿主和转续宿主传播；生吃被幼虫污染的蔬菜、瓜果，喝含幼虫的生水而感染。

（3）易感性　人与鼠等多种动物易感。

（4）流行特点　人类感染主要与生活方式和行为习惯引起，因生食螺、蛙、鱼、虾、蟹及蔬菜而引起。主要分布于热带和亚热带。

2. 临床表现

（1）动物　动物感染临床表现不清楚，但有实验鼠感染与人相似；临床上多为隐性感染。

（2）人　潜伏期1～27天，平均10天。幼虫在人体移行，侵犯中枢神经系统，引起嗜酸性粒细胞增多性脑膜脑炎或脑膜炎，主要寄生在大脑、脑膜、小脑、脑干、脊髓等脑组织部位。表现剧烈头痛、颈项强直、躯体疼痛、低中度发热等。

3. 预防措施

主要是不吃生或半生的螺类或鱼类，不吃生菜、不喝生水；还应防止在加工螺类的过程中受感染。

其他还有**铁线虫病、后圆线虫病、脊形管圆线虫病、结节线虫病、艾氏同杆线虫病、菲律宾毛细线虫病、兽比翼线虫病、前盲囊线虫病、异尖线虫、毛圆线虫**等线虫及相关疾病，因人误食或接触水等被感染，但发生率极低，这里就不再详细论述。

第四节　人兽共患绦虫病

一、猪囊尾蚴病（猪带绦虫病）

猪囊尾蚴病（Cysticercoids cellulosae, Cysticercisis）俗称囊虫病，是猪带绦虫的蚴虫即猪囊尾蚴寄生人体各组织所致的疾病。因误食猪带绦虫卵而感染，也可因体内有猪带绦虫寄生而自身感染。

1. 流行病学

（1）病原特性　猪带绦虫（*Taenia solium*）为带科、带属（*Taenia*）寄生虫。成虫寄生于人的小肠，成熟节片随粪便排出体外，污染水、饲料或食物，被猪或人吞食后，虫卵内六钩蚴在肠内逸出，钻入肠壁血管，随血液或淋巴液循环至适宜组织（主要是横纹肌）寄生发育为具有感染力的囊尾蚴。人因吃了含有囊尾蚴的猪肉使囊尾蚴进入肠道，在胆汁的作用下，头节翻出，用吸盘和钩固定于小肠黏膜上，发育为成虫。成虫可在人体内存活25年。

(2) 传播途径　人因吃了未熟透的猪肉感染；自体感染；猪带绦虫感染者因呕吐反胃，致使肠内容物逆流至胃和十二指肠中。绦虫虫卵经消化液消化后，孵出六钩蚴进入组织，移行至全身各部位发育为囊尾蚴；通过污染的食物、物品经手再入消化道；因食品污染而感染。

(3) 易感性　人和猪易感。

(4) 流行特点　东南亚、我国南方广泛流行。

2. 临床表现

(1) 动物　猪轻度感染无明显症状。中度感染时出现营养不良，生长迟缓，贫血，水肿，眼皮有结节，舌根部有半透明的小疱囊。极严重感染的猪肩胛部增宽，后臀部隆起，身体呈明显的哑铃状，病猪不愿走动。吞咽困难，视觉障碍，脑内寄生呈癫痫状态。

(2) 人　根据囊尾蚴寄生部位的不同，临床上分为脑囊尾蚴病、眼囊尾蚴病、皮肌型囊尾蚴病等，其中以寄生在脑组织者最严重。表现肌肉酸痛、头痛、视力障碍、脑炎、癫痫等症状。

3. 预防措施

加强猪的屠宰检验，管理好人、猪粪便；要吃熟透的猪肉。

二、牛带绦虫病与牛囊尾蚴病

牛带绦虫病（Taeniasis saginate）是由牛带绦虫成虫寄生人体小肠引起的一种肠绦虫病，又称牛肉绦虫病、肥胖带绦虫病。

1. 流行病学

(1) 病原特性　牛带绦虫（Taenia saginata）为带科、带属（Taenia）寄生虫。寄生于反刍动物瘤胃内。中间宿主则有牛科动物、野山羊、野猪、驯鹿、美洲驼、角马、狐、绵羊等。人是牛带绦虫的终宿主，但不能成为其中间宿主。牛带绦虫卵如被人吞食后一般认为不能发育与产生牛囊尾蚴病（牛囊虫病）。

(2) 传播途径　感染牛带绦虫的人是该病的传染源。人主要是进食生的或未煮熟的含牛囊尾蚴的牛肉感染牛带绦虫。饮食习惯是决定牛带绦虫病感染率最主要因素。牛为食草动物，不吞食虫体，仅因吞食污染饲料中虫卵而被感染，故感染多较轻。但如一次吞食节片腐烂后污染饲料的大量虫卵，也可发生严重感染。牛囊尾蚴感染与牛的饲养放牧方式有关。流行区人的排便习惯以及粪便污染牛棚、牧场、饲料、水源都可能造成牛囊尾蚴感染。再如，人粪便未经恰当处理施用也可造成环境污染而造成牛的感染。

(3) 易感性　人和牛易感。

(4) 流行特点　牛带绦虫病呈世界性分布，在以吃牛肉、尤其有生食牛肉习惯的地区或民族中可造成流行，一般地区则多为散发病例。

2. 临床表现

(1) 动物　动物多为隐性感染。严重时消瘦，贫血，血便，下痢，水肿，厌食。

(2) 人　潜伏期约需3个月。症状轻重程度与体内寄生虫数有关。轻者可毫无症状，重者症状明显甚至可因并发症而死亡。粪便中发现白色节片为最常见的症状，几乎100%患者有此症状。胃肠道症状中以腹痛最为常见，见于约半数病例。此外还可有恶心、呕吐、腹泻等。食欲减退或亢进都较常见，头昏、神经过敏、失眠、癫痫样发作与晕厥等神经症状以及过敏性瘙痒症、荨麻疹、结节性痒症也在少数患者中出现。

3. 预防措施

与猪囊尾蚴相似。

三、棘球蚴病

棘球蚴病（Echinococcosis）是由棘球绦虫的幼虫（棘球蚴）所致的慢性人兽共患寄生虫病。也称为包虫病（Hydatid disease），我国有细粒棘球蚴病和泡型棘球蚴病两种。

1. 流行病学

(1) 病原特性　棘球蚴为带科、棘球属（Echinococcus）寄生虫。有4种病原体，细粒棘球绦虫、多房棘球绦虫、少节棘球绦虫、福氏棘球绦虫。成虫寄生于犬、狼、狐等犬科动物的小肠，排出虫卵污染皮毛、食品、饮水、牧场或饲料，被人、牛、羊、猪或啮齿动物食入，六钩蚴随血液移行至肝、肺、脑及其他器官，发育为棘球蚴。细粒棘球蚴可在人体存活10～30年。

(2) 传播途径　犬是人、家畜细粒棘球蚴的传染源。羊、牛、猪、骆驼及啮齿动物是中间宿主。通过污染的环境、食物经消化道感染，与犬等密切接触感染。牧民和儿童多见。

(3) 易感性　人和多种动物易感。

(4) 流行特点　本病的发生与流行与环境卫生及不良饮食习惯有关，具有职业感染特点，接触犬科动物多的人群多见。目前我国疫区人群流行为1.35%，动物（主要是羊）流行最高为35%。

2. 临床表现

(1) 动物　①棘球蚴病：轻度或初期无明显症状。牛、羊感染严重时营养不良，毛逆立，易脱毛；咳嗽，卧地不能起立，病死率较高。其他动物表现不明显。②棘球绦虫病：犬猫感染无明显症状，严重时有腹泻、消化不良、消瘦、贫血、肛门瘙痒等。

(2) 人　棘球蚴主要寄生在肝脏，其次肺、脑、肾、肌肉、皮肤、脊髓及体腔。可引起过敏，局部肿块。因寄生部位不同，可分为肝棘球蚴病、肺棘球蚴病、脑棘球蚴病、骨骼棘球蚴病。发热、肝区疼痛，重者全身症状，过敏性休克、癫痫或咳嗽等症状。

3. 预防措施

加强犬等的管理，与犬接触应注意个人防护，注意饮食卫生。

四、曼氏迭宫绦虫病

曼氏裂头蚴病（Sparganosis mansoni）是由曼氏迭宫绦虫成虫主要寄生在猫科动物、犬和猪的小肠，幼虫寄生于人、猪和蛙的腹腔、肌肉、皮下等组织器官中所致的人兽共患寄生虫病。

1. 流行病学

（1）病原特性　曼氏迭宫绦虫（Spirometra mansoni）为裂头科、迭宫属（Spirometra）寄生虫。成虫寄生于猫科动物等终宿主小肠，卵随粪便排出，在水中孵出六钩蚴，被剑水蚤吞食，发育为原尾蚴。剑水蚤被蝌蚪吞食，发育为裂头蚴。蛙被蛇类、鸟类或转续宿主捕食，裂头蚴穿出肠壁，寄生在腹腔、肌肉、皮下组织等处。猫犬等终宿主吞食了受感染的蛙等第二中间宿主或转续宿主，裂头蚴在其小肠内发育为成虫。

（2）传播途径　人主要因为饮用生水或游泳时误食含尾蚴的剑水蚤感染，用新鲜蛙肉帖服疮疖和眼病时，蛙肉内裂头蚴经黏膜、皮肤或伤口侵入人体。食用污染蛙肉、蛇肉也可使人感染。

（3）易感性　人，猫、犬、猪等易感。

（4）流行特点　经过宿主转换较多，多与蛙、蛇等动物肉有关，散发，人偶然感染。

2. 临床表现

（1）动物　猪多为隐性感染。犬、猫感染表现消瘦、被毛逆乱，神经质和极度饥饿，幼猫、幼犬可发生永久性发育迟滞。

（2）人　裂头蚴寄生人体引起曼氏裂头蚴病，危害远较成虫大，其严重程度因裂头蚴移行和寄居部位不同而异。常见寄生于人体的部位依次是：眼部、四肢躯体皮下、口腔颌面部和内脏。①眼裂头蚴病：最常见，多累及单侧眼睑或眼球，表现为眼睑红肿、结膜充血，畏光、流泪、微疼、奇痒或有虫爬感；有时患者伴有恶心、呕吐及发热等症状。在红肿的眼睑和结膜下，可有流动性、硬度不等的肿块或条索状物。偶尔破溃，裂头蚴自动逸出而自愈。②皮下裂头蚴病：常累及躯干表浅部，如胸壁、乳房、腹壁、外生殖器以及四肢皮下，表现为游走性皮下结节，可呈圆形、柱形或不规则条索状，大小不一，局部可有瘙痒。③口腔颌面部裂头蚴病：常在口腔黏膜或颊部皮下出现硬结，患处红肿、发痒或有虫爬感；并多有小白虫（裂头蚴）逸出史。④脑裂头蚴病：临床表现酷似脑瘤，常有阵发性头痛史，严重时昏迷或伴喷射状呕吐、视力模糊、间歇性口角抽搐、肢体麻木、抽搐，甚至瘫痪等。⑤内脏裂头蚴病：少见，临床表现因裂头蚴移行位置而定，有的可经消化道侵入腹膜，引起炎症反应，有的可经呼吸道咳出，还有见于脊髓、椎管、尿道和膀胱等处，引起较严重后果。

3. 预防措施

注意饮食卫生，不喝生水，不吃未熟透的蛙肉、蛇肉、猪肉等。

五、多头绦虫病

多头绦虫病是由多头带绦虫的幼虫——脑多头蚴寄生于人和羊、骆驼等动物脑及脊髓引起的人兽共患寄生虫病。

1. 流行病学

（1）病原特性　多头绦虫（Multiceps multiceps）也称为多头带绦虫，成虫寄生于终宿主犬、狼、狐狸小肠内；多头蚴（脑共尾蚴）寄生于中间宿主牛和羊的脑内，有时也见于延脑或脊髓中。犬吞食含多头蚴的脑而被感染，经41～73天发育为成虫。

（2）传播途径　经消化道感染。牛、羊、犬等食入环境中的卵而感染，在小肠内发育并进入肠壁和血液，再循环到脑内发育成囊泡状的多头蚴。人因误食而感染。

（3）易感性　人易感，牛、羊、骆驼、犬、狼、狐狸等易感。

（4）流行特点　一年四季发生，全球性分布，牧区多发。

2. 临床表现

（1）动物　动物感染出现类似脑炎或脑膜炎病状，严重者死亡。有的病犬呈狂犬病状。

（2）人　人严重感染时，主要呈现食欲反常，呕吐，慢性肠卡他，便秘与腹泻交替发生，贫血，消瘦，容易激动或精神沉郁。

3. 预防措施

加强犬猫管理，接触及食用要注意个人防护。

六、棘头虫病

棘头虫病（Acanthocephasis）是由猪巨吻棘头虫引起的猪、水生动物和人的人兽共患寄生虫病。

1. 流行病学

（1）病原特性　猪巨吻棘头虫（Macracanthorhynchus hirudinaceus），寄生于猪的小肠，以成年猪多见，有时也见于犬、猫和人；多形棘头虫（Polymorphus magnus）和小多形棘头虫（P. minutus）主要寄生于鸭，也寄生于鹅和多种野生水禽的小肠。雌虫在小肠内产出含有幼虫的虫卵，随病猪粪便排到外界，被金龟子或其他甲虫的幼虫吞食后，在其体内发育成感染性幼虫。当猪吞食了带幼虫的金龟子或其他甲虫时就会感染。猪及野猪是主要终宿主，天牛及金龟子为中间宿主。

（2）传播途径　牛羊因吞食附有囊蚴的水草而感染。人偶然因误食附有囊蚴的螺体、蔬菜而感染，或饮用生水感染。犬栉首蚤、猫栉首蚤和致痒蚤是重要的中间宿主。

(3) 易感性 人，水牛、黄牛、山羊、犏牛、绵羊等易感。

(4) 流行特点 世界分布，我国也是广泛流行。主要与犬、猫有关。

2. 临床表现

(1) 动物 猪可见食欲减退，下痢带血，生长发育迟缓，贫血等，有的变成僵猪。若继发腹膜炎时，则可出现腹痛、腹部紧张，体温升高达41℃以上，甚至死亡。

(2) 人 引起肠壁出血，形成溃疡、消化道炎症症状。

3. 预防措施

加强动物粪便管理，消灭环境中的金龟子等传播媒介。

七、犬复孔绦虫病

犬复孔绦虫病是由犬复孔绦虫寄生于犬猫等动物和人的一种人兽共患寄生虫病。

1. 流行病学

(1) 病原特性 犬复孔绦虫（Dipylidium caninum）属囊宫科、复孔属（Dipylidium）寄生虫。寄生于犬、猫、狼、獾、狐等动物小肠内。人偶然感染，特别是儿童。中间宿主为犬、猫蚤和犬毛虱。犬、猫等终末宿主舐舔进跳蚤带入虫卵，在小肠内发育。孕节随粪便排出至环境中。

(2) 传播途径 人感染主要是儿童玩耍犬、猫，偶尔误食被感染昆虫所致。犬栉首蚤、猫栉首蚤和致痒蚤是重要的中间宿主。

(3) 易感性 人易感，犬、猫等也易感。

(4) 流行特点 世界分布，我国也是广泛分布。散发，终宿主分布广泛。

2. 临床表现

(1) 动物 轻度感染犬、猫一般无明显症状。幼犬严重感染时可引起食欲缺乏、消化不良、腹泻或便秘、肛门瘙痒等症状。

(2) 人 人感染后表现食欲缺乏、腹部不适、腹泻等。

3. 预防措施

犬猫等应定期杀虫，消灭虱类和蚤类。不要让儿童与猫、狗在野外玩耍。

八、亚洲带绦虫病

亚洲带绦虫病（Taeniasis）是由亚洲带绦虫的成虫寄生于人小肠所引起的一种人兽共患寄生虫病。

1. 流行病学

(1) 病原特性 亚洲带绦虫（Taenia asiatica）为一个新种，人是唯一的终末宿主。中间宿主有猪、牛、羊、猴等。主要感染内脏，如肝肠、网膜、浆膜及肺脏。

(2) 传播途径 人生食或半生食中间宿主的内脏是本病的主要传染途径。

(3) 易感性 人易感，猪、牛、羊、猴等也易感。

(4) 流行特点 主要分布在东南亚，我国也是广泛分布。中国台湾打猎后食用野味肉，因未熟透或爱好半生食而感染。

2. 临床表现

(1) 动物 动物感染一般隐性。

(2) 人 人感染后表现消化系统和神经系统方面的症状，部分无症状表现。消化系统症状表现肛痒和节片逸出、恶心、腹痛、食欲下降等。

3. 预防措施

要熟食或不吃生肉、半生肉。

还有**阔节裂头绦虫、双线绦虫、缩小膜壳绦虫、微小膜壳绦虫、中殖孔绦虫、德墨拉瑞列绦虫、西里伯瑞列绦虫、马达加斯加绦虫**等都是人兽共患食源性绦虫病病原（柳增善，2007）。

第五节 其他人兽共患寄生虫病

一、舌形虫病

舌形虫病（Pentastomidosis, linguatulosis, tungueworm disease）是由节肢动物门、蠕虫样的舌形虫引起的感染性疾病，主要由食物或水传播的人兽共患寄生虫病。

1. 流行病学

(1) 病原特性 引起舌形虫病的有蛇舌状虫属（Armillifer）、舌形虫属（Linguatula）和孔头舌虫属（Porocephalus），寄生于人体的舌形虫有10种，大蛇舌状虫（Armillifer grandis）、串珠蛇舌状虫（Armillifer moniliformis）、腕带蛇舌状虫（Armillifer armillatus）、尖吻蝮蛇舌状虫（又名鞭节舌虫）（Armillifer agkistrodontis）、蝎虎赖利舌虫（Raillietiella hemidactyli）、响尾蛇孔头舌虫（Porocephalus crotali）、锯齿状舌形虫（Linguatula serrata）、台湾孔头舌虫（P. taiwana）、辛辛那提莱佩舌虫（Leiperia cincinnalis）、瑟皮舌虫（Sebekia sp.）等，我国已报道病例中的虫种有锯齿状舌形虫、尖吻蝮蛇舌状虫和串珠蛇舌状虫三种。

蛇舌状虫属的终宿主是蛇等爬行动物，中间宿主是啮齿类动物、人或其他哺乳动物。舌形虫属（主要是锯齿舌形虫）的终宿主为犬、猫、狐等，中间宿主为人和其他哺乳动物,但经常是食草动物牛和羊。舌形虫病可以在蛇鼠间、犬鼠间、犬和食草动物间循环传播。人感染后可发病,但通常发育为若虫,成为终止宿主。

传染源比较复杂。舌形虫病的终宿主是蛇和犬、猫等肉食动物,它们是人类舌形虫病的储存宿主,成为该病的重要传染源。在非洲和亚洲,蟒科和蝰科所有的蛇种,都可作为蛇舌状虫属的终宿主。其中常见的腕带蛇舌状虫可在多数哺乳动物体内发育,也可成为人感染舌形虫病的传染源。

(2) 传播途径　感染方式主要为生饮被寄生蛇体舌形虫虫卵污染的新鲜蛇血、蛇胆和食未煮熟的蛇肉,或宰蛇放血时,蛇体感染性虫卵也可从呼吸道随血流入酒杯,人因喝污染的酒而感染;另外食用了被虫卵污染的水源、蔬菜;生食或半生食含有舌形虫幼虫、若虫的中间宿主(牛、羊、马、兔)的内脏而感染;感染锯齿舌形虫的犬还可通过喷嚏和粪便排出的卵污染食物和人体的皮肤、手指而致感染。

(3) 易感性　人、犬、羊、狐等易感。

(4) 流行特点　主要与食用蛇类有关。人类舌形虫病呈世界分布,主要在热带、亚热带地区流行。

2. 临床表现

(1) 动物　犬慢性鼻卡他症状,打喷嚏,咳嗽,睡眠时打鼾。

(2) 人　轻度感染的病例多数无症状或有轻微的症状,当重度感染大量虫体包括活若虫或一条若虫成囊于要害部位时,可产生严重症状。常表现为咳嗽、突发头痛、发热数月,急性胃肠炎、恶心呕吐,剧烈、持续腹泻或腹痛,甚至出现腹水与腹膜炎、败血症、心包炎、虹膜炎、继发性青光眼和视力下降等症状,病情恶化可致死。

3. 预防措施

舌形虫病主要在于预防,提倡不饮新鲜的蛇血、蛇胆汁,不食用生的或半生不熟的蛇肉和半生的动物,避免与终宿主蛇或犬的亲密接触,对含虫的内脏必须销毁。同时采取加强卫生宣教、注意饮食卫生等防治措施。

二、环孢子虫病

环孢子虫病是由贝氏等孢子球虫或环孢子虫引起的人腹泻为主的人兽共患寄生虫病。

1. 流行病学

(1) 病原特性　环孢子虫(*Cyclospora cayetanensis*)属于艾美球虫科、环孢子虫属(*Cyclospora*)寄生虫。环孢子虫的生活史与隐孢子虫相似,所不同的是该虫的卵囊必须孢子化才具有感染性。

(2) 传播途径　经食品、水源、水果和蔬菜或饮料污染的粪-口途径感染;

(3) 易感性　人易感,狗和其他哺乳动物被认为是贝氏等孢子球虫的保藏宿主。

(4) 流行特点　多发于某些热带或亚热带国家,温暖多雨季节多发。

2. 临床表现

(1) 动物　感染猴表现腹泻,其他动物为隐性感染。

(2) 人　主要症状为水样腹泻,可由发热、不适和腹痛突然起病。一般可在数日或数周内自愈,但也有持续数月至数年的。长期患病可引起吸收不良和体重减轻。

3. 预防措施

注意饮食卫生,注意与宠物接触的个人卫生防护。

三、微孢子虫病

微孢子虫病(Microsporididiosis)是由微孢子虫引起的人兽共患寄生虫病。

1. 流行病学

(1) 病原特性　微孢子虫(*microspordia*)属于微孢子目,最近认为应属于真菌。微孢子虫目涉及150多个属,与人类有关的至少有7个属:脑炎微孢子虫属(*Encepholitozoon*)、肠上皮细胞微孢子虫属(*Enterocytozoon*)、多孢微孢子虫属(*Pleistophora*)、粗糙多孢微孢子虫属(*Trachipleitozoon*)、条纹微孢子虫属(*Vittaforma*)、腕虫属(*Brachiola*)、微粒子虫属(小孢属)(*Nosema*)、微孢子属(*Microsporidium*)。无性繁殖,包括裂体增殖和孢子增殖,都在同一细胞内进行。宿主广泛。

(2) 传播途径　主要是粪-口途径感染;也可能有呼吸道、性接触等方式传播。

(3) 易感性　人易感,狗和其他哺乳动物被认为是贝氏等孢子虫的保虫宿主。

(4) 流行特点　多发于某些热带或亚热带国家,温暖多雨季节多发。

2. 临床表现

(1) 动物　动物感染可引起广泛性结节性血管炎——进一步导致脑炎的发生,脑出血而死亡。昆虫、鱼类、虾等感染可引起死亡。

(2) 人　起病缓慢,潜伏期为4~7个月。症状因感染部位而异。肠道微孢子虫病主要症状为消瘦及慢性腹泻,大便水样,伴有恶心、食欲不振或腹痛。中枢神经系统受染患者有头痛、嗜睡、神志不清,呕吐、躯体强直及四肢痉挛性抽搐等症状。角膜炎病人有畏光、流泪、异物感、眼球发干、视物模糊等症状。肌炎病人出现进行性全身肌肉无力与挛缩,体重减轻,低热及全身淋巴结肿大。肝炎病人早期有乏力、消瘦,后出现黄疸、腹泻加重,伴发热并迅速出现肝细胞坏死。

3. 预防措施

没有特殊预防措施,要保持熟食习惯。

四、螨病

螨病(Acariasis)泛指螨类节肢动物直接寄生或直接危害所引起人或动物的疾病。可引起疾病种类广泛,如蜱瘫痪、疥疮、蠕形螨病、尘螨性过敏、肺螨病、肠螨病、尿螨病及各种螨性皮炎等。

1. 流行病学

（1）病原特性 螨类有疥螨（itch mite）、蠕形螨（follicle）、尘螨（dust mite）、粉螨（flour mite）、蒲螨（pyemotid mite）、跗线螨（tarsonemid）、肉食螨（cheyletid mite）、革螨（gamasid）、恙螨（sand mite）、甲螨等。①疥螨：几乎每种动物都有寄生，如人疥螨、马疥螨、猪疥螨、骆驼疥螨、犬疥螨、兔疥螨和山羊疥螨。②背肛螨：猫背肛螨和兔背肛螨。③痒螨：各种动物都有，具有宿主特异性。④足螨：各种动物都有寄生，牛足螨：感染牛、马、山羊、绵羊和兔；马足螨：四肢球节部；绵羊足螨：寄生蹄部及腿外侧；山羊螨：颈部、耳及尾根；兔足螨：外耳道。⑤耳痒螨：犬耳痒螨、寄生于犬、狐狸、猫、雪貂耳部；猫耳痒螨寄生于犬、猫耳内。⑥膝螨：突变膝螨寄生于鸡和火鸡腿无毛处及脚趾；鸡膝螨：寄生于鸡的羽毛根部。⑦蠕形螨：犬蠕形螨、牛蠕形螨、猪蠕形螨、绵羊蠕形螨、马蠕形螨等。互不感染。⑧恙螨：牛恙螨和绵羊恙螨，幼虫寄生于动物。⑨姬螯螨：兔皮姬螯螨寄生于兔肩胛部、耶氏姬螯螨寄生于成年犬、布氏姬螯螨引起猫轻症皮炎。螨发育包括卵、幼虫、若虫、成虫4个阶段。

（2）传播途径 主要是接触等方式传播；可以作为传播媒介动物传播疾病，即间接传播；叮咬也是传播方式。饲养员或兽医的衣服和手也能传播螨类。

（3）易感性 人易感，家畜、禽、野生动物等敏感，但相对有宿主特异性。

（4）流行特点 与卫生条件有关，多发生皮炎、毛囊炎、皮脂腺炎、肺螨病、过敏。痒、脱毛、痂皮是主要特征。

2. 临床表现

（1）动物

马痒螨病 常发部位鬃、尾、颌间、股内侧及腹股沟。乘、挽马则常发鞍具、颈轭、鞍褥部位。痂皮柔软，黄色脂肪样，易剥离。

马疥螨病 头、体侧、躯干及颈部、肩部、全身。皮硬固不易脱落，剥落时创面凸凹不平，易出血。

马足螨病 少见，散发性后肢系部屈面皮炎。

绵羊痒螨病 对绵羊危害特别大，发生于密毛部位，如背部、臀部，然后波及全身。被毛成束或纽结在一起，继而全身被毛脱光。患部形成痂皮。

绵羊疥螨病 头部明显，嘴唇周围、口角两侧、鼻子边缘和耳根下部，形成坚硬白色胶皮样痂皮。

山羊痒螨病 耳壳内面，耳内生成黄色痂，可能会堵塞耳道，使羊变聋，食欲缺乏。

山羊疥螨病 主要发生在嘴唇四周、眼圈、鼻背和耳根部，可蔓延到腋下、腹下和四肢屈面等毛少部位。

羊蠕形螨病 肠寄生于羊的眼部、耳部及其他部位，皮肤损伤，皮下脓肿。

牛痒螨病 颈部两侧，垂肉和肩胛两侧，严重时蔓延到全身。奇痒，常依赖各种物体摩擦或用舌舔。被毛脱落，渗出和痂皮。皮肤增厚。严重时食欲缺乏，卧地不起，最终死亡。

水牛痒螨病 角根、背部、腹侧及臀部，严重时头部、颈部、腹下及四肢内侧也有，体表形成薄的痂皮。

牛疥螨病 面部、颈部、背部、尾根等被毛较短的部位，病情严重时，全身发生，易引起死亡。

牛蠕形螨病 头部、颈部、肩部、背部或臀部，形成针尖大至核桃大的白色小囊瘤，内含粉状物或浓稠脓液；也有只现鳞屑而无疮疖的。

猪疥螨病 仔猪多发，眼部、颊部和耳根开始，蔓延到背部、身体两侧和后肢内侧，患部剧痒，被毛脱落，渗出增加，灰色痂皮。

猪蠕形螨病 眼周围、鼻部和耳根部，蔓延至其他部位。痛痒轻微，病变部位出现针尖、米粒甚至核桃大白色的囊。囊内含有蠕形螨、表皮碎屑及脓细胞，伴发细菌感染时，成为脓包。有的皮肤增厚。

骆驼疥螨病 头部、颈部、身体两侧皮薄的部位，随后波及全身。痂皮粗厚，坚固不易脱落，皮肤龟裂和脓包。

兔痒螨病 侵害耳根部，引起外耳道炎，渗出物呈黄色痂皮，堵塞耳道。严重时蔓延至筛骨或脑部，病兔耳下垂，摇头和用腿搔耳朵，癫痫症状。

兔疥螨病 嘴、鼻孔周围和脚爪部位发病。病兔啃咬脚部、抓挠嘴、鼻孔部位，脚爪上出现灰白色痂块，嘴唇肿胀，影响采食。

犬疥螨病 头部、扩散至全身，幼狗严重。患部有红点，皮肤发红，在红色或脓性疱疹上有黄色痂，奇痒，脱毛，表皮变厚。

犬蠕形螨病 主要发生幼犬，面耳部，也可波及全身。毛囊周围红润凸起，后变为脓包。脱毛，皮脂溢出，表皮脱落，臭味。

猫耳疥螨病 由猫背肛螨引起，发生于面部、鼻、耳及颈部，皮肤龟裂和黄棕色痂皮，常使猫死亡。

突变膝螨病 寄生于鸡胫部、趾部无羽毛部的鳞片下方，引起皮炎，起鳞片屑，皮肤增厚变粗糙、裂缝；剧痒，常挠伤；病变部渗出液变为灰白色痂皮。可继发关节炎、趾骨坏死，甚至死亡。

鸡膝螨病 侵入羽毛的根部，诱发炎症，羽毛变脆、脱落，体表形成赤裸的斑点，皮肤发红，上覆鳞片。剧痒，啄毛，使羽毛脱落。

恙螨 牛恙螨病一般不引起症状；绵羊恙螨病引起寄生部位皮肤干燥、满是皮屑、羊毛易脱落，剩下的毛粗糙一团，擦蹭部位感染，羊皮质下降。

姬螯螨病 姬螯螨引起动物轻微不化脓的皮炎，人的短时间皮炎。

（2）人 ①疥螨：人疥螨病称为疥疮（scabies），表现皮肤丘疹、水泡、脓疱、结节、肉芽肿等，引起超敏反应，奇痒，出血，感染，脓疱、毛囊炎等并发症。②蠕形螨：局部皮肤弥漫性潮红、充血、散在性针尖至粟粒大红色丘疹、小结节、脓疱、结痂、脱屑、肉芽肿、皮质异常渗出、毛囊扩张，毛囊炎、脂溢性皮炎、痤疮、酒渣鼻、眼睑发炎及外耳道瘙痒等。

3. 预防措施

做好环境卫生；患病动物应隔离；精心治疗。

五、蝇蛆病

蝇蛆病（Myiasis）是指蝇类的幼虫——蛆寄生在人体或动物体上引起的疾病。

1. 流行病学

（1）病原特性　引起蝇蛆病的蝇种类很多，①专性蝇蛆病：幼虫需要在活宿主体内才能完成发育的蝇类所致，包括狂蝇科、丽蝇科和麻蝇科。人皮蝇因温度刺激孵化，幼虫钻入皮肤，在宿主体内经历3个幼虫发育期，继续向组织深部移动。完成第三期幼虫发育，逸出掉落地上开始化蛹；锥蝇：嗜人锥蝇和蛆症金蝇等进入伤口发育，幼虫掉入地下成蛹。②机会蝇蛆病：包括家蝇、伏蝇、蜂蝇等。蝇卵或幼虫被宿主吸入或食入，或由泌尿生殖道开口进入宿主，引发机会蝇蛆病。③兼性蝇蛆病：将卵产于死亡动植物分解的组织上。未愈合伤口、宿主排出的血液和腐烂的排泄可吸引该类昆虫寄生，引起蝇蛆病。常见绿瓶蝇、青瓶蝇、大苍蝇、肉蝇。

（2）传播途径　家畜和野生动物常常是蝇蛆的保藏宿主，鼠是嗜人瘤蝇的主要保藏宿主，城市人和犬也是主要保藏宿主。直接寄生于人和动物体上或叮咬方式感染。

（3）易感性　人易感，家畜及宠物也易感。

（4）流行特点　世界分布，但种类不同分布也有局限。以温暖季节多发，牧区多见。

2. 临床表现

（1）动物　胃蝇蛆病：病马常表现慢性胃肠炎，消化不良，躯体瘦弱。后期可在肛门周围出现幼虫。皮蝇蛆病：幼虫移行过程中会造成病理损伤和出血，致使患畜生长不良，而且由于皮肤被穿孔而降低了牛皮价值。鼻蝇蛆病：羊狂蝇（*Oestrus ovis*）幼虫的侵袭对羊危害严重，雌蝇直接在鼻孔内产出幼虫，迅速移行到鼻腔、鼻窦、额窦，甚至颅腔，造成出血和分泌大量鼻液。羊为防止成蝇的侵袭，常将鼻孔抵于地面或互相掩藏头部，惊恐不安，影响育肥。此外还有骆驼喉蝇（*Cephalopina titillator*）和紫鼻蝇（*Rhinoestrus purpureus*）的幼虫可分别引起骆驼和马的鼻蝇蛆病，症状基本相似。

（2）人　体腔蝇蛆病：肠道、眼、鼻道、耳道或口腔感染。蝇蛆侵入脑部可引起脑膜炎和死亡。肠道蝇蛆病：一般以恶心、食欲缺乏、呕吐、腹胀、腹部剧烈疼痛，伴有其他一些病理变化。泌尿生殖道蝇蛆病：产生阻塞和疼痛，尿中有黏液、脓和血，尿频及肾区绞痛。耳道蝇蛆病：少见，耳鸣、耳聋、耳内剧痛。眼球外蝇蛆病：角膜损伤，疼痛，结膜刺激症状，眼睑肿胀。创伤蝇蛆病：幼虫侵入伤口相当疼痛，严重产生虚幻症状。皮肤蝇蛆病：可分为疖肿型和匐行疹型，引起皮肤肿块、丘疹、炎症等表现。

3. 预防措施

加强动物粪便管理，驱虫；改善个人卫生条件；灭蝇；生物防治。

第十四章 人兽共患真菌病

第一节 大孢子菌病

大孢子菌病（Adispiromycosis, haplomycosis, haplosporangiosis）是由金孢子菌引起的人兽共患真菌性肺病，也称为单孢子囊菌病。

1. 流行病学

（1）病原特性 金孢子菌中的微小金孢子菌新月变种（*Chrysosporium parvum* var. *crescens*）和微小金孢子菌微小变种（*C. parvum* var. *parvum*），属于腐生性土壤真菌。在肺中形成大球（不育大孢子），在组织阶段真菌并不繁殖。新月金孢子菌是人和动物常见菌，微小金孢子菌主要见于动物，比新月金孢子菌形成更小的球。微小金孢子菌新月变种和微小金孢子菌微小变种大小不同，在肺中，后者形态小，单核。

（2）传播途径 主要是呼吸道吸入方式传播。土壤是该菌的保存（宿主）环境，是人和动物感染来源。

（3）易感性 人和哺乳动物易感，至少有124种哺乳动物确认被感染，臭鼬是经典的感染动物。

（4）流行特点 世界性分布，在南美洲、北美洲、亚洲、欧洲有分布。人少见，散发。

2. 临床表现

（1）动物 动物感染与人类似，主要见于小型哺乳动物，对动物健康影响不大。

（2）人 一般无症状，临床表现的人主要呈肺大孢子病，一些病例通过活检或尸体样品诊断，肺黄、灰色病变，严重病例衰弱、干咳、午后热、体重减轻，类似粟粒性结节。

3. 预防措施

野外作业注意戴口罩，防止吸入孢子。

第二节 霉菌病

霉菌病（Aspergillosis）是由一些霉菌引起的人兽共患真菌性肺病。

1. 流行病学

（1）病原特性 能够引起人兽共患的霉菌包括烟曲霉，偶然也有一些其他种类，如黄曲霉、构巢曲霉、黑曲霉、土曲霉、杂色曲霉、寄生曲霉等。黄曲霉和寄生曲霉能够在植物、粮食上产生黄曲霉毒素，使人与动物中毒，禽类表现严重。曲霉菌感染对于人来说并不常见，属于机会致病菌，但后果很严重，可引起癌症。

（2）传播途径 一种是呼吸道吸入方式传播；另一种是侵袭性感染，表现严重。

（3）易感性 人易感，野生动物和鸟类都可感染，牛、马、狗、狐常见。

（4）流行特点 世界性分布。人少见，散发。

2. 临床表现

（1）动物 动物感染主要见于牛、马、狗、狐、鸟类，主要引起呼吸系统紊乱。

（2）人 吸入性感染以肺部症状为主，肺炎。侵袭性感染，表现呼吸系统紊乱。过敏性支气管霉菌病常见，肺球病。潮湿草料、霉变粮食、阴暗潮湿利于霉菌生长。

3. 预防措施

野外作业注意戴口罩，防止吸入孢子。与动物接触时注意个人防护。

第三节 芽生菌病

芽生菌病（Blastomycosis）是由皮炎芽生菌引起的慢性肉芽肿及化脓性人兽共患真菌病。是一种深部真菌感染。

1. 流行病学

（1）病原特性 病原皮炎芽生菌（*Blastomyces dermatitidis*）或称北美芽生菌（*Blastomycosis north American*），具有双态性，在培养基中以菌丝体形式存在，在感染哺乳动物组织中以出芽酵母形态出现。

（2）传播途径 一种是呼吸道吸入方式传播，通过吸入散布于空气中的皮炎芽生菌的孢子或菌丝段而感染。

(3) 易感性　人易感，猎犬、狮子、马、猫等易感常见。

(4) 流行特点　世界性分布。人少见，散发，死亡率为4.3%~22%。

2. 临床表现

(1) 动物　犬科动物常见，和人的流行区域一致。马、海狮、海豚、雪貂、猫都常见。表现体重减轻、慢性咳嗽、呼吸困难、皮肤脓肿、发热、厌食，一些可疑致盲。损害部位在肺、淋巴结、眼、皮肤、关节和骨等部位。呼吸道症状占80%左右。

(2) 人　人群中与动物接触的人员感染率高，如兽医，症状可能慢慢发展，或急性具有伤寒、关节痛、肌痛、筋膜炎性痛。干咳逐渐变为咯血、胸痛、体重减轻、发热、弥散性肺浸润。典型损害为暗红疣状斑块或皮下结节，其内含很多小脓疡，压之有脓汁排出，含厚壁芽生孢子。

3. 预防措施

动物屠宰检疫发现患病动物应高温处理；与动物接触时防止吸入孢子，注意个人防护。

第四节　念珠菌病

念珠菌病（Candidiasis）是由念珠菌属的真菌为主引起人和动物的皮肤、黏膜及内脏器官（主要是生殖器官）的急性或慢性感染。

1. 流行病学

(1) 病原特性　病原主要有白色念珠菌（*Candida albicans*）、热带念珠菌（*C. tropicalis*）、近平滑念珠菌（*C. parapsilosis*）、假热带念珠菌（*C. pseudotropicalis*）、高里念珠菌（*C. guillermondii*）、葡萄牙念珠菌（*C. lustaniae*）、光滑念珠菌（*C. galbrata*）、都柏林念珠菌（*C. dubliniensis*）和克柔念珠菌（*C. krusei*）等。单细胞真菌，不致病时表现酵母细胞型，在感染组织中表现为菌丝型。

(2) 传播途径　白色念珠菌是人和动物正常菌群。传播途径分内源性和外源性两种：内源性主要是自身感染，主要是皮肤、黏膜感染；在眼睛、肾脏、肺、脾、中枢神经系统等发生。外源性主要通过接触传播，哺乳动物和禽，具有职业接触风险。

(3) 易感性　人易感，猪、牛、马、绵羊、犬、猫、豚鼠、小鼠、家禽、猴等易感常见。

(4) 流行特点　世界性分布。幼禽发生较多，死亡率为8%~20%。

2. 临床表现

(1) 动物　鸟类感染主要是上呼吸道感染症状，伴有神经症状，多数是没有症状。牛表现上消化道念珠菌病和肺酵母性乳房炎。猪为消化道感染。禽表现鹅口疮和肠肝炎。

(2) 人　**黏膜念珠菌病**：①包括急性假膜型念珠菌性口炎；急性萎缩性念珠菌性口炎、慢性肥厚型念珠菌性口炎、慢性萎缩型念珠菌型口炎，在新生儿、成年人、妇女的口腔黏膜炎症；②念珠菌性唇炎；③念珠菌口角炎：口角区的皮肤与黏膜发生皲裂，黏膜糜烂与渗出，结痂；④念珠菌性阴道炎：引导黏膜红肿、糜烂等湿疹样病变、白带增多、剧烈痒感或灼痛；⑤念珠菌性包皮及龟头炎。**皮肤念珠菌病**：①念珠菌性间擦疹：在腋窝、肚脐、臂沟、腹股沟、颈前、乳房下、阴唇等潮湿的皮肤皱褶部位，红斑糜烂、膜状鳞屑，周围可见红色丘疹、水疱或脓疱，痒感；②指间糜烂；③念珠菌性甲沟炎；④慢性黏膜皮肤念珠菌病：主要发生在口腔黏膜、皮肤等部位。**内脏念珠菌病**：念珠菌性食管炎、念珠菌性肠炎、念珠菌性支气管炎、念珠菌性肺炎、念珠菌性泌尿道炎、念珠菌性血症等。

3. 预防措施

人念珠菌是性传播菌，注意性传播的防护；游泳池、浴池也是该菌的传播场所；动物屠宰检疫发现患病动物应高温处理。

第五节　球孢子菌病

球孢子菌病（Coccidioidomycosis）是由粗球孢子菌引起的具有高度感染性人兽共患真菌病。是一种慢性全身性真菌感染性疾病。

1. 流行病学

(1) 病原特性　球孢子菌病由粗球孢子菌（*Coccidioides immitis*）引起。具有双相性，土壤状态以菌丝体形式存在，在病变组织中呈球孢子型，致病性菌第一相在土壤中发育，第二相在哺乳动物体内发育。

(2) 传播途径　一种是呼吸道吸入方式传播，通过吸入散布于空气中的孢子而感染，外伤接触也能直接感染。

(3) 易感性　人易感，家畜、野生动物、鼠等易感。

(4) 流行特点　世界性分布，夏秋干燥月份多发。孕妇易感，职业接触风险较高，散发。

2. 临床表现

(1) 动物　多种动物均可感染，感染多为无症状表现，感染多局限在支气管和纵膈淋巴结，一般是肉芽肿性损害。屠宰动物检疫能够见到，注意剔除。

(2) 人 球孢子菌病一般为良性，发病者主要特征是在皮肤、内脏和骨骼等部位，病变部位形成化脓性肉芽肿，严重者可引起死亡。不严重的上呼吸道感染，不久痊愈，有少数发展为急性或亚急性播散性致死性真菌病。

3. 预防措施

动物屠宰检疫发现患病动物应高温处理；森林作业应注意呼吸器官的防护，与动物接触和实验室操作时防止吸入孢子，注意个人防护。

第六节 隐球菌病

隐球菌病（Cryptococcosis）是由新型隐球菌引起的深部感染性人兽共患真菌病，是一种慢性全身性真菌感染性疾病，死亡率高。

1. 流行病学

(1) 病原特性 隐球菌包括隐球菌属的17个种和8个变种，大部分为条件致病菌。主要有新型隐球菌（*Cryptococcus neoformans*）、浅白隐球菌（*C. albidus*）、罗伦特隐球菌（*C. laurentii*）。在土壤中呈腐生性酵母型生长。以芽生进行繁殖，不产生菌丝体。

(2) 传播途径 鸽粪是主要传染来源；一种是呼吸道吸入方式传播，通过吸入散布于空气中的孢子而感染，外伤接触也能直接感染；还可通过口腔发生肠感染。

(3) 易感性 人易感，犬、猫、家畜、野生动物、鼠、海豚、禽等易感。

(4) 流行特点 世界性分布，散发，主要侵害神经系统，其次为肺。

2. 临床表现

(1) 动物 ①犬隐球菌病：肺、全身性和眼内症状，通常在鼻黏膜、鼻甲、鼻窦和邻近骨结构中发生肉芽肿性破坏过程或脑膜炎。②绵羊隐球菌病：上颌窦肿胀，黏液性鼻涕，呼吸困难，咳嗽和厌食。在脑、鼻、肺中可分离到病菌。

(2) 人 ①肺隐球菌病：最早发现，症状较轻，类似呼吸道感染或支气管炎；②中枢神经感染：脑膜炎、脑膜脑炎、肉芽肿型和囊肿型等，类似结核性或病毒性脑炎及颅内占位病变表现；③皮肤黏膜孢球菌病：多为继发性感染，皮肤单发或多发丘疹，结节或脓疡，易破溃；还可表现肉芽肿类病变；④其他系统：骨、关节、肝、眼、肌肉、心脏、睾丸、前列腺等器官出现相应症状，严重发生败血症、甚至死亡。

3. 预防措施

饲养鸽子的注意其粪便管理，防止污染空气及环境，控制城中养鸽子，减少鸽粪污染。

第七节 皮霉菌病

皮霉菌病（Dermatophytosis）是指真菌侵染表皮及其附属构造（毛、角、爪）引起的以脱毛、鳞屑为特征的慢性、局部性及浅表性真菌性人兽共患皮肤病。是一种常见传染病。

1. 流行病学

(1) 病原特性 引起皮霉菌病的病原为嗜角质素的土壤真菌中具有致病性的成员，主要包括表皮癣菌属、小孢子菌属和癣菌属三个属真菌。表皮癣菌为皮肤分节真菌科、表皮真菌属（*Epidermophyton*）；毛癣菌为皮肤分节真菌科、毛癣菌属（*Trichophyton*）；小孢子菌为皮肤分节真菌科、皮肤分节真菌属或小孢子菌属（*Microsporum*）。小孢子菌属和毛癣菌属对人和动物均致病，而表皮癣菌是仅对人致病的毛癣菌。根据生态学、流行病学及宿主等方面特性不同，皮肤真菌常被分为以下三类：嗜动物性皮肤真菌，这类真菌主要感染动物，但能被动传染人；嗜人性皮肤真菌，主要感染人，极少被动传染给动物；嗜土壤性皮肤真菌，主要存在于土壤，它们常与腐败的毛发、皮肤、蹄和其他角质素源相伴，既可以感染人也可以感染动物。存在于动物的人兽共患皮肤真菌包括：犬小孢子菌，鸡小孢子菌，石膏样小孢子菌，马小孢子菌，矮小孢子菌，生色小孢子菌，马毛癣菌，须疮毛癣菌及数个变种等。

(2) 传播途径 主要经接触感染，包括感染的毛发、皮屑、带染病原的动物、环境、病媒等。梳子、刷子、剃剪、寝具、运输笼、遛绳、烘箱、笼子、项圈都可成为传染途径。体表寄生虫也有一定传播意义。

(3) 易感性 人易感，所有家养动物、家畜都易感，带毛的动物明显。

(4) 流行特点 世界性分布，散发，由于这类疾病不必报告，流行病学资料较少，无症状带染较多。

2. 临床表现

(1) 动物 动物感染可引起痒或不痒，多数无症状感染。①犬主要是幼犬。见于犬小孢子菌，环状脱发。②猫感染一般不产生损伤。表现的可能轻微，如短茬、秃毛、鳞片、红斑。部分表现瘙痒性粟粒状皮肤炎或结节。③牛：主要是犊牛表现非瘙痒性眼周损伤，母牛和小牛常见四肢，公牛见于垂肉和上颌间皮肤，损伤散在，呈灰白色，痂皮干燥伴有断毛。④绵羊和山羊：见于观赏羔羊，头面的脱毛区域有环状厚痂。⑤马：见于鞍部，马毛癣菌损伤伴有瘙痒、渗出、无毛及皮肤增厚，有的有皮肤真菌性损伤类似丘疹性荨麻疹。⑥猪：产生皱缩性损伤，覆盖有痂皮或炎性散在性圆环。成年猪不表现临床症状。⑦啮齿动物不表现临床症状多，部分可看到全身性脱毛、红斑、鳞屑、结痂，豚鼠有痒感。⑧兔子：幼兔多见，在眼周、鼻和耳部出现灶性脱毛伴有红斑、结痂。⑨鸟主要在面部、颈部出现脱毛、鳞屑、自残和拔羽。

(2) 人 皮肤划伤或擦伤能促进皮肤真菌病的发展。人感染潜伏期一般1~2周，真菌只在角化组织，如毛发、指甲或皮肤外层生长，皮肤损伤一般不涉及黏膜，以炎症为主，伴有红斑、鳞屑，偶尔形成水疱、体癣，有时产生特征性金钱状损伤，头皮和面部毛发丧失。来自于动物或土壤皮肤真菌感染可能严重一些，如头癣、体癣。体癣发生于躯干、四肢和脸部，散发性鳞状环形损伤，伴有轻微隆起，边缘呈鳞状或红斑状，边缘可见疱状丘疹、脓疱或水疱，不定性瘙痒；与儿童和小孩密切接触的成人常见颈部或腕部，部分由红色癣毛菌引起。须癣主要见于男性，损伤包括鳞状、囊状脓疱和红斑，农场工人最常受损害，常见疣状毛癣菌。面癣：见于无须面部，瘙痒或奇痒，阳光照射，可发生严重烧伤。部分与体癣类似；一些轻微，部分红斑边界都不清楚，无明显临床表现。股癣：烧灼痛和瘙痒，感染区化脓和水疱，边缘隆起鳞状损伤，常见絮状表皮癣菌、红色毛癣菌。脚癣：是一种趾间、足底和脚侧表面出现的，以开裂、鳞状和软化为特征的脚部皮肤真菌感染；红斑、小水疱、脓疱、大水疱常可见到，由红色毛癣菌、须疮毛癣菌及絮状表皮癣菌引起。手癣：表现为掌部广泛性干裂、鳞状和红斑状，常由红色发癣菌引起。甲癣：指甲变厚、脱色、断裂，营养不良、板与指基分离等，常由红色毛癣菌、须疮毛癣菌须疮变种引起。

3. 预防措施

控制感染动物，及时治疗患病动物。接触动物时应戴防护手套或穿防护服等。

第八节 组织胞浆菌病

组织胞浆菌病（Histoplasmosis）是由荚膜组织胞浆菌侵犯单核-巨噬细胞系统，或经血液播散而侵犯全身的一种人兽共患深部真菌病。

1. 流行病学

(1) 病原特性 组织胞浆菌病由荚膜组织胞浆菌（*Histoplasma capsulatum*）引起。该菌具有双相性，培养状态以菌丝体形式存在，在病变组织中呈酵母型。有两个主要变种：荚膜组织胞浆菌荚膜变种（*H. capsulatum* var. *capsulatum*）和荚膜组织胞浆菌杜波伊斯变种（*H. capsulatum* var. *duboisii*），菌丝状态两菌不能区分，但在感染的组织中呈酵母型，波伊斯变种形体较大。

(2) 传播途径 一种是呼吸道吸入方式传播，通过吸入散布于空气中的孢子而感染。接触鸟、蝙蝠或污染的土壤，因吸入鸟或蝙蝠的粪便污染的泥土或尘埃中真菌孢子感染。还可通过消化道、皮肤或黏膜侵入，也可经局部病灶侵入。

(3) 易感性 人，猫、犬、牛、马、蝙蝠、鸟类等易感。

(4) 流行特点 世界性分布，主要在美洲、非洲及亚洲。我国也有，具有职业接触风险较高特征，可能与城市化、砍伐森林、破坏土地和使用鸟粪等有关，矿井和隧道旅游、作业，受蝙蝠污染物传播，散发。

2. 临床表现

(1) 动物 犬感染与人类相似，无特征症状，呼吸道总是在包囊化和钙化后得到恢复。流行时，犬表现消瘦、持续性腹泻、肝脾肿大、淋巴结病变。猫与狗类似，表现贫血、消瘦、精神萎靡、发热、厌食等。

(2) 人 人主要为呼吸道症状，一般有不适的感觉，发热，胸口痛，干燥或非生产性干咳。严重的累及单核-巨噬细胞系统，如肝、脾、骨髓、淋巴结等。

3. 预防措施

注意流行地区避免接触动物和鸟粪的灰尘，蝙蝠污染场所作业应该戴口罩和穿防护服。

第九节 足分枝菌病

足分枝菌病（Mycetoma）是由不同真菌或放线菌引起的慢性局部进行性人兽共患病。

1. 流行病学

(1) 病原特性 足分枝菌病原菌常见马杜拉分枝菌（*Madurella mycetomatis*）、甄氏外瓶霉（*Exophiala jeanselmei*）、波氏假阿列色菌（*Pseudallescheria boydii*）。诺卡氏菌和链霉菌等也能引起这类疾病。动物感染还有膝曲弯孢（*Curvularia geniculata*）。这些微生物多与土壤有关，感染多发生于腿和脚。

(2) 传播途径 需要经伤口感染，因为这类致病菌并无侵入上皮的能力，不会经血液流经全身。

(3) 易感性 人易感，猫、犬、马等易感。

(4) 流行特点 世界性分布，主要在美洲热带、亚热带发生率高。散发，主要是从事农业的农夫、家庭主妇和赤脚老人，多见于赤脚多的人群。

2. 临床表现

（1）动物　犬感染后，能够引起腹腔真菌性肉足肿，因手术绷带线，导致致病菌入侵腹腔。猫也会因伤口感染。动物发病见于脚、淋巴结、腹腔和身体其他部位。动物常见波氏假阿列色菌和膝曲弯孢。

（2）人　临床上以形成脓肿、肉芽肿和窦道为突出表现，可有颗粒排出，内含病原菌。损害局限，呈慢性经过。多发于脚、腿下部，有时见于手，罕见其他部位。典型损害为暗红色肉芽性斑块，有脓肿破溃所致的瘘管、窦道，损害可侵入深部组织，肌肉等，严重的可致骨质损伤。

3. 预防措施

皮肤有伤口尽量不接触动物、土壤或外界环境。

第十节　原藻病

原藻病（Prothothecosis）是由一些无绿色的原藻属藻类引起人和野生动物皮肤、皮下组织、甚至内脏感染的人兽共患病。

1. 流行病学

（1）病原特性　原藻病的病原是无绿藻属（*Prototheca*），致病性无绿藻主要包括祖菲无绿藻（*P. zopfii*）和小型无绿藻（*P. wickerhamii*）。多寄生于腐朽的木材、蔬菜和粪便中。

（2）传播途径　传播来源见于污染的水源、牛奶、土壤及患者、动物粪便等。通过外伤或呼吸道传播。

（3）易感性　人易感，猫、犬、牛等易感。

（4）流行特点　世界性分布，人类罕见。

2. 临床表现

（1）动物　犬感染后，常见于眼、肝、肾、心、大肠、膈膜、骨骼肌、淋巴结、胰腺、脑等部位。依赖于侵犯的器官，可发生肿胀或溃疡，中枢神经损伤，表现精神沉郁、头歪斜、转圈、肢体瘫痪，有坏死灶，肉芽肿性结节。眼红肿，失明。皮肤型少见，结节性溃疡。

（2）人　人类原藻病可分为三组。①单纯皮肤型：皮肤及皮下组织发生单个或多个损害，发展慢，表现丘疹、结节、结痂性丘疹、溃疡、少见肉芽肿性皮疹。②原藻性鹰嘴滑囊炎：大约一半病例由此表现，多先有外伤，持久性鹰嘴滑囊炎，有疼痛及软组织肿胀。③机会性原藻病：糖尿病或肿瘤患者中，可呈溃疡性丘疹脓疱性损害，常发生免疫不全个体。

3. 预防措施

皮肤有外伤不要与动物和环境接触。

第十一节　鼻孢子菌病

鼻孢子菌病（Rhinosporidiosis）是由希伯鼻孢子菌引起的慢性感染性人兽共患病。以发生质脆而表面有白点的息肉样损害为特征。

1. 流行病学

（1）病原特性　鼻孢子菌（*Rhinospordioum seeberi*）在分类上既不属于真菌，也不属于原虫，是一种真菌样的微生物。以孢子囊和孢囊孢子两种形态存在。人工培养尚未成功。

（2）传播途径　鱼和水生昆虫是该菌的天然宿主，通过水源和带菌的尘埃传播。鼻黏膜或眼结膜破损或发炎以及不卫生习惯易诱发本病。

（3）易感性　人易感，牛、马、骡、猫、狗等易感。

（4）流行特点　世界性分布，热带和亚热带较多，渔民、农民、潜水员易感染本病，具有职业特点。

2. 临床表现

（1）动物　动物感染主要表现鼻部息肉，马表现鼻出血或损害，鼻腔黏膜脆弱增生。

（2）人　人感染主要侵染咽喉、鼻黏膜、眼结膜、甚至阴道、阴茎及皮肤黏膜。①鼻型：鼻中隔黏膜丘疹，扩大成息肉；②眼型：侵犯眼结膜，一般为单侧，有异物感，引起眼睑外翻、流泪、怕光；③皮肤型：少见，常发生皮肤黏膜交界处，为小丘疹样疣状，逐渐融合成浸润斑块，后表现锯齿形，常溃烂及继发感染；④其他型：外生殖器、肛门、耳道、喉、硬腭、会厌、女阴等处偶有发生，损害特点基本相同。

3. 预防措施

避免接触污水，防风、防沙，讲究卫生，不挖鼻孔，不揉眼，旅行增加感染机会，应注意。

第十二节　孢子丝菌病

孢子丝菌病（Sporotrichosis）是由申克孢子丝菌引起的人和动物共患的慢性或亚急性深部真菌病。主要侵害皮肤、皮下组织及其附近淋巴结，以肉芽肿形成的结节、进而变软、破溃，变成顽固性溃疡为特征。

1. 流行病学

（1）病原特性　申克孢子丝菌（*Sporothrix schenckii*）在分类上属于丛梗孢科真菌。广泛分布于自然界。室温培养为霉菌相，组织和37℃培养为酵母相。

（2）传播途径　自然存在于土壤、枯草等腐生性微生物场所；通过皮肤伤口感染；也可经呼吸道感染。人被动物咬伤或抓伤易受到感染。

（3）易感性　人，家畜、宠物、禽、鼠等多种动物易感。

（4）流行特点　世界性分布，我国猫咬伤相对多见，散发，发病率低。

2. 临床表现

（1）动物　动物感染与人类相似，伤口感染多见于四肢、头部和胸腹部，皮下淋巴管形成圆形结节，结节间淋巴管变粗变硬，弯曲。结节破溃，流出脓汁。犬继发皮肤病变之后，可发生骨炎、关节炎、腹膜炎；猫孢子丝菌病皮肤为多病灶，广泛分布小丘疹结节，坏死性、渗出性溃疡，病猫消瘦。

（2）人　①皮肤淋巴型：常见于面部、手、前臂、小腿、踝部等暴露部位，初发圆形、无痛、能活动的坚韧皮下结节，溃疡，淋巴管变硬，如绳索状，结节可延续至腋下或腹股沟；②局限性皮肤型：皮肤损伤固定于初发部位，不侵犯淋巴管及淋巴结；多见于面部，四肢次之，有结节型、肉芽肿型、浸润斑块型、卫星状型、疣状、溃疡、囊肿、痤疮、红斑鳞屑性等；③皮肤黏膜型：少见，因污染的蔬菜、水果或接触有孢子丝菌污染的水而引起；病变累及口腔、咽喉、鼻部的黏膜和眼结膜，呈红斑、溃疡或化脓性病变，日久变为肉芽肿性、赘生性或乳头样病变，伴有局部红肿，附近淋巴结肿大且硬，愈合有瘢痕；④其他型：皮外及散播型，有骨骼、眼及附件、系统性丝菌病、孢子丝菌脑膜炎和肺孢子丝菌病。

3. 预防措施

避免外伤和感染材料的接触。主要是防止宠物的咬伤、抓伤。

第十三节　接合菌病

接合菌病（Zygomycosis）是由接合菌亚门的菌主要是毛霉、根霉和犁头霉等感染所致的人兽共患真菌病，也称为毛霉病、藻菌病、白霉病。

1. 流行病学

（1）病原特性　毛霉菌是一类条件致病菌，自然界广泛存在，属腐物寄生菌。毛霉菌科的根霉菌属（*Rhizopus*）、毛霉菌属（*Mucor*）、犁头霉属（*Absidia*）和根毛霉菌属（*Rhizomucor*）常被累及。常见致病菌包括脉管状瓶霉、须霉菌属的未定种、卷曲科克霉、沃尔夫被孢霉、总状共头霉、巴西果小克银汉霉、雅致囊托霉、帕登厚壁孢子犁头霉、匍枝根霉、少根根霉、同宗根霉、须状根霉、小孢根霉、寡孢根霉、米根霉、肿梗根霉、米黑根毛霉、微小根毛霉、多变根毛霉原变种、冻土毛霉、冻土毛霉黄色变种、总状毛霉、卷曲毛霉、多分枝毛霉、蓝色犁头霉、伞状犁头霉、透孢犁头霉等。

（2）传播途径　自然存在于土壤、枯草等腐生性微生物场所；也存在于肉、乳制品等食品中；一般认为通过呼吸道吸入或直接接触感染。创伤皮肤移植、昆虫叮咬、外科手术、烧伤感染等途径也可传播。

（3）易感性　人及牛、马、犬、猪、鸟、鳖、鲀、鼠等多种动物易感。

（4）流行特点　世界性分布，自然病例少见，一般为条件致病菌，在疾病治疗中使用免疫抑制剂、尿毒症、鼻窦炎等可继发接合菌病。

2. 临床表现

（1）动物　动物感染与人类相似，牛、马、犬、鸟、两栖动物都可感染毛霉菌病，冻土毛霉对蛙、蟾蜍、鸭嘴兽等都是致死性的。鲀鱼也是致死性的，表现有体表白斑，溃疡糜烂，最后死亡。鳖感染毛霉后，表现厌食、活动反常、体表有零星小白点，逐渐背部出现白斑，一周后死亡。鸭嘴兽等出现溃疡性皮炎，猪的毛霉病在宰后能够看到：皮下脂肪、肉色灰白、发软、渗出性肉尸样，开膛后有淡黄色腹水。猪肝变化较大，质地变硬，结构模糊，有灰黄色、灰白色结节。蟾蜍在肠道、肝有灰白色结节，肺、脾、腹膜、膀胱有肉芽肿。兔、豚鼠、小鼠在肾有结节性病变，动物精神沉郁、被毛粗乱、食欲减退、消瘦、生长缓慢、呼吸困难、关节肿胀，四肢麻痹。

（2）人　人自然病例少见，感染类型与特殊的基础疾病有关；临床特点是迅速出现组织坏死，多数患者病情进展迅速，若治疗不及时，往往死亡。

①鼻脑毛霉菌病：鼻窦，波及眼眶、面部、腭和大脑，初一侧头痛、面部痛、发热、嗜睡，波及周围，后皮肤变色、失明、鼻中隔穿孔等各相关器官病变，主要是根霉引起；②肺毛霉菌病：吸入或鼻窦中的真菌孢子或经血液播散进入肺，也可波及脑，临床上非特异肺炎如咳嗽、呼吸困难，严重形成空洞、腹腔积液；③胃肠道毛霉菌病：少见，因食物摄入，营养不良或胃肠功能紊乱的个体，胃、结肠、回肠，表现呕吐、腹泻、溃疡、穿孔、腹膜炎等；④皮肤毛霉菌病：也是少见，仅限于皮肤而不扩展，可分为原发和继发，轻型；烧伤易感染，发热、烧伤处肿胀、创面外观改变，又可分为浅表型和坏疽型；⑤播散性毛霉

菌病；上述4种随血流播散，中性粒细胞减少的肺部感染的牛；也有进入脑部，出现神经症状；⑥其他：心内膜炎、子宫内膜炎、骨髓炎、肾盂肾炎和眼内炎等。

3. 预防措施

免疫力低下个体、受伤个体在外环境中应注意个人防护，要戴口罩防止吸入孢子；局限病灶及时处理。动物要禁止饲喂霉变饲料，避免长期使用抗生素。

第十四节 着色真菌病

着色真菌病（Chromomycosis）是一些在分类上接近、引起疾病症状近似的真菌引起暴露部位感染，病损皮肤变黑的一类真菌病。也称为着色芽生菌病（Chromoblastomycosis），主要由暗色孢科中一些真菌引起慢性疣状、结节状或菜花状肉芽肿性皮肤病变。

1. 流行病学

（1）病原特性 着色真菌为丝孢菌目、暗色孢科（Dematiaceae）。主要有皮炎着色菌的外瓶霉属、枝孢霉属、瓶霉属、网毛菌属（Dictyotrichiella）、着色真菌属（Fonsecaea）；与着色真菌病有关的主要包括5个种：裴氏着色真菌（Fonsecaea pedrosoi）、紧密着色真菌（F. compacta）、皮炎着色真菌（Phialophora dermatitidis，皮炎瓶霉）、卡氏枝孢霉（Cladosporium carrionii）和疣状瓶霉（P. verrucosa）。都是自然界腐生菌，树木、杂草、土壤、脓液、痂皮、鳞屑等均有存在。

（2）传播途径 主要由直接接触和外伤感染，也有孢子经呼吸道感染。宠物，如狗等能够起到传播媒介作用。

（3）易感性 人易感，狗、马、蟾蜍、青蛙、海豚等易感。一般人与人、人与动物之间不直接传染。

（4）流行特点 世界性分布，热带雨林以裴氏着色真菌较多，干燥沙漠以卡氏枝孢霉常见，疣状瓶霉多与动物接触者多见，渔民、农民、饲养员、驯兽师、儿童等多见，具有职业特点。

2. 临床表现

（1）动物 蟾蜍是敏感动物，临床表现没有人的严重，主要表现皮肤炎症。青蛙和海豚都显示皮肤疣状炎症发生。山羊、家兔、小鼠等试验感染包括皮肤和内脏的广泛性感染。

（2）人 ①皮肤着色真菌病：人感染主要有皮肤淋巴管型、固定型和播散型三种类型。皮肤淋巴管型：常见于体力劳动者，往往有外伤史，主要在与外接触的表面表现皮疹、结节、溃疡、流脓等；固定型：好发于面部，尤其儿童，皮损固定于始发部位，表现有稍微弹性的坚实结节、溃疡、流脓；播散型：罕见，通过血液影响全身，皮疹再现呈现结节、脓肿和溃疡；疣状皮炎：局限于皮肤及皮下组织，由外伤引起，丘疹或小结节，斑块，脓液流出，肢体象皮肿。②中枢神经系统着色真菌病：头痛、抽搐、昏迷、复视。③囊肿型及非特异性着色真菌病：常因穿刺的伤口感染，引起单个或多发性囊肿样损害，局限于皮下或肌肉内，大小不等质硬的囊性肿块。④血液播散型着色真菌病：少见，病变复杂，生前难以确定，只有尸检证实。见于多个器官或系统损害，如脑脓肿综合征。

3. 预防措施

关键是防止皮肤外伤，尽量避免接触腐烂的草木；日常生活中如果遇到外伤及时处理。

第十五节 马尔尼菲青霉菌病

马尔尼菲青霉菌病（Penicilliosis marneffei）是由马尔尼菲青霉引起的人兽共患真菌病。多发生于免疫功能低下的个体中。

1. 流行病学

（1）病原特性 马尔尼菲青霉（Penicillium marneffei）为丝孢菌目、青霉属（Penicillium）的双轮青霉亚属，是青霉属中唯一具有双相性的真菌，25℃培养时呈霉菌相，只需要1~2天即长出帚状枝并产生红色色素；37℃培养为酵母相，不产生红色色素。

（2）传播途径 竹鼠是主要保藏宿主和感染来源，广西流行资料证明100%带染，由其污染土壤。人可经呼吸道、消化道及皮肤损伤感染。

（3）易感性 人主要是免疫力低下个体，如艾滋病患者，有外伤、蚊虫叮咬、手术和系统疾患等患者易感。竹鼠为保藏宿主，试验动物兔敏感。

（4）流行特点 主要流行在东南亚和我国南方、台湾等地。主要发生于艾滋病患者群，皮下组织感染、儿童皮下组织真菌病等群体中。

2. 临床表现

（1）动物 动物情况不清楚。

（2）人 马尔尼菲青霉病常隐匿发病，临床上本病分为局限性感染与全身系统性感染。主要累及单核-巨噬细胞系统，常播散全身，病死率高，是一种严重的深部真菌病。局限性感染与侵入门户有关，主要由呼吸道入侵，原发灶在肺，临床上类似结核，易误诊。全身感染无特异症状，其表现因侵犯器官而异。①全身表现：发热，呼吸系统的咳嗽、呼吸困难，消化系统的腹痛、腹泻，网状淋巴组织、心血管系统、血液、骨和关节等的感染症状。②皮肤黏膜表现：体表的丘疹、丘疹脓包、结痂等。可能多样化表现。

3. 预防措施

野外活动或与动物接触注意个人防护，防止外伤，有外伤及时处理。艾滋病患者注意在环境中与外界、动物接触的卫生防护。

参考文献

房海, 史秋梅, 陈翠珍, 等. 2012. 人兽共患细菌病. 北京: 中国农业科学技术出版社

金宁一, 胡仲明, 冯书章. 2007. 人兽共患病学. 北京: 科学出版社

柳增善. 2007. 食品病原微生物学. 北京: 中国轻工业出版社

柳增善. 2010. 兽医公共卫生学. 北京: 中国轻工业出版社

柳增善, 任洪林, 张守印. 2012. 动物检疫检验学. 北京: 科学出版社

文心田, 于恩庶, 徐建国, 等. 2011. 当代世界人兽共患病学. 成都: 四川科学技术出版社

张彦明. 2003. 兽医公共卫生学. 北京: 中国农业出版社

Anneke E, Lenny H, Jan S. 2013. Pathogen-host-environment interplay and disease emergence. Emerging Microbes and Infections, 2: 1-7

Buncic S. 2005. Integrated Food Safety and Veterinary Public Health. CABI Publishing

Calum N L, Macpherson F X M, Alecander I W. 2000. Dogs, Zoonoses and Public Health. CABI Publishing

Choffnes E R. 2011. Causes and Impacts of Neglected Tropical and Zoonotic Diseases: Opportunities for Integrated Intervention Strategies. Washington: National Academies Press

Cotruvo J A, Dufour A, Rees G, et al. 2007. Wildlife and Emerging Zoonotic Diseases: The Biology, Circumstances and Consequences of Cross-Species Transmission. Berlin: Springer-Verlag

Federal-Provincial-Territorial Committee on Drinking Water of the Federal-Provincial-Territorial Committee on Health and the Environment. 2006. Bacterial Waterborne Pathogens-Current and Emerging Organisms of Concern. Ottawa: Health Canada

Fiona M T, Martin W S. 2009. Livestock infectious diseases and zoonoses. Philosophical Transactions of the Royal Society, 364: 2637-2642

Gannon V P J. 2004. Waterborne Zoonoses: Identification, Causes and Control. London: IWA Publishing

Gerald L M, John E B, Raphael D. 2010. Mandell, Douglas, and Bennett's Principles and Practice of Infectious Diseases. 7th ed. Amsterdam: Elsevier Inc

Gerald T K, Marguerite P, Mila C G, et al. 2009. Committee on Achieving Sustainable Global Capacity for Surveillance and Response to Emerging Diseases of Zoonotic Origin. Sustaining Global Surveillance and Response to Emerging Zoonotic Diseases. Washington: National Academies Press

Giulia R, Luigi B, Eleonora C, et al. 2012. Emerging zoonoses: The "one health approach". Saf Health Work, 3 (1): 77-83

Glenda D S, James A R. 2008. Handbook for Zoonotic Disease of Companion Animals. North Shore City: Bayer Animal Health

Hayman D T S, Bowen R A, Cryan P M, et al. 2012. Ecology of zoonotic infectious diseases in bats: Current knowledge and future directions. Blackwell Verlag GmbH · Zoonoses and Public Health, 60 (1): 1-21

Hurley W, Pauline N, Katherine W. 2006. Disease Emergenceand Resurgence: The Wildlife-Human Connection. U S Geological Survey, Reston, Virginia

Ian M, Mark C E, Susan C W. 2009. Neglected and endemic zoonoses. Phil Trans R Soc B, 364, 2777-2787

Influzenza and Other Emerging Zoonotic Disease at the Human-animal Interface, 2011. FAO/OIE/WHO Joint Scientific Consultation 27-29 April 2010, Verona (Italy)

Jo H, Chris D, Harriet A, et al. 2012. Bringing together emerging and endemic zoonoses surveillance: Shared challenges and a common solution. Phil Trans R Soc B, 367: 2872-2880

Joannl C. 2007. Handbook of Zoonoses: Identification and Prevention. Amsterdam: Elsevier Inc

Krause D. 2010. Zoonotic Pathogens in the Food Chain. CABI Publishing

Mark W, Fiona S, Zoe H, et al. 2012. Human viruses: Discovery and emergence. Phil Trans R Soc B, 367 (1604): 2864-2871

Martin E H MRCVS, William T H, Harry V H. 2000. Zoonosis-Recogniton, Control, and Prevention. Iowa State Press. A Blackwell Publising Company

Pedro N A, Boris S. 2003. Zonoses and communicabale diseases common to man and animal. Scientific and Technical Publication No. 580, Pan American Health Organization

Cripps P J. 2000. Veterinary education, zoonoses and public health: A personal perspective. Acta Tropica, 76: 7677-7680

Robert H. 2005. Ebert Memorial Lecture Emerging and Re-emerging Infections Diseases: The Perpetual Challenge. Anthony S. Fauci January 2006

Tom B, Stacey K, Joshua L. 2007. The Emergence of Zoonotic Diseases: Understanding Emerging and Re-emerging Infections Diseases National Institutes of Health (US); Biological Sciences Curriculum Study. NIH Curriculum Supplement Series [Internet]. Bethesda (MD): National Institutes of Health (US)

Weese J S, Fulford M B. 2011. Companion Animal Zoonoses. Hoboken: Blackwell Publishing Ltd

Zdenek H I R. 2011. Microbial Zoonoses and Sapronoses. New York: Springer